"信毅教材大系"编委会

主　　任	卢福财
副 主 任	邓　辉　王秋石　刘子馨
秘 书 长	廖国琼
副秘书长	宋朝阳
编　　委	刘满凤　杨　慧　袁红林　胡宇辰　李春根
	章卫东　吴朝阳　张利国　汪　洋　罗世华
	毛小兵　邹勇文　杨德敏　白耀辉　叶卫华
	尹忠海　包礼祥　郑志强　陈始发
联络秘书	方毅超　刘素卿

信毅教材大系·通识系列

新金融法律制度学

New Concept of Financial Legal System

巫文勇 编著

复旦大学出版社

总 序

世界高等教育的起源可以追溯到1088年意大利建立的博洛尼亚大学,它运用社会化组织成批量培养社会所需要的人才,改变了知识、技能主要在师徒间、个体间传授的教育方式,满足了大家获取知识的需要,史称"博洛尼亚传统"。

19世纪初期,德国的教育家洪堡提出"教学与研究相统一"和"学术自由"的原则,并指出大学的主要职能是追求真理,学术研究在大学应当具有第一位的重要性,即"洪堡理念",强调大学对学术研究人才的培养。

在洪堡理念广为传播和接受之际,爱尔兰天主教大学(爱尔兰国立都柏林大学的前身)校长纽曼发表了《大学的理想》的著名演说,旗帜鲜明地指出"从本质上讲,大学是教育的场所","我们不能借口履行大学的使命职责,而把它引向不属于它本身的目标"。强调培养人才是大学的唯一职能。纽曼关于《大学的理想》的演说让人们重新审视和思考大学为何而设、为谁而设的问题。

19世纪后期到20世纪初,美国威斯康星大学查尔斯·范海斯校长提出"大学必须为社会发展服务"的办学理念,更加关注大学与社会需求的结合,从而使大学走出了象牙塔。

2011年4月24日,胡锦涛总书记在清华大学百年校庆庆典上指出,高等教育是优秀文化传承的重要载体和思想文化创新的重要源泉,强调要充分发挥大学文化育人和文化传承创新的职能。

总而言之,随着社会的进步与变革,高等教育不断发展,大学的功能不断扩展,但始终都围绕着人才培养这一大学的根本使命,致力于不断提高人才培养的质量和水平。

对大学而言,优秀人才的培养,离不开一些必要的物质条件保障,但更重要的是高效的执行体系。高效的执行体系应该体现在三个方面:一是科学合理的学科专业结构;二是能洞悉学科前沿的优秀的师资队伍;三是作为知识载体和传播媒介的优秀教材。教材是体现教学内容与教学方法的知识载体,是进行教学的基本工具,也是深化教育教学改革、提高人才培养质量的重要保证。

一本好的教材,要能反映该学科领域的学术水平和科研成就,能引导学生沿着正确的学术方向步入所向往的科学殿堂。因此,加强高校教材建设,对于提高教育质量、稳定教学秩序、实现高等教育人才培养目标起着重要的作用。正是基于这样的考虑,江西财经大学与复旦大学出版社达成共识,准备通过编写出版一套高质量的教材系列,进一步锻炼学校教师队伍,提高教师素质和教学水平,最终将学校的学科、师资等优势转化为人才培养优势,提升人才培养质量。为凸显江财特色,我们取校训"信敏廉毅"中一首一尾两个字,将这个系列的教材命名为"信毅教材大系"。

"信毅教材大系"将分期分批出版问世,江西财经大学教师将积极参与这一具有重大意义的学术事业,精益求精地不断提高写作质量,力争将"信毅教材大系"打造成业内有影响力的高端品牌。"信毅教材大系"的出版,得到了复旦大学出版社的大力支持,没有他们的卓越视野和精心组织,就不可能有这套系列教材的问世。作为"信毅教材大系"的合作方和复旦大学出版社的一名多年的合作者,对他们的敬业精神和远见卓识,我感到由衷的钦佩。

王 乔

2012 年 9 月 19 日

序 言

金融法学是法律院校本科学生的主修课程,也是其他财政金融专业本科学生的重要选修课程。本教材是作者多年金融法教学和研究的经验总结,改变了我国现行大部分金融法学教材以金融机构为主线的逻辑思维,采取了与现有金融法学教材完全不同的编写视角和体系。传统金融法教材一般分为金融法总论、银行法、证券法、信托法、融资租赁法等章节,体现了我国长期以来"分业经营、分业管理"的金融体制和立法思路。本教材分为金融和金融法基本理论、金融组织法律制度、金融行为法律制度、金融监管法律制度和金融机构市场退出法律制度五大板块。

本教材以江西财经大学 2019 年省级教学成果奖培育项目"金融创新和服务型人才培养模式下《金融法》教材改革"和 2018 年江西省学位与研究生教育教学改革研究项目"金融法学'四模块'功能教学法"为基础,借鉴国内外相关教材编撰体例、框架结构和知识点,意图修正现有相关教材的不足,实现教材的体系创新和内容创新。

第一,宏观层面,改变教材编排体例和逻辑结构。本教材通过金融和金融法基本理论、金融组织法律制度、金融行为法律制度、金融监管法律制度和金融机构市场退出法律制度五模块的编写方式,从整体、宏观层面建立"金融法基本理论—金融机构设立条件—金融机构行为规则—金融市场监管和责任—金融机构市场退出"的逻辑顺序和篇章结构,以实现教学内容的逻辑性和知识的可读性。

第二,中观层面,创新教材知识结构和讲授节点。本教材改变传统金融法学教材单独、孤立地逐个介绍几大金融机构的编写方式,而以功能为基础,在金融组织法律制度模块集中介绍金融机构的设立条件,在金融行为法律制度模块集中介绍金融市场行为规则,在金融监管法律制度模块集中介绍金融市场监管规则,在金融机构市场退出法律制度模块集中介绍问题金融机构的行政处置和破产清算规则,强调不同金融机构从事相同行为的制度规则和法律责任,在阐述各种金融机构传统业务的同时,更关注金融机构的融合化经营和共性。

第三,微观层面,增加教材中关于新金融法的内容和章节。本教材强调金融机构融合化经营、金融发展创新的新金融模式,增加了保险交易所、票据交易所和互联网金融、金融衍生产品、数字货币等新内容和新规则,还增加了货币支付结算行为基本理论和法律制度,并创新性地将金融机构市场退出法律制度、问题金融机构国家救助法律制度作为教材的重要章节。本教材通过增加近年来金融市场中一些创新性金融产品、金融交易的法律规则和基本理论,完善了金融法学教材体系,增强了其逻辑性。

本教材从金融发展和创新、金融融合化经营的角度创新金融法学教学和教材编排体系,建设以功能监管、穿透式监管为基础的新金融法学教学内容和教学模式,重点解决以下问题:① 传统金融法学教材理论性、逻辑性不强,多以法律规范作为其主要教学内容,老师难教、学生难学;② 传统金融法学教材按机构类别进行教学,各金融机构缺乏穿透、连贯和渗透性;③ 传统金融法学教材局限于银行、证券等基本业务介绍,较少涉及金融创新业务内容和规则。本教材适用于法学、金融财政学专业本科阶段的金融法学教学,也可作为相关专业硕士研究生的教学参考,并附有全套 PPT 课件。

江西财经大学法学院　巫文勇

2020 年 6 月 29 日

目 录

第一篇 金融法律制度基础理论

第一章 金融和金融市场基础知识 003
- 第一节 货币制度和金融体系 003
- 第二节 金融市场和金融工具 015
- 第三节 金融机构和金融监管机构 021

第二章 金融风险与金融监管 026
- 第一节 金融风险和风险产生原因 026
- 第二节 金融监管和监管基本内容 031
- 第三节 金融监管目标和监管原则 035

第三章 金融法律制度基本理论 041
- 第一节 金融法的概念和调整对象 041
- 第二节 金融法律渊源和法律体系 046
- 第三节 金融发展创新和立法趋势 052

第二篇 金融主体组织法律制度

第一章 中央银行组织法律制度 059
- 第一节 中央银行的渊源和发展 059
- 第二节 中央银行的法律定位 064
- 第三节 中央银行体制和资本结构 069

第二章 货币市场组织法律制度 075
- 第一节 银行经营机构组织法律制度 075
- 第二节 政策性银行组织法律制度 082
- 第三节 其他存贷款型金融组织法律制度 088
- 第四节 准存贷款型机构组织法律制度 096

第五节 第三方支付机构组织法律制度 …………………… 104

第三章 资本市场组织法律制度 …………………… 109
第一节 证券经营机构组织法律制度 …………………… 109
第二节 期货经营机构组织法律制度 …………………… 115
第三节 金融资产管理机构组织法律制度 ………………… 121
第四节 基金管理机构组织法律制度 …………………… 125
第五节 其他资本市场组织法律制度 …………………… 129

第四章 金融交易所组织法律制度 …………………… 139
第一节 证券交易所组织法律制度 ……………………… 139
第二节 期货交易所组织法律制度 ……………………… 146
第三节 票据交易所组织法律制度 ……………………… 155
第四节 保险交易所组织法律制度 ……………………… 160
第五节 金融登记结算机构组织法律制度 ………………… 164

第三篇 金融市场行为法律制度

第一章 货币发行与交易法律制度 …………………… 177
第一节 货币发行行为法律制度 ………………………… 177
第二节 货币市场调控行为法律制度 …………………… 184
第三节 银行存贷款行为法律制度 ……………………… 190
第四节 互联网平台借贷行为法律制度 ………………… 197
第五节 其他货币交易行为法律制度 …………………… 204

第二章 证券发行与交易行为法律制度 ……………… 219
第一节 证券发行行为法律制度 ………………………… 219
第二节 证券上市交易行为法律制度 …………………… 226
第三节 上市公司收购行为法律制度 …………………… 237
第四节 证券信息披露行为法律制度 …………………… 245

第三章 期货上市与交易行为法律制度 ……………… 253
第一节 期货产品设计与上市法律制度 ………………… 253
第二节 期货交易行为法律制度 ………………………… 260

第三节　期货信息披露行为法律制度 …………………… 274

第四章　其他金融交易行为法律制度 ………………………… 279
　　　第一节　金融信托投资行为法律制度 …………………… 279
　　　第二节　金融租赁交易行为法律制度 …………………… 286
　　　第三节　资产证券化行为法律制度 ……………………… 292
　　　第四节　金融衍生产品交易行为法律制度 ……………… 300

第五章　货币支付结算行为法律制度 ………………………… 306
　　　第一节　货币支付结算行为基本理论 …………………… 306
　　　第二节　货币支付结算行为制度规则 …………………… 312
　　　第三节　现代支付清算行为法律制度 …………………… 327

第四篇　金融市场监管法律制度

第一章　金融市场政府型监管法律制度 ……………………… 339
　　　第一节　金融市场综合型监管法律制度 ………………… 339
　　　第二节　金融市场中央银行监管法律制度 ……………… 343
　　　第三节　金融市场行业型监管法律制度 ………………… 348

第二章　金融市场非政府型监管法律制度 …………………… 357
　　　第一节　金融市场准政府型监管法律制度 ……………… 357
　　　第二节　金融行业协会自律型监管法律制度 …………… 361
　　　第三节　金融交易所自律型监管法律制度 ……………… 366

第三章　金融市场监管法律责任制度 ………………………… 371
　　　第一节　金融违法民事法律责任制度 …………………… 371
　　　第二节　金融违法行政法律责任制度 …………………… 380
　　　第三节　金融犯罪刑事法律责任制度 …………………… 389

第五篇　金融机构市场退出法律制度

第一章　金融机构行政市场退出法律制度 …………………… 403
　　　第一节　问题金融机构行政处置法律制度 ……………… 403
　　　第二节　问题金融机构行政清算法律制度 ……………… 407

第二章　金融机构破产市场退出法律制度 …… 414
第一节　金融机构破产程序性法律制度 …… 414
第二节　金融机构破产实体性法律制度 …… 422

第三章　金融机构国家救助法律制度 …… 432
第一节　金融机构经营性救助法律制度 …… 432
第二节　金融机构清偿性救助法律制度 …… 438

参考文献 …… 445

第一篇　金融法律制度基础理论

- 第一章　金融和金融市场基础知识
- 第二章　金融风险与金融监管
- 第三章　金融法律制度基本理论

第一章　金融和金融市场基础知识

本章纲要
- ◆ 货币本质
- ◆ 货币职能
- ◆ 货币历史
- ◆ 数字货币
- ◆ 资金融通
- ◆ 金融市场
- ◆ 金融工具
- ◆ 金融机构

第一节　货币制度和金融体系

一、货币的本质、形态和基本职能

（一）货币的概念和演变

货币又被称为钱或钞票，对货币的经典解释是，充当一般等价物的特殊商品，在日常物资与服务交换中充当媒介，其基本功能体现为交易媒介、储藏价值、延期支付标准和记账单位，在商品交换中体现商品的价值。经济学家普遍认为，在实物货币和金属货币时期，货币是商品中具有一般等价物的特殊商品，货币通过其被普遍接受的价值来代表其他商品的价值。但是，随着社会经济和科学技术的发展，充当货币的资材已经从贵金属演变为纸质货币、电子（数字）货币，特殊商品的性质消失殆尽，货币的实质价值基本上已经不存在，脱离了实物材质形态，更多地体现为一种价值符号。货币和其他任何一种经济范畴一样是一种社会现象，它的存在和它所采取的形式反映了使用它的社会与经济结构。因此，现代货币被解释为一种所有者与市场关于交换权的契约，是由国家发行且强制推行使用，并以国家信用作为后盾的计价单位和价值符号。

货币是人类社会进入较高级形态后不可或缺的生产要素，从最早的自发产生到后来有组织管理的货币发行、流动和汇兑的历史演变，经历了从低级到高级的发展过程。一般认为，货币产生于原始社会，美丽的贝壳是所有的原始社会成员都愿意得到的珍贵物品，因而贝壳逐渐成为大家共同能够接受的计价单位和等价交换物质，并成为人类社会最早的货币形态。据史料记载，除中国外，亚洲其他国家如斯里兰卡、孟加拉国、印度，美洲的印第安人，以及非洲的绝大多数地区最早都使用贝壳作为货币。即使在世界进入数字货币时代的今天,在印度洋、太平洋等地区的一些偏远岛国,很多人仍然将贝壳作为货币使用。在原始社会,不同的地区还存在其他的原始货币类型,如中国的石斧、山羊,非洲部落的手镯,俄罗斯的松鼠毛皮等。但是,原始社会的货币是自发产生的,不存在专门的货币发行和货币管理,当然也就不存在有意安排制定的货币法律制度。真正的货币制度与国家的产生相伴而生,成为国家制度的重要组成部分,而且任何一个朝代、君王和政府都对货币制度高度关注、重点控制。国家通过立法规范货币发行、流动和汇兑,对货币材料的选择和生产、货币单位的制定、本币的铸造与流动、银行券和纸币的发行与流动、准备金制度的制定和落实等进行法律规范和控制。

货币史研究认为,世界货币经历了八个形态:自然海贝、青铜铸币、金银币、定型货币(方孔圆钱)、纸币(官交子或银行券)、账务票据(纸质凭证与票据)、银行卡(借记卡、贷记卡和公交卡等)、法定数字货币。后两种形态可统称为电子货币或数字货币。大致上,5 000年前使用的为自然海贝,4 000年前为青铜铸币,3 000年前为金银币,2 000年前为定型货币,1 000年前为纸币,现在为电子货币。

(二)货币的基本职能

马克思对货币的经典定义是具有价值和使用价值的商品,而且货币在商品经济中执行着五种职能:价值尺度、流通手段、支付手段、储藏手段和世界货币。

(1)价值尺度。价值尺度是指将一个产品的价值量化、数字化、具体化的评价标准。货币就是在表现和衡量商品价值时,执行着价值尺度职能,衡量各种不同商品的价值大小。

(2)流通手段。流通手段是指货币在商品交换过程中发挥媒介作用,执行流通手段职能,连接商品生产者、消费者,以促进商品的交换和流动,活跃相互之间的交换关系,即通过通俗意义上的"一手交钱、一手交货",加强市场的流动性。

(3)支付手段。支付手段是指货币因为具有价值尺度、流通手段、储藏手段等职能,所以也就能够作为支付手段用于清偿债务和进行价值转移,如结算交易货款、支付买卖价值、归还银行贷款、偿还信用卡消费欠款等。

(4)储藏手段。储藏手段是指货币作为社会财富的代表,能够退出流通领域作为社会财富的一般代表被保存起来,如将金银、纸质货币等实物储藏于固定场所,或将电子货币储存于银行卡中等。货币储藏既能够将现有的货币留存至未来某一时间使用,也能通过储藏自发地调节流通中的货币量。

(5)世界货币。世界货币是指货币被世界各国普遍使用,即在国内外市场作为一般等价物发挥作用。货币执行世界货币的职能主要体现在三个方面:作为国际间的支付手段,在国家之间进行资金划拨和债务清偿;作为国际贸易的购买手段,购买外国商品并充当流通介质;作为社会财富的价值符号,在国际间进行财富转移或被其他国家所储存。

(三)货币的形态和基本特征

货币经历了一个从低级到高级的历史发展过程,在不同历史发展过程中所表现出来的货币形式即为货币形态。总体而言,货币经历了实物货币、金属货币、信用纸币和电子货币四个形态,但每一种货币形态还可以进一步细分。

1. 实物货币

实物货币是人类历史上最原始的货币形态,是指在金属货币出现以前充当交易媒介的某些特殊商品，如粮食、牛羊、劳动工具、贝壳等。在早期简单的商品交换时代，生产极不发达，人类商品交换均在偶然状态下发生，也不存在专门的计价标准和交换中介物资，而是在交换双方感觉合意的状态下进行。只有在生产力发展且交易逐渐发达的环境下，某些普遍被大家接受的贵重物件频繁地作为中介物进行计价、交换、收藏，才逐渐独立出来并被称为货币。中国是最早使用货币的国家，大约在公元前3000年左右，人们开始使用贝壳作为支付手段。但是，贝壳、石斧的实物商品特征，难以使得不同区域的社会成员对其实现广泛的认同，而且实物商品价值的不可分割性特征，使其难以充当理想的交易媒介，不适合用于作为具有普遍性的价值尺度和储藏手段，因而逐渐被金属货币所取代。

2. 金属货币

金属货币是指以金、银、铜、铁等金属材料作为货币，是社会经济发展到较为高级阶段的货币形态。与实物货币相比，金属货币具有价值稳定、易于分割、便于携带和易于收藏等特点，更适宜于充当世界货币，符合马克思的"金银天然是货币"的论述。中国是最早使用金属货币的国家，在公元前1500—前1122年就开始铸造铜贝，另一文明古国埃及则在公元前14世纪开始使用黄金作为货币，这两大国家使用金属货币远早于其他国家。据考证，小亚细亚和希腊在公元前700—前600年开始铸造金属货币，然后才将金属货币铸造技术传播至西方其他国家。在金属货币发展史上，中国早期多以铜、铁作为钱币的介质，在宋朝才开始逐渐使用白银作为钱币介质。黄金在中国并没有作为主流货币得到广泛发展，市场上流动较少，更多体现为价值储存。英国是最早铸造金币的国家，也是以贵金属黄金作为货币材料的代表性国家。金属货币经历了两种基本形式或阶段，即称量货币和金属铸币。金属货币其发展由最初的条块演变为后来的刀斧形和最后的方形、圆形等形状，价值衡量也由初期的称量发展到后阶段的成色重量铸造。金属货币较实物货币的优越性主要有耐久、轻便、价值统一等，能有效发挥货币的支付手段、价值尺度和储藏手段等职能。

3. 信用纸币

信用纸币以纸张作为货币制作材料印制而成，是世界各国现行的基本货币，执行价值尺度、流通手段、支付手段、世界货币等职能。由于纸币已经脱离了"特殊商品"和"等价商品"的本质，仅是充当等价物的一种信用符号，本身质材和印刷成本较为低廉，而且便于携带，所以成了现代货币通行模式。一般说来，信用纸币作为交换媒介必须具备两个条件：一是社会公众对此种货币的信心；二是货币发行的立法保障，即国家对这种货币的强制兑付力。二者缺一不可。世界上最早的纸币是中国唐朝晚期的"飞钱"，然后在北宋时四川地区出现了一种代替金属钱币使用的"交子"。公元1107年，宋朝政府改"交子"为"钱引"，其后纸币开始在中国流行开来。意大利旅行家马可·波罗撰写的《马可·波罗游记》详细记载了中国元代纸币印作工艺和发行流通情况。欧洲的纸币受中国的影响，最早由瑞典发行，中国的纸币普遍比美国(1692年)、法国(1716年)等西方国家要早600～700年，因而中国也是世界上最早发行纸币的国家。

4. 数字货币

数字货币又称电子货币，其货币的形态不再以纸张或金属作为其载体，而是采用以电磁符号记载在数字货币账号、电子钱包或银行卡号中的代表货币额度的数字形式。数字货币因其数字化表现形式而得名,又因其运载形式为计算机和互联网等电子载体而被称为电子货币。经济学意义上的数字货币既包括各国和货币区正在研究推进的法定数字货币,也包括法定现钞和铸币转化而成的银行存款数字货币,还包括私人机构发行的代币金融工具,即"虚拟货币"或"约定货币",如比特币等。

(1) 法定数字货币即中央银行发行的数字货币,它不是目前现钞转化而成的银行存款数字货币,也不是虚拟货币,而是由各国或货币区中央银行直接向社会发行的以电磁符号形式存在于电子设备中的法定货币,它在法律性质上属于现钞和铸币的替代形式,同法定现钞和铸币具有共同的法律属性。法定数字货币是一种全新的法定货币,它的出现必然会导致货币体系和货币法律关系的颠覆性变化。

(2) 银行存款数字货币即现钞和铸币持有人将其存入银行等存储机构而转化成的计算机存款账号中的电子存款数据。根据1998年8月欧洲中央银行发布的名为《电子货币》的报告,电子货币是以电子方式存储于技术设备中的货币价值,是一种预付价值的无记名支付工具,被广泛应用于向除电子货币发行人以外的其他人的支付,但在交易中并不一定涉及银行账户。

(3) 虚拟货币,又可称为约定货币,是私人机构基于数学算法而发行的金融产品,严格意义上并不能称为货币,因为没有国家信用作担保,不具有国家强制支付效力,只能在当事人之间约定使用,可以在网络虚拟空间发挥多种货币职能,但没有任何价值保障。

(四) 货币机制和制度体系

世界货币制度可划分为三个阶段:第一阶段是早期的金属货币时期,各国采用铜铁等金属作为货币;第二阶段则是以金银作为本位货币阶段;第三阶段是具有法偿力的纸质货币阶段。研究和讨论货币机制和制度体系,一般是研究后两个阶段。后两个阶段中,世界货币存在四种不同的货币机制和制度,依次为银本位制、金银复本位制、金本位制和不兑现信用货币制度。

1. 银本位制

银本位制是指以白银为本位货币的一种货币制度,银本位制依其发展顺序又可分为银两本位制和银币本位制。银两本位制实行的是银块流动体制,在中国早期曾以白银的重量单位"两"作为计价标准,以银块重量"两"和"钱"计价结算,其他的地区也实行类似的以重量计价的流动方式。银本位制后期,银两本位制被银币本位制所取代,即将银块铸造为一定重量和成色的白银铸币。这种以铸币为特征的银本位制有以下特点:① 银币的铸造虽然总体被国家控制,但是在不同时期控制的程度并不一致,有时也可由私人进行铸造;② 银币为国家法律规定为通用货币,即为无限法偿货币;③ 辅币和其他各种货币,包括各个时期的票据纸钱可以自由兑换为等量白银或银币;④ 白银和银币可以在国家之间自由输入和输出,同时也可以作为不同国家之间的结算货币。

2. 金银复本位制

金银复本位制是指以金、银两种金属作为本位货币的一种货币制度,与银本位制类似,其基本特征如下:① 金币和银币的铸造虽然被国家控制,但是有时可由私人进行铸造和经营；② 金币和银币为国家法律规定为通用货币，即为无限法偿货币；③ 辅币和其他各种货币，包括各个时期的票据纸钱可以自由兑换为等量金币或银币；④ 白银和银币可以自由输入和输出，也可以用于不同国家之间的结算。在18世纪末19世纪初，西方大部分国家的货币制度都逐渐从金银复本位制向金本位制过渡。

3. 金本位制

金本位制是指以黄金作为本位货币的一种货币制度，但又可以细分为金块本位制、金币本位制和金汇兑本位制。

（1）金币本位制，即市场中流通的为铸造好的金币，其他的银币或铜币作为辅币。金币本位制的基本特点如下：① 金币的铸造原则上由国家控制，但也可能偶有私人经营；② 辅币和银行券可以自由兑换金币；③ 黄金可以自由输出和输入；④ 国家金属准备全部为黄金。

（2）金块本位制又称生金本位制，即在国内不铸造、不流通金币，只发行代替一定重量黄金的银行券进行流通、交易和决算，而且银行券不能自由兑换黄金和金币，只能向发行银行兑换一定量黄金的货币体制和制度。金块本位制的基本特征如下：① 黄金虽然是本位币，但在市场中并不将金币或金块作为通用货币，而是以代表一定量黄金的银行券进行流通、决算；② 黄金由政府严格控制并存放于各大商业银行或钱庄，由各商业银行或钱庄根据控制的黄金发行银行券作为日常流通媒介；③ 根据一定的标准，规定银行券的含金量，银行券本身即代表了黄金，具有法律规定偿付能力。

（3）金汇兑本位制是指将本国的货币与另一金本位制国家的货币保持固定的比价关系。本国的纸币发行必须以一定量的黄金为基础，并将该等量黄金存入本国或外国的中央银行，以供国际支付中的兑换使用。

4. 信用货币制

信用货币制度是由国家强制发行纸币，各国发行纸币与黄金脱钩，由国家保障其偿付能力的制度，黄金不再是确定货币币值和各国汇率的标准，纸币不能兑换成黄金。信用货币制度具有如下特点：① 国家授权中央银行垄断发行货币，国家强制力保障货币偿付力；② 货币由现钞和银行存款构成；③ 货币主要通过银行信贷渠道进行投放；④ 货币供应量不再受贵金属量的约束，主要取决于国民经济发展水平，以及国民货币使用习惯和货币流动技术支持。

（五）货币供给层次划分

各国通常按照流动性对货币供给层次进行统计和划分。划分货币层次，其目的是区分各层次货币的特性，以便货币监管机构有针对性地制定货币政策，实施及时、有效的宏观金融调控。基于法律规定、金融体制和历史习惯，各国对于货币层次的划分标准有所不同，即使同一国家在不同时期的货币层次划分方法也有可能有所调整。

（1）各国对货币层次划分的基本思路是按照货币的流动性，并根据本国的具体情况和货币政策要求制定划分标准。根据西方经济学家对货币层次的归纳，货币一般情况下可分为以下四个层次：① M_0 ＝现金，这一部分即流动性最强的货币；② $M_1=M_0$＋商业银行活期存款，其中活期存款流动性稍差于现金，现金和活期存款通常用作支付手段；③ $M_2=M_1$＋商业银行定期存款，定期存款的流动性相对于活期存款更加低下,主要用于储存;④ $M_3=M_2+$各种非银行金融机构中的存款,甚至在 M_3 的基础上还衍生出 M_4,即 M_3 加上其他的短期流动性资产,如国债、商业票据、银行承兑汇票、公司债券和保险单等。

(2) 中国正式确定并按季度公布货币供应量指标始于 1994 年第三季度,并开始划分货币层次,按季度公布货币供应量统计监测指标。1996 年开始,将中国货币划分为四个层次:① $M_0=$流通中的现金;② $M_1=M_0+$企业活期存款+机关团体部队存款+农村存款+个人持有的信用卡类存款;③ $M_2=M_1+$城乡居民储蓄存款+企业存款中具有定期性质的存款+外币存款+信托类存款;④ $M_3=M_2+$金融债券+商业票据+大额可转让定期存单等。其中,M_1 是通常所说的狭义货币供应量,M_2 是广义货币供应量,M_3 是为金融创新而增设的货币层次。

(3) 各国中央银行对货币层次的划分有所不同,而且其重点观察指标也不同。美国目前以 M_1 和 M_2 两个层次为重点控制对象,而日本则将 M_2 作为关注对象。中国根据本国经济发展和金融市场状况,短期以 M_0 和 M_1 作为控制重点,中长期则把控 M_2。但是,随着货币的数字化发展,不同层次的货币划分越来越模糊,各层次货币的分界容易跨越,狭义的货币供应量 M_1 占总货币供应量的比例在不断下降。其根本原因是,网上银行、手机银行等电子支付方式能够随时随地地保证客户完成货币资金的转移,企业交易性和预防性货币需求减少,投资性货币需求量增加。

二、国际货币体系和发展趋势

(一) 布雷顿森林货币政策体系

国际货币体系就是各国政府之间为了适应国际贸易、国际投资、国际支付和稳定世界经济的需要,对货币在国际范围内执行世界货币职能所确定的原则、采取的措施和建立的组织总称。世界最早的国际货币体系是布雷顿森林货币体系,主要组织体是国际货币基金组织和世界银行。

第二次世界大战即将结束之时的 1944 年 7 月 1—22 日,为了恢复被战争破坏的世界经济和协调各国货币制度,以美国、英国为首的 44 个国家在美国新罕布什尔州的布雷顿森林举行了国际货币金融会议。这次会议主要成果是通过了《联合国货币金融会议最后决议书》和《国际货币基金组织协定》《国际复兴开发银行协定》等文件。后两个文件被称为《布雷顿森林协定》,并以此确立了以美元为中心的国际货币制度——布雷顿森林体系。《布雷顿森林协定》的主要内容包括以下三个方面。

(1) 建立"国际货币基金组织"(International Monetary Fund,IMF),该组织作为一个永久性的国际金融机构,主要职能是制定金融合作的规则,为成员提供紧急资金融通,维护国际间的汇率秩序,协助成员建立经常性多边支付体系等。

(2) 建立国际复兴开发银行,又称世界银行(World Bank),该银行主要职责是促进成员国际贸易的平衡发展和国际收支状况的改善,为成员提供长期信贷以协助其经济的复兴与建设,当成员方不能在合理条件下获得私人资本时,可运用该银行自有资本或筹集的资金来补充私人投资的不足,鼓励国际投资,协助成员提高生产能力。

(3) 美元与黄金挂钩,即固定 1 美元的含金量为美国《黄金储备法案》规定的 0.888 671 克纯金,确定 1 盎司(约 31.103 克)黄金等于 35 美元,在此基础上实行各国货币与美元挂钩,各国政府或者中央银行可以将持有的美元按这一标准向美国中央银行兑换黄金的制度。另外,美元与其他各国货币实行可调整的固定汇率制度,取消经常账户交易的外汇管制等。由此,美元开始替代老牌货币英镑成为世界通用的纸币,因而也获得了"美金"称号,并等同于黄金成为硬通货。

布雷顿森林体系在全球建立了固定但可调整的汇率制度,限制了黄金兑换,建立了美元本位制。该体系的核心是允许对外汇交易和资本流动进行管制,各国对国内宏观经济政策自行决策。各国通过一套复杂的监管机制来监管国内的金融市场,以减少政府融资的成本,实现金融市场的有序运行以促进经济发展,避免战争时期的经济和金融混乱,通过美元和黄金直接挂钩以及可调整的固定汇率制度,促进国际金融的稳定发展,为国际贸易的扩大和世界经济增长提供条件。但布雷顿森林体系的内在缺陷,如美元的国际储备地位和国际清偿力的矛盾,储备货币发行国与非储备货币发行国之间政策协调的不对称性,以及固定汇率制下内外部目标之间的两难选择等,使得其在进入 20 世纪 70 年代后,由于美国和西方其他国家经济力量的此消彼长而宣布破产。

(二) 牙买加国际货币政策体系

布雷顿森林体系瓦解后,国际货币基金组织临时委员会于 1976 年 1 月 8 日在牙买加首都金斯敦会议上通过了关于国际货币制度改革的协议,即《牙买加协议》,随后该协议经过多次修改。《牙买加协议》在继续维护全球多边自由支付的基础上,确认了布雷顿森林体系解体后实行的浮动利率的合法性,其主要内容包括以下五个方面。

(1) 赋予浮动汇率合法地位,会员在与国际货币基金组织协商并接受其监督的情况下,可以自由选择符合自己国家的汇率制度,可以采取自由浮动或其他形式的固定汇率制度。

(2) 尽力采取措施缩小会员之间的汇率波动幅度,以避免通过操纵汇率来阻止国际收支的调整或获取不公平的竞争利益。

(3) 取消黄金与货币强制挂钩的制度,允许各会员中央银行按市场价值自由进行黄金交易,会员相互之间以及会员与国际货币基金组织之间清算债权债务可用非黄金进行。

(4) 修订特别提款权的有关条款,提高特别提款权的国际储备地位,以使特别提款权逐步取代黄金和美元而成为国际主要储备货币。

(5) 扩大对发展中国家的资金融通,以出售黄金所得收益设立信托基金,以优惠条件向最贫穷的发展中国家提供贷款或援助,以解决他们国际收支的困难,改革各会员对国际货币基金组织所缴纳的基本份额。

现行的牙买加国际货币体系实际上默认了布雷顿森林体系崩溃后的一系列变通措施和安排。当今的国际货币体系使国际金融体系在一定程度上处于一种无序状态,其根本原因是缺少国际最终贷款者和有效的监管者,缺少调节国际收支失衡、防范和化解金融危机以及维护金融市场的机制。在牙买加国际货币体系下,价格水平、利率和汇率都会大幅度波动,多种汇率制度并存,汇率体系运行复杂,增加了国际金融投机和金融风险;国际储备资产多样化导致货币储备体系不稳定,没有内在价值的美元却同时具有主权国家货币和国际货币的双重法律属性。在这一体系中,发达经济体在国际金融组织中处于主导地位,新兴市场和发展中国家缺乏足够的话语权,以货币基金组织为代表的国际金融组织独立性和权威性有限,未能形成对主要国家的经济金融政策的有效监督和制衡,美国利用对国际金融组织的控制权根据自身国家金融战略需要主导国际货币体制框架的变迁。

牙买加国际货币体系已经存在40多年,是各国主权货币活动的平台,是货币发展史上的一个根本性转变,即从实物货币走向信用货币,从锚定货币转向无锚定货币,从固定汇率制转向浮动汇率,打破了僵化的汇率体制,对世界各国经济发展起到了促进作用。但是,在这一金融体系实践中,长期以来形成的美元一家独大的世界货币格局仍然继续维持,美元在世界经济中的作用和在国际货币体系中的领导地位并未发生根本性变化。美元垄断地位、美元发行不受约束以及美国独享美元铸币税等三大弊端与浮动汇率制相结合,使全球货币不断扩张,流动性泛滥,加剧了世界经济的不稳定。

(三) 欧盟区域货币政策体系

1978年12月,欧盟首脑会议通过了欧洲货币体系的决议。1979年3月13日,欧洲货币体系被追认自1979年1月1日正式生效。欧洲货币体系的主要内容包括:① 创建欧洲货币单位"埃居"(European Currency Unit,ECU)作为欧洲货币体系的核心,作为欧洲成员国中央银行之间的结算工具;② 建立双重中心汇率制,采取固定但可调整的汇率机制,以稳定成员国货币汇率;③ 建立欧洲货币合作基金,即集中各成员国20%的外汇储备作为基金,用于加强各国的贷款能力和对外汇市场的干预能力。

1991年12月,欧洲各国在荷兰马斯特里赫特召开的欧盟首脑会议上,达成了《马斯特里赫特条约》(即《欧洲联盟条约》),并在1992年2月正式签署。该条约决定从1999年1月1日开始在欧盟区设立单一货币区,符合条件的国家自愿加入这一货币区。货币区国家之间实施统一货币政策,欧洲中央银行设在德国的法兰克福。《欧洲联盟条约》签订时,欧盟当时15个成员国中包括德国、法国、意大利、荷兰、比利时、卢森堡、爱尔兰、西班牙、葡萄牙、奥地利和芬兰在内的11个成员国,达到了1992年确立的欧洲经济一体化并向欧元过渡的四项统一标准,因此,欧元成为这11国的单一货币。1999年1月,欧元开始发行使用并进入国际金融市场,而且允许银行和证券交易所进行欧元交易。但是,欧元纸币和硬币直到2002年1月才真正在市场上流通;2002年7月,欧元区本国货币退出流通,欧元成为欧元区唯一的合法货币。至今为止,加入欧元区的国家有25个。欧元由欧洲中央银行和各欧元区国家中央银行组成的欧洲中央银行系统负责管理。

欧元是欧洲跨国家货币,对欧元区的建立及其改革基础、改革效果评价不一。正面的评价认为,欧洲统一货币制度能够增强各国的经济实力,提高竞争力,简化流动手续、降低成本,减少内部矛盾,防范和化解金融风险,使得欧元区国家自由贸易更加方便。但是负面的评价也很多,许多人认为在这样一个大而不同的区域内使用单一货币是有害的。他们认为,在各主权国家之间实行统一的货币制度,各国必须具备相同的经济基础、社会价值观念和完全协调一致的政府对经济的调控能力和手段。然而在欧元区内,各个国家的经济发展水平差异较大,价值观念千差万别,欧元区的货币政策和利率水平由欧洲中央银行决定,各国不能根据自身的情况实行与国家经济同步的货币政策,无法通过货币发行调整其经济。因此,公共投资和财政政策将成为欧元区内各个国家或地区的政府干预经济的唯一手段,这客观上会阻碍国家经济的发展,引发经济危机,21世纪欧元区国家频繁发生的主权债务危机就是最好的证明。

(四)国际货币体系现状和发展

当前国际货币体系的主要特点如下:① 美元是世界最主要的储备货币。在布雷顿森林体系解体后,美元经历了一个相对衰落的过程,特别是在2007—2009年世界性金融危机后,美元的霸主地位有所松动。但是至今为止,美元在国际贸易和国际投资中仍占有绝对的优势地位,美元是最主要的结算货币和官方储存货币。② 欧元已经成为世界货币体系中的重要力量。欧元在世界货币体系中的地位在迅速升高,是各国外汇储备主要货币。但是,欧元存在先天不足的问题,再加上欧洲经济增长乏力以及诸多欧洲国家主权债务危机的影响,损害了欧元的国际形象,除非欧元区能够对欧元货币体制进行大幅度改革,否则不足以与美元相抗衡。③ 美元作为一国主权货币,被广泛用于全球性支付结算、价值储存,因而产生许多结构性矛盾。美国长期以来过度发展金融业加大了金融风险,而美元的全球性货币特征使得这些风险传播到其他国家。同时,美国通过推行美元在其他国家的使用获取巨大的铸币税,长此以往将使得世界各国收入分配极不公平。

2015年11月30日,国际货币基金组织执行董事会完成了对组成特别提款权(Special Drawing Rights,SDR)货币篮子的5年例行检查期。执行董事会根据中国的经济发展水平、经济在全球经济中的占比和带动全球经济发展的贡献率,以及货币的接受程度,认为中国的人民币符合加入特别提款权货币篮子标准,并且同意人民币自2016年10月1日起正式加入原已包括美元、欧元、英镑、日元的"一篮子货币",成为自由使用货币以及国际储备货币。人民币加入该"货币篮子"后,即享有一系列制度性权利,能够被国际社会广泛地接受,可直接用于对国际货币基金组织的份额认缴、出资和还款,可用于向世界各国和国际组织贷款、投资和还款,中央银行或货币当局持有的人民币可被当然地认定为外汇储备。人民币加入"货币篮子"将极大地增强世界各国对人民币的信心,抵御金融风险,也可降低中国自身持有其他外币数量,而其他国家也可更加多元化地持有各国货币包括持有人民币,实现分散风险的目标。

当前的世界货币体系用主权货币充当储存货币,但是主权货币的特征使得发行国难以兼顾本国经济目标和世界经济发展目标。因此,中国人民银行前行长周小川提出建立超主权国际储备货币作为全球货币体系改革方向,但这种国际货币体系改革提议能否实现还有待进一步观察。

三、金融的概念和金融体系

(一)金融的概念和经济特征

1. 金融的概念

"金融"是"金"和"融"组成的词汇,其中"金"就是通用的货币,是用于交换的媒介,而"融"则为信用,包括借贷、投资、支付和结算等,将其联合起来则为货币资金的融通以及相配套的制度规则。金融范畴大体可归纳为三种口径:① 最狭窄的解释,是指货币市场中的借贷、结算和资本市场中的融资,如证券发行和交易;② 最宽泛的解释,包括一切涉及货币的事务和体系,涵盖国家财政、公司理财和个人收支等;③ 限制性解释,即介于两者之间的界定,包括货币的流通、信用的授予、投资运作和银行服务等。

金融是货币资金融通的总称,主要指货币流通、银行信用和资本募集,以及与之相关的风险分配、金融调控和金融监管等各种活动。基本内容涵盖货币的发行与回笼,存款的吸收与支取,贷款的发放与回收,金银、外汇的买卖,有价证券的发行与转让,国内和国际的货币结算等,这即为早期金融的基本含义。但在现代社会,金融的含义在上述基础上有了很大的拓展,包括一系列金融衍生交易、经济风险管理和金融投机交易行为,以及国家对货币和金融的调控、监管等。

2. 金融的特征

金融的特征体现在四个方面:① 金融的基础是货币,货币的发行、流动和结算是一切金融活动的基础;② 金融的核心是货币融通,其目的是解决市场主体各方资金盈余和稀缺问题;③ 金融的辅助形式是风险分配,市场主体通过金融活动规避资产损失风险,实现保值增值;④ 金融的主导是监管机构对货币流动和其他金融活动的调节、调控和监督管理。

金融活动中发生的社会关系被称为金融关系,这种金融关系是在银行经营机构、非银行金融机构与其他金融市场主体之间的信贷活动、非信贷金融活动,以及与金融产品相关联的经营活动过程中所形成的经济关系,也包括金融监管机构对金融的监督管理和宏观调控所形成的关系。金融关系包含三层意思:① 金融关系是一种经济关系,是具有货币内容且以货币为介质的经济关系;② 金融关系是以银行等金融机构为中心的经济关系,发生在金融业务活动、金融监管和金融调控过程中;③ 金融关系的参与者十分广泛,包括国家、机构、自然人,但金融机构是金融关系中的当然主体,而其他机构和自然人则为非当然主体。

(二) 金融体系和构成要素

金融体系是一个经济体中资金流动、资本募集和风险管理的基本框架,是一个由金融交易工具、金融投资者、金融中介机构、金融交易市场、金融交易规则和金融监管机构等金融要素构成的综合体系。现代金融体系由六个基本要素构成(见图1-1-1)。

(1) 金融产品。金融产品是金融市场中的基本构成要素,即金融交易对象,现被普遍地称为金融工具或金融商品,是指货币以及以货币为基础组合而成的金融交易对象,如货币、股票、期货、黄金、外汇、保单以及其他金融衍生产品等。交易对象是任何金融市场的基本要素,没有货币以及以货币为基础构建起来的交易对象,则没有金融交易中体现金融价值的基本载体,任何资金借贷、货币流动和金融交易都将无法完成。

(2) 金融机构。金融机构是指依法设立的,专门经营或兼营货币和其他金融产品,提供金融服务的特殊经济组织,金融机构模式多为公司,但在一些国家也可以采用非公司的其他企业形式。金融机构分为银行机构和非银行金融机构,这是根据金融机构经营的业务对象所作的划分,但现在金融机构的业务界限逐渐模糊,严格意义上的银行金融机构和非银行金融机构界限逐渐被打破。

(3) 金融投资者。金融投资者是指进入金融市场进行金融产品买卖,接受金融服务的自然人和机构。21世纪初,金融领域中引进了金融消费者这一概念。金融消费者是与金融投资者相对应的一个概念,借鉴了传统消费领域对消费者的阐述,即以家庭生活所需购买金融产品和接受金融服务的个人或某些团体。但在实践中,很多时候将金融投资者和金融消费者统称为金融投资者或者客户。

(4) 金融监管机构。金融监管机构是根据法律规定对一国的金融业进行监督管理和宏观调控的机构。金融监管机构包括政府专司金融监管的部门,也包括一些金融行业协会和金融交易所(如证券交易所)等自律性机构。金融监管机构的职责是发布有关金融监督管理的命令和规章,按照法律规定监督管理金融市场,监督管理金融机构依法经营,或采取各种金融手段对金融市场进行宏观调控。

(5) 金融市场。金融市场是指资金融通和金融产品交易的有形或无形的场所,是经济领域中众多市场之一。简单而言,金融市场是资金或金融产品供应者和需求者双方通过金融交易机制进行交易,以实现资金融通或买卖金融产品的市场,是交易金融资产并确定金融资产价格的一种场所和机制。

(6) 金融制度。金融制度是一国用法律或非法律制度形式所确立的金融体系结构,是确立各类银行和非银行金融机构的职责分工和相互联系,以及各类金融机构的行为规则和法律责任的制度规则体系。金融制度是在长期发展中逐渐形成的法律规则及其相应的制度规则,这些制度规则包括立法机构制定的金融成文法律、金融政策、行业自律规则和金融交易习惯等。

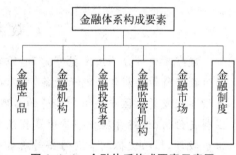

图 1-1-1 金融体系构成要素示意图

(三) 金融的基本功能

金融功能又可称为金融市场的功能,是指金融和金融市场本身的机能以及金融市场在金融、经济运行过程中的作用。金融功能是一个动态发展的过程,随着金融的创新与发展,其功能也越来越多元化,但普遍认为金融存在以下四个主要功能。

(1) 资金结算和支付功能。货币的基本功能是支付和结算,因而在此基础上发展而成的金融基本功能也是清算和支付。金融业的诞生避免了在生产和生活中进行产品交换和资金往来时,主体之间直接面对面地结算和支付货币,而是可以将此委托专业性金融中介机构完成。换言之,金融能够利用其完善的支付结算系统在社会、金融市场参与者之间进行资金往来结算和支付划拨,以提高社会整体经济效率。

(2) 资金融通和资源配置功能。金融是经济的核心,为社会生产提供资金,并通过资金的趋利性实现资源配置。金融市场是一个具有资金聚敛功能的市场,为经济运行起着资金"蓄水池"的作用,引导众多分散的小额资金汇聚成可以投入社会生产的大额资本,以解决社会生产过程中资金不足问题。在此过程中,金融市场将从事实体经济生产和服务的企业以及资金盈余者连接起来,实现资金需求者和资金盈余者的对接,降低资金搜寻成本,有效实现资源配置。

(3) 风险管理与分配功能。现代金融已经超越了传统金融具有的支付结算和资金融通作用,并且在此基础上衍生出了一系列新的功能,如风险管理功能。经济生产和生活充满了大量的不确定性,金融产业本身也存在诸多风险,为了分担风险、转移风险和管理风险,金融市场中建立了保险、期货交易、金融衍生产品交易以及其他风险对冲交易机制,金融投资者可以通过金融产品的买卖实现资金的保值增值和其他金融风险的管理和分散。

(4)经济调控与干预功能。世界各国对经济都存在调节和管理问题,但是在市场经济体制下,对经济的调节主要通过金融和财政的手段,而金融调节又是其首选。金融调控模式主要表现为,中央银行通过货币投放、利率和存款准备金控制等手段调节市场货币量,以控制国家经济发展速度、规模和结构,促进国民经济的健康有序发展。除了中央银行通过货币政策调控经济外,一国政府还可以通过其他的金融手段实现对经济的干预,如对证券市场、保险市场、期货市场采取不同的促进或抑制措施,以实现调控经济发展的目标。

延伸阅读

数字货币

数字货币可分为法定数字货币、银行存款数字货币和虚拟货币如比特币等,并且因为数字货币的载体为电子设备,所以也可将其称为电子货币。其中,法定数字货币是指各国或货币区中央银行发行的与现钞、铸币具有同等功效的货币,具有法偿性和强制支付力;银行存款数字货币是指法定货币储存在银行之后形成的电子账号中的货币数额,然而虚拟货币则为公司或者个人在网络上发行且与中央银行法定货币无直接关联的,具有交换媒介和价值尺度功能的(是否具有"价值尺度",理论界有较大的争议),通过互联网络在虚拟世界中使用的金融工具。

我国是最早研究和开发法定数字货币的国家之一,在2014年就开始着手,而且现在研究开发进展顺利、卓有成效。根据媒体公开报道,我国将来发行的法定数字货币将遵循传统的"中央银行—商业银行"的二元化发行模式,即由中央银行将数字货币发行至商业银行业务库,商业银行受中央银行委托向社会主体提供法定数字货币存取业务,中央银行负责法定数字货币的发行与验证,商业银行从中央银行申请到数字货币后,直接将其流通到社会。商业银行负责提供法定数字货币流通服务和应用生态体系构建,并与中央银行一起维护数字货币发行和流通体系的正常运行。目前理论研究的结论是,法定数字货币的转移支付可以通过互联网络进行,也可以通过类似于手机的电子设备进行"接触式"支付,或称为"双离线"支付。理论上,法定数字货币归属于M_0的一部分,并与现钞和铸币在一个较长时期内并存。学术界的共同观点是,中央银行发行数字货币将会使货币乘数放大,并引发一些其他金融、技术和法律问题。

虚拟货币的典型代表即为比特币(BitCoin),比特币在美国又叫作"暗码货币",当然也有人称之为"数字货币"。虚拟货币诞生于2008年,据说是一个无法考证其真实国籍和姓名(传说中的名字为"中本聪")的程序员所构思出来的。比特币作为一种新兴的,具有代表意义的虚拟货币,从其诞生便引起了各界的关注。与法定货币不同,比特币不是由某一国或货币区中央银行发行的,它是依据特定算法,通过大量的计算而产生的,根据行业习惯将其称为"挖矿"。比特币的基本特征如下:一是计算机操作得出的虚拟金融产品,通过区块链的分布式数据库来确认并记录所有的交易行为;二是点对点的去中心化特性与算法本身可以确保无法通过大量制造比特币来人为操控币值,但由于比特币总数量非常有限,具有极强的稀缺性,据说其总数量将被永久限制在 2 100 万个,所以也无法满足真正的产品和服务交易;三是比特币本质是一种去中心化的互联网虚拟数字货币,由于不是中央银行发行,所以不具有法偿性和强制性,因而价格波动很大,存在资产归零的可能;四是比特币是否具有数字货币的支付功能现在难以确定,因为价格浮动幅度过大,无法准确衡量商品的真实价值,而且普通民众难以接受一种价值不确定的货币,缺乏国家保障支付的符号也使得支付流动打上问号。

结论是,比特币仅是虚拟货币的一种,金融领域中还存在其他类型的虚拟货币,如瑞波币、百度币等,但比特币等能否被称为货币还有争论,更多的学者认为虚拟货币并非货币,仅是一种金融产品。由于这些虚拟货币存在技术不完善以及监管不到位等问题,所以产生了诸多风险甚至扰乱了金融市场秩序,国际社会对其评价褒贬不一。因此,这些货币何去何从,理论和实践部门尚无定论。

[资料来源] 野口悠纪雄:《虚拟货币革命——比特币只是开始》,北方文艺出版社,2017,第 2—3 页。

第二节 金融市场和金融工具

一、金融市场及构成要素

(一) 金融市场的概念

金融市场是金融体系的主要组成部分,是金融产品生产和交易的场所。金融市场包含了以下三个层面的含义:① 是金融产品或金融商品生产、交易的有形或无形的场所;② 体现的是金融产品供应者和需求者之间形成的一种供求关系;③ 由一系列正式和非正式的制度规则连接而成,规范着市场的运行、价格形成、交易行为、风险控制、收益分配和法律后果承担等。

(二) 金融市场的构成要素

金额市场的构成要素是指构成金融市场的基本单元或组成部分,具体包括市场主体、市场客体和监管规则。

1. 市场主体

金融市场主体主要包括三大类：提供金融服务的金融机构和中介机构，资金需求者和资金提供者，金融监管机构。

（1）提供金融服务的金融机构和中介机构。具体包括提供金融服务的金融机构，如银行经营机构、证券经营机构、保险经营机构、信托经营机构、金融租赁经营机构和基金管理机构等，以及其他为金融市场提供服务的金融交易所、登记结算机构、辅助性中介机构，诸如担保公司、会计师事务所、律师事务所和资产评估事务所等。

（2）资金需求者和资金提供者。资金需求者和资金提供者也可以称为客户、金融投资者或金融消费者。金融市场得以构建和运行的基础和核心力量即大批量的资金需求者和资金提供者，否则金融市场也就不具有存在的基础和价值。金融市场资金的提供者可以是机构或个人，也可以是本国人或外国人，他们参与金融市场的目的是多样化的，可能是为了实现对资产的保值增值，也可能是出于投机的目的；资金需求者可以是生产企业，或其他非营利性的机构、个人和政府等。

（3）金融监管机构。金融监管机构就是根据法律规定对一国的金融市场进行监督管理的机构。徒法不足以自行，金融市场的有序运行需要监管机构对金融法制的具体落实，任何国家的金融市场都有金融监管机构对其监管。金融监管机构的具体职责，就是按照国家法律规定监督管理金融市场，发布有关金融监管的规章和命令，监督管理金融机构依法运行等。中国的金融监管机构具体包括中国人民银行、中国银保监会（全称为中国银行保险监督管理委员会）和中国证监会（全称为中国证券业监督管理委员会）等。

2. 市场客体

金融市场客体即交易对象，又可称为金融产品、金融商品和金融工具。其种类繁多，根据其性质可划分为四大类：一是货币类金融产品，如黄金、外汇、货币单证、商业票据；二是债权类金融产品，如信贷借贷、债券、同业拆借等；三是投资类金融产品，如股票、基金、股权证；四是衍生类金融产品，如金融远期合约、金融期货合约、金融期权合约、金融互换合约、信用衍生品及证券化信贷合约、保险合约和其他各种金融衍生交易合约。

3. 市场规则

金融市场监管规则即维护金融市场有序运行的一系列正式或非正式法律规则、交易制度和习惯。其中，正式监管规则为国家制定的成文法律和规章制度，而非正式监管规则则为交易习惯和行业规则。

（三）金融市场的分类

金融市场的分类标准有多种，其中主要且通行的标准是依其交易的对象即标的物类别进行划分，如货币市场、外汇市场、黄金市场、资本市场、期货市场、衍生品市场和保险市场。但随着金融业的创新与发展，在金融混业经营趋势日益明显的情境下，金融市场的分类是相对的，金融混业经营使得各类金融机构突破原来的经营界限，渗透到其他金融市场进行多样化经营，如保险经营机构开始经营贷款业务，而银行经营机构也开始发行和销售具有证券特征的理财产品等。在现代金融体制下，有些金融业务和机构很难对其严格归类。以保险经营机构为例,依其传统的划分标准,保险市场是独立于其他市场的一个单独的金融市场,但是现在保险经营机构开始渗透到银行业、证券业、期货业和其他信托、金融租赁等行业,所以也可以将其很多业务归类到其相对应的金融市场,也即意味着在金融实践中很难对其进行绝对的分类。

(1) 货币市场。货币市场是一种以短期债务工具,一般是1年以下的金融资产为交易标的物的金融市场。货币市场一般指短期国债、商业票据、银行承兑汇票、可转让存单、回购协议等短期信用工具买卖的市场,银行的短期贷款也归为货币市场的业务范畴。货币市场的主要功能是实现金融资产的流动性,以便随时转换成现实的货币,其作用是满足借款者的短期资金需求,同时也为投资者暂时闲置的资金提供投资的机会。

(2) 外汇市场。外汇市场是指专门为外汇交易参与者从事外汇买卖和调剂外汇余缺的交易场所或交易网络。外汇市场的参与者主要有中央银行、外汇银行、外汇经纪人及客户。广义的外汇是外国的货币、存单、票据等,因而外汇市场应该归属于货币市场,而且外汇交易者持有外汇的时间也较为短暂,但由于外汇与本国自由流动的货币存在较大的差异,而且外汇都受到各国中央银行的特殊监管,所以很多情况下将外汇市场与货币市场并列。

(3) 黄金市场。黄金市场是专门进行黄金买卖的交易场所或网络交易系统。目前,黄金在各国都不作为通用货币进行流动,但仍然是国际储备工具之一,保持货币的通性,而且大多数国家对黄金交易进行较为严格的监管。所以,黄金虽然保持有货币的特性和功能,也被各国中央银行作为储备工具,但在实践中基本上不作为通货使用,因而理论上较为通行的做法是将黄金市场独立于货币市场单列。

(4) 资本市场。资本市场是指期限为1年以上的债务工具和权益工具交易的金融市场,具体包括中长期贷款、证券交易市场等。资本市场中的金融产品主要是直接融资工具,包括各种期限较长的证券金融产品,还有其他浮动利率票据和抵押贷款契约,有时也将在股票、证券、基金和其他金融产品基础上衍生出来的新金融产品囊括在内。

(5) 期货市场。期货市场是期货合约的交易场所,期货市场由远期现货市场衍生而来,是与现货市场相对应的组织化和规范化程度更高的市场形态。期货市场中交易的一般是代表着实物商品和金融产品的合约,或者是代表在某一时期以约定价格购买某种产品的权利合约。期货市场的功能在于商品的价格发现、商品生产者和需求者的套期保值和投资者的投资牟利。

(6) 保险市场。传统的保险市场是为了保障财产和人身安全而进行投保,然后当保险危险发生后进行理赔的场所。但现代意义的保险市场需要从更广泛意义上理解为进行保险产品交易的场所,包括有形的保险交易所和无形的网络保险交易平台。金融市场的传统划分方式是将保险市场与货币市场、资本市场并列,但现代保险业已经不再局限于为投保人提供保险保障业务,而是将保险作为一种融资工具,进行资金融通的市场;再加上各国建立专门进行保险交易的保险交易所,理论开始倾向于将保险市场归类于资本市场。

(7) 金融衍生品市场。金融衍生品市场是专门进行金融衍生产品交易的场所,交易的对象不是传统的贷款、票据、证券或者保险产品,而是在上述产品基础上开发出的第二代、第三代甚至更远代际的金融产品。金融衍生产品市场既有有形的市场(如金融衍生品交易所),也有无形的金融衍生产品市场(如互联网金融衍生产品交易平台)。

从金融发展创新以及混业经营的角度看,也可将金融市场分为货币市场和资本市场两大类。其中,货币市场包括银行市场、外汇市场、黄金市场,资本市场包括证券市场、期货市场、金融衍生产品市场和保险市场。

二、金融产品及其基本分类

(一) 金融产品的概念和特征

金融产品又叫金融工具、金融资产或金融商品等,具体如存款、股票、期货、黄金、外汇、保单以及其他诸多金融衍生产品。因为它们代表着一定的金钱价值,而且是可以在金融市场进行买卖的标的物,所以称之为金融产品。由于不同种类的金融产品在金融市场中有不同的功能,金融机构和投资者能够利用其实现各自不同的目的,如资金融通、保值增值、风险规避等,故又称之为金融工具。然而在资产的定性和分类中,因为它们仅代表一定的金钱价值,为与实物资产相区别,故又称之为金融资产。21世纪初,由于金融消费者概念的兴起,金融工具作为广大消费者购买和消费的对象,又被称为金融商品。

金融产品代表了一定的财产价值,但又与普通的商品或其他类型的资产和工具不同。普遍认为,金融产品具有以下四个特征。

(1) 期限性。金融产品是一种投融资工具,所以偿还资金的期限是投融资的基本要求,也即大多数金融产品都有偿还债务的期限,如贷款的本息归还期限、债券的偿还期、期货合约的交割期、票据的兑付期等,但是也有部分金融产品没有约定期限,如股票,但这仅为特例。

(2) 流动性。流动性就是金融产品到期之前兑换成货币的可能性,各种金融产品都具有较高的流动性。一般来说,金融产品流动性的高低取决于三个方面:一是开发金融产品的债务人信誉度,即在已往的债务偿还中能否及时、全部地履行其义务;二是债务偿还期限,也即金融产品设计时规定的偿还期限长短,期限越短则流动性越高,反之则流动性较低;三是金融市场的发达程度,如果交易市场越发达,则其流动性则强。

(3) 风险性。金融产品是以货币为基础开发设计的证券、保险、期货和存单类型化金融产品,以及在这些产品之上组合或反复组合、叠加的并且经过金融模型设计出来的衍生证券。这些产品隐含了一系列风险,如金融的脆弱性风险、违约风险、利率和汇率风险、信息不对称风险和金融欺诈风险等。

(4) 收益性。金融产品的资产特征、投资工具特征,使得其能定期或不定期给持有人带来收益,因而金融产品具有收益性。金融产品的收益来自两个方面:一是债务人按约定给持有人的投资回报,如债务利息和公司红利;二是金融产品在市场上交易时,因价格涨跌而获取的交易差额。

金融产品与其他实物产品或实物工具的根本性差异,即金融产品代表的是以货币计算的无形资产或虚拟资产,它们并不是实在的有形物或能用于经济生产和生活的具体工具或物质形态,而仅是一种感官上的价值。这种价值可能会因为货币贬值或其他金融风险而损耗,但是其他的实物资产或劳动工具的消耗则体现为自然耗损,而且金融产品的使用还必须在还原成货币价值之后,通过购买实物商品才能实现。

(二)金融产品的基本分类

金融产品的分类可以有多种标准,而且其分类也不是绝对的,其间可能重叠,甚至同一金融产品还可能分属不同的类别。但从大类来分,金融实践中较为通行的划分是将其分为货币市场金融产品和资本市场金融产品两大类。

1. 货币市场金融产品

货币市场的金融产品主要有以下六个类别。

(1) 短期国债。各国中央政府为了弥补财政赤字,会发行期限较短的政府债券,如美国的 91 天、182 天和 12 个月的流动性较强的短期国债。

(2) 同业拆借。银行等金融机构为解决临时性的流动资金不足而相互之间进行的资金拆借被称为同业拆借,此种借贷期限少则几个小时,多则 1 周或数周,但一般不会超过 1 个月。

(3) 回购协议。回购协议是资金需求方将证券出让给资金出让方以取得短期资金,并且约定在一定期限后资金需求方购回证券。回购协议交易的期限均较短,通常为几天时间,长则不超过 1 年时间,实际上也可将其简单地理解为一种证券质押贷款。

(4) 短期贷款。短期贷款是指期限不超过 1 年的银行类借贷,即银行经营机构或其他具有贷款资格的金融机构将货币资金出借给资金需求者,借款人在约定的期限内还本付息。

(5) 大额存单。大额存单是由银行经营机构发行的一种金融产品,是存款人在银行存款的证明,购买可转让大额存单的客户可将其手中持有的存单在市场上进行转让,以提前收回资金。

(6) 票据产品。票据产品包括中央银行票据、商业汇票、商业本票、银行汇票、银行本票等,是一种标准化的支付凭证或命令,具有支付功能和资金融通功能。资金需求者可发行票据融资,票据购买者或实际持有人可转让手中持有的票据,或者向银行等金融机构申请票据贴现和票据再贴现等。

2. 资本市场金融产品

资本市场金融产品主要有以下六个类别。

(1) 股权证明。股权证明是公司发行或出具,用于证明股东在公司中的投资份额和股东权益的凭证。股份有限公司发行的即股票,而有限责任公司出具的则为股权证,但无论是股票还是股权证均可在不同层次的资本市场中进行交易。

(2) 债权凭证。债权凭证又可称为债券,是持有人可请求债券发行人支付债券上载明的本金和利息的一种证券,包括公司债券、国家债券、金融债券和企业债券等。债券体现的是债券持有人与债券发行人之间的债权债务关系,其基本特征是到期还本付息、风险较小、安全性较高,而且可在不同的债券市场中交易。

(3) 基金凭证。基金凭证是一种利益共享、风险共担的集合投资凭证。基本运作架构是通过发行基金凭证集中投资者的资金,由基金管理机构委托职业经理人员进行投资理财,投资的对象可以是证券或其他金融产品、实业投资。根据投资对象的不同,可分为股票基金、债券基金、货币基金、期货基金和产业基金等,但前述的每一种投资基金均有公募和私募两种。

(4) 理财凭证。金融机构或其他非金融机构设计并发行的产品,将募集到的资金根据产品销售合同的约定投入金融市场进行金融产品买卖,或者将筹集到的资金投放至相关实体产业,然后根据合同约定对理财产品购买者或持有人进行利润分配或进行回报。

(5) 保险产品。保险产品包括财产保险、人身保险、责任保险和信用保险等,是由保险经营机构发行,投保人购买,当风险发生或产品到期时,由保险经营机构支付回报的金融产品。保险产品既可以是传统的保险,也可以是标准化的保险凭证。随着保险市场的发展创新以及保险交易所的建立,许多保险产品可以在交易所交易。

(6) 衍生产品。金融衍生产品是通过对传统的存单、证券、保险和其他金融产品的组合或再组合而形成的金融产品,其价值取决于一种或多种基础资产或指数,基本种类包括远期合约、期货合约、掉期(互换)和期权合约,以及具有远期、期货、掉期(互换)和期权中一种或多种特征的混合金融工具。这种合约可以是标准化的,也可以是非标准化的。

除了以上所列的金融产品之外,还有其他的金融产品,如外汇市场中的外汇现货、外汇远期合约、外汇期货、货币期权、货币互换,融资租赁和信托市场中的金融租赁、信托理财等。随着金融的发展和创新,新的金融产品不断出现,如网络借贷、众筹、网络货币等。

延伸阅读

金融市场的分类

金融市场除了按其交易的对象进行分类外,还可以其他的标准划分。第一,按中介特征划分为直接金融市场和间接金融市场。其中:① 直接金融市场是以股票、债券为主要金融工具,资金供给者与资金需求者通过股票、债券等金融工具将资金投向需求者,直接进行资金融通的场所,主要指证券市场或资本市场。② 间接金融市场是指拥有暂时闲置货币资金者通过存款,或者购买银行、信托、保险等金融机构发行的有价证券,先将其资金提供给这些金融中介机构,然后再由这些金融机构以贷款、投资等形式将资金提供给资金需求者。第二,按地域范围可划分为国内金融市场和国际金融市场。其中:① 国内金融市场由国内金融机构组成,在一国范围内办理各种货币、证券及其他金融业务活动,其作用范围仅限于国内。国内金融市场还可以进一步分为全国性、区域性、地方性金融市场。② 国际金融市场由经营国际货币金融业务的金融机构组成,其经营内容包括国际性的资金借贷、外汇买卖、证券买卖、资金划拨、黄金交易以及金融衍生品交易等,广义的国际金融市场还包括离岸金融市场。第三,按有无固定经营场所可分为有形市场和无形市场。其中:① 有形金融市场是指有固定场所和交易设施的金融市场,主要指各类交易所,如证券交易所、期货交易所、票据交易所和保险交易所等。② 无形金融市场是指以互联网络或其他电子网络形式存在的市场,通过电子通信手段实现金融产品交易,如互联网平台借贷、互联网众筹、移动支付等。第四,按融资交易期限划分为长期资金市场和短期资金市场。其中:① 长期资金市场,即资本市场,是主要提供1年以上的中长期资金的金融市场,如股票与长期债券的发行与流通市场。② 短期资金市场,即货币市场,是1年以下的短期资金的融通市场,如短期贷款、同业拆借、票据贴现、短期债券及可转让存单的买卖市场。第五,按交易性质划分为发行市场和流动市场。其中:① 发行市场也称一级市场,是新证券发行的市场,如股份有限公司通过股票市场发行股票募集注册资本。② 流通市场,也称二级市场或交易市场,是已经发行在外的证券进行后续流动交易的市场,如证券交易所、期货交易所等。第六,按交割期限可分为现货市场和期货市场。其中:① 金融现货市场,融资活动或金融产品买卖成交后立即付款交割,即一手交钱、一手交货的市场。② 金融期货市场,融资活动或金融产品买卖成交后按合约规定在指定日期付款交割。

第三节 金融机构和金融监管机构

一、金融机构的概念和特征

(一)金融机构的概念

金融机构是指依法设立,专门经营货币和其他金融产品业务,提供金融服务的企业或其他经济组织,是金融市场的重要组成部分。广义的金融机构除了纯营利的金融企业之外,还包括一些提供金融服务的非企业性组织,如证券交易所、证券登记结算机构、票据交易所和保险交易所等。

金融机构通常提供以下一种或多种金融服务:① 在资金市场中筹集货币资金,然后将所筹资金出借给资金需求者;② 接受客户委托进行金融产品交易,为金融产品交易办理结算、交割和登记服务;③ 自营交易金融产品,活跃金融市场,以维持金融市场的流动性;④ 设计并发行金融产品,并把这些金融产品出售给其他市场参与者,满足各类市场主体对金融产品的不同需求;⑤ 为客户提供投资建议,保管金融资产,管理客户的投资组合等。

上述第一种服务涉及金融机构的存贷款功能;第二和第三种服务是金融机构的经纪和交易功能;第四种服务被称为发行与承销功能;第五种服务则属于咨询和委托理财功能。

(二)金融机构的特征

金融机构是经济市场中的重要主体,是特殊的商事企业。与普通商事企业相比较,金融机构具有以下四个特征。

（1）金融机构是一种特殊的商事企业，其特殊性体现在金融机构的经营对象是货币或以货币为基础构建的金融产品，业务范围是提供金融服务，而非其他的实体性经济业务。

（2）金融机构的设立较一般商事企业更为严格，除了要遵守一般的工商企业组织法律制度外，还设置了较高的注册资本要求和其他方面的资质条件；金融机构的设立还必须得到金融监管机构的批准，而且须取得金融业务许可牌照。

（3）金融机构的经营行为受到监管机构的严格监管，对于金融机构经营的金融产品的发行、金融交易、财务要求，监管机构均为其设置了一系列条件和标准，如果违反了这些标准，将会受到监管机构的处罚。

（4）金融机构的市场退出也较一般商事企业严格，即金融机构的自愿清算解散须得到监管机构的批准，即使金融机构达到破产条件也并不必然进行破产清算，监管机构可能会对其提供国家救助或实施行政清算。

二、金融机构的基本分类

（一）中国人民银行的分类标准

根据 2009 年中国人民银行发布的《金融机构编码规范》，中国的金融机构包括以下基本分类。

（1）银行业存款类金融机构。具体包括商业银行、城市信用合作社（含联社）、农村信用合作社（含联社）、农村资金互助社、财务公司。

（2）银行业非存款类金融机构。具体包括金融信托公司、金融资产管理公司、金融租赁公司、汽车金融公司、贷款公司、货币经纪公司。

（3）证券业金融机构。具体包括证券公司、证券投资基金管理公司、期货公司、投资咨询公司。

（4）保险业金融机构。具体包括财产保险公司、人身保险公司、再保险公司、保险资产管理公司、保险经纪公司、保险代理公司、保险公估公司、企业年金管理公司。

（5）交易及结算类金融机构。具体包括证券交易所、期货交易所、期货登记结算类机构、票据交易所、保险交易所。

（6）金融控股公司。具体包括中央金融控股公司、其他金融控股公司。

随着金融业的发展创新，金融市场中的若干金融机构名称发生了较大的变化，也产生了许多从事金融业务的新型金融机构，或类似于金融机构的经济组织（准金融机构）。如原来的城市信用社现大多数改组为城市商业银行，农村信用社改组为农村商业银行，建立了诸多小额贷款公司、第三方理财公司、综合理财服务公司、互联网金融平台公司、融资担保公司、民间借贷登记公司等。

（二）新金融模式分类标准

借鉴国内外现有分类标准，并考虑到金融创新、金融混业经营所带来的金融机构发展变化，金融机构可进行以下分类。

（1）货币市场金融机构，主要指以货币存贷、资金支付结算和清算为主要业务的金融机构,包括银行经营机构、政策性银行、农村信用社、村镇银行和其他存贷款金融机构如财务公司,以及准金融机构,如小额贷款公司、金融服务公司、互联网贷款平台、第三方支付机构等。

(2) 资本市场金融机构,主要指在资本市场为企业、其他组织或个人提供金融产品发行、上市交易、投融资服务的金融机构,包括证券经营机构、期货经营机构、保险经营机构、信托经营机构、金融租赁机构、金融资产管理机构、基金管理机构等。

(3) 金融交易和登记结算机构,主要指为货币和金融产品交易、结算和登记交割提供服务的机构,包括证券交易所、期货交易所、保险交易所、票据交易所、环境交易所,以及与此相联系的登记结算机构,如证券登记结算机构等。

三、金融监管机构的概念和特征

(一) 金融监管机构的概念

金融监管机构有狭义和广义的界定,狭义的金融监管机构是根据一国法律设立,专门从事金融监管的政府机构,如中国人民银行、中国证监会和中国银保监会。广义的金融监管机构则还包括其他政府机构,如财政部、公安部等,因为这些政府机构也会在其职责和业务范围内对金融业实施监管。除上述政府机构外,广义的金融监管机构还包括其他各类金融业协会、金融交易所和一些国际性的金融监管机构,如国际货币基金组织、世界银行、巴塞尔银行监管委员会、国际证券服务协会和国际保险监督官协会等。

(二) 金融监管机构的特征

金融监管机构虽然也是金融市场主体,但是由于其政府属性和监管机构本身不从事具体的金融业务,所以具有自己的特征。

(1) 金融监管机构不从事具体的金融业务,而是负责货币发行,保障货币市场的流动,制定金融监管政策、法律规则,以及在金融产品发行、交易和金融经营过程中,对金融市场、金融机构和金融行为进行监督管理。

(2) 金融监管机构在大多数国家中被定性为政府机构,中国将中国人民银行定位为政府机构,而将中国证监会和中国银保监会定位为事业单位。

(3) 金融监管机构是依据一国的宪法或者其他政府组织法设立而成。除中央银行在大多数国家需要注册资金外,其他金融监管机构设立均不需要注册资金。

(4) 金融监管机构根据金融监管法对金融市场、金融机构和金融行为进行监督管理,包括市场准入监管、市场行为监管和市场退出监管,并对金融市场主体违法实施行政处罚。

(5) 金融监管机构的行为宗旨是维护金融稳定和发展,因此,金融监管机构更多体现的是对金融业的监管和市场干预,包括对问题金融机构的国家救助。

四、金融监管机构的基本分类

中国金融监管机构可根据其是否具有政府属性,分为政府型、准政府型和非政府型金融监管机构。

（1）政府型金融监管机构。具体包括国务院金融稳定发展委员会、中国人民银行、中国证监会、中国银保监会和各级地方政府金融办公室（监管局）。

（2）准政府型金融监管机构。此类金融监管机构包括各类金融保障基金管理机构，如存款保险公司、证券投资者保护基金管理公司、期货投资者保障基金管理公司、保险保障基金管理公司和信托保障基金管理公司等。

（3）非政府型金融监管机构。具体可分为两类：一类是各种金融业协会，如银行业协会、证券业协会、期货业协会和保险业协会等；另一类是各种金融交易所和结算机构，如证券交易所、期货交易所、票据交易所、保险交易所以及证券登记结算公司等。

对金融监管机构也可以根据其他标准进行分类，如：① 中央金融监管机构和地方金融监管机构；② 证券监管机构、银行监管机构、保险监管机构等；③ 国内金融监管机构、国外金融监管机构以及国际金融监管机构等。

延伸阅读

国务院金融稳定发展委员会

2017年11月8日，中国金融稳定发展委员会成立，委员会隶属于国务院，其职能定位为国务院统筹协调金融稳定和改革发展重大问题的议事协调机构。中国金融稳定发展委员会的主要职责如下：一是落实党中央、国务院关于金融工作的决策部署，审议金融业改革发展重大规划；二是统筹金融改革发展与监管，协调货币政策与金融监管相关事项，统筹协调金融监管重大事项，协调金融政策与相关财政政策、产业政策等；三是分析研判国际国内金融形势，做好国际金融风险应对，研究系统性金融风险防范处置和维护金融稳定重大政策；四是指导地方金融改革发展与监管，对金融管理部门和地方政府进行业务监督和履职问责等。

金融稳定发展委员会办公室设在中国人民银行，办公室接受金融稳定发展委员会直接领导，承担金融稳定发展委员会日常工作，负责推动落实党中央、国务院关于金融工作的决策部署和中国金融稳定发展委员会各项工作安排，组织起草金融业改革发展重大规划，提出系统性金融风险防范处置和维护金融稳定重大政策建议，协调建立中央与地方金融监管、风险处置、消费者保护、信息共享等协作机制，承担指导地方金融改革发展与监管具体工作，拟订金融监管部门和地方金融监管问责办法并承担督导问责工作等。金融稳定发展委员会办公室下设秘书局，负责处理办公室日常事务。

问题与思考

1. 传统货币理论对货币本质的论述是什么？现代货币形式对货币本质阐释形成了哪些方面的冲击？

2. 简述中央银行发行的数字货币与虚拟数字货币（如比特币等）之间的差异。

3. 简述布雷顿森林货币体系的基本内容，分析其解体的政治、经济和金融原因。
4. 简述金融工具的概念、特征和类别，以及金融创新会对金融工具产生什么影响。
5. 中国现行金融监管机构包括哪些？国务院成立金融稳定发展委员会的意义是什么？

第二章 金融风险与金融监管

本章纲要
- ◆ 金融风险含义
- ◆ 金融风险类别
- ◆ 金融风险渊源
- ◆ 金融监管概念
- ◆ 金融监管目标
- ◆ 金融监管措施
- ◆ 金融监管模式
- ◆ 金融监管合作

第一节 金融风险和风险产生原因

一、金融风险的概念与特征

(一) 金融风险的概念

美国经济学家奈特(Knight)在其著作《风险、不确定性及利润》(1921年)中将风险定义为,从事后角度看是由于不确定性因素而造成的损失;换言之,风险就是由于各种不确定因素而导致损失的可能性。然而,金融风险则是在金融领域内,由于各种确定或不确定因素诱发某些事件的发生而导致金融机构或投资者、其他金融市场主体损失的可能性。也就是说,金融风险是金融机构在经营过程中,由于客观情况变化、决策失误或其他原因使金融主体和金融体系资金、财产、信誉遭受损失的可能性。

在金融领域,与金融风险紧密关联的另一个概念则是金融危机。金融危机是金融风险大面积、高强度的爆发,金融风险积累到一定程度就会演变成金融危机。金融风险是原因和量变,金融危机是结果和质变。金融危机有不同的类型,如货币危机、债务危机、银行市场危机、证券市场危机和系统性金融危机等。

(1) 货币危机是指投机冲击导致一国货币大幅度贬值,并因此使得货币监管当局为保卫本币而动用大量国际储备,或急剧提高利率或降低利率以维护货币市场稳定。

(2) 债务危机是指一国处于不能支付其债务本息的情形,不论这些债权是属于外国政府、外国的居民或机构,还是本国居民和机构。如欧盟国家在21世纪第一个10年发生的债务危机,发生债务危机的国家不得不缩减开支、延期还债、借新债还旧账、寻求国际援助等以解决债务危机。

(3) 银行业危机是指发生大规模的银行经营机构倒闭或陷入流动性危机,金融监管机构不得不采取各种措施对其实施救助,以防止银行经营机构大批量倒闭。

(4) 证券市场危机是指证券市场交易量大幅度萎缩,证券投资资金大规模退出证券市场,证券价格指数急剧下挫,投资者心理产生极大的恐慌,政府不得不动用公共资金进行救市。

(5) 系统性危机是指一国的若干个金融领域都发生危机,金融市场处于混乱状态,如货币危机、银行危机、证券市场危机、债务危机等同时发生或相继发生。

(二) 金融风险的特征

风险无处不在,任何行业、任何市场都存在风险,但由于金融市场本身的特殊性,金融风险相较于其他市场风险有其自身特征。

(1) 金融风险的扩张性。金融风险的扩张性或传染性是指个别金融机构出现危机会波及和影响其他金融机构,或者某一区域或国家发生金融风险,而迅速蔓延至全国乃至全世界。金融风险高速扩张的根本原因是,金融处于市场经济的核心地位,金融机构连接社会各种主体,与经济市场主体之间存在密切而复杂的资金往来和债权债务关系。某一特定经济主体因金融风险遭受损失或陷入流动性危机,会引发其他经济主体的资金链的断裂而形成连锁效应;单个或局部的金融困难或风险,可能演变成区域甚至是全国性金融动荡,产生"多米诺骨牌效应"。

(2) 金融风险的偶发性。金融风险的偶发性并不是指金融风险发生很少,而是指金融风险大部分是由某些突发事件所引发,可能是资金暂时的周转困难,也可能是操作错误,还有可能是谣言,当然也可能是某些不确定因素随机作用的结果。但可以肯定的是,金融风险在何时、何地,以何种形式发生,其危害程度的大小则存在很大的偶然因素。

(3) 金融风险的破坏性。金融机构普遍存在高负债经营和所提供的产品具有公共性的特征,风险是其基本特征。金融与社会公众的紧密联系放大了金融风险的破坏性。金融风险一旦产生,不仅会使金融市场参与者遭受损失,而且还会破坏货币稳定,损害金融机构的信誉,动摇社会民众对金融体系的信心,甚至引发世界性的经济危机,也会对诸多无辜的社会市民产生巨大的负面影响。历次金融危机均已证明,金融风险控制不当将会引发经济危机,给世界经济造成灾难性后果。

(4) 金融风险的周期性。金融风险的周期性是指金融运行受国民经济物质循环周期的影响,呈现规律性、周期性的变化。在货币政策宽松期,金融市场发展良好,经济运行平稳,这一般是金融风险低发期。但是,货币宽松、经济发展到了一定程度,则会货币发行过度,形成通货膨胀并产生金融泡沫,随之而来的则是走向反面的庞大的社会债务、产品积压和通货紧缩,并因此而引发资金链断裂。经济学家对世界金融危机进行比较研究,普遍认为每隔8~10年可能会发生一次大小不等的金融危机。

(5) 金融风险的可控性。金融风险的可控性是指有些金融风险可以被认识和加以控制。虽然金融风险的偶发性决定了其发生与否由许多不可预测的因素所决定,金融市场不可能杜绝金融风险的发生,但是如果有恰当的制度安排,加强政府对金融市场的监管,通过一系列金融管控,凭借科学技术手段,让金融活动主体和监管主体依靠有效的制度安排,可以减少金融风险的发生频率,降低其危害程度。

现如今,世界金融业高速发展,在金融全球化、金融创新、金融混业经营和"互联网+金融"的新金融环境下,出现许多具有新特征的金融风险,如:金融混业经营所产生的监管空白或重叠监管,金融发展脱离实体经济而过度虚拟化、金融创新过度和高杠杆经营,以及互联网金融的无边界、虚拟化、高速度和难控制等。

二、金融风险的分类标准

金融风险按其性质可概括地分为系统性风险和非系统性风险。系统性风险是指风险发生波及诸多金融机构或企业,从而导致区域性或系统性的金融动荡或金融危机。系统性金融风险的诱发因素主要是经济危机、通货膨胀、国家宏观经济政策、国际国内政治形势、战争和种族冲突等。系统性风险不能通过资产多样化来分散风险,因而又被称为不可分散风险。非系统性风险是指个别经济主体或金融机构由于决策失误或者其他内外部原因遭受损失甚至倒闭的情形。非系统性风险可以通过分散化投资策略来规避,因而又被称为可分散风险。

根据国际银行业监管组织巴塞尔银行监管委员会制定的《有效银行监管核心原则》以及国际证监会组织和巴塞尔委员会联合发布的监管报告对风险所作的论述,金融风险可分为七类(见图1-2-1)。

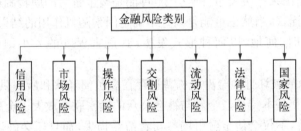

图1-2-1 金融风险类别示意图

(1)信用风险。信用风险又称违约风险,即债务人不能或不愿履行债务而给债权人造成损失的可能性,或者交易一方不履行合同义务而给交易对方带来损失的可能性。由于金融机构(特别是银行经营机构)是社会的信用中心,信用业务又是银行经营机构的传统业务和主营业务,所以信用风险也是其主要风险之一,此类风险损失是所有风险之首。

(2)市场风险。市场风险是指金融产品价格的变动导致金融机构遭受损失的风险。市场风险主要是由于市场汇率和利率、证券和期货价格以及保险理赔等市场因素变化而造成的风险。所以,理论上可将市场风险划分为汇率风险、利率风险、价格风险和其他市场因素风险等。金融实践中,市场风险可以通过相关联的市场操作,如金融期货、期权交易、金融互换等,进行套期保值和风险规避,以实现保值增值。

(3)操作风险。操作风险是指由于金融机构内部操作失误,导致重大资金损失或发生严重的资金链断裂,信誉严重受损,并导致直接或间接损失。操作风险会在无意识状态下引发市场风险和信用风险。操作风险主要表现为以下三类:一是政策执行不当,政策信息传送不完全或错误传达,以致操作人员理解错误;二是操作人员违规操作,或者操作人员技能不高,也可能是偶然失误;三是交易系统或清算系统发生故障,致使交易发生错误。

(4) 交割风险。交割风险是指金融产品到期进行最终交割时所产生的风险,如期货交易中交割仓库没有可交割的实物,套期保值者没有期货合约规定的产品等。金融交易中,许多金融合同约定的用于交割的基础产品有多种选择时,不同的金融产品存在价格差异或风险,交割产品、地点或交割时间选择不当,会给交易者带来风险。

(5) 流动性风险。流动性风险是指金融机构流动性资金不足,无法进行必要的支付结算带来经济损失的可能性。金融机构特别是银行经营机构实行的是高负债经营,往往借短贷长以谋取利润。但是在经营的过程中,长期投资、流动性不匹配使得金融机构无法支付储户的存款,或者偿付其他债务发生挤兑,因而造成金融风险。

(6) 法律风险。法律风险是指金融交易中,由于法律制度缺失或者法律与金融行为实践相矛盾,导致无法可依或者缺乏良法而产生的风险。金融业是一个不断创新与发展的行业,原有的法律可能不适应新的金融市场和金融行为,而新法律的制定则需要经过较长时间的研究和探索,因而使得许多新的金融行为无法可依。

(7) 国家风险。国家风险是指一国对外国的贷款或投资,由于资金接受国出于某种原因不愿或无力偿还资金本息,或因国际结算款项、投资经营等资金进出国境受限,给银行等金融机构造成经济损失的可能性。国家风险是无法控制的因素,通常与一国的经济、政治、社会和军事等环境紧密联系。

三、金融风险产生的渊源

理论界对金融风险产生的原因进行了不同的解释,归纳起来有金融市场脆弱性理论、金融安全边界性理论、金融市场信息不对称理论、金融资产价格波动理论等。对上述几种理论进行综合理解,我们可将金融风险产生的原因归纳为以下四个方面。

(1) 金融机构资产负债比例和负债期限匹配的特殊性。金融市场中,以银行经营机构为主的金融机构提供期限转换机制,为资金提供者和需求者提供借短贷长的金融服务。金融机构独特的经营模式使其自身处于挤提式平衡状态,即资金需求者和资金供给者以金融机构为媒介使得其资金供求处于动态的平衡之中,对金融机构的高度信心是金融市场稳定的前提和基础。但是这种动态平衡很容易被打破,其主要原因如下:一是短借长贷和部分准备金制度导致金融机构将大部分资金贷出或投向其他产业,形成了金融机构内在的非流动性;二是在资产负债表中,以货币为主的金融资产致使金融机构之间相互依赖,其稳定性和安全性高度依赖所有金融机构的稳健经营;三是金融系统本身具有的脆弱性(如信息不对称、市场"羊群效应"等)容易引发客户的挤兑。流动性风险是金融机构经营过程中固有的风险,其原因在于金融机构资产与负债期限的不匹配,客户的低风险偏好和资金的高流动性要求,与金融机构追求的高风险、高回报投资产生矛盾。

(2) 金融市场中的金融机构与客户存在信息严重不对称。理论和实践都证明,金融机构与借款人、投资者处于严重的信息不对称状态,即形成所谓的"信息偏在"。储户居于弱势地位,并不知道存款银行的经营情况,反之银行也可能由于贷款人隐瞒信息而无法了解其真实财务状况和还款能力。金融发展与创新使得金融产品设计得更加精巧,金融服务方式包含着更多的金融科技含量,因而使得金融市场主体,特别是普通社会群体,如中小投资者和存款人缺乏时间和能力去辨别和收集信息,或限于知识水平而无法掌握金融产品和金融服务的真实情况和风险程度。反之,金融机构和金融产品开发者则更有可能有意无意地隐瞒金融产品和服务的真实信息,甚至故意设计损害投资者利益的金融产品。信息不对称性所产生的不利后果有三:一是金融机构对借款人和资金使用者的筛选和监督并不能保证高效率,甚至会失败,使得资产无法收回;二是投资者、存款人与金融机构信息不对称,将资金存于或者投放于业绩差、风险高的金融机构,使得其投资或存款无法收回;三是信息不对称使得金融投资者和金融消费者产生"羊群心理",引发集体的非理性行为,增高金融市场风险,放大金融危机。

(3) 金融行为的道德风险和投资者逆向选择。金融机构从业人员与金融机构经营业绩挂钩的薪金制度,促使管理层和其他从业人员更愿意从事高风险、高收益的金融业务,并因此而引发道德风险。在现代金融体制下,国家对问题金融机构的救助成为一种常态,其直接的负面影响是,激励金融机构管理层为了获取较高收益,将大量资金投向高风险项目。因为他们认为,即使项目失败,监管部门或金融保障基金管理机构也会提供救助以避免其破产,从而加大了金融市场的道德风险。除此之外,逆向选择也是金融市场普遍存在的现象。由于信息不对称性,金融机构无法对借款人的资信状况进行有效判断,往往是将资金贷给出价高,但资信条件差的人。同理,投资人由于难以对金融产品进行全面了解,所以更有可能是投资报价低,回报高,但实际上是陷入危机机构开发的金融产品。

(4) 金融发展与创新缺乏恰当而有效的法律制度和监管。片面强调金融发展和创新是造成金融风险在市场经济国家大量积累的主要原因。金融过度发展和创新从三个方面导致市场经济国家承担泛金融风险:一是金融发展和创新过于泛化,金融的发展和创新未能围绕服务实体经济的基本宗旨,使得金融业脱离实体经济而泡沫化和空心化;二是在提倡金融发展、金融创新和"互联网+金融"的同时,未能制定相关的金融法律制度,导致一些新型的金融行业无法可依,引发金融法律风险;三是金融过度发展和创新会排斥国家对金融的监管,使道德风险盛行,误导金融消费者,最终导致金融风险在金融机构中迅速积累。

延伸阅读

金融资产泡沫的国际传播

在过去的30年中,共出现四轮大规模跨境证券、房地产价格等流动泡沫事件,创下了全球金融稳定史上的记录。平均每8年一轮的金融资产泡沫,意味着一轮泡沫破灭导致的跨境资本流动的逆转促成下一轮泡沫的发展,也即每一轮泡沫互为因果。

近30年来,不断扩大的信贷是世界各国资本市场的共同现象。信贷过度投放导致各类金融资产价格泡沫化现象加大,而且每一轮信贷投放过度都引发房价飙升,如美国和日本20世纪80年代至21世纪最初几年的房价高速上涨,以及中国近20年的房价快速上涨。20世纪70年代,随着大宗商品价格快速上涨,墨西哥等发展中国家GDP高速增长,政府和国有企业通过借债弥补巨额赤字,因而出现巨大的信贷泡沫。20世纪80年代后期,日本房价快速上涨,激发了信贷需求,而不断加大的信贷投放又反过来放大资产泡沫。20世纪90年代初,泰国、马来西亚等亚洲国家,以及墨西哥、其他拉丁美洲国家的房地产市场和证券市场泡沫,也是国内信贷过度和国际热钱进入的双重作用结果。2002年开始,美国大规模开发次级抵押贷款,极大地增加了资本市场的货币量,增加了房地产市场泡沫。然后随着泡沫的破灭,不可避免地发生了2007—2009年世界性金融危机。

信贷泡沫的形成有赖于以下四个条件:一是可方便地获得大量的信贷资金,能够为其新增债务提供资金支持;二是外部冲击导致某类贷款预期回报率显著上升,或者由于监管放松而引发国外资金大量进入本国市场;三是投资者群体对某类借款人更为偏好,如20世纪90年代开始盛行于美国的次级抵押贷款债务,这些借贷主要为资信条件低的借款人所青睐;四是国内金融市场单一,金融创新控制得较为严格,社会资金缺乏投资渠道,因而集中到某一特定行业,如房地产业。

[资料来源] [美]查尔斯·P.金德尔伯格、罗伯特·Z.阿利伯:《疯狂、惊恐和崩溃:金融危机史》,中国金融出版社,2017,第209—210页。

第二节 金融监管和监管基本内容

一、金融监管的概念和特征

(一)金融监管的概念

金融监管是特定的国家机关或自律性组织,为了保护金融消费者和投资者的利益、控制金融风险、维护金融市场稳健运行,根据法律规定或立法机构(中央政府)的授权对金融市场主体的准入和退出进行审查、批准,对各类金融机构的业务活动和金融产品的设计、交易行为进行规范、监督和管理,以使得金融机构在内部组织结构、风险管理和控制等方面符合法律规定的一系列立法和执法过程。广义的金融监管除了上述监管机构对金融机构、金融行为和金融市场的外部监管之外,还包括金融机构内部控制和稽核、社会中间组织的监督检查,以及国家对金融市场的宏观调控等。

(二)金融监管的特征

金融监管是市场监管的一种,是各国政府为了控制金融风险、维护金融市场的安全和稳定,根据金融市场规律对金融机构、金融行为和金融市场进行的监督和管理。金融监管的特征包括四个方面。

（1）金融监管主体是特定的国家机关，如美国联邦储备委员会，英国金融行为监管局，中国的中国人民银行、中国银保监会和中国证监会，以及其他一系列自律性金融监管机构，如证券业协会、银行业协会、证券交易所等。

（2）金融监管的目的是通过政府的有形之手弥补市场无形之手的缺陷，使得金融市场能平稳、有序运行。相对于普通的市场监管，各个国家对于金融监管均较为严格，其根本原因是金融市场的脆弱性、风险传染性和金融危机对经济社会的严重危害性。

（3）金融监管手段既包括行政命令和各种行政措施，也包括社会中介机构对金融机构的评价、褒奖，以及自律组织的章程对会员的约束等，但在更多的时候是通过监管机构的审查批准，或者核准，以及监管机构的现场和非现场核查、行政处罚，来体现国家对金融市场的强制性规定的遵守和对违反规则行为的行政处罚。

（4）金融监管与国家对金融市场的干预和救助紧密结合在一起。金融监管根据国家的金融法律、政策、金融市场运行规律对金融机构、金融市场和金融行为实施监督与管理，以实现金融市场的有序运行，防范金融危机的发生。但当危机发生时，监管机构为了维护市场稳定，防止危机对社会产生巨大的负面影响，而对问题金融机构提供资金或非资金救助，如中央银行提供最后贷款，财政部门提供公共资金救助以及金融保障基金的经营性救助和破产清偿性救济等。

二、金融监管的原理和基本理论

关于金融监管的理论依据主要有金融风险理论、社会公共利益理论、投资者保护理论，这些理论解释了为什么需要进行金融监管。

（1）金融风险理论。该理论主要从金融风险的角度论述金融监管的必要性，认为金融业是一个高风险行业，金融机构在经营过程中时刻面临着利率风险、汇率风险、流动性风险和信用风险等各种风险，而且这些风险又极具传染性——不仅单个金融机构发生的风险会传染到其他金融机构，而且一国的金融风险还会迅速传染到其他国家。特别是在金融混业经营、金融创新、金融全球一体化和"互联网+金融"模式下，一个细小的金融事件可能会引发大的金融风险，一家金融机构的流动性问题则可能引发大范围的金融挤兑，导致全国乃至全球性的金融危机。所以，金融监管机构必须谨慎地对金融机构、金融行为和金融市场进行监管。

（2）社会公共利益理论。社会公共利益理论起源于20世纪20年代美国的经济危机，当时迫切需要对金融市场进行监管以提高金融的稳定性和安全性，恢复社会公众对金融市场的信心。因为金融是现代经济的核心，金融体系是社会、经济生活的货币供给者以及经济结算和信用活动的组织者，金融的运行状况对社会经济的运行和发展起着至关重要的作用。所以理论认为，金融市场提供的是"公共产品"，经营不善、发生风险时会产生极强的负外部性特征，因而需要国家对金融业进行监管。这就是金融监管的社会公共利益理论的基础。

（3）投资者利益保护理论。金融业表现为不完全竞争，市场存在着严重的信息不对称和垄断行为,因而导致交易的不公平并损害投资者利益。为了保护金融消费者和投资者利益、维护金融市场的公平竞争,国家必须采取措施对金融机构的行为进行规范,包括提供符合法律规定的金融产品、充分地披露信息、尽力保证在金融交易中不存在欺诈、维护金融市场稳定等。

金融监管的基本原理是通过金融法律、金融制度的建设,为金融市场、金融机构和金融行为设定规则,做到有法可依,确保金融机构和其他金融市场主体遵照法律行事,不僭越法律赋予的行为规则、业务范围,并做到一旦发生违法事件,能由监管机构加以纠正。金融法律制度的基本功能是帮助金融机构和金融市场主体及社会公众预期其金融行为的法律后果;金融监管能确保主体行为不偏离正确的法治轨道,并在其偏离轨道时及时纠正。如果发生金融违法行为并且造成了危害后果,监管机构即给予其法律惩罚。通过监管的预期性,预防金融风险;通过事中的行为监管,消灭金融风险;通过风险发生后的国家金融救助,将风险后果降至最低。

三、金融监管的内容和措施

（一）金融监管的基本内容

金融监管的基本内容即法律规定须对金融市场哪些方面、哪些问题进行规范和管理。从大的方面分类,金融监管主要体现为三个方面:金融市场准入监管、金融市场行为监管和金融市场退出监管。

（1）金融市场准入监管。市场准入是金融机构组建且获得许可证的过程,也可将金融机构发行新产品和提供新服务所应经过的审批程序理解为市场准入。虽然各国对金融机构的市场准入标准和规则差异较大,如有些国家对金融机构的成立设置了较高的条件并须经监管机构审批,而另一些则采取更低的标准并依注册而成立,但总体而言,各国均对金融机构的市场准入实行较普通商事企业更严格的条件和政府许可程序,其目的是防止不合格的金融机构进入金融市场,保持金融市场秩序的稳定和维护投资者的利益。

以美国为例,设立银行经营机构可按照联邦国民银行法在美国货币监理署注册,也可根据各州银行法在各州注册。这两类银行经营机构的设立必须具备一定的条件,而且需要取得银行经营许可证。中国的金融机构市场准入在符合法律规定条件的基础上,必须得到各自的监管机构批准,并取得相关金融业务许可资格。

（2）金融行为监管。在取得市场准入许可后,金融机构还必须严格遵守市场行为准则,监管机构负责对金融机构和投资者、金融中介机构的行为的合法性进行监管,具体的行为规则包括资本充足率标准、流动性标准、业务范围标准、投资风险控制标准、外汇风险控制和各类偿债准备金控制,以及金融交易行为规则等。

（3）金融市场退出监管。金融机构市场退出的原因是多方面的,有自愿清算退出市场,有因为金融机构违反法律规定被责令退出市场,也有经营不善而破产退出市场。但是无论何种原因退出市场,都会受到金融监管机构的严格控制。首先,退出市场需经监管机构的审查和同意,金融机构不能擅自清算、解散和破产;其次,经营有某些特定业务的金融机构须对业务进行妥善处置,如中国《保险法》规定,经营有人寿保险业务的保险公司合并、清算和破产,应将人寿保险合同移交给其他具有相应业务资格的公司;最后,金融机构市场退出的清算程序严格受到金融监管机构的控制,国家还可能会对问题金融机构进行资金或非资金救助。

（二）金融监管的基本措施

金融监管的措施具有多样化的特点,不同的国家由于社会政治、法律体系和经济基础的差异,可能会采取不同的监管措施。即使同一个国家在不同的时期,金融监管的措施和手段也会有所不同。总体而言,金融监管的措施或手段主要有以下四种。

(1) 法律监管。法律监管是指国家通过制定金融法律规则,将金融市场中的各种行为纳入规范和调整范围,金融监管机构按照法律对金融市场、金融机构和金融行为进行监督管理。法律监管具有可预见性、规范性、国家强制性等特征,是金融监管的基本监管方式,也是其他监管方式的基础。

(2) 技术监管。技术监管是指金融监管机构利用金融科技,如互联网、大数据、云计算、区块链和其他新型金融科技,对金融市场、金融机构和金融行为进行监督管理。技术监管能够解决金融监管过程中的监管能力与金融数据海量化、金融行为科技化、金融结果数据化和金融违法无形化的矛盾。先进的技术手段能够通过事先的程序设计评价金融机构和其他金融市场主体的行为合法性,控制金融违法行为和金融风险。

(3) 行政监管。行政监管是指金融监管机构以行政命令、临时性政策措施等,对金融市场、金融机构和金融行为进行行政干预和管理。运用行政措施干预和管理金融市场具有见效快、针对性强等特点,特别是在金融危机时期,行政监管是各国金融监管的重要手段。但是,现在市场经济国家正逐步从行政监管转向技术监管和法律监管。

(4) 经济监管。经济监管是指金融监管机构采取经济手段,如通过调整存款准备金、再贴现率和公开市场回购等,干预金融市场货币流动性和刺激经济,如升高证券交易印花税刺激证券市场交易等。

在各国金融实践中,由于金融的复杂性、发展性和金融科技的广泛应用,金融监管也不是单纯采取某一种监管措施,而是将上述几种监管措施混合使用,或根据具体的金融类别、经营模式、风险特征交替使用。

> **延伸阅读**
>
> **国际金融监管——G20峰会**
>
> 2007—2009年的世界性金融危机使国际社会开始反思此前的金融监管制度的合理性和效率性,并针对危机中所显露出的问题合作寻求解决方案。各金融大国因此而基本达成共识,以G20集团代替传统的G7西方七国集团,并迅速构建峰会,使其成为全球金融核心治理机制。G20峰会近几年制定了一系列规则制度,如"巴塞尔协议Ⅲ"、《证券监管目标和原则》《国际财务报告准则》《总损失吸收能力的原则和条款》等。

相较于传统的国际金融组织,如国际货币基金组织和世界银行,G20峰会具有更鲜明的执行效率和实践的可行性,其根本原因在于:一是参与峰会成员国基于协商以及国家对所讨论问题的认知程度,无须消耗过多的主权成本和时间成本,便可就金融政策的制定达成共识;二是参与峰会的均是国家元首或政府首脑,体现的是峰会成员国的国家意志,因而较容易在国际和国内层面增强立法的执行力,G20峰会的立法成果不会因为主权和时间成本的低消耗而受到损害。

G20峰会为全球金融监管提供了一个新的模式,普遍认为:第一,"非正式性"的成立基础使G20峰会不受制于任何正式的法律规则,能够绕开成员国的国内阻挠,无须经过特定程序便可及时做出新的立法安排,修改滞后的法律;第二,G20峰会组织结构的"非制度化"降低了国家间合作的主权成本,有利于达成多变的普遍性共识,降低国家间的谈判难度;第三,"国家意志性"的注入为G20峰会成立基础的松散和灵活提供了政治保障,因为各国首脑的参会能够保障立法成果在国内的实施;第四,G20峰会所涵盖的主体范围十分广泛,吸纳了大多数利益相关方,囊括了世界上主要的金融体,代表了世界金融的基本发展方向。

[资料来源] 张晓静:《国际法视野中的全球金融治理》,法律出版社,2017,第106—112页。

第三节 金融监管目标和监管原则

一、金融监管的政策目标

金融监管的政策目标是国家立法机构制定金融法律,赋予金融监管机构权责,以及监管机构采取监管措施所期望达到的目的,也是实现金融有效监管的前提和监管当局采取监管行动的依据。

金融监管的目标可分为一般目标和具体目标。目前,各国无论采用哪一种监管体制,监管的一般目标基本是一致的,包括三个方面:一是维护金融市场的安全与稳定;二是保护金融消费者和投资者的利益;三是在维持金融市场公平竞争的基础上实现金融发展。与一般目标有所不同的是,因为各国的金融体制、监管制度有所差异,所以建立在此之上的具体监管目标也相差较大。借鉴其他国家的金融监管目标,结合中国的金融法律实践,中国的金融监管一般目标可概括为以下四个方面。

(1) 金融安全与效率相结合的目标。长期以来,中国金融监管在价值取向上侧重于防范金融风险和稳定金融秩序,强调金融安全,这与中国特定的金融发展阶段相吻合。从20世纪80年代至21世纪的第一个10年,中国金融体制正处于转型阶段,在学习借鉴外国经验的同时,探索符合中国特色的金融体制是这一时期的主要任务,金融监管的主要目标是金融安全与市场秩序。但是,随着全球金融一体化发展,以及国内金融市场日渐成熟和金融法律制度逐渐完善,金融监管目标开始适时地作出调整,从单纯的"安全与稳定"转向以"安全和效益"相结合的金融监管目标,即金融监管在强调控制风险、保障金融安全的同时,还应该促进金融机构遵循市场规律、依法竞争、追求效率和质量,以提高中国金融业在国际市场中的竞争力。

(2) 金融开放与国家控制相结合的目标。经济全球化带动了金融全球化的发展,中国的金融开放是一个必然发展趋势,但是金融开放也增加了金融的风险传染性和金融监管难度。各国的金融机构在其他国家设立分支机构、办理国际业务,使得原本局限于一国范围之内的金融风险突破国界,进入其他国家。因此,在世界各国金融法律制度和监管机制还未完全对接的情况下,如何实现金融开放与国家金融安全有效结合成了各国急需解决的问题。当前,中国的金融市场处在开放发展的一个特殊时期,经济转型、金融发展、对外开放和金融创新相互交织在一起,对于发展程度不高、处于市场化初级阶段的中国金融业,其脆弱性问题更加突出。因此,为了维护国家金融稳定和经济安全,应该在金融开放、发展和创新这一前提下,对中国金融业采取适度的保护和有限的国家控制。

(3) 金融发展创新和服务实体经济相结合的目标。金融发展创新是中国金融业的时代主题,但是发展创新必须围绕服务中国实体经济,而非脱离实体的虚拟泡沫。国内外金融实践已经证明,如果发展过度或创新不当,会使金融脆弱性更加突出,集聚金融风险并引发金融危机。近几十年所爆发的金融危机,均与金融发展严重脱离实体经济需求、金融创新过度,以及金融缺乏产业经济支持存在直接关系,这不仅增加了当事国经济风险,还严重影响了全球经济的发展和稳定性。因此,中国应该吸取西方国家金融发展的教训,妥善处理金融与实体经济的关系,坚持金融必须服务实体经济的价值理念,严格控制虚拟经济过度膨胀,防止金融业偏离实体经济盲目发展。缺乏实体经济作为基础和依托的金融,金融创新和发展只能是货币数字游戏,最终引发通货膨胀和金融危机。

(4) 金融消费者利益保障和树立金融市场信心相结合的目标。金融机构和金融市场具有天然的脆弱性和风险传染性特征,而金融机构与存款人、投资者和保单持有人等金融消费者和投资者之间不可完全克服的信息不对称性、有限理性等缺陷加剧了这种脆弱性和风险传染性,使得金融体系处于一种动态的平衡状态。金融监管的核心目标如下:一是通过各种监管措施,保障金融机构合法经营,将金融风险防患于未然,当金融机构陷入危机之后,则竭尽全力减轻由此而带来的风险损失;二是提升社会民众对金融市场的信心,维护金融体系的稳定性,预防因金融消费者和投资者对金融市场的信心缺失而引发金融动荡;三是金融监管机构应该针对广大金融消费者和金融机构地位不平等、信息不对称的特征,对广大金融消费者利益给予最大限度的保护。

二、金融监管的基本原则

金融监管的基本原则就是国家在制定金融监管法律、监管机构在履行金融监管职责,以及金融机构和其他市场主体从事金融行为时应该遵循的基本指导思想。金融监管应该遵循以下四项基本原则。

（1）坚持金融消费者利益保护与金融发展相结合。金融市场建立的重要目标之一就是为金融消费者提供一个安全的金融产品和服务的消费场所。金融消费者在接受服务、消费产品的同时，也为经济发展提供资金，成为金融市场乃至整个经济市场发展与繁荣的源泉和首要推动力量。金融市场必须以金融消费者利益为根本，尽其所能地保护他们的合法权益。但是，对金融消费者的保护应该适度，过度且不合理的保护将会阻碍金融的创新和发展，造成金融抑制。对金融消费者的过度保护，给予他们诸多合理和不合理的利益，实际上加重了金融机构创新的成本负担，抑制了金融发展的积极性。任何发展和创新都是一个实验和完善的过程，试错和纠正是其基本特征，所以金融监管必须给创新留下必要的制度空间。

（2）坚持金融市场化竞争与国家干预相结合。金融市场是一个不完全竞争型市场，具有优胜劣汰的基本市场特性。这表明金融机构有着商事企业的共同特征，即遵守市场规律、自由竞争、接受市场无形之手的调节。但是，与普通商事企业不同的是，金融机构内在的脆弱性、风险性以及社会性特征，又要求政府不得对金融市场、金融机构和金融行为放任自流，而必须对其施加较为严格的监管，因为一旦对金融市场、金融机构和金融行为不加约束，则会引发无序竞争，导致整个金融市场和社会的动荡。当前中国金融体系处在一个特殊时期，即金融从管控走向竞争性监管，金融市场化、国际化、金融发展创新和金融稳定需求交织在一起，并且相互影响和叠加。在金融体制改革不彻底、金融高速发展和创新、但金融监管制度不完善的情况下，对金融监管问题处理不慎引发的社会危害更加巨大。所以，出于维护国家金融稳定与经济安全的目的，中国金融监管立法和监管行为在以金融效益性、社会公益性为依据，以市场为基础，以改革为导向的价值取向下，根据中国国情的需要，借鉴国外有益经验，对金融业采取适当的保护措施并实行国家适度的干预有其必要性和合理性。

（3）坚持独立监管与国际合作相结合。当前世界各国金融监管的基本模式主要是由各国依靠单边法律也即国内法进行监管。涉及跨国金融机构和金融行为的监管，即由母国或东道国依据其国内法律制度监管，具有鲜明的地域性和主权特征。但是在新金融环境下，金融全球化是其基本特征，互联网已经轻易地突破传统金融的国别界限，并与传统法律管辖权和法律规则形成制度冲突。因此，中国在完善国内金融监管立法和执法的同时，应加强与各国金融监管当局合作，促进全球金融监管制度改革。中国的金融监管应该突出国际联合监管的思想，剔除狭隘的民族主义金融安全观，积极参与和倡导金融双边、区域和国际合作。当然，国际金融监管合作不是取代国内监管，而是与国内监管共存共荣、相互协调。中国在强调金融监管合作的同时，必须注重自己国家金融体制和金融发展的现有特征，建立适合自己国内金融发展水平的金融监管制度和体制，实现中国国内金融监管与国际监管合作的有效连接。

（4）坚持规则监管和原则监管相结合。在新金融环境下，金融与互联网的强势结合以及大数据、云计算和各种新金融技术在金融业中的运用，不断创造出新的金融模式和形态，使得中国金融体系处在一种高度动态的变革之中。面对这一状况，金融立法和监管应该改革传统的规则立法和规则监管模式，转向以规则与原则相结合的立法和监管方式,即将原则置于主导地位并作为主要的立法和监管依据,规则的作用仅在于进一步明确原则的具体要求。金融立法和监管必须能够灵活应对动态的金融市场环境,僵化、被动的监管规则既不能有效化解金融创新产生的风险,也无法使市场参与者充分分享金融创新带来的经济利益。所以,为了提升金融立法和金融监管的灵活性,在今后制定金融监管法律、设立监管机构和实施金融监管时,应该充分注意提升原则在监管规范体系中的地位,使之在建立和发展监管标准方面发挥基础性作用。

三、金融监管的基本模式

金融监管的基本模式可分为三大类:综合型监管模式、分业型监管模式,以及介于二者之间的混合型监管模式。

(1) 综合型监管模式。综合型监管的典型代表是英国,1986年英国颁布了《金融服务法》并开始实行金融混业经营,1997年设立了金融服务局接管证券市场、资本投资的监管职能,然后在1998年修改了《英格兰银行法》,将原由英格兰银行履行的银行、保险和住房信贷监管职能移交给金融服务局。2000年颁布了《金融服务与市场法》,赋予金融服务局对所有金融机构进行监管的职能,并且以此建立了涵盖银行、证券和保险的综合性金融保障基金。

2007—2009年世界性金融危机后,英国对其金融监管体制进行反思,对原有的金融服务局进行改革,将其分拆为审慎监管局和金融行为监管局。目前英国的监管体制是根据其2016年5月4日颁布的《英格兰银行与金融服务法案》建立的,在英格兰银行下设货币政策委员会、金融政策委员会和金融审慎监管委员会,共同负责对英国的金融业进行监管,由此形成货币政策委员会、金融审慎监管委员会、金融政策委员会履行英国的货币政策制定、金融微观审慎监管和宏观审慎管理职能的框架,允许国家审计办公室对英格兰银行资金使用效率及效益进行监管审查。同时,英国全面推行金融机构高管认证和监察机制,确保金融服务业高管人员为其经营管理失败负责。然而,金融行为监管局仍然保留了对英国境内的金融机构行为进行监管的基本职能。

(2) 分业型监管模式。美国的金融市场属于混业经营模式,但是却实行分业监管,即"混业经营下的分业监管模式"。在银行经营机构的监管方面,美国的银行通常被分成国民银行和州银行两类。所谓国民银行,就是根据《国民银行法》向联邦政府注册并接受联邦政府监管的商业银行,这类银行通常具有较大规模。州银行则是根据各州的银行法向各州政府注册并接受州政府监管的商业银行。任何在美国经营的商业银行都可以自由选择向联邦政府或州政府注册。

美国的证券监管主要由联邦证券交易委员会负责,期货监管则由联邦期货交易委员会负责,但是保险业没有联邦层面的监管机构,所有保险经营机构均在州政府注册并接受州政府监管。所以,一家保险经营机构若要在其他州经营业务,则必须向拟进行业务的州注册并遵守该州的监管规则。在美国的保险经营实践中,美国保险监督官协会(National Association of Insurance Commissioners, NAIC)对联邦范围内的保险业监管起到了很大的协同作用,如定期相互交流保险监管的信息与观点,拟定法律和条例供各州保险立法参考等。

（3）混合型监管模式。中国可视为混合型监管的代表，根据现行金融法律规定，中国实行的是分业经营、分业管理，所以在 2017 年以前，中国的金融监管采取的是"一行三会"的监管模式。中国人民银行负责货币的发行、流动和金融市场的稳定；中国银监会负责银行业、信托业和金融租赁业，以及其他的贷款类金融机构和金融市场的监管；中国证监会负责证券经营机构、期货经营机构和资本市场、期货市场的监督管理；中国保监会则负责保险业的监督管理。但在 2018 年之后，为了顺应金融发展和创新的需要，银行业监管机构和保险业监管机构进行了合并，改革为中国银保监会。中国金融监管开始实行"一委一行两会"的监管模式，即银行和保险实行的是混合型监管，由中国银保监会统一监管，而证券和期货行业则由中国证监会统一监管，并且在这两大机构之上还设立了一个政策性监管机构，即中国金融发展稳定委员会。

延 伸 阅 读

中国数字金融的监管

目前，中国已经进入互联网金融发展 3.0 阶段，移动互联网、大数据、云计算、人工智能，以及区块链等新科技与金融业紧密结合，出现了跨界化、去中介化、去中心化、自伺服等新特征，并对金融市场和金融监管产生了重大影响。尽管这种影响的深度和广度现在难以确切预测和评估，但毋庸置疑的是，金融业面临着百年不遇的机遇与挑战，并会对未来的金融监管形成颠覆性影响。在"互联网+"的背景下，互联网和金融的高度结合突破了原有的金融领域和国家边界；数字货币将取代现钞；在大数据信息挖掘技术条件下，现有金融产品发行上市、交易的信息公告和披露体系以及法定载体正在重构；在云计算、人工智能技术推动下，现有的金融交易模式和资产管理结构将可能实现根本性的颠覆，诸多金融业务将被机器人所取代，金融交易中的产品选购和投资组合、价值判断将让位于智能化计算。在区块链去中心化情境下，现有金融交易所、中央登记结算机构将有可能被重组和迭代，市场行为主体的一切活动都纳入自动化记录、监测、计算和判定。

金融新科技的出现和发展对中国传统金融监管体系产生了冲击与挑战，亟须建立新金融模式下的金融科技监管的新范式。

第一，加强数字金融监管理论研究，掌握金融科技特征，构建金融科技监管体系，加快改革金融科技监管组织架构，尽快设计出数字金融监管的顶层法律规则；促进数字金融监管规则和工具的发展，建立具有针对性和有效性的数字金融监管基础设施、基本原则、微观指标和监管工具等；明确数字金融监管的发展规划及应对战略，促进数字金融监管协调。

第二，建立数字金融穿透式监管计划，确认穿透式监管的责任主体，制定详细计划，推进监管流程的透明化、标准化；完善微观标准，将具有系统重要性的金融企业集团纳入穿透式监管计划，并设立存量和增量的处置安排，实现促进创新和有效监管的融合,以监管促进金融创新。

第三,强化数字金融监管的科技能力,如进行数字货币的发行和运行研究,明确货币金融市场的监管职责,加快科技专业团队建设,提高监管者的科学技术水平;积极参与国际数字金融监管合作,共建跨国数字金融监管科技应用的微观标准和技术指南。

第四,构建数字金融监管长效机制,完善数字金融科技监管的基础设施和监管机制,完善数字金融监管体系的机构改革和组织架构,强化监管科技在金融机构框架中的应用,促进技术在金融、经济乃至社会中其他领域的应用,同时又积极主动地防范风险。

［资料来源］尹振涛、魏鸣昕：《2017年中国金融监管重大事件述评》,载胡滨主编《中国金融报告(2018)》,社会科学文献出版社,2018,第56页。

问题与思考

1. 混业经营模式下的金融风险与传统分业经营模式下金融风险有什么不同？互联网金融场景下的风险有哪些？
2. 请从市场失灵角度理解金融监管的必要性以及如何把握金融监管的适度性。
3. 美国的金融监管模式与英国的金融监管模式有哪些不同？它们各有何优缺点？
4. 中国新金融领域中的金融监管存在哪些问题,应该从哪些方面进行加强？
5. 中国将银监会和保监会进行合并的理论依据是什么？中国的金融监管体制应该如何进一步改革？

第三章 金融法律制度基本理论

本章纲要
- ◆ 金融法律制度
- ◆ 金融法律关系
- ◆ 金融法律渊源
- ◆ 金融法律体系
- ◆ 金融混业经营
- ◆ 金融发展创新
- ◆ 金融立法趋势
- ◆ 中国金融立法

第一节 金融法的概念和调整对象

一、金融法的概念和主要特征

（一）金融法的概念

金融法是调整金融关系的法律法规总称。金融关系广泛且繁杂，既有横向平等主体之间的金融交易关系，也有纵向之间的金融监管、调控和救助关系。金融关系具有公共性、全局性、社会性，须采取有别于普通民商事法律的特殊性金融法律法规进行调整。中国和许多国家一样，没有直接以"金融法"命名的法律，而是由一系列调整金融关系的法律、行政法规、行政规章、司法解释、地方性法规、国际条约和自律性规则组成金融法。

金融法是一个综合性的法律体系，金融法律体系中相当一部分是涉及国家对金融的监督管理、宏观调控和市场干预、危机救助的法律规则，理论上可以将这一部分法律规则归入经济法范畴，如中国的《中国人民银行法》《银行业监督管理法》《证券法》《保险法》和《商业银行法》中涉及金融监管和金融市场干预方面的条款等。还有另外一部分则是规范金融机构与金融消费者、金融投资者交易行为的规则，这一部分属于商法范畴，强调的是金融市场主体之间的等价交易，如中国《证券法》和《保险法》中有关证券交易以及投保、理赔和保险合同的签订的规则等。然而，金融法律法规中有关金融市场主体违法、犯罪的法律规定，以及关于侵权赔偿、行政处罚和刑事处罚的条款则属于民法、行政法和刑法范畴。从整体的角度考察，金融法应该属于经济法的一个分支部门。

（二）金融法的特征

金融法作为经济法的一个分支部门，既有经济法的一般性特征，也具有金融法的自有特性。

（1）实体法与程序法相统一。大多数金融法律法规中的条款既包括规范金融市场主体权利义务的实体性规则，也包含规范金融市场主体权利义务行使的程序规定，如中国《商业银行法》。该法律规定了银行经营机构成立的基本条件以及成立的审核、登记程序，也规定了银行经营机构成立之后的实体性权利义务，以及行使权利和承担义务的程序规则。

（2）公法性与私法性相统一。金融法是一种融合了公法和私法规则的法律制度。大部分金融法律制度中都包括很多国家对金融市场、金融机构和金融行为监督管理的条款，这部分条款可归入公法范畴。然而，另外一部分金融法律条款是金融市场主体交易的行为规范，体现的是商事行为特征，则属于私法范畴。当然还有一些规则约束金融监管机构对金融市场、金融行为和金融机构的干预和救助，这一部分法律法规体现的更多是宏观调控性和社会法特征，介于公法和私法之间，则可归属于经济法。

（3）强制性与准则性相统一。因为金融市场具有较强的风险性特征以及风险发生后对社会经济的强烈破坏作用，所以各国法律对金融的监管都较为严格，而且其规则体现出较强的强制性。法律更多情况下强制市场主体必须遵守其规则，不能以个人意志随意变更和排除法律规定的规范条款，也即金融主体必须按行为规范作为或不作为，个体没有太多自行选择的余地。但是，金融法律在强调强制性的同时，考虑到金融业的多样化，也会给予市场主体适度的选择权，所以部分规则又体现出标准性规则的特征，具有一定伸缩性，监管机构可根据金融市场变化进行适应性选择。

（4）技术性与国际性相统一。金融的特征是以货币为基础的支付、流动、结算以及资金的筹集，体现出高度的货币、金融和技术创造性特征。互联网技术的发展使得金融与信息技术、大数据、云计算、区块链等新科技高度结合，并因此促进金融全球化、网络化和技术化发展，随之而来的则是金融法律制度的技术化特征，而且这种技术化呈现全球相统一的趋势。这表现在以下三个方面：一是金融交易的范围日渐全球化，各国金融市场普遍向全球金融机构和投资者开放；二是金融法律制度、金融监管相互衔接，一国的金融法律规则为其他国家所认可；三是金融交易信息化操作方式使得其监管立法体现出网络数据标准化，促使各国金融科技标准和监管规则趋于一致。

（5）法律的复杂性和变化性相统一。金融法律制度随着金融发展和创新的加快而日益复杂化、发展化和多样化。这种变化的根本原因是，发展创新使得金融产品增多、金融服务多样化，金融纠纷和侵权模式也发生变化，因而规范这些新金融行为的法律规范也不断增多。由于金融创新和发展过程呈现出一种交叉、重叠和多角度的趋势，所以其法律制度的制定与适用也非界限分明，而是朝着更为复杂、模糊的方向发展，而且诸多法律随着快速的金融发展创新而不断进行废改立，呈现出一种试错、纠正和发展的过程。

二、金融法律关系和调整对象

（一）金融法律关系和要素

法律关系是法律规范在指引人们的行为、调整社会关系过程中形成的权利义务关系。金融法律关系则是金融法律所规定的金融市场主体之间的权利义务关系,也即金融法律在调整金融主体实施金融行为时所产生的权利义务关系。类似于其他法律关系,金融法律关系的构成要素包括金融法律关系主体、客体和内容。

(1) 金融法律关系主体。金融法律关系主体是指参加金融活动,依法享有权利并承担义务的金融关系当事人。与其他的经济市场主体一样,金融法律关系主体包括四种基本类型:一是金融监管机构,如中央银行、银行监管机构、证券监管机构、保险监管机构和其他金融监管机构,也包括其他对金融市场、金融机构和金融行为进行监管的政府机构和自律性机构;二是金融机构,如银行经营机构、保险经营机构、证券经营机构、期货经营机构以及其他从事金融业务的专兼职企业机构;三是金融中介机构、金融服务辅助性机构,如为金融机构提供稽核、审计的会计师事务所,提供法律服务的律师事务所等;四是金融消费者和金融投资者,如广大的社会民众和企事业单位、政府机构等。

(2) 金融法律关系客体。金融法律关系客体是指金融法律关系主体之间权利(权力)和义务(责任)所指向的对象。通常而言,民商事法律关系的客体是有形物体、智力成果、人身权益和民事行为,但金融法律关系客体如下:① 充当流动手段和支付手段的货币;② 在法定货币基础上衍生组合出来的金融产品;③ 为了实现资金融通所为的金融行为,包括金融产品发行行为、交易行为和监管行为等。

(3) 金融法律关系内容。金融法律关系内容是指金融法律关系主体在从事金融活动时依法享有的权利(权力)和应该承担的义务(责任)。金融法律关系主体包括两大类,即监管类主体和市场行为类主体,这两大类主体在市场中的作用和业务范围相差很大。其中,金融产品的生产者、金融产品的购买者和金融服务者,以及金融消费者和投资者,他们的权利义务是依法从事金融生产、交易、消费和投资,在此过程中如果违法犯罪将承担民事、行政和刑事法律责任。金融监管机构的权力和责任是制定监管规则、依法进行监管,否则将承担法律规定的法律责任。

(二) 金融法的调整对象

法的调整对象是社会关系,而金融法的调整对象是指金融活动中各种主体之间产生的社会关系,又被称为金融关系,具体包括金融组织关系、金融交易关系、金融监管关系和金融调控关系,但不包括财政资金中的资金分配和转移关系,因为这种财政资金的分配关系由财税法调整。金融法律关系包括以下五种。

(1) 金融组织法律关系。金融组织法律关系是指金融机构设立过程中所形成的社会关系。金融业是一种特殊的行业,能够聚集大量的资金推动经济发展,也能够迅速传播风险引发金融危机。因此,金融机构在其设立过程中除了需要符合普通民商事企业设立的基本条件和准则外,法律还会针对金融机构的特殊性设置诸多实质性市场准入、市场退出的条件和程序,在金融机构设立和退出过程中发生的社会关系则为金融组织法律关系。

(2) 金融行为法律关系。金融行为法律关系,即包括金融机构、金融交易相对方,以及参与金融市场的其他主体如金融交易所、金融登记结算机构,在进行金融交易,提供金融登记结算或从事其相关活动时所产生的社会关系,具体包括金融产品发行关系、金融产品交易关系和金融服务关系,以及与此相关的辅助性关系,主要表现为金融机构与交易对象之间的存贷款、货币结算、证券发行、证券交易、登记结算、票据贴现、金融租赁、投保理赔和期货买卖等关系。

（3）金融监管法律关系。金融监管是监管机构对监管对象及其活动是否符合法律规定所进行的监督检查和行政处置的总称，以此实现金融目标。金融是经济的核心，金融市场是一国经济体系的重要组成部分，与国民经济发展紧密联系，关系着一个国家经济的健康发展。所以，各国对金融市场的监督管理较其他经济市场更为严格。金融监管关系主要表现为两方面的关系：一是国家金融监管机构对金融市场、金融机构和金融行为进行监督管理形成的关系；二是金融监管的模式和职权划分关系。因此，金融法对金融监管关系的调整，即调整金融监管机构的设置、权限划分和行使监管权时所形成的金融法律关系。

（4）金融调控法律关系。宏观调控是国家的经济职能，是国家对宏观经济运行的干预，具体而言即国家运用经济政策调节宏观经济变量，如税率、利率、汇率、价格、投资、就业等，以促进总供求的基本平衡，实现经济增长的措施、手段和过程。金融宏观调控以中央银行制定和实施的货币政策为主导，通过调整货币供应量指标、市场利率和汇率水平，间接调控金融市场，进而实现社会总供求平衡，促进金融与经济协调稳定发展。金融调控法律关系则是中央银行在实行金融调控过程中所发生的权利义务关系，其前提条件是一国或地区必须制定中央银行法、货币流动法以及其他金融法律制度，才能以此调整中央银行的金融宏观调控行为。

（5）金融救助法律关系。金融救助法律关系是指，当金融机构发生流动性危机时，负有救助义务的金融监管机构对其提供资金或非资金救助，以实现问题金融机构的起死回生，维持继续经营能力，或者当金融机构破产清算时，负有救助义务的金融监管机构提供资金对破产金融机构所负债务代为清偿所形成的金融法律关系。为问题金融机构提供救助资金的机构一般为中央银行、国家财政机构和各类金融保障基金管理机构。经营性救助是尽力挽救还有经营价值的金融机构，避免动辄对金融机构实施破产给社会经济带来巨大的负面影响；而破产清偿性救助是弥补金融机构破产给金融消费者造成的巨大损失，以及维护金融稳定，将金融机构破产的负面影响减至最低。

三、金融法的基本法律属性

金融法的性质是由金融法的调整对象所决定的，普遍认为金融法的调整对象包括金融组织法、金融行为法、金融监管法和金融调控法，若另外将金融救助法增加为金融法的调整对象，则总计有五大调整对象。根据金融法律调整对象和调整手段的不同，金融法律规范可分属商法、行政法、经济法和金融刑法范畴，由此可知相应部分的金融法律制度具有商法、行政法、经济法和刑法属性。

（1）金融法的商法属性。商法是调整商业主体之间的商事行为的法律规范。传统商法包括公司法、票据法、保险法、海商法、破产法等。商事行为具有营利性、技术性、强制性和国际性的特征。营利性是指商人从事的活动主要是生产、经营活动，以营利为目的；技术性是指商法规范多为技术性操作规则，伦理道德的评价和规范较少；强制性是指商法多为义务性、强行性法律规范,选择性遵守的规则较少;国际性是指世界各国的商法规范逐渐趋于一致,而且随着商事交往调整商事行为的制度规则逐渐增加,国内商事法律效力突破国家边界等。金融法中规范金融机构设立条件、程序和调整金融市场行为的大部分规范,具有商法的特征,属于商法范畴。

(2) 金融法的行政法属性。金融市场是一个严格监管的市场,政府涉及金融监管的范围非常广泛,包括金融机构的市场准入、业务范围的批准、产品上市审核、金融交易行为规制,以及金融市场退出等。金融监管机构根据法律或者政府的授权,对金融机构市场准入的审核批准,以及对市场主体交易行为的合法性监管和违法行政处罚等,均为政府部门依法履行的行政监管职能,可归入行政法范畴,所以这一部分法律规范具有行政法属性。

(3) 金融法的经济法属性。大部分金融法学家都更喜欢将金融法整体归入经济法范畴,但这实际上是一种误解。客观而言,金融法中有相当一部分规范应当视为经济法的组成部分,主要原因是相当一部分法律条款规范的是国家对金融的宏观调控、金融市场干预和问题金融机构救助行为,具有经济法的一般特征。如金融法中的中央银行法,主要规范中央银行的货币发行职能,确认和规范中央银行调控金融和维护金融市场货币流转的职责权能;金融监管法律制度则规范金融机构的资产业务、流动性,以保护金融消费者权益,维护金融市场稳定,保障社会整体利益。金融监管机构据此依法调控金融业和监管金融市场,体现出金融法规范和约束政府权力以维护金融业整体健康稳健发展的经济法性质和作用。

(4) 金融法的刑法属性。金融法的刑法属性是指金融法中包含诸多金融刑法规范,国家通过金融刑法对严重违反法律规定的金融行为处以刑事法律责任,以保障金融消费者和投资者利益,维护金融秩序。此处的金融刑法是指与金融活动、金融经济利益有关的刑法规定,包括一些财产刑法以及一切与金融监管有关的附属刑法规则,如分散规定在《中国人民银行法》《商业银行法》《保险法》等中的刑事法律规定。金融刑法具有专业性,法律规定分散在各种金融法、刑法典中,与金融法规具有密切联系,这种内容和形式上的联系比各种专业刑法之间的联系更加紧密。

延伸阅读

国际金融法的调整对象和法律渊源

国际金融法就是调整国际金融关系的法律规范总称。国际金融关系是人们在国际金融活动中形成的一种社会关系,国际金融活动包括在货币、证券、期货、保险以及相关金融领域所进行的具有国际性的活动,在这些活动中结成的社会关系就是国际金融关系。国际金融关系一旦受到法律规范的调整,就形成了国际金融法律关系,并形成了国际金融活动过程中的权利义务关系。国际金融法具有国际性和金融性的双重特征,在一定程度上决定了国际金融法主体、调整对象和法律渊源与国内金融法的差异。国际金融法的主体有国家、国际组织、企业与自然人等。然而,国际金融法律的调整对象主要有四类：一是平等主体之间的金融交易关系，如国际货币借贷、资金结算和证券交易等；二是国家和国际金融监管组织在管理国际金融事务中形成的纵向管理关系，如母国和东道国对跨国金融机构的监管等；三是有关国家对彼此间的金融交往所进行的协调关系；四是国际组织对国家管理国际金融活动的协调和约束关系，体现为国际组织对其成员的规则和纪律约束。

国际金融法渊源既有国际法渊源，又有国内法渊源。其中，国际法渊源包括国际条约、双边条约和国际惯例等，而国内法渊源包括国内立法和相关判例。无论是国际法渊源还是国内法渊源，均可能涉及金融公法领域和金融私法领域中的法律规则，也就包括国际金融公法和国际金融私法。国际金融法中的公法性规范主要有两种表现形式：一是国内法规定，如中国的《中国人民银行法》《银行业监督管理法》，美国的《证券交易法》等；二是国际法中的金融公法内容，如巴塞尔银行监管委员会的"巴塞尔协议Ⅲ"等。国际金融法中的私法渊源包括三大类：① 各国民事法律中的规定以及商业银行法、保险法、证券期货法等中规范金融交易的法律规则；② 国际金融交易惯例，如《跟单信用证统一惯例》等；③ 金融国际条约、双边协议中涉及金融交易的具体规则等。

［资料来源］韩龙：《金融法与国际金融法律前沿问题》，清华大学出版社，2018，第55—77页。

第二节　金融法律渊源和法律体系

一、金融法的法律渊源

法律渊源一词在不同的场合有着不同的含义，但普遍将其界定为法律规范的表现形式，即由不同国家机构制定的、具有不同效力等级的法律表现形式。类似地，金融法律的法律渊源即金融法借以表现和存在的具体形式，包括由不同国家机关制定的，而且具有不同效力等级的各种金融法律制度。根据中国现行的法律规范体系、立法模式和法律层次，中国金融法的渊源具体包括以下八种。

（1）金融宪法。宪法是由全国人民代表大会制定的国家根本法，具有最高的法律效力，宪法规定的金融法内容较为原则性，如宪法所规定的经济体系构建、经济金融制度的规定、政府机构的组织和权责、公民和机构的财产保护等。此类规定是金融立法的基础和依据，金融执法和司法都必须在宪法指导下进行，依宪有据。

（2）金融法律。全国人民代表大会及其常务委员会制定的调整金融关系的基本法律是金融法的主要渊源，如《中国人民银行法》《银行业监督管理法》《商业银行法》《证券法》《保险法》《票据法》等专门性金融法律。除此之外，其他法律如《刑法》《民法典》《公司法》等，其中对经济、民商事主体组织、行为规则以及市场监管的通则性规定也是金融法的主要渊源。

（3）金融行政法规。国务院作为国家最高行政机关，其依职权制定和发布的金融行政法规也是金融法的重要渊源，如国务院颁布的《期货交易管理条例》《存款保险条例》《储蓄管理条例》和《证券公司风险处置条例》等。

（4）金融部门规章。作为国务院所属职能部门的金融监管机构，如中国人民银行、中国证监会及中国银保监会等，为了实施金融法律、贯彻落实国家金融产业政策、维护金融稳定和保护金融消费者利益、对金融业进行监督管理所制定的规范性文件，属于金融部门规章。现阶段，部门规章在中国金融法律制度中所占比重很高，其原因有二：一是金融监管机构的职能特征决定其颁布大量的金融部门规章；二是中国金融业处于改革发展阶段，许多未定论的问题不宜用更为稳定的法律规定，而适合用灵活、便捷的部门规章进行调整。

（5）金融地方性法规。省级国家权力机关及其常设机关、经国务院批准的较大市的人民代表大会及其常务委员会，以及上述地方政府制定的为执行和实施金融法律和金融行政法规，根据本行政区的具体情况和实际需要，在法律规定的权限内制定、发布并在本辖区内施行的法律规范和规范性文件，也是金融法的渊源。

（6）金融自律性规则。由金融业社团组织，如银行业协会、证券业协会、保险业协会，或者金融交易所、金融登记结算机构如证券交易所、证券登记结算公司等制定的约束其会员的带有自治法性质的规定，也属于广义上的金融法律。

（7）金融国际条约。中国缔结或参加的与金融有关的国际条约，构成金融法的重要渊源。但是，中国缔结或者参加的国际条约必须先转化为国内法，才能对执法、司法和守法形成约束力。在国内法无规定或者国内法规定与国际法规定不一致时，只要加入了该条约或组织，通行的做法是优先适用该国际条约的规定，即国际条约具有优先于国内法的效力，除非作了例外性声明。

（8）司法解释。此外，最高人民法院和最高人民检察院就发布的某一法律在司法中如何适用的解释性文件即司法解释，也是金融法的主要法律渊源之一。司法解释有两种：一种是对某个具体案件如何适用法律的解释，多采取批复或者通知的形式；另一种是综合性解释，即针对某类金融案件的审理，对其所涉及的诸多法律问题集中进行解释，如《最高人民法院关于审理民间借贷案件适用法律若干问题的规定》。

二、金融法律制度结构体系

（一）金融法律体系概念和分类

法律体系是指一个国家全部法律规范的有机组合，而金融法律体系是指将调整金融关系的全部法律法规，根据其规范的问题和调整对象，按照一定的标准组成的内容衔接、形式和谐、体系完整的法律规范群。

金融业范围广泛，行为复杂，所涉及的法律规则较为庞杂，由诸多金融法律、行政法规、地方性规则和自律规范所组成。所以，为了使得庞杂的金融法体系化，按照其调整对象或实现任务的类别进行划分并分类组合为不同的金融法律制度群，其目的是便于理论研究和实践应用。根据上述原则，结合中国现行金融法律的具体规定并考虑到表达的便利，可将中国金融法体系化归类为金融组织法、金融行为法、金融监管法、金融市场退出法和金融救助法五大体系。

（二）金融法体系结构和内涵

金融法律依据其调整的对象和任务目标，可划分为金融组织法律体系、金融行为法律体系、金融监管法律体系、金融市场退出法律体系和金融救助法律体系（见图1-3-1）。每一个法律体系有其自己的调整对象，也包含着诸多领域不同的金融法律法规。中国许多金融法律采取的是综合性立法模式，如现行的《保险法》中既包括保险经营机构的组织规则、经营规则、监管规则，也包括保险经营机构的破产和国家救助规则。所以，其法律体系的划分并不是对某一部法律法规的归属进行划分，而是将其中的相关条款按其调整的对象进行区别和归类。

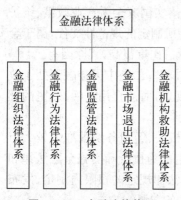

图1-3-1　金融法律体系结构示意图

（1）金融组织法律体系。金融组织法又称金融主体法或金融机构组织法，是用以规范银行、证券、期货、保险和其他金融市场中金融机构建立，确认其法律地位，明确它们的性质、任务、业务范围、组织机构的法律法规总称。根据金融机构的性质和主营业务范围的差异，金融组织法又可进一步划分为中央银行组织法、银行经营机构组织法、政策性银行机构组织法、证券经营机构组织法、期货经营机构组织法、保险经营机构组织法、其他金融机构组织法，如信托投资经营机构、基金管理经营机构、小额贷款经营机构等。这些法律规则先后散见于《中国人民银行法》《商业银行法》《证券法》《保险法》和《期货交易管理条例》《证券交易所管理办法》和其他相关金融法律法规之中。

（2）金融行为法律体系。金融行为法律制度是调整金融市场主体行为的法律法规总称，包括广大金融市场主体的产品发行、产品交易、金融服务和金融消费者、投资者保护行为规则，大致可分为货币市场行为法和资本市场行为法，但还可以根据其他不同标准细加区分。中国现行金融法律实行的是混合型立法模式，即有关金融机构的市场行为规则条款包含在一些综合性立法中，如相关条款包括在《中国人民银行法》《商业银行法》《证券法》《保险法》和《期货交易管理条例》等金融法律法规之中。除此之外，相关监管机构还在综合性法律法规基础上，先后颁布了一系列专门调整金融行为的行政规章，如《储蓄管理条例》《贷款通则》《外汇管理条例》《个人存款账户实名制规定》《人民币单位存款管理办法》《国内信用证结算办法》《支付结算办法》等。

（3）金融监管法律体系。金融监管法律体系即调整金融监管关系的法律法规总称。金融监管法律制度是市场经济监管法律制度的主要组成部分，是规范金融监管机构的建立、性质、地位、权责，以及监管方式及法律责任的法律规范。同样，在金融法律体系中，除了专门的金融监管法律如《银行业监督管理法》外，绝大部分金融监管规则都混合规定在其他金融法律法规中，即《中国人民银行法》《商业银行法》《证券法》《保险法》和《期货交易管理条例》等法律法规中均包括了诸多金融监管的规则条款。金融行为与金融监管是一个问题的两个方面,调整金融行为的法律法规也就是金融监管机构对金融机构行为和金融市场实施监管的依据。

(4) 金融市场退出法律体系。金融市场退出法律体系即调整金融机构行政处置、行政清算和破产关系的法律法规总称。金融机构市场退出不同于普通商事企业主体终结,其退出机制、破产决定、破产程序、破产重整和破产清算等受到国家的严格监管。中国目前调整金融机构市场退出的法律主要是《企业破产法》和最高人民法院的相关司法解释。作为综合性立法,《商业银行法》《证券法》《保险法》和《期货交易管理条例》等法律法规中也有一些关于金融机构破产和市场退出的规则和条款。此外,国务院和其下属金融监管机构还颁布了若干专门的金融机构市场退出法律规章,如国务院颁布的《金融机构撤销条例》《证券公司风险处置条例》等。

(5) 金融机构救助法律体系。金融机构救助法律体系即调整国家对问题金融机构经营性救助以及破产清偿性救助关系的法律法规总称。由于金融机构破产较普通商事企业破产有更严重的社会危害性,所以国家会对问题金融机构实施救助,以保障其继续经营能力;为了减轻金融机构破产带来的债务清偿不能产生的严重负面后果,中央银行、中央财政机构和各类金融保障基金管理机构也可能对破产金融机构债务进行清偿性救助。目前,中国的金融机构救助立法还不完善,主要有《存款保险条例》《证券投资者保护基金管理办法》《期货投资者保障基金管理办法》《保险保障基金管理办法》《信托业保障基金管理办法》,以及相关的行政法规如《证券公司风险处置条例》等,缺失中央银行再贷款和中央财政救助立法。

金融法律理论界普遍将金融调控作为金融法律的重要调整对象,但为了方便对法律体系的分类和论述,此处将金融调控方面的法律根据其性质和特征分别归入金融行为法、金融监管法、金融机构救助法体系之中。金融调控法是规范金融调控机构性质、地位、职权、调控方法、调控工具以及法律责任的法律法规总和。金融调控法是国家宏观调控法律体系的组成部分,相关金融调控法律规范主要集中在中央银行法中,表现为货币发行管理法律制度、货币流动和清算管理法律制度、货币调控政策和手段法律制度,如法定存款准备金制度、基准利率制度、贴现和再贴现制度、公开市场操作业务制度等。中国的金融调控法有《中国人民银行法》《中华人民共和国人民币管理条例》《外汇管理条例》和《国家货币出入境管理办法》等。其他一些相关的金融调控规则也被写进其他金融监管法律制度之中,如《证券法》中的有关证券发行上市的审核制度规则。

三、金融法律制度基本内容

金融法律制度的基本内容是指某一具体金融法律或法规的调整对象、行为规则,以及违反规则的法律责任条款内容。中国主要金融领域的基本法律的核心内容如下所述。

(1) 银行业法。银行业是指以银行经营机构为主的金融机构从事存贷款金融业务及其衍生业务的行业。先后发布的主要法律法规有《中国人民银行法》《银行业监督管理法》《商业银行法》《票据法》《人民币管理条例》《储蓄管理条例》《贷款通则》《外汇管理条例》《存款保险条例》《票据交易管理办法》《个人存款账户实名制规定》《人民币单位存款管理办法》《国内信用证结算办法》《支付结算办法》《外汇管理条例》和《中华人民共和国国家货币出入境管理办法》等。这些法律法规主要规范银行经营机构的设立、经营规则、监管机构的监管和市场退出等问题。

(2) 证券业法。证券业是指以证券经营机构为主的金融机构为资金募集者发行证券，为证券市场交易双方提供交易、清算和衍生服务的行业。先后发布的主要法律法规有《公司法》《证券法》和《证券公司风险处置条例》，以及《证券交易所管理办法》《证券公司管理办法》《外商投资证券公司管理办法》《上市公司证券发行管理办法》《创业板上市公司证券发行注册管理办法(试行)》等，还有上海证券交易所、深圳证券交易所和全国中小企业股份转让系统发布的各种股份发行和转让交易的自律性规则。这些法律法规和自律性规则主要规范拟发行证券的商事企业、证券公司、证券交易所和证券登记结算机构的设立，以及证券的发行上市、信息披露、交易清算规则等。

(3) 期货业法。期货业是指以期货经营机构为主的金融机构为投资者提供标准化合约买卖、结算和产品交割的行业。先后发布的主要法律法规有《公司法》《期货交易管理条例》，以及《期货交易所管理办法》《期货公司监督管理办法》《期货投资者保障基金管理办法》《证券期货经营机构私募资产管理业务管理办法》和《证券期货经营机构私募资产管理计划运作管理规定》，还有期货业协会、各期货交易所制定的期货产品上市交易、清算交割的自律性规则等。这些法律法规主要规范期货经营机构、期货投资者、期货交易所和期货登记结算机构的设立，以及期货产品的上市、交易、信息披露和期货的清算交割等。

(4) 保险业法。保险业是指以保险经营机构为主的金融机构为投保人或被保险人的财产和人身提供风险损失赔付的行业。但现在的保险市场已经不再局限于传统的财产和人身保险，而是拓展到了其他的金融衍生性行业，如金融产品交易、委托理财和资产风险管理等。先后发布的主要法律法规有《公司法》《保险法》和《保险公司管理规定》《保险公司股权管理办法》《健康保险管理办法》《金融资产投资公司管理办法》等，以及保险业协会、各大保险交易所发布的自律规则，如《上海保险交易所结算银行管理办法(试行)》等。这些法律法规主要规范保险经营机构、保险交易所和保险交易登记结算机构的设立，保险产品的上市、交易和清算交割，以及保险投资者保护等。

(5) 信托业法。信托业是指以信托经营机构为主的金融机构发行信托产品、接受信托委托、为他人提供理财服务的金融行业。但是，现行信托业已经超越了传统的金融信托业务，而延伸到了其他的证券、外汇、租赁、借贷等金融业务领域。先后发布的主要法律法规有《公司法》《信托法》《银行业监督管理法》《信托公司管理办法》《信托公司集合资金信托计划管理办法》和《信托公司净资本管理办法》等。这些法律法规主要规范信托经营机构的组织设立、信托产品的设计、信托交易、投资者权益保障等。

(6) 金融租赁业法。金融租赁业是指专营或兼营金融租赁经营机构为市场主体提供金融租赁业务的金融行业。金融租赁业是世界金融市场中一个发展较快的行业，中国的金融租赁业务也发展迅速。但是，现行金融租赁业已经超越了传统的金融租赁业务，而延伸到了其他的证券、外汇、委托理财、借贷等金融业务领域。先后发布的主要法律法规有《公司法》《银行业监督管理法》《金融租赁公司管理办法》。相较于其他金融行业，中国的金融租赁立法较为滞后，法律供给明显不足，现有的法律规则主要规范金融租赁机构的组织设立，以及金融租赁行业的行为规则。

(7) 互联网金融业法。互联网金融是 21 世纪发展最为迅猛的新型金融行业，是互联网与传统金融创新性链接产生出来的金融新领域。有关互联网金融的法律法规主要有《网络安全法》《电子签名法》，但更多的是国务院及其下属各部委，如互联网金融风险专项整治工作领导小组、中国银保监会、工业和信息化部、公安部和国家互联网信息办公室等单独或联合发布的规范性文件，如《中国人民银行工业和信息化部 公安部 财政部 工商总局法制办 银监会 证监会 保监会 国家互联网信息办公室关于促进互联网金融健康发展的指导意见》《非银行支付机构网络支付业务管理办法》《网络借贷信息中介机构业务活动管理暂行办法》《网络借贷资金存管业务指引》《网络借贷信息中介机构业务活动信息披露指引》《网络借贷信息中介机构备案登记管理指引》和《关于网络借贷信息中介机构转型为小额贷款公司试点的指导意见》等。现有的法律规则主要规范互联网金融平台机构的组织设立、行为规则和信息披露等。现在互联网金融领域法律规范性文件虽然数量较多，但操作性不强、效力不高，多为宣示性和鼓励性内容。

(8) 民间金融业法。民间金融又可称为非正式金融，即未取得国家金融主管部门批准获取正式金融牌照的自然人、机构从事的金融服务，或其他不宜归类于正式金融行业的金融活动，以及由此而形成的有形或无形市场。有关民间金融的专门性法律法规较少，主要有《民法典》《公司法》等通用性法律法规，国务院或其下属职能机构曾先后颁布的《国务院关于鼓励和引导民间投资健康发展的若干意见》《关于小额贷款公司试点的指导意见》《典当管理办法》《典当行业监管规定》《村镇银行管理暂行规定》《农村资金互助社管理暂行规定》等，以及《最高人民法院关于审理民间借贷案件适用法律若干问题的规定》等。这些法律法规主要规范民间金融机构的组织设立条件、资金提供者和需求者的权利义务、利率标准、违约责任等。

延伸阅读

外汇管理制度

各国外汇管理制度归纳起来主要有三种类型。一是严格的外汇管制，即对经常项目和资本项目实施严格管制。实行这种外汇管理体制的通常是经济比较落后的国家，这些国家外汇资金短缺，市场机制不发达，因而试图通过集中分配和使用外汇以维持稳定的汇价、保障国际收支平衡，从而维护国内经济的发展。二是相对宽松的外汇管制，即对经常项目外汇交易原则上不加限制，但对资本项目外汇交易进行一定的限制，如日本、丹麦、挪威、法国、意大利等 20 多个国家采取这一外汇管理体制。三是完全自由的外汇管制，即对经常项目和资本项目外汇交易均不进行限制，外汇可自由兑换、自由流通、自由出入国边境，实行金融自由化。实行此类制度的国家主要为美国、英国、瑞士、荷兰、新加坡和外汇储备较多的石油输出国如科威特、沙特阿拉伯等。

中国采取的是相对宽松的外汇管制,即对经常项目实行可自由兑换,但对资本项目进行一定的限制,对金融机构的外汇业务进行监管,禁止外币境内计价结算流通,以及对保税区实行有区别的外汇管理等。

中国现行《外汇管理条例》规定:① 实行以市场供求为基础,单一、有管理、浮动的人民币汇率机制。② 外商投资企业原则上要自己采取措施自求外汇平衡,国家放松外汇境外存放管制,不再强制要求外汇收入必须调回境内。③ 维护人民币主权货币地位,加强国际收支统计监测,且中国境内禁止外币流通,不得以外币计价结算,但国家另有规定者除外。然而,随着2016年10月1日人民币被正式纳入世界货币基金组织的"一篮子货币计划"(Special Drawing Rights,SDR)(又可称为"特别提款权"),人民币国际化速度加快,成为世界主要结算货币之一。人民币成为一种国际化货币,意味着中国必须加快推进国内金融法律制度改革,消除经济中存在的扭曲和不符合国际规则的制度,改善人民币汇率形成机制,确保中国货币政策框架和人民币汇率形成机制更加市场化,更加灵活,政策透明度更高。因此,中国在加入SDR之后相当长的时期内,应该有序地推进资本项目可兑换,放宽境内个人对外投资的过度管制,推出合格境内个人投资者境外投资(Qualified Domestic Institutional Investor 2,QDII2)。在此基础上,参照"负面清单+国民待遇"方式,加快《外汇管理条例》的修订,完善外汇管理体制,以更好地顺应世界经济和金融发展潮流。

[资料来源] 中国人民银行国际司:《人民币加入SDR之路》,中国金融出版社,2017。

第三节 金融发展创新和立法趋势

一、世界金融发展与立法现状

(一) 金融发展现状和趋势

金融产品创新、金融服务创新、金融机构创新和金融全球化是现代金融业的基本特征。20世纪70年代开始,随着科技信息产业的发展,金融业的发展创新极为迅速。其主要表现是现代通信和计算机技术与金融的结合创造出更多金融产品、金融服务,使得金融更加简便明了地服务于经济生活。

金融发展创新带来了金融全球化进程,金融全球化又推动了金融发展创新的高速发展,这是一个相辅相成且互为因果的过程。金融全球化是经济全球化的重要组成部分,表现为各国金融市场相互依赖程度日渐提高,国际金融市场日趋一体化,国际金融活动特别是资本流动日益超过国际商品生产和贸易活跃程度。一国范围内的国民和非国民享受同等的金融市场准入和经营许可待遇,而且业务范围、交易对象、活动规范、交易技术逐渐呈现无差别趋势。金融全球化为金融机构跨越国界,进入其他国家提供金融服务、销售金融产品,在全球范围展开经营、寻求融合、求得发展提供了机会,也产生了挑战。

金融全球化得益于互联网的发展,"互联网+"创新传统金融,拓展银行、证券、期货、保险和委托理财业务的边界范围和交易速度,也创造出一些新型的金融模式。金融创新不断为金融国际化的推进和扩展开辟道路。"互联网+"金融模式降低了金融机构各自的专业化难度,日益模糊的金融业务边界以及新金融衍生产品的开发使得金融机构混业经营趋势更加明显,非金融机构开始进入金融领域。由此形成世界金融发展三大基本趋势:一是金融发展全球化趋势;二是金融产品、金融服务和金融机构快速创新趋势;三是金融机构突破其业务边界,实行混业经营趋势。这三种趋势交织在一起,互为因果。

(二) 世界金融立法新特征

21世纪,世界金融进入了以数字货币、金融创新、金融新科技为特征的全球化时代,为了适应金融发展新形势,世界金融立法表现出以下四个方面的趋势。

(1) 加强了金融消费者保护的立法。如今的金融市场充斥着金融混业经营、金融新科技和"互联网+"等创新和锐变,在传统的股票、债券和基金证券之外,组合或反复组合而衍生出了种类繁多的金融产品,经营这些衍生产品的金融机构也演化成了一个更为广泛复杂的概念,使得传统意义上的金融市场产生了裂变,交易方式不断创新,投资者也随之发生分化。交易客体、交易方式的创新,经营主体的拓展,混业经营的兴起,以及投资者资信能力和投资目的的裂变,理论和实践均倾向于将金融市场投资者区分为金融消费者(或称之为"零售客户")与投资者(或称之为"专业客户"),并为他们实施或谋求不同的法律保护。因此,对这些金融衍生品和类似的金融创新行为、投资者的保护开始突破传统法律既有模式,进行新的立法规制。

(2) 加快了互联网金融的立法。互联网和新金融科技的迅速发展催生了网上银行、数字货币、互联网支付、移动支付、互联网借贷、互联网众筹和智能投顾等新金融模式。但是作为一种金融新生事物,互联网在以几何级数推动全人类滑进全球资本主义时代的同时,经济的投机性、市场泡沫破裂的风险性也在同比例地加大,因而世界各主要金融大国对互联网和智能金融的立法也在加紧,并诞生了以美国2015年10月30日《众筹条例》、2014年7月17日纽约州《比特币牌照监管框架》等为代表的新金融立法。

(3) 各大法系金融立法日渐趋同。世界传统法律体系主要有两大类,即大陆法系和英美法系,当然也还有其他法系如伊斯兰法系等。上述法系的划分主要依据传统法律的历史渊源和价值规律,但是在当今金融领域的价值观和立法实践中,其区分已经日渐模糊。在金融发展全球化、互联网金融的背景下,金融立法更多地表现为技术性规则,技术规范的意识形态色彩逐渐淡化,更多体现为金融技术标准和主体的行为规则,而不是对其思想或意识形态的判断,因而世界各大法系对金融立法所体现的价值、目标和具体规则的表现形式也逐渐同化。

(4) 金融监管综合性立法趋势。金融监管历史上,以美国为代表的西方金融大国实行的是"分业经营、分业监管"。只有在进入21世纪后,以英国为代表的国家才开始实行程度不同的综合立法,进行"混业经营、综合监管",但是还处于探索和试验阶段,经常在分业监管和综合监管之间徘徊。在2007—2009年世界性金融危机之后,全球金融发展趋势体现出混业经营、金融创新的特点,互联网金融模糊了金融行业的绝对性界限,使得包括美国、英国和中国在内的世界主要金融大国都对金融立法和金融监管进行了深刻的反思,针对金融全球化趋势、金融混业经营和金融创新等,大幅度改革金融监管立法和金融监管体制,逐步以综合立法的形式规制金融市场,改变长期以来分业经营、分业立法和分业监管的局面。

二、中国金融发展和立法现状

自1978年以来,中国的金融业经过40多年的改革发展,已经形成了较为完善的金融体系和金融法制体系。

(1) 金融体系建设和发展方面。中国经过40多年的改革发展,取得了以下成果:① 形成了以银行经营机构、证券经营机构和保险经营机构为主的多元化金融机构;② 货币市场、资本市场和金融衍生产品市场得到了较好的发展;③ 金融创新不断加快,创新成为金融发展的主要动力,特别是21世纪互联网在金融中的应用,极大地提高了中国金融市场的竞争力;④ 形成了较为科学的金融监管体系,金融宏观调控机制不断完善健全,金融法制和社会信用体系逐步健全。

(2) 金融法制建设和发展方面。中国在金融发展创新的同时,法律制度也在逐步完善,特别是传统金融领域法制已经基本体系化:① 制定了以《中国人民银行法》《银行业监督管理法》《商业银行法》《证券法》《保险法》为基础的法律制度,形成了国际条约、国家法律、行政规章、地方法规和行业自律规则相结合的金融法律体系;② 建立了互联网金融和其他金融创新相关法律的基础性制度规章,使得互联网金融和金融创新基本做到有法可依,有章可循;③ 改革开放金融市场的同时,在法律制度上尽力实现与国外金融法律规则的衔接,积极加入国际金融监管组织,签订了一系列金融监管条约和协议;④ 建立了较为完善、有效的金融监管机制,形成了目前以国务院金融稳定发展委员会为顶层,以中国人民银行、中国银保监会和中国证监会为主干的金融监管体系。

中国金融业在取得上述成就的同时,也存在以下问题和不足:一是金融体系与整体经济体制匹配性较差,金融服务实体经济的能力不足,"短极效应"增加金融风险,影响金融发展;二是金融发展不平衡、结构不合理,主要表现为城乡金融发展不协调和东、中、西部地区金融发展不协调两个方面,农村金融抑制现象仍然较为严重;三是各类金融机构违规经营现象严重,金融创新过度,严重脱离实体经济,严重夸大互联网在金融中的作用,形成互联网金融泡沫;四是金融监管体制与中国现行金融运行存在矛盾,在金融创新、混业经营加快的金融环境下,以分业为基础的金融管理模式越来越受到制约;金融实践中以分业监管体制应对金融创新和混业经营,使得金融监管与金融市场发生矛盾;五是金融立法滞后于金融发展创新,在发展创新金融产品、金融服务和金融机构的同时,金融立法未能及时有效跟上,诸多金融行为无法可依。

三、中国金融法制建设方向

中国的金融法制建设取得了一系列成就，也有许多不足，为了金融和经济的安全稳定，必须及时废止、修改旧有法律法规并建立新的法律制度和规则，以适应全球金融一体化背景下的金融创新和发展。

（1）创新与完善金融基本法律制度。从层级上划分，中国金融法律的最高层级是法律，第二层级是国务院的行政法规，第三层级是监管部门的行政规章，第四层级是规章以下的规范性文件，最后是自律性规章。根据这一层级划分思路，对金融法律的改革应该从以下两方面进行：① 修改完善金融基本法律制度，如修改《中国人民银行法》《商业银行法》《证券法》《保险法》《证券投资基金法》《信托法》，制定期货法、金融租赁法、互联网金融法和金融监管法等基本法律制度；② 制定金融机构市场退出法律制度，如针对金融机构的破产特点制定问题金融机构国家救助法、金融机构破产法（条例）、金融机构行政清算法（条例）、中国人民银行再贷款法，统一并完善金融保障基金管理法律制度，即修改、衔接和统一《存款保险条例》《证券投资者保护基金管理办法》《期货投资者保障基金管理办法》《保险保障基金管理办法》和《信托业保障基金管理办法》等条例和规章。

（2）完善基本的刑事、经济和民商法律制度。随着中国金融业的发展和全球化，金融市场中出现了许多新业态、新金融、新行为，金融新现象的出现冲击了传统的金融法律制度，并产生了不适应性，必须进行相应的修改。应在《刑法》《公司法》《民法典》基础上制定与金融新业态相关的制度规则，删除已经过时的规则条款，以适应新金融形势下的发展创新。

（3）制定和完善互联网金融等新金融法律制度。互联网金融是世界也是中国现阶段金融发展创新的新现象，网络借贷、网络众筹、网络支付以及数字货币是其主要表现形式，但是对金融创新和互联网金融法律的理论研究不足，也缺乏立法实践经验。因此，中国应在加强相关理论研究的同时，加紧制定互联网金融法、数字货币法、互联网平台借贷条例、互联网第三方支付条例、互联网平台众筹条例等新金融法律规章。

（4）制定和完善与金融基本法律相配套的行政法规和规章。中国的法律层次较为复杂，除了前面所提到的由全国人大或全国人大常委会制定的最高层次的金融基本法，如《中国人民银行法》《证券法》《保险法》《信托法》《银行业监督管理法》外，还有第二和第三层次的金融行政法规和规章。为了实现上述法律的有效运用，政府层面应该加强行政规章的制定。

（5）建立和健全行业自律制度。各种金融业协会的自律规则是保障银行业、证券业、保险业、期货业和互联网金融良性运行的基本条件。尽管中国已经组建了全国性的银行业协会、证券业协会、保险业和期货业协会，但是其地位和作用未能在法律层面上得到重视，也未发挥其应有作用。金融行业协会的作用在金融监管中是不可或缺的，可以弥补金融监管机构的行政性监管的不足，起到连接金融市场与政府机构的桥梁作用。所以，在从法律的基本面确保金融行业协会的自律性监管权的基础上，各种金融行业协会应大力制定、修订行业自律规则,为金融市场的自律监管提供制度依据。

延 伸 阅 读

世界金融立法的发展趋势

世界主要金融大国在2007—2009年金融危机之后的金融体制改革和法律制度发展,呈现出以下三方面的趋势:第一,金融立法从行业纵向分割的立法模式向全面横向统合的立法模式转变。金融法的产生最初是基于对金融法律关系的调整,从早期的纵向管制发展至今,但是这种管制随着金融创新、混合性经营以及金融市场边界的突破而逐渐放松和转变。第二,金融市场从以商业银行为中心转变为多元化的市场主体、交易方式,其产品也不断丰富发展,而金融法律也从最早的银行法律演变成以金融商品、金融服务、金融消费者保护为中心的法律。金融法律遵循着商业银行法—票据法、证券法、保险法—金融商品法、金融服务法、消费者权益保护法—互联网金融法律体系的发展创新过程。第三,金融法律体系从单纯强调监管和规制转向监管规制、金融消费者保护、发挥市场功能三位一体的金融法,从单纯对金融机构的个体行为规制体系转向微观金融风险和系统性风险防范相结合的金融法律体系,从以规则规制为中心的金融法转向以原则规制为主导的金融法。

[资料来源] 杨东:《金融服务统合法论》,法律出版社,2013,第28—29页。

问题与思考

1. 简述金融法律概念、制度渊源,以及金融法律体系的划分。
2. 简述金融法的法律属性,即金融法与经济法、民商法和行政法的关系。
3. 2007—2009年世界性金融危机后,世界主要金融大国的金融立法有哪些特征?
4. 简述中国的金融立法现已取得的基本成就,以及存在一些什么样的问题。
5. 简述中国未来的金融立法方向,以及如何在金融创新的同时在法律上保障金融安全。

第二篇　金融主体组织法律制度

- 第一章　中央银行组织法律制度
- 第二章　货币市场组织法律制度
- 第三章　资本市场组织法律制度
- 第四章　金融交易所组织法律制度

第一章　中央银行组织法律制度

本章纲要
- 中央银行概念
- 中央银行功能
- 中央银行模式
- 中央银行资本
- 美国中央银行
- 欧洲中央银行
- 中国人民银行
- 宏观审慎管理

第一节　中央银行的渊源和发展

一、中央银行的概念和特征

(一)中央银行的概念

中央银行是按照一国或特定货币区域的法律规定,专门负责制定和执行货币政策、发行货币、维护金融市场流动性、实施金融监管、维护金融稳定的机构,在各国或货币区域金融体系中居于主导地位。

中央银行具体到每个国家或地区,其称谓并不完全相同:有些国家或地区直接以中央银行命名,如俄罗斯联邦中央银行、意大利中央银行;有的则称之为储备银行,如美国联邦储备银行(委员会)、印度储备银行;另一些国家或地区则称之为国家银行或直接冠以国名,如瑞士国家银行、马来西亚国家银行、日本银行、加拿大银行等,中国的中央银行为中国人民银行。

(二)中央银行的特征

由于各国社会、经济发展和金融体制的差异,中央银行在一国金融体系中的法律定位和权责并不完全相同,甚至相差很大,但均存在以下三个方面的特征。

(1)中央银行是一国最高的货币管理机构,负责制定货币政策,控制国家货币供给和信贷条件,对经济实施宏观调控,保障国家金融安全与稳定,提供金融服务。

(2)各国普遍将中央银行定位为"发行的银行""银行的银行"和"政府的银行",具体业务包括货币发行、统一收存存款准备金、实行再贷款和再贴现,为商业银行和其他金融机构办理资金清算、划拨和资金转移业务,为问题金融机构提供最后贷款救助等。

（3）中央银行是国家货币政策的制定者和执行者，也是政府干预经济的具体实施机构。中央银行在制定和落实货币政策的同时，也为国家提供金融服务，如代理国库，代理发行政府债券，为政府筹集资金，进行金融数据统计和经济监测，代表政府参加国际金融组织和各种国际金融活动等。

二、中央银行的产生和发展

世界各国早期并无中央银行，几乎每家银行都有发行银行券（即早期的纸币）的权利，导致一国范围之内银行券种类繁多、规格不一、含金量不足，为国内外商业交易和经济结算带来不便。17世纪后半期，西方国家开始进入第一次工业革命时期，社会生产力快速发展；产业革命所带动的经济交往不仅促使货币数量需求增加，而且要求统一的币制和协调一致的结算制度。因此，无论是从政府的角度还是从银行经营机构实际需要的角度，均要求建立相对统一的货币结算和信用制度，客观上还需要一个资历雄厚并在全国范围内享有权威的银行来统一发行银行券，并负责货币流动结算。因此，中央政府从最初的放任各家银行经营机构自由发行银行券，转为将银行券交由某一特定的大型银行经营机构独家发行，并赋予这一特定大型银行经营机构负责日常清算、对其他银行经营机构进行再贷款的权利，从而形成了早期的中央银行雏形。

1. 瑞典和英国中央银行

史料记载，创始于1656年的瑞典国家银行（旧名为"斯德哥尔摩银行"）是世界上最早的中央银行。该银行从1661年开始发行银行券，也是欧洲最早发行银行券的银行。由于它是世界上最早开始发行银行券、行使中央银行的某些职能并由国家经营的银行，所以被认为是中央银行的鼻祖。需要说明的是，虽然该银行的银行券发行得最早，但它直到1897年才独享货币发行权，成为纯粹的中央银行，则远落后于英格兰银行。

世界上另一家早期的中央银行是英国的英格兰银行，该银行成立于1694年。英格兰银行为股份制银行，成立时股本总额为120万英镑，向社会募集，经英王特许成立。英格兰银行成立之初像其他商业银行一样独立发行银行券，英王颁发的特许状许可该银行发行不超过资本总额的银行券。经过100多年运行之后，到1833年，英格兰银行取得钞票无限法偿的资格。然后在11年之后的1844年，英国国会通过《银行特许条例》，赋予英格兰银行全国货币发行垄断权，其他银行经营机构需要银行券时须从英格兰银行提取。与此同时，英格兰银行凭其法律赋予的权力和强大的政府支持，开始承担银行经营机构之间债权债务关系的划拨冲销、票据交换、票据再贴现业务，并充当其他银行经营机构的"最后贷款人"。1933年7月，英格兰银行设立"外汇平准账户"代理国库，最终确立了"发行的银行""银行的银行"和"政府的银行"的地位。第二次世界大战结束后的1946年，为了恢复战后经济，英国政府将英格兰银行收归国有，隶属财政部，具体的功能和职责是掌控国库、贴现企业、银行及其他金融机构，管理私人客户的账户，承担政府债务的管理工作，并根据政府要求决定国家货币金融政策。

2. 美国中央银行

1776年美国独立，1782年美国成立了具有现代意义的第一家银行——北美银行。

1791年,该银行经国会批准改组为美国第一银行,但国会只批准第一银行20年的经营期限。美国第一银行并不是中央银行,而是一家国家参股的商业银行。第一银行按照股份制方式成立,联邦政府投入200万美元,占总资本的20%。该银行与其他银行一样吸收储户的存款和发放商业贷款,但与其他州内商业银行有所不同的是,美国第一银行是全国性质的银行,在全美开展业务,而且是唯一被指定为美国财政部提供服务的银行。美国第一银行在1811年20年到期后,并没有被国会批准他延续存在从而被关闭。为了恢复金融秩序和处理战争债务,消除各州货币泛滥,平抑物价,1816年美国国会又批准成立了美国第二银行,期限也是20年。和第一银行类似,第二银行也不是现代意义上的中央银行,20年期限到期后,没有获得国会的延期审批,在1836年准时关闭。

1837—1863年是美国历史上货币金融最为自由的年代,也是最为混乱的时期。这一时期,既有大量银行经营机构设立,也有许多原有的银行倒闭,大小金融危机不断。为了应对金融恐慌,美国国会于1863年通过了《国民货币法》,设立货币监理署并将其隶属财政部,主管所有联邦国民银行的审批、监管。美国联邦政府在推动银行在联邦政府登记注册为国民银行以增加联邦财政收入的同时,也允许各州自己的银行监管机构登记注册设立银行,自行监管所在区域的银行业务,自此开创了美国双重银行体系。1864年,美国将《国民货币法》修改为《国民银行法》,但在第二银行关闭后的70多年里,美国政府并没有再试图建立一个类似中央银行的机构。一直到1913年,美国国会通过了《联邦储备法案》,并根据该法案建立了美国联邦储备委员会,标志着美国中央银行的成立。

3. 其他国家中央银行

从1656年瑞典国家银行成立,到1913年美国建立联邦储备体系为止,各国中央银行的创立经历了257年曲折的发展历程。中央银行成立的第一次高潮是19世纪至20世纪初,在这期间约29个国家成立了中央银行,大多数为经济发达的欧洲国家。成立的中央银行包括1800年的法兰西银行、1829年的西班牙银行、1875年的德国国家银行,以及1882年的日本银行等。中央银行成立的第二次高潮在1921—1942年,为了解决第一次世界大战后的世界性金融危机和严重的通货膨胀,1920年和1922年分别在布鲁塞尔、日内瓦召开国际经济会议,会议提出世界各国普遍建立中央银行制度的必要性,要求尚未建立中央银行的国家尽快建立。这一时期设立和改组的中央银行有40多家,其中新设立的有34家。此外的其他中央银行是在第二次世界大战结束到20世纪70年代初这一时期建立的。第二次世界大战结束后,一大批殖民地摆脱西方殖民统治,纷纷独立。在国家独立的同时,它们在金融体制上也纷纷独立,建立了自己的中央银行,亚洲、非洲等大部分国家的中央银行都是在这一时代背景下建立的。

三、中国人民银行的产生和发展

(一) 中国人民银行的历史发展

中国人民银行即中国的中央银行,成立于1948年12月1日河北石家庄市,于1949年2月迁入北京。中国人民银行由当时的华北银行、北海银行和西北农民银行合并而成。1949年9月,中国人民政治协商会议颁布《中央人民政府组织法》,把中国人民银行纳为中央人民政府政务院的直属单位,赋予其国家银行职能,承担发行货币、经理国库、管理金融、稳定金融市场的任务。

中国人民银行从其设立至今,职能几经变化。在1983年以前,中国人民银行在行使中央银行职能的同时还经营具体的金融业务。中共十一届三中全会后,国家对包括金融业在内的经济体制进行改革。因此,1983年9月,《国务院关于中国人民银行专门行使中央银行职能的决定》发布,决定中国人民银行专门履行中央银行职能。该决定对包括中国人民银行在内的金融市场提出了以下四项改革措施。

(1) 中国人民银行负责研究、拟定金融政策和基本制度,发行、管理货币,代理国家财政金库,审批金融机构的设置和撤并等,即中国人民银行专司金融监管、货币发行和国际金融交往的权责。

(2) 理顺中国人民银行的组织系统、分支机构设置,规定中国人民银行对分支机构实行垂直领导;成立中国工商银行,承担原来由中国人民银行办理的工商信贷和储蓄业务。

(3) 专业银行和其他金融机构与中国人民银行不存在行政隶属关系,但在业务上是领导与被领导关系,中国人民银行对银行经营机构和其他金融机构采取经济、金融手段进行监管。

(4) 银行业实行法定存款准备金制度,并规定财政性存款归中国人民银行支配使用,中国人民银行可将财政性存款作为信贷资金,用以调节平衡国家信贷收支。

1992年,中国证券委员会和中国证券监督管理委员会成立,有关证券监督管理的职能从中国人民银行剥离出来。1994年,制定了《中国人民银行法》和《商业银行法》,从法律上规定中国人民银行专司货币政策的制定、货币发行和维护金融市场稳定;1998年,中国保监会成立,有关保险业监督管理的权责从中国人民银行剥离出来;1999年,中国人民银行分支设置改革,根据经济区划在全国设立9大分行、2个营业部;2003年,中国银监会成立,有关银行业监督管理的职能从中国人民银行中剥离出来;2005年,中央银行第二总部在上海建立。

(二) 中国人民银行的发展改革

2019年1月,中国机构编制网发布了《中国人民银行职能配置、内设机构和人员编制规定》。该规定根据中共十九届三中全会审议通过的《中共中央关于深化党和国家机构改革的决定》《深化党和国家机构改革方案》和十三届全国人大一次会议批准的《国务院机构改革方案》制定,并定于2019年1月19日起施行。

根据《中国人民银行职能配置、内设机构和人员编制规定》对中国人民银行的职能定位,中国人民银行是国务院组成部门,2018年成立的国务院金融稳定发展委员会办公室也设在中国人民银行。相较于中国人民银行原有的机构和职能,新的规定对中国人民银行的机构和职能进行了以下三个方面的调整。

(1) 新设宏观审慎管理局。增设宏观审慎管理局作为中国人民银行的内设机构,其基本职能如下:① 牵头建立宏观审慎政策框架和基本制度,构建系统重要性金融机构评估、识别和处置机制;② 牵头拟定对金融控股公司等金融集团和系统重要性金融机构的监管规则,并对这些机构进行监测分析、实行并表监管;③ 牵头对外汇市场进行宏观审慎管理,研究、评估人民币汇率政策,拟定并实施跨境人民币业务制度,推动人民币跨境及国际使用,实施跨境资金逆周期调节,并协调在岸、离岸人民币市场发展;④ 推动中央银行间货币合作,牵头提出人民币资本项目可兑换政策建议。

(2) 赋予中国人民银行新的宏观调控职能。在中国人民银行原有宏观调控职能基础上:① 完善宏观调控体系,创新调控方式,构建发展规划、财政、金融等政策协调和工作协同机制;强化经济监测预测预警能力,建立健全重大问题研究和政策储备工作机制,增强宏观调控的前瞻性、针对性、协同性;② 围绕党和国家金融工作的指导方针和任务,加强和优化金融管理职能,增强货币政策、宏观审慎政策、金融监管政策的协调性,强化宏观审慎管理和系统性金融风险防范职责,守住不发生系统性金融风险的底线。

(3) 转化中国人民银行的监管和服务模式。按照国家政务改革要求,实行简政放权、放管结合、优化服务、职能转变:① 进一步深化行政审批制度改革和金融市场改革,着力规范和改进行政审批行为,提高行政审批效率,加快推进"互联网+"政务服务,加强事中事后监管,切实提高政府服务质量和效果;② 继续完善金融法律制度体系,做好金融发展、改革和创新的制度保障,为稳增长、促改革、调结构、惠民生提供有力支撑,促进经济社会持续平稳健康发展。

延伸阅读

美国联邦储备银行

1907年10月,纽约第三大信托投资公司——尼克伯克信托投资公司(Knickerbocker Trust Company)宣布破产。尼克伯克信托投资公司的破产引发了一场席卷美国的金融危机。其风险传染性和羊群效应使得存款者对金融市场缺乏信心,纷纷从银行等金融机构提取存款以避免损失,银行挤兑很快从纽约蔓延到全国各地,引发大面积的金融恐慌,一场类似1893年金融危机的市场崩溃即将发生。当时,美国著名金融机构摩根大通(J.P. Morgan)的创始人摩根意识到问题的严重性,立刻牵头召集美国最重要的几家金融机构总裁开会,要求大家一起拿出资金帮助面临挤兑的银行渡过难关。当然摩根大通自己也身先士卒,提供资金以帮助陷入危机的金融机构,尽力避免更多的金融机构破产倒闭。

在1907年的金融危机结束后,美国参议员尼尔森·奥尔德里奇(Nelson Aldrich)牵头组织了一个危机调查委员会,专门负责调查这一次金融危机的原因和教训,并希望提供应对危机的措施和建议。奥尔德里奇为此花了将近2年时间对欧洲国家的中央银行进行考察,对欧美金融市场进行了详细的分析对比,然后写出了《奥尔德里奇计划》。该计划建议美国建立中央银行制度,以便再次发生类似1907年的金融危机时,中央银行可以向陷入危机而被挤兑的银行经营机构提供紧急贷款,以此稳定金融市场信心,帮助问题金融机构走出困境,实现起死回生。按照奥尔德里奇的设计,美国的中央银行由私人银行充任,而不是像欧洲国家一样由国家投资设立,但这一方案也没有形成正式的法案。一直到 1913 年,参议员欧文和众议员格拉斯起草的《联邦储备法案》被国会通过,成为正式法律,以此为基础的美国中央银行才正式成立。《联邦储备法案》把美国的中央银行称为联邦储备委员会,定性为联邦政府机构。与奥尔德里奇方案有所不同的是,法案强化了美国联邦政府在联邦储备委员会中的影响和掌控力,但联邦储备委员会的 12 个区联邦储备银行仍然被定性为更接近于私人部门的非营利性机构。

第二节 中央银行的法律定位

一、中央银行的法律性质

中央银行的法律性质是指中央银行的法律属性,即法律对中央银行的地位、功能、职能,以及在国家机构中的地位的界定。世界各国对中央银行法律性质的规定不尽一致,但基本上认可其具有以下两大属性:一是中央银行的国家机构属性;二是中央银行的特殊金融机构属性。

(1) 中央银行是国家机构。各国法律普遍都将中央银行定位为国家机构,赋予其国家公权力,依法享有货币政策制定、货币发行、金融监管,以及对经济宏观调控的权力。如《中国人民银行法》规定,中国人民银行在国务院领导下,制定和执行货币政策,防范和化解金融风险,维护金融稳定。中国人民银行在国务院领导下依法独立执行货币政策、履行职责、开展业务,不受地方政府、各级政府部门、社会团体和个人的干涉。

(2) 中央银行是特殊的金融机构。各国设立中央银行的共同目的之一就是发行货币、投放和回笼货币、经营管理黄金和外汇、实施最后贷款、进行票据再贴现、主持金融机构之间的资金清算等。中央银行的权责、业务性质表明,中央银行不是传统的政府机构,而是经营金融业务的国家机构,即特殊的金融机构。中央银行通过对货币业务以及其他金融业务的经营和控制,管理一国或地区的金融市场。

中央银行是特殊的金融机构是因为,中央银行经营的金融业务与普通金融机构存在本质的不同:一是中央银行的业务对象并不包括普通工商企业和个人,而仅限于金融机构和特定情况下的国内外政府机构,即中央银行的业务范围和业务对象与普通金融机构不同;二是中央银行的业务依据是国家宪法和其他专门规范中央银行的法律,而非普通的商业银行法律制度;三是中央银行能更为直接地体现信用调控、经济干预、服务政府和金融机构、保障金融市场的稳定发展的职能特征。如《中国人民银行法》规定,中国人民银行的金融业务包括:发行人民币,管理人民币流通;监督管理银行间同业拆借市场和银行间债券市场;持有、管理、经营国家外汇储备、黄金储备;经理国库;维护支付、清算系统的正常运行。

二、中央银行的法律地位

（一）中央银行法律地位模式

中央银行的法律地位需要通过中央银行与立法机构的关系、中央银行与中央政府或中央财政部门的关系、中央银行与地方政府的关系、中央银行与普通银行经营机构以及其他金融机构的关系等方面加以体现。各国对中央银行法律地位的规定差距较大，概括起来主要有以下三大类。

（1）直接对议会或国会负责，独立性最大。这一类中央银行直接对国会或议会负责，基本能够独立于政府制定和执行货币政策，政府不得对中央银行直接发出行政命令，德国和美国的中央银行是这类中央银行的典型代表。德国中央银行为德意志联邦银行，《德意志联邦银行法》规定中央银行是公法意义上的联邦法人单位，中央银行负有支持联邦政府经济社会发展政策的义务，但在行使法律赋予的权力时，中央银行并不直接接受联邦政府或财政部的指示。美国联邦储备委员会是在分权制衡的法律政治理念和联邦宪政架构下构建出来的。1913年《联邦储备法案》规定，联邦储备委员会行使制定货币政策和实施金融监管的双重职能，联邦储备委员会直接向国会负责，美国总统无权对联邦储备委员会下达行政命令或强制其执行联邦政府的经济政策。联邦储备委员会享有高度的资金和财务独立权，并且根据经济和金融发展需要独立自主地制定和执行货币政策，进行金融监管。因为货币政策制定的技术性和不透明性，联邦储备委员会实际拥有不受国会约束的货币、金融和经济的自由决策权，在现实之中成为与立法、司法、行政并列的"第四部门"，构成了美国政治生态中的"四权分立"现象。

（2）隶属于中央政府或财政部门，但独立性较大。这种类型的中央银行法律地位与前一类不同，它们名义上属于政府或财政部，而且法律也规定中央政府或财政部可以对中央银行发布行政命令，监督其业务活动，并有权任免中央银行的高层领导，但是实际上中央政府和财政部很少动用行政权力对中央银行的货币权力和金融监管权力进行直接干预。换言之，实践中的中央银行享有较大的独立性，除非在金融危机时期，否则中央政府和财政部不会对中央银行发号施令，英国和日本的中央银行即属于此类型。以英国中央银行为例，《英格兰银行法》规定，为了经济发展和社会公共利益，财政部可在必要时并与英格兰银行总裁磋商后，向英格兰银行发布行政命令，英格兰银行应该执行其命令。但在实践中，财政部很少干预中央银行的货币发行和金融监管行为，英格兰银行也不给政府垫款，在货币金融实践中享有较法律规定更大的灵活性和独立性。

（3）直接受控于中央政府或财政部门，独立性较小。这一类型中央银行的代表性国家有意大利、法国、比利时、澳大利亚、韩国等。这些国家的中央银行组织隶属于财政部或中央政府，业务严格受控于政府，货币政策的制定和执行须经中央政府或财政部的批准，中央政府或财政部有权停止、延续中央银行的决策和决议。以意大利的中央银行为例，意大利银行受财政部管辖，意大利银行总裁、董事经股东大会选举后，还须由总统批准。财政部可派代表出席银行理事会议，当其认为会议决议与法律不符时，有权暂时停止决议的执行;财政部对意大利银行的货币政策、银行存款准备金率以及其他方面的金融监管享有最后的决策权。但是近几年来,这一类型的中央银行也在进行改革,开始加强中央银行的独立性,强化中央银行的金融监管权力。

(二)中国人民银行的法律地位

《中国人民银行法》规定,中国人民银行隶属于国务院,是中央政府的组成部门。对中国人民银行的性质及法律地位,《中国人民银行法》作出如下规定。

(1) 中国人民银行是中国的中央银行,是国务院领导下的中央政府职能部门,负责制定和实施货币政策,防范和化解金融风险,维护金融稳定。

(2) 中国人民银行受国务院领导,但须依法向全国人民代表大会常务委员会提出有关货币政策情况和金融监管情况的工作报告。

(3) 中国人民银行在国务院的领导下依法独立执行货币政策,履行职责,开展业务,不受地方政府、各级政府部门、社会团体和个人的干涉,具有相对的独立性。

(4) 中国人民银行实行行长负责制。行长的人选,根据国务院总理的提名,由全国人民代表大会决定;全国人民代表大会闭会期间,由全国人民代表大会常务委员会决定,由国家主席任免。副行长由国务院总理任免。

(5) 中国人民银行实行独立的财务预算管理制度,并执行法律、行政法规和国家统一的财务会计制度,接受国务院审计机关和财政部门依法分别进行的审计和监督。

从《中国人民银行法》对中国人民银行的法律定位看,中国的中央银行更倾向于第三种,即直接受控于中央政府,独立性较小。

三、中央银行的功能与职责

(一)中央银行的功能与作用

各国对中央银行的功能定位以及具体的职能规定有一定的差异,但其发行的银行、政府的银行和银行的银行的功能定位则是共同一致的(见图2-1-1)。

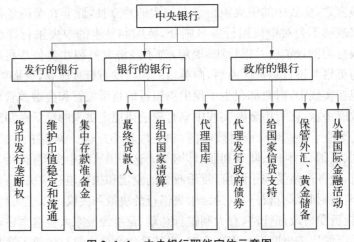

图 2-1-1 中央银行职能定位示意图

（1）中央银行是发行的银行。发行的银行是指中央银行垄断货币发行权，是一国或某一货币区域唯一授权的货币发行机构。统一货币发行是一国或货币区货币正常有序流通和币值稳定的基本要求。在信用货币流动体制下，中央银行凭借国家授权并在国家信用基础上垄断货币发行权，其他金融机构须无条件地接受中央银行发行的货币。统一货币发行，使中央银行通过对发行货币量的控制来调节流通中的基础货币量，并以此调控银行经营机构创造信用的能力。独占货币发行权是中央银行实施金融宏观调控的必要条件。

（2）中央银行是政府的银行。政府的银行是指中央银行为政府提供服务，代理国库，履行政府管理国家金融的职能。具体体现在如下方面：① 代理国库，国家财政收支一般不另设机构经办具体业务，而是交由中央银行代理，主要包括按国家预算要求代收国库库款、拨付财政支出、向财政部门反映预算收支执行情况等。② 代理政府发行债券，办理债券到期本息付。③ 为政府融通资金，在政府财政收支出现失衡、收不抵支时，中央银行负有为政府融通资金以解决政府临时资金需要的义务。中央银行对政府融资的方式主要有两种。第一种是为弥补财政收支暂时不平衡或财政长期赤字，直接向政府提供贷款。但为防止财政赤字过度扩大造成恶性通货膨胀，许多国家明确规定，应尽量避免通过发行货币来弥补财政赤字。第二种是中央银行直接在一级市场上购买政府债券，但也有许多国家禁止中央银行在一级市场上购买国债。④ 为国家持有和经营管理国际储备。国际储备包括外汇、黄金、在国际货币基金组织中的储备头寸、国际货币基金组织分配的尚未动用的特别提款权等。

（3）中央银行是银行的银行。银行的银行是指中央银行只与金融机构进行业务往来，不与普通工商企业和个人发生直接的信用关系，具体体现在如下方面：① 中央银行在银行经营机构吸收存款时，要求银行经营机构向其缴纳一定比例的存款准备金，当银行经营机构和其他金融机构出现支付困难时，充当银行经营机构和其他金融机构的最后贷款人；② 组织、参与和管理全国金融市场的清算，代表国家或货币区与世界其他国家的中央银行合作，进行世界性的资金清算。

银行的银行这一职能体现了中央银行作为特殊金融机构的性质，是中央银行作为金融体系核心的基本条件。中央银行通过这一职能对商业银行和其他金融机构的活动施加影响，以达到调控宏观经济的目的。其中，中央银行主要通过以下几种途径为银行经营机构充当最后贷款人：一是票据再贴现，即银行经营机构和其他金融机构将持有的票据转贴给中央银行以获取资金；二是票据再抵押，即银行经营机构和其他金融机构将持有的票据抵押给中央银行获取贷款；三是银行等金融机构直接向中央银行借款。

(二) 中国人民银行的职能定位

中国人民银行与其他国家中央银行的职能定位基本一致，有差异的地方主要体现在对金融监管的职能设置上。中国在中国人民银行之外还设置了另外两大金融监管机构，即中国银保监会和中国证监会，所以涉及金融业监管的职能绝大部分分离到这两大具体的监管机构之中。

（1）中国人民银行的发行职能。《中国人民银行法》规定，中国人民银行依法制定和执行货币政策，统一印制、发行货币。货币发行是中国人民银行的基本职能，中国人民银行根据国民经济发展的客观需要,适时发行货币,保持货币供给与货币需求基本一致,为国民经济稳定发展创造良好的金融环境。为了宏观控制信用规模,调节货币供给量,处理币值稳定与经济增长的关系,中国人民银行可以代理国务院财政部门向各金融机构组织发行、兑付国债和其他政府债券,自己也可在公开市场上买卖国债、其他政府债券和金融债券及外汇。但中国人民银行不得对中央政府进行财政透支,不得直接从财政部门认购或者包销国债和其他政府债券。

(2) 中国人民银行的银行职能。《中国人民银行法》规定,中国人民银行履行以下职责:持有、管理、经营国家外汇储备、黄金储备,经理国库,维护支付、清算系统的正常运行;确定中央银行基准利率,要求银行业金融机构按照规定的比例交存存款准备金;为在中国人民银行开立账户的银行业金融机构办理再贴现,向银行经营机构提供贷款,采取国务院确定的其他货币政策工具。此外,中国人民银行也与世界其他国家的中央银行一样,在金融机构陷入流动性危机或破产时,承担问题金融机构的救助责任,向陷入危机的金融机构实施最后贷款。

(3) 中国人民银行的政府职能。《中国人民银行法》规定,中国人民银行依法发布与履行其职责有关的命令和规章,依法制定和执行货币政策,监督管理银行间同业拆借市场和银行间债券市场,监督管理银行间外汇市场,监督管理黄金市场;指导、部署金融业反洗钱工作,负责反洗钱的资金监测,负责金融业的统计、调查、分析和预测;作为国家的中央银行,从事有关的国际金融活动等。2019年颁布的《中国人民银行职能配置、内设机构和人员编制规定》为中国人民银行增加了几项职能,如:拟订金融业改革、开放和发展规划,承担综合研究并协调解决金融运行中的重大问题、促进金融业协调健康发展的责任;牵头组建和运行国家金融安全工作协调机制,维护国家金融安全;牵头建立宏观审慎管理框架,拟订金融业重大法律法规和其他有关法律法规草案,制定审慎监管基本制度,建立健全金融消费者保护基本制度。

延 伸 阅 读

香港金融管理局

香港金融管理局成立于1993年4月1日,是中国香港地区负责维持货币及金融体系稳定的职能部门。该机构由原来的外汇基金管理局和银行业监管处合并而成,继承了原来两大机构的基本职能,主要包括:① 管理香港地区的官方储备;② 维持香港地区外汇市场稳定;③ 保障香港地区金融市场稳健发展;④ 发展香港地区金融市场基础设施。香港金融管理局的政策目标如下:一是在现行汇率制度的架构内,透过外汇基金的稳健管理、货币政策操作和其他适当措施,维持货币稳定;二是通过对银行业务和接受存款业务的监管,以及监管其他金融市场主体机构,促进银行体系的安全和稳定;三是促进金融体系,尤其是支付和结算安排的效率、稳健与发展。

香港金融管理局对金融监管享有高度的自主权,但与此并存的是严格的问责及较高透明度要求。金融管理局在运行过程中,努力实现以上基本目标,即促进货币与金融体系健全发展、有效管理官方外汇储备,以及发展与建设多元化的金融基建和体系,以保障香港地区的国际金融中心地位并促进香港地区的经济繁荣发展。香港金融管理局总裁由香港特区政府财政司司长委任,金融管理局向香港特区政府财政司司长和香港特区立法会负责。金融管理局总裁和其领导的金融管理局具体负责下列与货币和金融市场相关联的工作:① 促进香港地区银行体系的整体稳定与有效运作;② 与其他有关机构及组织合作发展香港地区债务市场;③ 处理香港地区法定纸币、硬币的发行及流通有关的事宜;④ 监管和维持香港地区的支付、结算及交收系统,以促进金融基建的安全与效率;⑤ 加强与其他有关机构与组织合作,促进和保障香港地区货币及金融体系的信心,并推行适当的金融发展措施,以提高香港地区金融服务在国际上的竞争力。

[资料来源]朱大旗:《金融法》,中国人民大学出版社,2015,第63—64页。

第三节 中央银行体制和资本结构

一、中央银行的体制和类型

(一)中央银行的体制类型

中央银行体制即其外在的表现形式,也可称为组织形式。中央银行的体制受各国或货币区社会经济制度、政治法律体制和金融行业发展程度的影响,而呈现出不同的模式。世界上现行中央银行的体制大致可划分为四类:单一中央银行制、多元中央银行制、跨国中央银行制和准中央银行制。

(1) 单一中央银行制。又可称为总分行制,即在一国范围内建立单独的中央银行机构,专司中央银行职能,世界上大多数国家如英国、法国、日本和中国目前都实行这种制度。这种单一制中央银行可以根据各国的经济发展和社会需求、政权体制在全国各地设立分支机构,以具体落实中央银行的货币金融政策,办理本区域中央银行职责范围内的金融、货币业务。例如:英格兰银行总行设在伦敦,在伯明翰、利物浦等8个城市设立分行;日本银行总行设在东京,在全国设立了33家分行和13个办事处;也有一些国家的中央银行总部不设在首都,如印度的中央银行(印度储备银行)总部设在孟买。

(2) 多元中央银行制。一般为二元中央银行制,是指在一个国家内设立一个中央银行,然后在各个地方又建立一定数量的地方中央银行,但地方中央银行与中央银行并无严格的行政隶属关系,中央银行和地方中央银行是相对独立的,只存在业务上的指导与被指导关系。这种中央银行体制为部分联邦国家所采用,如美国联邦储备系统(美联储)采用的是联邦政府机构加非营利性机构的双重组织结构。美联储总部位于华盛顿,是美国联邦政府的组成部分,但12家联邦储备银行则不属于联邦政府机构,而是非营利性私营组织,它们与美联储一起共同承担美国中央银行的公共职能。

(3) 跨国中央银行制。又可称为货币区中央银行制,是指中央银行由参加某一货币联盟的所有成员国联合组成的中央银行制度。这种中央银行在货币联盟区域内发行共同的货币,并为成员国制定相对统一的货币金融政策,其典型代表是欧盟1998年成立的欧洲中央银行、西非货币联盟1962年成立的西非国家中央银行、中非货币联盟1972年成立的中非国家银行,以及东加勒比货币区1983年成立的东加勒比中央银行。其中,欧洲中央银行最具典型性,总部位于德国金融中心法兰克福,成立于1998年6月1日,欧洲中央银行的职能是在欧元区内发行欧元,维护货币的稳定,管理利率、货币的储备和发行以及制定欧洲货币政策。欧洲中央银行的职责和结构以德意志联邦银行为模式,独立于欧盟机构和各国政府。西非国家中央银行是西部非洲贝宁、布基纳法索、科特迪瓦、几内亚比绍、马里共和国、尼日尔、塞内加尔、多哥等八个不同国家联合组建的中央银行。1962年成立,总部设在塞内加尔的首都达喀尔。西非国家中央银行现为西非经济货币联盟国家发行货币以及制定货币政策,成员国共同使用的货币是西非法郎。

(4) 准中央银行制。在一些国家或地区,没有设立通常意义上的中央银行,只是由政府授权某个或某几个商业银行设置类似中央银行的机构,部分行使中央银行职能,典型代表是新加坡。新加坡不设中央银行,而由货币管理局负责货币的发行管理,金融管理局负责金融业管理、收缴存款准备金等业务。

(二) 中国人民银行的体制

《中国人民银行法》规定,中国人民银行根据履行职责的需要设立内部办事机构和外部分支机构,其中外部分支机构是中国人民银行的派出机构,中国人民银行总行对分支机构实行统一领导和管理。中国人民银行的分支机构根据中国人民银行总行的授权,维护本辖区的金融稳定,承办有关业务。由此可看出,中国人民银行的体制属于单一中央银行制。

(1) 中国人民银行内部机构设置。中国人民银行内设以下职能司(局):办公厅(党委办公室)、条法司、研究局、货币政策司、宏观审慎管理局、金融市场司、金融稳定局、调查统计司、会计财务司、支付结算司、科技司、货币金银局(保卫局)、国库局、国际司(港澳台办公室)、内审司、人事司(党委组织部)、征信管理局、反洗钱局、金融消费权益保护局、党委宣传部(党委群工部)、机关党委、离退休干部局、参事室、工会、团委等机构。

中国人民银行下设中国人民银行机关服务中心(机关事务管理局)、中国人民银行集中采购中心、中国反洗钱监测分析中心、中国人民银行征信中心、中国外汇交易中心(中国银行间同业拆借中心)、中国金融出版社、金融时报社、中国人民银行清算总中心、中国印钞造币总公司、中国金币总公司、中国金融电子化公司、中国金融培训中心、中国人民银行郑州培训学院、中国人民银行金融信息中心、中国钱币博物馆、中国人民银行党校等直属事业部门。值得注意的是,2017年1月29日,中国人民银行正式成立数字货币研究所,开展对法定数字货币的发行研究。

(2) 中国人民银行派出机构。《中国人民银行法》规定,中国人民银行根据履行职责的需要可在全国各地设立派出机构,各地派出机构根据中国人民银行的授权办理本辖区内的事务、维护金融稳定。目前，我国中国人民银行成立了9大区行，具体为天津辖区分行、沈阳辖区分行、上海辖区分行、南京辖区分行、济南辖区分行、武汉辖区分行、广州辖区分行、成都辖区分行、西安辖区分行。除此之外，还在一些计划单列市成立了分行，如厦门中心支行、宁波中心支行、大连中心支行、青岛中心支行、深圳中心支行等。

但应该注意的是，中国人民银行的9大区分行与美联储的12大分行存在较大的不同：① 中国的大区分行是总行的派出机构，具有行政上的隶属关系，而美联储的12大地区分行与美联储则无隶属关系；② 中国的大区分行接受总行的指派在辖区内完成总行分配的任务，权限较小，而美联储分行的权限较大，根据法律规定完成自己的任务。

（3）中国人民银行咨询议事机构。中国人民银行设有货币政策委员会，货币政策委员会是中国人民银行制定货币政策的咨询机构。委员会的主要职责是在综合分析宏观经济形势的基础上，根据国家经济发展需要，结合一定时期内的宏观调控目标，就货币的发行、货币政策的调整、货币政策工具的运用，以及货币政策与其他宏观经济政策的协调等提出建议。

国务院金融稳定发展委员会办公室设在中国人民银行，该办公室承担国务院金融稳定发展委员会日常工作，负责推动落实党中央、国务院关于金融工作的决策部署和金融稳定发展委员会各项工作安排，组织起草金融业改革发展重大规划，提出系统性金融风险防范处置和维护金融稳定重大政策建议，协调建立中央与地方金融监管、金融风险处置、金融消费者保护、信息共享等协作机制，指导地方金融改革发展与监管具体工作，拟定金融管理部门和地方金融监管问责办法并承担督导问责工作等。该办公室接受国务院金融稳定发展委员会的直接领导，下设秘书局，负责处理国务院金融稳定发展委员会办公室日常事务。中国人民银行的内设机构根据工作需要承担国务院金融稳定发展委员会办公室相关工作，接受国务院金融稳定发展委员会办公室统筹协调。

二、中央银行的设立和资本结构

中央银行政府机构和特殊金融机构的双重法律属性，决定了其在设立过程中除了遵循政府机构设置的程序和标准外，还应该具备特殊金融机构成立的资本金要求。中央银行作为政府机构，其设立主要是依据公法，如宪法或中央银行法、政府组织法等。但是，由于中央银行是一种特殊的金融机构，各国对于设立中央银行多要求具备一定的资本金。至于资本金的来源或构成，在不同的国家有不同的处理模式，大致可分为以下六种模式。

（1）全部资本为国家投资的资本结构。此类中央银行的资本由政府全额拨款形成，或者政府通过收购私人股份的方式将私营商业银行改组成为中央银行，前者如中国人民银行，后者则如英格兰银行。目前，大多数国家中央银行的资本结构都是国有形式，如英国、法国、德国、加拿大、瑞典、印度、俄罗斯、尼日利亚、印度尼西亚等。这些中央银行中，有相当一部分是在第二次世界大战之后建立的，它们自其建立之初就由国家全额投资。另一些老牌的中央银行，如英格兰银行、法兰西银行，原为私有商业银行，后来经过发展演变成中央银行，最后由国家对其私有股份进行收购，实施国有化改造成为纯国家资本的中央银行。

（2）国家和私有股份混合所有的资本结构。此类中央银行的资本结构是指，中央银行的资本一部分由国家投资所形成，而另一部分则是由私人投资参股所形成的私人资本，二者共同构成中央银行的全部资本。大多数国家法律规定，国家资本须占中央银行资本总额50%以上，当然也有少数国家规定国家资本和民间股份各占50%。但无论股份比例如何搭配，有一点则是共同的，即国家拥有中央银行的决策权和经营管理权，私人股东只有分取红利的权利，并且其股权转让也必须经中央银行同意后方可实施。采用这种中央银行资本结构的国家有日本、墨西哥、巴基斯坦、比利时、卡塔尔等。以日本为例，日本的中央银行（即日本银行）属于法人团体，类似于股份公司。《日本银行法》规定，日本银行的资本金总额为1亿日元，由日本政府和民间团体共同出资组成，其中日本政府出资5 500万日元。日本银行的"出资证券"已经被许可在日本JASDAQ证券市场上市交易。但与一般商事企业的股票不同的是，日本银行不设股东大会且私人股东也不具有表决权，年终分红仅限定在总利润的5%以内。

（3）全部资本非国家所有的资本结构。此类资本结构是指中央银行的资本全部由私人资本形成，政府在中央银行中不持有股份，美国、意大利、瑞士等少数国家的中央银行采用此类资本结构。瑞士国家银行1905年创建时为股份制银行，注册资本为5 000万瑞士法郎，实收资本为2 500万瑞士法郎，其中大多数为各州银行经营机构持有，少数为私人股东持有，但必须是本国公民。瑞士政府不持有股份，但政府掌握了该银行的人事任命权和经营管理决定权。

（4）无资本投入的零资本结构。这是指中央银行自身无资本金，中央银行的运行由政府授权，依照国家法律履行中央银行各项职责的资本构成形式。韩国的中央银行（韩国银行）是目前世界上唯一没有资本金的中央银行。1950年，在韩国银行成立之初，资本金为15亿韩元，全部由韩国政府出资。但1962年颁布的《韩国银行法》则规定，韩国银行成为"无资本的特殊法人"。法律规定，韩国银行每年在将其净利润按规定留存准备金后，全部归入政府的"总收入账户"，如果会计年度发生亏损，则动用准备金弥补，再由政府的支出账户划拨弥补。

（5）资本为多国共有的资本结构。这是指在跨国中央银行体制下，中央银行的资本金由货币联盟成员国共同出资构成的形式。货币联盟各成员国一般按商定比例认缴资本，并以认缴比例拥有对中央银行的所有权，如欧洲中央银行。欧洲中央银行的资本总额为50亿欧元，由欧元区各成员国中央银行依据各成员国的GDP和人口在欧盟中的占比来缴纳。各成员国缴纳资本的数量不得超过其份额，欧元区的成员国都已全部认缴。各成员国认购的份额5年调整一次，份额调整后的下一年生效。

三、中央银行的业务范围

（一）中央银行的银行型业务

银行型业务是中央银行作为发行的银行、银行的银行、政府的银行所从事的业务，这类业务是世界上所有的中央银行共有的业务。具体又可以分为两种。

(1) 中央银行的负债业务。主要有货币发行业务、存款准备金业务、外汇储备和买卖业务、贷款和发行中央银行债券业务、公开市场证券买卖业务、票据再贴现和黄金业务、其他金融业务等。

(2) 中央银行的非负债业务。此类业务主要有清算业务、办理政府的财政收支和执行国库的出纳职能业务、代理政府向金融机构发行及兑付债权、会计业务；其中清算和会计业务主要包括管理和主持跨行资金清算、票据的集中交换，以及办理异地资金转移等。

（二）中央银行的管理型业务

管理型业务是中央银行作为金融监管机构所从事的业务。由于各个国家或货币区金融体制差异较大，法律赋予中央银行对金融市场的监管权责各不相同，所以中央银行的管理型业务也有差别。但是一般而言，这类业务主要服务于宏观金融调控、货币市场流动和金融稳定、金融市场监管，包括金融调查统计，对金融机构的稽核、检查、审计等，以及代表国家参加世界性金融管理活动。

延伸阅读

美国联邦储备委员会资本结构

长期以来，美联储的真实拥有者一直是一个谜，美联储总是含糊其词，也无其他官方资料披露。众议员赖特·帕特曼（Wright Patman）曾担任众议院银行和货币委员会主席长达40年之久，其中至少有20年他是在不断地提案要求废除现有美联储体制，而且他也一直在试图探究到底谁拥有美联储。在1939年的一次国会听证会上，帕特曼直言："美联储实际上不属于美国联邦政府，而是属于美联储旗下的12家会员银行，而这12家联邦储备银行又隶属并受控于诸多私家商业银行，这些银行均以美联储会员身份持有美联储股份。任何一个稍微熟悉美国宪法制度和职能的人都会从本质上认定美联储就是一个十足的怪胎。"美国政治作家尤斯塔斯经过近半个世纪的调查研究后，获得了12个美联储银行最初的企业营业执照，并出版了《美联储的秘密》一书，书中揭示了每个联储银行的股份构成。

美联储纽约银行是美联储系统的实际控制者，根据美联储纽约银行在1914年5月19日向货币审计署报备的文件记载，纽约银行股份发行总数为203 053股。其中，洛克菲勒和库恩雷波公司所控制的纽约国家城市银行拥有最多的股份，持有3万股。J.P.摩根的第一国家银行拥有1.5万股。当这两家公司在1955年合并成花旗银行后，拥有美联储纽约银行近1/4的股份，实际上决定着美联储主席的候选人，美国总统对美联储主席的任命只是一种程序性规定而已，而国会对美联储主席任命和其他事关货币的听证会也是象征意义大于实际意义。除此之外，保罗·沃伯格的纽约国家商业银行拥有2.1万股，由罗斯柴尔德家族担任董事的汉诺威银行拥有1.02万股，大通银行拥有6 000股，汉华银行则拥有6 000股。

1914年9月3日，《纽约时报》在美联储出售股份的时候，公布了主要银行的股份构成：纽约国家城市银行发行了 25 万股票，其中詹姆斯·斯蒂尔曼拥有 47 498 股，J.P.摩根公司 14 500 股，威廉·洛克菲勒 1 万股，约翰·洛克菲勒 1 750 股。纽约国家商业银行发行了 25 万股票，其中乔治·贝克拥有 1 万股，J.P.摩根公司 7 800 股，玛丽·哈里曼 5 650 股，保罗·沃伯格 3 000 股，雅各布·希夫 1 000 股，小 J.P.摩根 1 000 股。大通银行，乔治·贝克拥有 13 408 股。汉诺威银行，詹姆斯·斯蒂尔曼拥有 4 000 股，威廉·洛克菲勒 1 540 股。六家银行共持有 40% 的美联储纽约银行股份，到 1983 年，他们总共拥有 53% 的股份。经过后来的股份调整，他们的持股比例是：花旗银行 15%，大通曼哈顿 14%，摩根信托 9%，汉诺威制造 7%，汉华银行 8%。

美联储纽约银行注册资本金的书面记载为 1.43 亿美元，但上述这些银行究竟是否支付了这笔钱则不得而知。有些历史学家认为他们只付了一半现金，而另一些历史学家则认为他们根本没出任何现金，这仅是金融机构的数字游戏而已。历史学家在更多的情况下认为，联邦储备银行系统既不是"联邦"，又没有"储备"，也不是银行，仅是金融大鳄控制金融和谋取私利的工具。1978 年 6 月 15 日，美国参议院政府事务委员会发布了美国主要公司的利益互锁问题的报告。该报告显示，上述银行在美国 130 家最主要公司里拥有 470 个董事席位，平均每个主要公司里有 3.6 个董事席位属于银行家们。其中，花旗银行控制了 97 个董事席位，J.P.摩根公司控制了 99 个，汉华银行控制了 96 个，大通曼哈顿控制了 89 个，汉诺威制造控制了 89 个。从这些数据可以看出，美国中央银行美联储的价值倾向和对社会公众利益的保护程度。

问题与思考

1. 简述中央银行产生和发展的主要原因和历史阶段。
2. 简述中央银行的功能定位和基本职能。
3. 简述美国中央银行的组织模式、资本结构和基本运行模式。
4. 普遍认为美国是一个"三权分立"的国家，但也开始有人认为实际上是"四权分立"，即美国联邦储备委员会与立法、行政和司法四权分立，请谈谈你对此的观点。
5. 中国人民银行的功能定位和基本职责主要有哪些？其中有关宏观审慎管理的基本含义是什么？

第二章 货币市场组织法律制度

本章纲要
- 商业银行
- 政策银行
- 财务公司
- 小额贷款
- 信用中介
- 支付中介
- 信用创造
- 金融服务

第一节 银行经营机构组织法律制度

一、商业银行的概念和特征

（一）商业银行的概念

商业银行是一种专门经营公众存款、贷款、票据贴现、汇兑和结算等业务，充当信用中介和支付中介的金融机构。中国《商业银行法》对商业银行的界定，是依照《商业银行法》和《公司法》设立的吸收公众存款、发放贷款、办理结算等业务的企业法人。

世界上最早成立的且有一定规模的商业银行是1171年成立的威尼斯银行，由政府设立，设立的目的是为政府筹集战争款项和发行公债；其次是1609年荷兰成立的阿姆斯特丹银行，该银行也是由政府设立，其目的是为荷兰东印度公司及其他商人提供银钱交易和兑换。从16世纪开始，欧洲国家逐步建立具有现代雏形的商业银行，但早期的银行主要经营短期商业融资和票据兑换，随后逐步进行业务拓展，并发展成为现代意义上的综合性银行。

商业银行的称谓和业务范围，在世界各国有较大的差异。英美法系国家，习惯于把经营1年以下短期信用的称为商业银行，而把经营1年以上长期信用的机构称为公司。反之，大陆法系国家将经营信用业务的统称为商业银行，而不考虑其期限长短。在美国，商业银行还可以分为州立银行、国民银行；英国则将商业银行分为清算银行、承兑银行、外国银行、储蓄银行等。

（二）商业银行的特征

由于商业银行经营对象"货币"的特殊性，而且由于其以高负债模式经营，风险较大,所以世界各国对商业银行的设立都采取较为严格的市场准入条件。中国《银行业监督管理法》和《商业银行法》均规定:设立商业银行,应当经国务院银行监督管理机构审查批准;未经批准的任何机构和个人,不得从事吸收公众存款等银行型业务,任何组织机构未经法律许可不得在名称中冠以"银行"字样。由此规定可看出,商业银行具有以下四个主要特征。

(1) 商业银行是特殊的企业法人。国外早期的商业银行的组织形式较为多样化,可以是个人独资企业、合伙企业、有限责任公司、无限责任公司和股份有限公司。但是,现代商业银行则基本上以公司制模式的企业法人居多,中国的商业银行组织形式均为有限责任公司或股份有限公司。中国《商业银行法》规定,商业银行的组织形式、组织机构适用《公司法》的规定,经批准设立的商业银行,由国务院银行业监督管理机构颁发银行业经营许可证,并凭该许可证向工商行政管理部门办理登记,领取营业执照。

(2) 商业银行的设立实行较严格的审核制度。理论和实践倾向于认为,商业银行经营对象、经营模式的特殊性,要求较高的注册资本、从业资质和风险控制能力,所以各国对商业银行的设立都采取了较一般商事企业更为严格的准入模式,其基本模式有特许制、审批制、审核制,很少采取注册制或登记制。中国商业银行设立采取的是审批制,而一般的商事企业除经营特殊产业外,多以注册制成立,即无须经过政府特定部门的审查批准。

(3) 商业银行经营业务的特殊性。世界各国的商业银行的业务范围有所差别,但其核心业务基本一致,主要包括吸收公众存款、发放贷款,办理结算业务,进行票据汇兑等。商业银行的业务范围表明其与普通的企业存在很大的差距,一般的商事企业提供实体产品和服务,而商业银行提供的是金融产品和服务。

(4) 商业银行是高负债经营企业。商业银行作为一种企业有其自有资产,即银行全体股东缴纳的股本金和其他衍生资产。但是相对于任何一家商业银行的总资产而言,商业银行的自有资产在其中所占份额很小,因为商业银行的经营模式是面向社会吸收公众存款,用吸收到的社会存款发放贷款,也即所谓的"负债经营"。这表明,商业银行的高负债经营模式造就了其高风险的经营特征。

二、商业银行的功能和组织模式

(一) 商业银行的基本功能

商业银行是一种特殊的商事企业,基本经营方式如下:以多种金融负债筹集资金,然后利用负债进行信用创造;以多种金融资产为其经营对象,向客户提供存贷款、转账结算,以及其他多功能、综合性金融服务。所以,如图 2-2-1 所示,商业银行具有不同于中央银行和其他非银行金融机构的功能和作用。

(1) 信用中介功能。商业银行最基本的功能就是信用中介功能,这也是商业银行产生和赖以生存的基础。信用中介功能的实现模式,就是把社会上的各种闲散货币资金以各种期限不一的存款集聚到银行中,银行再将其出借给其他需要资金的企业或个人。商业银行是货币资金的借入者和贷出者,充当资金供应者和需求者的桥梁和中介,其目的是实现货币在资金富余者和需求者之间的融通，并以此进行货币创造，然后从存储资金的成本与发放贷款利息、投资收益的差额中，获取利益收入，形成银行利润。商业银行通过信用中介职能实现货币资金的拾遗补阙、借短贷长，为社会经济发展提供货币资金。

（2）支付中介功能。商业银行的支付中介功能，就是接受客户的委托，代理客户办理账户结算、资金划拨，在存款的基础上为客户兑付现款等，成为工商企业、机构和个人的货币保管者、出纳者和支付代理人，实现资金在社会主体之间的运转和流动。虽然在互联网金融背景下，商业银行的支付中介发生了某种形式的变化，如出现第三方支付，但商业银行支付中介的本质并没有变化，因为任何模式的第三方支付的最终完成还是要通过商业银行来实现。

（3）信用创造功能。信用创造功能又被称为货币创造功能，是商业银行和其他存款类金融机构的重要功能。商业银行的信用创造功能，是通过吸收各种存款，然后用其所吸收的各种存款发放贷款，在货币存贷的循环往复过程中形成一种货币创造能力。其基本原理在于，大部分银行贷款并非以现金的方式支付给借款人，而是以电子支付、票据支付、转账支付或其他非现金方式实施支付结算，实际货币仍然存放在商业银行之中，形成新的存款。其过程为存款—贷款—再存款—再贷款，反复存放增加了商业银行的资金来源，最后在整个银行体系形成数十倍于原始存款的派生存款和派生贷款。

（4）经济调节功能。经济调节是指商业银行通过其信用中介活动和货币创造功能调剂社会各产业、各部门的资金信用，实现经济结构、消费和投资、产业结构等方面的调整。市场经济国家调节经济的基本手段有二，即财政政策和金融政策，其中金融政策就包括商业银行的货币手段。中央银行通过基准利率、存款准备金率、再贴现率和其他方式对商业银行的货币发放进行控制，然后通过商业银行的货币创造实现对市场和产业的资金控制，以促进或抑制国家或地区产业发展。

（5）金融服务功能。最早的商业银行金融服务是提供保险箱业务等，但现在逐渐拓展到社会经济生活的各个方面，如为客户投资理财、信息发布、金融咨询，以及代缴各种费用、代发工资等。随着互联网在银行业务中的广泛应用，银行和工商企业、个人生活的联系更加紧密，工商企业和个人消费之间现实的钱物交易，通过互联网与商业银行的联结逐渐发展成为在线交易。移动互联网与商业银行的联结更加拓宽了银行的金融服务功能，为企业和个人提供全方位的金融服务。

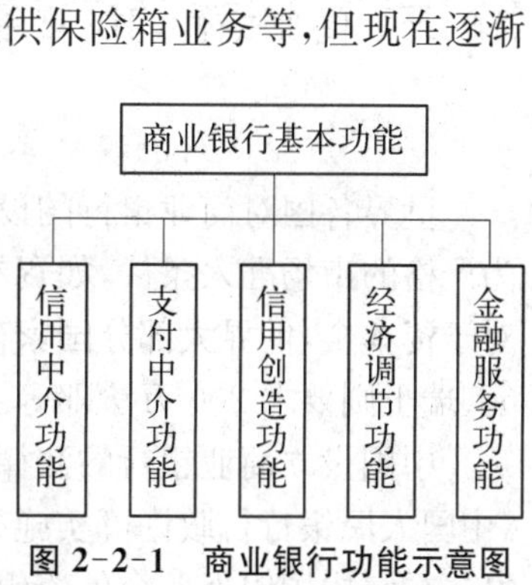

图 2-2-1　商业银行功能示意图

（二）商业银行的组织模式

世界各国由于受其政治、经济、社会、法律和金融发展程度的影响，商业银行的组织形式呈现多样化发展趋势，但基本上可以分为单一制、分支行制、集团制和连锁制等。

（1）单一制银行。单一制银行是指不设立分行，全部业务由各个相对独立的商业银行独自进行的一种银行组织形式，这一组织形式主要存在于 20 世纪 50—60 年代之前的美国。单一制银行普遍规模较小，难以实现规模经济和范围效益，而且由于没有分支机构,许多业务无法在全国和世界范围进行拓展,削弱了银行的竞争力。随着金融全球化、金融创新和互联网金融的发展,单一制银行不利于业务发展和金融创新的弊端日渐明显,加上单一制银行因规模太小而抗风险能力普遍较差,以及"太大而不能倒"的金融发展理念的影响,美国等传统上采取单一制银行模式的国家逐渐淘汰了这种银行结构模式。

(2) 分支制银行。分支制银行又称总分行制银行,采取这一模式的商业银行在设立一个总行的同时,在总行之外的其他地区普遍设立分支机构;分支银行在行政上隶属于总行,各分支业务统一遵照总行的指示办理。分支制按管理方式不同,又可进一步划分为总行制和总管理处制。总行制,即银行总行除了领导和管理分布于全国乃至全世界各地的分支行以外,总行本身也对外经营银行业务;而在总管理处制下,某一银行总行只负责管理和控制分支行,其本身不对外营业,在总行所在地另设分支行或营业部开展业务活动。

(3) 集团制银行。集团制银行又称持股公司制银行,是指由少数大企业或大财团设立控股公司,再由控股公司投资设立或收购若干家商业银行,即控股公司通过持股的方式控制若干家银行经营机构。银行控股公司种类较多,但基本类型有两种:一是非银行性控股公司,它是通过企业集团控制银行的主要股份组织起来的,该种类型的控股公司在持有一家或多家银行股份的同时,还可以持有多家非银行金融机构的股份;二是银行性控股公司,是指大银行直接控制许多其他大小银行的股份甚至非银行金融机构的股份。

(4) 连锁制银行。连锁制银行又称为联合制银行,是指某一集团或某一人购买若干独立银行的多数股票,从而控制这些银行的体制。在这种体制下,各银行在法律地位上是独立的,但实质上为某一集团或某一人所控制。

中国的商业银行体制体现了多元化,囊括了上述四种模式,即单一制银行、分支制银行、集团制银行和连锁制银行。

三、商业银行的设立条件和审批

(一) 商业银行的设立条件

世界各国对商业银行的设立多采取审批或审核制,各国银行监管法律都规定了较为严格的市场准入条件,如资本金、风险控制机制、硬件设施和公司治理条件等。其中对于资本金,世界大部分国家都规定了商业银行的最低注册资本,如日本要求 10 亿日元、瑞士则要求 200 万法郎等。

中国设立商业银行的法律依据主要有《公司法》《商业银行法》《银行业监督管理法》《中国人民银行行政许可实施办法》和《中国银保监会中资商业银行行政许可事项实施办法》及《中国银保监会外资银行行政许可事项实施办法》等。其中《商业银行法》规定,设立商业银行应当具备下列条件:① 制定符合《公司法》和《商业银行法》规定的商业银行章程;② 根据商业银行的分类,有符合《商业银行法》规定的最低标准的注册资本;③ 有具备任职所需专业知识和业务工作经验的董事、监事、高级管理人员和从业人员;④ 有符合《公司法》《商业银行法》和银行监管机构规定的组织机构和管理制度;⑤ 有符合法律要求和与实际经营状况相符的营业场所、风险控制措施和其他设施;

⑥ 符合法律法规规定的其他审慎性监管标准。

中国现行法律对商业银行的注册资本要求如下：① 设立全国性商业银行的注册资本最低限额为 10 亿元人民币；② 设立城市商业银行的注册资本最低限额为 1 亿元人民币；③ 设立农村商业银行的注册资本最低限额为 5 000 万元人民币。商业银行注册资本采取实缴制，国务院银行业监督管理机构可根据审慎监管要求适时地调整注册资本最低限额，但不得低于前述规定的最低限额。商业银行根据业务需要可以在境内外设立分支机构，在境内设立分支机构可不按行政区划设立，但必须经银行监管机构审查批准。商业银行在境内设立分支机构，应当按照规定拨付与其经营规模相适应的营运资金额，拨付各分支机构营运资金额的总和不得超过商业银行总行资本金总额的 60%。

（二）商业银行的设立和审批

中国《商业银行法》规定，设立商业银行，申请人应当向国务院银行监督管理机构，即现在的中国银保监会提交下列文件和资料：一是设立申请书；二是可行性研究报告；三是银行监督管理机构规定应该提交的其他文件和资料。具体包括：① 银行章程草案；② 拟任职的董事、高级管理人员的名单和资格证明；③ 法定验资机构出具的验资证明；④ 股东名册及其出资额、股份；⑤ 持有注册资本 5% 以上的股东的资信证明和有关资料；⑥ 经营方针和计划；⑦ 营业场所、安全防范措施和与业务有关的其他设施的资料；⑧ 国务院银行监督管理机构规定的其他文件、资料等。

设立商业银行分支机构，申请人应当向银行监管机构提交下列文件和资料：① 申请书，申请书应当载明拟设立的分支机构的名称、营运资金额、业务范围、总行及分支机构所在地等；② 申请人最近 2 年的财务会计报告；③ 拟任职的高级管理人员的名单和资格证明；④ 经营方针和计划；⑤ 营业场所、安全防范措施和与业务有关的其他设施的资料；⑥ 银行监管机构规定的其他文件、资料。经批准设立的商业银行分支机构，由国务院银行监督管理机构颁发经营许可证，并凭该许可证向工商行政管理部门办理登记，领取营业执照。

四、其他存贷款类金融机构

（一）农村信用合作社

农村信用合作社的传统界定是，经银行监管机构批准设立、由农村社员入股组成、实行民主管理、主要为社员提供金融服务的农村合作金融机构。农村信用合作社属于独立的企业法人，以其全部资产对外承担责任，依法享有经营管理和其他的民商事权利的金融机构。农村信用合作社设立的初衷是筹集农村闲散资金，为农民、农村和农业提供金融服务。根据中国现行《商业银行法》的规定，农村信用合作社在其区域范围内办理存款、贷款和结算等业务，具体的行为规则参照《商业银行法》执行。由此可看出，农村信用合作社比照银行类金融机构进行监管，但也有其自身的特点，主要表现在以下三个方面。

（1）投资者主要为区域内的农民和其他个人或机构。农村信用合作社是以资金互助为目标的合作金融机构，所以这种金融组织的投资者基本上是区域内的农民、农村承包经营户、农村生产经营企业，其业务经营对象也是农村、农业和农民。但是，在经营实践中也发生了很大的变化,农村信用合作社的投资者更多的是工商企业,经营对象和范围也不再局限于农民和农业生产。

(2) 资金来源主要是信用合作社成员缴纳的股金、留存的公积金和吸收的存款。农村信用合作社的资金来源于投资者的股本金、营业收入,有时也有一些政府的政策性资助,包括中央银行的货币补贴。然而,其贷款主要用于解决其成员的生产和生活资金需求,以发放短期农业或与农业经营相关联的生产生活贷款为主。但随着金融发展创新,农村信用合作社的资金来源和贷款渠道逐渐拓宽,目前与商业银行贷款的界限逐渐模糊。

(3) 存贷款业务手续简便灵活。由于农村信用合作社的业务对象是合作社成员或当地的社会成员、经济组织,属于熟人社会的一种简便的金融组织,所以其存贷款和其他金融业务手续较其他正规金融灵活简便。但是,农村信用合作社随着市场化倾向加剧,大部分都已经偏离了其成立之初的宗旨,其经营模式、服务对象、标准要求已经和普通商业银行逐渐同化。

设立农村信用合作社的主要法律依据是 1990 年中国人民银行发布的《农村信用合作社管理暂行规定》和 2003 年原中国银监会颁布的《农村信用社省(自治区、直辖市)联合社管理暂行规定》。其中《农村信用合作社管理暂行规定》未对农村信用合作社的资本金进行具体规定,《农村信用社省(自治区、直辖市)联合社管理暂行规定》则要求省联社的设立符合以下条件:① 有符合其规定的章程;② 注册资本金不低于 500 万元人民币;③ 有符合任职资格条件的高级管理人员和符合要求的从业人员;④ 具有健全的组织机构和管理制度;⑤ 银行监管机构规定的其他条件。

农村信用合作省联社由市(地)联合社、县(市、区)联合社、县(市、区)农村信用合作联社、农村合作银行和农村商业银行投资入股组成,不吸收其他法人和自然人入股。省联社每股股金 10 万元人民币。单个社员的出资比例不得超过省联社股本总额的10%,成员社入股金额不得超过其实收资本的 30%。成员必须以货币资金入股,股金必须一次募足,省联社股权证书依法可以承继和转让。

2003 年 6 月 27 日,国务院颁发了《深化农村信用社改革试点方案》,并确定浙江、山东、江西、贵州、吉林、重庆、陕西和江苏等 8 省市进行农村信用社改革试点,随后改革在全国范围全面展开。现在很多农村信用社已经改革为农村商业银行或其他名称的存贷款金融机构,与农村信用合作社相类似的城市信用社则改制为城市商业银行。

(二) 农村合作银行和村镇银行

农村合作银行和村镇银行是 21 世纪初中国农村金融发展创新的产物,是一种以地域为界限,主要由农村居民投资,吸收其他社会成员资金成立的,服务于农村、农业和农民的三农型银行类金融机构。

1. 农村合作银行及其设立条件

根据原中国银监会 2003 年公布的《农村合作银行管理暂行规定》,农村合作银行是由辖区内农民、个体工商户、企业法人和其他经济组织入股组成的股份合作制社区性地方金融机构。农村合作银行主要以农村信用社和农村信用社县(市)联社为基础改组而成,其主要任务是为农民、农业和农村经济发展提供金融服务。股份合作制是在合作制的基础上,吸收股份制运作机制的一种企业组织形式。农村合作银行是独立的企业法人,享有由股东入股投资形成的全部法人财产权,依法享有法律规定的其他民商事权利,并以全部法人资产独立对外承担民事责任。农村合作银行的股东按其所持股份享有所有者的资产收益,享有参与重大决策和选择管理者等权利,并以所持股份为限对农村合作银行的债务承担责任。

《农村合作银行管理暂行规定》规定,设立农村合作银行应当具备下列条件:① 有符合法律规定的银行章程;② 发起人不少于1 000人;③ 注册资本金不低于2 000万元人民币,核心资本充足率达到4%;④ 不良贷款比率低于15%;⑤ 有具备任职专业知识和业务工作经验的高级管理人员;⑥ 有健全的组织机构和管理制度;⑦ 有符合要求的营业场所、安全防范措施和完备的与业务有关的其他设施;⑧ 银行监管机构规定的其他条件。

2. 村镇银行及其设立条件

村镇银行是指依据有关法律、法规经监管机构批准,由境内外金融机构、境内自然人和企业法人出资,在农村地区设立的主要为当地农民、农业和农村经济发展提供金融服务的银行业金融机构。

村镇银行虽然被称为银行,但与商业银行相比仍然存在较大的差别:① 规模小,法定最低注册资本标准较少;② 服务对象仅限农村,村镇银行仅限于本县域或乡镇范围之内,而且业务对象也仅是农村、农业和农民,一般不可以设立分支机构;③ 业务领域受到限制,村镇银行受到地域范围、服务对象、设置目标,以及注册资本的限制,其业务范围小于普通的商业银行,而且设立条件也低于普通的商业银行。

根据原中国银监会2007年发布的《村镇银行管理暂行规定》,设立村镇银行须符合以下条件:① 制定符合法律规定的村镇银行章程;② 村镇银行发起者中至少有1家银行经营机构,而且其他发起人或出资人须符合法律规定的条件;③ 在乡(镇)设立的村镇银行,其注册资本不得低于100万元人民币,如果拟在县(市)组建村镇银行,则其注册资本不得低于300万元人民币,且为实收货币资本并一次性缴足;④ 董事和高级管理人员符合任职资格,并具备相应专业知识和从业经验;⑤ 组织机构、管理制度、营业场所、安全防范措施符合法律要求,有与业务有关的其他设施;⑥ 中国银保监会规定的其他审慎性条件。

村镇银行可经营吸收公众存款,发放短期、中期和长期贷款,办理国内结算、票据承兑与贴现,从事同业拆借,从事银行卡业务,代理发行、兑付、承销政府债券,代理收付款项,代理保险业务以及经银行监管机构批准的其他业务。按照国家有关规定,村镇银行还可代理政策性银行、商业银行和保险公司、证券公司等金融机构的业务。

延伸阅读

美国储蓄贷款社和信用合作社

美国的储蓄贷款社按其经营性质可分为两种。第一种是主要为存款人和借款人提供服务的互助型机构,不以营利为目的,储蓄存款人对储蓄贷款协会拥有某种所有权,此种机构占储蓄贷款社中的绝大多数。这种互助性质的储蓄贷款社的经营收入,在纳税和提取准备金、公积金及其他相关费用以后,以利息的方式支付给存款人,但其利息分配不得超过监管机构所规定的最高利息率。第二种是在少数几个州,如加利福尼亚、伊利诺伊、俄亥俄和得克萨斯等州设立的储蓄贷款协会(社),属于股份公司性质且带有较强的营利目的。他们的收入在扣除有关开支(包括支付存款利息)以后,主要部分以红利形式分给股票持有人。

这两种储蓄贷款社的管理体制存在较大的差异,前一类储蓄贷款社由联邦政府注册,而且其名称都可能冠以"联邦"称号。联邦法律要求此类储蓄贷款社加入联邦住房放款银行系统,作为其成员并投资入股。然而,属于股份公司性质的储蓄贷款社由所在州政府注册,是否参加联邦住房放款银行系统由其自愿决定。在联邦注册的储蓄贷款社必须参加联邦储蓄贷款保险基金;在州政府注册的储蓄贷款社则根据自愿的原则决定是否加入联邦储蓄贷款保险基金,该保险基金的性质与联邦存款保险基金类似,但在1980—1994年美国金融危机中,该保险基金破产而被并入联邦存款保险基金。

美国的信用合作社是另一类重要的存贷款金融机构。信用合作社最早建于1910年的马萨诸塞州,发展于1934年。1934年,美国国会颁布了联邦信用合作社法,允许联邦政府对所有的州颁发信用社经营许可证,而在此之前,信用合作社的许可证由州政府颁发。信用合作社的组织形式是共有制,即由存款人所有,每个存款人都有一份投票权,而不论存款的多寡。信用合作社区别于其他存款机构的重要特征之一是共同联合会员资格,美国信用合作社的本质特征是,建立信用合作社的目的是为公众的消费贷款需要提供服务,因为消费贷款规模普遍较小,所以信用合作社通过组建合作性的组织获利。信用合作社的优势如下:一是作为非营利性组织,它们免交联邦税;二是很多信用合作社都有发起公司和企业的强大后盾支持。

[资料来源][美]弗雷德里克·米什金、斯坦利·埃金斯:《金融市场与金融机构》,王青松译,北京大学出版社,2006,第456—478页。

第二节 政策性银行组织法律制度

一、政策性银行的概念与特征

(一) 政策性银行的概念

政策性银行是指由一国政府单独投资或参股设立,以贯彻政府的经济政策为目标,在特定领域开展政策性金融业务的专业性银行金融机构,如美国的联邦土地银行、美国进出口银行、日本政策投资银行和韩国产业银行等。

政策性银行的宗旨决定了其设立和经营模式不以营利为目的,而是为了国家的产业发展和社会民生服务,配合政府的社会经济政策,在特定的业务领域内通过政策性融资活动实现政府发展经济和改善民生的目标。各国或地区在商业银行之外组建政策性银行经营机构承担严格界定的政策性银行业务,始于20世纪的中后期。当时为了恢复战后经济,许多国家都成立了由政府支持的政策性银行或其他类似的金融机构以服务政府社会经济发展的需要。但是20世纪80年代后,各国的政策性银行又开始新的改革和发展。

(二)政策性银行的特征

政策性银行不同于中央银行,也有别于普通的商业银行和其他金融机构,政策性银行具有以下三个方面的特征。

(1)政策性银行一般由政府独资或政府投资控股设立,或者虽然由私人资本单独或控股设立但与政府保持着密切关系,政府允许该等私人投资的银行金融机构行使政策性银行权利,并由政府给予诸多政策优惠或补贴。随着社会经济的发展,一些国家也开始弱化对政策性银行的控制,逐步对传统的政策性银行进行市场化改造。例如,美国1933年设立的合作银行就是由联邦政府出资设立的政策性银行,但在1960年,美国对其全部股份实行了私有化改造。

(2)政策性银行不以营利为目标,主要任务是贯彻执行国家的社会经济发展政策。政策性银行的主要功能是贯彻国家或区域产业政策,重点扶持特定行业并根据社会民生需求为公共行业提供资金和金融服务,如为交通、能源等基础设施和基础产业以及农业开发、农副产品收购、进出口贸易提供优惠贷款等。但是,不以营利为目标并不意味着无视政策性银行效益,而是不以营利或利润最大化为经营目标。近年来,各国对政策性银行的经营策略更加市场化,如中国的国家开发银行,开始承办国内外的大型非政策性、营利性业务,逐步向商业性、开发性银行转变。

(3)政策性银行不能从事公众性存贷款业务,其资金主要来源于政府提供的资本金、各种借入资金和发行政策性金融债券筹措的资金,以及根据法律规定或政府产业政策进行的贷款。政策性银行一般不具有商业银行的存款和信用创造职能,也不与普通银行经营机构发生市场竞争。政策性银行主要根据国家产业发展需要,对那些投资规模大、周期长、利润低、资金回收慢,但又为社会经济所必需的基础性项目,如农业发展、基础建设、能源开发、技术开发等提供资金资助。然而,随着政策性银行的市场化发展,上述界定也有所突破,如改组后的中国国家开发银行开始办理国内外结算、票据承兑与贴现,买卖和代理买卖外汇,办理结汇和售汇业务,开展自营和代理经营金融衍生品业务,提供信用证服务及担保,代理收付款项及代理保险业务,以及提供保管箱服务等。

二、政策性银行的法律地位和职责

(一)政策性银行的法律地位

政策性银行基于政府的特殊政策目标或意图而设立,其经营行为受制于政府的宏观决策和经济管理行为。这就在客观上决定了其法律地位、经营决策模式区别于商业银行,它们也不可能实行自主经营、自负盈亏、风险自担、自求发展的经营发展理念,而只能服务于政府的特定经济政策和产业发展的大政方针。

(1) 政策性银行与政府的关系。政策性银行与政府的关系密切,主要体现在两个方面:一是政策性银行的资本金由政府全部或部分投资,或者虽然不是由政府投资,但也通过协议或者法律的特殊安排,接受政府委托进行政策性金融业务,政府给予财政补贴或给予其他报酬;二是政策性银行经营的是政策性金融业务,因为政策性银行设立目的就是为政府经济政策、产业政策和社会政策服务。政策性银行作为政府干预经济的工具和手段,接受政府的监督管理,政策性金融实际上是财政与金融相互渗透、互为利用的一种形式,一国的财政投资大多数情况下都通过政策性银行实施。

(2) 政策性银行与中央银行的关系。政策性银行的银行特征决定了它们必须接受中央银行的监管,但是政策性银行的特殊性又使得其不像普通银行经营机构那样与中央银行紧密联系。中央银行和政策性银行的主要联系可归纳为以下两方面:一是中央银行向政策性银行提供的再贴现、再贷款或专项基金,构成政策性银行的主要资金来源;二是政策性银行中的市场性业务必须接受中央银行的监管,如中国国家开发银行业务范围中市场性货币业务中的贷款业务、结算业务等;三是政策性银行的资金结算、货币流须通过中央银行清算系统清算完成,中央银行维护包括政策性银行在内的资金市场运行秩序。

(3) 政策性银行与商业银行的关系。二者的共同点为都经营货币业务,但其差异主要体现在四个方面:一是资本来源不同。政策性银行多由政府出资建立,即使公私合营的政策性银行,政府也会提供一部分营运资金或进行其他方面的财政资助,业务上由政府相应部门领导;商业银行多采取股份制的形式,业务上自主经营、自负盈亏。二是资金来源不同。政策性银行一般不接受社会公众存款,也不从民间借款,而商业银行以存款作为其主要的资金来源。三是经营目的不同。政策性银行是为了支持某些产业的发展而专门成立的,不以营利为目的,与相应的产业部门关系密切,而商业银行则以利润最大化为经营目的,业务范围广泛。四是经营对象和业务界限不同。政策性银行服务对象为特定时期国家产业扶持的企业或某些产业,一般不为个人提供金融服务;反之,商业银行经营机构的服务对象是社会所有的企业、政府、组织和个人。

(二) 政策性银行的职责范围

政策性银行的业务范围取决于法律对政策性银行的规定和政府设立某一政策性银行的具体目标。但是,法律对政策性银行的业务范围的规定以及政府设立政策性银行的目标又取决于一国的经济体制和政府对经济的干预程度。一般而言,政府干预经济较少的国家,其政策性银行的业务范围相对较窄,反之其业务范围则宽。中国目前有三大政策性银行,它们各自的经营范围有较大的差距。

1. 国家开发银行

国家开发银行成立于1994年,是一家隶属于国务院的政策性金融机构。2008年12月,国家开发银行经国务院同意改制为国家开发银行股份有限公司,其后在2015年3月被国务院定位为开发性金融机构。国家开发银行是中国目前最大的对外投融资合作银行、中长期信贷银行,业务范围涉及借贷、证券、租赁、基金以及其他新型金融业务领域,也是全球最大的开发性金融机构。

根据2017年颁布的《国务院关于组建国家开发银行的通知》,设立国家开发银行的目的及其职能定位如下:一是贯彻落实国家经济金融方针政策,充分运用服务国家战略、依托信用支持、市场运作、保本微利的开发性金融功能,发挥中长期投融资作用,加大对经济社会重点领域和薄弱环节的金融支持力度,促进经济社会持续健康发展;二是坚守开发性金融定位,根据依法确定的服务领域和经营范围开展业务,以开发性业务为主,辅以商业性业务,与商业性金融机构建立互补合作关系,积极践行普惠金融,可通过与其他银行业金融机构合作,开展小微企业等经济社会薄弱环节金融服务。

2. 中国农业发展银行

中国农业发展银行成立于1994年,是一家面向农村、农业和农民的政策性银行,直属国务院领导。农业发展银行成立之初的主要任务是按照法律法规和国家的方针政策,以国家信用为基础,筹集和发放农业政策性信贷资金,支持农业发展并承担国家规定的涉及农业、农村和农民的政策性金融业务,代理财政性支农资金的拨付。根据2017年原中国银监会发布的《中国农业发展银行监督管理办法》,中国农业发展银行的定位如下:一是依托国家信用,服务经济社会发展的重点领域和薄弱环节,主要服务维护国家粮食安全、脱贫攻坚、实施乡村振兴战略、促进农业农村现代化、改善农村基础设施建设等,在农村金融体系中发挥主体和骨干作用;二是创新金融服务模式,发挥政策性金融作用,加强和改进农村地区普惠金融服务,通过与其他银行业金融机构的广泛合作,开展小微企业金融服务和扶贫小额信贷业务;三是坚守政策性金融定位,根据依法确定的服务领域和经营范围开展政策性业务和自营性业务,遵守市场秩序,与其他金融机构建立互补合作关系。

农业发展银行的具体业务包括:① 农副产品收购贷款,如粮食、棉花、油料的收购、储备以及其他涉及农业产品的收购贷款;② 农业生产和农业科技贷款,如农村企业、涉农企业,以及农村路网、电网、水网(包括饮水工程)、信息网(邮政、电信)建设,农村能源和环境设施建设贷款;③ 农业生产资料的流通和销售环节贷款,如农药化肥、农业机器贷款,以及代理财政支农资金的拨付,办理业务范围内企事业单位的存款及协议存款、贷款等;④ 为开户企事业单位办理结算和资金划拨、发行金融债券、资金交易业务,办理代理保险、代理资金结算、代收代付等中间业务,办理粮棉油政策性贷款企业进出口贸易项下的国际结算业务,以及与国际业务相配套的外汇存款、外汇汇款、同业外汇拆借、代客外汇买卖和结汇、售汇业务等。

3. 中国进出口银行

中国进出口银行是1994年由国家出资设立、直属国务院领导、支持国家对外经济贸易投资发展与国际经济合作、具有独立法人地位的国有政策性银行。根据2017年原中国银监会发布的《中国进出口银行监督管理办法》,中国进出口银行的市场定位如下:一是紧紧围绕国家战略,依托国家信用,充分发挥政策性金融机构在支持国民经济发展方面的重要作用,重点支持对外经济贸易发展、对外开放、国际合作、"走出去"等领域;二是坚守政策性金融定位,根据依法确定的服务领域和经营范围开展政策性业务和自营性业务,遵守市场秩序,与商业性金融机构建立互补合作关系;三是创新金融服务模式,发挥政策性金融作用,加强和改进普惠金融服务,通过与其他金融机构合作的方式开展小微企业金融服务。

进出口银行具体业务范围包括：① 经批准办理配合国家对外贸易和"走出去"领域的出口信贷、进口信贷、对外承包工程贷款、境外投资贷款、中国政府援外优惠贷款和优惠出口买方信贷等；② 办理国务院指定的特种贷款和外国政府、国际金融机构转贷款业务中的三类项目及人民币配套贷款；③ 吸收授信客户项下存款,发行金融债券,办理国内外结算和结售汇业务,办理保函、信用证等其他方式的贸易融资业务,以及办理与对外贸易相关的担保业务、存贷款业务；④ 办理经批准的外汇业务,办理与金融业务相关的资信调查、咨询、评估、见证业务,办理票据承兑与贴现,代理收付款项及代理保险业务,按程序经批准后以子公司形式开展股权投资及租赁业务,以及经国务院银行业监督管理机构批准的其他业务。

三、政策性银行的设立和审批

各国政策性银行的设立具体条件和程序差异较大,但也有其共同要求,如需要一定量资本金,具有合格的硬件设施以及明确的经营范围和风险控制制度,并且须经过特定的政府部门批准。

中国政策性银行的设立依据是 1994 年颁布的《国务院关于组建国家开发银行的通知》《国务院关于组建中国农业发展银行的通知》和《中国农业发展银行组建方案》,采取的是一行一规则的制度模式。根据国务院的上述通知或方案,在 1994 年一年之内组建了三大政策性银行。国家开发银行、中国农业发展银行和中国进出口银行的开办资金由中央财政独家投资,组建之初的注册资金分别是 500 亿元、200 亿元和 33.8 亿元。但是随着国家经济的发展以及金融政策的变化,上述三家政策性银行在进入 21 世纪后都进行了一系列改革,其银行性质、注册资本、公司治理、组织结构等都发生了较大的变化。

(1) 国家开发银行。2015 年 3 月,国务院明确将国家开发银行定位为开发性金融机构并批准对其增资扩股,引进中央汇金投资有限责任公司、梧桐树投资平台有限公司和全国社会保障基金理事会三家机构为其股东,注册资本增加到 4 212.48 亿元。财政部、中央汇金投资有限责任公司、梧桐树投资平台有限公司和全国社会保障基金理事会四家股东的持股比例分别为 36.54%、34.68%、27.19%、1.59%。国家开发银行战略定位主要是通过开展中长期信贷与投资,为国民经济重大中长期发展战略提供金融服务。穆迪、标准普尔等专业评级机构对国家开发银行评级结果连续多年与中国的主权评级等级保持一致,认为其具有良好的信誉和安全保障。国家开发银行目前在境内设有 37 家一级分行和 3 家二级分行,在香港特区设有香港分行,并在国外设有开罗、莫斯科、里约热内卢、加拉加斯、伦敦、万象、阿斯塔纳、明斯克、雅加达、悉尼等 10 家代表处。旗下拥有国开金融、国开证券、国银租赁、中非基金和国开发展基金等子公司。

(2) 中国农业发展银行。中国农业发展银行最初的注册资本为 200 亿元人民币,现在注册资本增至 570 亿元。中国农业发展银行在机构设置上实行总行、一级分行、二级分行、支行制,各分支机构在总行授权范围内依法并根据总行授权开展业务经营活动。农业发展银行全系统现有31个省级分行、339个二级分行和1 816个县域营业机构。农业发展银行运营资金主要来源于以下五个方面:① 国家财政所投的注册资本、支农财政拨款、中国人民银行的再贷款;② 业务范围内开户企事业单位的存款、同业存款;③ 发行金融债券、金融市场同业拆借;④ 协议存款和其他资金借贷款;⑤ 境外筹资。

(3) 中国进出口银行。中国进出口银行现行注册资本为1 500亿元人民币,经营宗旨是紧紧围绕服务国家战略,建设定位明确、业务清晰、功能突出、资本充足、治理规范、内控严密、运营安全、服务良好、具备可持续发展能力的政策性银行。进出口银行主要服务于进出口贸易和跨境投资,"一带一路"建设,国际产能和装备制造合作,科技、文化以及中小企业"走出去"和开放型经济建设等。截至2018年年末,在国内设有32家营业性分支机构和香港代表处;在海外设有巴黎分行、东南非代表处、圣彼得堡代表处、西北非代表处等。

目前规范国家开发银行、中国农业发展银行和中国进出口银行的法律法规主要有《公司法》《银行业监督管理法》,以及原中国银监会颁布的《国家开发银行监督管理办法》《中国农业发展银行监督管理办法》和《中国进出口银行监督管理办法》等。

=== 延伸阅读 ===

联邦国民抵押贷款协会

1938年,美国政府出资创立联邦国民抵押贷款协会(简称"房利美",英文名Fannie Mae),是美国最大的住房按揭贷款金融机构。美国政府创立房利美,是为了解决诸多社会基层民众住房问题,实现房屋购买者能够从金融市场得到抵押贷款资金的持续供给,保障国民购房的可能性和降低购房成本,并增加抵押贷款资金的流动性。最初,房利美以政府机构的面目出现,由政府投资组建,其主要目的是盘活银行抵押贷款的流动性,基本运行模式为购进银行按揭贷款,然后转卖给其他投资者,将不易变现的长期房屋抵押贷款转化为现金资产。随后,美国政府出于产业竞争的需要,在1970年成立了另一家业务范围、经营模式相类似的名叫"房地美"的公司。1968年,美国政府对房利美进行私有化改造,将其改组成为私营股份公司,但其作为支持金融和房地产发展的政策性金融机构,仍然受到美国政府强力支持。而且其业务范围也从购买抵押贷款公司、商业银行和其他贷款机构的住房抵押贷款,扩大到了购买未经联邦住宅管理局担保的其他抵押贷款,并在此基础上进行一系列金融创新,将部分住房抵押贷款证券化后打包出售给其他投资者。

受2007—2009年美国次贷危机的影响,美国房地产抵押贷款巨头房利美于2008年7月身陷700亿美元亏损困境。美国政府在2008年9月7日宣布,由政府组建接管机构接管陷入困境的房利美(同时也接管了另一家公司"房地美")。接管方案包括:一是美国财政部将向房利美注资,并收购相关优先股;二是限令房利美首席执行官离职,由接管机构接管房利美的日常业务,并任命新领导人。时任美国财政部长的保尔森表示,房利美的问题是美国金融市场深陷系统性风险的一部分,接管房利美和房地美这两大机构是临时解决金融市场危机和保护纳税人利益的"最佳手段"。2010年6月16日,美国联邦住房金融局要求房利美股票从纽约证券交易所退市,转入OTCBB市场(美国场外柜台交易系统,类似于中国的"新三板")交易,这一举措在同年7月8日得到实施。根据2018年7月19日发布的2018年《财富》世界500强排行榜,房利美又起死回生,排名为第48位。

第三节 其他存贷款型金融组织法律制度

一、财务公司组织法律制度

（一）财务公司的概念和特征

财务公司又称企业集团财务公司,其雏形产生于19世纪初美国的零售商向顾客提供分期贷款销售,而其完善和发展则是在汽车产业大规模发展时期。当时组建财务公司是为了解决消费者购买汽车贷款难的问题,但后来其他大型企业也相继仿效。由此可见,国外的财务公司是一些生产企业或销售企业为了解决子公司或者消费者在生产和消费中的货币资金问题,组建的专门进行小额信贷的公司。

中国的财务公司与国外的财务公司定义有所不同,按照2006年原中国银监会修改后发布的《企业集团财务公司管理办法》中的定义,财务公司是依据《公司法》和《企业集团财务公司管理办法》在中国境内依法登记,以资本为联结纽带、以母子公司为主体、以集团章程为共同行为规范,由母公司、子公司、参股公司及其他成员企业或机构共同组成的企业法人联合体,是为企业集团成员机构提供金融服务的非银行金融机构。换言之,中国的财务公司(除中外合资财务公司),都是依托大型企业集团而成立,为企业集团成员公司提供融资、信贷和财务管理服务以及其他衍生性金融服务的金融机构。

根据《企业集团财务公司管理办法》对财务公司的规定,财务公司主要有以下三个方面的特征。

(1) 服务范围限于企业集团内部成员。财务公司是企业集团内部的非银行金融机构,因其设立宗旨是为企业集团服务,所以其经营范围只限于企业集团内部,主要是为成员企业如子公司、控股公司、参股公司和其他关联性机构提供金融服务。具体的业务类别包括企业集团内部成员机构的存款、贷款、结算、担保、票据承兑与贴现等一般银行业务。如果经监管机构批准,还可以开展证券、信托投资等金融业务。

(2) 财务公司资金来源于集团公司和内部企业。财务公司的资金来源主要包括三个方面:一是由集团公司和集团公司成员投入的资本金,包括注册资本和其他营运资金;二是集团公司成员企业在财务公司的存款,或其他结算资金和过路资金;三是财务公司经过批准发行债券募集的资金、同业拆借资金等。财务公司的资金主要用于为本集团公司成员企业提供资金支持,因而财务公司对集团公司的依附性强,其发展与其所在集团公司的发展状况紧密相连。

(3)财务公司业务经营受到双重监管。财务公司是企业集团内部的金融机构,其股东大多数为集团公司成员企业,因而其经营活动必然受制于集团公司和下属各控股公司,也即要受到集团公司的监督管理。同时,财务公司性质是非银行金融机构,经营的对象是货币和其他金融产品,所以其经营活动必须接受金融监管机构的监管。

中国的财务公司与美国的财务公司存在较大的不同:① 中国的财务公司其服务对象主要为企业集团内部企业,而美国的财务公司可服务外部消费者;② 美国的财务公司主要通过销售商业票据收集资金以发放贷款,而中国的财务公司则主要靠股本金和集团内部存款;③ 美国财务公司的基本经营模式是大面额借入、小面额借出,而中国的财务公司更多体现的是成员企业之间数额较大的存贷;④ 美国的财务公司业务范围远大于中国的财务公司业务范围,可面向社会进行其他金融业务。

(二) 财务公司的功能和业务范围

中国《企业集团财务公司管理办法》对财务公司的功能定位是,以加强企业集团资金集中管理和提高企业集团资金使用效率为目的,为企业集团成员企业提供财务管理服务的非银行金融机构。其中成员企业的界定是:母公司及其控股51%以上的子公司;母公司、子公司单独或者共同持股20%以上的公司,或者持股不足20%但处于最大股东地位的公司;母公司、子公司下属的事业单位法人或者社会团体法人。

财务公司的业务范围主要包括以下三大类:一是接受成员企业的存款和提供贷款,转账结算;二是参与同业拆借市场,对成员企业进行票据承兑、贴现;三是发行公司债券,进行有价证券投资;四是其他业务,如为成员单位办理财务和融资顾问、信用鉴证及相关的咨询、代理业务等。具体业务如下:① 吸收成员企业的存款,从事同业拆借,为成员单位办理贷款;② 接受成员企业的委托,办理成员企业之间的委托贷款及委托投资,担任其财务和融资顾问,办理信用鉴证及相关的咨询、代理业务;③ 办理成员企业之间的内部转账结算及相应的结算、清算方案设计,协助成员企业实现交易款项的收付;④ 为成员企业提供担保,为成员企业办理票据承兑与贴现,经批准的保险代理业务;⑤ 中国银保监会批准的其他业务。

符合条件的财务公司还可以向相应的金融监管机构申请从事下列业务:① 经批准发行财务公司债券;② 承销成员企业的企业债券;③ 对金融机构进行股权投资;④ 在证券交易市场买卖有价证券;⑤ 为成员企业产品提供消费信贷、买方信贷及融资租赁业务。

(三) 财务公司的设立条件和审批

法律规定,设立财务公司由中国银保监会审查批准,而且必须符合下列基本条件。

(1)财务公司设立的一般性条件。设立财务公司必须符合以下条件:① 组建财务公司的目的是集中管理企业集团资金,而且为企业集团发展所必需,经合理预测能够达到一定的业务规模;② 制定符合《公司法》和《企业集团财务公司管理办法》规定的公司章程;③注册资本金符合法律规定的最低要求且进行了实际缴纳;④公司的董事、高级管理人员和从业人员资质和人数符合《公司法》和《企业集团财务公司管理办法》的规定,有关风险管理、资金集约管理等专门人员符合法律规定;⑤公司企业法人治理、业务操作、风险防范等方面制度健全,也有符合要求的营业场所、安全防范措施和其他设施;⑥中国银保监会规定的其他条件。

中国现行法律规定,设立财务公司需要具备最低为1亿元人民币的注册资本,而且是实缴的人民币或者等值的可自由兑换货币。如果拟设立的财务公司经营外汇业务,其注册资本金中须有不低于500万美元或者等值的可自由兑换货币。财务公司的注册资本金主要从成员企业中募集,但也可适当地吸收成员企业以外的合格机构投资者的股份。中国银保监会可根据财务公司的发展情况和审慎监管的需要,对财务公司注册资本金的最低限额进行调整。

(2)财务公司组建的股东资格条件。申请设立财务公司的企业集团应当符合下列条件:一是母公司拥有核心主营业务、符合国家产业政策,母公司须成立2年以上,并且具有企业集团内部财务管理和资金管理经验;二是在提出申请前1年,母公司的资金比例须符合法律规定的标准,如注册资本不低于8亿元人民币,而且按规定并表核算的成员单位资产总额不低于50亿元人民币,净资产率不低于30%;三是营业收入和利润符合法律规定,如申请前连续2年,按规定并表核算的成员单位每年营业总收入不低于40亿元人民币,每年税前利润总额不低于2亿元人民币,而且具有稳定的较大规模现金流量;四是母公司具有健全的公司法人治理结构,未发生重大违法违规行为,近3年无不良诚信纪录,无不当关联交易。

(3)外资财务公司设立的特殊性条件。《企业集团财务公司管理办法》规定,外商投资设立财务公司,基本的财务要求是申请前1年其净资产不低于20亿元人民币,申请前连续2年每年税前利润总额不低于2亿元人民币。拟申请设立财务公司,国外母公司董事会应当提供书面保证并在财务公司章程中载明,承诺在财务公司出现支付困难时,愿意增加相应资本金以保障支付。

二、汽车金融公司组织法律制度

(一)汽车金融公司的概念和特征

汽车金融公司是指专门为汽车购买者、汽车销售者和其他汽车服务性企业提供金融服务的非银行金融机构。根据原中国银监会2008年发布的《汽车金融公司管理办法》,汽车金融公司是依据《公司法》《银行业监督管理法》和《汽车金融公司管理办法》等法律法规,经国务院银行保险监督管理委员会批准设立的,为中国境内的汽车购买者及销售者提供金融服务的非银行金融机构。

中国现阶段的汽车金融公司多为大型汽车生产经营集团投资组建的全资或控股公司,如上汽通用汽车金融有限责任公司、东风日产汽车金融有限公司、大众汽车金融(中国)有限公司、福特汽车金融(中国)有限公司、沃尔沃汽车金融(中国)有限公司、东风标致雪铁龙汽车金融有限公司、戴姆勒-克莱斯勒汽车金融(中国)有限公司、丰田汽车金融(中国)有限公司等。汽车金融公司作为一种特殊的金融机构,其主要特征包括以下三个方面。

(1) 汽车金融公司是一种非银行性质的金融机构,为汽车消费者和汽车经销商提供金融服务,如为汽车消费者提供按揭贷款,为汽车销售公司提供销售贷款等。汽车金融公司的业务范围原则上为汽车的生产、销售、购买和售后服务提供资金借贷,不能延伸到这一特定产业链之外的其他领域。

(2) 汽车金融公司一般依附于大型汽车生产集团,即汽车金融公司由大型汽车生产企业独家投资或由多家汽车生产关联企业共同投资设立,但也可能吸收外部投资者加入而成为其股东。中国目前的汽车金融公司多为大型汽车集团的子公司,但也有少量的公司存在社会参股现象,而且股份社会化现象会逐渐加强。

(3) 汽车金融公司的资金来源为汽车生产、销售领域内部。汽车金融公司的业务领域受到法律限制,仅能向符合条件的客户提供金融支持,因而它们不能接受社会存款,即不具有类似于银行的存款功能,所以其资金来源于开办时的注册资金、行业内部存款,从金融机构的贷款或其他符合条件的大额借入资金,以及发行金融债券所募资金。

中国现阶段规范汽车金融公司的法律法规主要有《公司法》《银行业监督管理法》和原中国银监会在 2008 年修改后发布的《汽车金融公司管理办法》,汽车金融公司的主要监管机构为中国银保监会。

(二) 汽车金融公司的定位和业务范围

《汽车金融公司管理办法》对汽车金融公司的法律定位,是经中国银保监会批准设立的,为中国境内的汽车购买者及销售者提供金融服务的非银行金融机构。经中国银保监会批准,汽车金融公司可从事以下四方面业务:一是接受股东或集团关联企业的定期存款;二是发行金融企业债券,进行同业拆借;三是提供汽车消费贷款和发放汽车经销商运营贷款,进行汽车金融租赁业务;四是进行其他与汽车消费相关的金融业务。

汽车金融公司的具体业务项目包括:① 接受境外股东、集团公司在中国境内的全资子公司和境内股东 3 个月(含)以上的定期存款;② 接受汽车经销商采购车辆贷款保证金和承租人的汽车租赁保证金;③ 经监管机构批准,发行金融债券,在同业拆借市场中进行同业拆借,向金融机构借款;④ 为消费者提供购车贷款业务,提供汽车经销商采购车辆贷款和营运设备贷款,包括零配件贷款、展示厅建设贷款和维修设备贷款等;⑤ 开展汽车金融租赁业务,办理租赁汽车残值变卖及处理业务,向金融机构出售或回购汽车贷款应收款和汽车融资租赁应收款业务;⑥ 从事与购车融资活动相关的咨询、代理业务,从事与汽车金融业务相关的金融机构股权投资业务;⑦ 经中国银保监会批准的其他业务。

(三) 汽车金融公司的设立条件和审批

设立汽车金融公司除应符合《公司法》《银行业监督管理法》和《汽车金融公司管理办法》的条件外,还须经中国银保监会审查批准。

(1) 汽车金融公司主要股东资格条件。汽车金融公司的出资者分为两大类:一类是汽车生产企业出资者,另一类是非银行金融机构出资者。其中:汽车生产企业出资组建汽车金融公司,必须为生产或销售汽车整车的企业;非银行金融机构出资者则必须至少有1名出资人具备5年以上丰富的汽车金融业务管理和风险控制经验。否则,必须为汽车金融公司引进合格的专业管理团队。

非金融机构作为汽车金融公司的出资者,应当具备以下条件:① 具有不低于80亿元人民币或等值的可自由兑换货币的总资产,合并会计报表口径下的年营业收入不低于50亿元人民币或等值的可自由兑换货币,而且每年合并会计报表口径下的净资产不低于资产总额的30%,并要求经营业绩良好,2个会计年度连续盈利;② 用于投资入股的资金来源真实合法,不得以借贷资金入股,不得以他人委托资金入股,除非监管机构责令转让,否则将承诺3年内不转让所持有的汽车金融公司股权,并且该等承诺应在拟设公司章程中载明;③ 非银行金融机构作为汽车金融公司出资人,其注册资本不低于3亿元人民币或等值的可自由兑换货币,遵守注册所在地法律,近2年无重大违法违规行为。

(2) 汽车金融公司注册资本条件。法律规定汽车金融公司的注册资本为一次性实缴货币资本,最低限额为5亿元人民币或等值的可自由兑换货币。中国银保监会根据汽车金融业务发展情况及审慎监管的需要,可以调高注册资本的最低限额。

(3) 汽车金融公司设立的其他基本条件。设立汽车金融公司须具有符合《公司法》和中国银保监会规定的公司章程,具有符合任职资格条件的董事、高级管理人员和熟悉汽车金融业务的合格从业人员,具有健全的公司治理、内部控制、业务操作、风险管理等制度,具有与业务经营相适应的营业场所、安全防范措施和其他设施,并满足中国银保监会规定的其他审慎性监管条件。

三、消费金融公司组织法律制度

(一) 消费金融公司的概念和特征

消费金融公司是指不吸收公众存款,专为境内居民个人提供小额消费贷款的非银行金融机构。美国在19世纪初产生的消费财务公司类似于中国现如今的消费金融公司。2010年,中国首批3家消费金融公司获得原中国银监会同意筹建的批复,发起人分别为中国银行、北京银行和成都银行,试点区域分别为上海、北京和成都三地。其中:中国银行发起设立的为中银消费金融公司,注册资本为5亿元人民币,注册地为北京;北京银行发起设立并控股的为北银消费金融有限公司,注册资本3亿元人民币,注册地为上海;成都银行发起设立并控股的为四川锦程消费金融公司,注册资本3.2亿元人民币,注册地为成都。随后,2010年11月,PPF集团在天津成立中国首家外商独资的消费金融公司即捷信消费金融有限公司,注册资金为3亿元人民币。

消费金融公司作为一种新型的非银行金融机构,主要有以下三个方面的特征。

(1) 消费金融公司是非银行金融机构,成立消费金融机构的法律依据是《公司法》《银行业监督管理法》和2013年原中国银监会发布的《消费金融公司试点管理办法》。

(2) 消费金融公司的出资者主要为金融机构和其他生产、销售企业,目前消费金融公司大多数依附大型商业集团,实行销售与金融一体化服务。

（3）消费金融公司不吸收社会公众存款，仅为中国境内居民个人提供以消费为目的的贷款，贷款对象仅限于消费者，而且属于信用贷款，期限较短。

（二）消费金融公司的定位和业务范围

《消费金融公司管理办法》对消费金融公司的定位，是经监管机构批准，为中国境内居民个人提供消费贷款的非银行金融机构。具体经营下列部分或者全部人民币业务：一是接受境内股东及股东境内子公司的存款，向境内金融机构借款，参与境内同业拆借；二是发放个人消费者贷款、代理销售与消费贷款相关的保险产品，办理与消费金融相关的咨询、代理业务，办理信贷资产转让业务；三是经监管机构批准后发行金融债券、投资固定收益类证券，以及经中国银保监会批准的其他业务。为了控制风险，《消费金融公司管理办法》规定消费金融公司向个人发放消费贷款的余额不得超过借款人月收入的5倍。

（三）消费金融公司的设立条件和审批

申请设立消费金融公司应当向中国银保监会递交申请，经其审查批准，而且必须符合下列各项基本条件。

（1）设立消费金融公司应当具备的一般性条件。一般性条件包括：① 有符合《公司法》《银行业监督管理法》《消费金融公司管理办法》和中国银保监会规定的公司章程；② 有符合法律规定条件的出资人和3亿元人民币或等值的可自由兑换货币的最低限额注册资本，而且注册资本为一次性实缴货币资本；③ 有符合任职资格条件的董事、高级管理人员和熟悉消费金融业务的合格从业人员；④ 建立了有效的公司治理、内部控制和风险管理制度，具有与业务经营相适应的管理信息系统；⑤ 有与业务经营相适应的营业场所、安全防范措施和其他设施；⑥ 有符合金融监管机构规定的审慎性监管的其他条件。

（2）消费金融公司股东资格条件。消费金融公司的出资人应当为中国境内外依法设立的企业法人，并分为主要出资人和一般出资人。主要出资人应为境内外金融机构或中国银保监会认可的其他出资人，必须满足下列条件：① 具有5年以上消费金融领域的从业经验；② 最近1年年末总资产不低于800亿元人民币或等值的可自由兑换货币；③ 最近2个会计年度连续盈利且无重大违法违规经营记录。另外还要求，出资人的参股资金来源真实合法，不得以借贷资金参股，也不得以他人委托投资的资金投资参股；出资人参股时必须承诺3年内不转让所持有的消费金融公司股权，但中国银保监会依法责令转让的除外，并该等承诺须在拟设公司章程中载明。

《消费金融公司管理办法》对消费金融公司的一般出资者，除规定了财务状况良好、无重大违法违规经营记录、投资入股资金来源真实合法、承诺3年内不转让所持有的消费金融公司股权、具有良好的公司治理结构等条件外，还要求金融机构作为出资者时，其注册资本不得低于3亿元人民币或等值的可自由兑换货币，而对非金融机构出资者则要求其净资产率不低于30%。

四、货币经纪公司组织法律制度

（一）货币经纪公司的概念和特征

货币经纪公司是货币市场中的交易中介机构，最早起源于英国外汇市场，其职能是代理货币买卖或居间撮合货币交易成功,为各方提供帮助并收取佣金。根据原中国银监会2005年发布的《货币经纪公司试点管理办法》,货币经纪公司是指经批准在中国境内设立的,通过电子技术或其他方式,专门为金融机构间资金融通和外汇交易等提供经纪服务,并从中收取佣金的非银行金融机构。

根据《货币经纪公司试点管理办法》对货币经纪公司的定义,货币经纪公司具有以下三个方面的特征。

(1) 货币经纪公司属于非银行金融机构,因为其业务领域主要是货币市场,所以其组建、业务许可须依照《公司法》《中国人民银行法》《银行业监督管理法》和《货币经纪公司试点管理办法》,以及其他相关的货币管理、外汇管理法律法规进行。

(2) 货币经纪公司是一种金融中介机构,货币经纪公司提供的是一种金融中介服务,经营对象为货币及货币衍生产品,业务领域涉及货币市场、资本市场和外汇市场的主要产品。

(3) 货币经纪公司不经营存贷款业务,主要是为货币的借贷、外汇买卖和其他涉及货币方面的期货期权、信用交易等进行代理业务并收取佣金;但在取得金融监管机构批准的情况下,也可进行货币自营业务,赚取买卖差价以谋取利益。

(二) 货币经纪公司的定位和业务范围

《货币经纪公司试点管理办法》对货币经纪公司的定位是,专门从事促进金融机构间资金融通和外汇交易等经纪服务,并从中收取佣金的非银行金融机构。

货币经纪公司的业务范围如下:一是参与境内外外汇市场交易和货币市场交易;二是参与境内外债券市场交易和金融衍生产品交易;三是经金融监管机构批准的其他业务,如从事证券交易、期货交易相关的业务。具体的业务项目包括同业拆借、短期商业票据、即期外汇买卖和远期外汇买卖、货币掉期、利率掉期、期货、期权、浮动利率票据、远期合约、回购协议、政府债券、企业债券、资产抵押、担保抵押债券,以及股票指数期货、期权等股票衍生工具操作方面的金融业务。如果其业务涉及外汇管理事项,应当执行国家外汇管理部门的有关规定,并接受国家外汇管理部门的监督和检查。

(三) 货币经纪公司的设立条件和审批

目前,规范货币经纪公司的法律法规主要有《公司法》《银行业监督管理法》《中国人民银行法》《货币经纪公司试点管理办法》和2005年原中国银监会发布的《货币经纪公司试点管理办法实施细则》。无论是申请设立中资、外资还是中外合资货币经纪公司,均应当向中国银保监会报批且符合以下两个方面的条件。

(1) 设立货币经纪公司的一般性规定。基本条件如下:① 具有法律规定的最低注册资本,即须具有最低限额为2 000万元人民币或者等值的可自由兑换货币,而且为实缴货币资本;② 如果货币经纪公司拟申请设立分公司,则其总公司注册资金不得低于5 000万元人民币,货币经纪公司分公司的营运资金不得少于1 000万元人民币;③ 具有符合《公司法》等相关法律要求的章程,以及熟悉货币经纪及相关业务的高级管理人员;④ 建立有健全的组织机构、管理制度和风险控制制度;⑤ 具有与业务经营相适应的营业场所、安全防范设施和措施,并且满足中国银保监会规定的其他审慎性条件。

(2) 设立货币经纪公司的股东资格。相关法律对申请设立货币经纪公司的中方股东和外方股东规定了不同的资格条件。其中,申请单独或合资设立货币经纪公司的中方投资者资格如下:① 是依法设立的非银行金融机构,而且投资人具有从事货币市场、外汇市场等代理业务5年以上的经历;② 该等非银行金融机构必须经营稳健,有完善的内部控制制度,资信状况良好,无重大违法违规记录;③ 在提出设立申请前须连续3年盈利,并且符合中国银保监会规定的其他审慎性条件。

申请单独或合资设立货币经纪公司的外方投资者资格如下:① 为国外依法设立的,具有从事货币经纪业务20年以上经营资历的货币经纪公司;② 拟在中国投资组建货币经纪公司的外国投资者须经营稳健,有完善的内部控制制度,而且资信良好,无重大违法违规记录;③ 外国投资者在提出申请前,须连续3年盈利且每年税后净收益不低于500万美元;④ 具有从事货币经纪服务必需的全球机构网络和资讯通信网络,在中国境内设立代表机构2年以上;⑤ 外国投资者所属国家或者地区有完善的金融监督管理制度,投资者受到所在国家或者地区监管当局的有效监管,而且其监管当局与中国银保监会签署了监管备忘录;⑥ 符合中国银保监会规定的其他审慎性条件。

---延 伸 阅 读---

全球最大的三家货币经纪公司

英国毅联汇业公司、英国国惠集团和瑞士利顺金融集团是全球最大的三家货币经纪公司。这3家货币经纪公司提供了世界主要金融市场中几乎所有货币产品的经纪服务,而世界其他国家为数众多的规模较小的货币经纪公司则提供其他个别货币产品的专项经纪服务。包括这3家公司在内的国际货币经纪巨头通过全球庞大的互联网、电话交易网络全天24小时提供货币经纪服务,并渗透债券、信贷和外汇期权等金融产品市场。

英国毅联汇业公司总部设在伦敦,在32个国家中有50余家分公司,3 000多名经纪人分布在世界各主要金融中心。英国毅联汇业公司股票在伦敦证券交易所上市,是金融时报250种股票指数的成分股。毅联汇业公司与中国人民银行和中国各主要商业银行有长期的业务联系和良好的合作关系,目前在北京和上海都有代表处。

英国国惠集团注册地点在伦敦。英国国惠集团的子公司"德利万邦"在20世纪80年代末开始向中国的金融机构提供货币经纪业务,与国家外汇管理局储备司、中国主要商业银行均建立了长期的业务关系,1994年该公司就开始在上海设立代表处。

利顺金融集团总部设在瑞士洛桑,1973年在瑞士证券交易所挂牌上市,是世界前三位和欧洲大陆第一位的货币批发市场经纪商,也是柜台交易市场上最大的三家经纪商之一。该公司经营的产品包括利率衍生品、货币市场工具、外汇产品、股权及其衍生品、债务工具、能源产品和排放产品。

第四节　准存贷款型机构组织法律制度

一、小额贷款公司组织法律制度

（一）小额贷款公司的概念和特征

按照国际流行观点和解释，小额贷款机构是指向低收入群体和小微型企业提供额度较小的信贷服务的专业型贷款机构，贷款的基本特征是额度较小、无担保、无抵押、服务于贫困人口。中国对小额贷款公司的界定是，由自然人、企业法人与其他社会组织共同投资，根据《公司法》规定成立的，不吸收公众存款，专门经营小额贷款业务的有限责任公司或股份有限公司。

小额贷款最早出现于20世纪70年代的孟加拉国，然后迅速传播至亚洲、非洲、南美洲国家以及美国、加拿大等国。中国于2005年开始小额贷款公司试点工作，原中国银监会在2008年发布了《关于小额贷款公司试点的指导意见》。目前，中国规范小额贷款公司的法律法规主要有《公司法》《商业银行法》《贷款通则》和《关于小额贷款公司试点的指导意见》，以及各省市颁布的地方性小额贷款公司管理办法。

根据世界小额贷款公司的理论研究和经营实践，结合《关于小额贷款公司试点的指导意见》对小额贷款公司的规定，中国小额贷款公司的主要特征包括以下四个方面。

（1）小额贷款公司是一种特殊的商事企业。小额贷款公司的特殊性体现为其经营的对象为货币，主要从事法律规定范围内的货币借贷业务。但是，现行法律并未明确将小额贷款公司定性为金融机构，而在理论上和实践中将这种从民间借贷发展起来的借贷机构视为准金融机构，小额贷款公司的主要盈利手段是获取借贷利息。

（2）小额贷款公司不能够吸收存款。小额贷款公司不能吸收存款，因而不具有银行经营机构的货币创造能力，牟利能力较银行经营机构弱。小额贷款公司的资金来源为股东缴纳的资本金、接受的捐赠资金，或向股东和不超过两个银行经营机构的借入资金，以及国家有关部门同意的其他资金来源，如发行公司债券募集的资金。但总体而言，小额贷款公司资金来源有限，因而客观上限制了其业务规模和获利能力。

（3）小额贷款公司须接受较为严格的监管。小额贷款公司因其经营对象和经营方式的特殊性，受到较普通商事企业更为严格的监管。小额贷款公司在法律法规规定的范围内开展业务，实行自主经营、自负盈亏、自我约束、自担风险的同时，还要执行国家金融方针和政策，遵守维护金融稳定、反洗钱和保护金融消费者利益的规定。

（4）小额贷款公司的贷款利率较银行贷款更高。小额贷款公司因为不能吸收存款，即没有货币创造能力，不像银行经营机构那样能够利用储户的钱进行贷款，所以一般而言，只有收取较高的贷款利率才能获取合理的市场利润。当然，这种高利率还包括了借款人较高违约率产生的信用成本。小额贷款公司进行放贷时手续较为简便，借款人还款能力普遍较差，小额贷款公司贷款风险也较大，所以高利息也包含了对这种高信用风险损失的弥补或价格补偿。

(二) 小额贷款公司的定位和业务范围

中国现行法律规定和监管实践均将小额贷款公司界定为非金融机构,根据《关于小额贷款公司试点的指导意见》的界定,小额贷款公司是不吸收公众存款,经营小额贷款业务的有限责任公司或股份有限公司。由此可看出,监管机构将小额贷款公司定位为普通的商事企业,而非金融机构。但2018年最高人民法院在对上海金融法院的案件受理范围批复时,又将小额贷款公司归入金融机构范畴,涉及小额贷款公司的贷款纠纷交由新成立的金融法院实行专门管辖。由此可看出,实践中对小额贷款公司金融性质的认定也是一个渐进发展的过程。

现行政策法律对小额贷款公司的业务范围进行了严格限制,除了小额贷款、向不超过两家金融机构以及向股东进行融资性借款外,理论上还可以依据《公司法》的规定发行企业债券。业务范围的狭窄严重阻碍了中国小额借贷公司的发展。对于这样一种金融市场主体,应该逐渐放宽业务限制,尽可能地赋予其与其他相类似金融机构相似的业务范围,如逐渐开放小额贷款公司的第三方清算支付、票据贴现、委托理财、证券投资、委托贷款等业务。现行法律法规将小额贷款公司的借贷作为一种民间借贷对待,所以要求其在借贷款过程中,遵守2015年《最高人民法院关于审理民间借贷案件适用法律若干问题的规定》和其他民间借贷相关法律法规。

(三) 小额贷款公司的设立条件和审批

根据《关于小额贷款公司试点的指导意见》的规定,申请设立小额贷款公司须经省级政府金融监管机构审查批准,然后由当地工商行政管理部门办理注册登记手续并颁发营业执照。此外,设立小额贷款公司还应向注册地公安机关、中国银保监会派出机构和中国人民银行分支机构报送相关材料。小额贷款公司的具体设立条件主要包括以下五个方面。

(1) 公司章程符合《公司法》《关于小额贷款公司试点的指导意见》和地方政府制定的小额贷款公司监管规章的规定,而且发起人或出资人应符合法律规定的条件。

(2) 小额贷款公司组织形式为有限责任公司或股份有限公司。有限责任公司应由50个以下股东出资设立;股份有限公司应有2—200名发起人,其中须有半数以上的发起人在中国境内有住所。

(3) 小额贷款公司的注册资本为实收货币资本,而且其来源应真实合法,由出资人或发起人一次性足额缴纳。有限责任公司的注册资本不得低于500万元人民币,股份有限公司的注册资本不得低于1 000万元人民币。单一自然人、企业法人、其他社会组织及其关联方持有的股份,不得超过小额贷款公司注册资本总额的10%。

(4) 小额贷款公司有符合任职资格条件的董事和高级管理人员,有具备相应专业知识和从业经验的工作人员,有符合规定的组织机构和管理制度。对于高管人员和从业人员,《公司法》作了一般性规定,但是更具体的要求有待于立法进一步规定。

(5) 小额贷款公司有符合要求的营业场所、安全防范措施和与业务有关的其他设施,而且符合省级政府金融监管办公室规定的其他审慎性监管条件。

二、典当经营机构组织法律制度

(一)典当经营机构的概念和特征

典当经营机构,俗称当铺或典当行,是专门发放质押贷款的非正规金融机构,是以货币借贷为主、以商品销售为辅的综合性市场中介组织。典当经营机构也可被称为以买卖货物或者动产或者以货物或动产质押发放贷款的经营性机构。《美国百科全书》将典当经营机构定义为,将款项出借给其他机构或个人且以财产作质押的机构。根据中国商务部2005年发布的《典当管理办法》,典当是指当户将所拥有的动产或财产权利作为当物质押,或者将其所有的房地产作为当物抵押给经营典当业务的机构,典当机构根据典当物价值向当户支付一定数量货币,并约定当户在规定的期限内支付当金利息、偿还当金、赎回当物的行为。

典当与钱庄、票号并称为现代金融的鼻祖,因物而信、以物质钱是典当的显著特征。典当经营机构除了具有当物保管功能、商品销售功能与评估鉴定功能之外,资金融通也是典当行业的重要功能。典当经营机构是介于金融机构和普通商事企业之间的特殊机构,《典当管理办法》明确规定,当小微企业资金需求面临困境时,典当经营机构可为它们进行生产性融资。此外,2011年发布的《商务部关于"十二五"期间促进典当业发展的指导意见》指出,典当行业以其小额、短期、简便、灵活等特点,在满足中小微企业融资需求和居民应急需要、促进经济社会发展等方面能发挥积极作用,它将典当经营机构定位为"金融体系补充融资渠道"。根据法律规定和典当经营实践,典当经营机构的特征包括以下四个方面。

(1) 典当经营机构经营模式具有特殊性,并具有多重经济功能。典当经营机构设立的法律依据是《公司法》及《典当管理办法》。典当经营机构具有资金融通功能、当物保管功能、商品销售功能,即典当经营机构是一种既有金融性质又有商业性质的机构,独特的社会经济功能使得典当经营机构长期得以生存和发展。

(2) 典当经营机构始终处于现代金融业的从属或补充的地位。与现代金融业中的银行经营机构、证券经营机构、保险经营机构以及信托经营机构等重要支柱产业,以及与现代商业中的批发业、零售业等重要服务业相比,典当业只处于从属、补充的地位,依附于这些主流行业而存在,起着拾遗补阙的作用,但随着现代金融的快速发展和创新,典当经营机构逐渐衰落。

(3) 典当经营机构特殊的成立需求和审核程序。典当经营机构除须按照《公司法》等商事法律的规定向工商企业管理登记机构进行登记外,还要经由商务部批准并颁发《典当经营许可证》,而非由中国银保监会进行审批和业务监管。

(4) 典当经营机构在其交易行为过程中,普遍存在多重法律关系。典当经营存在多方法律关系,如资金借贷关系,即典当经营机构收取当物时即将资金交付典当人使用,到期还本付息;同时,借款人在获取资金使用权的过程中,须向典当经营机构交付当物并在典当人归还资金本息后取回当物,此即为质押法律关系。

（二）典当经营机构的定位和业务范围

《典当管理办法》并未对典当经营机构的定位进行明确规定，也无其他法律赋予金融监管机构对典当业务和典当经营机构的监管权，所以在法律上难以将其定位为金融机构，但根据其业务实质，可将其视为准金融机构。

现行《典当管理办法》将典当经营机构的业务范围划分为以下四个方面：一是典当业务，如动产质押典当、财产权利质押典当和房地产抵押典当等业务；二是限额内绝当物品的变卖，主要指在质押物品到期未能赎回时进行变卖或拍卖；三是鉴定评估及咨询服务，包括名贵字画、古董珠宝的鉴定和咨询服务；四是监管机构依法批准的其他典当业务。换言之，典当经营机构抵押贷款业务广泛，而且操作流程也较为便捷，能满足广大社会市民的临时性资金流动需求。具体而言，典当经营机构可开展的业务有：房产典当融资、汽车典当融资、证券典当融资，珠宝、玉石、黄金、钻石、首饰、手表、奢侈品等典当融资，艺术品如古玩、字画等典当融资和其他财产权利典当融资等。

但是，典当经营机构不得从事以下法律禁止的业务：① 旧物收购、寄售，以及非绝当物品的销售；② 非法集资、变相吸收存款，以及发放信用贷款；③ 相互拆借资金，然后对外投资。除此之外，典当经营机构在经营典当业务时不得收受下列财物：① 赃物和来源不明的物品，以及被依法查封、扣押或被采取其他保全措施的财产，当户没有所有权或者未能依法取得处分权的财产；② 易燃、易爆、剧毒、放射性物品，枪支、弹药，管制刀具，以及军、警用标志、制式服装和器械，国家机关公文、印章及其管理的财物；③ 国家机关核发的除物权证书以外的证照及有效身份证件，法律、法规及国家明令禁止流通的自然资源或者其他财物。典当经营机构收当国家统收、专营、专卖物品，须经有关部门批准。

（三）典当经营机构设立条件和审批

设立典当经营机构，须由投资者向拟设典当经营机构所在地设区的市级商务主管部门申请，然后在其审查批准后办理典当经营许可证。拟设立的典当经营机构在取得典当经营许可证后，向所在地县级人民政府公安机关申请典当经营机构特种行业许可证。典当经营机构虽然为非金融机构，但因其经营业务和经营方式的特殊性，所以申请设立典当经营机构，应当满足较为严格的条件。

（1）拟设立的典当经营机构以公司的模式设立，有符合《公司法》和《典当管理办法》规定的公司章程，以及健全的公司治理机制和风险控制制度。

（2）拟设立的典当经营机构有两个以上法人股东，而且法人股东相对控股，其最低限额的注册资本符合法律要求，而且其注册资本最低限额应当为股东实缴的货币资本，不包括以实物、工业产权、非专利技术、土地使用权作价出资的资本。

（3）拟设立的典当经营机构有符合要求的营业场所和办理业务必需的设施，有熟悉典当业务的经营管理人员及鉴定评估人员，符合《典当管理办法》规定的治安管理要求，符合国家对典当行业统筹规划、合理布局的要求。

现行《典当管理办法》对于典当经营机构注册资本，要求拟设立的典当经营机构注册资本最低限额为300万元人民币。如果典当经营机构准备从事房地产典当业务，注册资本最低限额提高到500万元人民币；从事财产权利质押典当业务的，注册资本最低限额提高到1 000万元人民币。

三、农村资金互助社组织法律制度

(一) 农村资金互助社的概念和特征

农村资金互助社是指经银行业监督管理机构批准,由农村集体经济组织成员自愿入股组成的社区互助性资金借贷机构。农村资金互助社从事经营活动,应遵守《银行业监督管理法》和2007年原中国银监会颁布的《农村资金互助社管理暂行规定》的规定,并接受银行保险监督管理机构的监管。农村资金互助社的主要特征包括以下三个方面。

(1) 农村资金互助社产生于20世纪80年代初期,根源于乡镇经济发展,并服务于农业、农村和农民,是不以营利为目的一种互助合作的自发金融组织。但是,随着全国金融业的改革与发展,农村多数传统的金融组织机构改组为农村商业银行和村镇银行等,类似于农村资金互助社的金融组织已经逐渐减少甚至完全消失。

(2) 农村资金互助社建立之初是为了对农村集体组织的资金进行管理,后来逐渐演变成为辖区内融通资金的互助性金融机构;农村资金互助社的基本任务是管好用好集体资金和会员股金,增加集体积累,缓解农村资金供求矛盾,引导民间信用,促进农村经济发展。

(3) 农村资金互助社不同于广大农村地区的农村合作基金会。农村合作基金会也是一种社区内为农业、农民、农村服务的资金互助组织,是一种相较于农村资金互助社更为松散的组织体,而且农村合作基金会受国家农业农村部监督管理,已逐渐退出金融市场。

(二) 农村资金互助社的定位和业务范围

2007年的《农村资金互助社管理暂行规定》将农村资金互助社定位为经银行业监督管理机构批准,由乡(镇)、行政村农民和农村小企业自愿入股组成,为社员提供存款、贷款、结算等业务的社区互助性银行业金融机构。

农村资金互助社的业务范围主要包括:① 在农村资金互助社范围内发放社员贷款,多余资金可存放于银行经营机构,也可购买国债和金融债券进行保值增值;② 农村资金互助社可根据经济发展需要向其他银行经营机构借入资金,用于发放小额贷款,但也可以在力所能及的范围内根据业务需要发放大额贷款;③ 农村资金互助社可以按有关规定开办各类金融代理业务,办理结算业务,办理经属地银行业监管机构及其他有关部门批准的其他业务。

(三) 农村资金互助社设立条件和审批

《农村资金互助社管理暂行规定》规定,设立农村资金互助社须经银行业监督管理机构即中国银保监会派出机构审查批准。具体程序如下:由筹建人向所属地银保监分局提出申请,在经银保监分局审查批准后颁发金融许可证,然后按工商行政管理部门规定办理注册登记,领取营业执照。根据《农村资金互助社管理暂行规定》的要求,设立农村资金互助社必须满足以下五个条件。

(1) 农村资金互助社章程符合《银行业监督管理法》和《农村资金互助社管理暂行规定》要求,农村资金互助社的组织机构和管理制度符合法律要求。

(2) 出资者和最低注册资本符合法律规定。《农村资金互助社管理暂行规定》要求,有 10 名以上符合规定的社员作为发起人。如果在行政村设立农村资金互助社,注册资本不低于 10 万元人民币,在乡(镇)设立农村资金互助社,其注册资本不低于 30 万元人民币,而且注册资本应为实缴资本。

(3) 理事、经理和从业人员符合任职资格要求,有符合要求的营业场所、安全防范设施和与业务有关的其他设施,并且满足银行业监督管理机构规定的其他条件。

(4) 投资入股的社员或机构持股比例符合法律规定,社员入股必须以货币出资,不得以实物、贷款或其他方式入股;单个农民或单个农村小企业持股超过 5% 的应经银行业监管机构批准,而且其持股比例不得超过农村资金互助社股金总额的 10%。

(5) 投资入股的社员或机构资质必须符合法律规定,如农民向农村资金互助社入股应具有完全民事行为能力,属于入股农村资金互助社所在乡(镇)或行政村内居住 3 年以上的居民或户口在辖区内,入股资金为自有资金且来源合法,达到章程规定的入股金额起点,诚实守信,声誉良好。

类似地,农村小企业向农村资金互助社入股,必须是辖区内的企业,有良好的信用记录,入股资金为自有资金且来源合法,达到章程规定的入股金额起点,而且上一年度盈利,年终分配后净资产达到全部资产的 10% 以上。

四、互联网借贷平台机构组织法律制度

(一) 互联网借贷平台机构的概念和特征

互联网借贷平台机构是指根据《公司法》和原中国银监会等部门 2016 年发布的《网络借贷信息中介机构业务活动管理暂行办法》(以下简称《借贷信息管理办法》)设立的,为出借人和借款人提供资金借贷信息服务网络平台的中介机构。该类机构设立的互联网借贷平台,借助互联网络渠道为借款人与出借人在互联网上建立一种虚拟的平台,为借贷双方提供信息搜集、信息公布、资信评估、信息交互、借贷撮合等服务。

互联网平台借贷是近几年发展起来的一种借助互联网的新型资金借贷模式,简称 P2P 网络借贷。作为一种新型的金融模式,互联网平台借贷弥补了传统银行借贷的不足,极大地延伸了金融服务空间,扩展了金融服务对象,为人数众多的不能享受正规金融服务的社会基层提供了金融服务,实现了普惠金融的理念。但是互联网平台借贷以及其他衍生性的互联网金融模式在便利社会公众和小微企业融资的同时,由于法律制度不完善,缺乏必要的行为规则,也引发了一系列金融风险,最近几年频繁发生的互联网平台集资诈骗和非法集资事件就是例证。相对于银行经营机构的实体店,互联网借贷平台机构的主要法律特征体现在以下四个方面。

(1) 互联网借贷平台机构提供的是在互联网上注册的虚拟交易平台,并无实体店面为借贷双方提供现场交易。除此之外,互联网借贷平台机构仅为借贷双方提供交易的虚拟平台、交易信息,借贷平台机构本身原则上不作为交易方参与交易,借贷平台机

构提供服务仅按一定的比例收取佣金或服务费。反之,银行经营机构则是存款人的借款方、借款人的贷款方,自始至终参与交易并承担交易损失。

(2)互联网平台借贷模式下,资金出借者和资金需求者借助互联网平台机构自行申报资金供应和需求信息,完成信息甄别、匹配、定价和交易,直接签订借贷合同。在整个交易过程中,互联网借贷平台机构仅提供信息服务,为交易双方牵线搭桥。由于借贷平台的虚拟性,所以借贷平台机构既可以避免类似于银行经营机构开设实体营业网点的资金投入和运营成本,也可以借助互联网的开放性解决传统银行营业网点的区域局限性。

(3)互联网借贷平台机构提供的借贷模式,主要由计算机和互联网处理,特别是随着移动互联网的发展,借贷双方可以随时随地进行业务处理,高效便捷,消费者能够在开放透明的虚拟平台上快速找到适合自己的金融产品,加强了借贷双方信息了解的对称程度。而且由于市场准入条件较低,互联网借贷平台机构能够为诸多不符合传统金融机构贷款要求的个人和小微企业提供快捷、有效和低成本的借贷服务,有利于提升资源配置效率,促进实体经济发展。

(4)互联网平台借贷是一种线上非接触式交易,突破了地域限制,不再是传统民间借贷的熟人社会交易,也缺乏银行现实场景借贷所具有的借贷资质和信用保障,加上互联网平台借贷的低准入门槛和法律制度的缺失,存在较高的信用和法律风险。

(二)互联网借贷平台机构的定位和业务范围

原中国银监会等部门发布的《借贷信息管理办法》对互联网借贷平台机构的定位如下:依法注册设立的,以互联网为主要渠道,为借款人与出借人(即贷款人)实现直接借贷提供信息搜集、信息公布、资信评估、信息交换、借贷撮合等服务的平台。由此可看出,现行法律法规对互联网借贷平台机构的定位为非金融机构。互联网借贷平台机构的具体业务是为交易双方提供平台和信息服务,并协助其签订借款合同。根据现有法律规定,对互联网借贷平台机构有下列五项禁止性规定。

(1)不得从事存贷款业务。互联网借贷平台机构本身不得擅自进行存贷款业务,禁止以借贷平台机构名义自己融资或归集用户资金,禁止为借款人提供担保,禁止对项目进行期限拆分,禁止向非实名制用户宣传或推介融资项目等。但对于禁止发放贷款的规定,法律法规另有规定的除外,因为某些互联网平台机构本身即为银行经营机构所创办,此等借贷平台机构经监管部门批准可以发放贷款。

(2)禁止从事资产管理业务。互联网借贷平台机构禁止参与资本市场业务,不得从事股票和债券发行与承销,不得进行股票和债券的经纪业务,禁止发售理财产品和接受委托进行资产管理,禁止代理基金、保险或者信托产品买卖,禁止为投资股票市场融资,禁止从事股权和实物众筹。

(3)禁止对借贷平台中的贷款证券化。互联网借贷平台机构禁止自行或者协助债权人对借贷平台中的债权进行证券化销售,或以打包资产、证券化资产、信托资产、基金份额等方式进行债权转让。除法律法规和互联网平台借贷有关监管规定允许外,禁止与其他机构进行的投资、代理销售、经纪等业务实行任何形式的混合、捆绑和代理。

(4)禁止为高风险行业配资提供中介服务。互联网借贷平台机构禁止向借款用途为股票市场投资、场外配资、期货合约买卖、结构化产品及其他衍生品等高风险的融资提供信息中介服务。

（5）禁止为借贷融资提供非法宣传。互联网借贷平台机构禁止自行或委托、授权第三方在互联网、固定电话、移动电话等电子渠道以外的物理场所进行宣传或推介融资项目；禁止虚构、夸大融资项目的真实性、收益前景，隐瞒融资项目的瑕疵及风险；不得以歧义性语言或其他欺骗性手段等进行虚假片面宣传或促销等，不得捏造、散布虚假信息或不完整信息损害他人商业信誉，误导出借人或借款人，禁止法律法规、互联网平台借贷有关监管规定禁止的其他活动。

（三）互联网借贷平台机构的设立条件和审批

中国规范互联网借贷平台机构的法律法规主要有《民法典》《公司法》《网络安全法》《电子签名法》，以及《借贷信息管理办法》和其他相关部门规章等。虽然现行涉及互联网平台借贷的行政规章较多，但缺乏有针对性的体现权利与义务相一致的法律规则，以及高效恰当的政府监管架构和体系。现行法律规定的监管分工和权责义务如下：① 国务院银行业监督管理机构及其派出机构负责制定互联网借贷平台机构业务活动监督管理制度，并实施具体的行为监管；② 省级金融监管办公室（局）负责本辖区互联网借贷平台机构的机构监管，如借贷平台机构的备案登记；③ 工业和信息化部负责对互联网借贷平台机构业务活动涉及的电信业务进行监管；④ 公安部牵头负责对互联网借贷平台机构的互联网服务安全监管，负责查处违反网络安全监管的违法活动，打击互联网平台借贷涉及的金融犯罪及相关犯罪；⑤ 国家互联网信息办公室负责对金融信息服务、互联网信息内容等业务进行监管。

互联网借贷平台机构设立采取的是申请备案登记制，但是目前尚没有统一的法律规定，法律也没有对互联网借贷平台机构的注册资本、从业人员资格和风险控制要求进行明确规定，各省市的地方性法规要求也不一致。以北京市为例，设立互联网借贷平台机构的要求包括以下五个方面。

（1）具有开展互联网借贷信息中介服务的风险管理能力并签订风控协议，能够依据适当性原则有效识别合格的互联网借贷信息中介业务等客户群体，包括但不限于客户身份识别措施、客户风险管理能力识别等。

（2）设立独立的投诉受理部门，能够独立、及时解决消费者纠纷投诉；具有通过自行和解、行业自律组织调解或仲裁等方式解决矛盾纠纷的机制和能力。

（3）建立互联网平台借贷的监管系统，该系统能够有效地监测互联网平台借贷风险，而且其业务系统能够与北京市互联网平台借贷监管系统对接，满足监管信息报送和监管检查的要求。

（4）具有完善的互联网安全设施和管理制度以及安全、稳定的互联网借贷信息中介业务系统和灾难备份，能够保障业务连续性，保障交易客户的信息、交易安全。

（5）与银行经营机构签订资金存管协议，能够与符合条件的银行经营机构达成资金存管安排，实现自身资金与出借人和借款人资金账户隔离管理，并且满足北京市地方金融监督管理局和北京银保监局规定的其他监管要求。

> **延伸阅读**
>
> **互联网小额贷款公司**
>
> 2019年11月,中国网络借贷风险专项整治工作领导小组办公室印发《关于网络借贷信息中介机构转型为小额贷款公司试点的指导意见》(以下简称"转型指导意见")。该转型指导意见要求积极稳妥地推进互联网金融风险专项整治工作,引导部分符合条件的互联网借贷平台机构转型为互联网小额贷款公司。具体步骤是,由符合条件的借贷平台机构向所在地县(市、区)网络借贷风险应对工作领导小组办公室(以下简称"风险应对办")提出转型申请,风险应对办提请省、市风险应对办会商,然后根据转型指导意见的规定进行审核,初步确定转型名单并出具转型审核意见。申请转型为单一省级区域经营的小额贷款公司的,由各地具体组织实施转型试点工作;申请转型为全国经营的小额贷款公司的,报网络借贷风险专项整治工作领导小组办公室和互联网金融风险专项整治工作领导小组办公室征求合规性评估意见后,由各地具体组织实施转型试点工作。机构所在地为计划单列市的,计划单列市风险应对办可以按照相关要求具体组织实施转型试点工作。
>
> 拟转型借贷平台机构如果设立单一省级区域经营的小额贷款公司,其注册资本不低于人民币5 000万元(出资形式为货币);拟转型借贷平台机构如果设立为全国经营的小额贷款公司,其注册资本不低于人民币10亿元(出资形式为货币),首期实缴货币资本不低于人民币5亿元,而且为股东自有资金,其余部分自公司成立之日起6个月内缴足。同时,为提高风险处置和化解能力,互联网小额贷款公司的首期实缴货币资本还应同时满足不低于转型时借贷平台机构借贷余额的1/10的要求。转型后的小额贷款公司应按照互联网小额贷款业务模式开展经营活动,即公司通过互联网技术在互联网平台上获取借款客户,综合运用互联网平台积累的客户经营、网络消费、网络交易等行为内生数据信息、即时场景信息以及通过合法渠道获取的其他数据信息,分析评定借款客户信用风险,确定贷款方式和额度,并在线上完成贷款申请、风险审核、贷款审批、贷款发放和贷款回收等全流程的网络小额贷款业务。
>
> [资料来源] 2019年11月中国网络借贷风险专项整治工作领导小组公布的《关于网络借贷信息中介机构转型为小额贷款公司试点的指导意见》。

第五节 第三方支付机构组织法律制度

一、第三方支付机构的概念和特征

(一)第三方支付机构的概念

第三方支付机构是依法经金融监管机构审查批准或登记注册成立,取得支付结算营业执照,通过信息通信、互联网络等技术,在客户和银行经营机构之间建立连接,提供与银行经营机构支付结算系统接口和通道服务,并以此起到信用担保和技术保障作用,实现客户与银行经营机构、客户与客户之间货币支付、资金转移、资金清算和信息查询统计的专业化机构。因为第三方支付的主要类别是互联网第三方支付,所以多数情况下将"第三方支付机构"与"互联网第三方支付机构"作为相同概念进行理解。中国人民银行2015年公布的《非银行支付机构网络支付业务管理办法》(以下简称"网络支付业务管理办法")将第三方支付机构界定为依法取得《支付业务许可证》,获准办理互联网支付、移动电话支付、固定电话支付、数字支付等网络支付业务的非银行机构。第三方支付机构被定位为新型的支付结算型非金融机构,而且以公司的形式组成,所以又被称为第三方支付公司。

中国最早出现电子支付是在20世纪90年代末期,招商银行推行的"一卡通"为第三方支付开启了先河。2005年中国人民银行发布了《电子支付指引(第一号)》,中国国内的第三方支付机构如银联电子支付、支付宝、财付通、IPS环迅等先后建立,国外成熟的第三方支付机构如Paypal等也进入中国市场,近10年来第三方支付市场发展十分迅速。虽然相对于美国等金融业先进国家,中国的第三方支付市场发展较晚,但现如今无论是接受程度还是规模,中国的第三方支付都已经超过美国等西方国家的第三方支付,成为中国金融市场主要支付方式。

(二) 第三方支付机构的特征

第三方支付是在现代通信技术高度发达的基础上产生的一种支付方式,相对于传统的支付方式,第三方支付具有以下三个显著的特点。

(1) 第三方支付机构支付具有数字化特征。第三方支付是独立于银行经营机构和收付款双方的第三方所进行的任何一种资金转移支付模式,但主要以互联网平台支付为主要模式。第三方支付机构的产生和发展建立在现代信息产业基础上,以数字流的方式来实现信息传送,通过互联网络或其他现代通信技术来完成资金的支付和转移。各种支付指令都通过数字化的方式和一定的格式来通知银行经营机构,以完成款项的支付和转移。反之,传统的支付则借助有形的物理介质进行实物货币和结算材料的交付,如通过现金流转、票据交付、银行汇兑以实现款项的支付和转移。

(2) 第三方支付机构支付具有虚拟性特征。第三方支付机构在互联网平台上提供一系列的应用接口程序,将多种银行卡支付方式整合到一个界面上,负责交易结算中与银行的对接。最初的第三方支付是为了解决网上购物的支付问题,使网上购物更加快捷、便利,并以此提高信用程度。第三方支付机构提供的平台无须消费者和商家在不同的银行开设不同的账户,以此帮助消费者降低网上购物的成本,帮助商家降低运营成本。同时,第三方支付机构提供的支付方式能够很好地解决买卖双方信用问题,利用支付时差同时为买卖双方进行信誉担保。但现在第三方支付除用于网上购物支付之外,还拓展到普通的支付结算。

(3) 第三方支付机构提供的是远距离非接触式支付。第三方支付机构采用互联网或其他电子终端设备,在非现实场景下进行网上的"点击与链接"传送指令,无须现实场景下的面对面委托支付。但是,第三方支付结算的最终完成仍需要通过传统的银行经营机构,即第三方支付结算机构仅为一个中介机构,将接收到的支付结算命令传送到存管资金的银行经营机构,然后银行经营机构根据指令负责资金的结算和划拨。因此,相对于传统的银行经营机构结算,第三方支付结算增加了结算主体和结算环节,形成了更为复杂的法律关系,当然也增加了风险性。

二、第三方支付机构的定位和业务范围

(一)第三方支付机构的定位和功能

中国人民银行公布的网络支付业务管理办法将第三方支付机构定位为依法取得支付业务许可证,获准办理互联网支付、移动电话支付、固定电话支付、数字电视支付等网络支付业务的非银行机构。将第三方支付机构定位为"非银行机构"意味着它既非银行机构也非金融机构,仅是一种专司支付结算的机构。从定位可推断出其主要功能。

(1)信用中介功能。第三方支付通过与国内外各银行经营机构签订合同,以第三方支付机构作为中介,在改造支付方式和流程的基础上,为网上交易的商家和消费者提供一种信用中转,以此提高交易双方的信用度。通过第三方支付机构提供的平台,可以规避无法收到客户货款的风险,解决客户无法收到货物的担忧,增强客户对网上交易的信心。

(2)支付结算功能。第三方支付机构为市场提供了一种便利的支付模式,同时能够为客户提供多样化的支付工具,特别是能为无法与银行网关建立接口的中小企业提供便捷的支付平台。第三方支付机构提供的远距离、非接触式支付结算方式能够降低政府、机构和个人在银行支付结算过程中产生的直接费用、时间成本和直连银行的成本,满足企业专注发展在线业务的收付要求。

(3)金融创新功能。第三方支付机构能够提供个性化服务,使得其可以根据被服务企业的市场竞争与业务发展提供量身定做的支付结算新模式。第三方支付的发展不仅在传统的支付基础上为各种支付结算需求者提供个性化的支付结算服务,而且还能结合数字货币、金融发展创造出诸多金融新服务和金融新产品。

(二)第三方支付机构的业务范围

中国人民银行制定的《非金融机构支付服务管理办法》规定,第三方支付机构的主要业务范围如下:① 网络支付;② 预付卡的发行与受理;③ 银行卡收单;④ 中国人民银行确定的其他支付服务。其中的网络支付,是指依托公共网络或专用网络在收付款人之间转移货币资金的行为,包括货币汇兑、互联网支付、移动电话支付、固定电话支付、数字电视支付等。

三、第三方支付机构的设立条件和审批

根据《中国人民银行法》《非金融机构支付服务管理办法》,中国人民银行负责支付业务许可证的颁发和管理。拟设立第三方支付机构并申请支付业务许可证的,须经所在地中国人民银行副省级城市中心支行以上的分支机构审查后,报中国人民银行批准。

拟申请第三方支付业务应当满足以下四个方面的条件。

(1) 一般性条件。申请设立第三方支付机构或申请第三方支付业务要满足下列条件：① 属于中国境内依法设立的有限责任公司或股份有限公司，而且为非金融机构法人；② 注册资本和公司股东符合法律法规规定，有符合规定的从业人员；③ 营业场所和安全保障措施符合要求，有符合要求的支付业务设施和反洗钱措施；④ 有健全的组织机构、内部控制制度和风险管理措施，而且申请人及其高级管理人员具有良好的诚信。

(2) 注册资本条件。申请人拟在全国范围内从事支付业务，包括申请人跨省（自治区、直辖市）设立分支机构从事支付业务，或客户可跨省（自治区、直辖市）办理支付业务的情形，其注册资本最低限额为1亿元人民币；拟在省（自治区、直辖市）范围内从事支付业务的，其注册资本最低限额为3 000万元人民币。注册资本为实缴货币资本，中国人民银行依照国家有关法律法规和政策规定，根据金融发展和支付结算的实际需要，调整申请人的注册资本最低限额。外商投资支付机构的业务范围、境外出资人的资格条件和出资比例等，由中国人民银行另行规定，报国务院批准。

(3) 人员资格条件。① 申请人拟进行支付结算业务，须有5名以上熟悉支付业务的高级管理人员；② 申请人及其高级管理人员最近3年内未因利用支付业务实施违法犯罪活动或为违法犯罪活动办理支付业务而受到处罚；③ 从业人员具有从事支付结算业务的金融、财务和法律知识。

(4) 股东资格条件。申请人的主要股东应当符合以下条件：① 为依法设立的有限责任公司或股份有限公司；② 截至申请日，连续为金融机构提供信息处理支持服务2年以上，或连续为电子商务活动提供信息处理支持服务2年以上；③ 截至申请日，连续盈利2年以上；④ 最近3年内未因利用支付业务实施违法犯罪活动或为违法犯罪活动办理支付业务等受过处罚。此处的主要出资人包括拥有申请人实际控制权的出资人和持有申请人10%以上股权的出资人。

延伸阅读

电子支付

电子支付是指单位、个人（以下简称为"客户"）通过电子终端，直接或者间接向银行经营机构发出支付指令，实现货币支付与资金转移。根据电子支付的载体，可将电子支付划分为互联网支付、电话支付、移动支付、销售终端支付、自动柜员机支付和其他电子支付。

传统的支付由于依赖纸质的载体，支付的方式有限，主要包括票据支付和现金支付。但是，电子支付是在现代化技术基础之上发展起来的数字化、信息化支付方式，脱离了纸质介质和介质的转移要求，因而其支付形式也更多样化。这些形式可概括为以下几种，而且会随着金融创新而逐渐多样化。

(1) 电子货币。电子货币又称为数字货币，即存储在电子账户和电子钱包中的货币。此处电子货币是指狭义的法定货币的电子化或数字化的表现形式,电子货币存储于银行服务器和用户的电子账号上,通过互联网或其他现代通信技术进行支付结算。

(2)电子票据。电子票据是纸质票据的电子化,即将电子票据存储于网络并通过互联网进行流动支付,与纸质票据具有同等的功效。其内容包括有关票据的用户自定义数据以及在纸质票据上可见到的信息。电子票据的签发、背书、兑付均在网络上进行。

(3)卡基支付。卡基支付是一种以电子(磁)卡为基础的支付方式,通过专用的网络或互联网传送卡号码和信息来完成支付。持卡人对其所传送的信息,先进行电子签名,然后将信息本身、电子签名经过CA认证机构认证后,连同电子证书一并传送给商家。

[资料来源]秦立魏、秦成德主编《电子商务法》,重庆大学出版社,2016,第138—139页。

问题与思考

1. 简述银行经营机构的基本概念和特征,以及中国法律规定的银行经营机构设立基本条件。
2. 政策性银行和商业银行的功能定位和经营模式有何差别?
3. 简述中国财务公司的概念和具体的业务范围。
4. 小额贷款公司与商业银行功能和业务范围有何不同?
5. 网络借贷平台监管的法律定位、中国对互联网借贷平台机构立法存在什么问题?

第三章 资本市场组织法律制度

本章纲要
- 证券经营机构
- 期货经营机构
- 资本融通功能
- 产品交易功能
- 托管结算功能
- 支付交割功能
- 资源配置功能
- 经济调控功能

第一节 证券经营机构组织法律制度

一、证券经营机构的概念和特征

(一)证券经营机构的概念

根据证券经营机构的普遍性定义,它是指依照一国企业法和证券法的规定,经证券监管机构审查批准或备案登记设立的从事证券业务的公司或其他经济机构。中国现行《证券法》将证券经营机构界定为依照《公司法》和《证券法》规定设立、经营证券业务的有限责任公司或者股份有限公司。

证券经营机构是连接证券投资者(也可称为"客户")与证券发行者的重要纽带,具有媒介资金供需、构造证券市场、优化资源配置、促进产业发展的作用。对证券经营机构的界定,各国(地区)存在较大的差距。以美国为例,美国并不存在一个对证券经营机构完整的定义,而是将依法登记、在证券市场从事不同证券业务的证券经营主体,根据其主营业务划分为佣金经纪商、专家经纪商、零售自营商、场内经纪商、注册交易商、债券经纪商、做市商、综合经纪商、投机证券商、媒介经纪商等。与美国有所不同的是,英国则将证券经营机构分为证券经纪机构和证券自营机构两种,证券经纪机构执行客户指令代理其进行证券交易,收取佣金;证券自营机构以自有资金从事证券买卖,自行承担风险,赚取差价。德国是一个典型的金融混业经营国家,无专门从事证券承销、经纪业务、自营业务的专业证券经营机构,而是由银行经营机构兼营证券业务。中国台湾地区将证券经营机构分为三种:证券承销机构,即为意图通过发行证券募集资金的企业代理证券发行与承销证券;证券自营机构,即以自有资金在证券市场中从事有价证券买卖；证券经纪机构，即代理他人的有价证券买卖。

从各国的规定来看，证券经营机构可以采取自然人、合伙企业或公司机构等任何一种形式。中国目前的证券经营机构为有限责任公司或股份有限公司，但也可能发展为公司制或其他模式如合伙制。

（二）证券经营机构的特征

由于证券经营机构在组织设立、经营对象和经营模式等方面具有特殊性，而且是资本市场主要市场主体，作为一种特殊的商事企业，证券经营机构具有以下三个方面的特征。

（1）业务范围和经营对象较为特定。证券经营机构不同于普通的商事企业，其以各类证券和金融产品作为主要经营对象，随着金融混业经营趋势的加强，各国的证券经营机构开始突破其传统业务边界从事其他一些金融业务。中国现行法律规定，证券经营机构不得经营实业，或向物质商品生产、服务性行业投资。

（2）设立条件和审批程序较为严格。证券经营机构属于金融机构，各国法律均对其规定了较普通商事企业严格的设立条件和程序。如中国《证券法》规定，设立证券经营机构必须符合《证券法》规定的注册资本、人员标准、场地设备和风险控制要求。其目的是保障金融消费者和证券投资者的利益。证券经营机构的风险特性，决定了其较普通商事企业更加严格的设立条件和程序。

（3）实行严格的市场行为监管。普通商事企业只要其依法经营，政府部门一般不加干预，只有在其违反法律规定损害了社会公众利益的时候依法进行惩处。然而，证券经营机构从其设立开始，在其整个经营过程，直至其清算退出市场，证券监管机构都对其进行监督和干预。例如，证券经营机构设立时须得到证券监管机构审查同意，经营过程中须进行合规性检查、财务标准审查，市场退出时须经政府批准或同意，而且监管机构主导证券经营机构的破产清算，国家对问题证券经营机构实施救助等。

二、证券经营机构的定位和业务范围

（一）证券经营机构的定位和功能

各国对证券经营机构的定性和功能设置虽然不完全一致，但是总体上还是将其定性为经营证券业务的金融机构，普遍性功能设置如下：通过证券发行募集资金，实现资金融通，为投资者提供投资渠道，调控和促进国民经济发展等。根据中国2019年12月修订的《证券法》以及2014年国务院修订的《证券公司监督管理条例》，我国的证券经营机构采取公司制。证券公司是依法成立的经营证券业务的有限责任公司或者股份有限公司，按照国家规定，可以发行、交易、销售证券类金融产品。依照此规定，证券经营机构属于发行、交易、销售证券类金融产品的非银行金融机构，证券经营机构的基本功能包括以下六个方面。

（1）证券经营机构的融资功能。证券经营机构不同于银行经营机构，并不接受他人的存款并将其贷放给资金需求者，即不存在"以存放贷"的间接融资功能。证券经营机构采取的是一种直接融资模式，服务于资本市场投融资双方。证券经营机构建立的最原始目标就是作为中介机构,为资金需求者和资金盈余者牵线搭桥,通过代理证券、其他证券产品的发行和交易,为客户进行资产管理等,进而实现生产经营过程中的资金融通。

(2)证券经营机构的交易功能。证券发行是资本市场资金融通的基本方式,证券交易是证券发行的后续阶段,是提高证券市场融资吸引力的基本手段,证券经营机构则是服务于证券交易的主要机构。为了维护资本市场秩序和稳定,保护金融消费者和证券投资者利益,证券交易过程中的证券买卖均应该委托证券经营机构代理进行。除此之外,为了活跃市场,实现证券经营机构全方位发展的目标,法律还规定证券经营机构可以进行证券自营业务和做市业务。

(3)证券经营机构的托管结算功能。证券经营机构作为证券市场的中介,除了代理资金募集者发行证券,接受市场主体委托进行证券经纪业务外,还要接受证券发行者和证券经营者的委托,代为保管和存放未统一交由证券登记结算机构保管的证券,特别是纸质证券。证券经营机构在实行托管的同时,还要为证券买卖各方进行证券和资金的登记结算,以及为证券发行者分红派息。

(4)证券经营机构的支付交割功能。在证券发行和交易过程中,证券买卖普遍都委托证券经营机构代为进行,有关证券买卖后的资金和证券的支付、交割也由证券经营机构负责完成。普遍的做法是,证券经营机构在交易结束与证券登记结算机构、交易双方结算完成之后,须将其买卖的证券、应该交收的资金进行交割和转移支付,即完成证券和资金的账户转移。

(5)证券经营机构的投资功能。证券经营机构作为一种专业的投融资机构,为了实现自身的经济利益或者配合国家的宏观调控政策,可利用其专业优势、信息优势和资金优势,根据国家产业政策、经济发展形势的需要,直接或间接对某些产业进行投资。例如:在证券市场萧条时,大批量买进证券进行托市;或者根据国家产业政策要求通过证券市场买进证券,将资金投向特定的产业,或者直接将资金投向某些产业。

(6)证券经营机构的调控功能。证券经营机构是一种重要的金融机构,是国家对金融和经济的宏观调控的重要途径。国家为了发展某一新兴产业,可对证券经营机构代理发行的证券给予税收、费用、审批速度、优惠政策等方面优惠,并在上市安排方面提供便利;反之,国家则可在相关问题上采取更为严格的政策措施、税收制度、信用政策和核准注册标准,以抑制某些特定产业的发展。

(二)证券经营机构的业务范围

证券经营机构的定位和功能决定了其具有以下三大主要业务:一是证券承销,即在发行市场上包销、代销股票、债券、基金和其他金融衍生产品等有价证券;二是证券自营,即自身作为交易者进入证券市场参与股票、债券、基金和其他金融衍生产品买卖,以获取差价;三是证券代理交易,即代理投资者买卖股票、债券、基金和其他金融衍生产品等有价证券,以收取佣金。在证券市场上,证券经营机构除上述三大业务领域外,还可能从事一些附属业务或创新性业务,如证券投资咨询、证券代保管、证券交易的登记和过户,以及委托理财和企业并购等。具体的业务种类如下所述(见图2-3-1)。

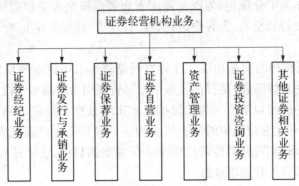

图 2-3-1　证券经营机构业务类别示意图

(1) 证券经纪业务。证券经纪业务是证券经营机构的基本业务，即任何一家证券经营机构都能从事的基础性业务。证券经纪业务是指证券经营机构接受投资者的委托，代其在证券交易场所买卖证券并收取佣金作为报酬的证券中介业务。在证券交易所内交易的证券种类多、程序复杂、交易数额大，而交易厅内席位有限。广大中小投资者资金少、时间有限，一般不能直接进入证券交易所内进行交易，而需要委托证券经营机构代为进行。中国证券经营机构从事证券经纪业务，都是通过下设的证券营业部来接受委托；证券营业部的设立须经中国证监会或其各地的派出机构审核批准。

(2) 证券发行与承销业务。证券发行与承销业务是指在证券发行过程中，证券经营机构接受证券发行人的委托，代理其向社会公众销售股票、债券、基金和其他金融衍生证券以募集资金的活动。证券经营机构在代理发行人销售完证券后，按照约定收取佣金和报酬。在中国，并不是所有的证券经营机构都能够经营证券发行与承销业务，从事这一业务，除了必须符合《证券法》的相关规定外，还要得到中国证监会的登记注册。

(3) 证券发行保荐业务。证券保荐是指由具有保荐资格的证券经营机构负责证券发行人的发行辅导和向中国证监会进行公开发行以及上市推荐，其中包括核实发行人的发行文件与上市文件中所载资料是否真实、准确、完整，协助发行人建立严格的信息披露制度和公司治理制度。保荐制起源于英国，发展于我国香港地区，大多运用于创业板市场。我国《证券法》规定，保荐人须由符合法律规定且经过中国证监会审核批准的证券经营机构充任。

(4) 证券自营业务。证券自营业务是指证券经营机构以自己的名义和用自己的资金买卖股票、债券、基金和其他衍生金融产品，利用低价买进、高价卖出赚取差价，以实现获利目的的证券业务。证券经营机构经营证券自营业务必须符合《证券法》规定的条件，须取得证券监管机构许可，并且在从事自营业务时遵守法律规定的行为规则。

(5) 资产管理业务。资产管理业务是指证券经营机构接受投资者的委托，将委托财产进行证券投资或其他金融产品买卖的行为。在此过程中，证券经营机构须严格按照合同约定对委托资产进行投资并收取管理费用；买卖证券的组合计划、资金投向、费用收取等由合同约定。证券经营机构经营资产管理业务必须符合《证券法》和其他相关法律法规的规定，取得证券监管机构颁发的资产管理业务许可证，并且在从事资产管理业务时应遵守法律对这一业务的特别规定。

（6）证券投资咨询业务。证券投资咨询业务是指证券经营机构利用人员、设施、专业知识为投资者或客户提供证券行情分析、预测或建议等，提供直接或者间接的有偿咨询服务。证券投资咨询是证券经营机构的辅助性业务，法律要求证券投资咨询机构及其从业人员在从事证券咨询服务时，不得利用传播媒介或者通过其他方式提供、传播虚假或者误导投资者的信息，并且不得实施法律、行政法规禁止的其他行为。

（7）其他证券相关业务。其他证券业务是指经证券监管机构批准开展的与上述证券业务相关的业务，如：企业兼并与收购业务，证券的登记、代保管、过户，代理证券还本付息或支付股利等；受聘于客户担任财务顾问，有偿地为客户的证券交易、证券投资、并购、重组等活动提供专家意见；向投资者出借资金供其买入证券或出借证券供其卖出以赚取差价，进行融资融券等业务。

三、证券经营机构的设立条件和审批

（一）证券经营机构的设立体制

证券经营机构的设立体制是指设立证券经营机构时，证券监管机构采取何种态度或许可模式，即采取严格的审批制度，还是实行自由放任的注册制度。目前，世界各国对证券经营机构的设立体制主要有注册制、核准制和许可制。

以美国为代表的国家对证券经营机构的设立实行注册制，即拟设立证券经营机构者只要资金、从业人员等基本条件符合法律规定，即可注册成为证券经营机构，从事证券业务。中国则为典型的审批制，拟成立证券经营机构从事证券业务不仅要符合法律规定的设立条件，还必须获得法律规定的主管机关的许可。我国现行《证券法》规定：设立证券公司，必须经国务院证券监督管理机构审查批准；未经国务院证券监督管理机构批准，任何单位和个人不得经营证券业务。日本也属于审批制国家，日本的《金融商品交易法》规定，未取得财政大臣许可的任何企业，不得经营证券业。核准制则介于注册制和审批制之间，相对于许可制，行政意味更为淡化，但又较注册制有更为强烈的行政色彩；一般而言，只要条件符合均能得到金融监管机构的许可。

（二）证券经营机构的设立条件

鉴于证券经营机构在证券市场上的重要地位，各国法律多对其成立条件作了特别规定。目前，中国调整证券经营机构的法律法规主要有《公司法》《证券法》，以及2014年国务院修订的《证券公司监督管理条例》和2020年中国证监会修正的《证券公司风险控制指标管理办法》及配套规则等。根据中国《证券法》和《证券公司监督管理条例》的规定，设立证券经营机构应具备的基本条件包括以下四个方面。

1. 注册资本条件

证券业是个高风险的行业，依法确定各类证券经营机构的注册资本最低限额，对于增强其经营能力和竞争力、保障正常经营、保护证券投资者利益和维护市场稳定极为重要。中国对证券经营机构采取分类管理的方式，实施不同的注册资本标准。《证券法》规定，拟设立证券经营机构的注册资本条件如下：① 经营证券经纪、证券投资咨询，以

及与证券交易、证券投资活动有关的财务顾问等业务的证券经营机构,须具备最低5 000万元人民币注册资本;② 在经营证券经纪业务基础上还经营证券承销与保荐、证券自营、证券资产管理等业务之一的证券经营机构,应有最低1亿元人民币注册资本;③ 在经营证券经纪业务基础上还从事前者两项以上业务的证券经营机构,注册资本最低限额为人民币5亿元人民币。

证券经营机构的注册资本应当是实缴资本,中国证监会可根据审慎监管原则和各项业务的风险程度,适时地调整注册资本最低限额,但不得少于前述所规定的限额。

2. 主要股东资格条件

在证券经营机构的设置上对主要股东的资格也有相关规定,如《证券法》要求主要股东具有持续盈利能力,信誉良好,最近3年无重大违法违规记录,净资产不低于人民币2亿元,并且证券经营机构的股东应当用货币或者证券经营机构经营必需的非货币财产出资,其中非货币财产出资总额不得超过证券经营机构注册资本的30%。《证券公司监督管理条例》规定,有下列情形之一的机构或者个人,不得成为持有证券经营机构5%以上股权的股东或实际控制人:① 因故意犯罪被判处刑罚,刑罚执行完毕未逾3年;② 净资产低于实收资本的50%,或者或有负债达到净资产的50%;③ 不能清偿到期债务,或中国证监会认定的其他情形。

3. 管理和从业人员条件

《证券公司监督管理条例》对证券从业人员和资质的基本要求如下:一是证券经营机构有3名以上在证券业担任高级管理人员满2年的高级管理人员;二是证券经营机构的董事、监事、高级管理人员应当正直诚实、品行良好,熟悉证券法律、行政法规,具有履行职责所需的经营管理能力,并在任职前取得证券监管机构核准的任职资格。

证券经营机构作为一种商事企业,除了应该符合上述正面条件外,作为一种商事企业还不得具有《公司法》规定的管理人员任职负面清单中的情况。除此之外,《证券公司监督管理条例》规定,下列人员不得担任证券公司的董事、监事、高级管理人员:① 证券交易所、证券登记结算机构的负责人或者证券经营机构的董事、监事、高级管理人员,因违法行为或者违纪行为被解除职务未逾5年;② 律师、注册会计师或者投资咨询机构、财务顾问机构、资信评级机构、资产评估机构、验证机构的专业人员,因违法行为或者违纪行为被撤销资格未逾5年。此外,证券交易所、证券登记结算机构、证券服务机构、证券经营机构的从业人员和国家机关工作人员,因违法行为或者违纪行为被开除的,不得招聘为证券经营机构的从业人员。国家机关工作人员和法律、行政法规规定的禁止在公司中兼职的其他人员,不得在证券经营机构中兼任职务。

4. 交易场所和设施条件

场地设施是业务活动的基本物质条件,因而各国(地区)对此都有具体的标准。如中国台湾地区就要求证券自营机构须有计算机主机或一部终端机与证券交易所集中市场的计算机连接,证券经纪机构须有主机或两部终端机与证券交易所集中市场的计算机连接。中国《证券公司监督管理条例》等证券法律制度对证券经营机构、营业部、代表点的营业场地的面积、安全设备、电脑设施、行情显示和公告设施、资料陈列设施等均有具体要求。证券经营机构的业务范围应当与其财务状况、内部控制制度、合规制度和人力资源状况相适应。如果在经营过程中需要改变证券经营机构的业务范围,在符合条件的情况下经其申请,证券监管机构可以根据其财务状况、内部控制水平、合规程度、高级管理人员业务管理能力、专业人员数量,对其业务范围进行审核批准。

> **延伸阅读**
>
> ### 日本野村证券公司
>
> 野村证券公司(Nomura)是日本最大的证券公司之一,成立于1925年,也是最早拓展中国金融和投资业务的境外金融机构之一,该证券公司总部位于东京都中央区日本桥。2008年9月22日,野村证券公司宣布收购雷曼兄弟公司在亚洲地区包括在日本、澳洲和中国香港地区的业务。2018年6月,福布斯全球企业2000强榜单发布,野村证券公司排名榜单第307。
>
> 野村证券公司的主要业务领域如下:一是证券经纪业务,主要从事和组织股票、债券的代理买卖;二是证券投资业务,主要发行公司股票和债券,投资政府债券及日元外债;三是进行国内外信托业务,经营离岸金融业务,进行银团贷款、项目贷款、中长期外汇贷款及短期资金拆借;四是金融服务型业务,如投资咨询、财务顾问和调查服务,为国际投资者提供资产保管及外汇运用咨询。深圳证券交易所在2002年10月接纳野村证券公司上海代表处为其特别会员,野村证券公司上海代表处是首家获准成为深圳证券交易所特别会员的境外证券机构驻华代表处。同年11月,野村证券公司上海代表处又被上海证券交易所接纳为境外特别会员,也是上海证券交易所首家境外特别会员。
>
> 野村证券公司的发展战略是,充分利用股民的资金,确立稳定的盈利来源,继续保持全球有竞争力的日本金融机构的地位,实现事业彻底全球化、多样化。

第二节 期货经营机构组织法律制度

一、期货经营机构的概念和特征

(一)期货经营机构的概念

期货经营机构是依照法律规定设立、经营期货业务的非银行金融机构。美国没有期货经营机构的统一称谓,而是根据其从事的期货业务类别,将其分别称为期货佣金商(futures commission merchant,FCM)、介绍经纪人(introducing broker,IB)、商品交易顾问(commodity trading advisors,CTA)、商品基金经理(commodity pool operators,CPO)、经纪商代理人(associated persons,AP)、场内经纪人(floor brokers,FB)等,他们的业务范围可能存在相互重叠现象。其中,期货佣金商主要从事期货经纪业务,其基本职能是接受期货投资者的委托下达交易指令,管理投资者的履约保证金和客户头寸,为投资者提供详细的交易记录、会计记录,传递市场信息,充当客户的交易顾问,并代理客户进行实物交割。期货佣金商可以雇用一些商品交易顾问、商品基金经理、介绍经纪人和场内经纪人为其工作。期货交易顾问通过直接或间接形式为期货投资者提供期货交易的建议,以此收取费用。期货介绍经纪人类似于居间人,为期货佣金商或商品基金经理等寻找客户或接受客户交易指令,为促进商品期货或期权买卖的实现而进行辅助性服务。介绍经纪人只收取介绍费,不收客户保证金和佣金。期货经纪商代理人代表期货佣金商、介绍经纪人、商品交易顾问或商品基金经理寻求订单、客户或客户资金,可以是任何销售人员。期货场内经纪人即出市代表,代理任何其他人在商品交易所内执行任何类型的商品期货合约或期权合约指令。

根据国务院 2017 年修订的《期货交易管理条例》和 2019 年发布的《期货公司监督管理办法》,中国的期货经营机构是依照《公司法》和《期货交易管理条例》《期货公司监督管理办法》规定设立的经营期货业务的期货公司,其性质为金融机构。按照现行法律的规定,中国的期货经营机构目前只能从事经纪业务,即以自己名义代投资者进行期货交易并收取手续费,以及国务院期货监管机构规定的其他业务。

(二) 期货经营机构的特征

期货经营机构经营业务的特殊性使得其不同于普通的商事企业和其他的金融机构,其基本特征包括以下五个方面。

(1) 业务范围特殊。期货经营机构主要从事与期货合约有关的业务,如期货自营业务或为投资者代理期货交易,通过代理投资者买卖期货以获取手续费,或利用自有资金买卖期货赚取差价以获利,而普通商事企业则从事一般商品的生产和经营活动。

(2) 经营模式特殊。期货经营机构在法律属性定位上不同于普通商事企业,由于期货经营机构经营的是金融产品,世界通行的做法是将期货经营机构定位为金融机构,期货市场也就归类于金融市场。相较于其他金融机构而言,期货经营机构采取杠杆交易模式,即投资者无须按照期货合约进行全额现金交易,只需要按照一定比例缴纳保证金,进行差额结算。

(3) 设立条件特殊。期货经营机构是从事特殊业务的商事企业,其设立条件除应符合各国的企业法或其他商事法外,还应符合各国的期货法的规定。即凡是期货法律制度有特别规定的,必须遵从其特别规定;期货法律没有专门规定的,应遵循公司法或其他商事企业法的规定。一般而言,期货法所定的条件比普通公司法或商事企业法的条件更为严格。

(4) 设立程序特殊。各国或地区对期货经营机构的设立程序规定得并不一样,但普遍都比普通商事企业法更为严格,如须报期货监管机构审批、审核或确认等。中国《期货交易管理条例》规定,设立期货公司应当经国务院期货监督管理机构批准,并在公司登记机关登记注册。未经国务院期货监督管理机构批准,任何单位或者个人不得设立或者变相设立期货公司经营期货业务。

(5) 实行较为严格的经营监管。期货经营机构所从事业务的特性及其杠杆交易模式,决定了其具有较其他金融机构更高的风险,所以各国立法都对包括期货经营机构在内的期货市场、期货交易实行较为严格的管理。

二、期货经营机构的定位和业务范围

(一) 期货经营机构的定位和功能

根据《期货交易管理条例》《期货公司监督管理办法》《外商投资期货公司管理办法》对期货经营机构的界定,期货经营机构是经国务院期货监管机构批准设立的,经营期货业务的金融机构。由此可看出,中国法律将期货经营机构定位为非银行经营机构,其主要功能包括以下七个方面。

(1) 期货经营机构的价格发现功能。价格发现功能是指期货经营机构通过接受投资者委托,在期货市场中进行公开、公正、高效、竞争的报价交易,形成具有真实性、预期性、连续性和权威性的价格。这是因为期货市场是一个有组织的规范化的市场,期货交易所聚集了众多的买方和卖方,把自己所掌握的关于某种商品的供求关系及其变动趋势的信息集中到交易场内,从而使期货市场成为一个公开的自由竞争的市场,以此准确地反映所交易商品的真实供求状况及价格变动趋势。

(2) 期货经营机构的套期保值功能。这是指商品生产者或经营者为了规避商品价格变化形成的风险,在现货市场买进或卖出一定数量的现货品种的同时,在期货市场上卖出或买进与现货品种相同、数值相当但方向相反的期货合约,以期在未来某一时间,通过同时将现货和期货市场上的头寸平仓后,以一个市场的盈利弥补另一个市场的亏损。

(3) 期货经营机构的融资功能。期货经营机构不同于银行经营机构,并不接受他人的存款,也不进行资金放贷。但是,期货经营机构作为金融市场中介机构,为资金需求者和资金盈余者牵线搭桥,通过代理期货、代售理财产品、进行资产管理等,为市场融通资金。

(4) 期货经营机构的交易功能。期货经营机构的基本功能之一就是代理期货买卖。为了维护全市场秩序、保护期货投资者利益,期货投资者的期货合约买卖均应该委托期货经营机构进行。除此之外,为了活跃市场,实现期货经营机构全方位发展的目标,大多数国家法律还规定期货经营机构可以从事期货和其他金融产品自营业务。

(5) 期货经营机构的结算功能。期货经营机构作为期货市场的中介,除了接受委托进行期货和其他金融产品经纪业务外,还可接受机构和个人的委托代为保管和存放金融产品,以及在交易结束之后与登记结算机构进行期货合约和资金的登记结算。

(6) 期货经营机构的支付交割功能。期货经营机构在交易结束并与期货登记结算机构、投资者结算完成之后,须将其买卖的期货、应该交收的资金和实物等进行交割,即完成资金的账户转移和实物资产的所有权转让。

(7) 期货经营机构的投资功能。期货经营机构作为一种专业的投资机构,可利用其专业优势、信息优势和资金优势,根据国家产业政策、经济发展形势,直接或间接对某些产业进行投资,或对某些金融产品进行托市。期货经营机构在实现其投资功能的同时,也在为国家的产业政策调整服务,即期货经营机构具有产业调整功能。

（二）期货经营机构的业务范围

各国对期货经营机构业务范围的规定并不完全相同,期货经营机构的设立也有分业务设立或综合性设立等不同模式。在实现金融混业经营的国家,甚至并不存在专职的期货经营机构,其业务与其他金融机构进行混同。但是,对于传统的专职型期货经营机构,一般认为其业务领域包括以下四个方面：① 期货自营业务；② 期货经纪业务；③ 期货委托理财；④ 期货咨询业务。在目前金融发展创新形势下,期货经营机构也在上述传统业务外开拓新的金融衍生业务。

（1）期货经纪业务。期货经纪业务是指接受客户委托,代理投资者买卖期货合约并收取佣金作为报酬的期货中介业务。各国期货交易所均要求进场交易者为交易所的会员,所以各类非会员个人和机构拟进行期货交易,均需要通过委托期货经营机构来完成。就世界期货市场来看,期货经纪业务是期货经营机构的一项主要业务,也是其基础性业务。中国期货经营机构从事期货经纪业务,都是通过下设的期货营业部来实施完成,而期货营业部的设立由国务院期货监管机构及其在各地区的派出机构批准。

（2）期货自营业务。期货自营业务是指期货经营机构以自己的名义和自有资金买卖期货合约以获取价差牟利的行为。国外经营期货自营业务的期货经营机构有专营期货自营业务的机构,也有在从事期货自营业务的同时兼营期货经纪业务的机构。但总体上,国外期货经营机构已经抛弃了传统的专职经纪业务模式,而在广度和深度两个方面拓展业务,逐渐转变为全能型金融服务机构,在从事商品期货、金融期货以及跨境金融衍生品交易的同时,还从事资本市场业务和提供贸易、清算和账户管理等服务。中国目前属于传统期货经营机构类型,主要从事经纪业务,不得进行自营业务。

（3）期货委托理财业务。委托理财是指期货经营机构与委托人约定,期货经营机构签订合同接受委托人所委托的资金、证券、国债和其他金融产品等,根据约定进行经营管理,如投资于期货产品或其他证券和金融衍生产品,并按约定收取一定的管理费用。期货投资是一项高、精、专的投资活动,需要大量的专业知识与信息,而期货经营机构的专业化技能则能满足这一要求,通过期货专户理财,为特定客户提供专业化投资服务。

（4）期货投资咨询业务。期货投资咨询是期货经营机构的附属性业务,是期货经营机构利用其设施、专业人员等为投资者提供期货行情分析和价格预测、买卖建议等直接或间接的有偿咨询服务活动。法律规定,投资咨询机构及其从业人员从事期货投资咨询服务,不得利用传播媒介或者通过其他方式提供、传播虚假或者误导投资者的信息,不得实施法律、行政法规禁止的其他行为。

三、期货经营机构的设立条件和审批

各国期货经营机构的设立主要有注册制和审批制两种。美国《期货交易法》规定,设立期货经营机构须由美国期货交易委员会(Commodity Futures Trading Commission,CFTC)和全国期货业公会(National Futures Association,NFA)审核,对符合条件的申

请者赋予期货经营者的法律地位。监管机构主要对拟从事期货业务的申请者和资格进行考察,评估其是否"适合"从事期货业务。美国《期货交易法》对申请者进行了负面清单规定,如果申请者具有曾被撤销专业性注册资格,涉及贪污、欺诈犯罪等八种情形,或具有某些特定的情形,则可直接或经期货交易委员会听证之后驳回其注册申请。

新加坡2008年修订的《资本市场从业资格指引》规定,设立期货经营机构的条件如下：① 申请人有至少5年从事相关领域的稳健经营记录；② 申请人在该行业有一定影响；③ 申请人所在国有良好的法制监管条件；④ 申请人信誉良好,勤勉尽责；⑤ 申请人在新加坡有经营实体；⑥ 申请人有至少2名具有职业资格的全职职员；⑦ 申请人管理下的资金不少于10亿美元；⑧ 对注册资金的要求是,介绍经纪商为50万美元,受限性经纪商为25万美元。新加坡《期货交易法》对期货经营机构的设立和从事相关业务的申请设立了一些禁止性条件,如：① 申请人未向管理局提供,在该法令下规定的应当提供的关于机构情况的信息以及有可能影响其业务经营方法的任何情况；② 申请人或其任何董事、雇员被证明在新加坡或其他地方犯有罪行,其罪行涉及欺骗或不诚实的行为；③ 申请人或其任何董事、雇员存在有可能导致不当的经营行为或可能导致丧失信用的其他情况。

中国目前规范期货经营机构设立的法律法规主要有《公司法》《期货交易管理条例》和《期货公司监督管理办法》《外商投资期货公司管理办法》等。法律规定,设立期货经营机构须经国务院期货监督管理机构批准,目前国务院监管期货业的机构为中国证监会。期货经营机构的组织模式是有限责任公司和股份有限公司,未经批准,任何单位或者个人不得设立或者变相设立期货公司。国务院期货监督管理机构根据申请,按照其商品期货、金融期货业务种类颁发许可,赋予期货经营机构相关业务经营权。期货经营机构除申请经营境内期货经纪业务外,还可以申请经营境外期货经纪、期货投资咨询以及国务院期货监督管理机构规定的其他期货业务。期货经营机构设立并取得相关许可证的资格条件如下所述。

(1) 期货经营机构设立的一般性规定。设立期货公司须有符合法律和行政法规规定的公司章程,具有不少于3 000万元人民币的注册资本且必须为实缴资本；有符合条件的经营场地和业务设施,有健全的风险管理和内部控制制度,并且满足国务院期货监督管理机构规定的其他条件。

(2) 期货经营机构设立的股东资格条件。期货公司中持有5%以上股权的法人或者其他组织的股东,应当具备下列条件：① 拥有不低于人民币3 000万元实收资本和净资产；② 净资产与实收资本之比不低于50%,或有负债低于净资产的50%；③ 没有较大数额的到期未清偿债务,不存在对财务状况产生重大不确定影响的其他风险；④ 近3年未因重大违法违规行为受到行政处罚或者刑事处罚,不存在因涉嫌重大违法违规行为而正在被相关机构立案调查或者采取强制措施；⑤ 近3年不存在滥用股东权利、逃避股东义务等不诚信行为,不存在根据审慎监管原则认定的其他不适合持有期货公司股权的情形。持有5%以上股权的个人股东,除应当符合上述规定外,还要求其个人金融资产不低于人民币3 000万元。

(3) 期货经营机构的从业人员资格要求。《期货公司监督管理办法》规定,设立期货公司,具有期货从业人员资格的人员应该不少于15人,具备任职资格的高级管理人员应不少于3人。董事、监事、高级管理人员除不具有《公司法》规定的任职人员负面清单规定的情况外,还不得为下列人员:① 因违法违纪行为被解除职务未逾5年的期货交易所、期货登记结算机构的负责人或者证券期货经营机构的董事、监事、高级管理人员;② 因违法违纪行为被撤销资格未逾5年的律师、注册会计师或者投资咨询机构、财务顾问机构、资信评级机构、资产评估机构、验证机构的专业人员。因违法违纪被开除的国家机关工作人员和证券期货交易所、证券期货登记结算机构、证券期货服务机构、证券期货经营机构的从业人员,不得招聘为期货公司的从业人员;国家机关工作人员和法律、行政法规规定禁止在公司中兼职的其他人员,不得在期货公司中兼任职务。

(4) 期货经营机构境外股东资格要求。根据《外商投资期货公司管理办法》,单一或有关联关系的多个境外股东直接持有或间接控制公司5%以上股权的期货经营机构的股东,在符合《期货公司监督管理办法》对股东资格普遍性要求的基础上,还要符合下列条件:① 为所属国家或者地区合法设立和存续的金融机构;② 近3年各项财务指标及监管指标符合所在国家或者地区的法律规定和监管机构的要求;③ 股东所属国家或者地区期货法律和监管制度完善,而且与中国期货监督管理机构签订有监管合作备忘录,并保持有效的监管合作关系;④ 期货经营机构外资股权结构符合中国法律规定。

延伸阅读

美国期货市场经纪类主体制度

美国期货经营机构的分类与构造和中国有所不同,具体可分为商品基金经理、商品交易顾问、场内经纪人、期货佣金商、介绍经纪人等。其中:① 商品基金经理亦可称为商品共同基金管理人,是指从事招揽、接受或者收受他人资金、证券或者财产,直接或通过资本投入、出售股份或其他证券或者其他方式开展业务的商品基金、投资信托、辛迪加或者类似形式企业,他们以下列商品利益为目的,包括未来交割商品,证券期货产品,掉期,相关的协议、合约、交易,商品期权,或者杠杆交易。② 商品交易顾问是指为获取报酬或利润,直接或者间接通过出版物、作品或电子媒介向他人提供未来交割商品合约、证券期货产品或掉期交易以及其他商品期权、合约协议交易和杠杆交易行情,以获取顾问费的人。③ 场内经纪人是指在合约市场或衍生交易执行机构提供的交易场所,依据合约市场规则为他人买卖期货或执行衍生品交易的人。④ 期货佣金商是指从事下列行为的个人、社团、合伙企业、公司或者信托组织,一是招揽或者收受远期交割商品买卖或执行衍生品交易的订单,二是根据招揽和收受的订单,接受作为交易或合约的或交易和合约所需要的保证金、担保和保证的资金、证券或财产。⑤ 介绍经纪人是指从事招揽、接受依照合约市场或衍生品交易执行机构的规则上市的远期交割商品的买卖指令,但不接受任何作为交易和合约的,或交易和合约所需的保证金、担保和保证的资金、证券和财产的人。

以上场内经纪人、期货佣金商、介绍经纪人的区分是期货市场的特色。场内经纪人一般不接触散户,他们只接受期货佣金商和交易所会员的委托。与场内经纪人不同的是,介绍经纪人不可能直接进入交易所,也不可能直接参与交易,他们只能作为期货佣金商的代理人和居间人。但是,上述任何一种经纪人均应该注册登记,取得营业许可证。

[资料来源]张国炎、张熙鸣:《美国期货交易法》,上海社会科学院出版社,2015,第3—10页。

第三节 金融资产管理机构组织法律制度

一、金融资产管理机构的概念和特征

(一)金融资产管理机构的概念

资产管理机构通常是指接受他人委托代为管理财产的公司或其他类型的商事企业。一般而言,资产管理机构包括两大类:一类是从事普通资产管理业务的资产管理机构,无须取得金融监管机构颁发的金融业务许可证,此类资产管理机构与普通的商事企业并无差异;另一类是专门从事金融资产管理,处理从其他金融机构购置或交办的不良资产并兼营其他金融业务的,持有金融监管机构颁发的金融业务许可证的金融资产管理机构。目前,中国的金融资产管理机构的组织形式为有限责任公司和股份有限公司。

中国有四家最具代表性的金融资产管理机构,分别为中国华融资产管理公司、中国长城资产管理公司、中国东方资产管理公司和中国信达资产管理公司。这四家资产管理公司经国务院批准均成立于1999年,各公司的最初注册资本都由财政部拨付,除东方资产管理公司拨入资金为60亿人民币外加5亿美元外,其他三家各为100亿元人民币。这四家公司成立之初的目的是解决20世纪90年代四大国有独资商业银行的巨额不良贷款,管理和处置从中国工商银行、中国农业银行、中国银行、中国建设银行剥离出来的不良资产。但自2007年开始,四家金融资产管理公司开始商业化运作,不再局限于对应收购上述几家银行的不良贷款。除了上述所列的四大资产管理公司外,还有其他金融资产管理类公司,这些资产管理公司大多数附属于大型商业银行、保险公司或地方政府机构,如浙商资产管理公司等。

(二)金融资产管理机构的特征

金融资产管理机构是一种非银行金融机构,金融资产管理机构的设立基础、经营模式和业务范围等方面具有以下三个方面的特征。

(1)金融资产管理机构具有独特的法人地位。大多数金融资产管理机构是经国家批准设立的非银行金融机构,具有特殊的经营目标,如中国四家代表性金融资产管理公司。这四家金融资产管理公司是根据国家政策设立,收购和处置国有银行不良贷款的

政策性金融机构,但在完成了特定时期国有金融机构不良金融资产处置任务后,国家对这些金融机构实施了市场化改革和商业运作。

(2) 政策保障是金融资产管理机构运营的前提和基础。各国的金融资产管理机构均存在共同点,类似机构的设立可能都是为了解决各级政府或某些大型金融机构的不良资产,国家政策扶持是其基本做法。中国四大金融资产管理公司设立初衷是收购国有银行不良贷款,管理和处置因收购国有银行不良贷款形成的资产,收购范围和额度均由国务院批准,资本金由财政部统一划拨,其运营目标则是最大限度保全国有资产、减少损失。并且,早期的不良资产的收购采取了政策性方式,在处置中,资产管理公司在业务活动中享有税收减免等一系列优惠政策。即使是后来成立的其他金融资产管理公司,其设立也是为了解决某些大型金融机构或地方政府资产管理问题,因而享有国家给予的各种政策优惠。

(3) 市场化运营是金融资产管理机构运行的基本方式。金融资产管理机构管理金融资产的模式多样化,这些金融机构根据金融市场规律实行传统与创新并举的不良资产处置模式。它们根据法律规定或接受委托进行债务追偿,采取债务重组、资产置换、转让与销售、股权重整、资产证券化、债权转股权,以及阶段性持股等方式进行债权和资产管理。在资产管理过程中,也可进行上市推荐、发行与承销,实行资产管理范围内的担保、直接投资、商业借款以及向中国人民银行申请再贷款支助等。除此之外,还可从事其他投资、财务及法律咨询与顾问,资产及项目评估,企业审计与破产清算业务,以及其他金融创新型业务。

二、金融资产管理机构的定位和业务范围

(一) 金融资产管理机构的定位和功能

国务院2000年颁布的《金融资产管理公司条例》以及原中国银监会2014年发布的《金融资产管理公司监管办法》规定,金融资产管理机构是指经国务院决定设立的收购国有股份制银行不良贷款,管理和处置因收购国有股份制银行不良贷款形成的资产的国有独资非银行金融机构。根据法律对金融资产管理机构的定位,金融资产管理机构的主要功能包括以下三个方面。

(1) 金融资产管理机构的不良资产处置功能。金融资产管理机构成立的基础性目标就是帮助政府处置国有金融机构不良资产,减少市场风险,维护金融稳定。所以,金融资产管理机构利用国家给予的各项优惠政策,采取各种金融措施,对所接收的不良金融资产进行清收和处理。

(2) 金融资产管理机构的资金筹集功能。金融资产管理机构的管理手段和业务范围广泛,涵盖了证券发行、期货交易、信托投资,以及其他新型的金融创新业务,这些业务的核心在于为经济发展筹集资金,提高资金的配置效率和流动性。

(3) 金融资产管理机构的投资功能。金融资产管理机构利用其资金优势、信息优势、专业优势以及政策优势,根据国家产业政策、经济发展形势,直接或间接对某些产业进行投资。

（二）金融资产管理机构的业务范围

根据《金融资产管理公司条例》，金融资产管理公司的业务范围较为狭窄，局限于与金融不良资产相关联的资产处置，但是实际上，中国四家代表性金融资产管理公司发展到现在，其业务已无所不包，成了中国目前业务范围最为广泛的金融集团。规定中具体的业务范围包括：① 根据金融监管机构的要求收购指定金融机构的债权，或以商业化模式收购债权并依法进行诉讼或非诉讼追偿债务；② 对所收购的资产或债权如不良贷款进行租赁或者以其他形式转让、重组，债权转股权，或对企业阶段性持股和经营等；③ 进行资产管理范围内的公司辅导、上市推荐及债券、股票的发行承销；④ 发行金融债券，向金融机构借款，进行同业拆借和向中国人民银行再贷款；⑤ 财务和法律咨询，资产及项目评估，监管机构批准的其他业务活动。但是实际上其业务已拓展到不良资产经营、资产经营管理，银行、证券、信托、金融租赁、投资、期货、消费金融等多牌照、多功能、一揽子综合金融服务。

三、金融资产管理机构的设立条件和审批

中国规范调整金融资产管理机构的法律法规主要有《公司法》《银行业监督管理法》《金融资产管理公司条例》，以及《金融资产管理公司监管办法》和原中国银监会等四部委在 2014 年颁布的《金融资产管理公司资本管理办法》等。《金融资产管理公司条例》是针对中国四大金融资产管理公司的专项立法，未能涵盖其他金融资产管理机构，而 2014 年颁布的《金融资产管理公司监管办法》仅局限于金融资产管理公司的经营行为监管，对金融资产管理机构的设立标准也未涉及。国务院颁布的《金融资产管理公司条例》规定，金融资产管理公司的注册资本为人民币 100 亿元，由财政部核拨。中国四家国有金融资产管理公司最初成立，由当时的中国人民银行颁发金融机构法人许可证，并向工商行政管理部门依法办理登记。金融资产管理公司设立分支机构，须经财政部同意，报中国人民银行颁发金融机构营业许可证（现在应该由中国银保监会颁发），并向工商行政管理部门依法办理登记。

延伸阅读

中国四大金融资产管理公司

中国东方资产管理公司在 2016 年经国务院批准改制为股份有限公司。2017 年，引入全国社会保障基金理事会、中国电信集团有限公司、国新资本有限公司、上海电气集团股份有限公司等四家投资者。截至 2018 年年末，中国东方集团合并总资产超过万亿元。中国东方资产管理公司机构遍布全国大中城市，业务范围涵盖不良资产处置、保险、银行、证券、信托、普惠金融、信用评级和国际业务等，在中国境内拥有中华联合财产保险集团股份有限公司、大连银行股份有限公司、东兴证券股份有限公司、邦信资产管理有限公司、上海东兴投资控股发展有限公司、东富（天津）股权投资

基金管理有限公司、东方前海资产管理有限公司、东方邦信融通控股股份有限公司、东方金诚国际信用评估有限公司、大业信托有限责任公司、东方邦信创业投资有限公司、浙江融达企业管理有限公司,在境外拥有东银发展(控股)有限公司和中国东方资产管理(国际)控股有限公司等10余家控股公司,服务网络覆盖全国。

中国华融资产管理公司在2012年经国务院批准,整体改制为股份有限公司。2015年10月30日,中国华融在香港联交所主板上市。截至2018年年末,中国华融总资产达人民币1.71万亿元,净资产达1 686亿元;2018年实现收入总额人民币1 073亿元。目前,华融资产管理公司旗下拥有华融湘江银行、华融证券公司、华融期货公司、华融金融租赁公司、华融信托公司、华融融德公司、华融置业公司、华融国际公司、华融消费金融公司等多家营运子公司,服务网络遍及全国各省、自治区、直辖市和香港、澳门特别行政区。华融资产管理公司对外提供不良资产管理、资产经营服务,持有经营银行、证券、信托、金融租赁、投资、期货、消费金融等多种牌照,提供多功能、一揽子综合金融服务。

中国长城资产管理公司经批准在2016年改组为股份有限公司,注册资本增至431.5亿元,股东为财政部、全国社会保障基金理事会和中国人寿保险(集团)公司。目前,中国长城资产服务网络遍及全国,在全国各地设有分公司和业务部。长城资产管理公司旗下拥有长城华西银行、长城国瑞证券公司、长生人寿保险公司、长城新盛信托公司、长城金融租赁公司、长城投资基金公司、长城国际控股公司、长城融资担保公司、长城金桥咨询公司、长城国融投资公司、长城国富置业公司等10多家控股公司,致力于为客户提供包括不良资产经营、资产管理、银行、证券、保险、信托、租赁、投资等在内的"一站式、全方位"综合金融服务。长城资产管理公司的发展理念是"化解金融风险、提升资产价值、服务经济发展",坚持"突出主业、综合发展、体现特色",以不良资产经营和第三方资产管理为核心构建"大资管",以并购重组为核心构建"大投行",实现全牌照综合金融服务的"大协同",积极推进"大资管""大投行""大协同"三位一体的战略布局,致力于打造具有国际影响的"百年金融老店"。

中国信达资产管理公司经国务院批准,由财政部独家发起;2010年改组成为中国信达资产管理股份有限公司,注册资本为人民币25 155 096 932元,公司性质为非银行金融机构。2012年,中国信达资产管理股份有限公司引入全国社会保障基金理事会、瑞士银行有限公司(UBS AG)、中信资本金融控股有限公司和渣打银行金融控股有限公司(Standard Chartered Financial Holdings)四家战略投资者,公司注册资本为30 140 024 035元,四家战略投资者合计持有公司16.54%股份。中国信达资产管理股份有限公司的现有经营范围如下:收购、受托经营金融机构和非金融机构不良资产,对不良资产进行管理、投资和处置;债权转股权,对股权资产进行管理、投资和处置;破产管理;对外投资;买卖有价证券;发行金融债券、同业拆借和向其他金融机构进行商业融资;经批准的资产证券化业务、金融机构托管和关闭清算业务;财务、投资、法律及风险管理咨询和顾问;资产及项目评估,以及国务院银行业监督管理机构批准的其他业务。中国信达资产管理股份有限公司机构遍布全国31个中心大城市。中国信达资产管理公司下设信达投资有限公司、华建国际集团公司、中润经济发展有限责任公司、汇达资产托管有限责任公司、信达澳银基金管理有限公司、信达证券股份有限、幸福人寿保险股份有限公司、信达财产保险股份有限公司、信达期货有限公司、信达地产股份有限公司、信达金融租赁有限公司、中国金谷国际信托公司等直属公司。

[资料来源]中国东方资产管理股份有限公司官方网站,中国华融资产管理股份有限公司官方网站,中国长城资产管理股份有限公司官方网站,中国信达资产管理股份有限公司官方网站。

第四节 基金管理机构组织法律制度

一、基金管理机构的概念和特征

（一）基金管理机构的概念

投资基金是通过发行股份或者收益凭证,将诸多投资者的资金汇集成一定数额的资金集合,并将这些基金交由专业管理机构进行投资管理以谋取收益。基金管理机构是指依据有关法律法规设立的对基金的募集、基金份额的申购和赎回、基金财产的投资和收益分配等基金运作活动进行管理的机构。基金管理机构可以是公司,也可以是合伙或其他形态的企业,中国法律将基金管理机构定位为金融机构。

基金管理机构依其所管理的基金是否面向社会公众募集资金,可分为公募基金管理机构与私募基金管理机构;按其设立时的计划投资对象,又可分为证券投资基金管理机构、期货投资基金管理机构、货币投资基金管理机构、黄金投资基金管理机构、房地产投资基金管理机构、产业投资基金管理机构和对冲基金管理机构等;如果按基金存续期间基金份额持有者能否赎回,还可以分为开放式基金和封闭式基金管理机构。

（二）基金管理机构的特征

基金管理机构种类繁多,各种基金管理机构可能各有其特点,但作为金融机构的一个类别而言,基金管理机构具有以下三个方面的特征。

(1)基金管理机构是特殊的非银行金融机构。基金管理机构是根据企业法和基金管理法律制度设立的非银行金融机构,这种金融机构的经营对象和业务领域存在特殊性。经营对象为基金等证券产品和货币资金,经营方式是将募集到的货币投资于资本市场、货币市场、黄金市场、期货市场或实体产业。

(2)基金管理机构经营模式较为特殊。基金管理机构采取"聚他人之财,实行专家管理"的经营管理模式,传统的基金管理机构基本上不存在类似于商业银行、保险经营机构的负债经营,也不存在信用创造,所以经营风险相对于商业银行、保险经营机构等较低,因此也构成了基金管理机构与其他金融机构的经营模式和风险等级的差异。

（3）基金管理机构的经营收入具有特殊性。基金管理机构的经营收入主要来自以资产规模为基础的管理费，以及经营业绩的提成，因而资产管理规模的扩大对基金管理机构具有重要的意义。此外，投资管理能力是基金管理机构的核心竞争力，因为管理业绩与基金管理机构的收入挂钩，所以基金管理机构在经营上更多地体现出一种知识密集型产业的特色。

二、基金管理机构的定位和业务范围

（一）基金管理机构的定位和功能

各国法律一般将基金管理机构定位为非银行金融机构。但是，对于中国的各类基金管理机构，除了《证券投资基金法》明确将证券投资基金管理公司定位为金融机构，接受中国证监会监管外，其他的期货基金管理机构、外汇基金管理机构和其他的实业投资基金管理机构的法律定性都还不明确。根据法律对各类基金管理机构的规定，其基本功能包括以下四个方面。

（1）基金管理机构的资金筹集功能。基金管理机构的主要业务就是发行基金产品，募集资金，然后将资金投资到证券、期货、实业等行业，为经济发展筹集资金，提高资金的配置效率和流动性。

（2）基金管理机构的投资功能。基金管理机构利用其资金优势、信息优势、专业优势以及政策优势，根据国家产业政策、经济发展形势，直接或间接对某些产业进行投资，以拉动或促进特定行业的发展。

（3）基金管理机构的流动功能。无论是证券投资基金、期货或外汇基金，还是实业投资基金管理机构，它们的基本作用之一都是利用所募集或管理的基金资产在市场上进行相关产品的低买高卖，提高市场的流动性，并最终实现资金流向社会所需求的高效产业。

（4）基金管理机构的风险规避功能。投资基金的发行是为了集聚公众的资金，组建投资于各种产业的集合投资计划。因为基金管理机构一般采取的是分散投资方式，如投资于多个股票或投资于多种行业，所以能够起到分散风险的作用。

（二）基金管理机构的业务范围

因为基金管理机构种类繁多，而且设立基金管理机构的目的不一，所以法律对基金管理机构的业务范围规定得也不一样。

（1）证券投资基金管理机构。证券投资基金管理机构的主要业务就是通过发售基金份额募集资金形成独立的基金财产，以资产组合方式对股票、债券等有价证券进行投资。根据《证券投资基金法》，目前中国证券投资基金的主要业务范围是利用所管理的基金投资国内依法公开发行的上市股票、非公开发行股票，以及国债、企业债券和金融债券、公司债券、货币市场工具、资产支持证券、权证等。

（2）期货投资基金管理机构。期货投资基金管理机构是专门从事期货基金发行、管理的金融机构，主要业务领域是管理期货投资基金，运用客户委托的资金自主决定投资买卖全球期货期权市场的期货合约、期权合约或其他证券类产品，以收取相应的管理费或进行利益分红。

(3) 货币投资基金管理机构。货币投资基金管理机构是专门从事货币基金发行、管理的金融机构,所发行管理的货币基金资产主要投资于短期货币工具(一般期限在1年以内,平均期限120天),如国债、中央银行票据、商业票据、银行大额存单、政府短期债券、信用等级较高的企业债券、同业存款等短期有价证券。

(4) 黄金投资基金管理机构。黄金投资基金管理机构是指专门从事黄金投资基金发行、管理、投资操作,进行国内外黄金或黄金类衍生产品交易的一种基金管理机构,既可以自营,也可接受委托进行经纪业务,基金管理机构根据委托代理合同收取管理费或分取利润。

(5) 房地产投资基金管理机构。房地产投资基金管理机构是专门从事房地产或与房地产有关的基金发行、投资的机构,以其管理的基金投资房地产或在证券市场上购买与房地产相关联的股票、债券和金融衍生产品,并按约定收取管理费或分取利润。

(6) 产业投资基金管理机构。产业投资基金管理机构是一种对未上市企业进行股权投资和提供经营管理服务的利益共享、风险共担的集合计划进行投资管理的机构。此类基金管理机构负责创业投资、企业兼并和重组投资或者进行基础设施投资等活动。按投资领域的不同,相应分为创业投资基金、企业重组投资基金、基础设施投资基金等类别。

三、基金管理机构的设立条件和审批

各种不同的基金管理机构所从事的业务范围不一,所承担的风险有较大的差异,因而要求的注册资本等条件也不同,所以法律对各类基金管理机构的设立也无法作出统一规定。以中国的证券投资基金管理机构和产业投资基金管理机构为例,这两类机构均采取公司制,具体的设立条件如下。

1. 证券投资基金管理机构设立条件和审批

根据《公司法》《证券投资基金法》和中国证监会发布的《证券投资基金管理公司管理办法》,设立证券投资基金管理公司应该经中国证监会批准,而且应当具备下列五个条件。

(1) 制定符合法律规定的公司章程,有最低不少于1亿元人民币且为实缴货币资金的注册资本,如果是境外股东则应为可自由兑换的货币资金;拟任高级管理人员以及从事研究、投资、估值、营销等业务的人员符合法律、行政法规规定,而且拟任高级管理人员、业务人员不少于15人,并应当取得基金从业资格;营业场所、安全防范设施和与业务有关的其他设施符合要求。

(2) 股东资格符合《证券投资基金法》和《证券投资基金管理公司管理办法》的规定,即持股比例在5%以上的股东,应当具备下列条件:① 具有不低于1亿元人民币注册资本,资产质量良好,而且持续经营3个以上完整的会计年度,公司治理健全,内部监控制度完善;② 近3年没有因违法违规行为受到行政处罚或者刑事处罚,没有因违法违规行为正在被监管机构调查,或者正处于整改期间;③ 没有挪用客户资产等损害客

户利益的行为,具有良好的社会信誉,近3年在金融监管、税务、工商等行政机关以及自律管理、商业银行等机构无不良记录。

(3) 基金管理机构的主要股东符合法律特别性规定,即持有基金管理机构股权不低于25%的股东符合《证券投资基金管理公司管理办法》的相关规定,如:① 属于从事证券经营、证券投资咨询、信托资产管理或者其他金融资产管理业务的机构;② 具有不低于3亿元人民币注册资本;③ 有较好的经营业绩,资产质量良好。

(4) 基金管理机构公司治理符合法律规定,也即为基金管理机构设置了分工合理、职责清晰的组织机构和工作岗位;有符合监管机构规定的监察稽核、风险控制等内部监控制度,并且符合监管机构规定的其他条件;一家机构或者受同一实际控制人控制的多家机构参股基金管理公司的数量不得超过2家,其中控股基金管理公司的数量不得超过1家。

(5) 中外合资基金管理机构,境外股东还应当具备下列条件:① 股东为所属国家或者地区合法成立和存续并具有金融资产管理经验的金融机构,财务稳健;② 股东资信良好,近3年没有受到监管机构或者司法机关的行政或司法处罚;③ 股东所属国家或者地区具有完善的证券法律和监管制度,与中国签订有证券监管合作谅解备忘录,并保持着有效的监管合作关系;④ 实缴资本不少于3亿元人民币的等值可自由兑换货币;⑤ 金融监管机构规定的其他条件。

2. 产业投资基金管理机构设立条件和审批

根据国家发展改革委员会颁布的《产业投资基金管理暂行办法》,申请设立产业基金管理公司或产业基金管理合伙企业,须经国家发展改革委员会核准。

成立产业基金管理机构的具体条件如下:① 拟成立的基金投资方向符合国家产业规划和政策。② 产业基金拟募集规模不低于1亿元,发起人须具备3年以上产业投资或相关业务经验。③ 自然人作为发起人,每个发起人的个人净资产不少于100万元;法人作为发起人,每个发起人的实收资本不少于2亿元,但产业基金管理公司和产业基金管理合伙企业为发起人者除外。④ 发起人在提出申请前3年内持续保持良好财务状况,未受到过有关主管机关或者司法机构的重大行政和刑事处罚。⑤ 法律法规和管理机构规定的其他条件。

延伸阅读

美国对冲基金

美国证券交易委员会(Securities and Exchange Commission,SEC)就对冲基金作了如下描述:① 对冲基金是指从众多个投资者手中募集资金,形成拥有至少一个普通合伙人与投资经理的有限合伙制结构;② 此类基金仅被提供给有限的投资者群体,这部分投资者须满足作为合格投资者的相关监管准则;③ 对冲基金可能不会自我营销,并且须在私募备忘录的基础上才能提供基金份额或股份;④ 对冲基金原不会受美国证券交易委员会的监管,但是随着2010年国会颁布的《多德-弗兰克法案》的实施,监管机构将会加大对私募基金的监管;⑤ 私募基金持有人面临着基金份额或股份的赎回期限限制,而且这些限制可能短至3个月,长则几年;⑥ 对冲基金购买具有较高的最低投资金额的需求,而且法律对购买人的购买能力作了要求,也即要求具备一定财产或金融资产量的个人或机构才能作为私募基金投资者;⑦ 对冲基金在各种市场上通过从事杠杆交易和其他各种投机性投资行为以寻求利益,一般进行的是短期交易,这些行为可能会增加投资失利的风险;⑧ 他们是活跃的交易者和投机者,追求绝对收益,即不论在市场走高或走低的行情下,必须有正收益。

众多对冲基金投资者最终成为庞氏骗局的牺牲品,他们在发行时标榜着高收益,以集聚庞大的资金池,而在随后的运作中以拆东墙补西墙的方式,利用后来投资人的钱作为投资回报付给前面的投资人,制造出赚钱的假象来骗取更多投资资金,实行金融诈骗。在过去的几十年中发生了一系列庞氏骗局,其中最大、最致命的是伯纳德·麦道夫主导的庞氏骗局。该骗局开始于20世纪70年代,涉及金额高达648亿美元,受骗者有数千人,其中包括世界上最著名的投资专家。在2009年,伯纳德·麦道夫被判入狱150年。

[资料来源][美]埃兹拉·扎斯克:《打开对冲基金的黑箱》,机械工业出版社,2014,第2—3页。

第五节 其他资本市场组织法律制度

一、信托投资机构组织法律制度

(一)信托投资机构的概念和特征

信托投资机构是接受他人委托,代为管理、经营和处理资产的商事企业,信托投资机构可以是公司也可以是合伙企业和个人独资企业,大多数国家将其定位为金融机构。目前,中国的信托投资机构均为公司制,现行《信托法》将信托投资机构界定为依照《公司法》《信托法》和2006年12月原中国银监会公布的《信托投资公司管理办法》设立的,主要经营信托业务的非银行金融机构。

对于信托投资机构的市场主体归类,法律界有将其归为银行市场主体、资本市场主体和单独作为信托市场主体三种不同的归类方式。如,根据美国1963年颁布的《国民银行的信托权和信托投资基金法》,国民银行要从事信托业务须向美国联邦通货管理署提交申请并得到其批准。由此可见,美国将信托业务归类为货币市场,相应地,信托投资机构也被归类为货币市场主体。实际上,按其业务性质和经营特征,信托投资机构更应该归类为资本市场主体,遵守资本市场组织法律制度。综合国内外信托法律制度和实践,现代信托投资机构主要有以下四个方面的特征。

(1) 信托投资机构是一种特殊的商事企业,多为公司组织模式,但也有其他的组织模式如合伙企业,世界各国普遍将其归类为非银行金融机构。

(2) 信托投资机构以非负债经营业务为核心,接受其他社会机构、个人的委托代为理财,进行资产管理,而且其经营范围较为广泛和多样化。

(3) 信托财产具有独立性,信托依法成立后,信托财产成为独立运作的财产,不与信托投资机构的自有财产相混同,也与委托人的其他财产相分离。

(4) 信托经营机构的收益来源于管理信托资产的管理费用或者利润分成,与银行的存贷款利息差价和证券自营业务的买卖差价存在根本性不同,理论上属于代客理财,自身风险较小。

(二) 信托投资机构的业务范围

目前,中国规范信托投资机构的法律法规主要有《公司法》和《信托法》,以及中国银行业监督管理机构发布的《信托公司管理办法》和《中国银保监会非银行金融机构行政许可事项实施办法》。一般认为,信托投资机构的功能主要有三个方面:一是管理财产、营运财产的功能;二是处理财产、分配财产的功能;三是履行代理、进行资金收付、买卖证券、会计核算功能。

各国或地区信托立法对信托投资机构的业务范围规定得并不一样,中国《信托法》和《信托投资公司管理办法》对信托投资机构的业务范围进行了如下规定:① 资产信托业务,包括资金信托、动产信托、不动产信托、有价证券信托,以及其他财产或财产权信托;② 投资基金业务,信托投资机构作为投资基金或者基金管理公司的发起人从事或参与各类公募或私募基金业务,发行信托基金计划;③ 发行与承销业务,经批准代理国债、公司债券、公司股票和其他证券发行与承销;④ 金融服务型业务,如经营企业资产的重组、购并及项目融资、公司理财、财务顾问等业务;⑤ 其他金融附属业务,如办理居间、咨询、资信调查等业务,以及代保管及保管箱业务;⑥ 法律法规规定或金融监管机构批准的其他业务。

除以上所列业务外,信托投资机构经批准还可以开展同业存款和贷款、同业拆借、委托贷款、金融租赁、金融投资等业务。投资业务限定为金融类公司股权投资、金融产品投资和自用固定资产投资等。

(三) 信托投资机构的设立条件和审批

各国或地区法律均对设立信托投资机构规定了基本条件,其中注册资本和股东资格最为关键。如,美国各州对信托投资机构的资本金都有一定的要求,艾奥瓦州规定为 150 万美元,得克萨斯州为 100 万美元,内华达州为 30 万美元。中国台湾地区《信托业设立标准》规定设立信托公司必须达到 50 亿新台币的实收资本。除了最低注册资本外,申请设立信托投资机构还要符合其他若干条件,如美国《国民银行的信托权和信托投资基金》规定,通货管理署必须对申请者以前的经营管理特点、能力和营业水平进行审核。中国台湾地区《信托业设立标准》要求申请设立信托投资机构者为银行、保险经营机构或基金管理机构。其中,银行须有从事国际金融、证券或信托业务经验,而且为最近 1 年的资产或净值排名在世界 1 000 名以内的银行。如果是保险经营机构,则须持有证券及不动产资产管理总额达到新台币200亿以上。基金管理机构则须具有国际证券投资业务经验。

根据《公司法》《信托法》和《信托公司管理办法》《中国银保监会非银行金融机构行政许可事项实施办法》，在中国境内设立信托投资机构须经国务院银行保险监督管理机构即中国银保监会批准同意，而且还应当具备以下两个方面的条件。

1. 信托投资机构的注册资本

设立信托投资机构须有最低3亿元人民币或等值的可自由兑换货币的注册资本；设立的信托投资机构拟经营外汇业务的，则其注册资本中应包括不少于等值1 500万美元的外汇，而且注册资本为实缴货币资本。申请经营证券承销、资产证券化、企业年金基金等金融业务，还应当符合相关法律法规规定的相应类别的最低注册资本要求。中国银保监会可以根据信托行业发展的需要，对信托投资机构注册资本最低限额进行调整，但不得少于上述所规定的最低限额。

2. 信托投资机构的股东资格

关于设立信托投资机构，对境内投资者和境外投资者规定了不同的条件：

（1）境内投资者基本条件。境内出资设立信托投资机构的投资者必须是包括金融机构在内的企业，有良好的公司治理结构，有良好的诚信记录、纳税记录和社会声誉。具体的财务和股权结构要求如下：① 投资者最近2个会计年度连续盈利且无重大违法违规行为。② 投资者参股资金来源真实合法，不得以借贷资金参股或以他人委托资金入股。③ 单个投资者及其关联方投资参股信托经营机构不得超过2家，其中绝对控股不得超过1家。④ 境内金融机构作为信托投资机构出资人，还应当符合与该类金融机构有关的法律、法规、监管规定；非金融机构出资者则要求年终分配后，净资产不低于资产总额的30%。

（2）境外投资者基本条件。境外金融机构作为信托经营机构出资人，其财务和监管要求如下：① 财务状况良好且最近2个会计年度连续盈利，最近1年年末总资产原则上不少于10亿美元。② 最近2年被中国金融监管机构认可的国际评级机构对其作出的长期信用评级为良好及以上，而且内部控制制度健全有效。③ 如果是境外商业银行，其资本充足率应不低于8%；如果为其他非银行金融机构，应满足住所地国家（地区）监管当局相应的审慎监管指标的要求，而且金融机构注册地的监管法律制度完善，经济状况良好。

3. 信托投资机构的其他条件

拟设立信托投资机构除须有法律规定的注册资本、具有合格的股东外，还必须具备以下条件：① 有符合《公司法》和中国金融监管机构规定的公司章程；② 董事、高级管理人员以及其信托从业人员符合法律规定和监管机构的要求；③ 信托组织机构、信托业务操作规程和风险控制制度合法健全，营业场所、安全防范措施和与业务有关的其他设施符合要求；④ 符合中国金融监管机构规定的其他条件。此外，无论是境内还是境外投资者，均要求承诺3年内不转让所持有的信托投资机构股权（监管机构依法责令转让的除外）、不将所持有的信托投资机构股权进行质押或设立信托，并将该等承诺在公司章程中载明。法律要求任何股东其本身及关联方投资入股的信托投资机构不得超过2家。

二、金融租赁机构组织法律制度

(一) 金融租赁机构的概念和特征

金融租赁也可称为融资租赁,是经营金融租赁的机构根据承租人的需要出资购进租赁物件,然后出租给承租人使用,并由承租人交付租金的一种资金融通行为,而金融租赁机构则是依法设立专门从事金融租赁业务的机构。根据2014年原中国银监会修订后公布的《金融租赁公司管理办法》,金融租赁机构是经主管机构批准设立,以经营租赁业务为主的非银行金融机构,目前中国的金融租赁机构的组织模式为有限责任公司和股份有限公司。

传统的金融租赁业务是一种为企业融通资金的金融模式,应该将金融租赁机构归类为货币市场主体。但是随着金融租赁机构的发展创新,其业务模式、交易对象的创新导致其既有货币市场业务特征也有资本市场特征,总体具有资本化倾向,因而可将其归类为资本市场主体。金融租赁机构的特征主要体现在以下三个方面。

(1) 金融租赁机构是一种特殊的商事企业,各国法律一般都将其归类为非银行金融机构。金融租赁机构所经营的对象和范围不同于普通商事企业,其目的是通过特定物的租赁为资金短缺企业实现资金融通的目的。

(2) 金融租赁机构经营的租赁业务不同于普通的"有什么则租什么"租赁模式,而是根据承租人的要求购置租赁物,实行"需要什么则出租什么"的创新型租赁模式。在整个租赁过程中,承租人对租赁物进行维修并承担保管责任,承租人以租金的方式归还出租人即金融租赁机构购买设备的本金利息,租赁到期后采取象征性价格由承租人留购租赁物,或出租人无偿将所有权转让给承租人。

(3) 金融租赁机构业务模式涵盖了银行经营机构的资金融通以及商业贸易的融物的双重属性,金融租赁相较于银行资金借贷更具安全保障。金融租赁业务涵盖了租物、融资和抵押等诸多功能,而且在金融发展创新模式下,其业务范围逐渐拓展到其他诸多金融和非金融业务范围。

(二) 金融租赁机构的功能和业务范围

目前,中国规范调整金融租赁机构的法律法规主要有《公司法》《银行业监督管理法》和《金融租赁公司管理办法》和《中国银保监会非银行金融机构行政许可事项实施办法》。根据《金融租赁公司管理办法》和《中国银保监会非银行金融机构行政许可事项实施办法》的定位,金融租赁机构是非银行金融机构。金融租赁机构的传统功能如下:一是资金融通功能,也即为需要资金购买机器设备的企业直接购买好设备并出租给其使用;二是融物功能,金融租赁机构利用其专业能力、信息能力、资金能力和强大的资金融通能力,为设备生产企业、设备需求企业牵线搭桥,加速生产设备的销售。此外,在新金融形势下,金融租赁机构衍生出一系列新的功能,如投资功能、创新功能等。

根据《金融租赁公司管理办法》,依法成立的金融租赁公司可以经营下列部分或全部本外币业务:① 从事融资租赁业务,转让和受让融资租赁资产,从事租赁物变卖及处理业务,接受承租人的租赁保证金;② 从事固定收益类证券投资业务;③ 吸收非银行股东3个月(含)以上定期存款、同业拆借,向金融机构借款,实行境外借款;④ 从事经济咨询。

《金融租赁公司管理办法》规定,经金融监管机构批准,经营状况良好、符合条件的金融租赁机构可以开办下列部分或全部本外币业务:① 发行债券,进行资产证券化;② 在境内保税地区设立项目公司开展融资租赁业务,为控股子公司、项目公司对外融资提供担保;③ 金融监管机构批准的其他业务。

(三) 金融租赁机构的设立条件和审批

《金融租赁公司管理办法》和《非银行金融机构行政许可事项实施办法》规定,设立金融租赁机构须经中国银保监会批准,申请设立金融租赁机构应具备以下四个方面的条件。

(1) 注册资本条件。申请设立金融租赁机构,须具有符合法律规定最低限额的注册资本,具体注册资本要求为最低不少于1亿元人民币或等值的可自由兑换货币,而且为实缴资本。

(2) 从业人员资格条件。申请设立金融租赁机构,须有符合任职资格的董事、高级管理人员,并且从业人员中具有3年以上金融或融资租赁工作经历的人员应当不低于总人数的50%。

(3) 出资人主体资格条件。金融租赁机构的出资人分为主要出资人和一般出资人。其中,出资占拟设金融租赁公司注册资本50%以上的为主要出资人,其余的则属于一般出资人。根据《金融租赁公司管理办法》和《非银行金融机构行政许可事项实施办法》,设立金融租赁机构的主要出资人要满足以下要求:① 如果为中国境内外注册的具有独立法人资格的银行经营机构,要求最近1年年末总资产不低于800亿元人民币或等值的可自由兑换货币,资本充足率符合注册地金融监管机构要求且不低于8%,而且要求最近2年连续盈利,最近2年内未发生重大违法违规行为,具有良好的公司治理结构、内部控制机制和健全的风险管理制度,符合金融监管机构规定的其他审慎性监管条件。② 如果为中国境内外注册的租赁公司,要求最近1年年末资产不低于100亿元人民币或等值的可自由兑换货币,最近2年连续盈利,遵守注册地法律法规,而且最近2年内未发生重大违法违规行为。③ 如果为中国境内注册的、主营业务为制造适合融资租赁交易产品的大型企业,要求最近1年的营业收入不低于50亿元人民币或等值的可自由兑换货币,最近2年连续盈利,最近1年年末净资产率不低于30%,主营业务销售收入占全部营业收入的80%以上,信用记录良好,最近2年内未发生重大案件或重大违法违规行为。④ 中国银保监会认可的可以担任主要出资人的其他金融机构。

(4) 其他设立条件。公司治理、内部控制和风险管理体系健全有效,建立有与金融租赁业务的经营和监管相适应的信息科技架构,具备保障相关业务持续运营的技术与措施以及支撑业务经营的必要、安全且合规的信息系统,有与业务经营相适应的营业场所、安全防范措施和其他设施,符合中国银保监会规定的其他审慎性条件。

三、保险经营机构组织法律制度

（一）保险经营机构的概念和特征

保险经营机构指依照企业法和保险法律制度设立的，专门从事保险业务以及与保险相关联的金融市场业务的金融机构。国外保险经营机构的组织模式可为合伙企业、个人独资，也可为公司制，但中国的保险经营机构仅为有限责任公司或股份有限公司。根据原中国保监会 2015 年修订后的《保险公司管理规定》，保险公司是指保险监督管理机构批准设立，并依法登记注册的商业保险公司。保险经营机构的特征包括以下三个方面。

（1）保险经营机构是根据企业法和保险法律制度成立的一种非银行金融机构，基本业务模式是风险分配，解决不确定风险可能带来的经济损失补偿问题，利用"集万家之财，保一方平安"的基本原理规避和转移风险，为可能存在相同风险的个人和机构提供经济保障。

（2）保险是一种金融活动，保险经营机构将诸多具有同样风险的个人和机构连接起来，并将收集到的保险费用投资到其他市场，实现保值增值并以此支付投保人或被保险人发生的风险损害赔偿。传统保险经营领域中，保险交易与其他金融交易模式存在较大的差别，但随着金融创新和混业经营，保险逐渐与其他金融模式相融合。

（3）保险经营机构业务包含了负债业务、资产业务和其他的一些创新型业务。传统的金融市场划分方式是将其单独划分为保险市场，但在金融创新模式下，保险经营机构的诸多功能也可分配至货币市场和资本市场，甚至其他金融市场。

（二）保险经营机构的功能和业务范围

目前，中国规范调整保险经营机构的法律法规主要有《公司法》《保险法》和原中国保监会公布的《保险公司管理规定》，以及其他法律法规。根据《保险法》和《保险公司管理规定》的规定，保险经营机构的主要功能包括：① 损失分摊功能，即保险经营机构将在一定时期内可能发生的自然灾害和意外事故的同类主体连接起来，根据风险发生的概率大小收取保险费，建立保险基金以对遭灾受损的被保险人进行补偿或给付，使少数人的经济损失由全体投保人共同分担；② 投资功能，即保险经营机构在经营保险业务时，将收集到的保险资金投放到金融市场或者实业生产，为经济市场提供资金，实现资源的再分配；③ 金融创新功能，在现代社会，保险经营机构派生出了一系列其他功能，包括保险经营机构的创新、保险产品的创新和保险服务的创新等，以带动金融市场的整体发展。

传统保险经营机构的功能主要为保障功能，业务主要是提供人身或财产保险，但现代保险经营机构已不再局限于提供经济保障，而开始延伸到更广泛的金融领域。根据中国《保险法》的规定，保险经营机构的主要业务可分为负债业务和资产业务。

1. 保险经营机构的负债业务

一般而言，人身保险经营机构（包括经营健康保险、养老保险以及其他的新型人寿保险的机构）和财产保险经营机构经营的寿险业务和非寿险业务被称为保险负债业务。

其中,寿险业务是指保险经营机构经营的以人身为保险对象的保险,一般包括长期寿险、年金保险、长期健康险和长期意外险,但不包括短期寿险、短期健康险、短期意外险等。非寿险业务是指保险经营机构经营的以财产为对象的财产保险以及1年和1年以内的短期寿险、短期健康险、短期意外险等。其中,财产保险一般包括财产损失保险、责任保险、信用保险、保证保险等保险业务。

2. 保险经营机构的资产业务

资产业务即保险经营机构利用自有的资产以及在其经营过程中收受的保险资金,进行运营投资所发生的业务。资产业务按照大类可分为流动性资产业务、固定收益类业务、权益类资产业务、不动产类资产业务和其他金融类资产业务。

(1) 流动性资产业务主要包括现金存款、购买货币市场基金、银行通知存款、货币市场类保险资产管理产品、剩余期限不超过1年的政府债券、准政府债券、逆回购协议,剩余期限不超过1年的商业票据、大额可转让存单、隔夜拆出等。

(2) 固定收益类业务主要包括银行定期存款、银行协议存款、债券型基金、金融企业债券、非金融企业债券、政府债券、固定收益类保险资产管理产品、国际金融组织债券等。

(3) 权益类资产业务主要包括股票、股票型基金、混合型基金投资,以及权益类保险资产管理产品、证券存托凭证等。

(4) 不动产资产业务主要包括不动产、基础设施投资计划、不动产投资计划、不动产类保险资产管理产品,以及其他不动产相关金融产品。

(5) 其他金融资产业务主要包括商业银行理财产品、银行经营机构信贷资产支持证券、信托经营机构集合资金信托计划、证券经营机构专项资产管理计划、保险资产管理专项产品等。

(三) 保险经营机构的设立条件和审批

保险经营机构设立的基本条件是必须具备一定的资本条件,多数国家都通过立法规定了设立保险经营机构应当具备的最低注册资本。例如,澳大利亚保险法规定,设立保险经营机构要求实收资本不少于200万澳元,拟投资设立保险经营机构的投资者在澳大利亚总资产必须超过负债200万澳元以上。韩国要求保险业经营者经营人身保险必须缴纳2亿韩元以上资本金或基金,经营损害保险必须缴纳3亿韩元以上资本金或基金,否则不得开业。英国《保险公司法》规定,经营保险业务的股份公司的实收资本必须达到10万英镑,相互保险社必须有2万英镑的注册资本。美国纽约州规定,人寿保险股份有限公司的最低注册资本为450万美元,相互人寿保险公司最低注册资本为15万美元。

根据《保险法》和《保险公司管理规定》,中国的保险经营机构实行公司制,设立保险公司应当经国务院保险监督管理机构,即现中国银保监会批准,而且应当符合以下四个方面的条件。

1. 注册资本和财务标准

设立保险公司,区域性保险经营机构注册资本的最低限额为人民币2亿元,全国性保险经营机构注册资本的最低限额为5亿元人民币;主要股东应具有持续盈利能力,信誉良好,最近3年内无重大违法违规记录,净资产不低于人民币2亿元。国务院保险监督管理机构根据保险公司的业务范围、经营规模,可以调整其注册资本的最低限额,但不得低于现行规定的最低限额。保险公司的注册资本必须为实缴货币资本。

2. 公司章程和从业资格标准

设立保险经营机构需要具有符合《公司法》《保险法》和《保险公司管理规定》规定的公司章程,有具备任职专业知识和业务工作经验的董事、监事和高级管理人员,不存在《公司法》《保险法》《保险公司管理规定》以及其他法律法规禁止的任职的情况。

3. 公司治理和风险控制标准

设立保险经营机构应具有合法的营业场所,安全、消防设施符合要求,建立了必要的组织机构和完善的业务、财务、风险控制、资产管理、反洗钱等管理制度;建立了与经营管理活动相适应的信息系统;符合法律、行政法规和国务院保险监督管理机构规定的其他条件。

4. 公司股东资格标准

除了上述一般性要求外,原中国保监会2018年修订的《保险公司股权管理办法》还对拟申请成立保险经营机构的股东资质进行了详细规定。

(1) 根据持股比例、资质条件和对保险经营机构的经营管理的影响,将保险经营机构的股东分为以下四类:① 财务Ⅰ类股东,即持有保险经营机构股权不足5%的股东;② 财务Ⅱ类股东,即持有保险经营机构股权5%以上,但不足15%的股东;③ 战略类股东,即持有保险经营机构股权15%以上,但不足1/3的股东,或者其出资额、持有的股份所享有的表决权已足以对保险经营机构股东会的决议产生重大影响的股东;④ 控制类股东,即持有保险经营机构股权1/3以上,或者其出资额、持有的股份所享有的表决权已足以对保险经营机构股东会的决议产生控制性影响的股东。

(2) 四类股东的具体财务的财务会计指标和其他相关条件要求如下。

财务Ⅰ类股东应当具备以下条件:① 经营状况良好,有合理水平的营业收入;② 财务状况良好,最近1个会计年度盈利;③ 纳税记录良好,最近3年内无偷税漏税记录;④ 诚信记录良好,最近3年内无重大失信行为记录;⑤ 合规状况良好,最近3年内无重大违法违规记录;⑥ 法律、行政法规以及中国银保监会规定的其他条件。

财务Ⅱ类股东,除要求符合财务Ⅰ类股东的基本要求外,还应当具备以下条件:① 信誉良好,投资行为稳健,核心主业突出;② 具有持续出资能力,最近2个会计年度连续盈利;③ 具有较强的资金实力,净资产不低于2亿元人民币;④ 法律、行政法规以及中国银保监会规定的其他条件。

战略类股东,除符合财务Ⅰ类股东、财务Ⅱ类股东的基本要求外,还应当具备以下条件:① 具有持续出资能力,最近3个会计年度连续盈利;② 净资产不低于10亿元人民币;③ 权益性投资余额不得超过净资产;④ 法律、行政法规以及中国银保监会规定的其他条件。

控制类股东,除符合财务Ⅰ类股东、财务Ⅱ类股东和战略类股东要求外,还应当具备以下条件:① 总资产不低于100亿元人民币;② 最近1年末净资产不低于总资产的30%;③ 法律、行政法规以及中国银保监会规定的其他条件。

(3) 保险经营机构股东特殊性规定。投资人为境内有限合伙企业的,除符合财务Ⅰ类股东、财务Ⅱ类股东的基本要求外,还应当具备以下条件:① 其普通合伙人应当诚信记录良好,最近3年内无重大违法违规记录;② 设有存续期限的,应当承诺在存续期限届满前转让所持保险公司股权;③ 层级简单,结构清晰。境内有限合伙企业不得发起设立保险经营机构。

投资者为境内事业单位、社会团体的,除符合分类中财务Ⅰ类股东的基本条件外,还要满足以下要求:① 主营业务或者主要事务与保险业相关;② 投资者不承担保险经营机构的行政管理职能;③ 投资者的参股行为须经上级主管机构批准同意。投资者如为境内金融机构,还应当符合法律、行政法规的规定和所在行业金融监管机构的监管要求。投资者为境外金融机构的,除符合上述股东资质要求外,该金融机构还应当具备以下条件:① 最近3个会计年度连续盈利;② 最近1年年末具有不低于20亿美元的总资产;③ 最近3年内国际评级机构对其长期信用评级为A级以上;④ 符合所在地金融监管机构的监管要求。

(4) 保险经营机构发起设立保险经营机构或者成为保险经营机构控制类股东者,应当具备以下条件:① 开业3年以上且最近3年内无重大失信行为记录,公司治理良好,内控健全;② 最近1个会计年度盈利,总公司无重大违法违规记录;③ 净资产不低于30亿元人民币,最近4个季度核心偿付能力充足率不低于75%,综合偿付能力充足率不低于150%,风险综合评级不低于B类;④ 中国银保监会规定的其他条件。

延伸阅读

美国国际集团

美国国际集团(American International Group,AIG)是一家总部位于纽约的跨国保险企业,其分支机构和业务范围涉及全球130个国家。美国国际集团业务由早期的保险业务拓展至保险业务之外的其他金融服务,包括退休金服务、资产管理、证券投资,以及其他相关的金融和非金融投资、金融衍生产品交易等。但是,保险仍然是美国国际集团的核心业务,各成员公司通过保险业内最为庞大的全球化财产保险及人寿保险服务网络,为世界各国商业、机构和个人客户提供服务,集团旗下的AIG American General人寿保险公司是美国最为优秀的人寿保险机构之一。除保险业务外,美国国际集团在全球各地的退休金管理服务、金融服务及资产管理业务也位居世界前列,非保险金融服务业务类别包括飞机租赁、全球消费者信贷(信用卡)和其他金融创新型业务。美国国际集团的股票在纽约证券交易所、美国ArcaEx电子证券交易市场、伦敦、巴黎、瑞士及东京的股票市场上市。

根据2017年6月7日发布的2017年《财富》美国500强排行榜,美国国际集团排名第55。2018年12月18日,美国国际集团入选2018年度(第十五届)世界品牌500强排行榜,排名第311。就是这一强大的美国国际集团,曾在2008年陷入巨大的金融危机。危机的原因是在1998年前后,美国国际集团接受J. P. Morgan衍生产品专家的建议,进军新兴的金融衍生产品领域,并且大量卖出信用违约互换产品,最高时为6 000亿美元债券提供信用违约互换保险。到2007年年底,美国国际集团风险敞口为4 500亿美元,2008年1—9月,公司累计损失达200亿美元。为了挽救美国国际集团,美国联邦储备委员会2008年9月17日宣布,向陷入困境的美国国际集团提供850亿美元紧急救助,并实施临时接管。美国政府接管这家保险业巨头,表明监管当局十分担心该公司倒闭而引发金融系统更大的危险。但是,经过10余年浴火重生的发展经营,美国国际集团已摆脱了危机,进入了一个全新的局面。

[资料来源] 裴光等:《上海国际保险中心风险控制体系建设研究》,上海人民出版社,2018,第200—204页。

问题与思考

1. 证券经营机构、期货经营机构、金融资产管理机构和基金管理机构等几种金融机构的主要经营模式和业务范围有何差异?

2. 证券经营机构的主要功能是什么?如何理解其中的金融调控功能?

3. 证券经营机构与银行金融机构的运行原理、业务范围有何差异?

4. 简述金融混业经营在银行经营机构、证券经营机构以及其他金融机构的表现形式和发展方向。

5. 现代保险经营机构与传统的保险经营机构的业务范围有什么不同?产生这一现象的根本原因是什么?

第四章 金融交易所组织法律制度

本章纲要
- ◆ 公司制交易所
- ◆ 会员制交易所
- ◆ 连续交易功能
- ◆ 价格发现功能
- ◆ 登记结算机构
- ◆ 结算机构改革
- ◆ 全球交易平台
- ◆ 统一结算模式

第一节 证券交易所组织法律制度

一、证券交易所的概念和特征

(一)证券交易所的概念

证券交易所是依法设立,为股票、债券及其他有价证券集中交易提供场所和设施,并且组织和监督证券交易、实行自律管理的法人机构。2020年经中国证监会修正的《证券交易所管理办法》对证券交易所进行了如下界定:依《证券法》和《证券交易所管理办法》规定设立的,不以营利为目的,为证券的集中和有组织交易提供场所、设施,履行国家有关法律、法规、规章、政策规定的职责,实行自律性管理的法人。

据史料记载,最早的证券交易所是1613年设立的荷兰阿姆斯特丹证券交易所。1726年,法国巴黎成立了巴黎证券交易所;1773年,在英国伦敦柴思胡同的约那森咖啡馆中,股票商人组建了英国的第一家证券交易所,该证券交易所即伦敦证券交易所的前身;1802年,伦敦证券交易所正式成立开业;1827年,利物浦证券交易所成立。

1792年5月,在美国纽约,24名证券经纪人每天在华尔街的一颗梧桐树下讨论美国国债、股票的行情,并签订了后来人们所说的"梧桐树协议",该组织进一步演变成为纽约证券交易委员会,这就是美国最早的交易所模型,并在1963年被正式改名为纽约证券交易所。日本在1878年制定了《证券交易所条例》,并于当年建立了第一家证券交易所;1948年5月,日本颁布了《证券交易法》,随后在1949年批准建立了以东京证券交易所为代表的9个会员制证券交易所。在中国,最早的证券交易所是1905年外国商人组织的上海众业公所以及1918年设立的北京证券交易所;现在的上海证券交易所和深圳证券交易所分别成立于1990年和1991年。目前,全球规模最大的证券交易所主要有纳斯达克证券交易所、纽约证券交易所和伦敦证券交易所,它们都经营各个国家的公司股票和证券产品。

（二）证券交易所的特征

证券交易所是为以股票、债券为主的证券产品提供集中交易场所、交易设备和交易机制的一种组织机构,主要特征体现为以下四个方面。

(1) 证券交易所是证券集中交易的场所。证券交易所是提供证券集中交易的固定场所,具有完备的交易设施和管理制度,制定有大规模、连续交易所需要的交易程序和规则。证券交易所又被称为场内交易场所,与此相对应的是场外交易场所,泛指证券交易所以外的各类进行证券交易的场所,包括证券经营机构的营业柜台、各种区域性证券交易中心,以及各类网络交易系统等。现代新型的场外交易场所虽然也有交易大厅,配置了先进的交易设备,但一般管理松散、交易制度不完善,而且不具有连续竞价的功能。反之,证券交易所既拥有固定场所和完善设施,又有一系列完备而先进的交易机制,能够促进证券交易安全、合理和迅捷地完成。

(2) 证券交易所以集中竞价交易为主要模式。各国的证券交易所均采取集中竞价为主、其他交易形式为辅的连续交易机制。证券交易所为证券的集中竞价交易提供一系列交易规则和相关业务服务,如接受上市申请、安排证券上市、公布市场信息、提供证券的存托管、设立证券登记结算机构等。

(3) 证券交易所是依法设立的独立法人机构。世界各国证券交易所的基本模式有两种,即会员制证券交易所和公司制证券交易所。但是无论哪一种证券交易所,都具备法人资格,依法成立,具有自己的财产,能够独立地享受其权利和承担其义务。目前,世界主流趋势是对证券交易所进行公司化改革,即越来越多的国家或地区将会员制证券交易所改革为公司制,并且利用互联网络的无边界性、便捷性,实现世界各大交易所之间的联网交易。

(4) 证券交易所的基本职能是自律性管理。证券交易所是证券市场主要的自律管理组织,制定交易所章程、交易规则,负责组织证券的日常交易,处理经营过程中的违法违规事件。中国《证券交易所管理办法》规定,证券交易所的职能包括组织、监督证券交易,对会员进行监管,对上市公司进行监管等。

二、证券交易所的功能和业务范围

（一）证券交易所的基本功能

证券交易所设立以后,其活动宗旨是创造公开、公平、公正的资本市场环境,维护证券市场的正常运行,保障证券投资者权益。因此,证券交易所应当具备以下四大功能。

(1) 证券连续交易保障功能。成立证券交易所的初衷是通过设计一整套高效便捷的证券交易机制,为各类合格证券提供一个集中、固定、有组织秩序的交易场所,为证券持有者和潜在的证券买家提高成交的机会,确保证券持有者能随时将证券变现,在收回投资并获利的同时,使欲成为投资者的人随时有机会获得证券投资机会,买入证券。集中的交易场所、公开和便捷的交易机制能够使得证券交易所成为一个高效、流通性的市场,既保障了证券的顺利发行,使发行者能够迅速、安全地筹集到资金,又能保障证券的流动性,解决了投资者和发行者(筹资者)之间的利益冲突。

(2) 证券合理价格形成功能。除某些特殊情况外,证券交易所内的交易采取的方式是由买方和卖方连续报价,实施的是一种非协商、无间隔竞价而达成交易的交易模式。在充分竞争的条件下,由诸多买方和卖方根据宏观经济发展、行业生产、企业微观经营情况并考虑市场供求关系,以公开竞价的方式而形成交易价格,能够充分反映证券的内在价值。在价格形成过程中,也可能存在一些人为因素对证券价格的产生进行干扰,如操纵者使用不正当的手段人为地抬高或压低证券价格,证券投机活动促使证券偏离价值轨道等。但这些可通过立法、执法和司法以及证券交易所的自律管理加以解决。

(3) 宏观经济发展预测功能。证券交易所的集中交易模式要求上市公司、监管机构、金融中介机构和大额投资者及时进行信息公布。诸多投资者借助这些信息,对各个具体的企业、产业的发展动向,一国的货币供应量的变动,以及经济政策的现状和走势进行分析判断,以此得出国家乃至世界的经济发展趋势。证券交易所容纳了一国的主要企业股票,证券市场也与其他国家的证券市场存在千丝万缕的关系,任何国家的经济变动都会影响到其他国家的经济发展,而且这些影响首先就会反映到证券市场中的价格走势上。因此,证券交易所常常被称为一国金融形势和整个国民经济形势变化的"温度计"和"晴雨表",证券交易所成了最具敏感性及正确性的商业分析场所。

(4) 证券投资者权益保障功能。证券交易所作为一个证券集中交易场所,不仅提供交易设施,而且为了确保交易的顺利进行,依据国家法律法规,还需要制定诸多交易规则和交易制度,规范市场交易行为,防止证券内幕交易、市场操纵、欺诈性交易的发生,保护广大证券投资者利益不受非法侵害。如果发现有违反交易规则、损害投资者利益的行为,则根据法律和交易所的自律规定对行为人进行处分,从而维护正常的交易秩序,保护投资者的合法利益。

(二) 证券交易所的业务范围和职责

世界各国证券交易所的业务范围和职能基本相同,包括提供证券交易场所和设施,制定证券交易的业务规则,接受上市申请、安排证券上市,组织和监督证券交易活动,发布证券交易信息和监管信息,对证券交易违法行为进行处罚等。根据《证券法》和《证券交易所管理办法》,中国证券交易所的主要职能或者业务范围如下:① 提供证券交易的场所、设施和服务;② 制定和修改证券交易所业务规则;③ 审核、安排证券上市交易,决定证券暂停上市、恢复上市、终止上市和重新上市;④ 提供非公开发行证券转让服务,组织和监督证券交易;⑤ 对上市公司及相关信息披露义务人的信息披露进行监管,管理和公布市场信息;⑥ 对证券服务机构为证券上市、交易等提供服务的行为进行监管,对会员进行监管;⑦ 开展投资者教育和保护;⑧ 法律、行政法规规定的以及中国证监会许可、授权或者委托的其他职能。

(1) 提供交易场所和制定交易规则。证券交易所的基本职能是提供交易场所和设施,组织有秩序的证券交易,通过制定完善的市场交易规则,维护证券市场交易秩序,推动有组织交易的最终实现,并以此保障投资者利益。《证券法》规定,证券交易所依照证券法律、行政法规制定的上市规则、交易规则、会员管理规则和其他有关规则,须报国务院证券监督管理机构即中国证监会批准。

(2) 公布交易行情和监督信息披露。证券交易所负有根据法律公布证券交易的即时行情、日行情、周行情和月行情等,并对发生在自己交易所的重大事件进行公告的义务,同时还须监督管理市场主体严格按照法律法规和交易所规则履行信息披露义务。如中国《证券法》规定,证券交易所负责公布证券交易即时行情,并按交易日制作证券市场行情表,予以公布。中国证监会 2007 年发布的《上市公司信息披露管理办法》规定,证券交易所负责对上市公司及其他信息披露义务人披露信息进行监督,督促其依法及时、准确地披露信息。

(3) 实行日常证券交易的监督和管理。证券交易所必须建立一整套监督和管理机制,通过计算机程序和新金融科技对证券交易情况进行统计分析并对非正常交易及时警示,以维持证券交易的安全有效进行。具体的监控主要包括四方面的内容:① 行情监控,即对证券交易行情进行实时监控,观察证券价格、证券价格指数、成交量等的变化情况,如果出现价格或指数突然大幅度波动或不正常交易量等,监控人员应该及时作出反应;② 交易监控,即对异常交易进行跟踪调查,如果异常交易是由违规引起的,则应该及时进行纠正,对违规者进行处罚;③ 证券监控,即对证券买卖情况进行监控,如果发现某证券账户中没有证券或数量不足而卖出证券,构成卖空,或者出现不正常的融券行为,则对相应的证券经营机构和投资者进行处罚;④ 资金监控,即对证券发行和交易中的资金进行监控,如果资金未及时补足清算头寸,构成买空,或出现违法的融资行为,监控系统可以立即根据实际情况,做出判断并进行查处。

(4) 采取技术性停牌和临时停市措施。技术性停牌是指在证券交易过程中出现了足以影响证券交易秩序的突发事件,证券交易所可采取暂停该上市公司证券在证券交易所内交易的行为。临时停市是指在发生某些足以影响证券市场稳定的事件时,证券交易所可决定临时性停止交易所内所有的证券交易。根据《证券法》,如果发生影响证券交易正常进行的突发性事件,证券交易所可采取技术性停牌措施暂停某些证券的交易。因不可抗力的突发性事件或者为维护证券交易的正常秩序,证券交易所可以决定临时停市,即在一定时间内暂停全部证券交易。但无论采取技术性停牌还是决定临时停市,均应及时报告国务院证券监督管理机构。

(5) 审核证券的上市、暂停和终止上市。各国或地区对证券的上市、暂停和终止制度虽然有所差异,但基本上都由证券交易所决定是否接纳上市、暂停上市和终止上市。中国《证券法》规定,证券上市交易由证券发行人向证券交易所提出申请,由证券交易所依法审查决定,如果许可某一证券上市则由双方签订上市协议。如果上市证券不符合上市条件或发生了法律规定的其他情况,证券交易所有权决定该等股票、债券的暂停和终止上市。关于证券的具体上市规则,对股票、公司债券的暂停和终止上市的条件和程序由证券交易所制定。

(6) 设立、管理交易和结算风险基金。由于证券市场的投机性和风险性,存在各种损害证券投资者利益的可能。因此,各国法律一般要求证券交易所组建风险保障基金,以弥补证券经营机构和投资者因风险事件造成的损失。中国《证券法》和其他相关法律规定,证券交易所必须从其收取的交易费用和会员费、席位费中按一定的比例提取费用组建风险保障基金,用于弥补证券交易所因事故而产生的损失,或赔偿因证券交易所的过错而对会员及投资者造成的损失。但是,这种基金并不保护投资者因自己投资失败或由于市场欺诈行为而遭受的证券价值损失,也不保护因不可抗力事件导致的损失。

(7) 惩处证券市场参与主体违法行为。证券交易所既是交易场所,也是一种自律性机构,因此有权对参与其中交易的会员、员工和投资者等进行管理,对违反国家法律法规、证券交易所规则的人员和机构进行处罚。《证券法》规定,在证券交易所内从事证券交易的人员,违反证券交易所有关交易规则的,由证券交易所给予纪律处分,如警告、诫勉谈话、书面通报、暂停参加场内交易、撤销交易资格等。但证券交易所作为一个非营利性的会员制法人实体,对会员机构、从业人员的处分既不同于国家行政机关的行政处分(处罚)也非司法处罚,仅是一种自律性的纪律处分。

三、证券交易所的设立条件和审批

(一) 证券交易所的组织形式

按照证券交易所的组织形式,可将证券交易所分为公司制和会员制两种。在证券交易所发展历史上,早期证券交易所多以会员制模式建立,但现在证券交易所公司化趋势越来越明显,许多国家或地区对证券交易所进行公司制改造,并且允许证券交易所自身股票在证券交易所上市交易。会员制和公司制证券交易所各有利弊,在法律上二者存在较大的差异。

(1) 会员制证券交易所为非营利性法人团体,而公司制证券交易所则多为营利性的法人企业。此外,二者的组织结构也有所不同,会员制证券交易所的最高权力机构为会员大会,而公司制证券交易所的最高权力机构为股东大会。虽然在理论上会员制证券交易所财产为全体会员所有,但实际上是不能进行利润分配的;反之,公司制证券交易所每年都能够根据盈利情况进行利润分配。

(2) 会员制证券交易所只有具有会员资格的证券经营机构才能在证券交易所内从事交易活动,非会员和个人只能委托会员进行买卖。在公司制证券交易所,进入证券交易所进行交易的并不一定是证券交易所的股东,只要与证券交易所订有进场交易合同者,均可进行交易;反之,即使是股东,也不能直接进场交易,而必须与交易所签订进场交易合同。

(3) 会员与会员制证券交易所的关系为自律关系,会员共同制定章程及守则,相互约束、共同遵守。公司制证券交易所与入场交易者的关系为服务型合同关系,基于合同,入场交易者有权在证券交易所利用其设备,在遵守交易所规则的前提下进行交易,承担的是合同约定义务。

(4) 会员制证券交易所的收入来自会员的会费及其他经营收入,上市费用和交易佣金相对较低;公司制证券交易所的收入主要来源于上市费和证券交易手续费,因为此类证券交易所以股东利益最大化为目标,在提供较好服务的同时,上市和交易收费也可能较高。

(二) 证券交易所的设立审批制度

世界各国(地区)设立证券交易所有两种制度,即注册制和审批制。注册制是指成立证券交易所仅须向证券监管机构登记注册即可,美国是注册制的典型代表。根据美国《1934年证券交易法》第5条的规定,除交易量较少或经证券交易委员会豁免的以外,有相当交易量的全国性证券交易所必须向证券交易委员会登记注册。许可制又称特许制,是指设立证券交易所除须符合法律规定的条件外,还须经证券监管机构进行实质性审查,审查通过方可成立,日本、法国、比利时、瑞士、韩国和中国台湾地区均采取这一制度。但是历史上,在上述两种制度之外还存在承认制,即证券交易所只须得到相关监管机构的承认即可,英国曾经采取过这种制度。这是因为,英国在证券交易所法尚未出台之前,一些证券交易所就已经实际存在,法律只能采取认可原则承认既定事实,并确认其法律地位。

中国采取的是审批制,根据《证券法》和《证券交易所管理办法》,证券交易所、国务院批准的其他全国性证券交易场所的设立、变更和解散由国务院决定。国务院批准的其他全国性证券交易场所的组织机构、管理办法等,由国务院规定。

(三) 证券交易所的设立条件

各国(地区)设立证券交易所的条件并不完全相同,但一般必须具备以下几个方面的条件,如注册资本、营业场地、硬件设施、从业人员、管理制度和风险控制措施等。

(1) 证券交易所章程和运作规范合法。设立证券交易所不仅要有自己的章程,而且章程还必须符合法定条件。例如,章程必须载明设立目的、名称和住所、交易场所所在地、职能范围,会员的资格和会员的权利义务,内部组织机构及其产生办法,资本和财务事项,解散的条件和程序等事项。此外,证券交易所在设立时还必须制定包括上市规则、交易规则、会员管理规则在内的业务规则,作为交易所运行的基本规范。

(2) 证券交易场地和设施符合法律要求。中国《证券法》和其他证券法律制度未规定设立证券交易所的最低注册资本,但要求设立证券交易所必须有与其经营规模、经营范围相符的交易场地、设施条件,如交易大厅、电子行情显示系统、单证传送系统、交易清算和登记系统等。

(3) 证券交易所从业人员符合法律规定。证券交易所的管理人员和从业人员,应当具备从事证券业务应该具有的学历和实践工作经历,下列人员不得成为证券交易所从业人员和高管人员:① 因违法、违纪行为被解除职务的证券交易所、证券登记结算机构等证券期货业机构工作人员和被开除的国家机关工作人员;② 因违法、违纪行为被解除职务的证券经营机构或者其他金融机构的从业人员,自被解除职务之日起未逾5年;③ 因违法、违纪行为被撤销资格的律师、注册会计师或者投资咨询机构、财务顾问机构、资信评级机构、资产评估机构、验资机构的专业人员,自被撤销资格之日起未逾5年;④ 法律、行政法规、部门规章规定的其他情形。

四、证券交易所的"非互助化"改革

1993年之前,世界各国(地区)的证券交易所均为会员制,但是1993年瑞典斯德哥尔摩证券交易所的公司制改造打破了证券交易所清一色会员制的局面。在此后的短短的10余年中，全球范围内的证券交易所纷纷从传统的会员制组织结构转变为公司制。世界著名的各大证券交易所（包括经营期货在内的综合性交易所），如澳大利亚证券交易所（1998年）、新加坡交易所（1999年）、纳斯达克股票市场（2000年）、伦敦证券交易所（2000年）、香港交易所（2000年）、泛欧证券交易所（2000年）、多伦多证券交易所（2000年）、东京证券交易所（2001年）等先后由会员制变成公司制交易所。其中，纽约证券交易所在2006年6月1日宣布与泛欧证券交易所合并组成纽约证交所-泛欧证交所公司。同时，截至2002年12月底，斯德哥尔摩证券交易所（1993年）、澳大利亚证券交易所（1998年）、香港交易所（2000年）、新加坡交易所（2000年）、多伦多证券交易所（2001年）、伦敦证券交易所（2001年）、纳斯达克股票市场（2002年）的股票都已经进行了公开上市交易，即这些交易所在组织模式变成公司制的同时也已经成为上市公司。除了发达国家的证券交易所公司制改造外，新兴市场包括发展中国家的许多证券交易所也在进行公司制改造，如菲律宾证券交易所（2001年）、匈牙利布达佩斯证券交易所（2002年）、马来西亚吉隆坡证券交易所（2004年）均先后改组成为公司制交易所。韩国的证券交易所也进行了公司制改造，并为此制定了专门的交易所法。

延伸阅读

中国三大证券交易所（中心）

中国目前有三大证券交易所（中心），即上海证券交易所、深圳证券交易所和全国中小企业股份转让系统。上海证券交易所是1990年11月26日由中国人民银行总行批准成立的会员制证券交易所，同年12月19日正式营业，交易所位于上海市浦东新区浦东南路528号上海证券大厦北塔1层。上海证券交易所是不以营利为目的的法人，由中国证监会直接管理，其主要职能是提供证券交易的场所和设施、制定证券交易所的业务规则、接受上市申请和安排证券上市、组织和监督证券交易、对会员和上市公司进行监管、管理和公布市场信息等。上海证券交易所是国际证监会组织、亚洲暨大洋洲交易所联合会、世界交易所联合会的成员。2018年11月5日，习近平主席在首届中国国际进口博览会开幕式演讲中宣布，将在上海证券交易所设立科创板并试点注册制，支持上海国际金融中心和科技创新中心建设。

深圳证券交易所位于深圳深南大道2012号，在1990年12月1日开始试营业，组织模式为会员制。深圳交易所的主要职能是为证券集中交易提供场所和设施，制定业务规则，审核和安排证券上市，组织和监督证券交易，对会员和上市公司进行监管，管理和公布市场信息，以及中国证监会许可的其他职能。深圳证券交易所的服务宗旨是建设中国多层次资本市场体系，全力支持中国中小企业发展，推进自主创新国家战略实施。深圳证券交易所在2004年5月正式推出中小企业板，2009年10月推出创业板，构建了中国多层次资本市场体系架构。深圳证券交易所在贯彻"监管、创新、培育、服务"八字方针的基础上，以提高市场透明度为根本理念，努力营造公开、公平、公正的市场环境。

全国中小企业股份转让系统成立于 2012 年 9 月 20 日,是经国务院批准设立,在国家工商总局注册成立,注册资本 30 亿元的全国性公司制证券交易场所,注册地为北京市西城区金融大街丁 26 号。全国中小企业股份转让系统有限责任公司是这一系统的运营管理机构,上海证券交易所、深圳证券交易所、中国证券登记结算有限责任公司、上海期货交易所、中国金融期货交易所、郑州商品交易所、大连商品交易所为公司股东单位。交易中心坚持公开、公平、公正的原则,完善市场功能,加强市场服务,维护市场秩序,推动市场创新,保护投资者及其他市场参与主体的合法权益,推动场外交易市场健康发展,促进民间投资和中小企业发展,有效服务实体经济。全国中小企业股份转让系统具体组织安排非上市股份公司股份的公开转让,为非上市股份公司融资、并购等相关业务提供服务,为市场参与人提供信息、技术和培训服务。

[资料来源]上海证券交易所官方网站,深圳证券交易所官方网站,全国中小企业股份转让系统官方网站。

第二节 期货交易所组织法律制度

一、期货交易所的概念和特征

(一)期货交易所的概念

与证券交易所类似,期货交易所是依法设立,为期货合约和期权合约等期货产品提供集中交易场所和设施,组织和监督期货交易,对期货交易实行自律管理的法人机构,但期货交易所本身并不参与期货交易。中国国务院 2017 年修订后颁布的《期货交易管理条例》将期货交易所界定为依照《期货交易管理条例》规定设立,不以营利为目的,履行法律规定的职责,按照章程和交易规则实行自律管理的法人。经国务院期货监督管理机构的批准,期货交易所可以采取会员制或者公司制。

根据史料记载,最早的期货交易起源于欧洲的 13 世纪,欧洲比利时商人开始进行期货交易,并在 14—15 世纪逐渐演变成有组织的期货交易市场。到了 1580 年前后,比利时的安特卫普城成为欧洲、美洲、亚洲和非洲的商品集散地,后来因为战争、经济发展和社会变迁种种原因,商贸中心从比利时的安特卫普城向荷兰的阿姆斯特丹推移,并在该城市建立了第一家谷物交易所。在同一时期的 1571 年,英国成立了英国皇家交易所,1876 年,伦敦金属交易所(London Metal Exchange,LME)就在此基础上成立。法国巴黎也在 1726 年成立了第一家商品交易所。1848 年,82 位美国商人在芝加哥发起组建了世界上第一家现代意义上的期货交易所——芝加哥期货交易所(Chicago Board of Trade,CBOT,又称芝加哥谷物交易所);随后在 1874 年,一批农产品经销商创建了芝加哥黄油和鸡蛋交易所，该交易所在1919年9月更名为芝加哥商业交易所（Chicago Mercantile Exchange，CME），当时该交易所上市的主要商品为黄油、鸡蛋、家禽及其他不耐储藏的农产品。2007年，CBOT和CME合并成为芝加哥交易所集团（CME Group），合并后的CME Group是目前全球最大的期货交易场所。

（二）期货交易所的特征

期货交易所是主要为期货产品提供集中交易的场所、设施和进行自律性管理的场所，与其他商事企业或金融机构相比较，具有以下三个法律特征。

(1) 期货交易所是依法设立的独立法人。各国对期货交易所的组织模式和定位并不一致，大部分国家都允许采取公司制或会员制组建期货交易所，而且允许其股票在证券交易所上市交易。类似于证券交易所，中国将期货交易所定位为不以营利为目的"公益性的社团法人"，早期成立的三大期货交易所均为会员制，2006年9月8日成立的中国金融期货交易所则采取了公司制法人模式。

(2) 期货交易所提供交易场地和交易服务。期货交易所为期货产品提供集中竞价交易的场所和设施，同时还提供一些相关业务服务，如开发设计新的期货产品、公布市场信息、设立期货结算机构等。严格意义上讲，期货交易所并不是金融机构，仅是为期货这一金融交易模式提供场地、设施和服务的组织机构。

(3) 期货交易所的基本职能是组织和监管期货交易。任何国家的期货交易所都有一项不同于其他普通商事企业或普通金融机构的职能，即在提供交易场地、服务设施之外，制定交易规则和监管制度，维持市场秩序，对场内的期货交易进行自律监管，确保场内期货交易的顺利进行，保障期货投资者权利。

二、期货交易所的功能和业务范围

（一）期货交易所的主要功能

期货交易所设立的宗旨是创造公开、公平、公正的市场交易环境，维护场内期货交易正常运行，保障期货交易者的合法权利。因此，期货交易所的主要功能包括以下四个方面。

(1) 期货连续交易保障功能。期货交易所买卖的是诸多代表一定商品或金融产品的标准化合约，各国法律均要求期货交易所设立完整高效的连续交易机制，确保这些标准化合约能够在期货交易所内简洁、连续、频繁地买进或卖出，以使投资者手中持有的期货合约能随时进行对冲，收回投资并获利。同时，又可使欲成为投资者的人随时入市进行期货投资、买卖期货合约，使期货产品和期货交易具有良好的流通性。

(2) 商品价格发现功能。期货是现货的对应称谓，所代表的是普通商品或金融商品的价值。期货交易所交易是一种信息透明、相互竞价的交易模式，其价格是在充分竞争的条件下，由多个买方和多个卖方根据经济形势、市场情况、环境变化和市场供求关系，以公开竞价的方式而合理形成，这种合理形成的期货产品价格代表了未来一定时期的现实商品价格走势。在价格形成过程中，人为因素可能会对期货价格的合理性产生影响，如操纵者使用不正当的手段人为地抬高或压低期货价格，但这些均可以通过加强监管司法和执法加以解决。

（3）经济发展预测功能。期货交易所交易的均为一国或者全世界一些关系到国计民生的基础产品或者主要的金融产品。在期货交易过程中，连续不断的交易价格集合形成了交易行情，这些交易行情反映了国家乃至全球经济发展动态，如国家经济政策的现状和走势、国际经济贸易和投资关系，这些产品价格走势变化为国家产业政策形成、将来特定时期经济金融的发展方向提供决策依据。普遍认为，证券交易所和期货交易所是最具敏感性及正确性的经济分析场所。

（4）投资者权益保障功能。期货交易所作为一个期货集中交易场所，不仅提供交易设施，还依据国家法律法规，制定诸多交易规则，以规范市场主体的交易行为。交易规则制定后，期货交易所还要保证交易规则和交易制度的执行，以确保交易的顺利进行，防止期货内幕交易、市场操纵、欺诈性交易的发生，保护广大期货投资者利益。如果发现有违反交易规则和交易制度、损害投资者利益的行为，则根据法律和交易所的自律规定对行为人进行处分，从而实现维护正常的交易秩序、保护投资者合法利益的目的。

（二）期货交易所的业务范围和职责

各国期货交易所的设立模式、组织结构和功能定位有所差别，有些国家和地区甚至将期货交易所与证券交易所合并设立。但总体而言，各国（地区）期货交易所的基本职能、业务范围有诸多共性，如法律普遍规定期货交易所的业务范围和职能是提供交易场地和设施、制定交易规则和监管交易。根据中国《期货交易管理条例》的规定，期货交易所的职责是为期货交易提供交易场所、设施和服务，设计和安排合约上市，组织并监督交易、结算和交割，为期货交易提供集中履约担保，按照章程和交易规则对会员进行监督管理，以及履行国务院期货监督管理机构规定的其他职责。《期货交易管理条例》还规定，期货交易所本身并不得直接或者间接参与期货交易，在未经特别批准的情况下，也不得从事信托投资、股票投资、非自用不动产投资等与其职责无关的业务。

（1）提供集中交易的场地和设施。期货交易所的最为主要且属于基础性的职能或业务是为期货交易提供场地、设备，如交易所需要的大厅、交易池，链接各期货经营机构客户端的交易申报网络等。这种交易场地、设施必须能够为大量的国内外客户提供种类繁多、连续无间断的期货交易，而且有足够的风险控制能力。

（2）制定期货交易及市场管理规则。期货交易所必须是有组织、有秩序的期货交易场所，所以期货交易所须制定一系列市场交易规则，以维护期货市场交易秩序、推动有组织交易的实现。《期货交易管理条例》规定，期货交易所根据法律和国务院期货监督管理机构的规定，建立、健全各项规章制度，具体包括交易所会员管理规则、期货产品上市规则、期货交易与结算规则，以及期货交易信息披露规则等。

（3）监控并保障期货交易顺利进行。期货交易监控是指期货交易所为实现对期货交易的有效监督和管理，通过期货交易网络技术对期货交易情况进行统计分析并及时警示非正常交易的监控措施。期货交易所应设立健全的监察系统，专门履行实时监控任务，及时查证异常、非法的期货交易。日常的监控主要包括行情监控、交易监控、资金监控和信息披露监控等。

（4）公布交易行情和监管信息发布。期货交易所在组织并保障交易顺利进行的同时，还负有公布期货交易行情的义务，如即时行情、持仓量、成交量排名情况，以及国家法律法规及期货交易所规定的其他信息。期货交易涉及商品实物交割的，期货交易所还应当发布标准仓单数量和可用库容情况，期货交易所应当编制交易情况周报表、月报表和年报表并及时公布。此外，期货交易所作为一个自律性监管组织，根据法律法规负有对参与期货市场交易的主体信息披露进行监管的权利和义务。

（5）开发和审核期货品种的上市、暂停和终止交易。各国都将期货产品的开发、审核上市以及暂停和终止期货产品交易的职能交由期货交易所，以实现和强化期货交易所的自律管理职能。但与其他国家有所不同的是，中国对期货产品的开发上市实施了较为严格的政府监管。根据《期货交易管理条例》，期货交易所负责期货产品的设计、上市、中止、取消或者恢复交易品种，以及上市、修改或终止合约。但法律条款同时也规定，期货交易所在行使这些职能时，应该经过国务院期货监管机构批准。

（6）设立和管理期货风险保障基金。期货交易是一种高风险交易，各国期货法律制度一般都要求期货交易所设立风险保障基金，用于弥补期货交易所因事故而产生的损失，或赔偿因期货交易所的过错对会员和投资者造成的损失。但是，这一基金并不保护投资者由于期货交易本身的损失，或因市场欺诈行为而遭受的期货价值损失，也不保护因不可抗力事件导致的损失。如《期货交易管理条例》规定，期货交易所、期货公司、非期货公司结算会员应当按照国务院期货监督管理机构的规定提取、管理和使用风险准备金，不得挪用等。

（7）惩处期货交易违法违规人员。期货交易所对在交易所内从事期货交易的期货经营机构、从业人员或期货投资者进行自律性监管，如果上述人等违反国家法律法规或期货交易所有关交易规则，期货交易所在其权利范围内给予纪律处分，对情节严重的，可撤销其资格，禁止其入场进行期货交易。纪律处分的对象不仅包括期货交易所本身的工作人员，还应包括期货经营机构派出的入场代表、交易员和清算交割人员，以及其会员单位和期货投资者等。

三、期货交易所的设立条件和审批

（一）期货交易所的组织形式

与证券交易所类似，按照期货交易所的组织形式，可将期货交易所分为公司制和会员制两种。在期货交易所发展历史上，各国期货交易所早期多以会员制模式建立，但自20世纪80年代后期以来，期货交易所的发展存在两大趋势：一是公司化趋势越来越明显，许多国家或地区对期货交易所进行公司制改造，交易所公开发行股票募集资金，并且其股票在证券市场上市交易；二是期货交易所联合和兼并的趋势加剧，许多期货交易所为了提高规模效应和范围效益、提高市场竞争力，相互并购，合并成为庞大的交易所集团。类似于证券交易所，会员制期货交易所和公司制期货交易所二者在法律上的区别，主要体现在以下五个方面。

（1）会员制期货交易所为非营利的法人团体，而公司制期货交易所多为营利性的法人企业。公司制期货交易所的营利性特征也有例外，如中国证监会2017年修改发布的《期货交易所管理办法》规定，期货交易所是指依照《期货交易管理条例》和《期货交易所管理办法》规定设立，不以营利为目的，履行《期货交易管理条例》等法律法规规定的职责，按照章程和交易规则实行自律管理的法人机构。期货交易所可以采取会员制或者公司制的组织形式。会员制期货交易所的注册资本划分为均等份额，由会员出资认缴，公司制期货交易所采用有限责任公司或股份有限公司的形式组成。

（2）会员制期货交易的组织结构与公司制期货交易所的组织结构也有所不同。会员制期货交易所的最高权力机构为会员大会，而公司制期货交易所的最高权力机构为股东大会。公司制期货交易所的股东根据公司法律制度规定依法行使股东权，而会员制期货交易所会员根据《民法典》和交易所章程行使权利。虽然理论上会员制期货交易所财产为全体会员所有，但实际上不能进行利润分配，只有在期货交易所清理解散时才能进行财产分配。反之，公司制期货交易所每年都能够根据盈利情况进行利润分配。

（3）会员制期货交易所中，只有具有会员资格的期货经营机构或其他个人和机构会员才能在期货交易所内从事交易活动，非会员机构和个人只能委托会员进行期货买卖。然而在公司制期货交易所，进入期货交易所进行交易的并不一定是期货交易所的股东，只要是符合期货法律制度规定的机构和个人，而且与期货交易所订有进场交易合同，均可进入交易所进行交易。反之，即使是期货交易所股东，也不当然地享有进场交易资格，如欲进入期货交易所交易也必须与交易所签订交易合同。

（4）会员与会员制期货交易所的关系为自律关系，会员共同制定章程及守则，相互约束、共同遵守；如果会员违反交易所章程，则属于违反自律管理规则。公司制期货交易所与入场交易者的关系为合同关系。基于合同约定的权利和义务，入场交易者有权在集中交易市场进行交易，承担相应的合同义务；如果违反进场交易合同约定的条款，承担的是违约责任。

（5）会员制和公司制期货交易所的收入来源为席位费及其他收入，如提取的交易佣金等。理论上讲，会员制期货交易因以不谋利为目的，所以收费可能较低；反之，公司制期货交易所以谋利为目的，故此类期货交易所收费较高。但是，因为公司制期货交易所由股东利益驱动，为了实现股东利益最大化，交易所更愿意加大期货交易所的场地、设备和制度建设力度，优化服务质量，以提高其竞争力。

（二）期货交易所的设立审批制度

世界各国设立证券交易所有两种体制，即注册制和审批制。注册制即拟成立期货交易所只需要向期货监管机构登记注册即可，美国是注册制的典型代表。根据美国《期货交易法》，设立期货交易所或者原有交易组织被指定为合约市场，须符合相关法律规则标准，并在相关机构注册。许可制又被称为特许制，是指设立期货交易所须经期货监管机构进行实质性审查，监管机构审查拟成立期货交易所是否符合法律规定的条件，然后决定是否批准，日本采取的是审批制。根据日本《金融商品交易法》，设立金融商品交易所必须获得内阁总理大臣的批准。新加坡也采取审批制，新加坡《证券期货法》规定，公司可向主管部门申请批准其成为法定期货交易所，其中金融期货和能源期货交易所由金融管理局批准，商品期货交易所则由国际企业委员会批准，主管部门在各自权限范围内批准设立交易所时，可以要求申请人提供其认为对申请必要的信息或资料。

根据《期货交易管理条例》和《期货交易所管理办法》,中国设立期货交易所,由中国证监会审批。未经批准,任何单位或者个人不得设立期货交易所或者以任何形式组织期货交易及其相关活动。

(三) 期货交易所的设立条件

各国或地区法律对期货交易所设立的条件虽然规定得不完全一致,但也有其共同点。如美国《商品期货交易法》、欧盟《投资服务指令》和德国的《交易所法》等规定,设立期货交易所必须满足以下条件:① 交易场所的地理位置处于商品集散的中心场所,而且有足够的现货交易量和充足的市场参与者,市场能够真正实现价格发现和风险分散功能;② 交易所有能力防止市场和会员作出不真实、错误的信息发布,并能防止操纵和垄断市场价格的行为,交易所能平等对待所有参与期货交易的投资者,使之享受平等的权利;③ 交易所能服从商品期货管理委员会依法作出的最终命令和决定,保证其实施,并能确保所进行的期货交易不会违背社会公共利益;④ 提交的交易所章程、规则、规章和决定符合法律规定,具有法律规定的最低注册资本,风险管理措施合法健全,并设有保护投资者的风险保障基金。

中国《期货交易管理条例》和《期货交易所管理办法》规定,境内设立期货交易所,必须符合以下四个方面的条件。

(1) 制定了符合法律规定的期货交易所章程。设置期货交易所必须要有自己的章程,章程应该载明以下内容:① 期货交易所设立目的、营业期限和职能、名称、住所和营业场所,期货交易所注册资本及会员或股东的出资额,会员或股东资格的取得,会员或股东的权利和义务;② 组织机构的设置、职权和议事规则,管理人员的产生、任免及其职责;③ 基本业务规则,风险准备金管理制度;④ 财务会计、内部审计制度,交易所变更、终止的条件、程序及清算办法;⑤ 章程修改程序,以及需要在章程中规定的其他事项。

(2) 制定有合法且完善的交易规则。设置期货交易所之前必须要有符合法律规定的交易规则,期货交易所交易规则具体包括:① 期货产品上市规则,期货交易、交割和结算规则,经纪和自营业务规则;② 风险控制和交易异常情况处理制度,保证金管理和使用制度,标准仓单的生成、流转、管理以及注销制度;③ 期货交易信息的发布办法,违规和违约行为及其处理办法,交易纠纷的处理方式,以及需要在交易规则中载明的其他事项。

(3) 具有相应数量的会员或股东。期货交易所可以是会员制或公司制法人,但是必须具有相应数量的会员或股东。至于具体的会员或股东数量,现行期货法律没有明确的规定。如果是公司制期货交易所,其股东人数可根据《公司法》的规定来确定。

(4) 具备相应场地、设备和人才等条件。《期货交易管理条例》和《期货交易所管理办法》虽然未对期货交易所的注册资金进行规定,但是为了保证期货交易所的基本运营条件,设立交易所必须具备基本的前期运营资金,这是各国设立期货交易所的共同条件。日本《金融商品交易法》规定,设立金融商品交易所必须具备最低10亿日元的注册资本,并要求拥有5%及以上表决权的股东须向内阁总理大臣申报,而且原则上禁止股东获得和持有20%以上表决权股份。

四、期货交易所的创新和发展

(一) 期货交易所的"非互助化"改革

会员制作为一种传统的期货交易所组织形式,已经有近200年的历史,这种互助式的组织形式对期货市场的最初建立及后续发展确实发挥了重要作用。但是,随着全球金融的相互开放与一体化,期货交易技术的革新和互联网新金融科技在期货交易中的广泛运用使得这种相对封闭、落后的组织模式遭到冲击。在国际期货市场竞争日益激烈的情况下,会员制期货交易所固有的局限性也日益突出。

为了适应新金融形势下期货交易的发展变化,20世纪90年代以来,世界上许多大型的期货交易所都由会员制改为公司制,公司化已经成为全球期货和证券交易所发展的新方向。1999年10月27日,美国芝加哥商业交易所(CME)董事局通过了公司化的决议,并获得了美国期货交易委员会的批准,其股票已经成功上市。2006年,该期货交易所和芝加哥期货交易所(CBOT)宣布合并,两家交易所合并成全球最大的衍生品交易所集团。同一时期,纽约商业交易所(New York Mercantile Exchange,NYMEX)董事会也在2000年4月批准了改组计划,并在同年5月获得美国期货交易委员会批准,从而使得这个交易所从非营利组织转向营利组织。世界其他国家和地区也在对期货交易所进行合并和公司制改造,如伦敦国际石油交易所全体会员进行投票,在2001年2月22日一致同意将伦敦国际石油交易所改革成营利性的公司。1999年,香港期货交易所与香港联合交易所改制合并,组成香港交易及结算所有限公司,发行的股票在自己交易所交易。目前,世界其他一些期货交易所也已经或正在改为公司制交易所,新设立的期货交易所也一般都以公司的形式组建,如2006年设立的中国金融期货交易所。

(二) 期货交易所的新发展趋势

除期货交易所的公司化改革之外,欧美及亚洲一些期货业发达的国家,对期货交易所进行合并和一体化改革趋势也在加快。

1. 期货交易所的跨国合并

在欧美国家,加拿大对原来的四家交易所进行了重新整合,多伦多交易所继续保持其主要证券交易所的地位,而蒙特利尔交易所(Montreal Exchange,MX)主要交易衍生品,NAVOUVER和ALBERTA,则合并为该国的二板市场,被赋予加拿大创业交易所(Canadian Venture Exchange)的新名称。比利时、巴黎和阿姆斯特丹等交易所实施合并,成立了泛欧交易所(Euronext Exchange),英国伦敦和德国法兰克福交易所也进行了合并。在亚太地区,新加坡证券交易所与新加坡国际期货交易所进行了合并,成立新加坡交易所(Singapore Exchange,SGX),并且其股票在自己交易所内挂牌上市。除了CBOT和芝加哥期权交易所(Chicago Board Options Exchange,CBOE)之外,欧洲期货交易所(Eurex)在美国开始营业,主要交易债券期货;而伦敦国际金融期权交易所(London International Financial Futures and Options Exchange,LIFFE)也有自己的欧洲银行间欧元同业拆借利率(Euro Interbank Offered Rate,Euribor)期货期权交易的市场,欧洲美元期货交易市场也已开业。1997年9月4日,德意志期货交易所的集团母公司德意志交易所股份公司与瑞士交易所建立策略联盟,在此基础上双方合作成立了 Eurex,以策应欧洲经济的一体化和欧洲货币联盟的形成。

2. 期货交易所的跨国联网

联网交易是指两个或多个期货交易所之间通过互联网通信技术实现彼此在交易和清算上的互通,从而使市场参与者能够在某一期货交易所购买到任何一个联网交易所的期货产品,同时享受其他交易所结算机构的清算服务并享有与其他国内交易者同等待遇的一种交易所间联盟形式。期货交易所联网交易体现以下三个特点:一是参与联盟交易的各交易所之间互相独立,而且各交易所交易的期货产品不相同;二是在一个交易所注册的市场参与者在进入另一个联网交易所时,与联网交易所本土市场参与者具有相同的访问权,即不存在交易通道障碍;三是市场参与者的权利与义务,在各联盟交易所是同等的,不会因为是本交易所注册客户或联网客户而有所不同,也即不存在歧视性待遇。世界期货交易所联网的方式有以下四种模式。

(1) 相互冲销系统模式,即在对合约内容、合约设计、交易规则、保证金制度、交易时间等方面统一的前提下,外地期货交易所引进本地期货交易所合约,并通过两个交易所结算机构的链接,实现异地对冲交易,如芝加哥商业交易所和新加坡国际金融交易所的联网。

(2) 清算链接模式,即外地交易所在引进与本地交易所相同或相近合约的同时,对二者的清算机构进行链接,从而使外地期货交易所的会员可以在当地买卖母国交易所的合约并形成交易报价和结算价,然后由外地交易所结算机构将头寸传递给本地结算机构进一步结算,并由本地交易所结算会员一直持有,直至冲销,如 1996 年 LIFFE 与东京国际金融期货交易所建立的清算链接。

(3) 共同交易平台模式,即多个期货交易所间形成联盟,参与联盟的每个交易所可以通过一个公共的通用应用程序界面链接到中央交易系统,并交易这个系统上的所有合约,如 1991 年芝加哥商业交易所、芝加哥期货交易所和路透社合作推出的环球期货交易所。

(4) 互连模式,即两个交易所之间实现通信链接,进入彼此市场进行互联品种合约交易,如原来伦敦、法兰克福、阿姆斯特丹、布鲁塞尔、马德里、米兰、巴黎及苏黎世等八国集团的期货交易所联盟所采取的模式。

延伸阅读

中国四大期货交易所

中国目前有 4 家期货交易所,即上海期货交易所、大连商品交易所、郑州商品交易所和中国金融期货交易所。

上海期货交易所位于上海市浦东新区松林路 300 号上海期货大厦,成立于 1990 年 11 月,交易所注册资本为人民币 12 500 万元。注册资本划分为均等份额,由会员出资认缴,交易所为永久存续的法人。交易所组织交易经中国证监会批准的期货产品,主要有铜、铝、锌、铅、镍、锡、黄金、白银、螺纹钢、线材、热轧卷板、原油、燃料油、石油沥青、天然橡胶、纸浆等期货品种以及铜期权。上海期货交易所现有会员197家(其中期货公司会员占近76%),在全国各地开通远程交易席位数2 000余个。在上述挂牌交易的产品中,原油期货是中国首个国际化期货品种,对中国期货市场的对外开放具有标志性意义。铜期权是中国首个工业品期权,为企业提供了更加精细化的风险管理工具。铜期货已成为世界影响力最大的三大期货市场之一,并与铝、锌、铅、镍、锡期货形成了完备的有色金属品种系列,能较好地满足实体行业需求。天然橡胶期货的权威定价地位逐步巩固,交易所首创的保税交割和连续交易为期货市场对外开放和国际化打下了基础,促进了相关品种国内外价格的及时联动,为投资者实时进行风险管理提供了便利。交易所标准仓单交易平台的成功上线,为标准仓单交易提供了开户、交易、交割、结算、风控等一站式服务,能更好地满足实体企业的多元化需求。

大连商品交易所成立于1993年2月28日,交易所注册地址为大连市沙河口区会展路129号,交易所营业期限为永远存续。交易所注册资本为人民币9 500万元。注册资本分为均等份额,由会员出资缴纳。经中国证监会批准,目前已上市的品种有玉米、玉米淀粉、黄大豆1号、黄大豆2号、豆粕、豆油、棕榈油、鸡蛋、纤维板、胶合板、线型低密度聚乙烯、聚氯乙烯、聚丙烯、焦炭、焦煤、铁矿石、乙二醇等期货品种,并推出了棕榈油、豆粕、豆油、黄大豆1号、黄大豆2号、焦炭、焦煤和铁矿石等8个期货品种的夜盘交易。2017年3月31日,交易所上市了豆粕期权,同时推出了豆粕期权的夜盘交易。2018年5月4日,铁矿石期货引入境外交易者业务正式实施。2018年5月16日,交易所获得中国香港证监会批准成为自动化交易服务提供者,可面向香港交易者推广铁矿石期货交易。2018年12月19日,交易所上线商品互换业务,为金融机构、实体企业的商品场外衍生品业务提供交易登记和结算等综合服务。

郑州商品交易所是国务院批准成立的中国首家期货市场试点单位,成立于1990年10月,交易所注册地为河南省郑州市郑东新区商务外环路30号,交易所注册资本为人民币9 060万元,由会员出资认缴,交易所营业期限为永久存续。交易所目前上市交易普通小麦、优质强筋小麦、早籼稻、晚籼稻、粳稻、棉花、棉纱、油菜籽、菜籽油、菜籽粕、白糖、苹果、动力煤、甲醇、精对苯二甲酸(PTA)、玻璃、硅铁和锰硅等18个期货品种和白糖期权,范围覆盖粮、棉、油、糖、林果和能源、化工、纺织、冶金、建材等多个国民经济重要领域。交易所拥有功能完善的交易、交割、结算、风险监控、信息发布和会员服务等电子化系统。会员和投资者可以通过远程交易系统进行期货交易。期货交易行情信息通过路透社、彭博资讯、世华信息等多条报价系统向国内外同步发布。交易所在1995年6月加入国际期权(期货)市场协会。2012年10月加入世界交易所联合会。先后与美国芝加哥期权交易所、芝加哥商业交易所、纽约-泛欧交易所集团、印度多种商品交易所、尼日利亚证券与商品交易所、香港交易及结算所有限公司、墨西哥衍生品交易所、泰国农产品期货交易所、加拿大多伦多蒙特利尔交易所集团等多家期货交易所签订了友好合作协议,定期交换市场信息,进一步扩大了郑州商品交易所在国际上的影响力。

中国金融期货交易所是经国务院同意、中国证监会批准设立的,专门从事金融期货、期权等金融衍生品交易与结算的公司制交易所。中国金融期货交易所注册资本金为5亿元人民币,由上海期货交易所、郑州商品交易所、大连商品交易所、上海证券交易所和深圳证券交易所各出资1亿元共同发起,于2006年9月8日在上海正式挂牌成立。2010年4月16日,交易所正式推出沪深300股指期货合约,IF1005、IF1006、IF1009、IF1012合约;2015年,交易所推出了10年期国债期货和上证50、中证500股指期货。成立中国金融期货交易所,发展金融期货,对于深化金融市场改革、完善金融市场体系、发挥金融市场功能、适应经济新常态具有重要的战略意义。中国金融期货交易所与迪拜黄金与商品交易所、莫斯科交易所、韩国交易所、巴西证券期货交易所、芝加哥商业交易所(CME)、加拿大多蒙交易所集团、纳斯达克OMX集团有限公司(OMX)、新加坡交易所(SGX)、纽约泛欧交易所集团(NYSE Euronext)、德意志交易所股份有限公司(DBAG)、芝加哥期权交易所(CBOE)、芝加哥商业交易所(CME)和香港交易及结算所有限公司等签署谅解备忘录并且加入了国际掉期与衍生品协会、国际期货业协会、国际证监会组织和世界交易所联合会等国际组织。

[资料来源]上海期货交易所、大连商品交易所、郑州商品交易所和中国金融期货交易所官方网站。

第三节 票据交易所组织法律制度

一、票据交易所的概念和特征

(一)票据交易所的概念

票据交易所是根据法律成立,专门提供票据交易、登记托管、清算结算和信息服务,集多功能于一身的统一票据交易平台和交易场所。目前,国际上票据交易模式多样化,既有专职的票据交易所模式,也有与其他的金融交易所如证券交易所或期货交易所混合交易的模式。但是,无论采取独立模式还是混合模式,无纸化和电子化交易特征是票据交易所建设和发展的基本趋势。

(1)英国票据交易市场。世界上最早的票据市场起源于18世纪的英国,在传统票据贴现基础上逐渐形成了一种有组织的票据交换和票据贴现市场。参与主体主要包括提供票据贴现、票据承兑和资金清算的银行金融机构,随后英格兰银行也参与其中。英格兰银行作为中央银行在票据市场上主要充当"最后贷款人"角色,为提供贴现服务的银行提供再贴现和再贷款服务。贴现银行作为英国票据专营机构,是唯一获得英格兰银行许诺为其提供"最终贷款"的银行金融机构。贴现银行作为票据中介机构通过买卖商业票据，充当做市商，从中获取利差。

（2）美国票据交易市场。美国票据市场依其交易对象的不同，可划分为银行承兑汇票市场和商业票据市场。从20世纪80年代末开始，融资性商业票据市场得到规模化发展，并成为美国仅次于国债市场的第二大货币市场，占据了全球商业票据市场70%以上的份额。商业票据发行者包括金融机构、非金融机构，其中绝大部分商业票据由金融机构发行，票据市场成为货币市场上一个重要的子市场。

（3）日本票据交易市场。日本票据市场的参与主体包括日本银行、商业银行、非银行金融机构、工商企业等，票据市场交易的中介机构是专门从事票据交易的票据经营机构。市场中交易的票据主要是企业发行的商业本票、贸易票据、进出口票据以及以这些原始票据为担保，由金融机构开发的金融衍生票据。票据经营机构是由日本金融监管机构指定的专业性金融机构，充当交易双方"中介人"的角色。商业性票据市场主要投资者包括商业银行、信托银行、投资基金和证券经营机构等，其中商业银行所占比重最大。

（4）中国票据市场。2016年12月8日，上海票据交易所成立，上海票据交易所是中国金融市场的重要基础设施。上海票据交易所具备票据报价交易、登记托管、清算结算、信息服务等功能，承担中央银行货币政策再贴现操作等政策职能，是中国票据领域的交易中心、登记托管中心、风险防控中心、创新发展中心、数据信息研究中心。此外，全国其他一些大中城市也已经建设或正在建设一些地方性票据交易和结算中心。

（二）票据交易所的主要特征

票据交易所是金融产品交易所的一个重要组成部分，为各种票据提供集中交易的场所，具有以下三个主要特征。

（1）票据交易所是依法设立的独立法人。会员制票据交易所和公司制票据交易所均是独立的法人组织。但是，世界票据交易所的发展趋势是公司制的组织模式，追求公司利益最大化，类似于证券交易所和期货交易所而作为一种特殊的商事组织体存在和发展。

（2）票据交易所为票据交易提供基础设施。票据交易所为票据的集中交易提供场所和设施，为票据交易、登记托管、清算结算和信息披露提供规范化服务，以实现票据报价交易、登记托管、清算结算、数据信息的集中统一的目标。

（3）票据交易所的基本职能是组织和监督票据交易。票据交易所除了提供集中统一的交易场所和设施外，还是票据交易的自律性管理组织，制定交易所章程、交易规则，并且组织票据的日常交易，处理经营过程中的违法违规事件，实行自律管理。

（三）票据交易所的作用和意义

票据是代表一定货币量的有价证券，并能够按照票据法律规定进行流通转让和兑付。但是在互联网金融场景下，传统的票据逐渐脱离原有的功能作用，不再以流动为主，而更多体现出融资和投资功能，并从纸质票据转化为电子票据，实行票据数字化和互联网交易。票据交易所就是顺应票据形态、票据功能和交易形式的变化而产生和发展的。

(1) 建立票据交易所有利于提高票据交易效率和风险防范。设立票据交易所的基本目标是为广大票据持有人和投资者提供一个集中交易场所，降低信息搜寻成本，以此提高票据交易效率。类似于证券交易所的功能结构，票据交易所作为票据交易的组织者、监管者，通过制定统一的票据交易组织制度、交易规则、交易程序，在提供公开透明的票据交易信息基础上，消除信息壁垒和地域限制，为票据交易者提供方便快捷的票据交易服务。

(2) 建立票据交易所有利于增强票据市场的融资功能。票据发行是中央银行和各类金融机构、商事企业融资的基本手段，票据交易所的建设有助于票据持有人的后续交易。各类层次不同的票据交易所作为全国或区域性的统一票据交易平台，通过现代化的票据交易网络和规范化的交易制度，为众多的票据持有人和潜在的票据投资者提供票据交易通道，能够有效地实现票据交易和流动，提高交易效率，为票据发行者和持有人实现融资变现的可能性，以此降低企业在票据签发、贴现时的成本和难度，为票据一级市场扩容提供空间。

(3) 建立票据交易所有利于更好地服务于货币政策和宏观调控。票据发行、票据回购、票据再贴现是中央银行控制市场货币、实行经济调控的基本方式，而票据交易所的建设有助于中央银行票据发行、票据回购和再贴现的实现。票据交易所能为中央银行票据的购买者提供便捷的交易渠道，从而增加中央银行所发票据的吸引力；反之，中央银行也可以通过调控票据交易政策或者直接参与票据交易，控制市场中的票据数量而调节货币流动。所以，票据交易所客观上有助于中央银行加强宏观经济管理、维护金融安全。

(4) 建立票据交易所有利于票据市场创新和金融制度建设。票据交易所作为票据二级市场交易的集中场所，能通过一系列制度设计增强票据流动速度，提高票据信用，消除信息不对称，有效降低票据业务各环节中潜在的操作风险、道德风险、信用风险，以此实现票据市场乃至整体金融风险的消减。票据交易所在提供票据交易服务的同时，还可利用其交易设施、制度创新能力，推动票据业务规范创新、票据产品创新、票据服务创新，利用新金融技术将票据与其他金融产品、金融服务和风险管理进行结合，创造出更多符合经济发展实践的新型票据产品。

二、票据交易所的功能和业务范围

(一) 票据交易所的基本功能

目前，中国规范票据交易所及其交易规则的法律法规主要有《民法典》《公司法》和《票据法》，以及中国人民银行2016年发布的《票据交易管理办法》和2017年制定的《上海票据交易所纸质商业汇票业务操作规程》《上海票据交易所票据登记托管清算结算业务规则》等。相对于金融市场中的证券交易所、期货交易所等，规范票据交易所的法律制度较为欠缺，有关票据交易所的功能定位还处在一个发展探索的过程之中。结合国外票据交易市场经验和中国现有的票据交易实践，中国票据交易所的主要功能定位包括以下六个方面。

(1) 票据交易的环境规范功能。票据交易所借鉴了证券交易所和期货交易所的功能、模式,整合了现有银行间票据交易市场,为票据市场提供统一的交易前台和登记托管结算中后台。其宗旨是通过改变原来分割、不透明、不规范的票据市场,打造规范统一的票据市场、票据交易平台、票据交易规则,实现有组织的票据交易,以提高票据市场运行效率,为票据市场规范有序发展创造制度环境。

(2) 票据交易的资金融通功能。票据是一种结算凭证、融资工具,集中统一的票据交易市场能够为持票人提供一个高效的票据流通、转让、套现市场,以实现资金的快速流动。根据中国人民银行发布的《票据交易管理办法》,金融机构法人包括政策性银行、商业银行及其授权的分支机构、农村信用社、企业集团财务公司、信托公司、证券公司、基金管理公司、期货公司、保险公司以及其他金融机构,这些金融机构作为资产管理人,均可参与票据交易所的票据交易,以实现票据流转和资金融通。

(3) 票据交易的价格发现功能。票据交易所采取的是电子化的交易方式,票据模式也从传统的纸质介质转化为数字化的电子票据,参与票据交易者通过网络进行询价、对话报价、点击成交、清算交割等流程化模式,甚至逐渐发展成为与证券交易相类似的竞争性报价成交模式。票据交易平台生成的标准化电子成交单取代传统的线下纸质成交合同,在众多交易者参加下,通过价格的竞争,形成票据产品公正合理的交易价格。

(4) 票据交易的清算交割功能。票据交易所实行集中统一的交易和结算,采取直通式处理和票款对付结算机制。票据交易所的清算交割功能是通过集中的票据清算方式,解决传统交易双方直接清算交割产生的违约风险,消弭信用风险、操作风险,提高结算效率和安全度,有助于防范不规范票据中介深度介入票据交易,降低道德风险和操作风险。

(5) 票据业务的发展创新功能。票据的传统功能是支付结算,但这一功能已经有被其他新型支付结算方式取代的趋势。然而,票据交易所的建设为票据的功能转化创造了条件,即为其从传统的流动支付向现代的融投资转变提供了重要基础设施和制度条件。票据交易所的建设对中央银行、商业银行和其他市场主体的票据发行、票据交易以及相关票据业务创新起着重要的引导和推动作用,为金融市场多元化和综合化票据业务发展提供了平台和市场空间。

(6) 经济宏观调控功能。票据交易所是一种票据集中交易的场所,参与主体包括中央银行、银行经营机构和其他投资者,交易的票据有中央银行票据和其他金融票据、商业性票据,连接着中央银行货币政策和实体经济融资需求,敏感地反映和传导国家经济政策。从国际经验来看,票据市场不仅发挥着传统的交易、结算功能,也具有投融资功能及货币政策传导机制。由于具有对货币资金供求的强大影响力,成熟的票据市场已经成为中央银行进行公开市场操作的重要场所。

(二) 票据交易所的业务范围和职责

各国或地区的票据交易所因其法律规则不一、设立票据交易所的目的不同,其业务范围和经营方式也存在较大差异。因为中国目前没有制定票据交易所法,所以票据交易所的业务范围是参照《票据法》规定而设置的,尚属于试验阶段。

根据上海票据交易所网站的介绍,上海票据交易所的主要业务包括:① 提供票据集中登记和托管服务;② 为票据的贴现、转贴现等提供交易平台服务;③ 为票据市场提供清算结算以及交易后处理服务,包括清算结算交割、抵押品管理等;④ 为中国人民银行再贴现业务提供技术支持；⑤ 提供票据市场信息、研究、业务培训；⑥ 为票据证券化产品、票据衍生品等创新产品提供登记托管、报价交易、清算结算；⑦ 为票据市场中介开展业务提供相关服务；⑧ 经中国人民银行批准的其他业务。

三、票据交易所的设立条件和审批

因为中国目前没有对票据交易所进行专门立法，所以其设立按照商事企业普通法即《公司法》《民法典》以及调整票据行为的《票据法》进行。按照一般公司设立标准，结合其他金融交易所设立的条件和标准，票据交易所的设立应该具备以下三个条件。

(1) 票据交易所章程和运作规范合法。设立票据交易所不仅要有自己的章程，而且章程还必须符合法定条件。此外，票据交易所在设立时还必须制定包括票据上市规则、票据交易规则、资金管理规则、会员管理规则在内的业务规则，其目的是规范票据交易行为，提高交易效率。

(2) 票据交易场地和设施符合法律要求。票据交易所必须有与其经营规模、经营范围相符的交易场地、交易设施，如交易大厅、电子行情显示系统、单证传送系统、票据交易清算系统等，并且具有合法有效的风险控制设施和制度。

(3) 票据交易所资金和从业人员符合法律规定。票据交易所设立必须具备与其运行能力相适应的投入资金，而且其从业人员具备专业知识，不存在法律规定的不宜进行票据业务的情况。例如，不存在《公司法》和其他法律制度规定的公司高管人员、从业人员禁止任职的情况。

延伸阅读

上海票据交易所

上海票据交易所股份有限公司（以下简称上海票据交易所）是按照国务院决策部署，由中国人民银行批准设立的全国统一的票据交易平台，交易所注册地为上海市黄浦区半淞园路街道半淞园路377号A区。交易所注册资本为18.45亿元，类型为股份有限公司（非上市），发起人包括中国人民银行清算总中心、中国银行间市场交易商协会、上海黄金交易所、银行间市场清算所股份有限公司、上海国际集团有限公司等。交易所在2016年12月8日开业运营。

上海票据交易所的基本职能有票据登记托管、交易、清算、信息公告，交易所目前内设15个部门，分别为综合部、财务部、人事部、交易部、托管部、票据部、清算部、监测部（场务）、会员部、技术管理部、技术开发部、技术运行部、战略规划部、信息统计部、法律合规部。建立上海票据交易所的目标是依托现代化信息技术，搭建起全国统一、安全、高效的票据电子化交易平台，实现全国票据的集中交易，提高票据交易效率，防控化解票据交易风险，为中央银行货币调控提供平台。

[资料来源] 上海票据交易所官方网站。

第四节　保险交易所组织法律制度

一、保险交易所的概念和特征

（一）保险交易所的概念

保险交易所是指依据国家法律设立的，为寿险、非寿险机构、再保险机构进行保险产品发行和交易，相互沟通信息，形成保险产品定价机制并推出保险衍生产品的集中交易场所。保险交易所这一概念由美国率先提出，美国对保险交易所的界定是一个对可保风险业务进行经纪和承保的集中管理市场，其基本构成条件包括交易大厅、经纪人、保险机构、交易设施、监管制度、安全保障基金等。保险交易所的基本运作原理如下：客户如需投保，则可委托保险交易所的成员经纪人，由成员经纪人通过交易所交易网络寻找符合条件的承保组合，受托经纪人递交的投保单由一个或数个承保组合签署承保份额。承保安排完毕后，则由受托经纪人把投保单递交保险交易所中央处理系统进行处理。中央处理系统配备现代化计算机设施，负责缩微记录保管、数据收集、信息处理、出单、收取保费和支付索赔。

保险交易所最早诞生于300多年前英国的爱德华·劳埃德咖啡馆，并以该咖啡馆名字进行命名而被称为劳合社。在劳埃德咖啡馆中，需要保险的船东们可以见到那些拥有资金，能为他们的船舶提供保险的人士；反之，进行专业保险的人士也能够在劳埃德咖啡馆中寻找到恰当的投保人，节省双方的搜寻成本，使得交易尽快达成。自那以后，劳合社从最初的航海保险市场，逐渐发展成为全球领先的专业财产与责任险保险市场。劳合社本身不接受保险业务，只为其成员提供交易平台，即构成了保险交易所的前身。最早的现代意义上的保险交易所是1980年3月31日在美国纽约开业的保险交易所，该交易所位于纽约金融区的约翰街59号。

纽约保险交易所的主要业务有三类：一是各种类别的再保险业务；二是美国之外的各种直接保险业务；三是国内的直接保险业务，即纽约自由贸易区范围内的各种保险业务。基于各种原因，该保险交易所在开业7年后于1987年年末宣告停业解散。1997年，纽约又设立了巨灾风险交易所，这是一个专门通过网络进行各种巨灾风险交换，以及进行非传统风险转移工具买卖的场所。纽约巨灾风险交易所提供了一种基于计算机交易的风险交换系统，允许用户通过该系统交换他们的巨灾风险，用户能在该系统调整他们的风险分布形态，而且用来交易的有效风险可以在电子系统上"公告"，交易也能在电子系统中商议和完成。

（二）保险交易所的基本特征

保险交易所作为专门进行保险产品交易的场所，具有以下四个主要特征。

（1）保险交易所是依法设立的独立法人。无论会员制保险交易所还是公司制保险交易所，均是独立的法人组织。与其他交易所类似，保险交易所的发展趋势是公司制的组织模式,追求经济利益,作为一种特殊的商事组织存在和发展。

(2) 保险交易所是保险产品集中交易的场所。保险交易所为保险产品的集中交易提供场所和设施。作为一个提供保险产品交易、登记托管、清结算和信息服务的机构,保险交易所实现了保险产品报价交易、登记托管、清算结算、数据信息的集中统一。

(3) 保险交易所的基本职能是组织交易和监督市场主体的交易行为。保险交易所除了提供集中统一的交易场所和设施外,还进行自律性管理,包括制定交易所章程、交易规则,并且组织保险的日常交易,处理经营过程中的违法违规事件等。

(4) 保险交易所的发展相对滞后。保险交易所的发展无论在国外还是在中国国内,相对于证券交易所、期货交易所,其发展程度、功能组织、业务范围和立法均较为落后。其落后性主要体现在交易的标准化、交易的连续性、交易的价格形成机制和清结算制度等方面。

(三) 保险交易所的重要意义

保险市场是传统的四大金融市场之一。传统的保险主要为被保险人提供风险损失保障,但现代保险业已经突破了传统的业务模式,逐渐向投融资方向转化,而保险交易所的建设和发展则为这种转化提供平台以及交易制度环境。

(1) 建立规范自律的一体化保险产品交易环境。保险交易所通过设立若干集中交易的场所,建立统一、严格的交易规则和制度,统一信息数据处理模式和统一清算交割,形成合理的保险产品价格,以实现资源共享和整合、降低保险产品交易成本和提高交易效率。

(2) 促进保险交易多元化主体参与。建立统一的保险交易所有助于保险产品创新开发,有助于在传统的保险市场主体即保险经营机构进场参与的基础上,逐步引进其他金融机构、非金融机构和普通市民的参与,实现市场交易主体的多元化、市场行为竞争化。

(3) 提供丰富的保险交易产品和交易模式。保险交易所中交易平台生成的标准化电子成交单取代了传统的线下纸质成交合同,设立意向询价、对话报价、点击成交、请求报价等多样化的交易方式,形成合理的交易价格。通过互联网交易技术和标准化交易机制,可以提升保险交易效率和市场透明度。

(4) 实现交易清算机制创新和建立风险保障基金。保险交易所建立统一的交易结算机制,消弭操作风险,降低信用风险,防范结算风险,提高结算效率,有助于防范不规范保险中介深度介入保险交易,降低道德风险和逆向选择风险。

(5) 推动各类保险产品创新和保险证券化。在传统保险的基础上实行证券化是保险市场发展的基本方向,同时也是各国开发巨灾保险、环境保险的途径之一。通过保险交易所的保险产品创新能力,实现保险衍生产品开发,实现保险与资本市场的有效链接并进行风险分散。

二、保险交易所的功能和业务范围

(一) 保险交易所的主要功能

保险交易所有价格发现、交易融资、信息服务、技术支持、产品创新、自律监管六大功能。

（1）价格发现功能。保险交易所是一个多方主体参与交易的集中市场，市场中交易产品种类繁多，同质和异质的保险产品交织在一起，通过保险交易所透明的保险产品交易信息、保险机构经营信息并通过连续的买卖报价，形成合理的保险产品交易价格。

（2）交易融资功能。保险交易所是一个高效率的保险产品即保险合同交易场所，无论保险经营机构还是持有保险产品的其他投资者均可以进入保险交易所将其持有的保险产品出让以变现，实现资金融通的目的。

（3）信息服务功能。保险交易所作为保险交易的集中场所，通过交易所的各种网络机制实现交易信息、经营信息、经济信息公开，减少单个投资者信息收集成本，能够在较大程度上解决分散市场条件下交易各方信息不对称问题。

（4）技术支持功能。保险交易所为保险产品的集中交易提供场地、设施，使得交易各方主体能够进行集中报价，形成交易的竞争机制；利用数据化系统对保险产品进行集中登记托管，实现保险产品的网络化保管和交收，方便保险交易的顺利进行。

（5）产品创新功能。保险交易所能够利用其设施先进、制度规范、参与主体众多、创新能力强的特点和优势，对保险产品、保险服务进行创新，开发出适应社会经济发展需求的保险产品、保险服务，促进保险市场的健康稳定发展。

（6）自律监管功能。保险交易所和其他金融交易所如证券交易所类似，作为一个集中交易的场所，保险交易所享有制定交易规则的权力。为了保障交易的顺利进行，维护市场稳定，法律还赋予保险交易所交易行为监管权以及交易行为违法违规处罚权。

（二）保险交易所的业务范围

目前，中国没有专门调整保险交易所的法律，对于保险交易所的经营范围也无法律明确规定，但根据现有保险交易所的实际做法，其业务经营主要包括：① 为保险、再保险、保险资产管理及相关产品的交易提供场所、设施和服务，制定并实施相关业务规则；② 对保险单证（含电子保险单证）实施登记、托管和验证；③ 协助委托人选择保险经纪公司、保险公司、再保险公司等保险机构及办理相关手续；④ 代理销售保险、再保险及相关产品并代理收取费用，提供保险、再保险、保险资产管理的支付、结算；⑤ 提供信息安全咨询、信息技术外包服务，提供与保险、再保险市场相关的研究咨询、教育培训及数据信息服务；⑥ 法律法规允许的其他业务。

三、保险交易所的设立条件和审批

国际上的保险交易所存在两种组织模式：一种是以英国劳合社为代表的会员制，其会员包括个人会员和机构会员，会员按照承保险种的不同提供承保组合；另一种是美国大多数保险交易所采取的模式，即公司制，也即与公司制的证券交易所、期货交易所的组织模式类似。

中国现阶段所设立的保险交易所均为公司制。因无专门规范保险交易所设立的法律法规，所以目前其设立由普通商事企业组织法如《公司法》和普通保险法律如《保险法》进行规范。保险交易所是一种特殊的商事机构，所以根据其业务属性应该经国务院保险监管机构批准才能设立,也即由中国银保监会监管。根据同类金融交易所的设置条件,设立保险交易所的条件应该包括以下三个方面。

(1) 保险交易所章程和运作规范合法。设立保险交易所不仅要有自己的章程,而且章程还必须符合法定条件。此外,保险交易所在设立时还必须制定包括上市规则、交易规则、资金管理规则和会员管理规则在内的业务规则,作为交易所运行的基本规范。

(2) 保险交易场地和设施符合法律要求。保险交易所必须有与其经营规模、经营范围相符的交易场地、交易设施,如交易大厅、电子行情显示系统、单证传送系统、保单交易清算系统等。

(3) 保险交易所资金和从业人员符合法律规定。保险交易所的设立必须具备与其运行能力相适应的投入资金,而且其从业人员具备专业知识,不存在法律规定的不宜进行保险业务的情况,如不存在《公司法》和其他法律所禁止的从业状况。

延伸阅读

广州民间金融街

2012年年初,为实现省、市"金融强省"和"金融强市"的发展战略,提升广州区域性金融中心地位,重振广州长堤百年金融的历史繁华,广州市政府决定在越秀区长堤大马路建设集资金借贷、资产管理、支付结算、信息发布为一体,为中小微企业和个人提供多样化、全方位金融服务的民间金融集聚区——"民间金融街"。广州民间金融街的民间金融集聚效应不断显现,品牌影响力不断增强。在非正式金融监管方面,构建了具有自身特色的监管体系,为全国其他地方非正式金融监管制度构建树立了样本。

广州民间金融街成立后,为了对金融街进行专业、有效、集中的监管,越秀区政府经过论证并经依法审批后,在2013年1月24日设立了一个新的金融监管派出机构——广州民间金融街管理委员会。管理委员会的具体职责如下:① 贯彻执行国家、省、市和区关于发展民间金融产业的法律法规和方针政策,落实各项优惠政策,促进广州民间金融街持续发展;② 组织拟定广州民间金融街建设发展中长期规划和年度计划,提出促进民间金融产业发展的政策建议,并组织实施;③ 统筹协调广州民间金融街建设工作,负责街区域内企业服务工作,完善基础设施建设;④ 负责广州民间金融街的招商工作,引进符合金融街产业规划的各类金融及配套服务机构;⑤ 建设广州民间金融街各类公共服务平台,引导区域内企业加强对实体经济、中小微企业和个人的融资服务,建设和完善民间融资价格体系;⑥ 协助和支持金融监管部门加强对民间金融街区域内小额贷款公司、融资性担保机构等金融机构及行业自律组织的监管,建立健全区域内金融机构与政府的沟通协调机制;⑦ 配合有关部门防范、处置、化解广州民间金融街区域内金融机构的风险,协调区域内金融突发事件应急处理,维护金融秩序稳定;⑧ 受区政府委托,履行广州民间金融街管理有限公司出资人和监管职责,拟定监督管理制度并组织实施等。

越秀区政府根据金融街设置规划,在2012年3月27日成立了广州民间金融街管理有限公司。该管理公司注册资本7 500万元,总资产约1.2亿元,由广州市越秀国有资产经营有限公司100%持股。广州民间金融街在线下设立了广州民间金融街综合服务中心。作为民间金融街的公共服务平台,综合服务中心为企业和个人提供借贷咨询、股权交易、资产交易,以及公证、法律、会计等"一站式"专业配套服务,同时还创造性地成立了线上民间金融街。线上民间金融街是一个由广州民间金融街信息科技有限公司负责运营的互联网金融创新平台,由广州民间金融街管理有限公司、广州基金旗下全资子公司广州汇垠天粤股权投资基金管理有限公司等机构联合发起设立。线上民间金融街致力于打造集民间信贷资产交易平台、民间信贷大数据征信平台、民间金融技术服务平台于一体的民间金融信息综合服务平台,为广州民间金融街提供信息服务。

广州金融商会是广州民间金融街中非正式金融行业的主要自律机构。该商会成立于2013年12月25日,由入住街区的企业、机构和个人自愿组成,属于地方性的非营利性社会团体法人,旨在通过商会开展行业自律,帮助成员机构规范经营、诚信经营。该商会还组织并代表会员单位探索建立民间金融法律维权服务机制,切实维护各会员合法权益,发挥企业与政府之间的桥梁和纽带作用,实现企业、政府、社会互动多赢。其自律职能主要体现在:建立业内自律机制,维护公平竞争的市场环境;参与组织制定行业标准,并督促会员共同遵守;推进民间金融业信用体系建设,加强诚信检查和监督;建立商会评优评级制度,鼓励会员创新创优;对从业人员进行自律管理,组织开展执业资格培训和资格认证;进行自律惩戒,对于违反商会章程、自律公约和管理制度,参与不正当竞争等致使行业利益受损的会员,按章程及自律公约的有关规定,实施惩戒措施。

[资料来源]广州民间金融研究院、中央财经大学金融学院主编《中国民间金融发展研究报告》,知识产权出版社,2013,第94页。《广州民间金融街:创民间金融规范发展先河,引民间金融持续创新浪潮》,广东金融,https://mp.weixin.qq.com/s?__biz=MjM5NjI3Mjc3NQ%3D%3D&idx=1&mid=2655319262&sn=0b3ba27a49f6a2abb6ad98d7bdc1b85a。

第五节 金融登记结算机构组织法律制度

一、金融登记结算机构的概念和特征

(一)金融登记结算机构的概念

金融登记结算机构,即为证券、期货、票据、保险或其他金融产品交易提供集中登记、托管、结算和金融产品交割服务的法人或非法人机构。金融登记结算机构具体包括证券登记结算机构、期货登记结算机构、保险登记结算机构、票据登记结算机构,以及其

他金融产品登记结算机构。因其各类登记结算机构共性较多,均为金融产品交易进行登记结算,所以将其统称为金融登记结算机构。金融登记结算机构可以是营利性法人企业,也可以是非营利性组织,但中国《证券法》规定的证券登记结算机构则属于为证券交易提供集中登记、存管与结算服务,不以营利为目的的法人组织。

根据中国相关法律对金融登记结算机构的通说,登记结算机构不以营利为目的,但是这种制度规则将会逐渐被打破,因为许多国家登记结算机构的改革趋势是以营利为目的,成为专门负责证券、期货和金融衍生产品登记结算的企业。早期证券、期货交易所负责证券和期货合约的结算,包括现货的交割和交收之前的平仓。现今证券期货买卖合约的结算大多数由独立的证券登记结算机构负责。美国证券期货交易所一般都有自己的登记结算机构,但在西欧及英联邦国家,多数证券期货交易所通过独立的登记结算机构进行登记、结算和交割。

(二)金融登记结算机构的特征

各国或地区的金融登记结算机构立法各不相同,但作为一种专门从事金融产品登记结算的机构,各国或地区的金融登记结算机构也有其共同特征。

(1)在组织形式上,登记结算机构是经金融监管机构批准成立或登记注册的法人或非法人组织。各国的证券和期货法律制度均规定,证券和期货登记结算机构必须在资金、设备人员和风险控制制度等方面达到一定要求,并且经过监管机构的批准或注册登记,方可设立。

(2)在目的性质上,登记结算机构可以是营利性或非营利性法人,或者非法人机构。根据中国《证券法》,中国的证券登记结算机构为非营利性法人,登记结算机构的业务范围是为各类金融交易提供集中的登记、托管与结算服务。《期货交易管理条例》则将期货登记结算机构设定为期货交易所内部机构。

(3)在运营模式上,登记结算机构是买方的卖方、卖方的买方,即在证券期货交易过程中,买卖双方并不直接签订买卖合同也不进行直接结算,而是由金融登记结算机构作为对手方进行结算。金融登记结算机构对买卖双方的资金交付、证券期货等金融产品交割负有担保义务。

(4)在发展趋势上,单独设立登记结算机构为主要发展趋势。原有的金融登记结算机构多为交易所内部机构,也有独立于交易所的外设机构,交易所作为其投资者出现。但国际证券期货等登记结算机构目前发展趋势是单独设立机构,而且逐渐建立世界性的金融综合登记结算机构。

二、金融登记结算机构的功能和业务范围

(一)金融登记结算机构的主要功能

金融登记结算机构的作用、性质和定位决定其具有独特的金融和经济功能,与普通的金融机构不同,金融登记结算机构的功能体现在金融产品的登记、结算和过户方面。

(1)交易编码和结算账户的设立。交易编码(或产品账户)和结算账户的设立是投资者进入金融交易市场的重要条件,也是投资者进行金融产品交易以及与交易有关的

其他活动的前提和基础。交易编码和账户是指金融登记结算机构为投资者设立，用于识别金融产品投资并记载投资者所持有的金融产品种类、名称、数量、资金及相应盈亏变动情况的账册。

（2）计算金融产品交易的盈亏。金融市场是一个价格变动不定的市场，因此，为了将金融市场风险控制在最小范围内，确保每笔交易均能得到履行，需要对市场的全部成交金融产品进行核对、登记和结算，并对账户所需保证金进行收缴、清退和管理。金融产品交易的盈亏结算包括平仓盈亏结算和持仓盈亏结算。其中，平仓盈亏结算是当日平仓的总值与原持仓合约总值的差额的结算，而持仓盈亏结算即会员持仓合约的成交价与当日结算价差价总额的计算。

（3）担保金融产品交易履约。参与金融产品交易的买卖双方并不直接发生关系，金融产品的买方和卖方各自仅与登记结算机构产生法律关系。金融产品交易一旦成功，登记结算机构就成为所有合约卖方的买方以及所有买方的卖方，担起保证按交易合约要求履约的全部法律责任。这种以登记结算机构为对手的履约和结算模式，实际上起到了担保金融产品买卖实际履行的作用。由于违约风险完全由登记结算机构承担，所以对于金融产品投资者来说，既解除了交易对手违约的担忧，也提高了交易的效率。2007—2009年世界性金融危机之后，国际金融监管机构要求各国尽力推广中央对手方结算，也即登记结算机构的统一登记结算。

（4）控制金融交易市场风险。登记结算机构承担了市场风险控制的基本职能，如中国《期货交易管理条例》规定，为了确保期货市场的稳定，控制风险，期货交易除了采取登记结算机构中央登记结算制度外，还实行当日无负债结算制度，即期货交易所应当在当日及时将结算结果通知会员。期货经营机构根据期货交易所的结算结果对客户进行结算，并将结算结果按照与客户约定的方式及时通知客户，客户应当及时查询并妥善处理自己的交易持仓，并根据结算结果补足差额保证金。

（5）办理和监管金融产品过户登记。在金融产品交易中，无论是证券交易、期货交易，抑或是其他的票据交易、保险交易等，均存在交易完成后的实物产品的登记过户以及资金的交付。由于现行的交易系统均是电子化交易，所以金融产品的过户交割也是在电子化账号中进行转账划拨，而无须进行纸质产品的交接和纸质货币的交收。登记结算机构的重要任务就是在结算后进行资金和金融产品的交付和划拨。

（6）进行金融产品交易行情和信息传递。金融登记结算机构负责对金融交易所每个交易日的金融产品交易量、成交金额、成交价格、价格涨跌幅度进行整理、分类，并及时反馈到交易所，由交易所对外进行公告。

（二）金融登记结算机构的基本业务

根据法律对金融登记结算的功能定位，金融登记结算机构的基本业务包括以下五个方面。

（1）金融产品交易账户、资金结算账户的设立。交易账户、结算账户的设立是投资者进入金融市场的首要条件，也是投资者进行金融产品交易以及与交易有关的其他活动的前提和基础。交易账户是指登记结算机构为投资者设立的，用于准确记载投资者所持有的产品种类、名称、数量、相应权益及其变动情况的一种电子账户。资金结算账户是指由金融登记结算机构开立的，用于结算金融产品交易业务的资金账户。

（2）金融产品的托管、过户和持有人名册登记。具体包括：① 纸质金融产品托管，即对于已上市或即将上市的以实物为表现形式的金融产品，金融登记结算机构按照金融市场"无纸化"的要求，收回纸质化实物产品，并根据发行人委托代为管理。② 数字化金融产品管理，即在无纸化交易模式下，因为交易对象是以电磁符号和数字形式表现的金融产品，投资者无法直接持有，而需要将其登记在投资者账户之中，由登记结算机构代为管理。③ 交易过户，即将金融产品从卖方账户转移到买方账户，从而完成金融产品登记变更并自动完成托管的过程。④ 非交易过户，即不通过场内或场外交易的形式，而使金融产品的所有权在出让人和受让人之间过户，如赠与、继承或协助执行司法判决等事由引起的过户。⑤ 金融产品持有人名册登记，即金融登记结算机构按照金融产品发行机构要求，对产品持有人的姓名或名称予以登记造册，以提供给发行人、投资者及其他相关人员使用，该名册具有权利证明效力。

（3）金融产品交易结果的清算和交收。清算是指买卖双方在交易所进行的金融产品买卖成交以后，通过登记结算机构将各投资者之间的金融产品买卖的数量和金额分别清算，然后由金融登记结算机构通过账户进行资金划拨和产品交付的过程。从投资者的角度来看，交收即交割，在理论上，金融产品交收有全额逐笔交收和净额交收两种基本方式，目前以后一种方式为主。

（4）金融产品利息、红利和其他权益派发。金融产品权益包括公司股票、债券、基金和其他金融衍生产品产生的收益，如股票红利、公积金转增股本、债券利息、基金收益和其他利润收益等。派发金融产品权益并非金融登记结算机构的法定义务，该业务的开展必须以发行人和金融登记结算机构签订合法有效的委托合同为前提。由于金融登记结算机构对金融产品进行集中的登记、托管和结算，有较强的专业化能力和技术，并且掌握了发行人所发证券的持有人名册，具有相关的信息优势，在派发权益业务中操作起来较熟悉、方便，不易出差错等，所以在实践中均将权益派发委托给登记结算机构。

（5）办理与前述业务有关的查询和账户冻结。金融登记结算机构在办理交易账户和结算账户的设立、金融产品的托管和过户、金融产品持有人的名册登记、金融产品交易的清算和交收、按照发行人的委托派发金融产品权益等业务时，金融产品发行人、投资者、中介机构等单位和个人，以及执法、司法机构和律师等，如要了解相关信息可以向其进行查询，金融登记结算机构必须提供查询服务，该业务由于是建立在前述各项业务的基础之上的，所以被视为金融登记结算机构的派生业务。如果行政和司法机构需要对涉案金融交易账号进行查封和冻结，金融登记结算机构负有依法协助的义务。除此之外，金融登记结算机构还可以办理金融监管机构批准的其他业务。

中国《证券法》规定，证券登记结算机构履行下列职能：① 证券账户、结算账户的设立；② 证券的存管和过户；③ 证券持有人名册登记；④ 证券交易所上市证券交易的清算和交收；⑤ 受发行人的委托派发证券权益；⑥ 办理与上述业务有关的查询；⑦ 国务院证券监督管理机构批准的其他业务。

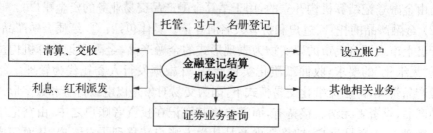

图 2-4-1　金融登记结算机构业务类别示意图

三、金融登记结算机构的设立和审批

（一）金融登记结算机构的基本类型

根据金融登记结算机构和证券期货等金融交易所的不同关系，可将金融登记结算机构划分为两大类型：共同型和独立型。

（1）共同型金融登记结算机构。共同型金融登记结算机构，即登记结算机构是金融交易所内部的一个职能部门，或者是交易所的全资子公司，主要为在该金融交易所中的交易提供登记结算服务，有时也有选择性地为其他机构提供外包的结算服务。从其组织结构和管理模式看，金融交易所垂直管理结算机构并且结算机构的资产归属于金融交易所，所以又被称为"垂直模式"或"专属模式"。

证券期货等金融市场建立之初，绝大多数金融交易所都选择一体化经营模式，由金融交易所内部机构进行清算和交割。这种清算和结算体制的产生基础如下：一是在金融交易所成立之初，参与交易的投资者人数较少，市场规模和交易量、交易品种都有限，在金融交易所内设立结算部门足以完成日常清算和交割；二是由于交通与信息较为落后，各金融交易所处于封闭或半封闭的状态，使得证券期货等金融交易具有很大的地域性特征，所以在金融交易所内部设立结算部门或设立专属的结算机构更有利于登记结算；三是金融交易所成立之初的手工交易模式极大地限制了交易信息和数据的传送，无法将大批量的交易信息和数据传送至交易所外的独立登记结算机构，因而内设机构往往更有利于金融交易的登记结算。

（2）独立型金融登记结算机构。独立型金融登记结算机构一般不从属于任何一家金融交易所，它们的所有权和管理结构与金融交易所不存在任何直接的关系。这种类型的金融登记结算机构的设立宗旨与共同型的金融登记结算机构多有不同，更有可能采取公司的形式，是以营利为目的的经营实体。它们面向社会，可为任何金融交易所的证券、期货、票据、保险或其他金融衍生产品交易提供专业化的登记结算服务，而非为某一家金融交易所独有。虽然金融交易所有时既是金融登记结算机构的结算会员，又是其股东，但是它们仅是公司的一般性股东，而不禁止金融结算机构为市场其他主体提供服务。金融交易所与结算机构之间纯粹是一种商业关系，金融交易所出于专业化考虑，将交易的结算和交割业务外包给独立的专业化金融登记结算机构进行，以提高效率和降低成本。这种独立于金融交易所的登记结算机构同时拥有不同证券交易所、期货交易所甚至是其他类型金融交易所作为其结算会员，为它们提供专业性的结算登记服务。

以期货登记结算机构为例,近年来,一些期货交易所出于专业化经营及节约成本的考虑,自身不控制任何期货登记结算公司,而将结算业务外包给其他金融交易所的登记结算部门或者独立的登记结算机构负责,如芝加哥期权交易所、伦敦国际金融期货交易所、伦敦金属交易所、蒙特利尔交易所、印度全国商品交易所、印度商品及衍生品交易所等。这些期货交易所自己并未设立登记结算机构,而是将结算业务交付给其他专业性登记结算机构。

(二)金融登记结算机构的设立条件

金融登记结算机构是一个总括性概念,具体包括证券登记结算机构、期货登记结算机构、票据登记结算机构和保险登记结算机构,甚至还有其他类型的金融登记结算机构,当然也有同时经营上述业务的综合型登记结算机构。由于各类金融登记结算机构的功能职责并不完全相同,所以也不存在统一的立法和设置条件。以证券登记结算机构为例,根据中国《证券法》和《证券交易所管理办法》的规定,证券登记结算机构的设立和存续条件包括以下五个方面。

(1)资金条件。证券登记结算机构作为一类重要的证券市场法人组织,要想全面充分地发挥其登记结算效能,必须具有相应的财产。根据《证券法》的规定,设立证券登记结算机构必须具有不少于2亿元人民币的自有资金,而且须经国务院证券监管机构审查批准。目前,法律未对期货登记结算机构的设立进行明确规定,实际做法还是通过各期货交易所内设部门进行登记结算。对于金融登记结算机构的设立,其他国家也有类似的规定,如新加坡证券法规定:建立证券交易登记结算机构必须经证券监管机构批准,而且有必要的资金;禁止任何人擅自建立、维护或提供,或者协助建立、维护或提供证券市场结算所。现在负责新加坡证券市场中央存管和清算交收服务的中央存管有限公司,其注册资本2亿新元,实收资本1亿新元。

(2)设备条件。为了顺利办理上市证券集中登记、托管和结算,建立证券登记结算机构还应该具备符合要求的硬件设施,如必须有适当的服务场所,应当建立与此相适应的登记结算系统,配备必要的电脑、通信设备等。

(3)制度条件。建立证券登记结算机构还必须满足以下条件:① 有完整的数据安全保护和数据备份措施,确保证券登记、托管和结算资料和电脑系统的安全;② 制定健全的内部管理规则和风险控制措施,即应当按照证券监管机构的要求,建立健全本机构的业务、财务和安全防范等内部管理制度和工作程序。

(4)人员条件。由于证券登记结算机构提供的登记、托管和结算服务以及与之相关联的其他证券业务具有较强的专业性和技术性,所以其管理人员和从业人员必须具备法律规定的从业资格和专业技术条件。

(5)其他条件。国务院证券监督管理机构可以根据证券市场发展的需要,因时制宜地对证券登记结算机构从事业务活动应当具备的条件作出新的规定。

四、中国金融登记结算机构改革发展

目前,中国证券交易登记采取的是统一登记结算模式,即由中国证券登记结算有限

责任公司按照《证券法》和《证券登记结算管理办法》以及其他相关规定,统一进行上海证券交易所、深圳证券交易所和全国中小企业转让系统的有关证券账户、结算账户的设立和管理,证券的存管和过户,证券持有人名册登记及权益登记,证券和资金的清算交收及相关管理,并受发行人的委托派发证券权益,依法提供与证券登记结算业务有关的查询、信息、咨询和培训服务,以及中国证监会批准的其他业务。但有关债券的登记、托管和过户由中国债券登记结算有限责任公司负责。与证券的统一登记结算模式不同的是,四大期货交易所在各自的交易所内设立登记结算职能机构,票据交易所和保险交易所与期货交易所类似。

加拿大、美国、欧盟等国家和地区的证券和期货市场已经实现或正在实现统一结算,构建统一的登记结算机构是世界证券期货大国的基本发展方向。因此,中国建立统一的期货登记结算机构并最终走向统一的金融登记结算也是大势所趋。

(1) 统一登记结算有利于节约社会成本。构建统一登记结算体系,使得同类市场的登记结算业务,甚至所有的金融交易登记结算业务集于一个独立的机构,各类金融交易所将不再参与具体登记结算业务,而是专心于改善交易服务、提高服务质量、严格交易制度,从而降低金融交易所的运营成本,提高金融交易所的运营效益。

(2) 统一登记结算有利于提高结算效率。一方面,统一登记结算体系建立后,同类市场的金融交易登记结算业务都在一个独立的金融登记结算机构内进行,能够降低经营机构将保证金分存在各自登记结算机构产生的资金占有率,增加经营机构的资金流动性,提高保证金使用效率,有助于解决结算会员在一个金融交易所的保证金沉淀而在另一个交易所的保证金不足的状况,从而减少因保证金不足被强行平仓事件的发生,将经营机构的运营风险降到最低点。另一方面,统一结算体系建立后,由于同类金融市场交易品种均由一个金融登记结算机构登记结算,金融交易保证金的存放、其资金划转也只在该登记结算机构内进行,所以将极大地减少资金清算、流动、审批的环节和流转时间,有助于结算效率的提高。

(3) 统一结算有利于金融市场的风险控制。统一、独立的登记结算体系有助于金融风险控制制度的落实,消弭内部、分隔、独立结算体制下的制度冲突和监管差异。

① 当金融市场存在风险,需要采取某种风险控制措施时,独立、统一的登记结算机构不会碍于金融交易所的原因,或受制于金融交易所而迟延或放弃采取措施控制市场风险。

② 在统一登记结算体系下,独立、统一的登记结算机构有助于金融风险准备金的筹集、管理和使用,因为责任自负的金融登记结算机构更能依法管理和合理使用风险准备金,将风险准备金制度作为一种实实在在的制度来保障金融市场的稳健发展。

③ 统一的登记结算体系有利于金融监管机构对金融登记结算机构的监管,确保交易所与登记结算机构相互制衡,从而更好地控制市场风险。在现有登记结算体系下,包括四个期货登记结算机构在内的诸多金融登记结算机构并存,设立条件、经营模式和风险控制各不相同,增加了监管成本。登记结算机构与金融交易所的一体化,可能会促使登记结算机构作出不利于监管机构监管的行为,以隐瞒交易所或登记结算机构的违法行为。

(4) 统一结算有利于开展金融交易的国际金融合作。在全球金融一体化和金融融合化的大背景下，中国的金融市场必然加速对外开放和实行融合化经营。因此，首先，金融交易的独立、统一登记结算有助于国外金融交易所推出与中国金融交易所相关联的金融产品，能通过登记结算系统的对接使投资者在不同国家交易所之间实现交易对冲；其次，统一登记结算模式将扫除金融交易所合并和收购在结算领域的障碍，有利于资源的优化配置；最后，国内外经营机构可通过中国的统一登记结算体系相互参与到对方的金融市场，将中国的金融交易所纳入全球交易平台。

(5) 统一结算有利于金融交易所功能的发挥。金融交易所的主要功能在于产品设计与上市、金融产品交易和市场开拓等方面。目前，中国包括四家期货交易所在内的金融交易所集中了期货等金融衍生产品开发、市场交易、交易结算、现货交割等各种功能，这种现状导致角色重叠，交易所功能发挥受阻。如果实行独立、统一登记结算，将登记结算的功能从金融交易所中剥离出来，金融交易所将更专注于金融产品的开发和创新，设计出更多适应市场的金融产品，这将有利于中国金融市场品种规模的繁荣发展，最终将能更多地吸引投资者的参与，从而有利于中国金融市场的发展壮大。

剥离金融交易所中的登记结算功能，将使得各金融交易所专司金融产品设计、上市和交易，能够增加金融交易所的竞争意识。这一方面有助于中国现有期货合约等金融产品不断改善，另一方面也有利于期货等金融市场的开拓，促进期货等金融市场实现专业化分工，真正发挥金融交易所的基础功能。

(6) 统一结算有利于优化金融市场利益分配。目前，以期货市场为代表的金融市场利益分配不合理。期货交易所作为非营利性的机构，攫取了整个期货市场利益的大部分，而期货经营机构作为期货市场的主体之一，除了少数几家经营机构外，大部分处于亏损或保本的经营状态。

实行统一结算后，将采取公司制的统一登记结算机构体制，期货等金融机构可参股设立登记结算机构，也可从中获得登记结算机构的盈利，以解决目前会员制期货等金融交易所只盈利不分配的现象。同时，期货等金融机构在登记结算机构拥有一定的话语权，这将使得期货等金融机构有动力改善登记结算设施与条件，对目前金融市场的利益分配格局进行调整。同时，将金融交易所中登记结算业务剥离，能够使得其开拓新业务、降低交易成本、提高效率来提高竞争力。

延伸阅读

中国证券（国债）结算登记公司

中国证券登记结算有限责任公司（以下简称结算公司）是经中国证监会批准，由上海和深圳证券交易所依据《公司法》和《证券法》在 2001 年 3 月 30 日投资设立的，不以营利为目的的法人机构，上海和深圳证券交易所分别持有结算公司 50% 的股份。公司地址位于北京市西城区太平桥大街 17 号，结算公司下设北京、上海、深圳三家分公司及中国证券登记结算（香港）有限公司、中证证券期货业信息基地建设公司两家全资子公司。2001年10月1日开始,原上海、深圳证券交易所承担的全部证券登记结算业务划归结算公司承担,《证券法》规定的全国集中统一运营的证券登记结算体制由此形成。

作为中国资本市场最重要的金融基础设施,结算公司"秉承安全、高效的基本原则,根据多层次市场加快发展的需要,健全完善集中统一的登记结算体系,为登记结算系统各类参与者参与场内场外、公募私募以及跨境证券现货和衍生品投融资提供规范、灵活、多样的登记结算基础设施服务"的基本宗旨。结算公司的职能包括为客户设立和管理证券和结算账户,存管和过户证券和各类金融产品,保管和持有证券持有人名册及权益登记,清算交收及管理证券和资金,受发行人委托派发证券权益,依法提供与证券登记结算业务有关的查询、信息、咨询和培训服务,以及中国证监会批准的其他业务。具体的业务范围如下:① 为上海、深圳证券交易所及全国中小企业股份转让系统公司全部上市或挂牌的证券提供登记、清算和交收服务;② 为上海、深圳证券交易所上市的股票期权等金融衍生品提供清算、交收服务;③ 为沪港通等跨境证券交易提供登记、存管、清算、交收服务;④ 为内地发行的开放式基金产品、证券公司资产管理产品及陆港基金互认产品提供登记、清算、交收及托管服务;⑤ 为中国证券金融公司转融通业务提供登记结算服务;⑥ 为中国金融期货交易所上市国债期货提供实物交割服务;⑦ 为非上市公众公司提供集中登记存管服务;⑧ 为境外上市公司(主要在香港)非境外上市股份提供集中登记存管服务;⑨ 为债券在证券交易所市场与银行间市场流动提供转托管(转登记)服务。

结算公司对登记结算系统参与者提供的主要服务内容如下:① 为上市公司等证券发行人提供持有名册、证券权益派发、公司行为网络投票、股权激励和员工持股计划等服务。② 通过电子化证券簿记系统为证券持有人设立证券账户,提供登记、存管服务及证券交易后的证券交收服务。③ 为结算参与人设立担保和非担保资金交收账户,为证券、金融衍生品交易提供清算、交收服务;就场内集中交易的证券品种,公司作为中央对手方(CCP)以结算参与人为单位,提供多边净额担保结算服务;就非场内集中交易的证券品种,提供双边全额、双边净额、实时逐笔全额(RTGS)及资金代收付服务。④ 为公募、私募基金发行人提供基金资产的托管服务。

中央国债登记结算有限责任公司(以下简称国债结算公司)是与中国证券登记结算有限责任公司并行设立的另一专司国债结算的机构。国债结算公司是由国务院批准、国家财政独家投资设立的中央企业,主要职能是承担各类金融资产的中央登记、托管和结算:① 接受财政部的委托负责国债总托管,主持建立、运营全国国债托管系统;② 根据中国人民银行的指定,负责银行间市场债券登记托管,以及商业银行柜台记账式国债交易一级托管;③ 根据国家发展改革委员会的授权,负责企业债总登记托管人及发行审核的第三方技术评估;④ 根据中国银保监会授权,承担理财信息登记系统、信托产品登记系统和信贷资产登记流转系统等的开发和运作。

[资料来源]中国证券登记结算有限责任公司官方网站、中央国债登记结算有限责任公司官方网站。

问题与思考

1. 会员制金融交易所与公司制金融交易所在组织体系、交易模式和权利义务关系等方面有何不同?
2. 现在全球有一种普遍化的倾向就是对证券交易所、期货交易所进行公司化改造,其理论依据是什么?
3. 中国的期货登记结算采取的是期货交易所内设登记结算部门的模式,这种模式存在哪些优缺点?
4. 国际金融监管机构要求各国的金融交易尽可能地实行中央登记结算模式,以避免金融风险,其理论依据是什么?
5. 中国的证券登记结算机构的主要职责包括哪些,你认为中国的期货登记结算机构的改革方向是什么?

第三篇　金融市场行为法律制度

- 第一章　货币发行与交易法律制度
- 第二章　证券发行与交易行为法律制度
- 第三章　期货上市与交易行为法律制度
- 第四章　其他金融交易行为法律制度
- 第五章　货币支付结算行为法律制度

第一章　货币发行与交易法律制度

本章纲要
- ◆ 法定货币发行
- ◆ 货币政策目标
- ◆ 货币政策工具
- ◆ 存款贷款业务
- ◆ 网络平台借贷
- ◆ 同业拆借市场
- ◆ 银行债券市场
- ◆ 外汇交易市场

第一节　货币发行行为法律制度

一、货币发行的概念和特征

(一) 货币发行的概念和程序

货币发行是一定时间内中央银行作为法定的货币发行者对流通领域的货币纯投入,即对流动领域的货币投入与回笼到中央银行的货币的差额。货币发行有两重含义:一是货币从中央银行的发行库通过各银行经营机构的业务库流向社会;二是货币从中央银行流出的数量大于流入的数量,是中央银行重要的负债。《中国人民银行法》规定,中国的法定货币是人民币,单位为元,人民币辅币单位为角、分,人民币由中国人民银行统一印制、发行。在中国境内的一切公共和私人债务均以人民币支付,任何单位和个人不得拒收。

现金发行涉及发行与回笼两个问题,货币发行的基本程序如下:纸钞与铸币印制→进入发行库→发行基金调拨→中央银行进行现金发行→中央银行实行现金回笼→残损货币销毁。但是,在货币进入数字化时代后,因为货币的形式发生了颠覆性变化,所以数字货币发行程序和发行方式也与传统的纸质货币发行存在根本性的差异。

(1) 现金印制和入库。印制纸钞和铸造辅币由各国中央银行所属或指定造币公司负责,货币的印制实行严格管制,按预计的货币需求量进行印制。印制完成后,存放在国家发行仓库。例如,人民币印制完成后按计划解送至中国人民银行总行重点发行库,发行库由国务院批准建立,按中国人民银行各级管理机构设置发行总库、分库和支库,由各级人民银行行长负责管理相应发行库。中国人民银行总行重点库验收人民币、确认数额和质量后,办理新币入库手续。

(2) 发行基金的调拨。发行基金是指已经进入发行库,但还未进入流通领域的货币。发行基金调拨是指发行基金在发行库之间的转移。在中国的货币发行过程中,中国人民银行总行拥有货币发行的控制权,包括对各级发行库中发行基金的调拨权;发行基金采取逐级调拨方式,各级发行库凭上级人民银行开具的调拨命令执行。

(3) 现金发行的流程。现金从发行库进入银行经营机构的业务库称为现金发行,从银行经营机构的业务库回到发行库称为回笼。以人民币发行为例,当银行经营机构基层行处现金不足时,可从当地人民银行的存款账户内提取现金,人民币则从发行库转移到银行经营机构的业务库,机构或个人从银行经营机构支取现金,银行经营机构向他们投放现金,人民币开始进入流通领域。反之,社会各阶层将现金存入银行经营机构,现金退出流通领域归入银行;当银行经营机构的基层行处的库存现金超过规定的库存限额时,超过部分送交当地人民银行,该部分人民币回笼到发行库。

由于现代金融的互联网化、货币的数字化,国家货币发行的规则、程序、后果与传统的货币印制、发行和监管存在很大的差异,各国正在积极地探索数字化模式下的货币发行技术和立法规制。

(二) 货币发行的特征

各个国家或货币区由于法律、金融制度和货币体制差异,法定货币的发行制度和发行模式会有所不同,但也存在共同特征。

(1) 货币一般都由各国或特定货币区的中央银行发行。各国或货币区的法律将发行货币的权力赋予中央银行或类似的机构。如《中国人民银行法》规定,人民币由中国人民银行统一印制、发行。中国人民银行发行新版人民币,应当将发行时间、面额、图案、式样、规格予以公告。

(2) 货币的购买和清偿能力由国家保障实施。法定货币由国家强制力保障其购买和清偿力,各国普遍已经将货币发行与黄金脱钩,不再由货币中所含的黄金价值保障其兑付,而是以国家信誉作为价值担保。

(3) 货币发行是中央银行的负债性业务。中央银行的货币发行实际上是对社会提供具有购买力的纸质价值符号,而这些货币必须以一国或者货币区未来的财富进行清偿。中央银行的负债规模实际取决于执行流通功能所需要的规模,以及货币区域内一定时期的财富总量,包括货币流通速度。

(4) 中央银行发行货币的方式较为固定。各国或货币区向市场发行货币的方式有所差异,但其基本途径是通过向银行经营机构贷款和贴现的方式进行。以中国人民银行为例,基础货币的发行主要有以下几种方式:在公开市场上买进国债,收购黄金和外汇,对银行经营机构贷款,以及向财政部发行通货。

(5) 货币发行是中央银行调节经济的方式。各国或货币区中央银行通过发行货币控制和调节国家经济。一般而言,当其经济衰退时增加货币发行量,经济增速过快时则减少货币发行量。

二、货币发行的政策目标

(一) 货币发行政策目标的概述

货币发行政策目标又可简称为货币政策目标,是指中央银行制定和执行货币发行政策所要达到的社会经济目标,这也是中央银行作为货币政策制定和落实者的最高行为准则。货币发行是国家维持社会经济发展的前提和基础,货币政策目标代表了一国或地区某一时期经济发展指导思想,所以货币政策目标在国家宏观经济政策中居于十分重要的位置。货币政策目标的变化和修改会引起货币供应量的变化,进而导致社会价格水平的变化,并引起经济总需求和总供给的变化、经济增长速度和经济结构的变化、国际收支平衡的变化等。因此,货币政策是现代市场经济国家最为重要的宏观经济调控手段。

货币政策包括政策目标、实现政策的工具、监测和控制目标实现的各种操作指标、中介指标、政策传递机制和政策效果等基本内容。中央银行单独或者在中央政府领导下制定一国或货币区货币政策,如欧洲中央银行的货币政策,然后综合应用其政策工具,以实现其货币政策目标从而调节国家或货币区经济发展。

(二) 货币发行政策的最终目标

各个国家或货币区由于政治体制、经济发展、人口数量和社会历史文化因素等,其发行货币的政策目标有较大的差异。即使同一个国家或货币区,在不同的历史阶段,中央银行法对货币政策目标的设置也不尽一致。目前,世界各国发行货币的政策目标可以归纳为以下三大类:一是单一目标论,即认为稳定货币币值是货币政策的唯一目标;二是双重目标论,即认为货币政策目标除维持币值稳定外,还必须兼顾经济发展;三是多重目标论,即认为货币政策目标应由多重目标有机结合,不仅要求在发行货币时应维持货币币值稳定、促进经济增长,还应该考虑促进充分就业、维持国际收支平衡,以及实现金融稳定等价值目标。上述货币发行的各个具体政策目标包括以下五个方面。

(1) 保持币值稳定。保持币值稳定是指将物价水平的变动控制在一个比较小的区间内,在短期内不发生显著的或急剧的波动。但是,维持货币币值稳定并不等于不存在任何通货膨胀,根据西方经典经济学的研究论证,3%以下温和的通货膨胀属于正常的货币贬值范围。

(2) 拉动经济增长。拉动经济增长是指通过恰当的货币发行促进一国或货币区的经济增长;换言之,就是指经济在一个较长的时期始终处于稳定增长的状态,不会出现大起大落甚至衰退现象,当然也不会出现经济过热的不正常增长状态。币值稳定与经济增长是一个相辅相成的问题,西方经典经济学认为,3%以下温和的通货膨胀有助于经济增长。

(3) 促进充分就业。促进充分就业是指通过恰当的货币发行促进一国或货币区的就业增长;换言之,就是指任何有意愿工作并有能力工作的人,均可以找到一个有报酬的工作。这是各国宏观经济政策的重要目标。因此,货币发行政策的目标就是在经济发展的基础上,促使企业生产、社会居民消费不断增长,并以此拉动劳动力就业规模和水平。

(4) 国际收支平衡。国际收支平衡是指一国的进出口平衡，收入和支出实现平衡，这也是各国经济稳定增长和政治稳定的重要条件。因此，货币的发行必须在促进经济增长的基础上，实现经济进出口、投资贸易、外汇汇率的均衡，通过货币的增加或减少平衡国际收支，不会产生过大的外贸顺差或逆差。

(5) 维护金融稳定。维护金融稳定是指中央银行发行货币必须适度，并且要求货币发行随金融市场发展进行动态调整。货币危机，如市场货币紧缺或者货币过度宽松，会引发市场流动性不足或通货膨胀，进一步导致金融危机。所以，在市场流动性不足时应及时增加货币发行，在市场发生大的通货膨胀时则应适当减少货币发行，而在发生金融危机后，中央银行应通过货币量的调节实现对问题金融机构的救助。

现行《中国人民银行法》规定，中国的货币政策目标是保持货币币值稳定，并以此促进经济增长。由此可见，中国现阶段货币发行没有将促进充分就业、维持国际收支平衡等列为政策目标。但是在实践中，中国人民银行发行货币同样要考虑劳动力就业、国际收支平衡和金融稳定三项政策目标。

(三) 货币发行政策的中介目标

中央银行为了实现货币发行政策的最终目标，必须设定一系列中介指标，通过实施各中介指标或措施最终实现最终目标，这些中介指标也可被称为直接目标。中介目标是货币发行最终目标能否实现的过渡性指标，也是关键性指标，这些目标的选取要符合以下要求：① 可控性，即中介目标能够为中央银行在进行货币调控时有效控制；② 可测性，即中介目标能够进行计量，其效果能够以数理模型进行预测；③ 相关性，即所选择的中介目标应该与最终目标紧密相关，存在密切、稳定和统计数量上的关系；④ 抗干扰性，即所选择的中介目标必须能够抵御外来的不确定因素干扰；⑤ 相容性，即所选择的中介目标必须与国家或货币区的经济体制相容，不能将其他国家或货币区的中介目标硬性套用到自己国家或货币区。

根据上述要求，一般性的中介目标包括利率、货币供应量、超额准备金和基础货币。

(1) 利率目标。利率目标，即中央银行通过制定银行经营机构的各种存贷款利率标准，实现对货币发行政策的最终目标。

(2) 货币供应量。货币供应量，即中央银行通过控制货币发行量，实现促进经济发展或抑制经济过速发展的目标。

(3) 超额准备金。超额准备金，即在法定准备金的基础上再提取一定量货币作为存款准备金，以此影响银行经营机构的贷款业务规模。

(4) 基础货币。基础货币，即流动中的现金和银行经营机构的存款准备金的总和，它构成了金融市场货币供应量倍数伸缩的基础，各国都将基础货币作为操作目标进行控制。

三、货币发行的基本影响因素

(一) 货币发行的宏观影响因素

国家或者货币区一定时期中央银行发行货币的数量取决于多种因素，其中宏观经济因素对一国或货币区的货币发行起决定性影响。这些决定性宏观经济因素包括以下八个方面。

（1）一国或货币区 GDP 总量。货币发行总量与一国或货币区 GDP 总量紧密相关，反映出一定时期全社会的市场需求能力。GDP 总量越大，对货币的需求量也越多，反之则越少，但具体多少为合适，理论和实践中并没有一个严格比例，它随着经济发展和市场条件而变化。

（2）市场商品供求结构配置。商品供给一方面取决于产出的效率和水平，另一方面又受制于社会对它们的需求。商品供给水平提高，而且符合社会需求，则货币需求也随之增大；如果社会生产的产品不符合社会需求，则货币需求减少。反之，商品需求增大也会刺激对货币的需求量，并因此刺激中央银行发行更多的货币。

（3）商品和劳务的价格水平。商品和劳务均由价格进行计量，也需要用货币进行支付和结算，价格水平越高，则所需货币越多，因为需要用更多的货币来支付商品和劳务报酬。反之，价格水平越低，则所需货币量越少。

（4）收入在各部门间的分配。国民收入通过一定的分配和再分配之后进入各个部门，各部门的经济条件、产业特征、消费习惯等因素使得其消费速度存在较大的差距，因而用于购买商品和劳务的货币量需求也不一样，并影响货币发行量。

（5）货币流通速度和信用制度。货币流通速度是指单位货币在一定时期内被周转使用或流通支付的次数。货币流通速度越快，单位货币完成的交易量就越多，所需货币量就越少，反之则越多。信用制度也会影响货币总量，如借贷、赊销等信用制度也能够减少货币的发行。

（6）数字货币化发展程度。现代货币包括三大类，即传统的纸质货币和金属铸币、账务结算和票据、存款数字货币。第一类我们一般称为现钞，后两类可称为广义的数字货币。数字货币仅是代表传统的货币进行流动结算的符号，数字货币越发达，则现钞货币越少，因为二者之间存在替代效应，所以会影响货币发行量。

（7）国家开放和货币国际化程度。国家的开放程度会影响货币的发行数量，因为一个开放国家往往会许可其他国家的货币在本国使用，同时也会将本国的货币输送至其他国家，从而影响国家或货币区的货币发行。如果某种货币国际化程度高，将有更多的国家使用本国的货币，并影响货币发行量。

（8）其他经济或非经济因素。一国或地区的人口数量、产业结构、城乡关系、交通通信等也会对货币量产生较大的影响，特别是交通通信的发展程度对货币量的发行影响很大。互联网金融的发展使得货币周转速度加快，对货币需求量大为减少。

（二）货币发行的微观因素

除了宏观经济影响外，微观经济条件也会影响国家和货币区的货币发行。这些微观经济因素包括以下三个方面。

（1）居民收入水平和结构。家庭和个人一定时期的收入水平，机关、团体、企业的收入水平影响他们的购买力。收入水平越高，则消费和购买力也越高，因此也更需要货币进行周转，所需货币量也越大；反之，货币需求量则更小。家庭各种收入比例结构会影响其购买力，因此也会影响货币需求总量。

（2）利率和金融资产收益率。银行利率和金融产品收益率的高低会影响货币持有的机会成本，如利率和收益率升高，会减少货币持有量，因为居民和机构更愿意将货币投放到金融市场和实体经济，中央银行将可以减少货币的发行。反之，中央银行将需要发行较多的货币以弥补经济中的货币缺口。

（3）教育程度和心理习惯等因素。不同国家或地区的居民的心理习惯也会影响中央银行货币的发行。例如：有些国家或地区的居民习惯于存放现金在家中，这一习惯会增加中央银行货币发行总量，以满足社会经济中实际货币的需求量；反之，另一些国家或地区的居民习惯于存款和金融投资，则能够减少中央银行的货币发行量。当然，这种习惯又与居民的教育程度密切相关，文化程度较高者更愿意使用数字货币和进行存款、投资，因而会减少现金货币发行。反之，则增加现金发行。

四、货币派生发行法律制度

（一）货币派生发行的概念和特征

中央银行对市场发行的是基础型货币，这些基础性货币经过银行经营机构派生存款机制的运作，使得货币供给量成倍增加。换言之，发行基础货币的权限集中在各国或货币区的中央银行，但是中央银行所发行的基础货币经过银行经营机构的放大，派生出多于基础货币若干倍的货币量。因为这些衍生出来的货币量是由银行经营机构在基础货币基础上加工创造出来的，所以可将此视为货币的派生发行。货币的派生发行相对于中央银行发行具有以下三个不同之处。

（1）发行主体不同。基础货币的发行，或称为初始发行或原始发行，其发行权力集中在中央银行，而派生发行主体则为银行经营机构或其他具有存款职能的金融机构。

（2）发行原理不同。银行经营机构的货币派生发行实际上是由货币的派生存款衍生出来的，而非法律授权中央银行的货币发行，因为任何中央银行的货币发行的最后责任均由中央银行承担，而派生发行则现由银行经营机构承担，只有在商业银行无力承担时才可能发生中央银行实施救助的行为。

（3）发行原则不同。中央银行发行货币必须考虑物价稳定、经济增长以及其他诸多因素。银行经营机构的派生发行虽然受制于中央银行的存款储备金要求以及其他方面的限制如存贷款利率等，并受中央银行的监管，但银行经营机构总的发行原则是追求利益最大化。

（二）货币派生发行的前提条件

银行经营机构的核心业务是存贷款和结算、转账和支付。然而，现代银行经营机构能够在这些传统业务的基础上派生出货币创造能力，主要是基于存款制度的发展和结算支付模式的创新。

（1）实行部分准备金制度。部分准备金制度是指银行等存款机构在负债业务中，只需要将吸收到的一小部分存款存放在中央银行并在自己银行中留存部分备付金，以此作为存款偿还准备金，其余部分则可全部用于发放贷款或进行投资，也即无须将全部存款进行留存用于存款偿还。在实行部分准备金制度的金融体制下，银行经营机构可将客户存款贷出去以实现存款创造,也即所谓的派生货币发行,然后采用滚动式原理"以新存款归还旧存款"。

(2)采用票据和转账进行支付结算。在票据或转账结算模式下,个人、企业和其他机构通过银行经营机构完成交易活动款项支付和收取。票据和转账结算凭证发挥着与现金类似的流通、支付作用,而票据和转账结算凭证所代表的货币仍然留存在银行,在依法提存必要的存款准备金后又贷给其他企业或个人。如此循环往复,银行经营机构的资产负债都得到放大,也使市场货币供给量高度放大。

但在货币市场实践中,银行经营机构派生货币增量受诸多因素的影响,如超额准备金、现金漏损、活期存款转化为定期存款,特别是现在数字货币的使用和发展,会对派生货币发行产生巨大的影响,并颠覆传统的银行经营机构货币创造计算模型。

延伸阅读

金融全球化对国家货币制度的影响

20世纪80年代以来,金融全球化逐渐成为世界金融发展的新潮流,也构成了全球经济一体化的重要组成部分。一般认为有三大因素导致金融全球化发展:一是实体经济因素,如生产、贸易、直接投资和科学技术的发展;二是金融技术因素,20世纪70年代以来的金融创新,特别是21世纪以来互联网的发展和信息技术创新,使得金融业跨国界迅猛发展;三是金融制度因素,即20世纪80年代以来的金融自由化运动,以及金融混业经营、金融监管合作等金融制度创新。金融全球化发展必然会对国家货币制度产生的深远影响,使得国家对货币发行量的控制、币值的稳定、国家货币政策独立性更加艰难。

首先,金融全球化削弱了中央银行控制本国货币供给的能力。金融全球化使得金融机构突破国家管辖权边界进入其他国家和货币区域进行金融业务,各国货币的相互流动、以不同货币标价的金融产品的发行与交易,以及以互联网为基础的数字货币运行,使得世界各种主要货币成为国内货币的替代品,中央银行发行货币的市场环境更加复杂,而无成功的经验可借鉴。一般而言,当国内货币政策趋向紧缩时,都将导致国内资金转向外国货币市场,绕过中央银行的货币控制。另外,金融创新和数字货币、第三方支付等也会削弱中央银行的货币控制功能。随着金融机构的职能日益增多以及各项业务的交叉,第三方支付和数字货币游离于中央银行的监控,货币创造的主体不再局限于中央银行和银行经营机构,而趋于多元化,从而增加了中央银行控制货币的难度。

其次,金融全球化严重影响本国货币币值的稳定。在全球化背景下,反"劣币驱逐良币"的规律使得国家无法维护本国货币币值稳定。一般说来,购买力越高、币值越稳定的货币,越能充分有效地发挥货币职能,为世界各国所接受,因而产生"强币驱逐劣币"现象。随着全球金融一体化发展,货币虽然是主权货币,但是货币的自由兑换成了金融一体化的基本标志,造成少数经济实力强的国家或地区货币(如美元、欧元等)由于购买力强而被世界广为接受,而其他的货币则为弱币,无法进入全球市场,其货币职能被限定在国家边界内,甚至在国内也成了次优选择。在多元货币流动的国际货币体制下,强币驱逐弱币的基本模式是大量抛售弱币。如果遭抛售国家外汇准备不足,则无法维护本国币值的稳定,2018年土耳其里拉的贬值就是最恰当的例证。

最后,在金融全球化背景下,国家无法独立制定货币政策。货币政策的制定必须尽力做到两方面的独立性:一是独立于政府;二是独立于其他国家。但是在金融全球化背景下,各国制定货币政策已经不能只考虑本国的情况,还必须考虑全球的经济发展状况,因为其他国家的经济发展、货币政策等会严重影响本国货币政策的功效以及政策目标实施的可能。以中国为例,中国人民银行发行货币不仅要考虑国内的宏观和微观经济因素,还要仔细研判和预估人民币全球化带来的货币影响。

[资料来源]李成主编《中级金融学》,西安交通大学出版社,2007,第24—26页。

第二节 货币市场调控行为法律制度

一、货币市场调控行为的概念和特征

（一）货币市场调控行为的概念

货币市场的调控是指中央银行为了实现社会经济运行中货币总需求与总供给之间的平衡,保证货币供给符合国民经济持续、稳定、协调发展以及居民生活需要,实现货币政策的终极目标,而通过经济、法律和行政等多种方式或途径对货币市场进行调节、干预与控制。

货币市场调控是中央银行对货币发行和流通总量的管理,是各国或货币区中央银行的基本职能。货币调控是中央银行在货币运行中,为了规范货币市场运行、保障币值稳定、促进经济发展,对货币发行和运行总体的调节与控制。货币市场调控的过程是中央银行依据货币市场的一系列规律,为实现总量平衡,保持经济持续、稳定、协调增长,而对货币收支总量、财政收支总量、外汇收支总量和主要物资供求的调节与控制。货币市场的调控的目标是运用多元化的调节手段和调节机制,在货币供应与需求平衡的基础上,通过货币的供应和导向实现资源的优化配置,为微观经济运行提供良性的货币环境,使市场经济得到正常运行和均衡发展。中央银行对货币市场调控的主要表现为中央银行利用货币政策、货币法治、计划指导和必要的行政管理,对货币发行和货币市场的有效运作发挥调控作用。2007—2009年世界性金融危机后,以美国为首的中央银行的加息、量化宽松货币政策等就是典型的货币市场调控,其目的就是促进经济发展。

（二）货币市场调控行为的特征

货币市场调控是国家对经济调控的一个重要组成部分。在市场经济国家,国家对

经济的干预主要通过对货币市场的干预来实现,货币市场调控主要有以下三个特点。

(1)货币市场调控的主体是中央银行。货币市场是一个特殊的市场,其专业性、技术性、风险性和传导性使得各国或货币区法律一般都把对货币的调控权赋予发行货币的机构即中央银行。如《中国人民银行法》规定,中国人民银行依法监测金融市场的运行情况,对金融市场实施宏观调控,促进其协调发展,中国人民银行对金融机构以及其他单位和个人执行货币政策的行为进行检查监督。

(2)货币市场调控的目标是货币供给和需求的均衡,实现货币市场的稳健运行。中央银行运用法律、行政和经济手段对货币市场的供给和需求进行控制、平衡,对货币市场进行监管,以实现货币市场的稳健运行。中央银行对货币市场的调控、监管所要达到的目标是总量平衡和宏观市场稳定,而非微观经济单位或局部市场、地区的平衡和稳定。

(3)货币市场调控的手段和工具多元化、专业化,而非简单的行政命令。由于一国或货币区的货币市场在整个市场经济中处于核心地位,以及货币市场调控的专业技术化要求较高,所以其调控工具也与一般的经济调控不同,而是设置了一系列专业化的调控工具。

二、货币市场调控的主要政策工具

货币政策工具是指中央银行为达到预定的货币政策目标而采取的措施或手段。主要货币政策工具(见图3-1-1)包括:① 存款准备金制度、再贴现政策以及公开市场操作,此类属于一般性货币政策工具,而一般性货币政策工具多属于间接调控工具;② 证券信用控制、消费信用控制、不动产信用控制、特种存款、优惠利率等,此类属于选择性货币政策工具,而选择性货币政策工具多属于直接调控工具;③ 信用分配、直接干预、流动性比率、利率限制、特种贷款、窗口指导、道义劝告等,此为补充性货币政策工具。按照《中国人民银行法》的规定,现阶段中国人民银行的货币政策工具主要有存款准备金制度、利率政策、再贷款与再贴现、公开市场操作等。

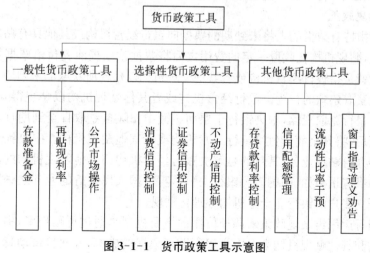

图3-1-1 货币政策工具示意图

三、货币政策工具的功能和运行

（一）一般性货币政策工具

一般性货币政策工具包括存款准备金制度、再贴现政策和公开市场操作，主要用于一国或货币区货币供应量和信贷规模的调节和控制。

1. 存款准备金制度

存款类金融机构按照法律规定或中央银行的要求，将全部存款中的一部分存入中央银行，这一存放于中央银行的特定比例的存款即存款准备金。中央银行要求的存款准备金占其存款总额的比例就是存款准备金率（deposit-reserve ratio）。存款准备金始于18世纪的英国，然后在1928年通过《通货与银行券法》加以规定。美国1913年的《联邦储备法案》和1935年的《银行法》也确立了存款准备金制度。在经历了1929—1933年世界经济危机后，各国普遍认识到调节商业银行信用规模的重要性，纷纷仿效英美等国的做法，以法律形式确立了存款准备金制度，授权中央银行按照货币政策的需要加以运用。中国的存款准备金制度建立于1984年，在进入21世纪后，升降存款准备金率成为中国人民银行最常用的货币政策工具之一。

存款准备金制度的初始意义在于保证银行经营机构的支付和清算能力，在性质上属于金融监管的范畴，之后逐渐演变成中央银行调控货币供应量的政策工具。存款准备金制度之所以能够调节货币供应量，是通过存款准备金率的调整，控制银行经营机构的存款留存货币，然后利用"乘数效应"的作用，进一步控制银行经营机构创造派生存款的能力，以实现对货币供应量的调节和控制。从理论上讲，有了存款准备金，经营机构银行创造存款的能力就受到限制，存款准备金率越高，银行经营机构创造存款的能力就越弱。反之，存款准备金率越低，留在银行经营机构的货币量就越大，银行经营机构进行存款创造的能力就越强，用于贷款的货币量也越大。由于"乘数效应"的存在，存款准备金率的微量变动亦足以使货币供应量发生巨额变化。因此，为了确保金融市场的稳定，在金融调控中，存款准备金制度是一种威力巨大而必须慎用的工具。

2. 再贴现政策

贴现是指持有票据的人将未到期的票据向银行经营机构或其他具有贴现资质的机构兑取现款，贴现机构在收取一定的费用之后将票据款项提前支付给票据持有人的行为。再贴现就是指银行经营机构或者其他贴现机构以贴现所获取的未到期票据提前进行票据转让获取票款的行为。银行经营机构或者其他贴现机构以贴现得来的票据，背书让与中央银行兑取现款，中央银行于票面金额中扣除自兑取日至到期日之间的利息及贴现费用后，将其余额支付给银行经营机构或者其他贴现机构。中央银行对银行经营机构等经办再贴现业务，其目的是解决银行经营机构或其他贴现机构的流动性危机和调节货币供应量。如《中国人民银行法》规定，中国人民银行的业务之一即为在中国人民银行开立账户的银行业金融机构办理再贴现。

中央银行运用再贴现政策来调控信用的主要机制是通过再贴现率，提高或降低银行经营机构和其他贴现机构来自中央银行贴现票据的成本，并间接带动货币市场中货币供应量的升降以及货币供应成本,进而达到对货币供应量调控的目的。具体的操作机制如下:如果中央银行认为货币供应量过多,即可采取提高再贴现率的方法,增加银行等贴现机构向中央银行贴现的成本。在中央银行的这种货币收缩的政策下,面对贴现成本的上升,银行等贴现机构会减少贴现数量,并提高对借款者的借款利率和票据持有人的贴现率,增加借款和贴现成本,抑制市场对信贷资金的需求。反过来,如果中央银行认为必须实施信用扩张政策,就可以采取降低再贴现率的方法,刺激银行等贴现机构增加借款量或进行更多的再贴现,从而达到信用扩张、增加货币市场上的货币供应量的目的。

3. 公开市场操作

公开市场操作是指中央银行通过买进或卖出有价证券,实现收回或投放基础货币,以此影响货币供应量和市场利率的行为。相较于法定存款准备金等影响力极强的货币政策工具,公开市场操作具有主动性、灵活性和时效性等特点,而且属于一种比较温和的调节方式,充分体现出经济性、间接性特征。

相较于其他普通的金融机构,中央银行公开市场操作的目的不是营利,而是调节货币供应量。中央银行通过在金融市场买进或卖出有价证券,影响银行经营机构和其他金融机构控制资金的数量,继而影响它们的货币创造能力。当中央银行认为金融市场上的货币供应量不足而必须进行信用扩张的时候,其可以从银行等金融机构购进证券从而扩大基础货币供应。银行等金融机构在证券减少的同时则增加了现金资产,银行经营机构可以借此扩大金融市场的信贷业务,其他的金融机构也因为持有更多的现金而提高了其流动性,间接增加了银行经营机构的存款量。反过来,如果中央银行认为必须进行信用收缩,则可向银行等金融机构抛售有价证券,银行等金融机构在购进证券的同时因向中央银行支付货币,引发金融机构资金量减少从而收缩金融市场的信用规模。在影响信贷规模的同时,中央银行的公开市场操作也影响着市场利率。此外,公开市场操作也为政府债券买卖提供了一个有组织的方便场所,并通过影响利率来影响汇率和黄金的流动。

中国人民银行为执行货币政策,可在公开市场上买卖国债、其他政府债券、金融债券及外汇等。根据《中国人民银行法》的规定,中国人民银行的公开市场操作包括人民币操作和外汇操作两部分。从具体的市场交易品种看,中国人民银行的公开市场操作主要包括发行中央银行票据,以及实行以国债为主的证券现券交易和证券回购交易。其中,回购交易又有正回购和逆回购两种。

(1)正回购是指中国人民银行向以银行经营机构为代表的一级交易商卖出有价证券,并约定在未来一定时日买回该等有价证券的交易行为。正回购是中央银行通过向市场卖出有价证券以收回流动性、减少市场中的货币量的操作。正回购到期后,中央银行按约定从市场中购回有价证券,客观上则属于向市场投放流动性、增加货币量的操作。

(2)逆回购是指中国人民银行向以银行经营机构为代表的一级交易商购买有价证券,并约定在未来某时日将有价证券售回给一级交易商的交易行为。逆回购为中央银行向市场投放流动性的操作,其目的是增加市场货币量。逆回购到期则为中央银行从市场收回流动性的操作，即将有价证券销售给市场主体，收回市场中多余的货币。

（3）中央银行票据是指中国人民银行发行的短期债券，中国人民银行通过发行中央银行票据可以回笼基础货币，中央银行票据到期回购时则体现为投放基础货币。值得注意的是，2013年以来，中国人民银行还陆续创新了公开市场短期流动性调节工具、常备借贷便利、抵押补充贷款工具等货币政策调控工具。

（二）选择性货币政策工具

所谓选择性货币政策工具，是指中央银行为实现对某些特殊信贷或特殊经济领域的信用控制而采用的货币政策工具。

（1）证券市场信用控制工具。这一政策工具是指为了稳定证券市场有价证券的实际交易价格、控制和调节流向证券市场的资金、防止证券市场上的投机行为，中央银行可以通过规定和调节信用交易、期货交易和期权交易中必须支付现款的比例，即交易保证金比例，以刺激或抑制证券交易活动的货币政策手段。在中国，证券市场中的现货交易以及融资融券交易，其规则和保证金比例主要由中国证监会规定，因此，目前证券市场信用控制不是中国人民银行的主要货币政策。当然，中国人民银行在实践中也会运用一些类似于证券市场信用控制工具的货币政策工具，如通过规定借款利率来调节证券市场中货币资金的成本、流向和额度，以实现证券市场的信用控制。

（2）消费市场信用控制工具。所谓消费市场信用控制工具，是指中央银行对不动产以外的各种耐用消费品的销售性融资予以控制，从而影响消费者对耐用消费品的支付能力。消费市场信用控制的主要方式包括：① 规定以分期付款方式购买耐用消费品时的首付最低金额以及分期付款购买各种耐用消费品的最长借贷期限；② 根据消费品的种类规定其消费信贷方式以及分期付款等消费信用的借贷期限和贷款利率。消费市场信用控制的方法如下：当市场处于需求过旺或通货膨胀时期，中央银行可以提高首次付款比例、缩短分期付款期限，或提高贷款利率等，加强对消费信用的控制；反之，当需求不足或经济萧条时，可以放松管制，增加消费贷款以刺激消费量的增加。

（3）不动产市场信用控制工具。不动产市场信用控制工具是指中央银行通过对以银行经营机构为主的金融机构对房地产贷款的限制，实现对经济的宏观调控。房地产业是任何一个国家或地区的主要产业甚至支柱产业，房地产业的发展能够带动大批相关的产业链发展。具体的操作流程如下：为了抑制房地产的过度发展，降低金融机构的资产风险，中央银行可以对金融机构的房地产融资予以限制；反之，经济衰退时，中央银行则可以通过放松管制，扩大不动产信贷，刺激社会对不动产的需求，进而带动其他经济部门的生产发展，促使经济复苏。不动产信用控制的常见方法包括规定金融机构房地产贷款的最高限额、最长期限、首期付款、分期还款的最低金额，以及贷款利率等。

（三）其他货币政策工具

除了以上所列的一般货币政策工具、选择性货币政策工具外，还有其他一些直接或间接的货币政策工具。

（1）存贷款利率控制。存贷款利率控制是指规定银行经营机构存贷款利率最高或最低限额，以调节银行经营机构存款量和贷款量、贷款流向的政策工具。如在1980年以前，美国的Q条例和M条例所规定的活期存款不准付息，定期存款及储蓄存款利率不得超过最高限额的规定就属于利率控制。在中国,中国人民银行为配合国家产业政策的需要,对国家拟重点发展的某些经济部门、行业或产品制定较低的贷款利率,以此来刺激这些部门的生产,调动其生产积极性,实现产业结构和产品结构的调整。反之,对某些夕阳产业规定较高的贷款利率,以抑制其发展。

(2) 信用配额管理。信用配额管理是指中央银行根据金融市场的供求状况和经济发展需求,制定出信用计划,给予各银行经营机构一定期限内某一固定的信用额度。这种货币政策工具在经济不发达的情况下使用较多,如中国的改革开放初期,但现在较少使用,除非在某些特定的时期,如发生经济危机,国家为了控制通货膨胀、抑制经济过快发展而偶有采用。

(3) 流动性比例管理和直接干预。流动性比例管理是指中央银行规定银行经营机构以及其他金融机构的流动性比例要求。如2013年1月开始实施的原中国银监会公布的《商业银行资本管理办法(试行)》,该管理办法规定了各类银行经营机构的资产负债比例和流动性比例,以此限制银行经营机构的存贷款业务。一般而言,流动性比例越高,银行经营机构能够用于发放的贷款特别是长期贷款的数量越少,因而可以起到限制信用扩张的作用;反之,则能起到信用扩张作用。同时,流动性比例也是金融机构风险控制的重要手段。直接干预是中央银行调控市场货币量的手段之一,是指中央银行对银行等金融机构的存贷款、日常经营发布行政命令进行干预,以使其符合中央银行的货币政策目标。

(4) 窗口指导和道义劝告等。窗口指导是指中央银行根据产业行情、物价变动趋势和金融市场动向,规定银行经营机构的贷款重点投向和贷款变动数量,以保证经济中优先发展部门的资金需要。道义劝告是指中央银行利用自己在金融体系中的特殊地位和威望,通过对银行经营机构及其他金融机构的劝告,影响其放款的数量和投资方向,从而达到控制和调节信用之目的,是间接控制措施之一。

延伸阅读

欧元体系的内部运行

欧洲中央银行体系包括各成员国中央银行以及欧洲中央银行,其组织法是《欧洲中央银行体系及欧洲中央银行章程》。欧洲中央银行体系包括所有欧盟成员国家,即便是没有采用欧元的国家,如丹麦、英国、瑞典以及新入盟的国家也在其中。欧元体系的结构相当复杂,尽管有着良好的设计,但在危机时期承受着巨大的压力,总体而言,世界对欧元体系的评价褒贬不一,引发了巨大的争议。

《马斯特里赫特条约》第105(1)条规定,欧洲中央银行体系的基本目标是保证价格稳定。在无损于价格稳定的前提下,还应该促进经济增长和提高就业。条约第105(2)条和《欧洲中央银行体系及欧洲中央银行章程》第3.1条赋予欧洲中央银行以下基本职责:定义欧元区的货币政策,从事外汇业务,持有并管理欧元区成员国官方外汇储备,促进支付体系的良好运行。其他相关任务包括发行欧元纸币作为欧元区的唯一法定货币,以及为完成欧元体系的任务而收集必要的统计数据。除了核心职能外,欧元体系还需要对"信贷机构的审慎监管,保证金融体系稳定"有所作为,并且在其职责范围内对欧元区的机构和当局提出建议,并在《马斯特里赫特条约》框架下提出二级立法动议。

欧元体系的结构类似于联邦制结构,成员国中央银行在欧元体系中的作用如下:一是提供金融基础设施,如资金清算、钞票清分和金融统计等;二是执行欧洲中央银行体现的货币政策,并对政策执行效果进行监测、分析,为欧洲中央银行制定新政策提供重要的支持作用;三是在日常工作中贡献自己的专业知识,如协助清算支付一体化建设等;四是与本国社会各阶层就金融货币政策进行沟通,减少欧洲中央银行的货币政策执行阻力。

欧洲联盟中还有许多国家未加入欧元体系,但这些欧盟成员国的中央银行仍然是欧洲中央银行体系的成员,只是地位不同。这些国家的中央银行各自负责本国的货币政策,也就是说它们不能参加欧元体系的核心活动,特别是不能参加单一货币政策方面的活动,也不能参与执行单一货币政策及其相关职能。而且,作为欧洲中央银行体系的成员,意味着它们需要在一些领域与欧元体系密切合作,如对统计数据的收集提供支持,承认价格稳定导向的货币政策等。

[资料来源] 李京阳:《跨国中央银行视角下的货币联盟研究》,中国金融出版社,2012,第111—144页。

第三节 银行存贷款行为法律制度

一、银行存贷款的概念和特征

(一)银行经营机构存贷款的概念

银行经营机构的存贷款实际上包括两项既不相同,又相互关联的业务类别,即存款业务和贷款业务。其中,存款是指银行经营机构等具有存款业务经营资质的金融机构接受客户的资金存入,在存款人与银行经营机构之间建立债权与债务关系,而且银行经营机构承诺在存款人支取存款时按约定支付本息的一种信用业务。如以法律语言表述,存款是存款人将货币资金出借给银行经营机构,银行经营机构到期向存款人归还本金并支付约定利息的民事法律行为。

贷款是银行经营机构,或者其他具有资质的金融机构包括准金融机构,按合同约定到期归还本金和支付利息向资金需求者出借货币资金的一种信用活动。从法律行为的角度,贷款与存款具有共同属性,贷款是银行经营机构将资金出借给借款人,而存款则是存款人将资金出借给银行经营机构的行为。

(二) 银行经营机构存贷款的特征

存贷款业务是银行经营机构传统的基础性业务,银行经营机构的存贷款业务具有以下四个特征。

(1) 经营存贷款业务的主体是特定的金融机构。各国法律普遍规定,经营存贷款业务必须具有监管机构颁发的经营许可证。按照中国《银行业监督管理法》和《商业银行法》的规定,只有依照法律规定的条件并经国务院银行业监督管理机构即中国银保监会批准设立的商业银行,以及其他具备相应资质的金融机构才能经营存贷款业务。

(2) 经营存贷款业务以营利为目的。银行经营机构作为专业经营货币业务的金融机构,吸收存款或者发放贷款以营利为目的。各国的金融体系中,也还存在类似于商业银行的存贷款业务,如政策性银行机构的存贷款,但这类存贷款一般而言并非以营利为目的,而且此类银行的存贷款对象也有较大的限制。

(3) 吸收存款的目的是发放贷款或进行其他投资。银行经营机构是一种高负债金融机构,银行的自有资本金较低,其资金来源主要依靠吸收储户的存款,然后发放贷款,并在此基础上进行货币创造,以赚取利差。

(4) 存贷款业务受到监管机构的严格监管。由于银行经营机构的高负债经营特性,其风险较大,而且银行经营机构作为金融市场的核心,承担着转账结算、资金划拨的职能,牵一发而动全身,所以大部分国家和地区对存贷款业务实行较为严格的监管。

(三) 银行经营机构存贷款种类

银行经营机构的存贷款种类划分有不同的标准,而且随着金融发展创新,这些划分的标准或界限也在不断发展变化,现在对银行经营机构的存贷款可作如下基本分类。

(1) 存款种类。存款基本分类如下:① 根据存款人身份,可划分为单位存款(对公存款)与个人储蓄存款。单位存款是指企业、事业、机关、部队和社会团体等在银行经营机构存入的货币资金。个人储蓄存款是指自然人将货币存入银行,银行开具存折(银行卡)作为凭证,储户凭存折(银行卡)支取存款的本金和利息。② 根据存款期限或稳定性,可划分为活期存款、定期存款、个人通知存款。活期存款是指存款人可随时存取,而且不限定存期的存款;定期存款是指存款人事先约定有偿还期限的存款,依存期又可分为 3 个月、6 个月、1 年、2 年、3 年、5 年等不同期限,存款利率亦动态地根据存期而高低不同;个人通知存款为一种不约定存期,但是支取时须提前通知银行,告知取款金额,约定支取日期才能支取的存款,这种存款利率高于活期存款,但低于具有固定期限的定期存款。③ 根据币种的不同,存款可划分为本币存款与外币存款。

(2) 贷款种类。贷款基本分类如下:① 依贷款方式划分,包括自营贷款、委托贷款和特定贷款三种。自营贷款是指银行经营机构以合法方式筹集的资金自主发放的贷款,由银行经营机构负责收回本金和利息并承担其风险。委托贷款是指由政府部门、企事业单位及个人等作为委托人,由其提供资金交由受托银行经营机构根据委托人确定的贷款对象、期限、用途、利率、金额等代为发放、监督使用并协助回收的贷款。在该类贷款中,受托银行经营机构只收取手续费而不承担贷款风险。特定贷款是指经银行业监管机构批准,对某些特定的产业、机构提供特别贷款。特定贷款一般是政府行为,其贷款可能产生的损失由政府承担,如救济扶贫贷款等。② 依贷款期限划分,可分为短期贷款、中期贷款和长期贷款三种。短期贷款是指贷款期限在1年或1年以内的贷款；中期贷款是指贷款期限在1年以上(不含1年)5年以下(含5年)的贷款；长期贷款是指贷款期限在5年以上(不含5年)的贷款。③依担保方式划分,可分为信用贷款、担保贷款和票据贴现三种。信用贷款是指以借款人的信誉发放的,不要求借款人提供担保的贷款；担保贷款是指以担保为基础所发放的贷款,一般包括保证贷款、抵押贷款、质押贷款等；票据贴现是指票据持有人在票据到期前转让给银行经营机构,在获取现金的同时支付一定的费用的信用模式。

二、银行经营机构存贷款行为规则

(一)银行经营机构存款行为规则

银行经营机构存款行为规则是指法律规定银行经营机构在经营存款业务时应该遵守的行为准则,也即银行经营机构在经营存款业务时享有的权利以及应该履行的义务。与此相对应,银行经营机构的权利义务也是存款人即储户应该履行的义务和享受的权利。中国目前调整储蓄存款的法律法规主要有《民法典》《银行业监督管理法》《商业银行法》,国务院2011年修订后的《储蓄管理条例》,中国人民银行2000年发布的《个人存款账户实名制规定》、2007年发布的《同业拆借管理办法》、1999年发布的《人民币利率管理规定》和1997年发布的《人民币单位存款管理办法》,以及1997年制定的《最高人民法院关于审理存单纠纷案件的若干规定》等。

《储蓄管理条例》规定,国家保护个人合法储蓄存款的所有权及其他合法权益,鼓励个人参加储蓄。储蓄机构办理储蓄业务,必须遵循"存款自愿,取款自由,存款有息,为储户保密"的原则。根据上述法律法规,银行经营机构办理存贷款业务必须遵守以下五个主要规则。

(1)存款人身份识别义务。在银行经营机构的存取款业务中,采取实名制,要求存取款人提交合法有效的身份证明。除了密码外,身份证件代替签名成为银行鉴别存取款人身份的主要手段。传统法律理论对身份证件的审查有形式审查和实质审查之争。其中:①形式审查,即审查身份证件所用材料和记载的内容在表面上是否符合身份证件管理部门的规定,以及身份证件的姓名与存单、存折上的姓名是否一致；②实质审查,即除了要审查身份证的制作格式和内容是否符合标准且与持证人一致外,还要审查身份证件的真伪。现在银行经营机构普遍拥有高识别能力身份证识别机,所以一般认为,银行经营机构应该承担身份证识别错误的法律责任,也即承担实质审查责任。

(2)资金和人身安全保障义务。银行营业场所属于公共场所,其设施场地、安全管理必须符合法律规定。未尽到安全保障义务,造成他人损害的,应当根据《民法典》规定,承担侵权损害赔偿责任。2013年修订后的《消费者权益保护法》对这一义务进行了重述与强调。该法规定,消费者因购买、使用商品或者接受服务受到人身、财产损害的,享有依法获得赔偿的权利,包括银行在内的经营场所的经营者,应当对消费者尽到安全保障义务。上述法律所包含的侵权责任不仅是人身损害赔偿责任,对银行经营机构因过错造成的财产损失,也应该承担赔偿责任。此外,银行经营机构有权拒绝任何单位或者个人查询、冻结、扣划任何客户在自己机构的存款,但协助行政机构和司法机构执法、司法的情况除外。

(3) 主要信息通知义务。通知义务是指银行经营机构对涉及存款人利益的重大事项负有告知的义务。金融市场是一个信息高度不对称的市场,为了保护存款人和投资者利益,《民法典》《商业银行法》《储蓄管理条例》等法律法规规定,银行经营机构必须将一些影响存款人利益的信息进行告知。银行经营机构的告知义务主要包括以下三种情形:① 在缔结存款合同时,银行经营机构应将存款合同有关条款的具体含义告知存款人;若银行经营机构未向存款人履行这一义务,则在对存款合同相关条款的解释产生歧义时,应当按照一般社会生活常识和普遍认知对所涉事项进行解读。② 银行经营机构应将其营业时间、存款到期日、存款利率的变动情况告知存款人。③ 其他依据诚实信用原则应当履行的告知附随义务。

(4) 存款人信息保密义务。银行经营机构办理储蓄存款业务,应当遵守《商业银行法》和其他相关法律法规,在实行存款自愿、取款自由、存款有息的同时为存款人保密。除了对存款人的存款负有保密义务外,银行经营机构还应该对存款人的其他身份(机构)信息进行保密。银行经营机构的业务经营建立在互联网基础之上,在经营过程中收集了庞大客户群体的数据信息,银行经营机构负有对经营业务过程中收集的信息进行保密的义务。根据2016年颁布的《网络安全法》,银行作为网络运营者和使用者负有不得泄露、篡改、毁损其收集的个人信息的义务,在未经被收集者同意的情况下,不得向他人提供个人信息。银行作为网络运营者和使用者应当采取技术措施和其他必要措施,确保其收集的个人信息安全,防止信息泄露、毁损、丢失。在发生或者可能发生个人信息泄露、毁损、丢失的情况时,应当立即采取补救措施,按照规定及时告知用户并向有关主管部门报告。

(5) 本息归还和支付义务。储蓄存款是一种合同约定的权利义务关系,根据《商业银行法》《储蓄管理条例》和《民法典》的规定,存款应该秉持"存款自愿,取款自由,存款有息,为储户保密"的原则,银行经营机构根据合同约定的数额、利率和期限归还存款本金和支付利息,不得以任何借口拒绝履行该等义务。

(二) 银行经营机构贷款行为规则

根据《商业银行法》和原中国银监会2010年发布的《个人贷款管理暂行办法》,以及其他贷款管理办法所作的规定,银行经营机构贷款应该遵循以下五个行为规则。

(1) 银行经营机构贷款,应当对借款人的借款用途、偿还能力、还款方式等情况进行严格审查,并实行审贷分离、分级审批的制度。法律规定,银行贷款审查机构和人员,应该对借款人的借款用途、还款能力,以及借款保证人的债务偿还能力,或用于担保债务偿还的抵押物、质物的权属和价值,以及实现抵押权、质权的可行性进行严格审查。某些信誉状况良好,经银行经营机构审查、评估,确认能够按时偿还贷款的,也可以不提供担保。

(2) 银行经营机构贷款,应当与借款人订立书面合同。合同应当约定贷款种类、借款用途、金额、利率、还款期限、还款方式、担保方式、担保权的实现、违约责任和双方认为需要约定的其他事项。银行经营机构应当按照中国人民银行规定的贷款利率的上下限,根据其贷款种类、期限确定贷款利率。

(3) 银行经营机构贷款,应当遵守中国人民银行、中国银保监会规定的货币管理、信用管理和财务管理规则,以及相关的资产负债比例管理规定。其中,资产负债比例要求:① 贷款余额与存款余额的比例不得超过75%;② 流动性资产余额与流动性负债余额的比例不得低于25%;③ 对同一借款人的贷款余额与商业银行资本余额的比例不得超过10%;④ 国务院银行业监督管理机构对资产负债比例管理的其他规定。

(4) 银行经营机构不得向关系人发放信用贷款,向关系人发放担保贷款的条件不得优于其他借款人同类贷款的条件。银行经营机构遵循"自主经营、自负盈亏"的经营原则,任何单位和个人不得强令银行经营机构发放贷款或者提供担保,银行经营机构有权拒绝任何单位和个人强令要求其发放贷款或者提供担保。

(5) 银行经营机构应当按期收回贷款的本金和利息。银行经营机构首先要严格履行贷款合同,按时、按量将款项划拨给借款人。同时,作为贷款人的银行经营机构,也应该按时向借款人收回贷款本金和利息,并依法处理债务人和担保人的担保物。

银行经营机构和借款人是贷款业务的双方主体,银行经营机构经营贷款业务应该遵守的基本规则也是借款人应该遵守的行为规则,这是同一问题的两个方面。

三、银行经营机构存贷款主要法律问题

(一) 存贷款合同的法律特征

存贷款合同包含存款合同、贷款合同两类合同,但根据其法律性质,这两类合同均可归入《民法典》合同编中的借款合同类别,即借款人向贷款人借入款项,到期返还借款并支付利息的合同。在存款合同中,借款人为银行经营机构,出借人为存款人;反之,在贷款合同中,贷款人为银行经营机构,借款人为各种企业、社会机构和自然人。存贷款合同的主要法律特征包括以下三个方面。

(1) 存贷款合同为有名合同。《民法典》以专章的形式规定了借贷合同,并对借贷合同的基本条款和内容进行了规定,如要求借款合同采用书面形式,借款合同的内容包括借款种类、币种、用途、数额、利率、期限和还款方式等条款。订立借款合同,贷款人可以要求借款人提供担保,借款人应当按照贷款人的要求提供与借款有关的业务活动和财务状况的真实情况,要求借款人按照约定的日期、数额返还借款,并约定违约责任的承担方式等。反之,借款人也可要求约定借款的利息不得预先在本金中扣除,贷款人未按照约定的日期、数额提供借款,造成借款人损失的,应当赔偿损失等。

(2) 借贷合同的主体一方为特定的主体。无论是存款合同还是贷款合同,其中必然有一方为银行经营机构,因为绝大部分国家或地区都要求经营存贷款业务必须符合法律规定的资质并取得金融监管机构颁发的许可证。但是,随着金融混业经营和金融创新,现在许多金融机构开始突破业务边界,从事一些类似于存贷款的金融业务,如保险经营机构进行的贷款业务,证券经营机构对证券投资者的融资业务。但从整体金融业务分类意义上,存贷款仍是银行经营机构的主要业务。

(3) 借贷合同主要为格式合同且受到严格监管。无论是存款合同还是贷款合同,绝大部分是格式合同,即银行经营机构事先拟制好的合同模板,存款人和贷款人与银行

经营机构就合同条款协商的余地较小。就存贷款合同条款的效力而言,存贷款合同中相当一部分条款为法律强制性规定,而另一部分则为银行经营机构单方面的意思表示。虽然格式合同提高了存贷款效率,但也有可能损害存贷款人的利益。在存款实践中,存款合同的表现形式多样化,如纸质合同、存款折、银行卡,甚至以上均不存在,直接将存款记入存款人账号,但贷款合同则多表现为纸质合同。

(二) 存款密码的法律效力

随着金融新科技的迅速发展,密码是识别存款人身份的一种重要手段,而且随着金融科技的发展,"密码"的概念也有较大的发展,已经拓展到了"指纹识别"和"人脸识别"等。一般认为,密码相当于纸面交易中的签名,属于电子签名中的一种,对此,法律和理论也基本给予认同。我国《电子签名法》规定,电子签名是指数据电文中以电子形式所含、所附用于识别签名人身份并表明签名人认可其中内容的数据。法律所称的数据电文,则是指以电子、光学、磁或者类似手段生成、发送、接收或者储存的信息。现代金融技术设计得出,密码具有唯一性、独占性、秘密性等特点,是在存取款业务关系中识别当事人身份的重要手段之一。

密码是由存款人设置的一连串数字加符号组合,或者根据指纹或人脸识别自动生成的数据符号,具有法律上的独占性、唯一性、秘密性,对交易者身份的鉴别具有重大意义,起到了数字签名即电子签名的功能。在实践中,对传统数字密码的使用效力规则多采取本人行为原则,即只要客观上在电子银行交易中使用了私人密码,如无免责事由,则一律视为本人使用密码从事了交易行为,由此所产生的后果由本人承担。理论和法律实践均认为,在使用密码作为身份鉴别的场合,银行经营机构的义务在于确认临柜客户提供的密码与存款人预设的密码是否相符,而不区别是本人还是代理人输验密码。只要客户输入的密码与预设密码相一致,银行遵从指令进行付款,则视为银行经营机构履行义务正确,不应承担不利后果。对于上述规则,1999年和2006年原中国银监会发布的《银行卡业务管理办法》《电子银行业务管理办法》,以及2012年中国工商银行股份有限公司公布的《中国工商银行借记卡章程》作了类似的规定。

(1) 发卡银行应当在银行卡章程或使用说明中向持卡人说明密码的重要性及丢失的责任。① 申请借记卡必须设定密码,持卡人使用借记卡办理消费结算、取款、转账汇款等业务须凭密码进行(芯片卡电子现金交易除外)。② 凡使用密码进行的交易,发卡银行均视为持卡人本人所为;依据密码等电子信息办理的各类交易所产生的电子信息记录均为该项交易的有效凭据。③ 持卡人须妥善保管借记卡和密码,持卡人因保管不当而造成的损失,发卡银行不承担责任。④ 借记卡只限经发卡银行批准的持卡人本人使用,持卡人委托他人代为办理业务的,须符合发卡银行相关业务的代办规定。

(2) 本人行为原则适用除外规则。如果出现下列情况,则不适用本人行为原则:① 私人密码使用涉及的软件密级程度过低,或操作系统受到黑客攻击;② 失窃、失密后及时向银行挂失,但挂失后银行经营机构继续许可使用该密码进行资金转移;③ 金融机构在提供电子银行服务时,电子银行系统存在安全隐患、金融机构内部违规操作和其他非客户原因。如果因上述原因造成损失,金融机构应当承担相应责任。但如果客户有意泄露交易密码,或者未按照服务合同尽到应尽的安全防范与保密义务造成损失的,金融机构可以根据服务合同的约定免于承担相应责任。

(3) 密码挂失行为规则。密码挂失是指持卡人因遗忘密码或密码信息泄露等,为了保护其资金安全、减少资金损失或为了相关业务的正常办理等原因,到原发卡或存款银行经营机构告知密码遗失或更换密码,并对原密码办理挂失手续进行确权的一种救济方式。银行经营机构审查其密码挂失手续后,符合条件的申请应该及时予以办理。

(三) 身份证明的审查责任

(1) 使用居民身份证进行开户和取款,应该采取实质审查。2007年6月29日,联网核查公民身份信息系统建成运行,全国各银行经营机构都加入了这个系统。银行经营机构可以通过登录联网核查系统,方便、快捷地检验客户出示的居民身份证信息的真实性。根据修订后于2012年1月1日开始实施的《居民身份证法》,所有居民应该使用第二代身份证。第二代身份证在技术上内置了数字防伪系统,采用了密码技术,可防止身份证芯片内存的数据信息被非法写入或篡改,可有效防止身份证件被伪造与变造,即第二代身份证信息存在唯一性。通过专用的第二代身份证读卡器,银行等金融机构可以直接读取存储在芯片中的居民身份信息,查验身份证的真假。

(2) 使用其他身份证明开户。其他类型的身份证件因为制作机关不统一、质材不一致、没有统一的技术标准等因素,防伪性差,也没有统一的验证设备,所以商业银行等金融机构对其负形式审查的义务,现阶段此类证件包括：军人身份证件、武装警察身份证件、港澳居民往来内地通行证、台湾居民来往大陆通行证或者其他有效旅行证件、外国公民的护照等。但是,根据《中国人民银行营业管理部关于规范军人和武装警察开立个人银行账户有关事项的通知》,从2013年7月1日起,军人和武装警察均应使用居民身份证开立银行账户。实践中,居民身份证之外的身份证件也开始纳入统一的核查系统。

(四) 委托贷款的法律责任

委托贷款是指委托人将款项交由银行经营机构,并要求银行经营机构(或其他有权的金融机构)根据委托人的要求,按照委托人与借款人事先商定的金额、借款利率、借款期限、担保条件和款项用途等,以银行经营机构的名义贷放给借款人。委托贷款在很多情况下是为了规避法律对某些主体直接贷款的限制。对于委托贷款的认定,可根据1997年颁布的《最高人民法院关于审理存单纠纷案件的若干规定》进行。

(1) 委托贷款关系的认定。存单纠纷案件中,出借人与银行经营机构、借款人之间按有关委托贷款的要求签订委托贷款合同的,可认定出借人与银行经营机构间成立委托贷款关系。银行经营机构向出借人出具的存单或进账单、对账单或与出借人签订的存款合同,不影响银行经营机构与出借人间委托贷款关系的成立。但是,如果在出借人与银行经营机构间签订委托贷款合同后,由银行经营机构自行确定借款人并将其出借的,应该认定出借人与银行经营机构间成立信托贷款关系。委托贷款合同应当采用书面形式,口头委托贷款,当事人无异议的,可以认定;有其他证据能够证明银行经营机构与出借人之间确系委托贷款关系的,应该予以认定。

(2) 委托贷款关系的处理和法律后果。构成委托贷款的,银行经营机构出具的存单或进账单、对账单或与出借人签订的存款合同可作为委托存款关系的证明,借款人不能偿还贷款的风险应当由出借人承担。如有证据证明银行经营机构出具上述凭证是对委托贷款进行担保的,银行经营机构对偿还贷款承担连带担保责任。此外,委托贷款中约定的利率超过中国人民银行规定的部分无效。

> **延伸阅读**
>
> ### "巴塞尔协议Ⅲ"
>
> "巴塞尔协议Ⅲ"是因2007年美国次贷危机引发的金融危机而产生的,2008—2010年,"巴塞尔协议Ⅲ"系列文件逐渐得以形成。我们一般意义上理解的"巴塞尔协议Ⅲ"包括2009年巴塞尔银行监管委员会分别于2009年7月和12月发布的一系列监管指引和报告,主要包括巴塞尔委员会宣布的《增强巴塞尔Ⅱ资本框架》《增强银行业抗风险能力(征求意见稿)》和《流动性风险计量标准和监管的国际框架(征求意见稿)》。这些文件中,提升银行体系资本数量和质量要求、扩大风险覆盖范围、增加杠杆率监管、引入新的流动性监管标准等强力的改革举措被正式提出。
>
> 经过一年的广泛沟通和征求意见,于2010年7月和9月,这些作为"巴塞尔协议Ⅲ"的核心内容的改革举措被巴塞尔委员会中的中央银行主管机构和监管首脑理事会确认并通过,并形成了《监管理事会就巴塞尔委员会针对资本和流动性的一系列改革达成的共识》和《监管理事会宣布更高的全球最低资本标准》两份文件。其后在2011年11月召开的G20首尔峰会上,各国首脑都对巴塞尔委员会提出的这些监管措施明确表示肯定。由此,一个新的国际金融监管标准正式确立,并在全球范围内普遍得到支持。
>
> "巴塞尔协议Ⅲ"的主要内容体现在资本监管方面:第一,提升资本标准和质量,将商业银行的普通股权充足率、一级资本充足率和总资本充足率提升到7%、8.5%和10.5%;第二,引入杠杆率作为风险资本的补充,对流动性风险进行监管。在宏观审慎监管方面,"巴塞尔协议Ⅲ"也进行了一系列改革,其中对系统重要性银行提出了特别的监管措施,如增加额外资本要求,以及或有资本和债务自救等要求。
>
> [资料来源]巴曙松、朱元倩等:《巴塞尔资本协议Ⅲ研究》,中国金融出版社,2011,第38—40页。

第四节 互联网平台借贷行为法律制度

一、互联网平台借贷的概念与特征

(一)互联网平台借贷的概念

互联网平台借贷,又可称为P2P网络平台借贷,是指贷款人(出借人)和借款人通过互联网借贷平台公布借贷双方各自的资金数量、期限需求、利率标准和担保条件,平台机构对借贷资金的金额、利率、期限等因素进行匹配,然后订立电子借贷合同,从而实现借贷双方资金融通的新型小额借贷模式。其中,互联网平台机构在整个借贷过程中仅居间为借款人与出借人实现直接资金借贷提供信息搜集、信息公布、资信评估、信息互动、借贷撮合等服务。

世界上最早的互联网平台借贷为英国 2005 年成立的 Zopa 借贷平台,该平台将借款人的借款信息和资金出借信息发布在网络平台上,双方可自行匹配,进而促进借贷合同的达成。美国的互联网平台借贷发展稍晚于英国,目前美国规模较大的互联网借贷平台机构有 Prosper、Lending Club、Kiva 等。其中:Prosper 是美国第一家正式成立的互联网借贷平台;Lending Club 于 2014 年 12 月在纽约证券交易所挂牌上市,成为全球首家上市的互联网借贷平台机构;Kiva 则是一家不以营利为目的的公益性互联网借贷平台机构。中国第一家互联网借贷平台机构宜信公司成立于 2006 年,然后作为一种新型借贷模式而迅速发展起来。虽然由于法律制度滞后、监管不足而发生了诸多互联网借贷平台机构倒闭事件,国家也在大力整顿,但是作为一种创新性金融模式,暂时的挫折并不能否定其创新性和金融价值,关键在于制度、法制的完善和加强政府对这种借贷模式的规范化管理。

(二)互联网平台借贷的特征

互联网平台借贷是一种新型的资金借贷模式,与传统的银行经营机构借贷相比存在较大的不同,归纳起来,互联网平台借贷有以下五个方面的特征。

(1)互联网平台借贷是一种去中介化借贷模式。互联网借贷平台不同于传统的银行存贷款模式,不是由存款人将钱先存入银行经营机构,然后再由银行经营机构将集聚的资金贷给借款人,而是贷款人和借款人利用互联网借贷平台机构直接进行对接,以完成资金需求双方的借贷。换言之,互联网借贷平台机构不具有银行经营机构的吸收存款的能力,更不具有信用创造功能。

(2)互联网借贷平台机构本身不提供资金借贷。互联网平台借贷参与主体主要有借款人、出借人、互联网借贷平台机构、担保机构和资金存管机构等。但互联网借贷平台机构本身并不提供借贷资金,即不作为出借人出现在整个借贷流程中。按照现行中国法律规定,互联网借贷平台机构不得吸收公众存款,不得设立资金池,不得提供担保或承诺保本付息,不得发售金融理财产品,不得采取资产证券化或类似的形式进行债权转让等,但允许互联网借贷平台机构引入第三方机构进行担保或者与保险公司开展相关业务合作。

(3)互联网借贷平台机构提供的是居间服务。目前,中国法律对互联网借贷平台机构的定位是信息中介机构,所从事的业务是金融信息和中介业务。作为借款人与出借人之间的信息中介,互联网借贷平台机构根据借款人的委托,将其借款需求发布在平台之上,为借款人的资金需求寻求出借人,再由出借人在浏览借款信息后选择出借对象,从而促成借款合同的达成。在这一过程中:一方面,互联网借贷平台机构接受了出借人为其提供出借资金机会的委托,并收取相应服务费用;另一方面,互联网借贷平台机构为借款人提供满足其借款需求的服务,提供订立借款合同的机会并促成合同的订立,并且从借款金额中收取一定比例的服务费用。互联网借贷平台机构与借款人、出借人之间为居间法律关系。

（4）借贷资金必须存管在托管银行经营机构。根据现行法律规定，互联网平台机构应当选择符合条件的银行经营机构作为第三方资金存管机构对客户资金进行管理和监督，实现平台自有资金和客户资金的分账管理与隔离。其目的是防范借贷平台机构设立资金池和欺诈、挪用客户资金，有利于资金的安全与风险隔离。银行经营机构将互联网借贷平台机构的资金与客户的资金分账管理、分开存放，确保资金流向符合出借人的真实意愿，有效防范风险。

（5）互联网平台借贷期限较短，利率较高。通过互联网平台借贷的客户，一般都是因为资金的暂时短缺，而从平台上来调剂余缺。所以，其借款期限一般较短，多则 3 年，少则 1 年，甚至 1 周或数天，而且贷款数额普遍较小。为了弥补时间短、贷款数额小所带来的单位借贷运营成本增加，各家互联网借贷平台展示的利率均较高，一般年利率都维持在 10%～20%。

二、互联网平台借贷运营模式

各国对互联网平台借贷的法律规定存在较大的差异，其经营方式也不同，综合国内外互联网平台借贷实践，互联网平台借贷的运营模式主要有以下三类。

（1）信息中介借贷模式。这种互联网平台借贷模式又称为纯借贷模式，是指互联网借贷平台机构仅为借款人和出借人提供相关信息并促成借款合同的达成，平台机构只收取相应的服务费用。互联网借贷平台机构对借款人和出借人不承诺保障借款标的本金和利息，不提供资金垫付、担保、债权转让及风险准备金等服务。借款人违约时，由出借人自行承担全部法律风险。由于信息中介模式仅为借贷双方提供交易平台和信息服务，强调投资者风险自负，互联网借贷平台机构仅起到撮合借贷合同达成的居间人作用，所以出借人风险最大，实践中完全采取这种经营模式的平台机构较少。

（2）债权转让借贷模式。这种互联网平台借贷模式又称为宜信模式，其原因是这一模式最早由中国宜信公司创立。其经营原理和流程如下：借款人和出借人不直接签订借款合同，而是在互联网借贷平台机构之外设置或利用现存的专业贷款机构，这一专业贷款机构可以是互联网借贷平台机构、担保公司、资产管理公司，也可以是这些机构共同组建的专业贷款机构，包括某些银行经营机构。专业贷款机构先以自有资金出借给借款人取得债权，然后将持有的债权进行拆分、重组，打包成类固定收益的产品，再将这些产品向出借人（或称为投资者）进行销售。在整个借贷过程中，实际上存在两个法律关系：一是借款人与专业贷款机构之间的借贷关系；二是专业贷款机构与出借人之间的证券买卖关系，即债权的证券化过程。

（3）债权担保借贷模式。这种互联网平台借贷模式是指互联网借贷平台机构自己或引入第三方为借贷合同的履行提供担保，对出借人的资金安全即按时还本付息提供一定的担保。在平台自身担保模式下，当借款到期，出借人无法收回本金和利息时，互联网借贷平台机构先行垫付资金偿付出借人债权并取得出借人对借款人享有的债权，然后由互联网借贷平台机构对借款人进行追偿。在第三方担保模式下，由第三方担保机构为借贷合同提供担保,并收取一定比例的担保费。当借款人无法按时足额还本付息时,由第三方担保机构对出借人进行偿付。

中国在互联网平台借贷发展早期,上述三种借贷模式都存在过,但是在2016年原中国银监会、工业和信息化部、公安部、国家互联网信息办公室发布了《网络借贷信息中介机构业务活动管理暂行办法》(以下简称《借贷信息管理办法》)后,互联网借贷平台机构仅成为一个纯信息平台和中介平台,禁止从事设立资金池变相成为资金出借人和进行非法集资,也不得为出借人进行担保,也即只允许"信息中介借贷模式"存在,借贷平台机构本身不再参与借贷、证券化和借贷担保,但可与第三方担保机构合作,由担保机构为借款合同进行担保。

三、互联网平台借贷行为规则

(一)互联网平台借贷法律关系

互联网平台借贷主体包括出借人(或称投资者)、借款人、互联网借贷平台机构、担保机构和资金托管银行,他们在整个借贷过程中目的不同、地位不同、权利义务不同,因而相互之间也形成不同的法律关系。

(1)借贷法律关系。互联网平台借贷中的借款人是资金的需求者,出借人是资金的提供者,他们形成的仍是一种借贷法律关系,其法律依据是《民法典》合同编第12章中的相关条款。《民法典》第667条规定:"借款合同是借款人向贷款人借款,到期返还借款并支付利息的合同。"互联网平台借贷双方签订的合同符合该条规定的要件。同时,互联网平台借贷是一种民间借贷,符合《最高人民法院关于审理民间借贷案件适用法律若干问题的规定》对民间借贷的定义,即"自然人、法人、其他组织之间及其相互之间进行资金融通的行为"。

(2)中介法律关系。互联网借贷平台机构与出借人和借款人之间是一种中介法律关系。《民法典》第26章第961条规定,中介合同是中介人向委托人报告订立合同的机会或者提供订立合同的媒介服务,委托人支付报酬的合同。中介人的义务是就有关订立合同的事项向委托人如实报告。中介人故意隐瞒与订立合同有关的重要事实或者提供虚假情况,损害委托人利益的,不得要求支付报酬并应当承担损害赔偿责任。

《借贷信息管理办法》规定,互联网借贷平台机构应该严格依法,遵循诚信、自愿、公平的原则为借款人和出借人的资金借贷提供信息服务,维护出借人与借款人合法权益,不得提供增信服务,不得直接或间接归集资金,不得非法集资,不得损害国家利益和社会公共利益。借款人与出借人遵循借贷自愿、诚实守信、责任自负、风险自担的原则承担借贷风险。互联网借贷平台机构承担客观、真实、全面、及时进行信息披露的责任,不承担借贷违约风险。由此可见,《借贷信息管理办法》将互联网借贷平台机构定位为网络借贷信息中介机构,互联网借贷平台机构与出借方、借款人之间的关系符合《民法典》界定的中介法律关系。

(3)担保法律关系。《借贷信息管理办法》规定,互联网借贷平台机构不得直接或变相向出借人提供担保或者承诺保本付息,但可以引进担保机构对借款人的借贷进行担保。针对第三方担保问题,《民法典》规定,担保方式可以为保证、抵押、质押、留置和定金。互联网平台借贷作为一种金融创新,其目的就是为自然人和小微企业提供简单便利的融资手段,过分复杂的担保方式违背了互联网平台借贷的宗旨,所以担保创新也十分必要,如设计专门针对互联网平台借贷的保证保险和信用保险。

(4) 委托代理法律关系。《民法典》第23章委托合同第919条规定,委托合同是委托人和受托人约定,由受托人处理委托人事务的合同。在互联网平台借贷行为中,互联网借贷平台机构与银行经营机构的资金存管法律关系符合委托代理法律关系要件。《借贷信息管理办法》规定,互联网借贷平台机构应当实行自身资金与出借人和借款人资金的隔离管理,并选择符合条件的金融机构作为出借人与借款人的资金存管机构。实践中,一般都委托符合条件的银行经营机构管理资金,并由托管银行负责支付结算。这种资金管理和支付结算关系属于委托代理关系。

(二) 互联网平台借贷法律规则

根据《借贷信息管理办法》的规定,在互联网平台借贷过程中,各行为主体必须遵守以下六个方面的规则。

(1) 互联网平台借贷的法律监管职能分工。① 国务院银行业监督管理机构即中国银保监会及其派出机构负责制定互联网借贷平台机构业务活动监督管理制度,并实施行为监管;② 各省级人民政府负责本辖区互联网借贷平台机构监管,工业和信息化部负责对互联网借贷平台机构业务活动涉及的电信业务进行监管;③ 公安部牵头负责对互联网借贷平台机构的互联网服务进行安全监管,依法查处违反网络安全监管的违法违规活动,打击网络借贷涉及的金融犯罪及相关犯罪;④ 国家互联网信息办公室负责对金融信息服务、互联网信息内容等业务进行监管。

(2) 互联网平台借贷中介信息业务规则。① 互联网借贷平台机构仅为信息中介机构,为出借人和借款人提供信息交互、撮合、资信评估等中介服务;② 互联网借贷平台机构不得提供增信服务,不得非法集资;③ 互联网借贷平台机构不得将借款需求设计成理财产品出售给出借人,或者平台机构先归集资金再寻找匹配借款人和项目,并产生资金池;④ 互联网借贷平台机构不得发布虚假借款标的募集资金进行自融,采取借新还旧的"庞氏骗局"手段维持平台机构资金链的运转。此外,互联网借贷平台机构应对借款人的资格尽到应有的审核义务,如果未能及时发现借款人在平台上虚假借款,向不特定人募集资金用于投资房地产、股票、债券、期货甚至高利贷,则平台可能构成非法集资的共犯。

(3) 互联网借贷平台机构数据报送和信息披露规则。互联网借贷平台机构按照法律法规和互联网平台借贷有关监管规定要求报送相关信息,如向有关数据统计部门报送并登记与互联网平台借贷有关的债权债务信息,妥善保管出借人与借款人的资料和交易信息,不得删除、篡改,不得非法买卖、泄露出借人与借款人的基本信息和交易信息。借贷平台机构应该按照法律规定,准确、及时、合法地披露与借贷相关联的信息。

(4) 互联网平台借贷的资金存管规则。互联网借贷平台机构应该建立有效的客户资金第三方存管制度,即互联网借贷平台机构应当选择符合条件的银行经营机构作为资金存管机构,委托银行经营机构对客户资金进行管理和监督,实现客户资金与平台自身资金分账管理;客户资金存管账户应接受独立审计并向客户公开审计结果;中国人民银行会同金融监管部门按照职责分工实施监管,并制定相关监管细则。

(5)互联网平台借贷的担保规则。互联网借贷平台机构不得为出借人进行直接或间接担保。互联网借贷平台机构可以引入第三方担保机构对出借人的借款本息进行担保,但其担保必须符合国家现行法律对互联网平台借贷担保的规定。即,融资性担保公司的融资性担保责任余额不得超过其净资产的10倍。因此,互联网借贷平台机构还负有谨慎地审核担保机构的资质和担保能力的责任。

根据《最高人民法院关于审理民间借贷案件适用法律若干问题的规定》,借贷双方通过互联网借贷平台机构形成借贷关系,如果互联网借贷平台机构仅提供媒介服务,互联网借贷平台机构不承担担保责任。但互联网借贷平台的提供者通过网页、广告或者其他媒介明示或者有其他证据证明其为借贷提供担保,互联网借贷平台机构应承担担保责任。

(6)互联网平台借贷利率规则。互联网平台借贷属于民间借贷范畴,其借贷利率应该按照《最高人民法院关于审理民间借贷案件适用法律若干问题的规定》相关规定执行,即借贷双方约定的利率不得超过年利率24%。年利率超过24%,但是低于36%的部分,如已经自动履行,借款人不得反悔;年利率超过36%的部分为无效约定,借款人有权请求出借人返还已支付的超过年利率36%部分的利息。

四、互联网平台借贷存在的法律问题

《借贷信息管理办法》作为国务院下属四部委制定的一个部门规章,其规制力和执行力与一个新兴、重要的金融领域的发展不相符合。互联网平台借贷在诸多法律问题方面还是空白,无法可依的状态十分严重。

(1)互联网借贷平台机构具体行为标准不明。《借贷信息管理办法》对借款人、出借人应该公布的信息内容、公布时间、信息报送的具体要求、重大信息的标准等规定不明,缺乏可操作性。因为对于此等信息公布没有具体的标准和要求,所以互联网借贷平台机构无法具体把握和操作。虽然2017年中国互联网金融协会发布了《中国互联网金融信息披露规范》,但是因为仅是一种指引性规则,其缺乏强制执行效力,加上没有违反规则的处罚措施,其形式意义大于实质意义。

(2)互联网平台借贷违法合同法律效力无法确定。《借贷信息管理办法》有诸多禁止性条款,如禁止借贷平台机构为自身或变相为自身融资,直接或间接接受、归集出借人的资金,将融资项目的期限进行拆分,自行发售理财等金融产品募集资金,代销银行理财、券商资管、基金、保险或信托产品等金融产品。但是,如果发生了上述行为,对于相关合同效力将如何认定,则缺乏明确的法律规定。《借贷信息管理办法》仅为部门规章,而违反部门规章并不导致所签订的合同无效。

(3)互联网借贷平台机构法律责任缺失。《借贷信息管理办法》虽然规定了诸多禁止性条款,但是没有规定违反这些条款应该承担的法律责任。例如:禁止互联网借贷平台机构为自身或变相为自身融资,不得直接或间接接受、归集出借人的资金,不得将融资项目的期限进行拆分,不得自行发售理财等金融产品募集资金,不得代销银行理财、资产管理、基金、保险或信托产品等金融产品等;禁止自行或委托、授权第三方在互联网、固定电话、移动电话等电子渠道以外的物理场所宣传或推介融资项目。但如果实施了这些行为将如何处置,法律则无进一步规定。

(4) 互联网借贷平台机构违法成本过低。《借贷信息管理办法》规定,借贷平台违反法律法规和互联网平台借贷有关监管规定,其行为符合其他法律规定处罚规则的,依照其规定给予处罚。其违法行为现行法律法规未作处罚规定的,则可由工商登记注册地地方金融监管部门采取监管谈话、出具警示函、责令改正、通报批评、将其违法违规和不履行公开承诺等情况记入诚信档案并公布等监管措施,以及给予警告、人民币3万元以下罚款和依法可以采取的其他处罚措施。但是,互联网平台借贷是一种新型的融资模式,因而也出现了许多新问题,这些新问题大多数无法套用传统的民事、行政和刑事法律责任规则,然而新的法律责任规范又未颁布,对于动辄涉及金额几亿甚至几十亿、上百亿元的违法,一律课以3万元以下人民币罚款,明显处罚过轻,违法成本与违法金额不相匹配。

(5) 互联网平台借贷监管责任不明。《借贷信息管理办法》规定,拟开展互联网平台借贷服务的互联网借贷平台机构及其分支机构,应当在领取工商营业执照后,于10个工作日以内携带有关材料向工商登记注册地地方金融监管部门进行备案登记。地方金融监管部门应当在互联网借贷平台机构提交的备案登记材料齐备时予以受理,并在各省(区、市)规定的时限内完成备案登记手续。地方金融监管部门的备案登记并不表明对拟成立的互联网借贷平台机构的经营能力、合规程度、资信状况的评价和认可,而仅作为经营互联网平台借贷机构的设立公示。从现行法律规则可看出,从事互联网平台借贷业务既没有注册资本要求,也没有从业人员资质要求,采取的是一种放任自流的监管,当然也不存在一个真正负有责任的监管机构。

延伸阅读

英国对 P2P 借贷信息披露监管

英国法律要求,P2P 平台必须根据投资的性质和风险、消费者的需求,公正、客观、清楚、无误导地向消费者披露信息,保障投资者在知情的前提下作出投资决定。法定披露的信息可分为两类:P2P 平台的基本信息和借贷服务信息。前一类包括平台的联系方式、平台的注册声明、投资者可获得的报告、平台的利益冲突政策、成本和费用政策、投资者资金保障等。后一类包括但不限于:① 过去和未来贷款的违约率和预期违约率;② 计算逾期违约率的假设条件;③ 平台如何评估借贷风险,包括借款人在平台上订立合同必须符合的条件;④ 对借款人实施的信用评价;⑤ 借款人有无担保及其实际情况;⑥ 可能的收益率,计入费用、违约率和税收负担;⑦ 出借人的纳税责任及计算方式,在平台上公布的各种投资收益的比较;⑧ P2P 平台对违约的处理方式,平台倒闭后的处理安排。

英国监管 P2P 互联网借贷的机构为金融行为监管局(Financial Conduct Authority,

FCA),根据其2014年颁布的《关于网络众筹和通过其他方式发行不易变现证券的监管规则》,P2P平台应该向金融行为监管局递交四种报告:一是财务状况报告,平台按季度报送财务状况信息;二是客户资金报告,平台应该根据其规模定期报告所持有的客户资金,中等公司和大公司每月递交客户资产报告,小公司每年报告上年度最高额客户资产报告;三是贷款情况报告,平台应按季度报送上一季度借贷情况报告,即按照风险水平分类的借贷信息,如利率、借款额度、违约率等;四是投诉报告,平台应该每两年报送完整的关于已经处理、尚未处理的投资者投诉的情况。上述报告均需要按照金融行为监管局规定的固定格式报送。

[资料来源]刘然:《互联网金融监管法律制度研究》,中国检察出版社,2017,第136—137页。

第五节 其他货币交易行为法律制度

一、同业拆借市场交易行为法律制度

(一)同业拆借市场交易的概念和特征

同业拆借市场交易是指除中央银行之外的金融机构之间进行短期资金融通的资金借贷行为,即金融机构之间利用资金市场的地区差、时间差,由资金富余的金融机构对临时资金头寸不足的金融机构进行的短期资金借贷,以调剂资金头寸。同业拆借的资金主要用于以银行经营机构为主的金融机构暂时的存款兑付、票据清算的差额及其他临时性的资金短缺需要,目的在于调剂头寸和平衡临时性资金余缺。

同业拆借市场最初产生于银行经营机构之间,然后逐渐发展到非银行金融机构之间。同业拆借市场交易具有以下特点:① 资金借贷的期限一般比较短,少则几个小时,多则几天,但一般不会超过1个月;② 参与拆借的金融机构一般都在中央银行开立存款账户,交易资金主要是该账户上的多余资金;③ 同业拆借资金主要用于短期、临时性需要,即为解决拆入方流动性不足;④ 同业拆借交易量一般较大,而且多为信用拆借。1996年1月3日,中国建立起了全国统一的同业拆借市场。

(二)同业拆借市场交易的基本规则

同业拆借分为银行同业拆借和短期拆借。其中,银行同业拆借是指银行经营机构相互之间短期资金的拆借。各银行经营机构在日常经营活动中会经常发生头寸不足或盈余的情况,银行同业间为了互相支持对方业务的正常开展并使多余资金产生短期收益,而产生银行同业之间的资金拆借交易。这种交易活动一般没有固定的场所,主要通过电信和互联网手段成交。期限按日计算,有1日、2日、5日不等,一般不超过1个月,最长期限为120天,期限最短的甚至只有半日。拆借的利息叫"拆息",其利率由交易双方自定,通常高于银行的筹资成本。拆息变动频繁,能够灵敏地反映资金供求状况。同

业拆借每笔交易的数额较大,以适应银行经营活动的需要。日拆一般无抵押品,单凭银行间的信誉。期限较长的拆借常以信用度较高的金融工具为抵押品。

短期拆借市场又叫"通知放款",主要是银行经营机构与非银行金融机构之间的一种短期资金拆借形式。其特点是利率多变,拆借期限不固定,随时可以拆出,并随时偿还。参与这种拆借的多为证券经营机构和其他进行规模化金融产品交易的非银行金融机构。具体做法如下:银行与客户间订立短期拆借合同,规定拆借幅度和担保方式,在幅度内随用随借,担保品多是股票、债券等有价证券。借款人在接到银行还款通知的次日即须偿还,如到期不能偿还,银行有权出售其担保品。根据2007年中国人民银行制定的《同业拆借管理办法》,同业拆借应该遵守以下四个方面的规则。

(1) 同业拆借交易市场主体须为金融机构。参加同业拆借交易的主体须为金融机构,包括政策性银行、中资商业银行、外商独资银行、中外合资银行、外国银行分行、城市信用合作社、农村信用合作社县级联社、企业集团财务公司、汽车金融公司、证券公司、保险公司、保险资产管理公司、金融资产管理公司、信托公司、金融租赁公司、中资商业银行(不包括城市商业银行、农村商业银行和农村合作银行)授权的一级分支机构,以及中国人民银行确定的其他机构。拟进入同业拆借交易市场交易的主体,须向中国人民银行递交申请并经其审查批准。

(2) 同业拆借交易的市场主体须符合基本条件。申请进入同业拆借市场的金融机构应当是在中国境内依法设立,有健全的同业拆借交易职能部门和专门从事同业拆借交易的人员,风险管理和内部控制制度健全,主要监管指标符合中国人民银行和有关监管部门的规定,要求最近2年不存在重大的违法违规行为,而且不存在资不抵债的情况,并符合中国人民银行规定的其他条件。除此之外,还要求汽车金融公司、企业集团财务公司、信托公司、金融资产管理公司、金融租赁公司、保险资产管理公司和证券公司在申请进入同业拆借市场前的最近2个年度连续盈利,证券公司在同期未出现净资本低于2亿元的情况,保险公司则要求最近4个季度连续的偿付能力充足率在120%以上。如果外商独资银行、中外合资银行、外国银行分行进入同业拆借市场,则须经国务院银行业监督管理机构批准获得经营人民币业务资格。

(3) 同业拆借市场交易的基本行为规范。① 同业拆借交易必须在全国统一的同业拆借网络中以询价方式的方式进行,自主谈判,逐笔成交。同业拆借利率、期限、担保等由交易双方自行商定;② 政策性银行、证券公司、保险公司、保险资产管理公司、汽车金融公司、企业集团财务公司、信托公司、金融资产管理公司、金融租赁公司以法人为单位,通过全国银行间同业拆借中心的电子交易系统进行同业拆借交易;③ 如果是通过中国人民银行分支机构拆借备案系统进行同业拆借交易的金融机构,应按照中国人民银行当地分支机构的规定办理相关手续。

(4) 同业拆借交易的清算规则和风险控制。① 同业拆借的资金清算在同一银行完成的,应以转账方式进行,任何同业拆借清算均不得使用现金支付;② 同业拆借的资金清算涉及不同银行的,应直接或委托开户银行通过中国人民银行大额实时支付系统办理;③ 金融机构应当将同业拆借风险管理纳入本机构风险管理的总体框架之中,并根据同业拆借业务的特点,建立健全同业拆借风险管理制度,设立专门的同业拆借风险管理机构,制定同业拆借风险管理内部操作规程和控制措施;④ 无论是商业银行还是其他金融机构,同业拆借的拆入资金用途应符合法律规定。

二、银行间债券市场交易行为法律制度

(一) 银行间债券市场交易的概念和特征

银行间债券市场是与证券交易所债券市场相对应的债券市场,该市场是中国债券市场的一个主要组成部分。银行间债券市场依托于中国外汇交易中心、全国银行间同业拆借中心和中央国债登记结算公司、银行间市场清算所股份有限公司,是包括银行经营机构、保险经营机构、证券经营机构等在内的金融机构进行债券买卖和回购的市场。银行间债券市场交易的债券主要是记账式国债、政策性金融债券等。

银行间债券市场的交易方式包括债券的现券交易和债券回购交易,其中债券回购交易分为质押式回购交易和买断式回购交易两种。债券质押式回购交易是指融资方在将债券质押给融券方(即资金出让方)融入资金的同时,双方约定在将来某一指定日期,由融资方将按约定回购利率计算的资金额归还给融券方,然后由融券方向融资方返还原出质债券的融资行为。债券买断式回购交易是指债券持有人将债券卖给债券购买方的同时,交易双方约定在未来某一日期,再由债券出卖方以约定的价格从购买方购回相等数量同种债券的交易行为。银行间债券市场交易的特点包括以下三个方面。

(1) 银行间债券市场交易定价模式为协商定价。银行间债券市场交易属于场外交易,市场参与者以询价方式与自己选定的交易对手逐笔达成交易,这与沪深交易所的竞价交易方式不同。证券交易所进行的债券交易与股票交易一样,是由众多投资者共同竞价形成交易价格和交易结果。

(2) 银行间债券市场交易的对象不包括公司企业债券。全国银行间债券市场交易的是经中国人民银行批准,可在全国银行间债券市场交易的政府债券、中央银行债券和金融债券等记账式债券,而且参与交易的主要为金融机构。

(3) 银行间债券市场交易流动性较差。银行间债券市场流动性较低,虽然银行间债券市场单笔交易量很大,但其交易总体而言流动性较差。其根本原因在于参与交易的积极性不够,交易机制落后,参与交易的市场主体数量不足。

(二) 银行间债券市场交易的基本规则

中国人民银行分别于 2000 年、2009 年、2016 年公布了《全国银行间债券市场债券交易管理办法》《银行间债券市场债券登记托管结算管理办法》《全国银行间债券市场柜台业务管理办法》,这些管理办法从以下五个方面对银行间债券市场交易进行了规定。

(1) 市场交易主体的基本类别。参与银行间债券市场交易的主体须为境内法人类合格机构投资者和非法人类合格机构投资者,自然人不得直接参与交易。法人类合格机构投资者是指符合本中国人民银行要求的金融机构法人,包括但不限于商业银行、信托公司、企业集团财务公司、证券公司、基金管理公司、期货公司、保险公司等经金融监管部门许可的金融机构。金融机构的授权分支机构参照法人类合格机构投资者管理。

非法人类合格机构投资者是指金融机构等作为资产管理人(以下简称管理人),在

符合法律规定的前提下，接受客户的委托或授权，按照与客户约定的投资计划和方式开展资产管理或投资业务所设立的各类投资产品，包括但不限于证券投资基金、银行理财产品、信托投资计划等。保险产品，经基金业协会备案的私募投资基金，住房公积金，社会保障基金，企业年金，养老基金，慈善基金等，参照非法人类合格机构投资者管理。

（2）市场交易主体的基本条件。进入银行间债券市场交易的主体包括法人主体和非法人主体，其中，法人类合格机构投资者应在中国境内依法设立，具有健全的公司治理结构、完善的内部控制、风险管理机制，债券投资资金来源合法，具有熟悉银行间债券市场交易的专业人员，具备相应的风险识别和承担能力，知悉并能自行承担债券投资风险，业务经营合法，最近3年未因债券业务发生重大违法违规行为，以及符合中国人民银行要求的其他条件。

非法人类合格机构投资者应符合以下条件：① 产品设立符合有关法律法规和行业监管规定，并已依法在有关管理部门或其授权的行业自律组织获得批准或完成备案登记；② 产品已委托具有托管资格的金融机构（以下简称托管人）进行独立托管，托管人对委托人资金实行分账管理，单独核算；③ 产品的管理人获得金融监管部门许可的资产管理业务资格，对于经行业自律组织登记的私募基金管理人，其净资产不低于1 000万元，资产管理实际规模处于行业前列；④ 产品的管理人和托管人具有健全的公司治理结构、完善的内部控制、风险管理机制以及相关专业人员；⑤ 产品的管理人和托管人业务经营合法合规，最近3年未因债券业务发生重大违法违规行为；⑥ 中国人民银行要求的其他条件。

（3）开户、交易和结算规则。拟进入银行间债券市场的合格机构投资者，应按规定通过互联网向中国人民银行上海总部备案，然后在中国人民银行认可的登记托管结算机构和交易平台办理开户、结算手续。合格机构投资者完成备案、开户、联网手续后，即成为银行间债券市场的参与者。法人类合格机构投资者、非法人类合格机构投资者的管理人和托管人在银行间债券市场开展债券交易、清算、托管、结算等相关业务时，应遵守有关法律法规、行业监管规定，以及银行间债券市场相关管理规定。其中，非法人类合格机构投资者的管理人还应遵守与委托人之间的约定，不得投资超出投资范围或委托人风险承受能力的债券产品。

（4）监管机构和监管责任。中央国债登记结算有限责任公司、银行间债券市场清算所股份有限公司、全国银行间同业拆借中心负责投资者债券交易、清算、托管、结算工作，并按照其分工协作规定及时披露银行间债券市场的有关信息。其中，银行间债券市场清算所股份有限公司为银行间市场提供以中央对手净额清算为主的直接和间接的本外币清算服务，包括清算、结算、交割、保证金管理、抵押品管理、信息服务、咨询业务，以及相关管理部门规定的其他业务，并在每月前10个工作日内向中国人民银行上海总部报告上月合格机构投资者账户开立、变更、注销、联网及终止联网等情况，并抄送中国银行间市场交易商协会。

（5）投资者适当性管理。为了保障投资者权益、维护市场稳定，法律对银行间债券市场规定了准入标准，以及投资者风险检测和控制要求。法律规定的投资者适当性管理规则要求，银行间债券市场开办机构应当充分揭示所销售的债券产品和所提供服务的风险,向具备相应能力的投资者提供适当债券品种的销售和交易服务,不得诱导投资者投资与其风险承受能力不相适应的债券品种和交易服务。只有经开办机构审核认定至少满足以下条件之一的投资者方可投资柜台业务的全部债券品种和交易服务:① 经国务院及其金融管理部门批准设立的金融机构;② 依法完成登记,所持有或者管理的金融资产净值不低于1 000万元的投资公司或者其他投资管理机构;③ 上述金融机构、投资公司或者投资管理机构管理的理财产品、证券投资基金和其他投资性计划;④ 净资产不低于人民币1 000万元的企业;⑤ 年收入不低于50万元,名下金融资产不少于300万元,具有2年以上证券投资经验的个人投资者;⑥ 符合中国人民银行其他规定并经开办机构认可的机构或者个人投资者。

三、外汇市场交易行为法律制度

(一) 外汇市场交易的概念和特征

外汇是指以外国货币表示的用于国际结算的支付凭证,包括各种外国货币、外币存款、外币有价证券、外币支付凭证如外国支票、汇票和本票等。世界各国并未对外汇赋予一个清晰明确的定义,而只是根据本国或本货币区外汇管理的实际需要,采取列举的方式进行外汇界定。外汇一般可分为自由兑换外汇、有限自由兑换外汇和记账外汇。其中:① 自由兑换外汇是指无须经货币发行国或货币区的监管机构批准,就可以自由兑换成其他国家或地区的货币,或者可以向第三国或货币区办理支付的外汇。自由兑换外汇在国际结算中可以自由使用,如美元、欧元、加拿大元、英镑、人民币、澳大利亚元、新西兰元、日元、新加坡元、港元等。② 有限自由兑换外汇是必须经货币发行国批准,才能自由兑换成其他货币或对第三国或货币区进行支付的外汇。世界上大多数国家的货币属于有限自由兑换货币。③ 记账外汇又称清算外汇或协定外汇,是指根据双边或多边支付协定进行国际结算时,用作计价单位的货币。记账外汇一般以双方国家中央银行互立专门账户的形式存在。在年终时,双方银行对进口贸易额及有关从属费用进行账面轧抵,结出差额。对差额的处理,既可转入下一年度的贸易项目中去平衡,也可以使用双方预先商定的自由外汇进行支付清偿。

中国《外汇管理条例》界定的外汇,是指以外国货币标识的可以用作国际清偿的支付手段和资产,具体包括外币现钞、外币支付凭证或者支付工具、外币有价证券、特别提款权,以及其他外汇资产。外汇市场是指进行外币和以外币计价的票据、单证和证券买卖的市场,是金融市场的主要组成部分。外汇交易是由各种经营外汇业务的机构和个人在一起进行外汇和外汇资产买卖的活动。这种买卖活动有可能在有形的市场进行,如在某一银行经营机构的营业场所买卖外汇,也有可能在无形市场,即通过通信网络如互联网交易机制进行。外汇交易的特征包括以下三个方面。

(1) 交易品种简单,外汇市场与股票市场不同,投资者不用关注成千上万的股票种类,也不用去区分创业板和A股、B股。只需要关注几种货币对,主要为交易中经常遇到的英镑/美元、欧元/美元、美元/日元和美元/人民币等主要货币对,因为它们的交易量占整个市场的大部分。

(2) 外汇市场是一个全球化的市场,参与的国家都分布在亚洲市场、欧洲市场、美洲市场。因为时差的关系,形成了一个不分昼夜的市场,24小时循环作业。只有星期六、星期日以及各国的重大节日,外汇市场才会关闭。所以,外汇投资者不仅白天可以进行交易,晚上也可以进行不同外汇市场的交易。

(3) 外汇交易是通过互联网络进行的全球性交易,既有进行集中交易的外汇交易所,如菲律宾外汇交易所(Philippine Dealing & Exchange),也有进行非集中交易的网络交易平台,网络平台交易模式多体现为协商式交易。但是,现在全世界很多证券交易所或期货交易所开发了一些外汇期货、外汇期权产品。

(二) 外汇汇率和外汇交易的分类

1. 汇率的概念及其分类

汇率是一国或货币区的货币兑换另一国或货币区货币的比率,汇率有两种基本模式,即直接标价法和间接标价法。

(1) 直接标价法。即计算购买一定单位外币应付多少本币,又叫应付标价法。采用直接标价法公布汇率时,外国货币的单位固定不变,本国货币的金额随该单位的外国货币或本国货币币值的变化而变化。如果一定单位的外国货币折算成本国货币的金额增加,说明外币币值上升或本币币值下跌,这就叫外汇汇价上涨。如果一定单位的外国货币折算成本国货币的金额减少,则说明外币的币值在下降或本币币值在上升,这就叫外汇汇价下跌。包括中国在内的世界上绝大多数国家目前都采用直接标价法。在国际外汇市场上,日元、瑞士法郎、加拿大元等均为直接标价法,如人民币6.82即1美元兑元6.82人民币。

(2) 间接标价法。又称"应收标价法",间接标价法与直接标价法相反,即以一定单位的本国货币为标准,将本国货币折算成一定金额外币的标价方法。采用间接标价法公布汇率时,本国货币的单位金额固定不变,外币的金额随本国货币或外币币值的变化而变化。如果一定数额的本币能兑换的外币数额比前期少,说明外币币值上升,本币币值下降,即外汇汇价下跌。如果一定数额的本币能兑换的外币数额比前期多,则说明外币币值下降,本币币值上升,即外汇汇价上升。外汇的价值和汇率的升跌成反比。在国际外汇市场上,采用间接标价法的较少,目前只有美元、欧元、英镑、澳大利亚元等采用间接标价法。

2. 外汇交易的类别和方式

国内外外汇市场交易主要可以分为以下七种。

(1) 即期外汇交易。即期外汇交易又称现汇交易,即在外汇买卖成交后,在2个营业日内办理交割的外汇业务。即期交易主要用于进出口结算、银行间平衡头寸、套汇、个人用汇和侨汇等。

(2) 远期外汇交易。又称期汇交易,即在外汇买卖合同签订后,在将来某个时期进行外汇交割,其目的是套期保值、投机等。远期外汇交易中的主要条款可以进行商讨,如合同面值、交割时间、兑换汇率等都可以由双方谈判确定。

(3) 外汇掉期交易。即买入(或卖出)一笔即期外汇的同时卖出(或买入)相同金额的同一种货币的远期外汇的交易。其主要作用在于保值、与套利相结合获利、调整银行资金期限结构等。外汇掉期交易包括"现-远掉期"和"远-现掉期"两种。

(4) 外汇期货交易。即在期货交易所内买卖外汇期货合约的交易。外汇期货交易买卖的是代表一定外汇量的标准化合同,交易的场所是专门进行外汇期货交易的期货交易所,而且在很多情况下会通过买卖相反部位的外汇期货合同进行对冲了结。

(5) 外汇期权交易。即外汇期权合同购买者向出售者支付一定比例的期权费后,即可在有效期内享有按合同约定价格和金额购买或出售某种货币的权利。外汇期权买卖是一种新型业务,1982年12月产生于美国费城股票交易所。

(6) 外汇套汇交易。即套汇者利用两个或者两个以上外汇市场上某些货币的汇率差异进行外汇买卖,从中套取差价的行为。套汇可分为直接套汇和间接套汇两种。直接套汇是指利用两个不同地点的外汇市场上某些货币之间的汇率差异,在两个市场上同时买卖同一货币赚取差价的行为。间接套汇则是利用三个不同地方的外汇市场差价,同时买卖某种或几种外汇牟利。

(7) 外汇套利交易。又称利息套汇,即两个不同国家的金融市场短期利率高低不同,投资者将资金从利率较低的国家汇入利率较高的国家,以赚取利率差价。

(三) 外汇市场交易的行为规则

1. 外汇管理的主要立法

中国有关外汇管理的法律法规除了《中国人民银行法》和国务院2008年修订后的《外汇管理条例》外,主要还有以下三大类。

(1) 中国人民银行发布的行政规章。主要包括1996年《结汇、售汇及付汇管理规定》,2006年《个人外汇管理办法》,2014年《中国人民银行关于银行间外汇市场交易汇价和银行挂牌汇价管理有关事项的通知》,以及2016年《关于进一步明确境内企业人民币境外放款业务有关事项的通知》。

(2) 国家外汇管理局发布的行政规章。主要有2007年《个人外汇管理办法实施细则》,2009年《境内机构境外直接投资外汇管理规定》和《国家外汇管理局关于境内企业境外放款外汇管理有关问题的通知》(2015年修正),2010年《国家外汇管理局关于境内银行境外直接投资外汇管理有关问题的通知》,2013年《合格境内机构投资者境外证券投资外汇管理规定》,2014年《国家外汇管理局关于发布〈跨境担保外汇管理规定〉的通知》和《国家外汇管理局关于境内居民通过特殊目的公司境外投融资及返程投资外汇管理有关问题的通知》,2015年《国家外汇管理局关于进一步完善个人外汇管理有关问题的通知》(已废止)和《国家外汇管理局关于进一步改进和调整直接投资外汇管理政策的通知》,2020年《境外机构投资者境内证券期货投资资金管理规定》等。

(3) 相关部委单独或联合发布的行政规章。主要有1997经中国人民银行批准,由国家外汇管理局发布的《境内机构借用国际商业贷款管理办法》,2000年国务院办公厅转发的《国家计委、中国人民银行关于进一步加强对外发债管理的意见》,原国家计委、财政部、国家外汇管理局于2003年联合发布的《外债管理暂行办法》,中国证监会、中国人民银行、国家外汇管理局2020年联合发布的《合格境外机构投资者和人民币合格境外机构投资者境内证券期货投资管理办法》,2007年中国证监会发布的《合格境内机构投资者境外证券投资管理试行办法》,以及2020年中国人民银行、国家外汇管理局发布的《境外机构投资者境内证券期货投资资金管理规定》,2015年修正的《国家外汇管理局、建设部关于规范房地产市场外汇管理有关问题的通知》等。

2. 外汇市场的监督管理模式

由于不同的国家和地区经济发展状况与对外开放度不同,外汇管制的宽严度也不一样。一般来说,经济发达国家的外汇管制都比较宽松,而大部分发展中国家则实行较为严格的外汇管制。

根据各国或货币区外汇管制的对象和项目不同,以及同一项目管制的宽严程度不同,可以将外汇管制划分为三种不同的类型。

(1) 严格的外汇管制。即经常项目和资本项目等国际收支所有项目下的外汇收支都要受到严格的管理,禁止一切外汇的自由买卖。实行这种外汇管制的国家通常经济比较落后,外汇资金短缺,市场机制不发达,本国产品的国际竞争能力较差,因而试图通过集中分配和使用外汇来达到促进经济发展的目的。

(2) 部分型外汇管制。即对经常项目的外汇交易原则上不实行或基本不实行限制,但对资本项目的外汇交易则仍然加以管理,一些经济发展比较快的新兴市场国家多采取这种外汇管理制度。这些国家经济发展较快,国内市场对外逐渐开放,产品的竞争力较强,外汇储备雄厚,实行外汇管理的主要目的是防止不利于本国经济发展的资本流动,维持本国的汇价。

(3) 完全自由型外汇管制。即在形式上取消外汇管制,对经常项目与资本项目的外汇收支均不进行限制,外汇可自由兑换、自由流通。发达国家以及一些国际收支顺差较大的石油输出国往往采用这种类型的外汇管制。但是在外汇市场实践中,无管理、全开放的外汇市场是不存在的,任何一个国家都会根据自己国家的经济和金融发展需要进行适当管理。

3. 中国外汇市场监督管理

中国实行的是相对自由的外汇管理制度,而且现在也在加大外汇自由交易的力度,其中,经常项目基本放开,资本项目实行的是有管理的外汇交易,并采取渐进式放开。国务院《外汇管理条例》对外汇监管作了以下六个方面的规定。

(1) 人民币汇率实行以市场供求为基础的、有管理的浮动汇率制度。其中,《外汇管理条例》规定,外汇是指下列以外国货币表示的可以用作国际清偿的支付手段和资产:① 外币现钞,包括纸币、铸币,外国法定电子货币等;② 外币支付凭证或者支付工具,包括票据、银行存款凭证、银行卡等;③ 外币有价证券,包括债券、股票等;④ 特别提款权;⑤ 其他外汇资产。

(2) 禁止外国货币在中国境内直接计价、流通和使用,但法律另有规定者除外。中国境内机构、个人的外汇收入可以调回境内或者存放境外;调回境内或者存放境外的条件、期限等,由国务院外汇管理部门根据国际收支状况和外汇管理的需要作出规定。国务院外汇管理部门依法持有、管理、经营国家外汇储备,并应遵循安全、流动、增值的原则进行管理。

(3) 开放经常项目外汇账户,确保外汇收支的真实合法交易。① 经常项目外汇收入,可以按照国家有关规定保留或者卖给经营结汇、售汇业务的金融机构;② 经常项目外汇支出,应当按照国务院外汇管理部门关于付汇与购汇的管理规定,凭有效单证以自有外汇支付或者向经营结汇、售汇业务的金融机构购汇支付;③ 经营结汇、售汇业务的金融机构应当按照法律法规以及国务院外汇管理部门的规定,对交易单证的真实性及其与外汇收支的一致性进行合理审查,而且外汇管理机关有权对交易和单证进行监督检查。

(4) 境内外机构或个人使用外汇进行直接或间接投资,须进行登记备案。① 境外机构或个人在境内使用外汇直接投资,应当到外汇管理机关登记备案;② 境外机构或个人在境内从事有价证券或者衍生产品发行、交易等间接性投资,应当遵守国家关于市场准入的规定,并按照法律规定办理登记;③ 境内机构、境内个人向境外直接投资或者从事买卖境外有价证券、衍生产品交易等间接性投资,应当符合国家规定并按照国务院外汇管理部门的规定办理登记。

(5) 资本项目外汇收入保留或者买卖,应该取得外汇管理机关的批准。① 资本项目外汇收入保留或者卖给经营结汇、售汇业务的金融机构,应当经外汇管理机关批准,但法律另有规定者除外;② 资本项目外汇支出,应当按照国务院外汇管理部门关于付汇与购汇的管理规定,凭有效单证以自有外汇支付或者向经营结汇、售汇业务的金融机构购汇支付,国家规定应当经外汇管理机关批准的,应当在外汇支付前办理批准手续。

(6) 企业被依法解散后的外商投资可依法将外汇转移至外国。① 依法终止的外商投资企业,按照国家有关规定进行清算、纳税后,属于外方投资者所有的外汇,可以向经营结汇、售汇业务的金融机构购汇汇出;② 资本项目外汇及结汇资金,应当按照有关主管部门及外汇管理机关批准的用途使用,外汇管理机关有权对资本项目外汇及结汇资金使用和账户变动情况进行监督检查。

四、票据市场交易行为法律制度

(一) 票据市场交易的概念和特征

票据市场是指为商业票据、中央银行票据进行交易的场所或网络,而票据市场交易则为票据市场主体根据票据交易规则、惯例和组织安排,进行票据转让和买卖的行为。商业票据市场是国外最早的货币市场之一,距今已经有100多年的历史。商业票据市场有发行市场和交易市场之分。商业融资票据发行市场的发行人主要为金融机构和普通的商事企业,而投资人则为银行经营机构、保险经营机构、投资基金和信托经营机构等。中国的票据市场早期是无形的电子网络市场,融资性票据发端于21世纪初期,然后在2016年12月8日成立了专以票据集中交易的上海票据交易所。上海票据交易所作为一个票据集中交易场所,其职能是进行票据报价交易、登记托管、清算结算,承担中央银行货币政策再贴现操作等政策职能。票据市场交易的特征包括以下三个方面。

(1) 交易标的是期限较短的证券。因为无论是商业票据还是中央银行票据,期限多在1年以下,所以票据作为融资手段的资金融通期限一般较短。

(2) 票据交易参与者规范且数量较多。票据市场是一个短期融资的市场,票据又是一种传统的支付结算手段,适用面十分广泛,所以各国法律规定,只要手中持有各类票据或者欲参与票据买卖的人均可进入市场交易。

（3）票据市场交易的标的物是各类票据化工具。票据市场中交易的标的物是票据，即根据各国票据法发行的一种代表一定货币量的证券。票据市场中的票据可能是商业机构发行的支付结算票据，可能是金融机构发行的专以融资为目的的票据，也可能是中央银行发行的以调节市场货币量为目的的票据。

（二）票据市场交易的行为规则

票据市场交易可按票据发行主体来划分，有银行票据市场、商业票据市场和中央银行票据市场；按交易方式来划分，有票据发行市场、票据承兑市场和票据贴现市场；按照票据的种类划分，有商业银行票据市场、银行承兑汇票市场、银行大额可转让定期存单市场、短期以及融资性票据市场。目前最为重要的划分是有形市场和无形市场。其中，有形市场专指票据交易所市场，无形市场则为互联网票据市场。

1. 中国票据网络交易规则

中国票据网络交易市场主要为银行间债券市场、中国票据网的票据转贴现交易系统和银行间的票据回购交易市场。银行间债券市场可以发行各种商业性票据工具，这些票据发行后，各类金融或非金融机构购买的中央银行票据均可以在这一系统中进行交易和转让。

（1）银行间债券市场的票据交易。银行间债券市场的票据现券交易方式是电脑询价交易和点击成交。银行间债券市场的交易时间是北京时间上午 9:00—12:00，下午时间是 13:30—16:30，法定节假日不交易。交易方式是参与交易的机构向市场或者某些特定的对象发送交易意向，如果与交易对象就交易数额、交易价格和交割方式达成协议则点击成交。成交后由中国人民银行清算支付系统进行清算，票据托管由中央国债登记结算有限责任公司负责。

（2）中国票据网的票据转贴现交易。中国票据网的票据转贴现交易系统交易方式，是由 2002 年开通的中国票据网提供票据贴现和转贴现交易行情，然后持票人将手中的票据贴现给相关银行或者其他金融机构。银行等金融机构也可以将大批量的贴现票据转贴现给其他有需求意愿的金融机构。但是，传统的纸质票据贴现或者转贴现操作较为复杂，因为需要将书面票据背书交给贴现银行等金融机构，现在的电子票据则较为方便，只需要在票据网络中备注交付。

（3）银行间的回购交易。银行间的回购交易是经营票据买卖的银行经营机构，双方签订附有回购条款的票据买卖合同，并对票据进行回购背书，但现在票据大批量交易多以电子票据进行，所以无须对每一张纸质票据进行背书。票据回购交易从买卖双方不同的角度理解，可分为正回购和逆回购。正回购是融资方以一定规模的票据进行质押融入资金，并承诺在约定的日期购回所质押的票据。反之，逆回购是投资方向融资方购买票据，并约定在到期日将票据重新卖给融资方的交易行为。

2. 中国票据交易所交易

根据上海票据交易所 2017 年制定的《上海票据交易所票据交易规则》，其基本交易原理和交易规则包括以下五个方面。

（1）进入交易所参与交易的成员包括获准参与票据交易所系统的法人机构及其授

权分支机构和非法人机构等。交易成员应当与票据交易所系统联网,并依照票据交易所有关规定在票据交易所系统开立独立的交易账户和票据托管账户。

(2)交易成员应当通过规范程序授权具备票据交易业务资格的人员进行票据交易,交易方式包括询价、匿名点击和点击成交等。询价交易方式下,报价方式包括意向询价和对话报价。

(3)票据交易的清算、结算和交割包括T+0和T+1两种模式。T+0是指成交当日清算,T+1是指成交日的下一工作日清算。

(4)交易日为每周一至周五,遇法定节假日调整除外。交易系统运行时间为8:30—21:00,交易时段为每交易日9:00—12:00,13:30—16:30;特殊情况下,票据交易所可以应急延长交易时段,如遇变更,票据交易所应该提前发布公告。

(5)结算方式为票款对付的交易,由票据交易所系统依据成交单为交易双方办理清算和结算;结算方式为纯票过户的交易,票据交易所系统仅为其办理票据权属变更登记,资金结算由交易双方自行办理。

五、黄金市场交易行为法律制度

(一)黄金市场交易的概念和特征

黄金市场是进行黄金买卖和金币兑换的市场,而黄金市场交易是符合条件的机构或个人在黄金市场进行黄金产品和黄金衍生品买卖的行为。由于各国对黄金买卖的国家控制程度不一,如有的国家对黄金输出输入加以严格限制,而有的国家则不加限制,所以其市场发展程度和交易规则也不同。目前,世界上最主要的黄金市场分布在英国伦敦、瑞士苏黎世、美国纽约、中国香港等地。黄金市场交易的普遍特征包括以下四个方面。

(1)黄金市场交易的对象为黄金以及其他黄金衍生产品。黄金交易市场交易的主要为各种成色和重量的金条、金块、金币、黄金工艺品和其他黄金衍生产品等。其中,黄金衍生产品主要为黄金期货合约、黄金期权合约和其他与此相关联的代表黄金权属的金融产品。

(2)黄金市场参与交易的主体为符合法律规定条件的机构和个人。各国对黄金交易的监管要求不一,大部分国家都允许符合条件的机构和个人参加黄金交易。国际黄金市场的参与者可分为国际金商、银行、对冲基金等金融机构,各种法人机构,私人投资者,以及专门在黄金期货交易中进行中介业务的黄金经纪公司。

(3)黄金市场参与者的目的是套期保值和投机牟利。黄金是多用途的工业原材料,所以黄金生产者和黄金需求者都会利用黄金市场交易进行套期保值。同时,因为黄金具有很好的保值、增值功能,可以作为一种规避货币市场风险的工具,所以还有许多投资者参与黄金市场投资,以谋取利益。

(4)黄金市场既有无形的网络市场也有专门的黄金交易所。黄金市场交易既有柜台交易模式,也可以在无形的互联网市场中进行交易,还可以在专门设立的交易所中进行交易。交易所又包括专门设立的黄金交易所以及兼营黄金产品的期货交易所,其中,期货交易所在交易黄金期货的同时还交易其他期货产品。

(二) 黄金市场交易行为模式

世界各大黄金交易市场中,为黄金交易提供服务的场所和模式各不相同,但根据一定的标准进行划分,可分为没有固定交易场所的无形市场和有固定交易场所的有形市场。前者如伦敦黄金市场和苏黎世黄金市场,这一类市场交易被称为欧式交易。后一类市场设置了固定交易场所,即在其他商品或期货交易所内进行黄金买卖。例如,以美国的纽约商品交易所和芝加哥商品交易所为代表的黄金交易,被称为美式交易。还有一类是在专门设立的黄金交易所里进行的交易,以香港金银业贸易场和新加坡黄金交易所为代表,这一类则被称为亚式交易。

(1) 欧式黄金交易。以伦敦黄金市场为代表的欧式黄金交易市场没有固定的交易场所,这种市场的主要参与者为各种黄金交易商家、加工和销售企业,或者与之相关联的黄金中介机构,也包括黄金投资者。它们通过黄金生产企业、专职的黄金中介机构的电话、电传和互联网等与客户进行交易。然而,苏黎世黄金市场与之有所不同,该市场由三大银行为客户代理黄金买卖,负责交易结算和黄金产品交割。此外,伦敦和苏黎世黄金市场采取严格的保密措施,确保客户个人信息和交易信息不被透露,长期以来,这两大市场准确的交易量难以真实统计。但在如今的互联网交易环境下,新金融技术、大数据和云计算的运用使得其交易信息的透明度越来越高。

(2) 美式黄金交易。美式黄金交易为期货交易所交易,黄金交易仅为众多期货交易所期货产品中的一类。这类黄金市场实际上建立在典型的期货市场基础上,其交易类似于在该市场上进行其他商品期货交易,期货交易所提供包括现货和期货在内的黄金产品交易。期货交易所本身不参加交易,只是为黄金交易提供场地、设备,同时制定有关交易规则,确保交易公平、公正地进行,对包括黄金期货在内的交易进行严格的监控。其中的黄金产品被设计成代表一定数量、质量的标准化现货合约或期货合约,在合约到期之前可以对冲,也可以进行现货交割或者用现金价值结算。

(3) 亚式黄金交易。亚式黄金交易通过设立专门的黄金交易场所进行,专职交易所中同时进行黄金现货和期货交易。黄金交易所的设立模式类似于证券和期货交易所,而且各国或地区法律规定,只有符合其标准的黄金生产企业、银行经营机构、黄金中介机构或其他黄金投资者才可以进场交易,即对参与交易的机构数量配额有极为严格的控制。因为法律为进场的机构和投资者设置了严格的标准,所以能够参与的机构和投资者数量较少,一般都具备较高的信誉,也能严守信用,经营过程中违法违规事件也较少发生。

(三) 黄金市场交易的行为规则

中国目前黄金交易包括两大类:一是上海黄金交易所交易;二是金融机构之间的网络市场交易。现行调整黄金市场交易的法律法规主要有《民法典》和2018年中国人民银行制定的《金融机构互联网黄金业务管理暂行办法》,以及黄金交易所制定的自律性交易规则。

1. 上海黄金交易所交易规则

上海黄金交易所主要采取标准化撮合交易方式。交易时间为每周一至周五(节假日除外)上午 9:00—11:30,下午 13:30—15:30,晚上 19:50—2:30,周一晚交易计入次日,以此类推,周四晚计入周五交易,节假日休市。

(1) 交易品种。上海黄金交易所交易的商品有黄金、白银和铂金等,实行标准化交易,交易黄金必须符合交易所规定的标准;黄金交易的报价单位为人民币元/克,报价保留两位小数,金锭的最小交易单位为千克,金锭的最小提货量为 6 千克。

(2) 交易方式。上海黄金交易所开业初期进行现货黄金交易,交易前买方会员必须在黄金交易所指定的账户全额存入相应金额的人民币资金。卖方会员必须将需售出的黄金全部存放在交易所指定的黄金交割仓库。按照"价格优先、时间优先"的原则,采取自由报价、撮合成交、集中清算、统一配送的交易方式,会员可自行选择通过现场或远程方式进行交易。

(3) 资金清算。上海黄金交易所指定中国工商银行、中国银行、中国建设银行、中国农业银行和深圳发展银行、兴业银行和华夏银行等 16 家银行作为清算银行,实行集中、直接、净额的资金清算原则。

(4) 产品交割。上海黄金交易所实物交割实行"一户一码制""择库存入""择库取货"的交割原则,在全国 37 个城市设立了 55 家指定交割仓库,会员可自由选择交割仓库存入或提取黄金。黄金调配由交易所统一调运,交易所负责配送,保证交易后 3 天内拿到黄金。

(5) 质量检验。上海黄金交易所指定质检机构,承担金锭、金条质量标准制定,合格冶炼厂及品级资格认证,对产品质量纠纷进行仲裁检测等工作。交易所交易的金锭为经交易所认证、符合交易所金锭、金条质量标准的黄金,黄金冶炼厂对其提供的产品质量终身负责。

(6) 交易费用。上海黄金交易所按成交金额征收一定比例的手续费,2012 年 3 月 1 日起执行新的手续费标准。黄金品种:Au(T+D)手续费率从 0.03% 调降至 0.025%;黄金现货品种手续费率从 0.045% 调降至 0.04%。白银品种:手续费率从 0.03% 调降至 0.025%。铂金品种:手续费率从 0.05% 调降至 0.045%,但交易手续费并非一成不变,而是经常调整变化。

2. 互联网黄金交易规则

根据《金融机构互联网黄金业务管理暂行办法》,黄金互联网交易的标的是指以黄金账户记录黄金持有人持有黄金重量、价值和权益变化的产品,以及以黄金为基础资产的衍生品,但不包括黄金实物产品。黄金产品的互联网交易仅限金融机构,其他任何机构或个人不得向该市场提供黄金产品交易。互联网黄金交易须遵守下列规则。

(1) 黄金互联网交易的业务模式。金融机构通过自己的官方网站、移动终端销售或通过互联网机构代理销售其开发的黄金产品。在金融机构互联网黄金业务中,由金融机构提供黄金账户服务,互联网平台机构本身不提供任何形式的黄金账户服务。

(2) 黄金互联网交易主体资格。金融机构通过互联网平台代理销售自身开发的黄金产品,应当取得上海黄金交易所银行间黄金询价市场做市商资格,其他任何机构不得进行黄金互联网交易业务。

(3) 互联网平台机构资格。取得黄金互联网交易平台机构资格,应当满足以下条件：① 互联网平台机构的公司法人应当在中国境内依法设立，应当具备熟悉黄金业务的工作人员，注册资本应当不低于3 000万元人民币，而且必须为实缴货币资本；② 互联网机构应当具备互联网行业主管部门颁发的许可证或者在互联网行业主管部门完成网站备案，而且网站接入地在中国境内；③ 近3年未受到过金融监管、互联网行业主管等部门的重大行政处罚；④ 未开展非法金融业务活动。金融机构应当在各项风险可控的范围内选择互联网平台机构，并对互联网平台机构的资质负责。

延伸阅读

芝加哥气候交易所

美国芝加哥气候交易所是全球第一个成立的碳排放专业交易场所，该交易所成立于2003年，现有会员200余个，他们分别来自环境、交通、电力，以及航空、汽车制造业等数十个不同行业，交易所开展的减排交易项目涉及二氧化碳、甲烷、氧化亚氮、氢氟碳化物、全氟化物和六氟化硫等多种温室气体。交易所会员分为两类：一类是企业、城市和其他温室气体排放企业实体机构，它们加入交易所的目的是通过碳排放交易，实现减排目标承诺；另一类是非碳排放机构，即碳排放交易的中介机构、投资者等。交易所成立的目的是借用市场机制来解决温室效应这一日益严重的社会难题，参加交易的会员基于自愿，而非国家强制。

交易所为社会各阶层碳排放交易提供交易平台和相关服务，向客户、股东、评议机构、市民、消费者展示关于气候变化的战略远景，会员可以了解碳交易市场的走向，以便为各自的企业做好节能减排和碳排放交易的计划。碳排放机构可以通过交易平台，为可持续发展和温室气体减排做出更系统的计划，及早采取具有信用度的减排和认购补偿行动；也可定期测量排放量，有选择地采用各种减排技术和缓解措施。通过交易所中的交易平台，某些碳排放已达标的会员可以卖出超标减排量并获得额外利润，而未完成减排目标的会员可以通过农业碳汇等手段去弥补。

2004年，芝加哥气候交易所在欧洲建立了分支机构——欧洲气候交易所，2005年又与印度商品交易所建立了伙伴关系，此后又在加拿大建立了蒙特利尔气候交易所。2006年，芝加哥气候交易所还制定了《芝加哥协定》，该协定详细规定了建立芝加哥气候交易所的目标、覆盖范围、时间安排、包含气体、投资回收期等，以及减排注册、监测程序、交易方案等一系列操作性交易细则。目前，芝加哥气候交易所是全球第二大的碳汇贸易市场，也是全球唯一同时开展二氧化碳、甲烷、氧化亚氮、氢氟碳化物、全氟化物、六氟化硫6种温室气体减排交易的市场。

问题与思考

1. 一国基础货币发行数量取决于哪些经济、社会和人文历史因素？银行经营机构是怎样实现货币创造的？

2. 中国人民银行的主要货币政策工具有哪些？如何通过三大货币政策工具调节市场货币流动量？

3. 银行经营机构的普通贷款与委托贷款的法律特征、法律责任有何不同？

4. 现行法律对互联网借贷平台机构的行为规则、法律责任有何规定？将来的互联网金融立法重点应该在哪几方面进行改进？

5. 如何理解货币数字化、货币结算和流动互联网化对货币发行和控制政策产生的冲击？

第二章 证券发行与交易行为法律制度

本章纲要
- 证券公开发行
- 发行审核制度
- 证券发行条件
- 证券发行保荐
- 证券上市程序
- 证券交易规则
- 上市公司收购
- 证券信息披露

第一节 证券发行行为法律制度

一、证券发行的概念和特征

（一）证券发行的概念

广义的证券是代表一定财产的书面凭证，但依其所代表的财产权益差异可分为商品证券、货币证券和资本证券。此处对证券仅作狭义解释，专指资本证券，即代表一定投资量的书面凭证，如股票、债券、存托凭证和基金等，其他的商品证券、货币证券不属于证券法范畴，而由民商法和票据法调整。中国《证券法》对证券采取的是狭义的解释，证券即股票、债券、存托凭证和国务院依法认定的其他证券，但未将基金纳入《证券法》调整。相应地，美国《1933年证券法》《1934年证券交易法》采取了宽泛的列举式的界定，认为证券是指任何票据，股票，库存股票，债券，公司信用债券，债务凭证，盈利分享下的权益证书或参与证书，以证券作抵押的信用证书，可转让股票，投资合同，股权信托证，证券存款单，石油、煤气或其他矿产小额利息滚存权，或在更广泛意义上的任何权益或票据。此种定义，即广义的证券概念。

证券发行是指包括政府、金融机构、商事企业等在内的证券发行人，以筹集资金或调整资本结构为目的，按照法定条件和程序出售证券并由投资人认购的一种法律行为。

（二）证券发行的特征

证券发行是资本市场中的一种最基本的资本募集行为，其主要特征包括以下五个方面。

（1）证券发行的目的是筹集资金或调整资本结构。商事企业的设立与生产经营离不开资金,企业发行证券的目的是吸收社会资金、解决企业资金不足的问题。此外,企业通过发行证券也可以改变其资本结构、改善企业的经营方略。

(2) 证券发行是一种直接融资活动。融资可分为直接融资和间接融资,间接融资是指通过银行经营机构进行的货币借贷。证券发行即筹资者通过金融市场发行证券,直接从资金盈余者手中筹集资金,而不需要经过类似于银行中介机构的转手借贷,所以是一种直接融资方式,为现代资本市场所广泛推崇。

(3) 证券发行是向投资者募集资金交付证券的行为。证券发行是由发行者制作证券并将其销售给资金盈余者即投资者,并通过此种销售行为募集资金。证券发行不是对证券本身的买卖,反映的是一种投资关系,投资者向发行人购买证券表明其向发行企业或机构投资,而发行人向投资者交付证券则证明双方存在投资关系。

(4) 证券发行必须严格按照法律规定实施。各国证券法均对证券发行进行了规定,虽然其规定宽严标准不一,但总体上存在较为严格的政府监管,如证券发行人必须具备一定的资格,发行证券还需履行法定审核或注册登记手续,发行股票、债券的格式、条件和程序均应符合法律规定。

(5) 证券发行的主体较为特定。无论是发行股票、债券、存托凭证,抑或是其他证券,其主体必须是符合一定条件的机构,如政府、金融机构、企业或者其他的组织机构,自然人个体一般不具备发行证券的资格。

二、证券发行的类型和审核制度

(一) 证券发行的分类和特征

根据不同的标准,可对证券发行进行不同的分类:根据证券发行的对象不同,可分为私募发行与公募发行;根据证券发行的目的不同,可分为设立发行与增资发行;根据证券发行是否通过承销机构,可分为直接发行与间接发行;根据证券发行价格的不同,可分为溢价发行、平价发行与折价发行;根据证券发行的地点不同,可分为境内发行与境外发行。

(1) 私募发行与公募发行。① 私募发行又称非公开发行,是指发行人将其证券销售给特定范围内的少数投资者。一般而言,这些特定少数投资者属于与发行人有密切联系的熟人社会。理论上,私募发行模式适合所募资金较少的情况,无须在大范围内募集资金,无须聘请专业的证券承销机构进行运作和代理销售,所以私募发行成本也较低。中国《证券法》规定,向特定对象发行证券累计不超过200人的为私募发行。② 公募发行又称公开发行,是指发行人向不特定的社会公众发售其证券的方式。公募发行成本较高,程序复杂,适于募集较大数量资金的机构。公募发行涉及的投资者范围广泛,社会影响大,因而要求发行人具备良好的信用和发展前景。中国《证券法》规定,向不特定对象发行证券或者向特定对象发行证券累计超过200人,或者具有法律、行政法规规定的其他发行行为则属公开发行。

(2) 设立发行与增资发行。① 设立发行是指为公司的设立而发行证券以募集注册资本。公司注册资本筹集有两种方式,即由公司全体发起人缴纳,或者发起人认购一部分而其余部分则向社会不特定多数人募集。如果向社会不特定多数人募集股份有限公司的注册资本,则称之为募集设立。② 增资发行是指已成立的股份有限公司需要扩大资本而发行证券,包括发行股票、债券和其他证券。增资发行的主要目的在于扩大商事企业的生产经营规模和调整资本结构。

(3) 直接发行与间接发行。① 直接发行又称直接募集,是指发行人无须证券承销机构的介入,由发行人自己组织发行事宜,直接与认购人签订合同予以发行。直接发行因为不聘请证券承销商,无须支付承销费用,所以成本较低,而且发行人能直接控制发行过程。但是,直接发行对于大多数发行人而言,由于受到专业知识和销售渠道的限制,存在较大的发行失败风险,所以直接发行主要适用于募集资金数额较小的情况。② 间接发行又称委托发行,是指发行人并不直接与购买人联系,而是委托证券承销机构组织发行,代为销售。间接发行成本高,但是由于承销机构具有专业经验和销售渠道,证券发行的成功率较高,特别适合募集资金量较大的证券发行,所以现今在各国或地区,间接发行已成为证券发行的主要方式。

(4) 溢价发行、平价发行与折价发行。溢价发行即证券发行人以超过证券面值的价格发行证券。平价发行又称等价发行,是证券发行人以与证券面值相同的价格发行证券。折价发行是指证券发行人以低于证券面值的价格发行证券,中国《公司法》规定,股票发行不得低于票面价格。但《证券法》未禁止股票的折价发行,仅规定"股票发行采取溢价发行的,其发行价格由发行人与承销的证券公司协商确定"。

(5) 国内发行、国外发行或者境内发行、境外发行。国内发行是指发行人在本国境内发行有价证券募集资金的方式。国外发行是指在发行人所属国家之外的其他国家或地区发行证券的方式。中国的境外发行主要指在中国大陆以外的其他国家或地区发行证券,包括在中国港澳台地区发行证券。

(二) 证券发行的审核制度

审核制度所反映的是证券监管机构对证券发行所持的态度,即发行证券是需要监管机构审批,还是只需要注册,或者自由发行而无须办任何手续。由于市场经济发展程度、证券监管体制和理念不同,各国对于证券发行的审核制度主要有两种体制:注册制和核准制。采用注册制的主要有美国、日本等国家,采用核准制的主要为欧盟各国及中国台湾地区。2019年12月修改后的《证券法》规定,中国证券发行从2020年3月开始采取注册制。

1. 注册制

证券发行注册制,又称申报制、登记制或形式审查制,是指法律仅规定发行人发行证券时应该提交的资料,以及保证资料所反映的数据信息正确、真实和全面的证券发行审查制度。证券监管机构对发行人提交的文件和资料不作实质审查,仅要求资料齐全、形式合格、申报程序合法。法律要求发行人应全面公开与发行证券有关的一切信息和资料,在注册期间未有人提出异议的情况下即准予发行。证券发行注册制基于证券投资者经济人假设,以及市场公平的经济理论假设,即任何一个投资者都是经济人,能够趋利避害,能够以自己的知识和能力判断证券的投资价值和所存在的风险,而无须政府进行额外的审查。法律应该给予各种企业同等的机会在金融市场融资,但是否能够融入资金以及以何种代价融入资金则为企业自身所考虑的问题。证券发行注册制主要有以下四个特点。

(1) 证券法律不规定证券发行的实质要件,任何企业皆有发行证券的资格。无论是业绩优良的企业，还是业绩平平甚至业绩很差的企业或机构均可以发行股票、债券和其他证券。证券发行是企业的主要融资方式，法律对各企业和机构给予平等待遇，给予同样的机会，政府机构无权决定某企业和机构发行或不发行证券。

（2）证券发行人必须依照法律的规定，全面公开与证券发行相关的信息资料，并对该信息资料的真实性、全面性、准确性、及时性承担法律责任。证券发行只受信息公开制度的约束，其他因素，如发行人的财力、经营状况、已发行证券的数量、品质及对市场的影响，均不作为证券发行审核的要件。

（3）证券监管机构的职责是保证信息公开与禁止信息滥用，监管机构对提交的文件内容无权也无责任进行实质审查，法律不对证券发行设置准入条件或对证券本身进行价值评判。证券发行注册的目的是向投资者提供据以判断证券价值和风险的信息资料，只要发行人具备公开发行要素，则投资风险由投资人自负，证券发行注册并不意味着政府机构对注册证券质量的担保。

（4）证券发行无须政府授权，发行人在申报材料后的法定时间内，未被证券管理机构拒绝注册，发行注册即生效。

2. 核准制

证券发行核准制是指发行人不仅要提交申请文件，公开与证券发行相关的数据资料，而且还要具备法律规定的实质要件才可发行证券的证券审查制度。核准制中，证券监管机构不仅需要对发行人提交的申报文件的真实性、准确性和合法性等进行审查，还要对发行人是否具备法律规定的实质要件进行核查。证券发行核准制的宗旨是通过证券管理机构严格的实质审查，剔除不良证券发行，稳定证券市场秩序，维护证券交易安全和保护投资者利益。证券发行核准制具有以下五个特点。

（1）证券发行必须符合法律规定的条件，具体的发行资格由证券监管机构以法定方式授予；发行人只有取得证券监管机构的授权文件后，才可进行证券公开发行和资金募集活动。

（2）证券监管机构对证券发行享有实质审查权，证券监管机构对发行人的企业性质、资本结构、经营情况、财务状况和产业政策等进行实质审查，并由此作出是否符合发行实质条件的价值判断，其目的是尽力排斥劣质证券的发行，保护投资者的利益。

（3）核准制仍以信息公开制度为基础，发行人必须公开与证券发行有关的一切资料，但是公开的资料除了必须符合全面、准确和合法要求外，还要求其内容符合发行证券的实质性要件。

（4）证券核准发行后，证券监管机构如发现有违法行为或虚假情形，可以撤销核准发行，并可对违法发行证券者进行处罚。

（5）核准制带有一定的政府信用，因为证券监管机构对证券发行进行了实质审查，对发行信息的真实性、准确性以及发行条件的合法性进行了肯定，所以在一定程度上对核准发行的证券品质进行了担保。因此，核准制发行客观上对投资人的风险判断降低了要求，提高了证券发行市场的可信性。

自2020年3月起，中国证券发行实行注册制。但在此之前的2019年年初，中国证监会许可上海证券交易所建立科创板，符合科创板条件的公司发行股票采取注册制，而其他公司的股票发行仍然实行核准制。同年12月,全国人大常委会对《证券法》进行了修改,全面实行证券发行注册制度。2019年修订的《证券法》第9条规定:"公开发行证券,必须符合法律、行政法规规定的条件,并依法报经国务院证券监督管理机构或者国务院授权的部门注册。未经依法注册,任何单位和个人不得公开发行证券。证券发行注册制的具体范围、实施步骤,由国务院规定。"2020年2月29日,发布《国务院办公厅关于贯彻实施修订后的证券法有关工作的通知》;2020年3月1日,发布《中国证监会办公厅关于公开发行公司债券实施注册制有关事项的通知》;2020年3月,发布《国家发展改革委关于企业债券发行实施注册制有关事项的通知》;2020年3月1日,深圳和上海两家证券交易所发布《关于上海证券交易所公开发行公司债券实施注册制相关业务安排的通知》和《深圳证券交易所关于公开发行公司债券实施注册制相关业务安排的通知》。上述通知就公司和企业债券发行的注册问题进行了明确和落实,标志着中国完成了包括股票和债券在内的证券发行从最初的审批制到后来的审核制,最终到注册制的全面转变。

三、证券发行的条件和程序

（一）公司股票发行的基本条件

公司股票发行是股份有限公司为筹集公司注册资本或增加公司注册资本,而在资本市场通过发行股票募集资本的商事法律行为。股票发行的目的有两点,即为公司设立而发行股票筹集资本,或为了扩大公司资本而发行股票。因此,法律上将股票发行分为设立发行和增资发行。目前,中国调整股票发行的法律法规主要有《公司法》《证券法》,中国证监会相关的证券发行与承销管理行政规章,以及证券交易所制定的自律性规则。

（1）股份有限公司公开发行股票的条件。中国《证券法》规定,有下列情形之一的,为股份公开发行：一是向不特定对象发行证券；二是向特定对象发行证券累计超过200人,但依法实施员工持股计划的员工人数不计算在内；三是法律、行政法规规定的其他发行行为。《公司法》规定,公司发行股票,其发行价格可以按票面金额,也可以超过票面金额,但不得低于票面金额,但《证券法》对此无明确规定。公司首次公开发行新股,应当符合下列基本条件：① 具备健全且运行良好的组织机构；② 具有持续经营能力；③ 最近3年财务会计报告被出具无保留意见审计报告；④ 发行人及其控股股东、实际控制人最近3年不存在贪污、贿赂、侵占财产、挪用财产或者破坏社会主义市场经济秩序的刑事犯罪；⑤ 国务院证券监管机构规定的其他条件。

上市公司发行新股也即增资发行,应当符合证券监管机构规定的条件,具体管理办法由国务院证券监管机构规定。公开发行存托凭证的,应当符合首次公开发行新股的条件以及证券监管机构规定的其他条件。

（2）公司公开发行股票的申请材料。设立股份有限公司公开发行股票,应当符合《公司法》《证券法》和证券监管机构规定的条件,并向证券监管机构即中国证监会报送募股申请和下列文件：① 公司章程；② 发起人协议；③ 发起人姓名或者名称,发起人认购的股份数、出资种类及验资证明；④ 招股说明书；⑤ 代收股款银行的名称及地址；⑥ 承销机构名称及有关的协议。依照证券法律规定聘请保荐人的,还应当报送保荐人出具的发行保荐书。法律、行政法规规定设立公司必须报经批准的，还应当提交相应的批准文件。

（二）公司债券发行的基本条件

公司债券是指公司依照法律规定发行的、约定在一定期限内还本付息的有价证券，又可称为"债务凭证"。然而，公司债券发行是发行债券的公司承诺在一定时期内还本付息的融资方式，是投资者将资金出借给发行债券的公司即债券购买，而发行公司在收取资金的同时向投资者交付债券即债权凭证的过程。中国目前对公司债券发行进行规范的法律主要有《公司法》《证券法》和中国证监会发布的有关公司债券发行与交易管理的行政规章，以及证券交易所制定的自律性规则。

（1）公司公开债券发行的基本条件。《公司法》和《证券法》规定，公开发行公司债券，应当符合下列条件：① 具备健全且运行良好的组织机构；② 最近3年平均可分配利润足以支付公司债券1年的利息；③ 国务院规定的其他条件。《公司法》和《证券法》同时还规定，公开发行公司债券筹集的资金，必须按照公司债券募集办法所列资金用途使用，如果改变资金用途，必须经债券持有人会议作出决议。公开发行公司债券筹集的资金，不得用于弥补亏损和非生产性支出。有下列情形之一的，不得再次公开发行公司债券：一是对已公开发行的公司债券或者其他债务有违约或者延迟支付本息的事实，仍处于继续状态；二是违反法律规定，改变公开发行公司债券所募资金的用途。

（2）公司公开发行债券的申请材料。《证券法》规定，申请公开发行公司债券，应当向国务院授权的部门或者中国证监会报送下列文件：① 公司营业执照；② 公司章程；③ 公司债券募集办法；④ 国务院授权的部门或者中国证监会规定的其他文件。依照证券法律规定聘请保荐人的，还应当报送保荐人出具的发行保荐书。

（三）证券发行的基本程序

（1）证券发行申请受理和文件申报要求。《证券法》规定，公开发行证券，必须依法报经中国证监会或者国务院授权的部门注册。发行人报送的证券发行申请文件，应当充分披露投资者作出价值判断和投资决策所必需的信息，内容应当真实、准确、完整。为证券发行出具有关文件的证券服务机构和人员，必须严格履行法定职责，保证所出具文件的真实性、准确性和完整性。发行人申请首次公开发行股票的，在提交申请文件后，应当按照中国证监会的规定预先披露有关申请文件。

（2）证券发行申请注册。中国证监会或者国务院授权的部门应当自受理证券发行申请文件之日起3个月内，依照法定条件和法定程序作出予以注册或者不予注册的决定，但发行人根据要求补充、修改发行申请文件的时间不计算在内。不予注册的，应当说明理由。证券发行的具体注册流程和材料审核实施细则由监管机构制定和落实。如果发现中国证监会或者国务院授权的部门对已作出的证券发行注册的决定不符合法定条件或者法定程序，尚未发行证券的，应当予以撤销，停止发行。已经发行尚未上市的，撤销发行注册决定，发行人应当按照发行价并加算银行同期存款利息返还证券持有人；发行人的控股股东、实际控制人以及保荐人，应当与发行人承担连带责任，但是能够证明自己没有过错的除外。

（3）证券的公开发行和承销。公开发行证券的发行人有权依法自主选择承销的证券经营机构。聘请证券经营机构承销证券,应当同其签订代销或者包销协议;聘请承销团承销的,承销团应当由主承销和参与承销的证券经营机构组成。证券的代销、包销期限最长不得超过90日。其中,证券代销又称代理发行,是指证券经营机构代发行人销售股票,在承销期结束时,将未销售完的股票全部退还给发行人的承销方式。证券包销是指证券经营机构将发行人的证券按照合同约定全部购入,或在承销期结束时将未销售完的剩余证券全部自行购入的一种承销方式。

延伸阅读

科创板首次股票发行规则

中国证监会2020年7月10日修改后的《科创板首次公开发行股票注册管理办法(试行)》规定,发行人申请首次公开发行股票并在科创板上市,必须是依法设立且持续经营3年以上的股份有限公司,或自成立之日起计算持续经营3年以上按原账面净资产值折股整体变更为股份有限公司的有限责任公司,并要求具备健全且运行良好的组织机构,相关机构和人员能够依法履行职责。科创板股票发行与上市必须符合科创板定位,面向世界科技前沿、面向经济主战场、面向国家重大需求,并优先支持符合国家战略,拥有关键核心技术,科技创新能力突出,主要依靠核心技术开展生产经营,具有稳定的商业模式,市场认可度高,社会形象良好,具有较强成长性的企业发行股票与上市。

发行人首次在科创板发行股票必须具备以下基本条件:① 发行人资产完整,业务及人员、财务、机构独立,内部控制制度健全且被有效执行,与控股股东、实际控制人及其控制的其他企业间不存在对发行人构成重大不利影响的同业竞争和关联交易。② 发行人业务完整,具有直接面向市场独立持续经营的能力,其主营业务、控制权、管理团队如董事、高级管理人员,以及核心技术人员最近2年内没有发生重大不利变化。③ 发行人控股股东和受控股股东、实际控制人支配的股东所持发行人的股份权属清晰,最近2年实际控制人没有发生变更,不存在导致控制权可能变更的重大权属纠纷。④ 发行人生产经营符合法律、行政法规的规定,符合国家产业政策,且其主要资产、核心技术、商标等不存在重大权属纠纷,也不存在重大偿债风险,重大担保、诉讼、仲裁等或有事项。⑤ 发行人及其控股股东、实际控制人最近3年内不存在贪污、贿赂、侵占财产、挪用财产或者破坏社会主义市场经济秩序的刑事犯罪,不存在欺诈发行、重大信息披露违法或者其他涉及国家安全、公共安全、生态安全、生产安全、公众健康安全等领域的重大违法行为。⑥ 发行人的董事、监事和高级管理人员最近3年内没有受到中国证监会行政处罚,或者因涉嫌犯罪被司法机关立案侦查或者涉嫌违法违规被中国证监会立案调查尚未有明确结论意见等情形。

发行人拟在科创板发行股票并上市,董事会依《公司法》《证券法》就股票发行事项作出决议并提请股东大会批准后,按照中国证监会有关规定制作注册申请文件,由保荐人保荐并向交易所申报:① 交易所收到注册申请文件后,5个工作日内作出是否受理的决定。注册申请文件受理后,未经中国证监会或者交易所同意,不得改动。

如果发行人发生重大事项,发行人、保荐人、证券服务机构应当及时向交易所报告,并按要求修改注册申请文件和信息披露资料。② 交易所设立独立的审核部门负责审核发行人公开发行与上市申请,并在3个月内作出同意或者不同意股票公开发行并上市的审核意见。如果同意股票公开发行并上市,将审核意见、发行人注册申请文件及相关审核资料报送中国证监会履行发行注册程序。反之,作出终止发行上市审核决定。③ 中国证监会的发行注册主要关注交易所发行上市审核内容有无遗漏,审核程序是否符合规定,以及发行人在发行条件和信息披露要求等方面是否符合相关规定。中国证监会可以要求交易所进一步问询,如果认为交易所对影响发行条件的重大事项未予关注或者审核意见依据明显不充分的,可以退回交易所补充审核。④ 中国证监会在20个工作日内对发行人的注册申请作出同意注册或者不予注册的决定。同意注册的决定自作出之日起1年内有效,发行人应当在注册决定有效期内发行股票,发行时点由发行人自主选择。⑤ 交易所因不同意发行人股票公开发行并上市,作出终止发行上市审核决定,或者中国证监会作出不予注册决定的,自决定作出之日起6个月后,发行人可以再次提出公开发行股票并上市申请。

第二节 证券上市交易行为法律制度

一、证券上市交易行为的概念和特征

(一) 证券上市交易的概念

证券上市是指已公开发行的有价证券依法在证券交易所公开挂牌交易的行为。在证券交易所公开交易的证券是上市证券,其证券在证券交易所公开交易的公司被称为上市公司。证券交易是指证券依法发行并且准许在证券交易所进行交易后,证券持有人将其持有的证券转让给他人的行为。广义的证券交易包括证券的买卖、赠与、继承及证券质押所发生的权利转让。狭义的证券交易仅指证券因买卖而发生的权属转让,即证券持有人将其证券权利转让给买受人,买受人支付价金的行为。证券交易的法律性质是证券权利的让与,证券交易不是证券载体本身所有权的转让,而是证券所代表的股东权或债权的让与。

证券上市交易实际上包含了两个法律问题,即证券上市和证券交易,但这两个问题又难以截然分开,上市是前提,而交易是上市的延续。证券法理论一般将其作为两个不同的问题进行论述。证券法理论研讨中,根据不同的标准,可对证券上市进行如下分类:① 根据证券上市的对象不同,可分为股票上市、债券上市、存托凭证上市等;② 根据证券上市的地域不同,可分为境内上市和境外上市;③ 根据是否同时在多家交易所上市,可分为第一上市和第二上市。同样,对证券交易也可进行不同的分类,如:① 集中竞价交易与非集中竞价交易;② 委托交易与自营交易;③ 现货交易与期货交易,等。

(二)证券上市交易的特征

证券上市交易在各个国家有不同的规定,但作为一种证券交易所集中交易模式,其也有以下共同性的特征。

(1)证券上市交易的标的是依法发行且符合法律规定条件的证券。中国《证券法》规定,上市交易的必须是依法发行并交付的证券,非依法发行的证券不得买卖。国外上市交易的证券范围十分广泛,中国许可上市交易的证券包括依法发行的股票、公司债券、存托凭证、政府债券、证券投资基金份额、资产支持证券、资产管理产品,以及国务院依法认定的其他证券。证券上市必须经过证券交易所的审核,并与证券交易所签订上市合同。

(2)证券上市交易的目的是增加证券的流动性和实现资源优化配置。证券发行是政府、企业或其他机构募集资金的重要途径,但如果投资者在购买到证券后不能将其转让变现,则会降低其吸引力。所以,证券的上市交易实则为解决投资者购买证券后的变现问题,客观上也可以通过后续的交易实现金融资源的优化配置。

(3)证券上市交易的当事人对其持有的证券必须享有处分权。所谓处分权,即指证券持有人享有证券上的权利。只有证券持有人享有处分权,才能从事证券转让、赠与、担保及继承等行为。因此,证券上市交易的出让人一般为原始股东或债权人,以及后来由继受而取得证券权利的个人或机构。

(4)证券上市交易必须符合民事法律行为有效要件。证券上市交易实质上是一种特殊的民事法律行为,所以应当符合民事法律行为的有效要件,并且参与市场交易的主体必须对证券和证券上市交易有相当的认识能力和知识水平,必须遵守一系列特定的证券上市交易规则。此外,各国法律还根据不同证券品种和交易方式差异,设置了投资者适当性规则,或制定了诸多特定的交易规则。

(5)证券上市交易的场所是国家批准设立的交易场所。证券上市交易的场所仅限于依法设立的证券交易场所。在中国,证券交易已经形成了一个多层级市场,除了上海、深圳证券交易所和全国中小企业股份转让系统外,还有其他各种股份转让中心(场所)。所以《证券法》规定,公开发行的证券应当在依法设立的证券交易所上市交易,或者在国务院批准的其他全国性证券交易场所交易。非公开发行的证券经批准后可以在证券交易所、其他全国性或区域性证券交易场所交易转让。

二、证券上市的条件和程序

(一)证券上市的基本条件

无论是采取审核制还是注册制的国家,对证券的上市交易均实施较为严格的审查制度,法律也对证券上市交易设置了一系列条件,如果发行人不符合条件则证券交易所不予接受其上市申请。目前,中国规范调整证券上市的法律法规主要有《证券法》和中国证监会制定的证券上市行政规章,以及三大证券交易所制定的自律性规则。

(1)证券上市基本条件。证券上市的典型代表即股票上市,各国证券法律都确立了股票上市的条件,即使是实行股票注册发行制度的美国,股票上市交易也采取较为严格的审核制度,其目的是保证交易安全,维护证券市场秩序,保护投资者的合法利益。

中国《证券法》规定,申请证券上市交易,应当符合证券交易所上市规则规定的上市条件,即现行《证券法》将股票上市的规制制定权、审核权赋予证券交易所。证券交易所制定上市规则时,应当对发行人的经营年限、财务状况、最低公开发行比例和公司治理、诚信记录等提出要求。因为证券发行注册制取消了证券发行的实质性条件,所以为了避免上市交易证券的良莠不齐,法律赋予证券交易所对拟在自己交易所上市交易证券的实质审查权,具体的上市交易标准由各证券交易所根据交易所的发展战略、资本市场定位进行确定并制定管理办法。证券市场发展实践中,这种标准和审核程序可能随着国家经济发展、证券监管政策变化和证券交易所发展战略进行适应性修正。

(2) 科创板股票上市条件。根据 2020 年 12 月修订后的《上海证券交易所科创板股票发行上市审核规则》,发行人申请股票首次发行上市,应当至少符合下列上市标准中的一项,并将所选择的上市标准在招股说明书和上市保荐书中明确说明:① 股票市值预计不低于人民币 10 亿元,最近 2 年净利润均为正且累计净利润不低于人民币 5 000 万元,或者预计市值不低于人民币 10 亿元,最近 1 年净利润为正且营业收入不低于人民币 1 亿元;② 股票市值预计不低于人民币 15 亿元,最近 1 年营业收入不低于人民币 2 亿元,且最近 3 年累计研发投入占最近 3 年累计营业收入的比例不低于 15%;③ 股票市值预计不低于人民币 20 亿元,最近 1 年营业收入不低于人民币 3 亿元,且最近 3 年经营活动产生的现金流量净额累计不低于人民币 1 亿元;④ 股票市值预计不低于人民币 30 亿元,且最近 1 年营业收入不低于人民币 3 亿元;⑤ 股票市值预计不低于人民币 40 亿元,主要业务或产品需经国家有关部门批准,市场空间大,且目前已取得阶段性成果。如果是医药行业企业,须至少有一项核心产品获准开展二期临床试验,其他符合科创板定位的企业须具备明显的技术优势并满足相应条件。

《上海证券交易所科创板股票发行上市审核规则》还规定,发行人如果是符合 2018 年 3 月《国务院办公厅转发证监会关于开展创新企业境内发行股票或存托凭证试点若干意见的通知》所规定的注册地在境外、主要经营活动在境内的条件的企业,可以申请发行股票或存托凭证并在科创板上市。申请发行股票或存托凭证并在科创板上市,其市值及财务指标应当至少符合下列上市标准中的一项,并在招股说明书和上市保荐书中明确说明所选择的具体上市标准:① 股票市值预计不低于人民币 100 亿元;② 股票市值预计不低于人民币 50 亿元,且最近 1 年营业收入不低于人民币 5 亿元。如果该等企业存在表决权差异安排,其表决权安排等应当符合法律规定。

(3) 特殊证券上市禁止规则。根据《公司法》《证券法》和中国证监会相关规章的规定,某些特殊类型或特定人员持有的证券,法律对其上市交易设置了限制性规则,如:① 实施股权激励计划或者员工持股计划的证券经营机构的从业人员,必须按照中国证监会对此类证券的管理规定持有和卖出本公司股票或者其他具有股权性质的证券。② 公司发起人持有的本公司股份,自公司成立之日起 1 年内不得上市转让;公司公开发行股份前已发行的股份,自公司股票在证券交易所上市交易之日起 1 年内不得转让。③ 公司董事、监事、高级管理人员应当向公司申报所持有的本公司的股份及其变动情况,在任职期间每年转让的股份不得超过其所持有本公司股份总数的 25%;所持本公司股份自公司股票上市交易之日起 1 年内不得转让。上述人员离职后半年内,不得转让其所持有的本公司股份。公司章程可以对公司董事、监事、高级管理人员转让其所持有的本公司股份作出其他限制性规定。

（二）证券上市的程序规则

对于证券上市，世界各国证券法一般采取自愿原则并要经过一定的审核程序。根据《公司法》《证券法》及中国证监会和证券交易所的规定，证券上市须经过上市申请、上市核准、上市安排、订立上市协议和上市公告等步骤。如果是股票上市交易，还需要保荐机构推荐，向证券交易所提交上市保荐书以及证券交易所要求的其他与保荐业务有关的文件，并报中国证监会备案，股票上市交易还需要保荐机构的后续辅导。

（三）证券上市的暂停与终止

证券上市后并不是永远都可以在证券交易所中交易。已经上市的证券因某种原因不再符合上市条件的，证券监管机构或者交易所可以对其暂停上市或终止上市；反之，上市证券的发行人也可以主动申请退出交易所交易。

1. 证券上市的暂停

证券上市的暂停是指因发生了特定的事由，证券监管机构或证券交易所决定或上市公司申请暂时停止上市交易的行为，待导致证券暂停上市的事由消除后，上市公司仍可恢复证券上市交易。证券上市暂停分为股票的上市暂停和债券或其他证券的上市暂停，而且这种暂停又可分为申请暂停上市和强制性的暂停上市。申请暂停上市是上市公司根据其自身情况向证券交易所申请暂停股票、债券或其他证券上市交易的行为；而强制性的暂停上市是各国公司法、证券法规定的事由发生，证券监管机构或证券交易所决定暂时停止证券上市交易的行为。

中国《证券法》和其他相关法律规定，如果发生下列情形，则证券交易所可决定暂停其股票上市交易：① 公司股本总额、股权分布等发生变化不再符合上市条件，而且在法律规定的期限内不能恢复纠正的；② 公司不按照规定公开其财务状况，或者对财务会计报告作虚假记载，可能误导投资者的；③ 公司有重大违法行为，或公司在法律规定的期限内连续亏损的；④ 证券交易所上市规则规定的其他情形。

公司债券上市交易后，公司有下列情形之一的，可由证券交易所决定暂停其公司债券上市交易：① 公司有重大违法行为，或公司情况发生重大变化不符合公司债券上市条件的；② 发行公司债券所募集的资金不按照核准的用途使用，或未按照公司债券募集办法履行义务的；③ 公司在法律规定的时间内连续亏损且没有得到改善的。

2. 证券上市的终止

证券上市的终止，是指上市公司出现由于法定原因不能在证券交易所继续上市交易的情况，包括股票终止上市、债券终止上市和其他证券终止上市。《证券法》规定，上市交易的证券，有证券交易所规定的终止上市情形的，由证券交易所按照业务规则终止其上市交易，终止证券上市的情况和条件由中国证监会和证券交易所规定。其中，终止股票上市的情况有以下四种：① 公司股本总额、股权分布等发生变化不再具备法律和证券交易所规定的上市条件，在证券交易所规定的期限内仍不能达到上市条件；② 上市公司不按照规定公开其财务状况，或者对财务会计报告作虚假记载，而且拒绝纠正；③ 公司最近一定期间内连续亏损，在其后法律规定的年度内未能恢复盈利；④ 公司解散或者被宣告破产,或存在证券交易所上市规则规定的其他情形。

类似地,如果上市公司存在重大违法行为或者未按照公司债券募集办法履行义务,或者存在下列情况之一,由证券交易所终止其公司债券上市交易:① 公司情况发生重大变化不符合公司债券上市条件;② 发行公司债券所募集的资金不按照核准的用途使用;③ 公司最近一定期间连续亏损且在法律规定的期限内未能消除;④ 公司解散或者被宣告破产。但是《证券法》规定,对证券交易所作出的不予上市交易、终止上市交易决定不服的,可以向证券交易所设立的复核机构申请复核。证券交易所决定终止证券上市交易的,应当及时公告,并报中国证监会备案。

三、证券交易的分类和程序规则

(一)证券交易的基本类别

中国《证券法》规定,公开发行的证券应当在依法设立的证券交易所上市交易或者在国务院批准的其他全国性证券交易场所交易。非公开发行的证券可以在证券交易所、国务院批准的其他全国性证券交易场所、按照国务院规定设立的区域性股权市场转让。其中,证券交易所交易又可称为场内交易,场内交易应当采用公开的集中交易方式或者中国证监会批准的其他方式进行。一般而言,证券交易在理论上可作如下基本分类。

(1)集中竞价交易与非集中竞价交易。这种分类的依据是证券交易成交价格的确定模式,即采取连续竞价确定成交价格还是相互协商确定成交价格。集中竞价交易是指证券持有人通过证券交易所交易系统集中连续的报价交易,证券买主和卖主公开、连续进行申报价格,当买卖双方出价一致即构成一笔交易。非集中竞价交易一般是指场外交易采取的协商定价交易模式,但在证券交易所中也存在非集中竞价交易方式,主要是指大额证券转让,其价格由买卖双方单独、直接协商确定。

(2)委托交易与自营交易。这种分类的依据是交易的目的,即为他人谋利还是为自己的利益而进行交易。委托交易是指证券经营机构接受客户也即投资者的委托,在客户的授权范围内代理客户买卖证券的行为。证券经营机构在接受客户的委托后,无须为客户垫付资金,不承担风险,也不赚取差价,只是向客户收取一定比例的手续费(佣金),也即证券买卖的后果由委托人客户承担。自营交易是指证券经营机构以自己的名义、账户和资金买卖证券的交易行为。自营交易的特点如下:一是证券经营机构必须有一定的营运资金;二是证券经营机构买卖证券是为了赚取价差,而不是收取佣金;三是证券自营交易的风险由证券经营机构自行承担。

(3)证券现货交易与证券期货交易。这一分类是以证券交易合同履行时间为标准。证券现货交易是指证券卖方将证券即时或在一个很短时间内交付给买方,买方立即支付现款的行为,即"一手交钱,一手交货",如中国现行采取的 T+1 交易制度。证券现货交易的特点包括:① 证券交易基本上即时进行,证券交割与资金交付不发生隔夜孳息;② 交易对象属于实物交易,交易双方不能以未来将取得的证券产品或资金进行交易;③ 证券现货交易不存在严格意义上的卖空和信用交易,其风险控制与交易管理较为简单。

证券期货交易是指在签订证券买卖合同后并不立即履行,而是按合同中约定的价格在将来某一约定日期进行交收和清算。证券期货交易的特点包括：① 交易的标的是标准化的证券买卖合同；② 交易的目的不在于转让或取得证券上的权利，而在于转移价格风险或赚取风险利润；③ 交易的场所必须在证券交易所进行并在专门的结算机构结算；④ 证券的交收主要采取对冲方式，即通过买卖方向相反的另一个证券合约，取得另一个与交易者最初交易部位或头寸相反但数量相等、证券相同的交易部位进行抵销。

与证券现货交易相对应的还有证券信用交易，或称为融资融券交易。证券信用交易是指投资者在没有足够证券或资金的情况下，向证券经营机构借入证券或资金进行交易。其中，融资交易是指证券交易的买方在资金不足的情况下，向证券经营机构借入资金购买证券，并承诺以现有证券或借资购买的证券作为融资担保；而融券交易是指证券卖方，在其账户中某种证券不足的情况下，向证券经营机构借入该种证券出售，然后按照约定在将来某一时日从市场上购买相同种类的证券进行偿还。

（二）证券交易的基本程序

证券交易的程序即证券交易的流程或过程，证券交易所交易的基本流程包括开户、委托、成交、清算和过户五个环节。

1. 开设证券和资金存储账户

证券投资者在进行证券买卖前，需要先选择一家证券经营机构的营业部开立证券账户，并根据证券营业部的安排到与该营业部有业务合作的银行经营机构开立资金账户。

（1）开立证券账户。证券账户是投资者用于存放证券的专门账户，因为现在证券交易所交易的证券均为数字化证券，即使个别证券最初为纸质证券，也需要在交易前转化为数字化证券。所以，投资者进行证券买卖前需要开设证券账户，以便登记存放所买卖的数字证券。证券账户的开户步骤如下：首先，在当地的证券登记公司或其代理机构（一般是证券经营机构营业部）领取开户申请表并按表格要求填写；其次，将填写好的开户申请、有效证件及开户费交与工作人员；最后，经确认无误后，证券经营机构营业部将开户申请传送至登记结算机构，然后领取 A 股证券账户或其他类别的证券账户。但是在"互联网+"证券场景下，证券账户开设多在互联网平台上进行，无须直接到证券经营机构营业大厅进行现实操作。

根据现行法律法规规定，下列人员不得开设证券账户从事证券交易：① 证券监管机构中管理证券事务的有关人员；② 证券交易所从业人员；③ 证券经营机构中与股票发行或交易有直接关系的人员；④ 与发行人有直接行政隶属或管理关系的机关工作人员；⑤ 其他与股票发行或交易有关的人员；⑥ 未成年人或无行为能力的人以及没有公安机关颁发的身份证的人员；⑦ 由于违反证券法规，主管机关决定停止其证券交易，期限未满的人员；⑧ 其他法规规定不得拥有或参加证券交易的自然人，包括武警、现役军人等。但是根据《证券法》，实施股权激励计划或者员工持股计划的证券公司的从业人员，可以按照中国证监会的规定持有、卖出本公司股票或者其他具有股权性质的证券，也即此类人员可以开立特殊的证券账户。

（2）开立资金账户。个人投资者须持本人身份证、证券账户卡、证券代理交易合同书办理银行账号，按银行经营机构要求填写表格并对相关事宜进行确认。工作人员为投资者建立资金账户，资金账户一般设立在证券经营机构指定的银行经营机构。如果是法人投资者资金开户,应由法人授权的合法交易人员及资金调拨人员,持相关文件,包括法人执照复印件、交易及资金调拨授权书、被授权人的身份证原件及复印件等以及证券账户卡,到证券营业部办理资金开户手续。如果投资者同时还开设电话委托服务,还应与营业部签订电话委托合同,并领取电话委托操作指南。

2. 证券交易授权委托

证券投资者在证券经营机构办理开户手续,只意味着与证券经营机构建立了普通的委托关系。投资者如果需要买卖某种证券,还必须向证券经营机构发出具体的买卖指令或者称为"交易委托"。证券交易委托,又称委托指令,是投资者向证券经营机构发出的以某种价格买进或卖出一定数量的某种证券的委托的法律行为。证券经营机构接受其委托,则双方达成委托买卖证券合同,证券经营机构取得了买卖证券的授权。

买卖证券委托的方式有多种,传统的委托方式有当面委托、书面委托、电话委托、传真委托、信函委托和电脑报单等6种形式。但现代的委托一般都采取互联网或者移动互联网委托,即由投资者自行将证券名称、证券种类、委托的序号和时间、买进或者卖出及其数量、出价方式及价格幅度、委托的有效期限等输入电脑或移动电子终端设备之中,然后通过互联网络自动传送指令。

3. 证券交易指令申报

证券交易指令申报是指证券经营机构接受投资者的委托后,将其指令发送至证券交易所的过程。在互联网时代之前,指令申报通过证券经营机构派驻证券交易所的交易员进行,场内交易员通过喊价的形式表达买卖意思,其中买方的喊价为进价,卖方的喊价为出价,进价与出价达成一致时即可成交。但是,现代证券交易的交易指令传送均通过计算机网络进行,即证券经营机构计算机与证券交易所计算机系统联网,然后将自身网络收集的买卖指令传送至证券交易所,由证券交易所网络系统撮合成交。成交的同时,证券交易所中央电脑主机将成交情况输送显示在各行情显示板上。证券交易成交后,买卖合同即告成立,任何一方不得无故撤销。如确因交易员操作有误,在取得证券交易所及对方同意之时,才可撤销,但证券经营机构和投资者应承担损失。

4. 证券交易所交易规则

世界各国证券交易所主要采取的是场内竞价成交制度,中国上海和深圳证券交易所也采取这种交易模式。在这两大交易所中,委托人的交易指令通过证券经营机构的代理按时间序号输入证券交易所中央计算机系统后,竞价撮合成交。证券交易所场内竞价的方式分为集合竞价与连续竞价两种(见图3-2-1)。

(1) 集合竞价。集合竞价主要适用于证券上市开盘价和每日开盘价。此种竞价方式下,证券交易所在每一营业日正式开市前的规定时间内(9:15—9:25)为开盘集合竞价时间。较为特别的是,深圳证券交易所的收盘价也是按集合竞价决定的,其收盘集合竞价时间为每个交易日14:57—15:00。在集合竞价时段内,计算机主机撮合系统只存贮交易指令而不撮合成交。在正式开市时,计算机主机撮合系统对所有在这一时段输入的买卖盘价格和数量进行处理,以产生开盘价格。开盘价的确定原则如下:① 可实现最大成交量的价格;② 高于该价格的买入申请与低于该价格的卖出申请能够全部成交的价格;③ 与该价格相同的买方或卖方至少有一方全部成交的价格;④ 如果不能产生上述开盘价时,则以前一日的收盘价作为当日开盘价。按照上述方式决定开盘价的过程中,存在两个以上申报价格符合上述条件的,上海证券交易所选择未成交量最小的申报价格为成交价格。仍有两个以上使未成交量最小的申报价格符合上述条件的,其中间价为成交价格。与上海证券交易所有所不同,深圳证券交易所取距离前收盘价最近的价格为成交价,集合竞价的所有交易以同一价格成交。

(2) 连续竞价。集合竞价结束后,交易所将开始当日的正式交易,交易系统将进入连续竞价,直至当日收市。连续竞价是买卖双方根据"价格优先,时间优先"的竞价原则进行买卖申报,并按此原则进行成交确认:① 每一时点的买进价格高于或等于卖出价格时,即按价格顺序撮合成交;② 如果某一成交价格点有多笔买单或卖单,而无法同时完成交易,则按时间顺序使先申报者成交;③ 凡不能成交的买卖申报将等待机会成交,部分成交者将使剩余部分排队等待成交。

(3) 大宗交易。中国深沪证券交易所均规定有大宗交易制度,并在各自的交易所内设有大宗交易柜台。根据深沪证券交易所证券交易规则,凡是交易量达到或者超过50万股的股票交易,均可以向大宗交易柜台申请进行大宗交易,但大宗交易柜台在接到交易申请后将储存交易报单而不立即进行撮合,在交易所当日直接竞结束时,再根据当日该股票平均交易价统一进行撮合。

集合竞价方式
决定开盘价和收盘价格

卖出累计	卖出数量	价格	买入数量	买入累计
320	110	52	20	20
210	30	51	30	50
180	120	50	130	180
60	50	49	80	260
30	10	48	60	320

连续竞价方式
决定开盘价确定后到收盘价之间价格

卖出数量	价格	买入数量
130	52	
70	51	50
50		70
	49	130
	48	100

图 3-2-1 证券交易价格形成示意图

(三) 证券交易清算和过户

清算和过户是证券交易双方对买卖证券的数量和金额进行结算和抵销的过程。这涉及两个阶段:一是各证券经营机构通过证券交易所内部的或外部专业登记结算机构,对证券的买卖数量和金额进行结算和交收;二是证券经营机构与各投资者之间的证券和资金的清算和交收。

中国证券交易清算实行"中央结算,净额交收"的原则,由中央登记结算公司于每个营业日计算出各证券经营机构的应收、应付价款,证券相抵后的差额,并编制当日的清算交收表格,经核对无误后在各证券经营机构的清算账户上进行划拨,办理交收。证券交易所一般以一个开市日为一清算期。清算中涉及的证券必须是依法可流通的,而且证券持有人须享有处分权,否则,证券交易者须承担责任。根据中国证监会颁布的《证券登记结算管理办法》,证券登记结算机构采取多边净额结算方式,根据业务规则作为结算参与人的共同对手方,按照货银对付的原则,以结算参与人为结算单位办理清算和过户。

(1) 证券登记结算机构进行多边净额清算,登记结算机构将结算参与人的证券和资金轧差计算出应收应付净额,并在清算结束后将清算结果及时通知结算参与人。如果涉及其他特殊性证券登记结算,证券登记结算机构需要采取其他清算方式的,应当按照相关业务规则进行清算。

(2) 集中交收前,结算参与人即证券经营机构应当先向投资者收取其应付的证券和资金,确保结算参与人证券交收账户、资金交收账户中留存足额证券和资金,以保障账户中证券和资金充足。结算参与人与投资者之间的证券划付,由证券登记结算机构代为办理。

(3) 投资者买卖证券成交后的下一个营业日,证券登记结算机构为其办理完毕过户手续,并应提供交割单,如遇节假日则顺延至下一营业日,此谓 T+1 规则。此规则表明,某一天买进的证券在第二天才能卖出。

(4) 集中交收过程中,证券登记结算机构应当在交收时点,向结算参与人收取其应付的资金和证券,同时将结算参与人应该收取的证券和资金划拨进入其账号,交收完成后不可撤销。结算参与人未能足额履行应付证券或资金交收义务的,不能取得相应的资金或证券。对于同时经营自营业务以及经纪业务或资产管理业务的结算参与人,其客户资金交收账户资金不足的,证券登记结算机构可以动用该结算参与人自营资金交收账户内的资金完成交收。

(5) 集中交收后,结算参与人应当向其开户投资者交付其应收的证券和资金,包括证券和资金的入户、划出。根据现行清算和交割规则,结算参与人与投资者之间的证券划付,应当委托证券登记结算机构代为办理,证券经营机构不得擅自进行证券的交割划拨。

(6) 证券登记结算机构应当在结算业务规则中,对结算参与人与证券登记结算机构之间的证券和资金的集中交收,以及结算参与人与投资者之间的证券和资金的交收期限做出具体规定。结算参与人应当在规定的交收期限内完成证券和资金的交收。

(7) 因证券登记结算机构的原因导致清算结果有误的,结算参与人在履行交收责任后可以要求证券登记结算机构予以纠正。证券登记结算机构应当承担结算参与人由此遭受的直接损失。

证券交易结算示意图如图 3-2-2 所示。

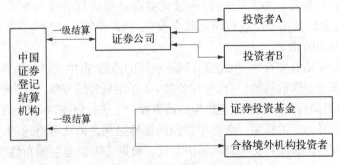

图 3-2-2 证券交易结算示意图

四、证券交易的禁止性规定

各国法律一般都规定,在证券交易中不得进行内幕交易、操纵市场、欺诈客户、虚假陈述及其他证券违法犯罪行为。综合中国《证券法》和其他法律法规,以及最高人民法院司法解释,证券交易中禁止性行为主要包括以下四个方面。

1. 禁止证券市场操纵行为

证券市场操纵行为是指利用资金优势、信息优势或对市场的其他影响力,通过对供求关系的垄断,人为地抬高、压低或固定证券价格,制造假象或以误导方式引诱其他投资者买卖证券,以牟取利益或者减少损失的行为。中国《证券法》禁止任何人以下列手段操纵证券市场,影响或者意图影响证券交易价格或者证券交易量:① 单独或者通过合谋,集中资金优势、持股优势或者利用信息优势联合或者连续进行证券买卖;② 与他人串通,以事先约定的时间、价格和方式相互进行证券交易;③ 在自己实际控制的账户之间进行证券交易;④ 不以成交为目的,频繁或者大量申报并撤销申报;⑤ 利用虚假或者不确定的重大信息,诱导投资者进行证券交易;⑥ 对证券、发行人公开作出评价、预测或者投资建议,并进行反向证券交易;⑦ 利用在其他相关市场的活动操纵证券市场;⑧ 其他操纵证券市场的行为。

根据2019年《最高人民法院、最高人民检察院关于办理操纵证券、期货市场刑事案件适用法律若干问题的解释》的界定,其他操纵证券市场的行为包括以下六个方面。

(1) 利用虚假或者不确定的重大信息,诱导投资者作出投资决策,影响证券交易价格或者证券交易量,并进行相关交易或者谋取相关利益。

(2) 通过对证券及其发行人、上市公司公开作出评价、预测或者投资建议,误导投资者作出投资决策,影响证券交易价格或者证券交易量,并进行与其评价、预测、投资建议方向相反的证券交易。

(3) 通过策划、实施资产收购或者重组、投资新业务、股权转让、上市公司收购等虚假重大事项,误导投资者作出投资决策,影响证券交易价格或者证券交易量,并进行相关交易或者谋取相关利益。

(4) 通过控制发行人、上市公司信息的生成或者控制信息披露的内容、时点、节奏,误导投资者作出投资决策,影响证券交易价格或者证券交易量,并进行相关交易或谋取相关利益。

(5) 不以成交为目的,频繁申报、撤单或者大额申报、撤单,误导投资者作出投资决策,影响证券交易价格或者证券交易量,并进行与申报相反的交易或者谋取相关利益。以其他方法操纵证券市场。

(6) 以其他方法操纵证券市场。

由于现行《证券法》修订在后,《最高人民法院、最高人民检察院关于办理操纵证券、期货市场刑事案件适用法律若干问题的解释》公布在前,《证券法》对操纵市场的立法吸收了司法解释中的部分条款,所以二者存在表达上的重合。

2. 禁止证券欺诈性行为

证券欺诈性交易,即在证券交易中,证券经营机构及从业人员故意隐瞒重要事实或者故意作出虚假陈述,致使投资者作出错误的意思表示,从而损害投资者利益的行为。中国《证券法》和其他相关法律法规以及司法解释将下列行为视为欺诈投资者行为:① 不按照规定向投资者出示风险说明书,向投资者作获利保证或者与投资者约定分享利益、共担风险;② 未经投资者委托或者不按照投资者委托范围擅自进行证券交易;③ 提供虚假的证券市场行情、信息,或者使用其他不正当手段,诱骗投资者发出交易指令;④ 向投资者提供虚假成交报告;⑤ 未将投资者交易指令下达到证券交易所内;⑥ 挪用投资者证券交易保证金;⑦ 国务院证券监督管理机构规定的其他欺诈投资者的行为。

3. 禁止证券内幕交易行为

证券内幕交易是指证券内幕信息知情人和非法获取内幕信息的人员,在内幕信息公开前,买卖某一证券,或者泄露该信息,或者建议他人买卖该证券的行为。中国《证券法》规定,禁止证券交易内幕信息的知情人和非法获取内幕信息的人利用内幕信息从事证券交易活动。2012年3月发布的《最高人民法院、最高人民检察院关于办理内幕交易、泄露内幕信息刑事案件具体应用法律若干问题的解释》对内幕交易界定如下:① 证券交易所的管理人员以及其他由于任职可获取内幕信息的从业人员,国务院证券监督管理机构和其他有关部门的工作人员,以及国务院证券监督管理机构规定的其他人员,利用窃取、骗取、套取、窃听、利诱、刺探或者私下交易等手段获取内幕信息的;② 上述人员的近亲属或者其他与内幕信息知情人员关系密切的人员,在内幕信息敏感期内,从事或者明示、暗示他人从事,或者泄露内幕信息导致他人从事与该内幕信息有关的证券交易,相关交易行为明显异常,且无正当理由或者正当信息来源的。

4. 其他禁止性证券交易行为

其他禁止性的证券交易行为包括:① 违背投资者委托买卖证券;② 违反合同进行强行平仓;③ 违规透支交易;④ 散布虚假信息;⑤ 诱骗客户交易。此外,《证券法》和相关法律法规还规定,证券经营机构及其从业人员从事资产管理业务,不得有下列行为:① 以欺诈手段或者其他不当方式误导、诱导客户;② 向客户做出保证其资产本金不受损失或者取得最低收益的承诺;③ 接受客户委托的初始资产低于中国证监会规定的最低限额;④ 占用、挪用客户委托资产;⑤ 以转移资产管理账户收益或者亏损为目的,在不同账户之间进行买卖,损害客户利益;⑥ 以获取佣金或者其他利益为目的,使用客户资产进行不必要的交易;⑦ 利用管理的客户资产为第三方谋取不正当利益,进行利益输送;⑧ 法律、行政法规以及国务院证券监督管理机构规定禁止的其他行为。

延伸阅读

中国新三板上市规则

2000年,由中国证券业协会出面,协调部分证券经营机构设立了代办股份转让系统,以解决主板市场退市公司与原有但已经停止交易的两个法人股交易市场中的公司股份转让问题。2000年设立的这个市场,被称为"三板"市场。但是因为在"三板"市场中挂牌的股票品种少且多数质量不佳,而在当时的机制下要从"三板"市场转到深沪两大主板上市难度较大,所以参与该市场的证券投资者较少。为了改变这种局面,建立多层次资本市场,形成一个蓬勃发展的柜台交易市场,也为更多的高科技、成长型企业提供股份流动的机会,2012年9月20日,在北京中关村科技园区建立了全国中小企业股份转让系统,即现在被称为"新三板"的市场。"新三板"市场管理公司在原国家工商总局注册成立,注册资本30亿元,由上交所、深交所、中国证券登记结算有限责任公司、上海期货交易所、中国金融期货交易所、郑州商品交易所、大连商品交易所等机构共同投资设立,注册地为北京市西城区金融大街丁26号。

根据现行法律规定,在"新三板"市场上市交易的股票必须满足以下条件:一是公司存续满两年,有限责任公司按原账面净资产值折股整体变更为股份有限公司的,存续期间可以从有限责任公司成立之日起计算;二是主营业务突出,有持续经营的记录;三是公司治理结构合理,运作规范,有限责任公司须改制后才可挂牌,挂牌公司区域不再局限在四大园区,已经扩展到全国;四是"新三板"市场主办券商,同时具有承销与保荐业务及经纪业务的证券经营机构。"新三板"市场的交易时间为周一至周五,报价系统接受申报的时间为上午9:30—11:30,下午1:00—3:00。

进入"新三板"市场投资的投资者必须满足以下要求:① 投资者本人名下最近10个转让日的日均金融资产在500万元人民币以上。金融资产是指银行存款、股票、债券、基金份额、资产管理计划、银行理财产品、信托计划、保险产品、期货及其他衍生产品等。② 具有2年以上证券、基金、期货投资经历,或者具有2年以上金融产品设计、投资、风险管理及相关工作经历,或者有在证券、期货、基金管理等经营机构及其分支机构、银行、保险、信托、财务等经营机构,以及经行业协会备案或者登记的私募基金管理人等金融机构的高级管理人员任职经历。

第三节 上市公司收购行为法律制度

一、上市公司收购的概念和特征

(一)上市公司收购的概念

上市公司收购是指收购人依法大量购买某上市公司发行在外的股份,以取得对上市公司控股权或管理权的行为。公司收购的目的是取得这一公司的控制权和经营权,基本的做法是通过吸纳、受让或者公开收购目标公司的股份达一定比例,然后控制目标公司的股东大会并改组其管理层。

上市公司收购是对上市公司发行在外的股票进行买卖的行为,这种买卖大多数情况下是通过证券交易所的证券交易系统来实现的,因此又被叫作要约收购或交易所收购。但实际上,也可以通过证券交易所的大宗股票买卖系统协商交易,即通过面对面商谈的方式收购一定数量的股票,以取得公司控股权,实现控制公司的目的。

(二) 上市公司收购的特征

上市公司收购虽然也是证券市场中的一种证券交易行为,但与普通的证券交易所交易存在着一些根本性的差别。一般而言,上市公司收购的特征有以下五个方面。

(1) 上市公司收购的目的是取得被收购公司(又称为目标公司)的控制权。收购主体收购目标公司的股份不是通过证券买卖以实现盈利的活动,而是为了获取或加强对目标公司的经营管理和决策控制权。

(2) 上市公司收购行为的主体较为广泛。收购主体可以是法人也可以是自然人,可以是单个的主体,也可以是多人或机构的组合,但上市公司本身不能成为收购者,也即目标公司本身不得回购本公司的股票。如中国《公司法》规定,公司不得收购本公司股票,为了减少公司资本而注销股份或与持有本公司股票的其他公司合并时除外。

(3) 上市公司收购的标的是目标公司已发行在外有表决权的股票。有表决权的股票是股份公司经营管理权的基础,只有取得多数有表决权的股票,才能在股东大会上实现多数决,实现对董事会人员的控制进而达到对目标公司的掌控。有表决权的股票包括可以转换为有表决权股票的可转换债券或优先股等。

(4) 上市公司收购无须经过被收购公司的同意。上市公司收购不同于一般的市场兼并,普通的市场兼并均是在双方协商一致的情况下,进行兼并或重组。然而,上市公司收购是收购者在交易所系统中通过证券交易而取得目标公司的控制权,整个过程无须取得原公司管理层的同意。

(5) 上市公司收购与普通证券交易规则存在较大的不同。无论收购还是普通交易行为,均是股份转让行为。但上市公司收购与一般的证券交易,无论交易方式还是交易程序,都有明显的不同。例如:当公司收购达到一定比例时,须强制信息披露,在一定期间内不得继续收购,以及强制发出收购要约等;反之,普通的股份转让所追求的是股份的自由流通、自由交易。

二、上市公司收购的分类和行为主体

(一) 上市公司收购的分类

根据不同的标准可以对上市公司收购进行分类,如:根据上市公司收购的方式不同,将其分为要约收购与协议收购;根据上市公司收购的目的不同,可分为控股收购与兼并收购;根据上市公司收购的付款方式不同,可分为现金收购与换股收购;根据收购人的动机不同,可分为友好收购与敌意收购;根据收购主体的数量差异,可分为单独收购与共同收购;根据收购人的意愿,可分为自愿收购与强制收购。

(1) 要约收购与协议收购。① 要约收购,又称公开收购,这是采用了合同法律中合同签订要约与承诺概念的一种上市公司收购模式,即先由收购人向目标公司的全体股东发出以一定条件收购其所持有股票的意思表示,然后由受要约人决定作出承诺与否的股票收购方法;② 协议收购是指收购人与上市公司股东就收购股票事宜进行商谈然后订立收购合同的收购方法,协议收购是采取"一对一"的商谈模式进行的收购。二者的差别是收购人是否公开发出要约,要约收购是面对全体股东发出收购要约,而协议收购则是在一个特定范围内协商收购价格和收购数量。

(2) 控股收购与兼并收购。① 控股收购,又称部分收购,是指收购人以控制目标公司决策权为目的的一种上市公司收购方法。从理论上讲,收购人拥有目标公司股份50%以上时即可达到绝对控制该公司的目的。但在实践中,由于上市公司股权较为分散,即使拥有少于目标公司股份50%的股票,也能控制该公司。② 兼并收购,又称全部收购,是指收购人以兼并目标公司为目的的上市公司收购方式。这种收购,收购人通过拥有目标公司全部或者绝大部分股份,对目标公司实行解散,其剩余股份、资产、债权与债务均由收购人全部接收。

(3) 现金收购与换股收购。① 现金收购是指收购人以现金购买目标公司一定数量股份的一种收购方式;② 换股收购是指收购人以本公司或者其关联公司的股份交换目标公司股份的一种收购方式。

(4) 友好收购与敌意收购。① 友好收购是指收购人与目标公司控股股东、管理层友好协商,为了双方的共同利益与目的所进行的收购,协议收购多为友好收购。② 敌意收购是指目标公司对收购人的收购进行抵制,甚至在很多情况下目标公司的管理层还采取反收购措施的上市公司收购模式。这种收购最大的特点是事先未取得或无法取得目标公司管理层的同意,或者根本不与目标公司管理层协商而强行收购。由于受到目标公司的抵制,收购方往往要付出较高的收购代价,要约收购多为敌意收购。

(5) 自愿收购与强制收购。① 自愿收购。各国法律一般规定在一定比例以下的收购为自愿收购。在这一收购比例下,收购人根据自己的意愿购买目标公司股票,控制目标公司,法律对收购数量、收购价格、收购对象不做强制性规定。② 强制收购。收购人收购目标公司的股份达一定的比例时,为了保护投资者的利益,法律对收购对象、收购数量、收购价格等进行强制性规定。

(6) 单独收购与共同收购。① 单独收购是指一个自然人或机构独自实施的上市公司收购行为,也即在收购过程中不存在其他机构或个人共同出资参与公司股份收购的行为。② 共同收购是指两个或两个以上的机构或个人为达到控制一个上市公司的目的,根据相互间正式或非正式的协议,互相合作共同购买目标公司一定数量股份以实现控制上市公司的行为。共同收购人被称为"一致行动人",是指所有为取得或巩固在公司的控制权而以任何方式进行合作的人。

(二) 上市公司收购的行为主体

上市公司收购实践中,参与收购的主体较多,他们所处的角色地位不同,概括起来主要有以下五种主体。

(1) 收购人。收购人是指向上市公司原股东购进股票,以图控制上市公司的投资者,可以是法人企业,也可以是自然人,或者其他经济或非经济组织。实践中,多为企业法人机构。

(2) 关联人。关联人是指持有目标公司足够多数的股份,或存在着其他牵连关系的企业、机构和人员。在实践中,关联人主要指上市公司的控股股东,即控股公司及控股公司下属的子公司,或者其他有关联关系的企业或自然人。

（3）一致行动人。一致行动人是指与收购人共同谋取对上市公司控制权而采取收购行动的投资者。一致行动人通过书面或口头协议,或通过其他手段达成某种默契,一起采取行动以实现对某一上市公司进行控制或对其股票价格进行操纵。

（4）被收购人。被收购人是指目标公司原有持股人,包括自然人或机构,即目标公司的原股东。被收购人最后的结果是其股份全部或者部分被收购;如果仅为部分收购,则他们仍是被收购后公司的股东。

（5）其他利益相关者。上市公司收购不仅与收购人、受要约人的利益息息相关,而且直接影响目标公司、公司管理层以及目标公司的债权人的利益,因而目标公司、目标公司的某些特定股东、目标公司的管理者和债权人为其他利益相关者。

三、上市公司收购的基本规则

（一）上市公司收购基本规则

为了保护上市公司收购过程中各方权益,特别是保护中小股东的利益,各国法律对上市公司收购规定了一系列规则。目前,中国规范调整上市公司收购的法律法规主要有《公司法》《证券法》和中国证监会2020年修正后的《上市公司收购管理办法》,以及上海证券交易所和深圳证券交易所有关上市公司收购的规章制度。

（1）上市公司收购的基本模式。《证券法》和《上市公司收购管理办法》规定,上市公司收购可以采取以下三种模式:一是收购人单独或共同通过取得股份的方式成为一个上市公司的控股股东;二是通过投资关系、合同,以及其他安排的途径成为一个上市公司的实际控制人;三是同时采取收购股份和投资关系、合同,以及其他安排的途径取得上市公司控制权。

（2）收购主体的基本条件。上市公司收购主体可以是自然人、企业法人和其他机构,但下列人等不得收购上市公司:① 收购人负有数额较大债务,到期未清偿,而且处于持续状态;② 收购人最近3年有重大违法行为或者涉嫌有重大违法行为;③ 收购人最近3年有严重的证券市场失信行为;④ 收购人为自然人的,存在《公司法》规定不得成为公司高管的情况;⑤ 外国投资者存在法律禁止对中国某些上市公司收购及进行相关股份权益变动活动的情形;⑥ 法律、行政法规规定以及中国证监会认定的不得收购上市公司的其他情形。

（3）上市公司收购的一般性要求。① 上市公司的收购及相关股份权益变动不得危害国家安全和社会公共利益,如果其收购及相关股份权益变动活动涉及国家产业政策、行业准入、国有股份转让等事项,需要取得国家相关部门批准,则必须在取得批准后进行。② 上市公司收购过程中,被收购公司的控股股东或者实际控制人不得滥用控制权利损害被收购公司或者其他股东的合法权益。如果发生被收购公司的控股股东、实际控制人及其关联方损害被收购公司及其他股东合法权益的状况,应当就其出让相关股份所得收入用于消除全部损害做出安排,对不足以消除损害的部分应当提供充分有效的履约担保或安排,并依照公司章程取得被收购公司股东大会的批准。

(4) 上市公司收购的反收购措施。反收购是指被收购公司为了防止公司控制权转移,采取的一系列阻止收购人成功收购的措施。中国现行法律对反收购具体措施及法律责任没有进行明确规定,仅提出了一些原则性要求。如根据现行《上市公司收购管理办法》相关条款,如果被收购公司董事会针对收购所做出的决策及采取的措施,意图对抗收购行为:① 要求此类决策及采取的措施,必须有利于维护公司及其股东的利益,不得滥用职权对收购设置不适当的障碍;② 不得利用公司资源向收购人提供任何形式的财务资助,不得损害公司及其股东的合法权益。这些条款仅是对目标公司管理层在公司收购中的基本要求,而非严格意义上的反收购具体规定。但这些条款从侧面要求,目标公司管理层采取的反收购措施不得损害公司和股东的利益。

(二)上市公司收购信息披露规则

上市公司的收购及相关股份权益变动活动,必须遵循公开、公平、公正的原则。上市公司的收购及相关股份权益变动活动中的信息披露义务人,应当充分披露其在上市公司中的权益及变动情况,依法严格履行报告、公告和其他法定义务。信息披露义务人报告、公告的信息必须真实、准确、完整,不得有虚假记载、误导性陈述或者重大遗漏,而且在相关信息披露前,披露义务人负有保密义务。《证券法》规定的上市公司收购信息披露具体规则包括三个方面。

(1) 通过证券交易所的证券交易,投资者及其一致行动人收购具有表决权的股份达到目标上市公司总股份的5%时,应当在该事实发生之日起3日内编制权益变动报告书,向中国证监会、证券交易所提交书面报告,通知该上市公司,并予公告;在上述期限内,收购人不得再行买卖该上市公司的股票。

(2) 前述投资者及其一致行动人拥有权益的股份达到一个上市公司已发行股份的5%后,通过证券交易所的证券交易,每增加或者减少5%,应当依照前述规定进行报告和公告;在报告期限内和作出报告、公告后2日内,不得再行买卖该上市公司的股票。

(3) 通过协议转让方式,投资者及其一致行动人在一个上市公司中拥有权益的股份拟达到或者超过一个上市公司已发行股份的5%时,应当在该事实发生之日起3日内编制权益变动报告书,向中国证监会、证券交易所提交书面报告,通知该上市公司,并予公告。前述投资者及其一致行动人拥有权益的股份达到一个上市公司已发行股份的5%后,每增加或者减少达到或者超过5%的,应当依照前述规定履行报告、公告义务。

上述三条规定在理论上称为"权益公开规则"和"慢走规则"。权益公开规则实际上是证券法中公开性原则的体现;慢走规则的作用在于在上市公司收购过程中,使原股东和其他证券投资者有足够的时间进行思考,理性决定是否买卖被收购公司的证券,从而有效保护中小股东的利益,避免市场过度震荡。

(三)上市公司收购的具体行为规则

根据《证券法》的规定,上市公司收购人在收购上市公司股票时,除了要符合上述基本原则和普遍性规则外,还必须遵守下列具体的行为规则从事收购行为。

1. 上市公司要约收购规则

要约收购是指收购人向目标公司全体股东发出收购要约,通过要约方式购买该上市公司股票的一种收购方式。

(1) 上市公司收购人自愿选择以要约方式收购目标公司的全部股份或者部分股份，则在收购启动时通过证券交易所系统向目标公司所有股东发出收购要约。如果在收购启动时未采取要约方式收购，则收购达到一定比例后如继续收购，法律可能强制要求收购人发出收购要约。上市公司发行不同种类股份的，收购人可以针对不同种类股份提出不同的收购条件。

(2) 收购人通过证券交易所的证券交易，单独或合并持有一个上市公司的股份达到该公司已发行在外股份的 30% 时，继续增持股份的，应当采取要约方式进行，发出全面要约或者部分要约，除非法律对其继续收购进行要约豁免。

(3) 以要约方式收购上市公司的，收购人应当公平对待目标公司的所有股东，即持有同一种类股份的股东应当得到同等对待。收购要约约定的收购期限不得少于 30 日，并不得超过 60 日，但是出现竞争性要约的除外；在收购要约约定的承诺期限内，收购人不得撤销其收购要约。

(4) 采取要约收购方式的，收购人作出公告后至收购期限届满前，不得卖出已持有的目标公司的股票，也不得采取要约规定以外的形式和超出要约的条件买入目标公司的股票；收购要约提出的各项收购条件，适用于目标公司的所有股东。

(5) 收购期限届满，发出部分要约的收购人应当按照收购要约约定的条件购买目标公司股东预售的股份，预售要约股份的数量超过预定收购数量时，收购人应当按照同等比例收购预售要约的股份。以终止目标公司上市地位为目的的，收购人应当按照收购要约约定的条件购买目标公司股东预售的全部股份；未取得中国证监会豁免而发出全面要约的收购人应当购买目标公司股东预售的全部股份。

(6) 在收购要约确定的承诺期限内，收购人不得撤销其收购要约。收购人需要变更收购要约的，应当及时公告，载明具体变更事项，而且不得存在下列情形：① 降低收购价格；② 减少预定收购股份数额；③ 缩短收购期限；④ 中国证监会规定的其他情形。

(7) 收购期限届满，被收购公司股权分布不符合上市条件，该上市公司的股票由证券交易所依法终止上市交易。在收购行为完成前，其余仍持目标公司股票的股东，有权在收购报告书规定的合理期限内向收购人以收购要约的同等条件出售其股票，收购人应当收购。在上市公司收购中，收购人持有的被收购的上市公司的股票，在收购行为完成后的 18 个月内不得转让。

2. 上市公司协议收购规则

协议收购是指收购人与目标公司的股东以协商方式进行股票转让，控制目标公司的收购方式。中国《证券法》规定，采取协议收购方式的，收购人可以依照法律、行政法规的规定同被收购公司的股东以协议方式进行股份转让。以协议方式收购上市公司时，达成收购协议后，收购人必须在 3 日内将该收购协议向中国证监会及证券交易所作出书面报告，并予公告。在公告前不得履行收购协议。采取协议收购方式的，协议双方可以临时委托证券登记结算机构保管协议转让的股票，并将资金存放于指定的银行。

3. 上市公司收购报告书公告

收购人公告上市公司收购报告书时，应当提交以下备查文件：① 中国公民的身份证明,或者在中国境内登记注册的法人、其他组织的证明文件。② 基于收购人的实力和从业经验对上市公司后续发展计划可行性的说明,收购人拟修改公司章程、改选公司董事会、改变或者调整公司主营业务的,还应当补充其具备规范运作上市公司的管理能力的说明。③ 收购人及其关联方与被收购公司存在同业竞争、关联交易的,应提供避免同业竞争等利益冲突、保持被收购公司经营独立性的说明。④ 收购人为法人或者其他组织的,其控股股东、实际控制人最近2年未变更的说明。⑤ 收购人及其控股股东或实际控制人的核心企业和核心业务、关联企业及主营业务的说明;收购人或其实际控制人为两个或两个以上的上市公司控股股东或实际控制人的,还应当提供其持股5%以上的上市公司以及银行、信托公司、证券公司、保险公司等其他金融机构的情况说明。⑥ 财务顾问关于收购人最近3年的诚信记录、收购资金来源合法性、收购人具备履行相关承诺的能力以及相关信息披露内容真实性、准确性、完整性的核查意见;收购人成立未满3年的,财务顾问还应当提供其控股股东或者实际控制人最近3年诚信记录的核查意见。

4. 要约收购的豁免性规则

2020年中国证监会修改后发布的《上市公司收购管理办法》规定有下列情形之一的,收购人可以向中国证监会提出免于以要约方式增持股份的申请:① 收购人与出让人能够证明本次股份转让是在同一实际控制人控制的不同主体之间进行,未导致目标公司的实际控制人发生变化;② 目标公司面临严重财务困难,收购人提出的挽救公司的重组方案取得该公司股东大会批准,且收购人承诺3年内不转让其在该公司中所拥有的权益;③ 中国证监会为适应证券市场发展变化和保护投资者合法权益的需要而认定的其他情形。

有下列情形之一的,投资者可以向中国证监会提出免于发出要约的申请,中国证监会自收到符合规定的申请文件之日起10个工作日内未提出异议的,相关投资者可以向证券交易所和证券登记结算机构申请办理股份转让和过户登记手续。

(1) 经政府或者国有资产管理部门批准进行国有资产无偿划转、变更、合并,导致投资者在一个目标公司中拥有的股份占该公司已发行股份的比例超过30%。

(2) 因目标公司按照股东大会批准的确定价格向特定股东回购股份而减少股本,导致投资者在该公司中拥有权益的股份超过该公司已发行股份的30%。

(3) 经上市公司股东大会非关联股东批准,投资者取得上市公司向其发行的新股,导致其在该公司拥有权益的股份超过该公司已发行股份的30%,投资者承诺3年内不转让本次向其发行的新股,且公司股东大会同意投资者免于发出要约。

(4) 在一个上市公司中拥有权益的股份达到或者超过该公司已发行股份的30%的,自上述事实发生之日起1年后,每12个月内增持不超过该公司已发行的2%的股份。

(5) 在一个上市公司中拥有权益的股份达到或者超过该公司已发行股份的50%的,继续增加其在该公司拥有的权益不影响该公司的上市地位。

(6) 证券公司、银行等金融机构在其经营范围内依法从事承销、贷款等业务导致其持有一个上市公司已发行股份超过30%,没有实际控制该公司的行为或者意图,并且提出在合理期限内向非关联方转让相关股份的解决方案。

(7) 因继承导致在一个上市公司中拥有权益的股份超过该公司已发行股份的 30%。

5. 上市公司间接收购规则

间接收购人不是直接成为目标公司的控股股东,而是通过投资关系、合同、其他安排达到控制目标公司的目的。如果间接收购人通过投资关系、合同、其他安排控制拥有投票权的股份达到或者超过一个目标公司已发行股份的 5% 未超过 30%,应当按照规定进行权益公告;如果已经控制 30% 具有投票权的股份且要继续收购,则间接收购人应当向该目标公司所有股东发出全面要约。

(1) 间接收购人预计无法在事实发生之日起 30 日内发出全面要约的,应当在前述 30 日内促使其控制的股东将所持有的目标公司股份减持至 30% 或者 30% 以下,并自减持之日起 2 个工作日内予以公告;其后间接收购人或者其控制的股东拟继续增持的,应当采取要约方式,但享有豁免权的除外。

(2) 间接收购人虽不是目标公司的股东,但通过投资关系取得对目标公司股东的控制权,而受其支配的目标公司股东所持股份达到前述规定比例且对该股东的资产和利润构成重大影响的,应当按照前条规定履行报告、公告义务。

(3) 目标公司实际控制人及受其支配的股东,负有配合目标公司真实、准确、完整披露有关实际控制人发生变化的信息的义务;实际控制人及受其支配的股东拒不履行上述配合义务,导致目标公司无法履行法定信息披露义务而承担民事、行政责任的,目标公司有权对其提起诉讼。实际控制人、控股股东指使目标公司及其有关人员不依法履行信息披露义务的,中国证监会依法进行查处。

(4) 目标公司实际控制人及受其支配的股东未履行报告、公告义务的,目标公司应当自知悉该事件发生之日起立即作出报告和公告。目标公司就实际控制人发生变化的情况予以公告后,实际控制人仍未披露的,目标公司董事会应当向实际控制人和受其支配的股东查询,必要时可以聘请财务顾问进行查询,并将查询情况向中国证监会、目标公司所在地的中国证监会派出机构和证券交易所报告;中国证监会依法对拒不履行报告、公告义务的实际控制人进行查处。

> **延 伸 阅 读**
>
> ### 美国证券市场反收购措施
>
> 反收购,即当收购人对目标公司进行收购时,目标公司及其管理层采取各种措施以对抗收购人的收购,其目的是通过这些对抗措施达到挫败收购人证券收购的目的。理论和实践中最常见的反收购措施主要包括:①"毒丸计划",即目标公司在面临恶意收购时,为了保住自己的控股权而采取的大量低价增发新股的措施,包括目标公司增发优先股计划。该措施的目的是让收购方所持的股票占公司比重下降,将其股权摊薄,增大收购公司的收购成本,阻碍其实现控股计划,最终导致收购失败。②"黄金降落伞",即目标公司与相关金融机构事先约定触发条件,若公司被收购,那么公司所借贷款将提前清偿。此外,还包括公司与董事、高级管理人员约定,若公司因收购

导致控制权发生转移,那么双方雇佣合同终止,同时,公司必须支付失去工作的股东及高级管理人员巨额补偿金,目的仍是增加收购成本,迫使收购方放弃收购。③"绿色邮件"也被叫作"绿邮讹诈",是指目标公司经营者为了使收购者放弃收购或者与其签署股份维持协议,即保证在一定时期内不增加持股或发动二次收购,与收购者达成协议,由目标公司从其手中溢价回购所持有的目标公司股票。④邀请"白衣骑士",即目标公司以支付一定报酬或者提供其他优惠为对价,邀请友好公司以较高的价格对自己进行收购;在"白衣骑士"的收购竞争下,目标公司股价上升,势必增加收购成本。此时,敌意收购者要么放弃收购,要么被迫提高收购价格。⑤"焦土政策",即目标公司为了反击恶意收购而采取出售公司优质资产、制造财务亏损、破坏公司特性等措施,使收购者知晓目标公司的价值降低,进而考虑是否值得耗资收购,最终放弃收购。常见的"焦土战术"主要有两种,即出售"皇冠上的珍珠"和"虚胖战术"。此外,面对收购者的强势收购,目标公司可对收购者采取主动进攻的策略。如采取帕克曼战略,反过来收购收购者的股票,或者联合与目标公司关系密切的公司出面收购对方,以此击退对方的收购进攻。除此之外,目标公司可以通过法律途径及时提起诉讼,终止某些非法或不合理的收购。

[资料来源] 左娟:《上市公司反收购措施》,新晨范文,https://www.xchen.com.cn/jjlw/ssgslw/688603.html。

第四节 证券信息披露行为法律制度

一、证券信息披露的概念与特征

(一) 证券信息披露的概念

证券市场信息公开或信息披露制度,是指证券发行人或相关机构、交易人在证券的发行、上市与交易各环节中,依照法律规定将与证券有关的一切重大信息真实、准确、完全、及时地公开,以供投资者作投资价值和风险判断的法律制度。证券市场的信息披露制度分为发行信息披露制度和持续信息披露制度。证券信息披露是各国证券立法的核心,其根本原因在于证券市场是一个信息高度不对称的市场,而且证券市场投资者购买证券主要不是为了参与公司经营获利,而是希望"低价买进,高价卖出"以赚取差价。由于公开发行股票(证券)的公司股东人数众多,他们也不可能通过参与公司的经营而获取信息,只能通过法律的强制性信息披露实现对证券发行人经营状况的了解。

信息披露制度作为证券法律制度中最为重要的一项制度,始于英国《1720年肥皂泡沫法案》中"禁止以公共利益为幌子,征求公众认股,使无戒心之人认购而筹得巨款"的规定,这一表述是现代证券市场信息披露的萌芽。1844年,英国颁布了《股份公司登记条例》,普遍认为这一条例首创了现代意义上的公开说明书的披露制度,英国1867年和1900年的《公司法》又进一步完善了公开说明书的披露要求,使得信息披露制度得到了完善和发展。美国证券市场信息披露制度起源于其《1933年证券法》和《1934年证券交易法》,这两部法案的重心是信息披露制度。美国证券立法采取的理论基础如下:如果流动证券的各方信息均能够得以完整地、公平地披露,则投资者权益能得到充分的保障,证券发行时那种耗时的实质性审查就没有必要了。

(二) 证券信息披露的特征

证券市场信息公开是证券市场的核心要义,虽然各国证券法律制度对信息披露的要求并不完全一致,宽严程度也不相同,但都有其共同特征。

(1) 信息披露的目的是解决证券市场信息不对称的问题。证券市场是一个信息高度不对称市场,证券经营机构以及其他证券发行人和证券服务机构在发行证券和经营证券业务时掌控了绝对的经营信息,而证券投资者特别是普通的金融消费者则处于证券信息弱势地位。不对称信息引发的逆向选择和道德风险等问题,会摧毁证券市场信心和损害投资者利益,因而需要以立法的方式强制相关责任主体披露证券信息。

(2) 信息披露的主体包括证券发行人等多种主体。证券市场中影响证券交易价格的因素是多方面、多渠道的,其中有国家社会经济方面的信息,如各种经济政策、法律法规和经济金融的政策调控等,也有证券发行人、证券经营机构和证券交易所的各种微观经济信息,掌握这些信息的主体也较为广泛,所以各国法律均规定了多元化的信息公开主体。

(3) 信息披露的范围是会影响证券市场价格的事件。证券市场中与证券发行、证券交易相关的事件和信息很多,有些会对证券交易价格产生重大影响,有些产生影响较小甚至并不产生任何影响。因此,各国立法均要求对会对证券价格产生影响的重大事件进行公告,而对证券交易价格无影响或影响不大的信息则不要求公布,或仅以立法的形式鼓励自愿性公布。

(4) 信息披露时间方式和途径必须符合法律要求。各国法律对证券信息披露的内容、披露的时间、披露的方式等均有严格规定,如中国《证券法》规定,证券披露必须真实、准确、完整,不得有虚假记载、误导性陈述或者重大遗漏。如果信息披露违反了法律规则并给他人造成损失,信息披露义务人应该承担法律责任。

二、证券信息披露的基本要求

(一) 信息披露的实质性标准

中国规范信息披露的法律法规和规范性文件主要有:《证券法》;中国证监会从2001年开始陆续公布的信息披露内容与格式准则,包括《公开发行证券的公司信息披露内容与格式准则第1号——招股说明书》《公开发行证券的公司信息披露内容与格式准则第11号——上市公司公开发行证券募集说明书》《公开发行证券的公司信息披露内容与格式准则第36号——创业板上市公司向特定对象发行证券募集说明书和发行情况报告书》等;2019年中国证监会发布的《科创板上市公司持续监管办法(试行)》。

此外，还有深沪两家证券交易所颁布的《上海证券交易所股票上市规则》《深圳证券交易所股票上市规则》《上海证券交易所公司债券上市规则》和《深圳证券交易所公司债券上市规则》，以及全国中小企业股份转让系统发布的信息自律规则等。前述法律法规也随着《证券法》的修改以及证券发行从最早的审批制转变到现在的注册制，而不断修改完善。法律法规对信息披露的基本要求包括以下五个方面。

（1）真实性。真实性源自民法的最大诚信原则，是指负有信息披露义务的主体，公开的信息资料应该准确、真实，不得存在虚假记载、误导或欺骗。如要求证券发行人的发行资料、持续性公告必须是真实的，其他证券中介机构对发行人披露的文件的真实性进行了尽责调查等。

（2）完整性。完整性是要求所有可能影响投资者决策的信息均得到充分披露，不得有任何隐瞒或重大遗漏。如果证券市场上的信息披露有所侧重、有所隐瞒、有所遗漏，就会导致投资者无法获得有关投资决策的全面信息，引发投资决策错误。

（3）准确性。准确性要求信息披露文件清晰，使人一目了然，不应该存在意思表达上的歧义。为了避免信息发布人利用语言的多种含义而误导投资者，在对公开信息披露的准确性的理解上，应当以普通投资者的判断能力为标准。

（4）及时性。及时性是指信息披露主体及时地将应该披露的信息予以披露。任何信息均有时效性，信息的及时披露对于广大投资者很重要，要求信息披露主体在尽可能短的时期内披露信息，以避免因信息披露迟延而发生内幕交易。在如今互联网、大数据和云计算信息环境下，信息披露的时效性更为重要。

（5）公平性。信息披露的公平性是指信息披露不应该仅仅针对特定的市场主体，如证券分析师、机构投资者或其他某些群体，而是应该面向全体社会大众予以公开，这是对选择性信息披露的约束。

（二）信息披露的形式性标准

为了保障信息披露公平、合理、及时和易得，各国法律均规定了信息披露的途径和方式，如要求在证券交易所指定的报纸、网站、刊物和公告栏进行登载或公告，否则视为不合格披露。

（1）规范性。规范要求是指信息披露必须按照统一的格式、统一的内容，并且以符合法律规定的媒体进行公布。规范性主要是为了使信息披露具有统一的规范，保证信息披露符合法律规定的要求。

（2）易解性。易解性就是容易理解，即要求公开披露信息从陈述方式到用词术语都应当做到浅显易懂，不能太专业化。信息披露的目的是传达信息，而不是公开信息，公开的目标是让广大投资者能够阅读而理解。所以，信息披露应以鲜明的形式、简洁明了的语言、容易为普通投资者理解的术语，向投资者平实地陈述信息，应当避免使用难解、过分技术化的术语。

（3）易得性。易得性要求公开披露的信息容易为普通投资者所获得。从信息披露的方式看，随着互联网络的普及，通过互联网披露信息极大地增强了信息获得的可能性，节约了披露与获得之间的时间差。但在进行数字化披露时，也要考虑部分投资者对纸质信息披露的偏好，以及中老年投资者对数字化信息的可获得性。

中国《证券法》规定,信息披露义务人披露的信息,应当真实、准确、完整,简明清晰,通俗易懂,不得有虚假记载、误导性陈述或者重大遗漏。证券同时在境内境外公开发行、交易的,其信息披露义务人在境外披露的信息,应当在境内同时披露。信息披露实质上的真实性、完整性、准确性、及时性和公平性以及形式上的规范性、易解性和易得性要求,是保障证券市场公开、公平、规范发展的基础。提高上市公司信息披露质量是国际资本市场面临的共同问题。

三、证券信息披露的行为规则

(一) 证券发行信息披露规则

证券发行信息披露,又称初始信息披露,是证券发行人为了向社会公众募集资金、发行证券而进行的信息披露。证券发行信息披露是包括证券发行人在内的市场主体在证券发行阶段应该承担的信息披露义务,理论上可对发行信息披露进行以下分类:① 依照证券种类的不同,发行阶段的信息披露可以分为股票发行信息披露、公司债券发行信息披露、基金发行信息披露和其他证券发行信息披露;② 依照证券发行目的不同,信息披露可以分为首次公开发行信息披露、增资发行证券的信息披露。

发行人发行证券是证券市场行为的第一步。为使投资者及时了解发行人的情况,保护投资者利益,发行人在发行证券之前即负有将与发行人本身以及所发证券有关的信息进行披露的义务。信息披露的方式有公布与公开两种:公布是将应披露文件刊登在证券监管机构指定的报刊上或公布在特定的网站上的行为;公开是将应披露文件备置于发行人及其证券经营机构的营业地和证券监管机构指定的地点,供投资者查阅的行为。

1. 证券发行信息披露的基本内容

主要包括证券发行的基本事项、发行人的基本情况、发行人的经营财务状况、筹资运用的情况等。

(1) 证券发行的基本事项。具体包括:① 证券发行目的和筹资用途;② 证券发行的种类、发行总额及数额、证券面额及发行价、发行条件和方式,以及发起人认缴份额,如果发行的是债券,则包括债券种类、价格、利率、期限、担保、还本付息方式和日期;③ 证券发行的对象、范围及投资者的权利义务;④ 承销机构名称、地址、承销金额与承销方式;⑤ 证券发行的核准日期、文号、起止日期。

(2) 发行人基本情况。具体包括:① 发起人基本事项,如发起人的姓名、住所、发起人认缴的股份数等;② 发行人简介,如发行公司成立日期、法定代表人、经营范围、技术力量、管理水平、市场销售情况、经营策略、主要大股东情况、公司的主要营业场所及主要部门、总公司、分公司等情况;③ 发行人组织机构和主要经营管理者的情况,包括公司的董事、监事、总经理的姓名、住所、任期、持有的股份数、薪金待遇等;④ 发行人的资本与股份,包括公司已发行的股份种类,股本形成、变动及股权分散情况,公司债发行情况,公司的股东名单等。

(3) 发行人的经营和财务状况。具体包括:① 发行人公司营业的基本情况,包括公司的资产负债、利润、财务状况变动等情况;② 发行人公司的资产情况,包括自有资产、租赁资产、固定资产、流动资产、有形资产、无形资产等;③ 发行人公司转投资情况,包括转投资项目名称、投资成本、持有股份与持股比例等;④ 发行人公司目前重大的涉诉案件及主要管理人员、董事、监事、大股东涉诉情况等。

(4) 发行人筹资运用情况。具体包括:① 证券筹资运用计划,说明证券筹资的用途和投向;② 发行人公司筹资可能产生的经济效益和风险;③ 盈利预测,即发行人在遵循诚实信用原则基础上,依据法定会计准则,结合公司现实的经济能力,确定投资者在一定期限内获得的股息、红利和其他收益。

2. 公司股票发行的信息披露文件和规则

公司公开发行股票,必须披露与股票发行相关的信息文件,主要包括:① 招股说明书;② 招股说明书概要;③ 上市公告书;④ 股票发行公告及其他文件。

(1) 招股说明书。招股说明书是发行人发行股票时,依法向社会公众披露的专门表达募集股份的意思并载明有关信息的书面文件。招股说明书是公开发行股票的最基本的法律文件。只要募集股份,无论是募集设立时发起人向社会披露募集股份,还是已成立的股份有限公司发行新股,都必须制作招股说明书。中国《证券法》规定,公开发行股票的公司必须向中国证监会报送招股说明书,经其注册后,股票发行公司应当按照规定披露相关信息。

招股说明书包括封面、书脊、扉页、目录、备查文件5个组成部分。其正文部分包括以下的内容:① 释义;② 概览;③ 本次发行概况;④ 风险因素;⑤ 发行人基本情况;⑥ 业务和技术;⑦ 同业竞争与关联交易;⑧ 董事、监事、高级管理人员与核心技术人员;⑨ 公司治理;⑩ 财务会计信息;⑪ 管理层讨论与分析;⑫ 业务发展;⑬ 募集资金运用;⑭ 股利分配政策;⑮ 其他重要事项。

(2) 招股说明书概要。招股说明书概要是简要介绍招股说明书的主要内容,以增强信息传达能力的法律文件。编制招股说明书概要的目的是向公众提供有关本次股票发行的简要情况,并不包括招股说明书全文的各部分内容,概要主要包括以下内容:① 重大事项提示;② 本次发行概况;③ 发行人基本情况;④ 募集资金运用;⑤ 风险因素和其他重要事项;⑥ 本次发行各方当事人和发行时间安排;⑦ 备查文件。

(3) 上市公告书。上市公告书是发行人公开发行的股票上市前,向社会公众公告与上市有关事项的信息披露文件。上市公告书具体包括:① 发行人公司概况;② 公司股票发行承销情况;③ 董事、监事、高级管理人员简介和持股情况;④ 公司的关联交易和关联企业情况;⑤ 公司股本结构及大股东持股情况;⑥ 公司财务会计情况;⑦ 公司董事会上市承诺;⑧ 重要事项揭示,上市推荐书;⑨ 备查文件目录。

3. 债券发行的信息披露文件和规则

发行债券应公开的文件主要是公司债券募集办法(或称债券发行章程)、财务会计报告。中国《证券法》规定,发行公司债券的申请经相关债券监管机构注册后,应当公告公司债券募集办法。公司债券募集办法是公司向社会公众发出的,希望社会公众购买其发行的债券的意思表示。公司债券募集办法中应当载明下列主要事项:① 公司名称;② 债券募集资金的用途;③ 债券总额和债券的票面金额;④ 债券利率的确定方式;⑤ 还本付息的期限和方式;⑥ 债券担保情况;⑦ 债券的发行价格,发行的起止日期；⑧公司净资产额；⑨已发行的尚未到期的公司债券总额；⑩公司债券的承销机构。

公司发行债券还应公开财务会计报告，公司的财务会计报告包括资产负债表、损益表、财务状况变动表、财务情况说明书、利益分配表等。财务会计报告反映了公司的经营情况，是公司的信用基础，也是投资者决策购买公司债券的基础。

(二) 证券持续性信息披露规则

持续性信息披露又称持续性信息公开，是指发行人在证券发行后，仍然要依照法律规定持续性地向投资者披露对其决策具有重大影响的信息的制度。证券持续性披露的目的是使证券投资者能够及时、准确、完整地了解所投资的证券的信息，同时防止证券交易市场上的欺诈和操纵行为。世界各国的证券法都规定了发行人的持续性信息披露义务，要求证券发行人必须定期向社会公众披露其经营和财务状况，或者不定期且及时地提供对上市公司证券交易具有重大影响的任何信息，保护投资者的交易安全。

世界各国证券法对持续性信息披露的要求一般包括年度报告、中期报告，以及临时报告。中国《证券法》、中国证监会的一系列公开发行证券的公司信息披露编报规则，以及上海与深圳证券交易所的股票上市规则，将持续性信息披露分为定期报告和临时报告，其中定期报告又包括年度报告、半年报告和季度报告。

1. 定期报告

定期报告是上市公司在法定期限内制作并应该进行公告的公司文件，其中，年度报告与中期报告统一适用于公司股票和债券上市交易，而季度报告仅适用于股票上市公司。《证券法》规定，上市公司董事、高级管理人员应当对公司定期报告签署书面确认意见。上市公司监事会应当对董事会编制的公司定期报告进行审核并提出书面审核意见。上市公司董事、监事、高级管理人员应当保证上市公司所披露的信息的真实、准确、完整。

(1) 年度报告。年度报告是上市公司和公司债券上市交易的公司在每一会计年度结束之日起一定期限内，向国务院证券监督管理机构和证券交易所报送并公告的定期披露文件。根据《证券法》及相关规定，股票和债券上市公司应当在每一会计年度结束之日起4个月内，向国务院证券监督管理机构和证券交易所报送记载以下内容的年度报告，并予公告：①公司概况；②公司财务会计报告和经营情况；③董事、监事、高级管理人员简介及其持股情况；④已发行的股票、公司债券情况，包括持有公司股份最多的前10名股东的名单和持股数额；⑤公司的实际控制人；⑥国务院证券监督管理机构规定的其他事项。根据中国证监会的《公开发行证券的公司信息披露内容与格式准则第2号——年度报告的内容与格式》，凡对投资者投资决策有重大影响的信息，不论该准则是否明确规定，公司均应披露，经过证券交易所批准后，公司可根据实际情况在不影响披露内容完整性的前提下做出适当修改。由于商业秘密等特殊原因导致该准则规定的某些信息确实不便披露的，公司可向证券交易所申请豁免，经证券交易所批准后，可以不予披露。

公司应当在每个会计年度结束之日起4个月内将年度报告刊登在中国证监会指定的网站上，将年度报告摘要刊登在至少一种中国证监会指定的报纸上。公司应当在年度报告公布后，将年度报告原件或有法律效力的复印件备置于公司办公地点、证券交易所,以供股东和投资者查阅。公司应在年度报告公布后,在会计年度结束起 4 个月内,将年度报告各两份分别报送公司所在地的证券监管派出机构和证券交易所,在会计年度结束之日起 6 个月内,将年度报告印刷文本两份报送中国证监会。

(2) 中期报告。中期报告是指上市公司和公司债券上市交易的公司,应当在每一会计年度的上半年结束之日起 2 个月内,向国务院证券监督管理机构和证券交易所报送并予公告的信息披露文件。《证券法》规定,上市公司和公司债券上市交易的公司,应当在每一会计年度的上半年结束之日起 2 个月内,向国务院证券监督管理机构和证券交易所报送记载以下内容的中期报告,并予公告:① 公司财务会计报告和经营情况;② 涉及公司的重大诉讼事项;③ 已发行的股票、公司债券变动情况;④ 提交股东大会审议的重要事项;⑤ 国务院证券监督管理机构规定的其他事项。根据中国证监会公布的《公开发行证券的公司信息披露内容与格式准则第 3 号——半年度报告的内容与格式》,公司应当在每个会计年度上半年结束之日起 2 个月内编制半年度报告,并在该期限内将报告全文发布在中国证监会指定的互联网网站,将半年度报告摘要刊登于至少一种中国证监会指定的报纸上。同时,公司应当在半年度报告披露后,在上半年度结束之日起 2 个月内,将半年度报告各两份分别报送中国证监会、公司所在地的证券监管派出机构和证券交易所。

(3) 季度报告。季度报告是指在每个会计年度的前 3 个月、前 9 个月结束后,由上市公司依法制作并提交的,反映公司季度基本经营状况、财务状况等重大信息的文件。季度报告也属于中期报告的一种形式。

2. 临时报告

临时报告,又称重大事件临时报告,是指上市公司就发生的可能对上市公司证券交易产生较大影响的事件,为说明事件的实质而出具的临时性信息披露文件。《证券法》规定,发生可能对上市公司股票或债券交易价格产生较大影响的重大事件,投资者尚未得知时,上市公司应当立即将有关该重大事件的情况向国务院证券监督管理机构和证券交易所报送临时报告,并予公告,说明该等事件的起因、目前的状态和可能产生的法律后果。

具体可视为重大事件的情况包括:① 公司的经营方针和经营范围的重大变化;② 公司的重大投资行为,公司在 1 年内购买、出售重大资产超过公司资产总额 30%,或者公司营业用主要资产的抵押、质押、出售或者报废一次超过该资产的 30%;③ 公司订立重要合同、提供重大担保或者从事关联交易,可能对公司的资产、负债、权益和经营成果产生重要影响;④ 公司发生重大债务和未能清偿到期重大债务的违约情况;⑤ 公司发生重大亏损或者重大损失;⑥ 公司生产经营的外部条件发生的重大变化;⑦ 公司的董事、1/3 以上监事或者经理发生变动,董事长或者经理无法履行职责;⑧ 持有公司 5%以上股份的股东或者实际控制人持有股份或者控制公司的情况发生较大变化,公司的实际控制人及其控制的其他企业从事与公司相同或者相似业务的情况发生较大变化;⑨ 公司分配股利、增资的计划,公司股权结构的重要变化,公司减资、合并、分立、解散及申请破产的决定,或者依法进入破产程序、被责令关闭;⑩ 涉及公司的重大诉讼、仲裁,股东大会、董事会决议被依法撤销或者宣告无效;⑪ 公司涉嫌犯罪被依法立案调查,公司的控股股东、实际控制人、董事、监事、高级管理人员涉嫌犯罪被依法采取强制措施;⑫中国证监会规定的其他事项。公司在重大事件报告书编制完成后,应当立即报送中国证监会备案,并将临时报告书等置于公司所在地、挂牌交易的证券交易场所、有关证券经营机构及其网点,供公众查阅。

延伸阅读

日本有价证券申报书和招股说明书

日本《金融商品交易法》规定,公司发行股票时必须向财政大臣提交有价证券申报书。有价证券申报书的记载事项,在《关于披露的企业内容等相关的政府令》中进行了详细的规定。有价证券申报书必须记载的事项有:① 发行证券的种类、发行数量、发行价格、发行方法以及募集条件等;② 发行者的基本信息,如公司沿革、营业范围、关联公司状况、生产业绩、财务状态、库存股份状况、重要合同、研究活动等,以及其他与市场经营、市场销售、财务状况有关的信息。

有价证券申报书必须通过 EDINET(Electronic Disclosure for Investor NETwork)的网站进行提交。该网站是由日本金融厅运行的网站,对于法定披露的信息均通过这一网站进行。有价证券申报书在日本财务省、发行者公司、主要分公司、金融商品交易所、授权的金融商品交易业协会进行公开。投资者除了到上述交易地点查阅外,还可以在 EDINET 网站进行线上查阅。公司未提交有价证券申报书而进行劝诱的,将会受到法律惩罚。

公司发行股票,向投资者劝诱时必须根据《金融商品交易法》的规定,在提交有价证券申报书的同时,制作招股说明书。该说明书必须包含有价证券发行者以及发行价格等情况,一般包括发行者名称、事业内容、资本构成、财务报告、募集资金用途,以及发行总额、发行价格、股票红利和支付时间等。招股说明书直接交给投资者,编制招股说明书的目的是为投资者投资提供相应信息。

[资料来源] 朱大明、陈宇:《日本金融商品交易法要论》,法律出版社,2017,第 99—102 页。

问题与思考

1. 证券发行注册制和审核制存在哪些差异?上海证券交易所科创板股票发行的条件和程序是什么?

2. 中国股票发行注册制模式下的股票上市有什么特征?请你谈谈这一制度模式的优缺点。

3. 简述中国证券交易所股票交易的基本规则,请你谈谈对"价格优先,时间优先"含义的理解。

4. 什么是上市公司收购?上市公司收购与普通的证券交易有什么样的差异?

5. 中国证券信息披露的基本规则有哪些?请你谈谈对信息披露真实性、合法性、完整性、及时性和公平性要求的理解。

第三章　期货上市与交易行为法律制度

> **本章纲要**
> - ◆ 期货合约条款
> - ◆ 期货合约上市
> - ◆ 期货交易流程
> - ◆ 逐日盯市制度
> - ◆ 保证金交易制度
> - ◆ 涨跌停板制度
> - ◆ 持仓限额制度
> - ◆ 强行平仓制度

第一节　期货产品设计与上市法律制度

一、期货产品上市的概念和特征

（一）期货产品上市的概念

期货产品即期货合约,在期货交易市场中表现为代表一定量商品或金融资产的标准化合同,也可称为标准化协议。期货产品上市是指有权机构根据法律规定制定并推出可供交易的标准化合约的行为。各国负责期货产品设计和上市的机构普遍为各类期货交易所。中国《期货交易管理条例》将期货合约定义为期货交易场所统一制定的、规定在将来某一特定时间和地点交割一定数量标的物的标准化合约。由此可见,《期货交易管理条例》将期货产品的设计和上市交由期货交易所负责。中国目前的期货产品包括商品期货产品、金融期货产品,以及期权产品。其中,期权产品或期权合约即期货交易场所统一制定的,规定期权买方向卖方支付一定数额的权利金后,就拥有在一定时间内以一定的价格出售或购买一定数量实物商品、证券或期货合约权利的标准化合约。

（二）期货产品上市的特征

期货市场交易的是一种标准化合约,所以期货产品上市也是可供交易的标准化合约的设计和推出,期货产品上市具有以下六个特征。

（1）期货产品上市的是一种合同。期货产品是一种标准化的合同,在期货市场中习惯称之为合约。期货产品并非实实在在的商品,而是代表某种商品或金融资产的标准化合同,但这种合同届时能够换取约定数量、标准的实物产品或金钱。

（2）期货产品的推出机构为期货交易所。期货产品是由期货交易所设计并推出的一种供投资者买卖牟利的合同。期货交易所推出某种期货产品并不是为了自己牟利或筹集资金,而是为期货交易者提供一种可反复交易的书面凭证。

(3) 期货产品上市的目的不是筹资。期货产品的设计和上市并不是为了筹集资金,而是通过其产品推出为各类投资者提供一种套期保值或者牟利的手段,并通过此等期货产品买卖实现价格发现和稳定市场的目的。

(4) 期货产品均设计了到期交割的期限。期货产品是一种标准化的合同,因而有履行合同的期限,即在取得某一标准化合同后,投资者必须在到期前进行对冲或实际履行。期货产品的期限一般都很短,大多数在1年之内,到期则必须进行实物交割和价格结算。

(5) 期货产品中的标的物可以是实物也可以是非实物类资产。期货产品所代表的可以是实物商品,如大豆、黄油、钢铁等,也可以是某种金融产品,如证券、利率、外汇或其他金融产品等,还可以是其他虚拟产品,但期货产品创造之初的标的物是实物商品。

(6) 期货产品上市地点为期货交易所。期货产品的设计上市由期货交易所进行,上市的地点也在自己的期货交易所,均为保证金交易,并采取对冲的方式结清,只有极少部分在合约到期时进行实物交割。

二、期货产品上市的条件和程序

(一) 期货产品上市的基本条件

现代商品市场的商品种类繁多,但是并不是每一种商品都能使其成为期货产品。要将一种商品发展成为期货产品必须符合一定的条件,而有些商品即便在期货交易所等各方面的努力下成为期货产品,但由于缺乏市场条件,也可能会退出市场。

1. 国外期货市场产品上市的条件

国外对于期货市场产品上市并无严格的规定。以美国立法为例,从1922年《谷物期货法》到2000年《商品期货交易现代化法》,对期货产品的上市并没有进行任何限制,法律也没有授权期货交易委员会对期货产品的上市设置严格的标准和进行监管。根据美国法律规定,期货产品上市的标准由期货交易所根据市场的需要分别予以规定。期货交易委员会的基本任务是防止市场垄断和欺诈,而不是对某一特定期货产品的生产方式和特定价值进行判断。换言之,任何期货交易所都能根据市场需求设计并上市符合自己交易所交易特征,而且为投资者所喜爱的期货产品,但其前提是该上市品种不会造成市场垄断,不会违反市场公平竞争原则,而且该品种符合法律和期货交易委员会的基本规则。

美国期货市场是全球较为规范和成熟的期货市场,既有历史悠久的商品期货,也有后来居上的金融衍生产品和其他新类型期货。推动这一趋势发展的原动力是市场的需求和各交易所之间的竞争,以及互联网和金融新科技在期货领域中的运用。为了适应金融创新和科技创新的需要,提高新期货品种上市效率,美国《期货交易法》根据交易所的不同和交易品种风险大小分别采用注册和核准两种期货上市机制。但是,无论是注册制还是核准制,其基本上市条件如下:一是经济目的要求,即期货交易所必须证明新期货合约上市目的是实现价格发现和企业套期保值,或其中之一;二是期货合约适当性要求,即期货交易所设计某一期货合约并上市,是因为该种期货合约所代表的现货产品符合期货交易的自然秉性;三是公众利益安全要求,即期货交易所推出新的期货合约不会损害社会公众的利益,即不会因这一类期货产品上市交易而引起现货和期货市场的不稳定,或存在其他损害社会公众利益的情况。期货交易委员会对于期货上市申请必须在法律规定的时间内予以答复,否则视为默认。

2. 中国期货产品设计和上市条件

目前,中国规范期货上市的法律法规主要有《民法典》《期货交易管理条例》和四大期货交易所关于期货上市的规章制度。作为期货市场基本法律的《期货法》还在制定过程中,目前也无专门规范期货产品设计和上市的法律。综合来看,中国开发一个期货产品必须符合以下三个基本条件。

(1) 期货合约所代表的商品价格不受管制,完全由市场供求决定。期货市场的基本功能就是价格发现、套期保值,如果现货市场的价格不能充分市场化,价格的真实性就很难实现,期货市场的价格也就不能反映现货市场的真实价格变动。所以,一种实物商品或非实物商品能否被设计成期货产品的衡量标准之一,就是其价格必须市场化,而非国家定价,而且要求必须有幅度较大的价格波动,否则也就没有套期保值的必要,也无设计成为期货产品的可能。

(2) 期货合约所代表的标的物必须为种类物,其质量、规格、等级容易划分,并且易储存。标的物的品质、等级、规格要求能够明确划分,主要是为了使得期货合约标准化,便于交易和提高流通性,而能够较长期地储存,届时能够履行期货合约的实物交割,防止违约。就商品期货而言,商品应限定在大宗货物方面,即种类物。特定物和那些规格复杂、产销区域狭小的品种不能作为期货产品上市交易。由于期货合约的交割期少则几个月,多则1年甚至更长的时间,所以必须是容易保存的商品才能发展为期货产品。

(3) 期货合约所代表的标的物有诸多生产者和需求者,参与这种期货投资的人数众多。实物产品必须是广大社会成员的生活、生产所必需的产品,即生产者人数众多,也为广大社会民众所需求,如果是非物质产品则应有众多的投资者。期货产品的买卖是在特定的市场中通过公开、公平、公正的竞争来实现公正的价格;只有参与者众多,该期货品种才具有较好的流动性,期货交易才能真正实现价格发现功能,买卖双方任何一方人数稀少都无法形成市场人气,导致交易受阻。

(二) 期货产品上市的基本程序

1. 国外期货产品上市流程

美国期货交易委员会的规章规定,期货交易所申请新的期货产品上市时,应提交下列材料:① 拟上市的期货合约范本,合约范本包含各种具体的条款规定;② 拟上市期货产品的可行性论证材料,包括所依据的现货市场说明,期货交易所准备的材料,已经存在的行业群体、学术团体、政府组织和其他实体机构的研究、咨询报告和其他有关材料;③ 拟上市期货产品上市不会引起价格垄断或扭曲,以及能够保障供货合理、完成交割的各种论证材料;④ 拟上市期货产品能够满足美国《期货交易法》规定的公众利益标准和实现经济政策目的,以及符合法律规定的其他条件的证明材料;⑤ 证实现金结算的期货产品基于现货市场的价格浮动,不易被垄断或扭曲,以及基于可靠、可接受、可公开的价格的相关材料。

日本现行《商品交易所法》规定,只要上市的期货品种对社会经济无害即可进行交易,并可由交易所自由决定是否上市,在试运行3~5年后,再报送主管大臣批准正式上市。欧洲自从20世纪90年代进行金融市场改革以来,为了适应市场的需求,提高期货市场的竞争力,在实行对期货交易所公司化改革的同时,给予了期货交易所产品创新的巨大自主权。期货交易所可以自主开发新产品,无须经过政府审批,新品种上市完全按照市场机制运作,由交易所自己决定。只要期货交易所认为某种期货具有市场前景就可以开发上市,由市场做出选择,如果交易不活跃,则可摘牌,一切后果由交易所承担。由此可看出,国外期货产品上市既有注册制也有审核制,但对期货产品上市的监管均建立在市场机制之上,而不是强调政府对期货市场的行政干预。推出期货新产品是期货交易所的基本权利,交易所只要经过充分论证后报期货监管部门注册或核准即可,虽然法律或监管机构对期货产品上市设置了若干条件及标准,但一般设立的都是一些消极性的条件。即使是实行核准制的国家,核准是期货新产品上市的一般情况,不核准是例外;当然,新产品上市后失败的后果和责任也由期货交易所承担。

2. 中国期货产品设计和上市流程

我国现行《期货交易管理条例》规定,期货交易所负责设计期货合约,安排期货合约上市,国务院期货监督管理机构即中国证监会对期货上市进行监督管理。由此可推断,中国期货产品上市采取的是审批制。目前,没有明确的法律规定期货合约设计和上市的基本程序,只能从中国证监会要求期货新品种上市应提供的材料以及审批程序进行推断。如果期货交易所拟上市某一期货新品种,实践中普遍要经过以下流程:首先,由期货交易所研究论证后,向负责期货监管的中国证监会提交申请;其次,由中国证监会报国务院审批,国务院在审批过程中向国家相关部委、现货管理部门以及有关省区市征询意见;再次,国务院在综合各方面的反馈意见后,再作出同意或不同意的批示;最后,期货交易所在国务院批示同意上市的情况下,根据中国证监会的上市审核批文安排上市。此外,期货交易所对期货品种资源选择、期货品种上市地点和时间的选择基本上由中国证监会协调。

三、期货产品设计基本要求和规则

（一）期货产品设计基本法律规定

期货产品包括农业、橡胶、金属、能源、金融等多个领域中的产品。尽管各类期货产品的标的资产不尽相同,同一品种期货合约在不同国家、不同交易所中具体细节也不尽相同,但期货合约设计也有很强的一致性。合约的主要条款包括商品特性、质量等级、最小变动价位、交割日期和地点、交割工具和运输条件、检验和发证程序、合约大小和交易单位等。

美国《期货交易法》对期货产品界定和交易的规定如下:① 该交易是依据交易委

员会指定为该商品的合约市场或衍生品交易执行机构的商会规则而为的;② 该合约是可以由该合约市场的委员会执行或完成的;③ 该合约能被记载日期、合约当事人及当事人地址、财产负担和价格、交割条件等的书面记录所证实。每个合约市场或衍生交易执行机构的会员能将这些记录保存3年或委员会规定的更长的时间,以随时接受委员会或司法部代表的检查。按照这一法律规定,纽约商业交易所和纽约商品期货交易所对各自上市的期货合约和期权合约进行了以下四个方面的具体规定。

(1) 商品期货合约的规定。纽约商品期货交易所就商品期货的内容在多方面作出了要求,如合约形式、合约大小、价格波动范围、商品等级、最后交易日、最后测试和重量、收货人及交割人的义务、交割月份、合约约束、争议仲裁、不可抗力、交易所规则、交易报告。对部分合约,交易所规则还增加了价格限制、首日和最后日通知、交割通知、交割发票和单证、交割错误、交割地点、计算时间等。

(2) 期权合约的规定。纽约商品期货交易所就期权产品的内容在多方面进行了规定,如交易形式、交易日、最后交易日、价格保证金、期权出卖人义务、期权买受人义务、期权到期及执行、自动执行水准等。

(3) 指数期货合约的规定。纽约商品期货交易所对指数期货如 NYBOT、FinEx、EURO 的内容就多个方面作了规定,如指数说明、交易单位、交易日、价格基础、最后交易日、结算程序、交割程序、交割银行、不可抗力等。

(4) 指数期权合约的规定。纽约商品期货交易所就指数期权产品的内容在多方面进行了规定,如交易单位、交易日、价格基础、敲定价格、最后交易日、期权买受人义务、期权出卖人义务、结算效力、执行、期满、签署等。

(二) 中国期货产品设计的普遍规则

中国《期货交易管理条例》规定的期货产品(合约)基本内容包括:① 期货产品名称,如"郑州商品交易所白糖期货合约";② 交易单位,即期货交易所规定的每手期货合约代表的商品数量,如郑州商品交易所的白糖期货合约,一手为10吨;③ 报价单位,即竞价过程中对合约报价所使用的单位,即每计量单位的货币价格,如国内阴极铜、白糖、大豆等期货合约报价单位为人民币元/吨;④ 最小变动价位,即该期货合约单位价格涨跌变动的最小值,如郑州商品交易所的白糖期货合约的最小变动价为10元(1元/吨×10吨),每次报价必须是最小变动单位的整数倍;⑤ 期货合约交割月份,即该合约规定进行实物交割的月份;⑥ 最后交易日,即某一期货合约在合约交割月份中进行交易的最后一个交易日;⑦ 交割等级,即由期货交易所统一规定的、期货合约所载明的标的物的等级质量,分为基准品和替代品,发生实际交割时按期货合约规定的标准质量等级进行交割;⑧ 交割地点,即由期货交易所统一规定的,进行实物交割的仓库;⑨ 交易手续费,即期货交易所规定的按一定交易比例收取手续费用,也可称为交易佣金;⑩ 交割方式,即期货交易合约采取的是实物交割还是现金交割,商品期货一般为实物交割,金融期货多为现金交割;⑪ 交易代码,为便于交易,每一种期货产品均会设定交易代码,如郑州商品交易所的小麦合约的交易代码为WT,白糖合约的交易代码为WS。如表3-3-1所示为大连商品交易所乙二醇期货合约样本。

表 3-3-1　大连商品交易所乙二醇期货合约样本

交易品种	乙二醇
交易单位	10 吨/手
报价单位	元/吨
最小变动价位	1 元/吨
涨跌停板幅度	上一交易日结算价的 4%
合约月份	1月、2月、3月、4月、5月、6月、7月、8月、9月、10月、11月、12月
交易时间	每周一至周五上午 9:00—11:30，下午 13:30—15:00，以及交易所规定的其他时间
最后交易日	合约月份倒数第 4 个交易日
最后交割日	最后交易日后第 3 个交易日
交割等级	大连商品交易所乙二醇交割质量标准(F/DCE EG001-2018)
交割地点	大连商品交易所乙二醇指定交割仓库
最低交易保证金	合约价值的 5%
交割方式	实物交割
交易代码	EG
上市交易所	大连商品交易所

延伸阅读

纽约期货交易所主要制度规则

纽约期货交易所成立于 1998 年，是由纽约棉花交易所（New York Cotton Exchange）和咖啡、糖、可可交易所（Coffee, Sugar and Cocoa Exchange）合并所形成的。纽约期货交易所实行会员制，成立之初的会员也都是原来两家交易所的会员，其中，棉花会员 450 家，咖啡、糖、可可会员 500 家。目前，纽约期货交易所是世界上唯一一家交易棉花期货和期权的交易所。纽约期货交易所当初的 450 家棉花会员分别来自五种公司：自营商、经纪商、棉商、棉纺厂和棉花合作社。参与棉花期货交易的涉棉企业很多，套期保值的比例较高，一般在 35%～40%。由于其市场规模较大，从长期来看，很难有任何一个或几个交易者能够操纵市场。

纽约期货交易所的期货交易分为纽约商业交易所（New York Mercantile Exchange，NYMEX）及纽约商品交易所（Commodity Exchange，COMEX）两大分部。其中，NYMEX 部分负责能源、铂金及钯金交易，通过公开竞价来进行交易的期货和期权合约有原油、汽油、燃油、天然气、电力，有煤、丙烷、钯的期货合约，以及欧洲布伦特原油和汽油，还有 e-miNY 能源期货、部分轻质低硫原油和天然气期货合约等。

COMEX部分则负责金、银、铜、铝的期货和期权合约交易。其中,黄金期货交易市场为全球最大,主导了全球金价的走向,买卖以对冲为主,黄金实物交收占很小的比例。参与COMEX黄金买卖以大型的对冲基金及机构投资者为主;庞大的交易量吸引了众多投机者加入,整个黄金期货交易市场有很高的市场流动性。COMEX的黄金买卖早期只有公开喊价,后来虽然引进了电子交易系统,但COMEX并没有取消公开喊价,而是把两种模式混合使用。以棉花交易为例,纽约期货交易所的基本交易制度包括以下四个方面。

(1) 客户保证金交易制度。纽约期货交易所棉花期货合约实行保证金制度,最低保证金额依账户的性质而有所区别。属于投机的账户,其初始保证金为每张合约1 000美元,维持保证金为750美元/张;属于套期保值的,每张合约的初始保证金为500美元,维持保证金为500美元/张。区分账户是投机还是套保,主要是根据客户的性质。如果一个牙科医生做棉花期货,那他肯定属于投机。保证金一般不会改变,但如果行情波动较大,考虑到每个客户的信用情况,商品期货交易委员会(CFTC)会对某些客户提高保证金,如果你不能拿出更多的资金来保证你的头寸,则会被交易所强制平仓。在进入交割月时,有些交易所或有些合约会从第一通知日开始增加保证金,但纽约期货交易所没有这样做,其保证金与非交割月相同。

(2) 价格波动幅度限制制度。纽约期货交易所棉花期货实行每日价格波动幅度限制制度。交割月和一般月份分别执行不同的价幅限制,在一般月份又以110美分/磅为界分别做了规定:低于110美分/磅时,价幅限制为不超过上一交易日结算价3美分/磅;当有一个或几个合约结算价等于或高于110美分/磅时,所有合约的价幅限制均改为4美分/磅;所有合约均低于110美分/磅时,价幅恢复原来的3美分/磅。在第一通知日以后,交割月合约不再有价幅限制。

(3) 客户交易限仓制度。纽约期货交易所棉花期货实行限仓制度,所有限仓都是针对客户来定的,不包括套期保值头寸。交割月、非交割月和所有月份持仓的限制数量如下:交割月持仓不得超过300张,非交割月持仓不得超过2 500张,所有月份合计持仓不得超过3 500张。一般来说,非交割月份,交易所和CFTC对这一制度执行得并不很严,也就是说,即使超过2 500张,但只要信用没有问题,它们也不会强制减仓。到了交割月,如果还拥有大量的持仓,CFTC就会要求做出解释,如果你有确凿的证据证明你是在做套期保值,它们不会再管;如果没有充分的证据,你却拥有大量持仓,就会受到严厉的处罚。

(4) 信息披露制度。纽约期货交易所定期公布有关棉花期货交易、交割的情况,这些信息分每日、每周和每月定期发布。公布的信息主要有:① 交易结束后公布的交易情况,包括合约月份、开盘价、最高价、最低价、收盘价、结算价、走势、成交量、空盘量等;② 仓单数量及变化情况、现货市场价格,以及品级、长度、叶屑级之间的升贴水情况等。每周公布的信息有:① 本周交易情况综述、各交割仓库仓单量、按品级和长度划分的仓单量;② 套期保值和投机比例等。每月公布的信息有:① 达到4个月以及超过4个月的仓单量及在各交割仓库的分布;② 棉花长势及收获情况等。

第二节 期货交易行为法律制度

一、期货交易的概念和特征

（一）期货交易的概念

期货交易根据通说，是指交易双方在依法设立的交易场所进行期货合约及其选择权合约买卖。另一种解释是，期货交易是期货交易者依法在期货交易场所通过订立标准化期货合约的方式，买卖实物期货商品、金融期货商品或期货选择权的行为。但在立法中和理论论述中，较多采取期货交易说，即期货交易者通过买卖标准化合约的方式，拥有标准化合约中所规定的在未来某一时间和地点，以某一特定价格买卖合约中指定品种和数量商品的权利。

期货交易的基本原理如下：投资者在期货市场中买卖的都是代表一定量实物商品、金融商品或某种商品选择权的标准化合约（也可称为合同、协议或契约）。在期货交易中，如果投资者需要在未来某一时间买进某种商品，则买进代表这种商品的合约；反之，则卖出代表这种商品的合约。期货交易双方不必在买卖发生时就交收实物，而是约定以某一价格，在未来某一时间和某一地点交收期货合约中约定的货物。但是在期货交易实践中，真正进行实物交收的大约占合约买卖总量的5%，更多的是通过相反的买卖进行对冲了结。期货市场交易的期货合约都以张（手）为单位，即买卖几张期货合约，每张期货合约上都会标明期货标的物的数量、质量等级、替代品的升贴水、交割地点、交割月份及最后交易日等标准化条款。具体价格则在期货交易所以公开竞价方式产生，期货投资者在交易所购买或售出几张合约，就表明投资者可以在未来按照竞价时确定的价格购买或出售每张期货合约上所载明的确定数量和品质的商品。

（二）期货交易的特征

各国期货交易所上市交易的品种、模式和规则都有所差异，即使同一交易所在不同的时候交易的产品、具体规则也会有所不同，如推出新的期货产品、下架交易不活跃的期货产品，但总体上存在以下六个方面的共同特征。

（1）交易的标的物不是商品实物，而是代表某种商品的标准化期货合约。期货合约是交易的对象，实物商品仅构成期货合约的基础，期货合约相对于构成其基础的实物商品来说是"衍生品"。买进期货合约就是取得一种债权，即到时要求履行交付物品的权利；反之，卖出期货合约，则是要承担一种债务，即到时负有交付约定物品的义务。

（2）期货交易必须在依法设立的专门场所即期货交易所进行。虽然各国对进行期货交易的场所称谓并不完全相同，组织形式也有较大的差异，但一般还是以"期货交易所""商品交易所"或"金融交易所"命名。期货交易只能在专门的期货交易所里进行，而不能在场外交易，其目的是保护期货投资者利益，减少期货市场风险，维护期货市场秩序。如中国《期货交易管理条例》规定，期货交易应当在依法设立的期货交易所或国务院期货监督管理机构批准的其他交易场所进行,禁止在国务院期货监督管理机构批准的期货交易场所之外进行期货交易,禁止变相期货交易。

(3) 期货合约的设计和上市依据专门的法律和程序进行。期货交易是一个保值与投机并存的市场,因其风险较大,涉及广大期货投资者的切身利益,并对社会经济稳定影响极大,所以各国对期货产品的设计、上市、退市都进行了立法规定。无论是采用审批制,还是审核或注册制的国家,期货合约条款只能由期货交易所设计是其共同的特点,这也与一般的民事合同有着显著差别。

(4) 期货合约所约定的商品必须符合诸多特质性要求。期货合约所依托的基础性商品有较多的限制,并非所有商品都能作为期货合约的标的物。根据世界各大期货交易所上市的品种来看,能够成为期货产品上市的商品必须价格不受管制,完全由市场供求决定,标的物必须为种类物,其质量、规格、等级容易划分,并且符合易储存、需求量较大等特点。

(5) 期货交易是众多市场参与者的有组织程序化交易。期货交易的市场参与者有期货交易所、期货结算机构、交易会员(多为期货经营机构),以及期货投资者,包括机构投资者和个人投资者等。期货投资者一般通过交易所会员才能进行期货买卖,但也有符合条件的投资者直接进场参与期货交易,整个期货交易就是这些市场参与者的互动行为过程,而且期货交易是在期货交易所组织下的程序化、规范化交易。

(6) 期货交易是一种杠杆化和对冲性交易。期货交易实行的是保证金制度,投资者在进行期货交易之前,必须按要求交纳一定比例的保证金,一般为成交合约价值的 5%~20% 不等。期货交易无须在合约买卖中全额支付价款,而仅支付少量资金。期货交易采取的是双向交易和对冲机制,即在期货交易过程中,无论买方还是卖方,大多数交易者并不是在合约到期时通过交割实物来履行合约,而是通过相反操作来解除履行合约的义务。即,期货合约的买方通过出卖相同数量的同类期货合约,卖方则通过买进同类的期货合约进行抵销,结算的仅是差价部分。只有确需购买或出卖实物者,才需要在交割实物时全额交付现金以领取实物,或交付实物而领取现金。

(三) 期货产品的主要类别

世界各大期货交易所开发出了诸多期货产品,这些期货产品主要可分为三大类:商品期货、金融期货和衍生品期货。

1. 商品期货

商品期货是以实物商品为标的物的期货合约,是期货市场中的基础性期货产品,主要包括农副产品、金属产品、能源产品和化工产品等。其中:农副产品主要有大豆、玉米、小麦、马铃薯、稻谷、花生油、大麦、黑麦、燕麦、大豆油、大豆粉、可可、咖啡、棉花、羊毛、糖、橙汁、菜籽油、活猪、活牛、牛油、猪油等;金属产品主要有金、银、铜、铝、铅、锌、镍、钯、铂等;能源产品主要有原油、燃料油、汽油丙烷和天然气等;化工产品主要有天然橡胶等。具体到各国,商品期货有很大的差异,以美国为首的期货大国将上述商品演绎出许许多多商品期货合约。此外,各国根据自身产品特点开发出一些其他商品期货,如美国期货市场的火鸡期货,日本期货市场的干茧、茧丝、生丝期货,菲律宾期货市场的椰干期货等。

2. 金融期货

金融期货是指以金融商品为标的物的期货合约,发源于 20 世纪 70 年代的美国。金融期货合约标的物不是实物商品,而是传统的金融商品,如证券、货币、汇率和利率,以及在这些商品基础上组合而成的衍生产品。与金融相关的期货合约种类繁多,但基本可分为三大类:利率期货、货币期货和股票指数期货。

(1) 利率期货是指协议双方同意在约定的将来某个日期按约定的条件买卖一定数量的某种信用工具的可转让协议,由于这些信用工具的价格跟利率水平的高低紧密联系,因而被称为利率期货。美国的利率期货主要包括以长期国债为标的物的长期利率期货和以 3 个月短期存款利率为标的物的短期利率期货。

(2) 货币期货是指以汇率为标的物的期货合约,即货币期货投资者之间达成协议,要求在将来的某一个固定日期,按约定的汇率买进或卖出某种货币。货币期货是一种世界性的期货交易品种,目前国际上交易的货币期货涉及的币种主要有美元、英镑、日元、欧元、人民币、瑞士法郎、加拿大元、澳大利亚元等。

(3) 股指期货是指以股票价格指数为依据的期货,其买卖的标的物是股票价格指数,即买卖双方根据事先的约定,同意在未来某一个特定的时间按照双方事先约定的价格进行股票指数交易的一种标准化协议。由于股票指数交易具有价格发现功能和套期保值功能,股指期货交易已经成为发达国家期货市场中最活跃的金融期货交易品种。

3. 衍生品期货

除上述各种期货品种之外,西方期货市场发达国家也不断开发新的期货产品,如以天气指数、碳排放指数、物价指数等为标的物的期货合约。

二、期货交易基本流程和交易机制

(一) 期货交易的基本流程

期货交易的基本流程是指期货交易者参与期货交易的一般过程和交易的基本程序。

1. 期货投资者开户

期货投资者在期货经营机构办理开户手续,包括签署授权期货经营机构代理期货买卖的合同、开立资金账户、取得交易编码等。《期货交易管理条例》对不能进行期货投资的机构和人员进行了规定,具体包括:① 国家机关和事业单位工作人员;② 国务院期货监督管理机构、期货交易所、期货保证金安全存管监控机构和期货业协会的工作人员;③ 证券、期货市场禁止进入者;④ 未能提供开户证明材料的单位和个人;⑤ 国务院期货监督管理机构规定不得从事期货交易的其他单位和个人。

目前,中国金融期货交易所对欲进入该所交易的投资者的专业知识、资产规模以及风险承受能力设定了标准,也即设置了适当性要求。中国证监会 2013 年修改后的《关于建立股指期货投资者适当性制度的规定(试行)》,以及中国金融期货交易所 2017 年修订的《金融期货投资者适当性制度实施办法》和《金融期货投资者适当性制度操作指引》对投资金融期货产品的资格(如资金标准、知识水平和金融交易记录等)进行了具体的规定。

2. 期货交易的日期和时间

期货交易所的交易日为周一至周五,但具体交易日的开市和收市的时间因所交易的产品而有所不同。以上海期货交易所为例,各上市品种的交易时间(北京时间)如下:上午第一节为 9:00—10:15,第二节为 10:30—11:30;下午为 13:30—15:00,夜间为 21:00—2:30。21:00 至次日凌晨 2:30 为连续交易时段。此时段与上海黄金交易所夜盘时间基本一致,并覆盖了芝加哥商业交易所集团(CME Group)旗下成交量最大的黄金电子盘的活跃交易时段(北京时间 21:00—2:00),以及伦敦金银市场协会每日第二次现货定盘价时间(北京时间 23:00)。

3. 期货交易的委托授权

期货投资者在进行每一笔期货交易时必须进行专门的授权,授权可采取书面、电话模式,但现在多通过互联网、移动互联网进行。期货交易指令主要有市价指令、限价指令,其中,市价指令为国内外期货交易所普遍使用。市价指令是指不限定价格,按照当时市场上的可执行价格进行报价执行,市价指令只能与限价指令撮合成交。限价指令是指限定买卖的最高价和最低价,交易必须在限定的价格范围内进行,限价指令当天有效;指令发出后,未成交之前可以撤销。

4. 期货交易结果通知

每一笔交易完成后,期货经营机构须按照法律规定将交易结果通知投资者并进行确认。

(1)交易数据的通知。投资者对交易结算报告的内容有异议的,应当在期货经纪合同约定的时间内向期货经营机构提出书面异议;投资者对交易结算报告的内容无异议的,应当按照期货经纪合同约定的方式确认。投资者既未对交易结算报告的内容确认,也未在期货经纪合同约定的时间内提出异议的,视为对交易结算报告内容的确认。

(2)清算数据的核对。当投资者要求将所持期货合约进行平仓时,要立即委托期货经营机构对所持期货合约做反向交易进行对冲,同时通过期货结算机构进行清算,并由期货结算机构将对冲后的纯利或亏损报表寄给投资者。如投资者在短期内不平仓,一般每天或每周按当天交易所结算价格结算一次。如账面出现亏损,期货结算机构应立即通知投资者补交亏损差额;反之,如有账面盈余,即由期货经营机构退回盈利差额给投资者。直到客户平仓时,再结算实际盈亏额。

类似于证券交易,现行期货交易的交易指令传送均采取互联网方式,即无论投资者自己操作还是通过期货经营机构的柜台人员传送交易命令,均通过期货经营机构的电子网络设备进行(见图 3-3-1)。

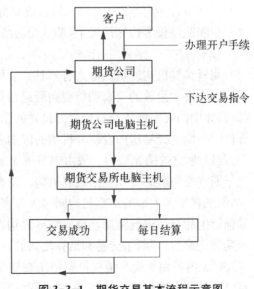

图 3-3-1 期货交易基本流程示意图

（二）期货交易成交规则

期货交易形成机制包括集合竞价交易机制、连续竞价交易机制。

1. 集合竞价机制

集合竞价机制是指对在规定时间内接受的期货买卖申报实行一次性集中撮合的成交机制。如中国金融期货交易所规定，每个交易日上午9:25—9:30为集合竞价时区，其中，9:25—9:29为指令申报时间，9:29—9:30为指令撮合时间。

集合竞价采取最大成交量原则，即以此价格能够达成最大成交量为前提（见表3-3-2）：① 高于集合竞价产生的价格的买入申报全部成交，低于集合成交产生的价格的卖出申报全部成交；② 等于集合成交产生的价格的买进或卖出申报，根据买入申报量和卖出申报量的多少，按照少的一方申报量成交。

表3-3-2 期货交易集合竞价示意表

撮合原则——集合竞价撮合原则		
集合竞价采用最大成交量原则，即以此价格成交能够得到最大成交量		
高于集合竞价产生的价格的买入申报全部成交	低于集合竞价产生的价格的卖出申报全部成交	等于集合竞价产生的买入或者卖出申报，根据买入申报量和卖出申报量的多少，按少的一方的申报量成交

2. 连续竞价机制

期货交易所计算机撮合系统将买卖申报指令以"价格优先，时间优先"的原则进行排序，当买入价大于、等于卖出价则自动撮合成交。期货交易所交易系统的撮合成交价等于买入价（bp）、卖出价（sp）和前一成交价（cp）三者中居中的一个价格。具体如下：

当 $bp \geqslant sp \geqslant cp$，则：最新成交价 $= sp$

$bp \geqslant cp \geqslant sp$，最新成交价 $= cp$

$cp \geqslant bp \geqslant sp$，最新成交价 $= bp$

在涨跌停板等特殊情况下，期货交易所对撮合成交方式另行规定。

（三）期货交易结算规则

期货结算机构的组织形式有两种：一种是独立于期货交易所的结算机构，如伦敦结算所同时为伦敦的三家期货交易所进行期货结算；另一种是期货交易所内设的结算部门，如中国四家期货交易所内部设立的结算部门（以下统称"结算机构"）。独立的结算机构与期货交易所内设结算机构的区别主要体现在以下两个方面。

（1）独立的结算机构一般由银行等金融机构以及期货交易所共同参股组建，是独立于期货交易所的专职金融结算机构。此类结算机构有些专为某一家期货交易所而设立，但现在很多大型的结算机构同时为多家期货交易所进行结算，甚至还可能为证券或其他衍生品交易进行结算。独立结算机构在履约担保、控制和承担结算风险方面独立于期货交易所，切断了交易和结算之间的风险传染。

（2）内设期货交易结算机构则是在期货交易所中设立一个职能部门，专门负责在自己交易所中进行的交易结算，交易和结算在同一家期货交易所中进行，期货交易所需要承担交易和结算所产生的双重风险。中国四家期货交易所目前均采取内设结算机构模式,即每家期货交易所内设一个职能部门负责本交易所的登记结算,期货结算机构只对会员进行结算,非会员单位和个人则需要通过会员期货经营机构结算。

期货交易结算模式一般有三种:直接结算模式、环形结算模式和完全结算模式。其中:直接结算模式是原始的交易对手间的双边直接结算,即通过买卖双方的直接交割或抵销而了结期货合同;环形结算模式是指三个或三个以上的期货交易商组成一个结算团体,该团体中的任何期货商均可向团体内的其他期货商主张抵销期货合同,以实现期货结算;完全结算模式,即由结算机构介入交易结算,充当期货买方的卖方以及卖方的买方,所有期货交易者都与结算机构发生结算关系,买卖双方并不直接发生关系。第三种结算模式是现代各期货交易所最常用的结算模式,目前中国四家期货交易所均采取这一结算模式(见图3-3-2),其基本程序如下所述。

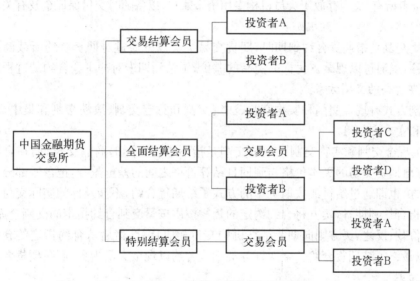

图3-3-2 期货交易结算示意图

第一阶段,期货交易所对会员机构结算。① 每一交易日结束后,各期货交易所对交易所会员机构的各类期货合约的盈亏、交易手续费、交易保证金等款项进行结算,会员机构可通过结算服务系统于每交易日规定时间内获得会员当日成交合约表、会员当日持仓表、会员当日平仓盈亏表和会员资金结算表;这些结算数据结果是会员机构核算当日各类期货合约交易以及对投资者结算的依据。② 会员机构每天应及时获取交易所提供的结算结果,做好核对工作,并将之妥善保存;会员机构如对结算结果有异议,应在第二天开市前30分钟以书面形式通知期货交易所;反之,如在规定时间内会员机构没有对结算数据提出异议,则视作会员机构已认可结算数据的准确性。③ 期货交易所在交易结算完成后,将会员机构资金的划转数据传递给有关结算银行,然后结算银行根据结算数据进行资金划转。

第二阶段,会员机构对投资者的结算。① 期货经营机构即会员机构对投资者的结算与期货交易所对会员机构的结算程序基本一样,即每一交易日交易结束后根据期货交易所的结算结果对每一投资者的盈亏、交易手续费、交易保证金等款项进行结算。② 期货经营机构在闭市后向投资者发出交易结算单。如《上海期货交易所结算细则》规定：期货公司会员对投资者存入会员专用资金账户的保证金实行分账管理，为每一投资者设立明细账户，按日序时登记核算每一投资者出入资金、盈亏、期权权利金、交易保证金、手续费等；交易所可以在不通知会员的情况下通过存管银行从会员的专用资金账户中收取各项应收款项，并可以随时查询该账户的资金余额和往来情况。③ 每日结算后，投资者保证金低于期货交易所规定的交易保证金水平时，期货经营机构按照期货经纪合同约定的方式通知投资者追加保证金，投资者不能按时追加保证金的，期货经营机构应当将该投资者部分或全部持仓强行平仓，直至保证金余额能够维持其剩余头寸。④ 各品种期货合约交易保证金的最低收取标准在期货合约中规定，不同阶段交易保证金的收取标准按期货交易所风险控制管理办法的规定执行；期货经营机构会员代理投资者交易，向投资者收取的保证金属于投资者所有，应当存放于会员机构专用资金账户，以备随时交付保证金及有关费用。

（四）期货实物交割规则

期货交割是指期货合约到期时，期货交易买卖双方通过对期货合约所载商品所有权的转移，或通过以现金支付标的商品的差价，了结到期未对冲平仓合约的过程。

1. 期货合约交割方式

交割方式有现金交割和实物交割、法定交割和意定交割、滚动交割和集中交割、双方交割和卖方交割等。

（1）现金交割和实物交割。现金交割是指不进行实际的商品交付，而在合约到期日，计算出期货交易的买卖价格与到期日结算价格之间的差价盈亏，把盈亏部分计入相应交易方，也即通过给付或收取货币的方式了结期货合约，不涉及标的实际交付。实物交割是指合约到期日，卖方将合约约定的货物按质按量交到合约指定的交割仓库，以领取货物价款；反之，买方则向期货结算机构交付相应货款，然后从合约指定的仓库提取货物，以最终了结期货合约。金融证券类期货合约以现金交割为主，商品期货合约以实物交割为主。

（2）法定交割和意定交割。法定交割是指法律或期货交易所规则明确规定的交割方式，其交割品质、交割地点、交割期限均有明确规定，当事人原则上不得以约定的方式加以变更。意定交割则是指交割当事人就交割的事项进行具体约定，对交割期限、交割品质、交割地点进行协商。

（3）滚动交割和集中交割。滚动交割是指期货合约进入交割月后，由标准仓单的卖方提出，由期货交易所组织匹配的买卖双方在规定的时间内完成交割，具体的时间为交割月第一个交易日持续到交割月最后一个交易日。集中交割是指交割配对发生在最后交易日闭市之后，属于仓库交割方式之一，买卖双方实行一次性交割，仓单与货款同时划转。

（4）双方交割和卖方交割。双方交割是指期货交易的双方均可提出交割申请的交割方式；卖方交割是指只有期货交易的卖方才有权提出交割的交割方式。

2. 中国期货交割的基本规则

目前，中国四家期货交易所涉及交割的制度规则包括交割方式的规定、交割时间的规定、交割地点的规定、交割仓库的规定、交割违约责任等。

（1）交割方式。上海、大连、郑州三家商品期货交易所规定，所有未平仓的期货合约持有者应当以实物交割方式履约。中国金融期货交易所根据金融期货的类别，可采取现金交割或者实物交割。

（2）交割时间。目前，四家期货交易所规定，所有期货合约都可以持有到最后交易日，最后交易日未平仓的合约必须履行交割。上海、大连、郑州三家期货交易所均规定，如果期货交易者申请，允许期货交易者提前进行交割，即期货转现货交割。

（3）交割地点。上海、大连、郑州三家期货交易所的交割均在中国境内指定交割仓库进行。其中，大连商品交易所对豆粕等品种允许进行厂库交割，上海期货交易所中的铜和铝可以在保税区内的交割仓库交割。

（4）交割仓库。交割仓库由期货交易所监管，原则上，交割库对所提供的产品承担保质保量的责任。

（5）违约责任。违约交割按照以下原则处理：违约方支付违约金，守约方可选择终止交割或继续交割、赔偿损失；期货交易所可对违约方警告批评、暂停开仓、没收违约所得、罚款等。

3. 中国期货交割基本程序

实物交割有集中交割和滚动交割模式，二者的交割程序差异较大。

（1）集中交割，即实物交割必须在期货合约规定的交割期内完成。以上海期货交易所为例，交割期为期货合约规定的最后交易日之后的连续五个工作日：① 买方在第一交割日内，向期货交易所提交所需商品的意向书，意向书内容包括商品品种、牌号、数量及指定交割仓库名等；期货合约卖方则须在第一交割日内将已付清仓储费用的有效标准仓单交交易所。② 期货交易所在第二交割日根据已有资源，按照"时间优先，数量取整，就近配对，统筹安排"的原则，向买方分配期货合约卖方提交的标准仓单。③ 买方必须在第三交割日 14:00 前到期货交易所交付货款并取得标准仓单，然后期货交易所在当日 16:00 前将货款付给卖方。④ 第四、五交割日，卖方交增值税专用发票。

期货标准仓单的流转程序：① 卖方将标准仓单背书后交卖方代理期货经营机构，授权代理机构办理相应的交割手续；② 卖方代理期货经营机构背书后交至交易所，交易所收到仓单后分配给买方期货经营机构；③ 买方代理期货经营机构收到仓单后背书后交买方，然后买方非经纪会员、买方投资者背书后至仓库办理有关手续；④ 仓库或其代理人盖章后，买方非经纪会员、买方投资者办理提货手续并提货或转让。如果在交割过程中，期货买方违约而由买方代理期货经营机构替代履行，则可将标准仓单转入会员机构账户，由会员机构依法处置所持有的标准仓单。

（2）滚动交割，即期货合约进入交割月后，由标准仓单的卖方投资者提出，由期货交易所组织匹配的买卖双方在规定的时间内完成交割的交割方式，但各家期货交易所实施的滚动交割具体模式又有所不同。以郑州商品交易所为例：凡持有标准仓单的卖方会员均可在进入交割月第一个交易日至交割月最后交易日的交易期间，凭标准仓单到期货交易所办理标准仓单抵押手续，以头寸形式释放相应的交易保证金；卖方会员必须到期货交易所办理撤销标准仓单抵押后，方可提出交割申请。期货交易所实行"三日交割法"。

第一天为配对日,即凡持有标准仓单的卖方代理期货经营机构均可在交割月第一个交易日至最后交易日的交易期间,通过席位提出交割申请。没有进行仓单质押的交割申请提出后,释放相应的交易保证金;卖方代理期货经营机构在当日收市前可通过席位撤销已提出的交割申请,撤销交割申请后,重新收取相应的保证金。交割月买方代理期货经营机构无权提出交割申请。期货交易所根据卖方代理期货经营机构的交割申请,于当日收市后采取计算机直接配对的方法,为卖方代理期货经营机构找出持该交割月多头合约时间最长的买方代理期货经营机构。交割关系一经确定,买卖双方不得擅自调整或变更。

第二天为通知日,买卖双方在配对日的下一交易日收市前到期货交易所签领交割通知单。

第三天为交割日,买卖双方签领交割通知的下一个交易日为交割日。买方的代理期货经营机构必须在交割日上午 9 时之前将尚欠货款划入期货交易所账户;卖方的代理期货经营机构必须在交割日上午 9 时之前将标准仓单持有凭证交到交易所。

(3) 期货交割结算价。期货合约的交割结算价通常为该合约交割配对日的结算价或该期货合约最后交易日的结算价。交割商品计价以交割结算价为基础,再加上不同等级商品质量升贴水以及异地交割仓库与基准交割仓库的升贴水。

三、期货交易的主要制度规则

(一) 期货交易的基本制度

期货交易为交易所交易,是一种集中、统一、规范化的交易,所以世界各大期货交易所均制定了标准化的交易规则,其目的就是提高交易效率、降低交易风险、维护市场稳定,并以此保护投资者利益。世界期货交易共同性规则(见图 3-3-3)主要包括以下九个方面。

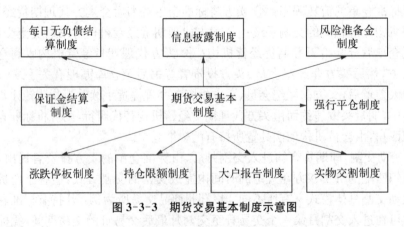

图 3-3-3　期货交易基本制度示意图

1. 保证金结算制度

保证金制度是指期货交易所规定,参与期货交易的投资者在进行交易时必须存入一定数额资金用于结算,以担保期货合约的履行。保证金包括期货投资者按规定向期货经营机构缴纳的保证金,以及期货经营机构向期货结算机构缴纳的保证金。保证金的比率根据不同的期货品种,由各家期货交易所(结算机构)进行规定,其比率通常为合约总值的5%～20%。中国证监会规定,经期货交易所批准,期货经营机构可用标准仓单或期货交易所允许的其他质押物品充当交易保证金,但亏损、费用、税金、期权权利金等均应当以货币资金结清。期货交易所向会员、期货经营机构向投资者收取的保证金,不得低于国务院期货监督管理机构、期货交易所规定的标准,并应当与自有资金分开,专户存放。期货交易所向会员收取的保证金属于会员所有,除用于会员的交易结算外,严禁挪作他用。期货经营机构向投资者收取的保证金属于投资者所有,除用于期货交易结算外,严禁挪作他用。

为了保障期货交易的安全,保证金账户的资金应该随着交易的盈亏而增减。如果保证金低于期货交易所和期货经营机构规定的最低保证金水平,或者不能承担所持未平仓合约的账面亏损,就必须在规定时间内按要求追加保证金,否则期货交易所或期货经营机构可对会员机构或期货投资者所持期货合约实行强制平仓,直至保证金水平能够承担亏损为止。当然,在不同的时期,经监管机构批准,期货交易所可以调整交易保证金比率,期货交易所调整保证金比率的主要目的在于控制风险。

2. 每日无负债结算制度

每日无负债结算制度又称"逐日盯市"制度,是期货交易的核心制度,这一制度的建立就是为了有效实现保证金制度下的期货交易风险控制。每日无负债结算制度的基本原理和运作模式如下:为确保期货交易的正常进行,期货结算机构在每个交易日结束后,根据期货合约的当日结算价核算期货经营机构每一笔交易的盈亏,并逐日调整买方和卖方的结算资金账户;当期货经营机构的保证金低于期货交易所规定的最低水平时,或者投资者的保证金低于期货合约的亏损时,交易所和期货经营机构将要求其追加保证金或对其强制平仓,以保证各期货经营机构和投资者都能做到无负债交易。

每日无负债结算制度不仅要求当天进行结算,更重要的是要求会员机构根据结算结果不得对结算机构负债,以及投资者不得对期货经营机构负债。如果结算后会员机构在结算机构、投资者在期货经营机构中的保证金不足,则应当在规定的时间内追加保证金或者自行平仓以减少负债。若保证金余额不足,而且结算会员或者投资者未补足保证金,则期货结算机构和期货经营机构分别可对会员机构和投资者进行强行平仓,而且强行平仓的费用和发生的损失由会员机构和投资者自行承担,如果仍然不足以承担损失,则会员机构和投资者继续承担赔偿责任。

3. 涨跌停板制度

涨跌停板制度是指某一期货合约每天的最大涨幅或跌幅不得超过一定的限额。涨跌停板制度设立的目的是防止期货价格暴涨暴跌,引致过分投机,以至于引发市场危机。换言之,期货交易所规定,在公开竞价时,以前一个交易日的结算价为基准,其涨跌幅度不得超过一定的标准,当委托报价超过规定的标准时被视为无效,这就是涨跌停板制度。各个国家期货交易所涨跌停板的设置制度差异较大,有以一定的百分比表示的,也有采取绝对数量标准的,即使同一期货交易所中期货产品的涨跌停板标准也不一样。当日市价的最高限度称为涨停板,最低限度称为跌停板。如果连续数日涨跌停板,法律还可能规定期货交易所有权扩大涨跌停板的限额幅度。这是因为对价格进行短暂的人为控制,只是为了减少消极影响,最终价格还是要由市场力量决定。

4. 持仓限额制度

持仓限额制度是指期货交易所规定期货经营机构、其他会员机构或投资者可以持有的,按单边计算的某一合约投机头寸的最大数额。实行持仓限额制度的目的,在于防范操纵市场价格的行为和防止期货市场风险过度集中于少数投资者。目前,中国期货交易所采取绝对值限仓和比例限仓相结合的做法,不同上市品种采取不同的持仓限额标准。

期货经营机构或投资者的持仓数量不得超过交易所规定的持仓限额。对超过持仓限额的期货经营机构或投资者,交易所按有关规定执行强行平仓。一个投资者在不同期货交易所开有多个交易编码,其持仓量合计数超出持仓限额的,由交易所指定有关期货经营机构对该投资者超额持仓执行强行平仓。期货经营机构名下全部投资者的持仓之和超过该期货交易所规定的持仓限额,期货经营机构原则上应按比例责令超仓投资者在规定时间内完成减仓;应减仓而未减仓的,由交易所按有关规定执行强行平仓。

5. 大户报告制度

所谓大户报告制度,是指当某一期货投资者仓中期货合约超过了法律或期货交易所规定的持仓报告标准,就需要向期货交易所甚至期货监管机构报告的制度。投资者未报告的,会员期货经营机构应当向期货交易所报告,期货交易所可以根据市场风险状况制定并调整持仓报告标准。大户报告制度是与持仓限额制度紧密相关的又一个防范大户操纵市场价格、控制市场风险的制度。通过实施大户报告制度,可以使期货交易所对持仓量较大的会员机构或投资者进行重点监控,了解其持仓动向、意图,对于有效防范市场风险有积极作用。

目前,中国期货交易所对各品种合约实行大户报告制度。当会员或者投资者的持仓量达到交易所规定的标准时,会员或者投资者应当报告其资金情况、头寸情况,但投资者应通过会员报告。上海、大连、郑州三家商品期货交易所规定,会员或者投资者某品种持仓合约的投机头寸达到交易所对其规定的投机头寸持仓限额80%和80%以上的,启动大户报告制度。

6. 实物交割制度

实物交割制度是期货交易结算中除对冲平仓外的另外一种了结期货合约的形式,也是期货交易实践中商品需求者和供应方参与期货交易的出发点和最终需求。具体而言,它是期货合约到期时,交易双方将期货合约所载商品的所有权按规定进行转移,了结未平仓合约的制度。在期货交易中,以交割平仓的期货合约大约为交易总合约的5%。期货交割是连接期货市场与现货市场的桥梁,只有通过现货交割,才能真实地反映现货价格、影响现货价格,确保期货价格在期货合同到期日与商品现货价格趋于一致。

7. 强行平仓制度

强行平仓制度包含期货结算机构对会员机构的强行平仓,以及结算机构对投资者的强行平仓。按平仓的原因划分,可分为保证金不足的强行平仓和持仓过量的平仓,应急性强行平仓和期货交易中的盘中强行平仓等。期货交易分为自营交易和经纪业务,期货经营机构在进行经纪业务时,也是以自己的名义代替投资者进行交易,并和期货结算机构进行结算,由此产生的后果也首先是由期货经营机构承担。因此,当市场价格变化不利于投资者的期货头寸时,根据法律规定或合约约定,期货结算机构有权要求期货经营机构追加保证金,而期货经营机构则可要求投资者追加保证金。如果期货经营机构不追加保证金,期货结算机构则可对期货经营机构相关期货进行平仓;同理,若投资者不能按时追加保证金,期货经营机构有权将所代理投资者的期货头寸予以平仓。

一般而言,期货经营机构从事经纪业务时如遇以下情况,则可行使强行平仓权:① 投资者经通知而未能追加保证金;② 投资者个人死亡或丧失民事行为能力;③ 作为投资者的法人终止或破产;④ 投资者违规超仓或有其他违法行为而必须强行平仓。

8. 风险准备金制度

风险准备金是指期货交易所或结算机构设立的,用于维护期货交易所和结算机构正常运转,提供财务担保及弥补期货交易所或结算机构因不可预见风险所受亏损的基金,基金来源于收取的会员交易和结算手续费,按一定的比例提取。如中国《期货交易管理条例》规定,期货交易所应当按照国家有关规定建立、健全风险准备金制度和国务院期货监督管理机构规定的其他风险管理制度,实行会员分级结算制度的期货交易所还应当建立、健全结算担保金制度。风险准备金必须单独核算、专户存储,除用于弥补风险损失外,不能挪作他用。风险准备金的动用应遵循事先规定的法定程序,经期货交易所理事会批准,报中国证监会备案后按规定的用途和程序进行。

9. 信息披露制度

信息披露制度是指期货交易所按有关规定定期公布期货交易有关信息的制度。期货市场是一个信息不对称市场,期货价格受多方面因素影响,为了防止市场操纵和内幕交易,法律要求期货交易所以及其他负有信息披露义务的主体及时公布期货交易的有关信息及其他应当公布的信息,并保证信息的真实、准确和完整。只有这样,所有参与期货交易的投资者才能在公开、公平和公正的基础上接收真实、准确的信息,投资者才能根据所获信息作出正确决策,防止不法交易者利用内幕信息获取不正当利益,损害其他交易者利益。期货交易信息主要包括在交易所期货交易活动中所产生的所有上市品种的期货交易行情、各种期货交易数据统计资料、交易所发布的各种公告信息以及期货监管机构指定披露的其他相关信息。《期货交易所管理办法》规定,期货交易所应当以适当方式发布下列信息:① 即时行情;② 持仓量、成交量排名情况;③ 期货交易所规定的其他信息。期货交易涉及商品实物交割的,期货交易所还应当发布标准仓单数量和可用库容情况。期货交易所应当编制交易情况周报表、月报表和年报表,并及时公布。期货交易所对期货交易、结算、交割资料的保存期限应当不少于20年。

(二) 期货交易禁止性规则

期货交易禁止性行为也可称为期货交易违法行为,即从事某类期货交易行为违法,因而法律严格禁止。美国期货交易法律制度规定了很多法律禁止性的期货交易行为,如商会未经批准从事期货交易活动,违反期货监管机构有关限制过度投机规定从事期货交易活动,利用合约进行欺诈和误导、虚买和通融交易、虚拟买卖、妨碍交易秩序、价格操纵和内幕交易,以及期货佣金商和介绍经纪人等未经注册登记从事期货交易活动等。期货交易是一种高风险金融交易行为,各国的期货法律制度均对期货交易作了一些禁止性规定。

1. 禁止期货市场操纵行为

期货市场操纵行为是指期货投资者利用资金优势、信息优势或对市场的其他影响力，通过对供求关系的垄断，人为地抬高、压低或固定期货产品价格，制造表面假象以误导、引诱其他投资者买卖期货产品，使操纵者自己牟取利益或者减少损失的行为。

中国《期货交易管理条例》规定下列行为属于操纵期货市场：① 单独或者合谋集中资金优势、特色优势或者利用信息优势联合或者连续买卖合约，操纵期货交易价格的；② 蓄意串通，按事先约定的时间、价格和方式相互进行期货交易，影响期货交易价格或者期货交易量的；③ 以自己为交易对象，自买自卖，影响期货交易价格或者期货交易量的；④ 为影响期货市场行情囤积现货的；⑤ 国务院期货监督管理机构规定的其他操纵期货交易价格的行为。根据2019年6月发布的《最高人民法院、最高人民检察院关于办理操纵证券、期货市场刑事案件适用法律若干问题的解释》，其他操纵期货交易价格的行为如下。

(1) 利用虚假或者不确定的重大信息，诱导投资者作出投资决策，影响期货交易价格或者期货交易量，并进行相关交易或者谋取相关利益。

(2) 通过对期货交易标的公开作出评价、预测或者投资建议，误导投资者作出投资决策，影响期货交易价格或者期货交易量，并进行与其评价、预测、投资建议方向相反的相关期货交易。

(3) 不以成交为目的，频繁申报、撤单或者大额申报、撤单，误导投资者作出投资决策，影响期货交易价格或者期货交易量，并进行与申报相反的交易或者谋取相关利益。

(4) 通过囤积现货，影响特定期货品种市场行情，并进行相关期货交易。

(5) 以其他方法操纵期货市场。

2. 禁止期货欺诈性行为

期货欺诈性交易，即在包括商品、利率、汇率、股指、黄金、白银期货和其他期货在内的交易中，期货投资者、期货经营机构、投资银行或其他从事期货交易的经纪商或自营商，使用策略或计谋欺骗其他人员以谋取利益所进行的交易活动。期货欺诈行为可发生在期货交易的各个环节中，包括交易、结算、交割、代理、咨询等过程中的非法行为。欺诈行为人往往通过其专业技术、交易特权、新闻媒体等来实施欺诈行为。

期货欺诈性交易的模式种类繁多，除了内幕交易、操纵期货市场等在法律上有专门规定的违法性交易行为外，其他诸如场外交易，私下对冲，提供虚假信息，伪造、篡改投资者记录或报告，将自营业务与代理业务混合操作，滥用"强行平仓"权利，骗取资金等行为，均可能归为欺诈性交易。中国《期货交易管理条例》将下列行为界定为欺诈投资者行为：① 不按照规定向投资者出示风险说明书，向投资者作获利保证或者与投资者约定分享利益、共担风险；② 未经投资者委托或者不按照投资者委托范围擅自进行期货交易；③ 提供虚假的期货市场行情、信息，或者使用其他不正当手段，诱骗投资者发出交易指令；④ 向投资者提供虚假成交报告；⑤ 未将投资者交易指令下达到期货交易所；⑥ 挪用投资者保证金；⑦ 国务院期货监管机构规定的其他欺诈投资者的行为等。

3. 禁止期货内幕交易行为

期货内幕交易的定义起源于 1974 年美国《期货管理委员会法》。该法规定，以下情形为期货内幕交易：期货交易委员会的任何委员或其雇员和代理人，直接或间接参与任何期货、期权等交易；任何人，在某些实际商品投资事务中利用了非公开信息，或某些投资事务已被期货管理委员会所禁止，或某投资事务已受到期货管理委员会所做出的文件影响时，仍直接或间接参与该投资事务。美国 1992 年的《商品期货交易法》重新对期货内幕交易进行了表述，即任何人知道非公开信息是从商会、合同市场、在册期货协会的委员会成员、执行理事会成员或雇员处非法所获，仍有意利用该信息为其账户进行交易的，应定为违法。

中国《期货交易管理条例》未对期货内幕交易进行明确的界定，但根据 2012 年《最高人民法院、最高人民检察院关于办理内幕交易、泄露内幕信息刑事案件具体应用法律若干问题的解释》，期货内幕交易是指：① 期货交易所的管理人员以及其他由于任职可获取内幕信息的从业人员，国务院期货监督管理机构和其他有关部门的工作人员，以及国务院期货监督管理机构规定的其他人员，利用窃取、骗取、套取、窃听、利诱、刺探或者私下交易等手段获取内幕信息的；② 上述人员的近亲属或者其他与内幕信息知情人员关系密切的人员，在内幕信息敏感期内，从事或者明示、暗示他人从事，或者泄露内幕信息导致他人从事与该内幕信息有关的期货交易，相关交易行为明显异常，且无正当理由或者正当信息来源的。

综合《期货交易管理条例》规定和最高人民法院、最高人民检察院对内幕信息的界定，内幕信息一般认为是指可能对期货交易价格产生重大影响的尚未公开的信息，包括：国务院期货监督管理机构以及其他相关部门制定的对期货交易价格可能发生重大影响的政策，期货交易所作出的可能对期货交易价格发生重大影响的决定，期货交易所会员、投资者的资金和交易动向，以及国务院期货监督管理机构认定的对期货交易价格有显著影响的其他重要信息。内幕交易则是指期货交易内幕信息的知情人和非法获取内幕信息的人，在内幕信息公开前买卖某一期货产品，泄露该信息，或者建议他人买卖该期货产品。内幕交易行为给其他投资者造成损失的，行为人应当依法承担赔偿责任。

4. 其他禁止性期货交易行为

《期货交易管理条例》规定，期货经营机构从事经纪业务，接受投资者委托，以自己的名义为投资者进行期货交易并收取佣金，交易结果由投资者承担。期货经营机构应当遵循诚实信用原则，以专业的技能，勤勉尽责地执行投资者的委托，维护投资者的合法利益。期货经营机构不得从事下列行为：① 违背投资者委托买卖期货；② 违反合同强行平仓；③ 透支交易；④ 散布虚假信息；⑤ 诱骗客户交易。

此外，《期货公司监督管理办法》还规定，期货经营机构及其从业人员从事资产管理业务，不得有下列行为：① 以欺诈手段或者其他不当方式误导、诱导投资者；② 向投资者做出保证其资产本金不受损失或者取得最低收益的承诺；③ 接受投资者委托的初始资产低于中国证监会规定的最低限额；④ 占用、挪用投资者委托资产；⑤ 以转移资产管理账户收益或者亏损为目的，在不同账户之间进行买卖，损害投资者利益；⑥ 以获取佣金或者其他利益为目的，使用投资者资产进行不必要的交易；⑦ 利用管的投资者资产为第三方谋取不正当利益,进行利益输送;⑧ 法律、行政法规以及中国证监会规定禁止的其他行为。

延伸阅读

金融衍生品交易中投资者适当性义务

美国法律中的投资者适当性义务,主要针对投资者难以独立评估和判断投资风险的金融衍生产品,因此,美国法律要求经纪商承担投资者适当性义务。比如,在期权产品上,美国证券交易委员会认为,期权是风险大、投机性强的金融工具,可能带来巨大的经济损失,不适合低收入或净资产低的人群,以及依靠固定收入的退休人群投资。因此,专业投资者向其推荐购买期权属于违法。美国法律规定,在评估投资者适当性时除了考虑投资者财富数量以确定其风险承担能力外,在确定期权交易以及其他一些高风险金融衍生产品交易适当性时还要考虑投资者的年龄、婚姻状况和抚养、赡养负担等情况。美国除了上述提到的期权交易必须符合投资者适当性要求外,其他的高风险或者创新性金融衍生产品交易也应该符合法律规定的适当性要求。

英国是典型的金融综合监管立法的国家,金融投资者保护立法将金融投资者分为专业投资者和零售投资者(金融消费者)。金融法律对某些高风险金融投资业务,要求专业投资者才能投资。因此,英国2007年发布的《操作守则》规定,如果一个零售投资者欲成为专业投资者参与某些专业金融投资,则必须具备以下条件:① 该客户在过去4个季度里,在相关的市场平均每季度从事10次规模很大的交易;② 客户金融工具组合规模超过500 000欧元;③ 该客户在金融专业岗位上工作过1年,而且具有相关交易或提供服务知识。符合上述条件的,还必须经过以下三道程序才能获得专业投资者身份:一是客户必须向投资机构提交希望在所有的或在特定交易或服务或产品中被当作专业投资者看待的书面声明;二是投资机构必须给客户清楚明了的保护警告,告知客户可能失去的获得赔偿的权利;三是客户必须在合同以外进行单独书面声明,其了解并清楚失去该保护的后果。

[资料来源]贺绍奇:《期货立法基础理论研究》,中国财富出版社,2015,第210—212页。

第三节 期货信息披露行为法律制度

一、期货信息披露的概念和特征

(一)期货市场信息披露的概念

期货市场信息披露是指期货市场主体按照法律或者期货交易所规定,公布影响期货市场交易价格的有关信息的制度。期货市场信息披露与证券市场信息披露有较大的不同：一是期货市场信息披露主体较为单一，主要涉及期货监管机构、期货交易所、期货结算机构、期货经营机构和期货投资者，而证券市场信息披露则涉及更为广泛的主体，除要求证券监管机构、证券交易所、证券经营机构、证券投资者依法披露相关信息外，还有诸多主体如证券发行人、证券中介机构等也负有信息披露义务。二是期货交易所公布的信息主要包括在交易所期货交易活动中产生的所有上市品种的期货交易行情、各种期货交易数据统计资料、交易所发布的各种公告信息，以及期货监管机构规定应该披露的其他相关信息。而证券市场的信息披露有发行信息、交易信息、上市公司收购信息，以及发行人经营业绩报告，包括定期报告、临时报告等。

中国期货市场信息披露规定较为简单，尚未形成像证券市场那样严密完整的信息披露规则。

（二）期货市场信息披露的特征

期货产品价格影响因素主要有期货合约基础产品的生产、气候环境、产业政策、外贸形势、国际国内形势，以及交易政策和现行持仓量等。这些信息因素决定了期货市场信息披露的主要特征。

（1）信息披露的主体。期货信息披露的主体包括期货监管机构、期货交易所、期货经营机构、中国期货业协会和中国期货保证金监控中心，以及参与期货交易的投资者等。

（2）信息披露内容。期货交易信息披露的主要范畴包括在期货交易所交易活动中产生的所有上市品种的交易行情、各种交易数据、影响期货产品价格的国际国内形势、生产环境，以及期货监管机构指定披露的其他相关信息。

（3）信息披露的方式。期货信息披露必须符合法律规定的内容、程序、要求，而且披露方式合法，容易为投资者获得。一般披露制度都要求在指定的报纸、网站和期货交易所、期货经营机构公告栏中进行公告张贴。

二、期货信息披露的基本规则

（一）期货信息披露的主体和内容

中国《期货交易管理条例》对期货交易信息披露进行了总括性规定，即期货交易所应当及时公布上市品种合约的成交量、成交价、持仓量、最高价与最低价、开盘价与收盘价和其他应当公布的即时行情，并保证即时行情的真实、准确。期货交易所不得发布价格预测信息；未经期货交易所许可，任何单位和个人不得发布期货交易即时行情。

除了《期货交易管理条例》对期货市场信息披露进行了原则性规定外，四家期货交易所也对期货信息披露进行了自律性规定。以《上海期货交易所交易规则》为例，该规则规定，交易所期货交易信息是指在交易所交易过程中产生的交易行情、各种交易数据、统计资料、交易所发布的各种公告和通知，以及中国证监会要求披露的其他相关信息。这些信息可以分为两大类：一是期货交易行情信息；二是影响期货交易价格的社会经济信息。

（1）期货交易行情信息。包括合约名称、合约月份、开盘价、最新价、涨跌、收盘价、结算价、最高价、最低价、成交量、持仓量及其持仓量变化、波动率、会员成交量和持仓量排名、各指定交割仓库经期货交易所核准可供交割的库容、标准仓单数量及其增减量等需要公布的信息。

(2) 影响期货交易价格的社会经济信息。这一类信息相对于期货行情信息更为广泛、抽象，具体而言包括商品生产的环境变化、产品生产能力变化、国家经济政策，以及国际进出口贸易环境等一切会严重影响期货价格的信息。但目前，无论是立法还是实践，抑或是理论研究，对期货市场信息披露关注均存在严重不足。

(二) 期货信息披露的基本规则

中国《期货公司监督管理办法》规定，期货经营机构应当具有符合行业标准和自身业务发展需要的信息系统，制定信息技术管理制度，按照规定设置信息技术部门或岗位，保障信息系统安全运行。期货交易所应当采取有效通信手段，建立同步报价和即时成交回报系统。

(1) 期货信息披露的周期。期货交易所信息发布应当根据不同内容按实时、每日、每周、每月、每年定期发布。

(2) 期货信息披露方式。期货交易所可以基于期货、期权等交易行情或者现货数据编制指数，并向市场发布。期货交易所可以自主开发或者授权第三方机构开发以法律规定的指数为标的物的指数类产品。目前，期货市场信息披露渠道尚未形成统一标准，主要采取下发通知或不定期披露的形式，其中一部分同时通过网站、财经类报纸披露，具有较强的随意性，影响披露的效果。

(3) 期货信息披露的责任。期货交易所、期货经营机构、境外经纪机构、指定交割仓库、指定存管银行、指定检验机构和信息服务机构等不得发布虚假的或者带有误导性质的信息，上述机构不得泄露业务中获取的商业秘密。信息披露主体在信息披露中出现虚假披露或错误披露，并因此造成投资者损失的，应该根据侵权法律给予赔偿。

三、期货市场信息披露制度建设

借鉴国外期货市场信息披露立法经验，结合中国期货市场发展趋势，中国期货市场信息披露制度建设应该包括以下三个方面。

1. 建立完善的期货信息披露法律规则

相较于证券市场信息披露立法，中国的期货市场信息披露立法相对滞后，基本上处于无法可依状态，缺乏基本的信息披露要求和准则。因此，首先应该在未来的《期货法》中增加期货市场信息披露的基本规则，期货监管机构在此基础上制定具体的信息披露实施细则和标准，重点在于明确期货信息披露的内容和范围。

(1) 信息披露范围包括期货交易所的文件、公告、通知，国家有关监管法律政策，期货经营机构的文件、公告、通知，基本信息面、期货市场及相关市场或行业的动态、消息等。

(2) 定期信息披露的内容包括：① 每日信息披露，包括各交易品种在国际市场上的相关品种的行情信息和评论，各交易品种的行情快报，各交易品种的会员持仓及成交量排行榜，各交易品种的行情评论及其他相关信息。② 每周信息披露，包括各交易品种的行情周报,各交易品种的仓单与库存情况,各交易品种在国际市场上的相关品种的价格走势及其他相关信息等。③ 每月信息披露,包括各交易品种的月评,各交易品种的月成交量排行榜,各交易品种的价格走势图,各交易品种的行情月报及其他相关信息。

(3) 临时信息披露的内容包括中央政府和相关各部委有关经济宏观政策、金融期货政策,以及相关证券金融交易所重大事件、期货基础商品市场情况等。

2. 规范期货信息披露的方式和程序

立法应该对期货市场信息披露的方式进行明确,规定信息披露的报刊、网站,并要求在规定的机构公告栏中张贴。参照证券法对证券市场信息披露的要求,确保期货市场信息的"准确、及时、合法和可得"。

3. 明确期货信息披露违法的法律责任

在制定明确的期货信息披露制度规则的同时,应该明确各种信息披露主体未能依法披露信息的法律责任,这种法律责任不仅包括刑事责任、行政责任,还应该具有清晰的信息披露民事法律责任,即相关责任主体违反信息披露制度时应该承担的民事赔偿责任。

延伸阅读

重塑金融市场信息披露机制

在国际上,危机时期改革方案中常被提及的一个话题就是强化信息披露,其中的创举包括金融稳定理事会提出的金融机构应该报告结构性信贷产品的风险敞口。此外,欧盟金融监管制度改革也提出了很多新的信息披露措施,如资本水平、信用评级机构采取的评级方法和基本数据、开仓净头寸、另类投资基金杠杆率,以及场外衍生品交易等。与此同时,传统的市场披露机制也在发生重大的改进。

在证券市场披露机制中,针对发行人的披露一般只适合那些被允许在"受监管市场"上交易的证券,主要是指股票,但这一切正在发生重大变化。欧盟2014年5月发布的《市场滥用行为指令》中有关发行人的披露义务可能不再局限于"受监管市场"上交易的金融工具发行人,而可能延伸到一些场外市场交易的金融衍生产品。投资者也将面临更多的披露要求。一般而言,投资者无须披露自己的交易头寸,但如果持股数量较大的话,则为例外。股东持股比例达到《透明性指令》的要求时,会对公司的控股权产生影响,因而任何涉及股份取得或者转让的情况都必须向市场披露或向监管机构报告。根据欧盟《透明性指令修正提议》的建议,上述披露义务也可能将适用于持有现金结算类衍生产品价值达到同等规模的投资者。此外,依照欧盟《卖空行为规章》的要求,投资者在从事卖空交易时必须披露他们在股票和主权债券中的空头净头寸。最后,正如上文所提及,更多类型的涉及交易透明度的数据信息也将面向市场公开。

[资料来源] [英] 艾利斯·费伦等:《后金融危机时代的监管变革》,罗培新、赵渊译,法律出版社,2016,第156—157页。

问题与思考

1. 期货交易与证券交易二者之间存在哪些相同点和不同点？期货市场是如何实现价格发现功能和套期保值功能的？

2. 请你谈谈对期货交易的几大制度，如保证金交易制度、每日无负债结算制度、涨停板制度、强行平仓制度和大户报告制度的理解。

3. 中国期货法律制度规定的期货交易信息披露存在哪些不足？应该怎样改进？

4. 中国现行金融期货交易采取了投资者适当性规则，其法理和经济基础在哪里？应该在哪些方面加强期货投资者保护立法？

5. 请你研判《期货交易管理条例》条文，然后谈谈中国制定《期货法》时可采取的主要改进措施。

第四章 其他金融交易行为法律制度

> **本章纲要**
> ◆ 金融信托投资　　◆ 投资者适当性
> ◆ 信托财产独立　　◆ 资产证券化
> ◆ 集合资产信托　　◆ 破产隔离效应
> ◆ 金融租赁合同　　◆ 特殊目的机构

第一节 金融信托投资行为法律制度

一、金融信托投资的概念和特征

(一) 金融信托投资的概念

金融信托投资是一种"受人之托，代人理财"的财产管理型投资行为，也即委托人将金融财产或其他合法资产委托给专门经营信托业务的机构，信托经营机构根据信托合同的约定，按照委托人的意愿以自己的名义，为受益人的利益或特定目的，进行管理和处分的行为。金融信托投资既是一种特殊的财产管理制度和法律行为，也是一种金融投资行为。金融信托业是传统金融业的主要组成部分，但在现代金融背景下，其经营模式和业务范围都有很大的发展。

信托是财产法的一大创新，以英国为代表的金融信托业可以追溯到600多年前，其中英国的个人信托业务主要有：① 财产管理；② 执行遗嘱；③ 管理遗产；④ 财务咨询。法人机构的信托业务包括：① 股份公司注册和过户，公司的筹设，企业合并；② 年金等基金的管理，公司债券的受托(如公司债券的证明)，债券基金的收付以及本利支付，抵押品的保管；③ 其他金融资产的保管、投资等。英国是现代信托的发源地，但是与美日等国家的信托不同的是，其信托主要以个人信托为主，而以法人身份存在的信托机构较少，个人受托的业务多是民事信托和公益信托。

美国是当今信托业发展最为迅速的国家，虽然信托业脱胎于英国，但却超越了英国，而且已经完全向金融信托转化。美国现代信托业发展表现出以下特征：一是银行经营机构兼营信托业务的现象非常普遍；二是个人信托与法人信托同时发展，相互交叉；三是证券投资信托业务十分发达，信托业垄断趋势明显加大。

（二）金融信托投资的特征

金融信托市场中，根据不同的标准可对信托进行不同的分类。以信托财产的性质为标准，信托业务可分为金钱信托、动产信托、不动产信托、有价证券信托和金钱债权信托等；以委托人为标准，信托业务可分为个人信托和法人信托；以信托受益人和委托人的关系为标准，信托可分为自益信托和他益信托；以信托的设立意图为标准，信托可分为公益信托和私益信托；以信托设立的依据为标准，信托可分为设定信托和法定信托。但只要是金融性质的信托投资，即具有以下三个基本特征。

(1) 金融信托投资基于委托人对受托人的信任。信任是信托关系成立的前提，包括对受托人诚信和承托能力的信任。这种信任来源于信托经营机构的金融机构特征，以及国家对金融机构的监督管理。

(2) 金融信托投资是对他人财产的管理和处分行为。信托经营机构是依法设立的专门经营信托业务的机构，首要职能和主要经营模式是接受委托人委托，代理他人管理、运用、处分、经营财产，并按约定收取报酬。金融信托投资已成为现代金融业的一个重要组成部分，与银行业、保险业、证券业并列，既有联系又有区别。

(3) 金融信托投资关系存在多方法律关系。现代金融信托投资主体包括委托人、受托人、受益人等，其中，受托人一般为专门经营金融信托业务的金融机构，整个信托业务包含了多重法律关系。

目前，中国金融信托投资中，信托投资经营机构办理的金融信托业务主要有以下三大类：基础设施投资信托、房地产投资信托和证券投资信托。其中：① 基础设施投资信托是指信托经营机构以受托人的身份，通过单一或集合信托形式，接受委托人的资金，以自己的名义，将资金运用于交通、通信、能源、市政、环保等基础实施项目，为受益人的利益或特定目的进行财产管理的行为。② 房地产投资信托是指信托经营机构以受托人的身份，通过单一或集合信托形式，接受委托人的资金，以自己的名义，将资金投资于房地产企业或房地产项目，为受益人的利益或特定目的进行财产管理的行为。③ 证券投资信托是指信托经营机构根据信托合同，将管理的单笔资产或集合信托投资计划下的资金投资于证券市场，通过证券买卖获取收益的投资行为。

二、金融信托投资基本程序和规则

（一）金融信托投资的基本程序

金融信托投资基本程序或流程包括信托约定、信托运作、收益支付、信托报酬、信托结束五个阶段。

(1) 信托约定。信托约定是金融信托投资的起点，即委托人与作为受托人的信托经营机构通过信托合同或其他的方式约定，将委托人的金融资产或其他财产委托给信托经营机构经营管理，实践中的信托约定有信托合同、个人遗嘱、法院裁决书和信托经营机构发行的信托计划集合凭证等。

(2) 信托运作。信托运作就是受托人对接受的财产进行经营管理的行为。在金融信托投资中,委托人将财产转移给信托经营机构,然后受托人信托经营机构按照信托约定,按照专家的判断尽责、谨慎地代为管理或处理其财产。

(3) 收益支付。收益支付是受托人将经营财产所得到的收益转移给受益人的行为。在金融信托投资中,信托经营机构根据信托合同或者信托集合计划发行章程的规定,将经营投资所得的收益支付给受益人,受益人可能是委托人自己,也有可能是委托人指定的亲属或其他第三者。

(4) 信托报酬。信托报酬是受托人承办信托业务所取得的报酬,其按信托财产的信托收益的一定比率收取或根据管理财产的总量收取,依据信托合同而定。金融信托投资受托人在每一个金融信托投资周期内,按照信托约定,受托人可以取得一定报酬。

(5) 信托结束。信托结束即信托关系终止,信托或因为信托合同到期而终止,或因为受托人的死亡、丧失民事行为能力、被依法解散、撤销或宣告破产而终止,或因为受托人的辞任而终止。此外,当发生信托约定终止条件,或者信托的存续违反信托目的、信托目的已经实现或不能实现、信托当事人协商同意、信托被撤销、信托被解除时,也可终止。

(二) 金融信托主体的权利义务

金融信托投资主体有委托人、受托人即专门从事信托业务的信托经营机构,以及受益人,各方主体具体的权利义务主要如下所述。

1. 委托人的权利义务

委托人是提出信托要求并将资产委托给信托经营机构投资管理的自然人或机构。在整个金融信托投资法律关系中,委托人的权利包括以下五个方面。

(1) 根据法律规定和信托合同约定,了解信托经营机构对信托财产的管理运用、处分及收支情况,并有权要求受托人作出说明;查阅、抄录或者复制与其信托财产有关的信托账目以及处理信托事务的其他文件。

(2) 当发生了设立信托时未能预见的特别事由,致使信托目的不能实现,或者财产的管理方法不利于实现信托目的或者不符合合同或法律规定的利益时,委托人有权要求信托经营机构改变经营管理策略和方法。

(3) 信托经营机构违反法律或信托合同约定,实施不利于信托目的的信托财产管理和处分,或者违背管理职责、处理信托事务不当致使信托财产受到损失的,委托人有权要求信托经营机构纠正并申请人民法院撤销该处分行为,可依法要求信托经营机构恢复信托财产的原状或者予以赔偿。

(4) 信托经营机构违反法律和信托合同经营管理或处置信托财产,而且交易相对人或受让人明知违反信托目的而与之交易或接受该财产的,委托人可以撤销交易或者要求赔偿。但撤销权的行使应自委托人知道或者应当知道撤销原因之日起 1 年内行使,否则将消灭。

(5) 受托人违反信托目的处分信托财产或者管理运用、处分信托财产有重大过失的,委托人有权依照信托文件的规定解任受托人,或者申请人民法院解任受托人。

与此相对应,委托人的义务主要是将拟信托的财产转移给信托经营机构,按约定支付信托费用和承担信托投资财产损失。

2. 受托人的权利义务

受托人是指按照委托人的要求管理、经营和处理信托财产的主体,在金融市场中主要指信托经营机构、基金管理机构和其他有信托资格的金融机构。受托人的主要权利有信托财产经营管理权、有限利益支付权、信托报酬取得权、费用债务优先权、连带责任主张权和受托身份辞任权等。设立信托后,经委托人和受益人同意,信托经营机构可以辞任。信托经营机构有下列情形之一的,其职责终止:① 被依法撤销或者被宣告破产;② 依法解散或者法定资格丧失;③ 辞任或者被解任;④ 法律、行政法规规定的其他情形。信托经营机构职责终止时,其清算人或者接管人应当妥善保管信托财产,协助新受托人接管信托事务。

受托人的义务主要包括遵守委托义务、同等谨慎义务、最大诚信义务、分账管理业务、直接管理业务、记录报告义务和信托保密义务等。委托人的权利就是受托人的义务,根据中国《信托法》的规定,作为受托人的信托经营机构的义务主要包括以下七个方面。

(1) 遵守法律法规和合同规定,恪尽职守,诚实履行信托合同,信用、谨慎、有效管理信托财产,为受益人的最大利益处理信托事务,除法律规定和合同约定的报酬外,不得利用信托财产为自己谋取利益。

(2) 严格区分自有财产和信托财产,不得将委托人交付管理运作的信托财产转为其固有财产;发生信托经营机构将信托财产转为自身固有财产的,应该恢复该信托财产的原状,造成信托财产损失的,应当承担赔偿责任。

(3) 严格禁止自我交易、混合交易,即信托经营机构不得将其固有财产与信托财产进行交易,或者将不同委托人的信托财产相互交易,除非这些交易事先取得委托人或者受益人的同意,并符合公平原则,不存在损害委托人和受益人的行为;否则,造成信托财产损失的,应当承担赔偿责任。

(4) 信托过程中,必须将信托财产与其固有财产,以及不同委托人的信托财产分别管理、分别记账,不得混同;信托经营机构应指定专门的人员处理信托事务,除非信托文件另有规定或者有不得已的事由,可以委托其他信托经营机构代为处理;依法将信托事务委托他人代理的,应当对他人处理信托事务的行为承担责任。

(5) 应当每年定期将信托财产的管理运用、处分及收支情况,报告委托人和受益人,并妥善保存处理信托事务的完整记录。信托经营机构对涉及委托人、受益人的个人信息以及处理信托事务的情况和资料负有依法保密的义务。

(6) 违反法律、信托合同或有违信托目的处分信托财产或者因违背管理职责、处理信托事务不当致使信托财产受到损失的,必须恢复信托财产的原状或进行赔偿,否则不得请求给付报酬。

(7) 信托经营机构违背管理职责或者处理信托事务不当对第三人所负债务或者自己所受到的损失,以其固有财产承担。信托经营机构以信托财产为限向受益人承担支付信托利益的义务,信托经营机构因处理信托事务所支出的费用、对第三人所负债务,以信托财产承担。信托经营机构以其固有财产先行支付的,对信托财产享有优先受偿的权利。

3. 受益人的权利义务

受益人是在信托中享有信托受益权的人,受益人可以是自然人、法人或者依法成立的其他组织;委托人可以是受益人,委托人也可以指定其他自然人或组织为受益人。在特定情况下,受托人也可以是受益人,但受托人为受益人时,还必须有其他共同受益人。金融信托投资中,受益人的主要权利包括接受信托财产收益、放弃信托利益、监督信托行为、处置信托利益和确认信托决算。其义务则为接受信托利益支付和财产损失补偿、信托报酬支付。中国《信托法》规定,受益人的具体权利义务包括三个方面。① 受益人自信托生效之日起,按照信托合同的规定享受信托利益,如果信托合同对信托利益的分配比例或者分配方法未作规定,各受益人按照均等的比例享受信托利益。② 受益人可以放弃信托受益权。部分受益人放弃信托受益权的,被放弃的信托受益权按下列顺序确定归属:信托文件规定的人、其他受益人、委托人或者其继承人;全体受益人放弃信托受益权的,信托终止。③ 受益人的信托受益权可以依法转让和继承,受益人不能清偿到期债务的,其信托受益权可以用于清偿债务,债权人可要求受益人用受益权清偿债务,人民法院也可对其强制执行,但法律、行政法规以及信托合同有限制性规定的除外。

(三) 金融信托投资行为规则

根据中国《信托法》和其他相关法律法规的规定,信托经营机构进行金融信托业务时必须遵守以下五项规则。

(1) 信托财产是属于法律许可被信托的财产范围。信托财产是指受托人接受委托人的财产经营委托而取得的有形资产、无形资产和金融资产等,以及受托人因管理、运用、处分该财产而取得的信托利益等。现行中国信托法律法规对信托财产的范围没有明确界定,但根据信托法原理理解,其必须是委托人自有的、享有处分权且可转让的合法财产,但法律法规禁止流通的财产不能作为信托财产。

(2) 信托财产独立于信托法律关系各方当事人的财产。信托财产的独立性表现为以下三个方面:① 信托财产与委托人其他财产相区别,即在信托建立之后,信托财产与委托人的其他财产相分离,原则上信托财产不作为其遗产或清算财产;② 信托财产与受托人固有财产相区别,即受托人必须将信托财产与自身固有财产区别管理,分别记账,不得将其归入自己的固有财产;③ 信托财产独立于受益人的自有财产,即受益人虽然对信托财产享有受益权,但这只是一种利益请求权,在信托存续期内,受益人并不享有信托财产的所有权。

(3) 受托人对信托财产的处置不影响各方当事人的权利义务。金融信托投资法律关系成立后,受托人可按照法律和信托合同对信托财产进行经营管理,并根据信托财产管理运用的需要改变信托财产的形态。例如,信托设立时的不动产可变卖成为资金,然后以资金买进证券或其他财产等,但其财产形态上的变化并不影响信托财产法律属性的变化,也不影响信托法律关系各方当事人的权利义务具体内容。

(4) 信托财产不得自动转化为清偿财产或被强制执行。信托法律关系成立,信托财产就超越委托人、受托人、受益人,即委托人、受托人、受益人的债权人均不得直接对信托财产享有请求权,也不得要求用信托财产清偿与信托无关的债务。当委托人、受托人、受益人任何一方发生破产、强制执行、抵销、混同等法律行为时,信托财产不得与破产主体的其他财产混同进行分配、执行、抵销。但下列情况例外:① 设立信托前根据法律规定或合同约定,债权人已对该信托财产享有优先受偿的权利,现债权人依据法律或合同约定要求行使该权利;② 受托人处理信托事务所产生的债务,包括信托财产自身应负担的税款,现债权人要求清偿该债务;③ 法律规定的其他情形。

(5) 信托经营机构须履行法律规定的信息披露义务。信息强制披露即法律规定信托经营机构必须依法向社会披露其信托经营信息,包括信托经营机构整体经营状况和具体信托业务的信息披露。前者如公司财务会计报告、各类风险管理状况、公司治理、重大关联交易;后者即信托产品推介、产品成立、产品管理、产品收益和风险等。但目前中国对信托投资信息披露立法较为欠缺。

三、集合资金信托计划设立规则

(一) 集合资金信托计划的概念和特征

集合资金信托计划,即投资人通过合伙、有限责任公司等方式集聚资金,然后将该等资金委托信托人即信托经营机构进行投资管理,并按照约定分取利润的金融信托方式。集合资金信托计划属于集团信托,其构成要素包括:① 投资者须以金钱出资形成集合资产,即"集合投资计划",而且只能以金钱构成;② 由资产管理人即信托经营机构进行投资经营,而且出资的金钱须用于资金筹集时约定的项目或某项事业投资,以此谋取利润;③ 所获得的收益和利润分配给投资者,即信托经营机构必须按照约定对出资人进行收益分配;④ 投资者支付给信托经营机构一定的投资管理费用,集合资金信托计划本质上代表的是投资者的利益,受委托的信托经营机构将集合资金对外所获得的利润和利息全部归属于全体出资人所有,本身只能按约定收取管理费或按合同约定参与利润分成;⑤ 信托经营机构不受投资者的日常指示,募集的资金具有一定的独立性,投资者和资金需求者之间不存在直接的法律关系。集合资金信托计划最为典型的产品即"信托型理财产品"。

(二) 集合资金信托计划的设立条件和流程

根据原中国银监会2009年修订的《信托公司集合资金信托计划管理办法》对集合资金信托计划的界定,集合资金信托计划是由信托经营机构担任受托人,按照委托人意愿,为受益人的利益,将两个及两个以上委托人交付的资金进行集中管理、运用或处分的资金信托业务活动。

1. 集合资金信托计划设立条件

信托经营机构设立信托计划,应当符合以下要求:① 委托人为法律法规规定的合格投资者,参与信托计划的委托人为唯一受益人;② 单个信托计划的自然人人数不得超过50人,但单笔委托金额在300万元以上的自然人投资者和合格的机构投资者数量不受限制;③ 信托期限不少于1年,信托资金有明确的投资方向和投资策略,且符合国家产业政策以及其他有关规定;④ 信托受益权划分为相等份额的信托单位;⑤ 信托合同应约定受托人报酬,除合理报酬外,信托公司不得以任何名义直接或间接以信托财产为自己或他人牟利;⑥ 信托业监管机构规定的其他要求。

《信托公司集合资金信托计划管理办法》中所称的合格投资者,是指符合下列条件之一,能够识别、判断和承担信托计划相应风险的人或机构:① 投资一个信托计划的最低金额不少于 100 万元人民币的自然人、法人或者依法成立的其他组织;② 个人或家庭金融资产总计在其认购时超过 100 万元人民币,且能提供相关财产证明的自然人;③ 个人收入在最近 3 年内每年收入超过 20 万元人民币或者夫妻双方合计收入在最近 3 年内每年超过 30 万元人民币,且能提供相关收入证明的自然人。

2. 集合资金信托计划发行要求

信托经营机构推介信托计划,应有规范和详尽的信息披露材料,明示信托计划的风险收益特征,充分揭示参与信托计划的风险及风险承担原则,如实披露专业团队的履历、专业培训及从业经历,不得使用任何可能影响投资者进行独立风险判断的误导性陈述。信托经营机构异地推介信托计划的,应当在推介前向注册地、推介地的中国银保监会省级派出机构报告。信托经营机构推介信托计划时,不得有以下行为:① 以任何方式承诺信托资金不受损失,或者以任何方式承诺信托资金的最低收益;② 进行公开营销宣传,委托非金融机构进行推介;③ 推介材料含有与信托文件不符的内容,或者存在虚假记载、误导性陈述或重大遗漏等情况;④ 对以往的经营业绩作夸大介绍,或者恶意贬低同行实行不正当竞争;⑤ 中国银保监会禁止的其他行为。

3. 集合资金信托计划的发行登记

根据原中国银监会 2017 年印发的《信托登记管理办法》,为了保障投资者也即委托人的权益,信托经营机构应当在集合资金信托计划发行日 5 个工作日前,或者在单一资金信托和财产权信托成立日 2 个工作日前,申请办理信托产品预登记,并在信托登记公司取得唯一产品编码。信托产品正式发行后,还须进行正式登记。信托登记由信托经营机构提出申请,但法律、行政法规或者国务院银行业监督管理机构另有规定的除外。信托登记信息包括信托产品名称、信托类别、信托目的、信托期限、信托当事人、信托财产、信托利益分配等信托产品及其受益权信息和变动情况。

信托登记公司负责管理和维护信托登记信息,确保有关信息的安全、完整和数据的依法、合规使用。

4. 集合资金信托计划经营规则

集合资金信托计划经营主要规则如下:① 集合资金信托计划财产独立于信托经营机构的固有财产,信托经营机构不得将信托计划财产归入其固有财产,否则信托经营机构应该对所造成的损失进行赔偿;② 信托经营机构因信托计划财产的管理、运用或者其他情形而取得的财产和收益,归入信托计划财产,除信托计划规定的报酬外,信托经营机构不得将信托财产和收益归己所有;③ 信托经营机构因依法解散、被依法撤销或者被依法宣告破产等原因进行清算的,信托计划财产不属于其清算财产,应该返还信托计划的信托人;④ 信托经营机构管理、运用信托计划财产,应当恪尽职守,履行诚实信用、谨慎勤勉的义务,为受益人的最大利益服务。

> **延伸阅读**
>
> **海牙国际信托公约**
>
> 近几十年来,信托业发展迅速,信托跨越国界,信托观念在世界上的广泛传播不但引起了英美法系国家的关注,而且在大陆法系国家也产生了深远的影响。从某种意义上说,信托业的发展已经成为一个国家或地区金融发展的重要标志。随着信托业的发展,跨国信托经营机构和涉外信托业务也在快速发展,而有关国家之间的信托监管和法律冲突不断显现,因而各国和国际组织开始采取措施加强信托协调和国际立法。1984年,在荷兰海牙召开的国际私法会议上,成员国全票通过了《关于信托的法律适用及其承认公约》(简称"海牙信托公约"),该公约在1992年生效。签订海牙信托公约就是试图解决国际上发生的信托法律冲突,并就解决这些冲突提供一些可被接受的普遍性规则,以期平衡和协调各国信托立法的差异,为世界各国面对信托在商业领域的广泛运用提供普遍机会。
>
> 正如有的学者所言,世界各国面对信托在商业领域的广泛运用,已经或多或少地引进或发掘信托理念。与此同时,信托制度内在的扩张力导致过度的处分自由,对固有的制度造成相当程度的冲击和破坏。在财富所衍生的权利与处分自由之间寻求一种平衡的控制机制,是21世纪信托法追求的价值目标。
>
> [资料来源] 席月民:《中国信托业法研究》,中国社会科学出版社,2016,第329页。

第二节 金融租赁交易行为法律制度

一、金融租赁交易的概念和特征

（一）金融租赁交易的概念

金融租赁交易,又叫融资租赁交易,是指具有金融租赁业务资质的金融机构根据承租人要求购买特定的机器设备或其他大型财物,然后将其出租给承租人使用并按约收取租赁费用的金融交易行为。

金融租赁交易在20世纪50年代产生于美国,现在被广泛运用于世界各国的绝大多数行业,成为世界金融市场上与银行信贷、证券投资、金融信托等同等重要的金融交易模式。金融租赁交易是集资金融通、固定资产投资和产品租赁于一身的新型金融产业。金融租赁交易具有融资与融物的双重特征,当承租人无力支付租金时,金融租赁经营机构可以回收、处理租赁物以保障其租赁债权的清收和实现。因此,金融租赁对企业资信和担保要求较低,是较适合难以通过正常银行借贷、资本市场募集资金的中小企业的一种融资模式。

（二）金融租赁行为的特征

国内外金融租赁模式虽然有所差异，但总体而言，金融租赁交易的特征一般可归纳为以下四个方面。

（1）出租人为具有金融租赁业务资质的机构，而且各国将类似的机构定位为金融机构。金融租赁交易具有融资和融物双重特征。其中，租赁物由承租人决定和选择，由出租人出资购买并租赁给承租人使用，并且在租赁期间内只能租给一个企业使用，租赁物一般是价值较大的机器设备、工程设施或其他财物。

（2）承租人根据自己的生产需要选择租赁物，购买过程中负责检查验收制造商所提供的设备和项目，对该租赁物或项目的质量与技术条件提出要求；承租人在租赁期间支付租金而享有使用权，并负责租赁期间租赁物的管理、维修和保养。租赁合同一般约定，由承租人承担租赁期间租赁物意外灭失的风险。

（3）租赁合同一经签订，在租赁期间任何一方均应该严格履行合同，无故违反合同须支付巨额违约金。融资租赁物件专用性很强且价值一般很高，承租人违约会给出租人造成巨大损失；反之，出租人违约也会造成承租人停工停产。所以，无论哪一方违约，均要求向对方支付高额违约金。

（4）租期结束后，承租人对租赁物残值的处理有无偿赠送、留购和退租等选择。因为租赁物根据承租人的要求而购买，专用性较强，租赁期满后租赁物残值收回后的价值不大，所以一般无偿赠送或低价留购，当然也偶有交还租赁物行为发生，具体由租赁合同约定或租赁期满后双方协商确定。金融租赁的租金一般是由融资成本、合理的利润，以及其他可能产生的费用构成。因此，金融租赁交易中的租金往往高于普通租赁的租金。

（三）金融租赁的主要模式

金融租赁模式种类繁多，而且由于各国租赁法律和实践差异，划分金融租赁的标准也不一样，也就没有固定的金融租赁分类方式。但一般说来，金融租赁有以下六种。

（1）简单融资租赁。简单融资租赁又称直接租赁，这是一种最为常见的金融租赁交易形式，也是金融租赁的标准形态，其他的金融租赁均是在这一形态上发展起来的。所谓简单融资租赁，是指由需要生产设备的承租人先与出租人洽谈设备租赁需求和条件，出租人对租赁项目进行风险评估后，承租人与生产厂商联系并选择需要购买的租赁物件，然后出租人按照承租人的要求购买租赁物件并将其出租给承租人使用。在整个租赁期间，承租人对租赁物没有所有权但享有使用权，并负责维修和保养租赁物件。除某些特殊情况外，出租人对租赁物件的好坏不负任何责任，设备折旧在承租人一方。

（2）回租融资租赁。回租融资租赁又称售后回租，是指设备的需求者从市场上购置设备、建设厂房或其他大型项目，然后将设备、厂房或大型项目按市场价格卖给经营金融租赁业务的机构，然后又从购买者手中租回该设备、厂房或项目。回租型金融租赁的目的是把设备的所有权转让出去，把固定资产变为现款，拓展资金渠道，改善财务结构。

（3）杠杆融资租赁。杠杆租赁又称代偿贷款租赁，是一种专门进行大型项目的融资租赁模式。其租赁模式如下：由一家大型金融租赁经营机构牵头，在金融租赁机构之外建立一个独立的资金管理机构；金融租赁机构先期为租赁项目提供一部分资金，其余不足部分通过吸收银行和社会闲散游资，以杠杆方式为租赁项目筹得巨额资金。这种租赁涉及诸多当事人，关系复杂，一般而言，牵头的金融租赁机构需要先期出资20%~40%，剩余部分则从其他金融机构筹措，但很多情况下，牵头金融租赁机构必须进行信用担保。

（4）委托融资租赁。委托融资租赁是指拥有资金或设备的人委托具有金融租赁业务资质的机构，根据承租人的要求办理金融租赁业务。这种委托租赁的一大特点就是让没有租赁经营权的企业可以"借权"经营。在整个委托租赁过程中，租赁业务的权利义务归属于委托人，租赁经营机构只收取代理费用。

（5）项目融资租赁。大型设备生产企业，如大型通信设备、医疗设备、运输设备生产企业或者高速公路建设者，作为出租人与承租人约定，将其某一大型设备或项目出租给承租人使用经营，承租人以项目自身的财产和收益作为租金的保证，而且租金的收取也仅限于以项目的现金流量和效益来确定，出租人对承租人项目以外的财产和收益一般无追索权。多数情况下，这种租赁模式是租赁物品生产商为了推销产品、扩大市场份额，通过其下属的金融租赁机构以租代卖的方式营销。

（6）转融资租赁。转融资租赁是指金融租赁经营机构从其他租赁机构或生产厂家融资租入租赁物件，再转租给下一个承租人，在国际国内均可进行。在整个租赁过程中涉及两个金融租赁合同，存在两个金融租赁法律关系，实际承租人所要支付的租金也较其他租赁模式更高。因此，这种租赁方式往往是在企业迫切需要国外设备，但只租不卖或不能筹集到足够采购资金的情况下采用。

二、金融租赁交易的基本规则

（一）金融租赁交易主体权利义务

中国调整金融租赁的法律法规主要有《民法典》《民用航空法》，原中国银监会2014年公布的《金融租赁公司管理办法》，以及2020年修正的《最高人民法院关于审理融资租赁合同纠纷案件适用法律问题的解释》。

（1）承租人的权利义务。承租人是以交付租金为条件，取得租赁物使用权的机构或者个人。承租人的权利主要有自主选择金融租赁机构的权利、租赁物的占有和使用经营权，以及租赁物不符合《融资租赁合同》约定时的拒绝权。承租人义务则包括与供货人协商货物买卖事项，明确租赁物买卖条件，确定租赁物的运输、安装和调试，安全使用租赁物，支付租赁费，以及租赁物损害赔偿等。

（2）供货人的权利义务。供货人是指出售租赁物的供货商，可以是个人，也可以是生产企业。供货人作为货物买卖合同的一方签约者，其权利和义务与普通买卖合同卖方的权利义务并没有太大差别。例如，其权利是收取货款，义务是保质保量交付财物、进行售后服务等。当然，供货方在金融租赁物的买卖过程中也有其特别性义务，如许可租赁物件实际使用者即承租人验收货物、交接货物、维修货物，以及接受其索赔等。

(3) 出租人的权利义务。金融租赁机构是融资租赁物的出租者,即有金融租赁业务资格的金融机构。出租人的主要权利是享有租赁物的归属权,有按合同取得租金的权利。其中,对租赁物的归属权可以对抗承租人的破产财产管理人的管理行为和排除纳入破产财产分配权。在租赁物的使用过程中,出租人有权要求承租人妥善保管租赁物和正确使用租赁物。如果承租人违约,则可要求其承担违约责任并终止合同。出租人义务则包括按照规定支付货款,延期购买设备时向承租人承担违约责任,以及不得干预承租人合法使用租赁物等。

(二) 金融租赁合同的主要条款

中国《民法典》合同编对金融租赁作了专章规定,金融租赁合同的内容包括租赁物名称、数量、规格、技术性能、检验方法、租赁期限、租金构成及其支付期限、币种、租赁期限届满租赁物的归属等条款。

(1) 租赁物条款。金融租赁合同应就租赁物进行明确规定,具体内容包括租赁物的名称、数量规格、技术性能、检验方法等。金融租赁实践中,较为常见的租赁物是航空器、船舶、大型载重车辆、生产流水线等。合同还应该包括运费、海关关税、增值税、交货方式等。

(2) 租赁期限条款。租赁期限是指金融租赁合同生效之日至租赁期届满之日。租赁期限由出租人和承租人商定,但其期限应根据租赁物的使用寿命、生产效益而定。租赁期限与租金密切相关,一般而言,期限越长,单位租金也越低,但租金总额则可能较大。期限的长短对承租人期限届满之后选择留购、续租还是退租等都有影响。

(3) 租金条款。金融租赁合同应该约定租金的数量和支付方式,金融租赁租金的多少以及支付方式和期限取决于以下三项因素:① 租赁设备购买价值、租赁期限及期满后预计残值,具体包括设备买价、运输费、安装调试费、保险费等,以及该设备租赁期满后,出售可得的市价,前述费用是租金的主要构成部分;② 融资利润,即金融租赁经营机构为承租人提供资金购买设备应该得到的金融市场平均利润,这其中还包括金融租赁机构为承租企业购置设备向其他金融机构融资应支付的利息,即融资成本;③ 其他租赁经营成本,即金融租赁机构承办租赁设备所发生的各种业务费用。

一般而言,在总价款一定的情况下,租赁期限越长,摊到每月或每年的租赁费就越少,但是考虑到长期租赁的金融利率变化以及承租人的其他经营风险,长期租赁租金总额要高于短期租赁。金融租赁租金的支付方式有以下三种:① 期初和期末支付,即先付和后付;② 年付、半年付、季付和月付;③ 等额支付和不等额支付。

(4) 风险承担。金融租赁合同应规定有效期内发生的租赁物转租、租赁物灭失的风险承担问题。租赁合同应该规定承租人对第三人抵押租赁物、转租租赁物、以租赁物进行投资等行为的法律后果,以及租赁物使用不恰当、发生意外事故或者不可抗力导致租赁物毁损灭失时的法律责任承担问题。

(5) 残值归属。金融租赁合同可以就租赁物残值归属进行约定,在没有约定的情况下,出租人享有收回残值的权利。在金融租赁实践中,租赁期满,承租人通常有以下选择:① 将租赁物交还给出租人;② 约定租金继续租赁;③ 以支付残值为代价购买租赁物,或者出租人无偿将租赁物赠送给承租人。实践中,退回租赁物残值给出租人的做法较少。

(6) 其他条款。除上述条款外,还可以约定其他的条款,如违约金条款、仲裁条款等。

三、金融租赁相关行为法律规范

(一) 售后回租与抵押借款法律区分

《最高人民法院关于审理融资租赁合同纠纷案件适用法律问题的解释》规定,承租人将其自有物出卖给出租人,再通过融资租赁合同将租赁物从出租人处租回的,应当认定为金融租赁合同。售后回租和抵押借款虽然是两种不同的金融法律行为,但在金融实践中很容易被混淆,二者的主要区别包括以下五个方面。

(1) 法律关系不同。金融租赁至少涉及三个主体,即供货人、出租人、承租人,以及两个合同,即买卖合同以及租赁合同。虽然售后回租表面上只涉及两个市场主体,但实际上仍为三方主体,只是供货人与承租人的主体资格高度混同,所以售后回租是一种特殊的融资租赁。抵押贷款则是一种担保型借贷法律关系,由贷款合同和抵押合同两个合同,借款人、贷款人和担保人三方主体构成。

(2) 债权人履行的合同义务不同。在售后回租中,双方建立融资租赁法律关系后,出租人的主要权利义务在于向承租人购买标的物,支付对应价款获得标的物所有权,然后再将标的物出租给承租人使用;承租人则有获得标的物价款、继续占有使用标的物的权利,并承担支付相应租金的义务。在抵押借贷中,贷款人主要义务是发放贷款,借款人则负有偿还贷款本金利息、提供足额抵押物进行担保的义务。

(3) 债权人对租赁物和抵押物享有的权利不同。在售后回租中,标的物虽然在买卖前和租期内都由承租人实际占有,但标的物的所有权已经转让给出租人,出租人让渡的是标的物的使用权,承租人只因租赁关系享有该标的物的使用权和占有权。抵押借贷中,出借人让渡的是现金,抵押物的所有权、使用权和占有权仍归属于作为借款人的原所有者,设置抵押只是使债权人即出借人享有该抵押物的优先受偿权。

(4) 合同违约以及租赁物的处理方式不同。在售后回租中,若承租人违约,出租人经催告后,可以要求承租人支付租金,也可以要求解除合同、收回租赁物并赔偿损失,救济方式的选择较多。但在抵押贷款中,若借款人违约,抵押权人除非与抵押人协商一致进行抵押物处置,否则只能通过诉讼程序实现抵押物的优先受偿权,其救济途径明显不如售后回租多。

(5) 租赁物和抵押物灭失后的效果不同。在售后回租期间,租赁物灭失,出租人可要求承租人依据融资租赁合同继续履行租金支付义务,或解除合同并由承租人承担赔偿责任。在抵押贷款中,如抵押物灭失,则需要由抵押人重新提供担保财产,否则债权人有权提前解除合同。

(二) 承租人擅自处置租赁物的效力

《民法典》第 753 条规定,承租人未经出租人同意,将租赁物转让、抵押、质押、投资入股或者以其他方式处分的,出租人可以解除融资租赁合同。此条规定意即承租人或者租赁物的实际使用人,未经出租人同意不得转让租赁物或者在租赁物上设立其他物权。如果发生承租人擅自处置租赁物的行为,出租人可宣告此等行为无效,且可依据《民法典》物权编相关规定取回出租物。但是,若第三人是依据法律善意取得租赁物的所有权或者其他物权的,出租人则不得主张第三人物权权利不成立。因为金融租赁是债权,而第三者享有的是物权,根据"物权大于债权"原则,承租人不得主张物权善意取得者无效。对此,《民法典》第745条也进行了相应规定:"出租人对租赁物享有的所有权,未经登记,不得对抗善意第三人。"

(三)金融租赁合同效力和违约责任

《民法典》和《最高人民法院关于审理融资租赁合同纠纷案件适用法律问题的解释》规定,根据法律、行政法规规定,承租人对于租赁物的经营使用应当取得行政许可的,不应仅以租赁物未取得行政许可为由认定金融租赁合同无效。

(1)金融租赁合同无效时租赁物的归属。当金融租赁合同被认定无效时,当事人就合同无效情形下租赁物归属有约定的,从其约定;未约定或者约定不明,且当事人协商不成的,租赁物应当返还出租人。但因承租人原因导致合同无效,出租人不要求返还租赁物,或者租赁物正在使用,返还出租人后会显著降低租赁物价值和效用的,租赁物所有权归属于承租人,并根据合同履行情况和租金支付情况,由承租人就租赁物进行折价补偿。

(2)金融租赁合同的解除情况和条件。金融租赁合同履行过程中有下列情形之一,出租人可请求解除金融租赁合同:① 承租人未按照合同约定的期限和数额支付租金,符合合同约定的解除条件,经出租人催告后在合理期限内仍不支付;② 合同对于欠付租金解除合同的情形没有明确约定,但承租人欠付租金达到两期以上,或者数额达到全部租金15%以上,经出租人催告后在合理期限内仍不支付;③ 承租人违反合同约定,致使合同目的不能实现的其他情形。反之,如果出租人的原因致使承租人无法占有、使用租赁物,承租人也可请求解除金融租赁合同。

(3)金融租赁合同违约时法律责任的承担。出租人有下列情形之一,导致承租人对出卖人索赔逾期或者索赔失败,出租人应承担相应的法律责任:① 明知租赁物有质量瑕疵而不告知承租人;② 承租人行使索赔权时,未及时提供必要协助;③ 怠于行使金融租赁合同中约定的只能由出租人行使对出卖人的索赔权;④ 怠于行使买卖合同中约定的只能由出租人行使对出卖人的索赔权。

租赁物不符合金融租赁合同的约定且出租人实施了下列行为之一,出租人承担相应的责任:① 出租人在承租人选择出卖人、租赁物时,对租赁物的选定起决定作用,但承租人主张其系依赖出租人的技能确定租赁物或者出卖人,且客观上起到了干预选择租赁物的,应对上述事实承担举证责任;② 出租人干预或者要求承租人按照出租人意愿选择出卖人或者租赁物;③ 出租人擅自变更承租人已经选定的出卖人或者租赁物。如果承租人拒绝受领租赁物,未及时通知出租人,或者无正当理由拒绝受领租赁物,造成出租人损失,出租人可向承租人主张损害赔偿。

> **延伸阅读**
>
> **国际融资租赁公约**
>
> 1988年5月,在加拿大渥太华市召开的国际统一私法协会会议上,通过了《国际融资租赁公约》。该公约旨在"保护国际融资租赁交易各当事人利益公正平衡""消除设备国际融资租赁存在的法律障碍",并"使国际融资租赁交易更便捷"。
>
> 公约的主要内容包括融资租赁的含义、租赁物、出租人的权利义务、承租人的权利义务、出租人获得的违约救济、承租人获得的违约救济等。公约为融资租赁列出了3个标准:第一,承租人不主要依赖出租人的技能和判断选择设备和选择供货人;第二,出租人取得的设备与出租人和承租人已订立或要订立的租赁协议相关,而且供货人知悉出租人和承租人已订立或要订立的租赁协议;第三,计算根据租赁协议应支付的租金时,要考虑对设备全部或大部分成本的摊提。公约把租赁物称为设备,包括成套设备、资本货物和其他设备,但不包括主要供承租人个人、家庭使用的设备。出租人对租赁设备享有物权和破产取回权,而且免除对设备的瑕疵担保责任,免除对第三人的责任,即不对设备伤害第三者承担损害赔偿责任。
>
> 相对于出租人,承租人有义务平静地保障承租人占有设备,有义务管理设备、支付租金,承租人有权代替出租人向设备出卖者行使购买人权利,有义务承担设备对第三者造成的损害、返还租赁设备残值等。公约对出租人的救济包括要求支付到期未支付的租金、利息及损害赔偿金,要求加速支付未到期租金,终止租赁协议。对于承租人的违约救济,承租人可以要求设备出卖人交付合格设备、维修设备,在设备未按约交付,损害承租人利益而未得到纠正之前,承租人有权停止租金的支付,并要求承租人承担损害赔偿责任。
>
> [资料来源]韩强、孙瑜主编《融资租赁法律原理与实务》,浙江大学出版社,2017,第52—58页。

第三节 资产证券化行为法律制度

一、资产证券化的概念和特征

(一)资产证券化的概念

资产证券化,通俗而言是将具有可预期收入但又缺乏流动性的资产,通过在资本市场上发行证券的方式将其转化为流动资金,以实现资产变现。各国法律对资产证券化并没有统一规范的定义,普遍认为是指将缺乏流动性但依据已有信用记录预期在今后一段时期内能产生稳定现金流的资产汇集起来组成一个资产池,并对其进行结构化安排实行信用增级,在此基础上转换成在金融市场上可以出售且具有流动性证券的过程。在这一过程中,资产证券化赖以进行的基础资产的原始权益人作为卖方,将所持有能被证券化的目标资产转让给信托投资经营机构、证券经营机构或其他类似的金融机构,经过这些金融机构对这些缺乏流动性的资产进行改造和加工,以证券的方式销售给社会民众或机构投资者。

资产证券化是20世纪70年代以来国际金融领域最重要的金融创新活动,是西方国家银行经营机构为了规避"巴塞尔协议"的资本充足率要求和各国金融监管政策,盘活资产流动性的创造性活动。1970年,美国政府国民抵押贷款协会首次发行以抵押贷款组合为基础资产的支持证券——房贷转付证券。这一事件标志着资产证券化的诞生,随后美国大规模地将资产证券化这一金融创新技术运用于企业融资和资本市场。由于历史较短,即使在资产证券化操作最为发达的美国,理论研究和法律发展也还不十分成熟,需要继续探索与总结。目前,理论和实践可对资产证券化进行以下划分:① 信贷资产证券化,即以流动性较差但具有较好现金流的银行贷款、企业应收账款等为基础进行的资产证券化;② 实体资产证券化,即以实物资产或无形资产,如房地产销售、项目收费权,以及专利商标等为基础发行证券募集资金,以实现实体资产向证券的转换过程;③ 证券资产的证券化,即证券资产的再证券化过程,是指将证券资产或多种证券的组合作为基础资产,以其所产生的现金流或与现金流相关联的变量为基础再次发行证券。

(二)资产证券化的基本特征

资产证券化是一项资本市场中的金融创新活动,资产证券化的基本类别包括实体资产证券化、信贷资产证券化、证券资产证券化、现金资产证券化、不良资产证券化等。资产证券化的共同特征主要有以下五个方面。

(1)资产证券化的前提是企业或其他机构必须拥有能够产生可预期稳定现金流的基础资产,即受益权或债权,亦即能够产生现金流但通常又缺乏流动性的资产。一般而言,符合下列特征的资产能够进行证券化:① 法律上不存在争议,而且此类资产能够在未来产生稳定的、可预测的现金流,即其所产生的收益能够对所发行的证券还本付息或支付利润;② 原始权益人持有该资产已经有一段时间,而且有良好的信用记录,拟证券化资产历史记录良好,即违约率和损失率较低;③ 拟证券化资产具有很高的同质性,而且具有实现标准化合约的条件,即能够对资产和资产合同进行重新归类组合,形成标准化资产池;④ 拟证券化资产的担保物易于变现且变现价值较高,而且资产数量达到一定证券化的价值标准,也即同类资产具有足够的数量;⑤ 拟证券化资产债务人地域分布和人口统计分布广泛,资产本息的偿还率可以分摊到整个资产的存续期。

(2)资产证券化的结果是将资产负债表中不容易变现的资产经组合后变成市场化的证券产品,在不改变资本数额的情况下降低资产的库存,也就是将诸多未到期的资产提前变现。在整个资产证券化过程中,原始权益人的地位和隶属关系没有变化,所发生的变化是通过专业的金融中介机构,利用成熟的结构融资技巧,提高资产质量,使银行信贷资产结构成为高质资产,其目的是增强原有资产的流动性,盘活资产,发掘新的融资空间。

(3)资产证券化就是优化财务状况、提高资产负债能力的过程。整体资信水平有限的企业可以利用资产证券化实现杠杆融资,利用资产证券化解决融资过程中出现的资产与负债不匹配的问题。在资产证券化过程中,企业原来持有的基础资产被转移到单独设立的机构,在会计报表中移到了资产负债表外,收回的是销售证券的对价,这就有效地改善了资产负债表结构。

(4)资产证券化过程是指将其原有的基础资产通过真实出售或信托等破产隔离方式转移给特殊目的经营机构,原企业作为资产证券化的发起人一般不对证券化产品的最终偿付承担担保责任。资产证券化实践中,证券化产品的担保履行责任由保险经营机构承担,因而企业在将不易变现的资产转化为现金资产的同时,还减轻了其风险。由于资产证券化是一种批量化交易制度,所以具体的融资成本较低。

(5)资产证券化相对于其他的证券发行,如股票发行、债权发行等资本市场融资模式,在融资金额、资金用途和信息披露等方面弹性较大。企业融资途径较多,但银行融资受资产负债、历年资信情况限制,股票债券融资须由监管机构审核或注册,要求严格的信息披露,而且其所融到的资金用途受到招股说明书和债券募集管理办法限制。资产证券化将自有资产转化为证券销售给社会大众,所募集的资金不受使用限制,而且监管较为宽松。

二、资产证券化交易结构和流程

(一)资产证券化市场主体

资产证券化交易结构比较复杂,涉及的当事人较多。一般而言,资产证券化主要有下列八类市场主体参与。

(1)资产证券化发起人。发起人即原始资产的所有人,是指资产证券化交易中把拟证券化的金融资产(如银行贷款、水电资产、收费权、其他应收账款等)转让出去并以此获得对价的主体。发起人是证券化基础资产的原始所有者,通常是金融机构或大型工商企业,如银行经营机构的某一批次对外贷款。发起人主要负责确定将来用于证券化的资产,组建资产池,依照约定将其转让给特殊目的机构,并从特殊目的机构处获得转让对价。

(2)证券化特殊目的的机构。特殊目的机构又可称为特定目的受托人(special purpose vehicle,SPV),是指接受发起人转让的资产或受发起人委托接受并持有基础资产,并以该资产为基础进行资产证券化的机构,是整个资产证券化运作的核心主体。组建或选定特殊目的机构是为了将资产信用和发起人的信用分开,最大限度地将发起人的破产风险与证券化基础资产相隔离。证券化实践中,发起人一般不作为直接的发行主体,而是专门为资产证券化运作设立一个新机构或选择一个现有机构充当破产隔离的特殊目的机构,负责接受发起人的基础资产并进行证券化运作。在中国,一般是指信托投资公司和监管机构批准的其他金融机构,如证券经营机构等。

(3)资金和资产存管机构。为保证资金和基础资产的安全,特殊目的机构通常聘请信誉良好的金融机构进行资金和资产的托管,这种被聘请的金融机构称为存管机构。

存管机构主要负责对资产证券化项目产生的到期现金流进行监理、保管,负责托管基础资产以及相关的一切权利。存管机构作为特殊目的机构的代表从发起人处购买资产,将收取到的现金流交付给投资者,对没有转交给投资者的现金进行运营,监督资产证券化过程中的各市场主体,定期审查有关资产组合的信息,确定相关主体所递交的报告的真实性,并向投资者披露这些报告。公布违约事件,并采取相应的法律措施以维护投资者利益。

(4)证券产品信用增级机构。信用增级机构负责提升证券化产品的信用等级,增强发行定价和上市能力,减少证券发行的整体风险。换言之,即为资产证券化产品的兑付提供不动产、动产、权益或信用担保。信用增级一般由发行人或独立的第三方如专业担保机构、保险经营机构提供,其目的是保证资产支持证券的信用评级达到法律规定的投资级别以上,确保基础资产支持证券届时能够得到清偿和支付。信用增级的基本措施是财产担保,或者保险经营机构对证券化产品进行清偿保险。

(5)证券产品信用评级机构。为了保障投资者利益,为投资者的投资提供价值判断,各国法律一般都要求对证券化产品进行信用评级,也即通过专业评估机构评定证券产品的偿还能力。证券化信用评估除了发行之前的初始评估外,还包括后续的追踪评估,以便及时发现任何潜在的金融新风险。目前,国外较为著名的三大评级机构是惠誉、穆迪和标准普尔公司,中国比较有名的三大评级机构是中诚信国际、大公国际和联合资信公司。

(6)证券产品承销机构。证券产品承销机构是指负责证券设计和发行承销的投资银行,在中国即有发行与承销资质的证券经营机构。如果证券化交易涉及金额较大,法律要求组成承销团进行销售。在资产证券化过程中,证券经营机构一般作为包销人或者代理人来促销证券,以实现证券发行成功的目标。资产证券化实践中,证券经营机构也会充任财务顾问,以保证相关机构设计的发行方案和结构符合法律、财务和税收的要求,在此过程中还要与信用增级机构、信用评级机构以及受托管理人进行沟通合作。

(7)资产证券化服务机构。资产证券化服务机构是指证券化基础资产的管理者和经营者,主要负责对证券化基础资产产生的到期现金流进行监管、清收,并将收取的这些资产本金和利息交给受托人,采取诸如诉讼、仲裁等措施对到期欠账进行催收,确保资金及时到位,向受托人和投资者提供有关出售或抵押的特定资产组合的定期财务报告,如资金来源、应收未收财务报告、发生的费用等。服务机构一般由发起人的附属机构担任,也可以委托给相关的专职机构充任,在基础资产出售后继续负责管理资产。

(8)证券产品投资者。证券产品投资者即证券化产品的购买者或证券交易市场中的潜在购买者,一般包括个人投资者和机构投资者,投资者通过购买和交易证券化产品获取收益。因为资产证券化是一种金融创新,属于风险较大的证券产品,所以世界大多数国家规定,欲购买资产证券化产品的必须是合格的投资者。

(二)资产证券化的基本流程

通常来讲,一个完整的资产证券化运作程序主要有以下九个步骤:① 确定证券化基础资产并组建资产池;② 设立或选定特殊目的机构;③ 基础资产从原始持有人完全转移至特殊目的机构;④ 信用增级机构对资产支持证券的信用增级;⑤ 信用评级机构对资产支持证券的信用进行评级；⑥ 证券承销机构对资产支持证券进行销售；⑦ 特殊目的机构向发起人支付基础资产对价；⑧ 证券化服务机构管理资产池中基础资产；⑨ 资产管理机构托管并清偿证券资产。

(1) 确定证券化资产。拟对自己所有或管理的资产进行证券化的原始权益人(又称发起人)，如银行经营机构或者其他的企业，根据自身资产证券化融资要求和资产证券化目标，对自己拥有的能够产生现金收入流的贷款或应收账款等基础资产进行清理、分类和估算，并根据基础资产债务人的信誉状况、担保物品价值和变现能力，以及基础资产现金流历史经验数据对其进行分类组合，然后将其最符合资产证券化特征的资产进行集合，汇集形成一个资产池。

(2) 设立特殊目的机构。组建或选定特殊目的机构，这种机构可以是发起人的附属机构，也可以是其他独立的金融机构，但必须是一个承担有限责任的独立法人，能够实现破产隔离。有些时候为了逃避法律制度约束，很多特殊目的机构注册在"避税天堂"百慕大群岛、英属维尔京群岛等地。特殊目的机构是一个以资产证券化为唯一目的、单独设立的信托实体机构，或者是现已存在的金融机构。作为专为资产支持证券服务的特殊目的机构，其活动受法律严格限制，特殊目的机构是实现资产转化成证券的"介质"，是实现破产隔离的重要手段。

(3) 基础资产完全转让。证券化基础资产从原始权利人向特殊目的机构完全转让是证券化运作流程中最为重要的一环。这种转让必须是真实销售，其目的是实现证券化资产与原始权益人之间的破产隔离，即原始权益人破产时，其他债权人对已经证券化的基础资产将失去追偿权，确保投资者所购买的证券能够用原始基础资产取得的收益得到偿付。

证券化基础资产的真实出售需要符合以下两点：一是基础资产必须完全转移到特殊目的机构手中，其目的是确保原始权益的债权人对基础资产没有追索权，同时隔断证券化产品购买人在所持证券得不到清偿时对原始债权人的追索；二是实现基础资产从原始权益人资产负债表中的完全剔除，使得资产证券化成为一种表外业务，提高发起人的财务质量。

(4) 完善交易结构并进行信用增级。为使得资产证券化符合法律规定并得以顺利完成，除了设立特殊目的机构和实现基础资产完全转让外，特殊目的机构还要与资产服务公司签订服务合同，与证券化发起人一起确定托管银行并签订托管合同，与银行达成必要时提供流动性支持的融资协议，与证券经营机构签订证券承销协议等。同时，为了增加资产支持证券的信誉度、保障投资者利益，特殊目的机构对基础资产进行一定风险分析后，对资产池中的资产进行风险结构的重组，并提供必要的财产、信誉担保，以降低可预见的信用风险，提高资产支持证券的信用等级。

(5) 资产证券化的信用评级。资产支持证券的评级是专业评级机构对证券化产品价值的评定，为投资者投资决策提供依据，因而构成资产证券化过程中的重要环节。信用评级多聘请国内或国际资本市场上著名的评级机构进行，其目的是提高评级的可信度，增加资产支持证券销售声誉。信用等级考虑的因素主要有基础资产信用风险，信用等级越高，表明资产支持证券的风险越小，也就是证券的兑现能力越高。之后，特殊目的机构将评级结果向投资者公布,并准备证券发行文件和办理相应的发行法律手续。

(6) 安排证券销售和向发起人支付。在信用提高和评级结果向投资者公布之后,由承担证券销售的证券经营机构负责向投资者销售资产支持证券,销售的方式可采用包销或代销。证券销售完毕后,证券经营机构将证券发行收入交付给特殊目的机构,然后由特殊目的机构按约定的基础资产购买价金,把发行收入的大部分支付给发起人。至此,发起人的筹资目的已经达到。

(7) 挂牌上市交易及到期支付。资产支持证券发行完毕后,根据其最初设计目标,可以申请在不同层次的证券交易场所上市交易,即实现资产支持证券的流动转让。2014年11月中国证监会制定的《证券公司及基金管理公司子公司资产证券化业务管理规定》作了如下规定:① 中国资产支持证券可以按照规定在上海和深圳证券交易所、全国中小企业股份转让系统、机构间私募产品报价与服务系统、证券经营机构柜台市场以及中国证监会认可的其他证券交易场所挂牌交易和转让;② 资产支持证券仅限于在合格投资者范围内转让,而且转让后持有资产支持证券的合格投资者合计不得超过200人;③ 资产支持证券初始挂牌交易单位所对应的发行面值或等值份额应不少于100万元人民币;④ 管理人及其他信息披露义务人应当及时、公平地履行披露义务,所披露或者报送的信息必须真实、准确、完整,不得有虚假记载、误导性陈述或者重大遗漏。

资产支持证券申请在证券交易场所挂牌资产证券化后仅表明证券发行过程的完成,在证券存续期内,资产池管理公司须对资产池中的基础资产进行管理,如对欠款进行清收,记录资产池产生的现金收入,然后将所清收到的款项存入托管银行经营机构,并由负责支付的机构按约定向证券持有人进行清偿。资产证券化流程如图3-4-1所示。

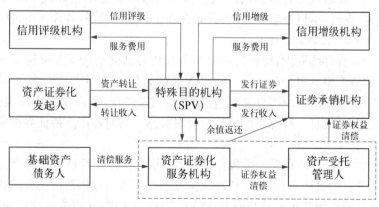

图 3-4-1 资产证券化操作流程示意图

三、资产证券化的主要法律规则

中国现阶段规范资产证券化的法律法规主要有《民法典》《中国人民银行法》《银行业监督管理法》和《信托法》,以及原中国银监会2005年制定的《信贷资产证券化试点管理办法》等。上述法律法规对资产证券化主体、程序和具体行为规则进行了规定。

（1）基础资产和衍生财产的独立性规则。信托经营机构和证券经营机构可以充当特殊目的机构，特殊目的机构接受委托进行证券化的基础资产属于信托财产，法律上独立于发起机构、受托机构、基础资产服务机构、资金保管机构、证券登记托管机构及其他为资产证券化交易提供服务的机构的固有财产。特殊目的机构、基础资产服务机构、资金保管机构及其他为证券化交易提供服务的机构因资产证券化管理、运用或其他情形而取得的证券化财产和衍生收益，归入信托财产，这些机构不得侵占。发起机构、特殊目的机构、基础资产服务机构、资金保管机构、证券登记托管机构及其他为证券化交易提供服务的机构，发生清算解散、被依法撤销或者资不抵债而被依法宣告破产等，证券化基础财产不属于其清算财产。

（2）信托财产和固有财产相区分规则。特殊目的机构、基础资产服务机构、资金保管机构、证券登记托管机构及其他为证券化交易提供服务的机构，应当恪尽职守，诚实信用、谨慎勤勉地履行义务。特殊目的机构对基础资产的管理运用、处分所产生的债权，不得与发起机构、特殊目的机构、基础资产服务机构、资金保管机构、证券登记托管机构及其他为证券化交易提供服务的机构固有财产产生的债务进行抵销；特殊目的机构对管理运用、处分不同信托财产所产生的债权债务，不得相互之间进行抵销。

（3）资产支持证券发行和持续信息披露规则。特殊目的机构应当在资产支持证券发行前和存续期间依法披露信托财产和资产支持证券信息；接受特殊目的机构委托为证券化交易提供服务的机构应按照相关法律文件规定，向特殊目的机构提供有关信息报告，并保证所提供信息真实、准确、完整、及时。信息披露应该按照法律规定和资产证券化监管机构的要求，在指定的媒体上进行；负有披露义务的主体应保证信息披露真实、准确、完整、及时，不得有虚假记载、误导性陈述和重大遗漏，特殊目的机构及相关知情人在信息披露前不得泄露其内容。

资产支持证券存续期内，特殊目的机构负有核对基础资产服务机构和资金保管机构定期提供的资产服务报告和资金保管报告的权利和义务；定期披露特殊目的机构报告，报告信托财产信息、贷款本息支付情况、证券收益情况，以及中国人民银行、中国银保监会规定的其他信息。特殊目的机构应及时披露一切对资产支持证券投资价值有实质性影响的信息。

（4）资产支持证券持有人会议和表决规则。资产支持证券持有人大会由特殊目的机构召集，特殊目的机构不召集的，资产支持证券持有人有权依照信托合同约定自行召集，并报金融监管机构备案。召开资产支持证券持有人大会，召集人应当至少提前30日公告资产支持证券持有人大会的召开时间、地点、会议形式、审议事项、议事程序和表决方式等事项。资产支持证券持有人大会不得就未经公告的事项进行表决，资产支持证券持有人大会可以采取现场方式召开，也可以采取通信等方式召开。资产支持证券持有人依照信托合同约定享有表决权，资产支持证券持有人可以委托代理人出席资产支持证券持有人大会并行使表决权。

（5）发行资产支持证券主体资格和条件。证券经营机构作为特殊目的机构申请设立专项计划、发行资产支持证券、开展资产证券化业务须具备投资者资产管理业务资格,应当按照法律规定向国务院证券监督管理机构即中国证监会提交申请文件。如果基金管理公司子公司拟进行资产证券化业务,须由证券投资基金管理公司设立且应该具备特定投资者资产管理业务资格。此外,还应当具备以下条件:① 具备证券资产管理业务资格;② 1 年内未因重大违法违规行为受到行政处罚;③ 具有完善的公司治理、完善的风险控制制度和风险处置应对措施,能有效控制业务风险。

(6)资产支持证券投资者适当性规则。根据中国证监会《证券公司及基金管理公司子公司资产证券化业务管理规定》,合格投资者合计不得超过 200 人,单笔认购不少于 100 万元人民币发行面值或等值份额。合格投资者应当符合《私募投资基金监督管理暂行办法》规定的条件,依法设立并受国务院证券监督管理机构监管,由相关金融机构实施主动管理的投资计划,不再穿透核查最终投资者是否为合格投资者和合并计算投资者人数。

延 伸 阅 读

资产证券化发展进程

资产证券化是 20 世纪 70 年代以来金融市场上最重要的创新之一,其发展进程可以分为三个阶段。

第一阶段是 1968—1984 年,这是美国住房抵押贷款证券化兴起与繁荣的阶段。当时的美国联邦政府为解决储贷机构的资产流动性问题以及满足住房购买者的资金需求,采取了如下金融改革措施:一是设立了国民住房抵押贷款协会、联邦住宅抵押贷款公司、联邦国民抵押贷款协会,专门为购买房屋的国民提供抵押贷款,并开拓住房抵押贷款的二级市场,为提供住房抵押贷款的金融机构提供流动性;二是政府建立住房抵押贷款保险机制,促进抵押贷款的标准化,联邦国民抵押贷款协会在 1968 年推出了第一张住房抵押贷款担保证券,标志着资产证券化的开始。

第二阶段是 1985—1991 年,这是资产证券化多样化阶段。这一时期的主要特征是住房抵押贷款证券化规模快速扩大,同时又出现了一系列新的证券化模式,如汽车贷款证券化、信用卡应收款证券化、贸易应收款证券化等模式。

第三阶段是 1992 年至今,资产证券化高速发展和创新阶段。资产证券化从美国快速扩展到其他国家,如英国、德国、法国、意大利、日本等发达国家,以及新兴发展中国家。其创新的理念迅速扩展到几乎所有经过组合后具有稳定现金流的金融资产。产品类别除了前面所提及的汽车贷款证券化、信用卡应收款证券化、贸易应收款证券化外,还拓展至公路收费、航运收费、石油贸易应收款,以及其他投资项目收益权等。

中国的资产证券化发展较晚,也较为曲折。2005 年开始银行信贷资产证券化试点,然后在 2007—2009 年金融危机后暂停。到了 2013 年 7 月,发布《国务院办公厅关于金融支持经济结构调整和转型升级的指导意见》(即"金融国 10 条"),该《指导意见》提出要推进信贷资产证券化常规化发展,盘活资金支持小微企业发展和实行经济结构调整。此后，在国务院的政策支持下，中国资产证券化事业突飞猛进，如今年发行规模在亚太地区排名第一。

[资料来源] 任淮秀主编《投资银行学》，中国人民大学出版社，2006，第274—275页；金融读书会：《巴曙松：中国资产证券化发展路径的专业探索》，搜狐网，https://www.sohu.com/a/251284490_481741。

第四节　金融衍生产品交易行为法律制度

一、金融衍生产品交易的概念和特征

（一）金融衍生产品交易的概念

金融衍生产品作为一种专业术语在1982年被美国纽约联邦法院司法判决书首次使用。同年，美国第七巡回上诉法院在判决书中把政府担保住宅抵押贷款利息的期货和期权都称为金融衍生产品；1995年，英国的判决书中也开始出现金融衍生产品一词，此后，这一术语在各国金融业界和法律界广泛使用。

国际社会对金融衍生产品并没有一个严格而统一的定义。1993年7月，美国银行业研究机构华盛顿30人小组发布《衍生工具：惯例与准则》报告，将金融衍生产品界定为价值衍生于基础资产或基础参考比率或指数的一种双边合约或支付协议。国际互换和衍生工具协会则认为，衍生工具是包括现金流互换、意在转移风险的双边合约，交易到期后，交易者所欠对方的金额取决于基础产品、证券或指数的价格。巴塞尔银行监管委员会在1994年12月的《对银行金融衍生工具交易的谨慎监管》报告中，将金融衍生产品定义为任何价值取决于相关比例或基础资产或某一指数（如利率、汇率、证券或商品价格）的金融合约。

综合国内外理论和实务界对金融衍生产品的各种定义，金融衍生产品的内涵如下：一是依存于金融现货；二是杠杆性的信用交易；三是按事先约定的价格在未来成交。所以，对金融衍生产品可作普遍性定义，即以货币、债券、股票和外汇等传统金融产品为基础进行组合或反复组合而形成，价值依赖于基础金融资产价值变动的金融标准化或非标准化合约。至于金融衍生产品交易，则是以金融衍生品为标的，以杠杆性的信用交易为特征的场内或场外金融资产买卖或转让。

（二）金融衍生产品交易的特征

根据金融衍生品交易的方法和特点，可分为金融远期合约、金融期货合约、金融期权合约、金融互换合约、抵押支持证券、资产支持证券、抵押债务债券、信用违约互换等，这些金融衍生产品交易具有以下六个共同特征。

（1）金融衍生产品交易的目的主要是规避经济风险，或通过对经济变量的预期获

得风险收益。金融衍生产品产生的最初目的是给广大金融投资者提供避险的工具,但是到了后阶段,金融衍生产品交易不再局限于避险,而逐渐转化为牟利,成了一种风险投资行为。

(2) 金融衍生产品交易是基于利率、汇率、股价的变动以及交易各方对利率、汇率、股价趋势的预测差异,约定在未来某一时间按一定的条件进行交易或选择是否交易的合约。无论哪一种金融衍生工具,均是在传统的货币、股票、期货、保险等基础上组合和反复组合而成。

(3) 金融衍生产品交易与金融基础产品交易紧密联系,金融衍生产品的交易后果取决于交易者对基础金融产品未来价格预测和判断的准确程度。金融基础产品价格的变幻莫测决定了金融衍生产品交易盈亏的不稳定性,因而决定了金融衍生产品高风险的重要特征。

(4) 金融衍生产品的交易采用保证金制度,即交易所需的最低资金只需要满足基础金融产品价值的某个百分比。无论场内交易还是场外交易,一般规定投资者交纳少量的交易保证金即可进行交易,也即投资者利用少量资金就可以进行几十倍金额的交易,实现以小博大的杠杆交易。

(5) 金融衍生产品交易对象是对基础金融产品在未来不同条件下进行处置的权利和义务,如期权的买权或卖权、互换的债务交换义务等,构成所谓"产品",表现出一定的虚拟性。但这种买卖的权利或义务并不一定需要实际履行,可以利用对冲机制进行反向交易抵销。

(6) 金融衍生产品交易以互联网络交易为主,利用强大的电子计算机信息处理技术进行产品开发、信息处理、交易结算。因为金融衍生产品建立在基础金融产品之上,其交易程序复杂,涉及的经济变量多,只有高效的计算机系统才能对这种交易进行快速处理和实现无差错成交结算。

二、金融衍生产品交易的市场结构

1. 金融衍生品交易场所和交易组织者

金融衍生品交易可以是场内交易,又称交易所交易,也可以是场外交易如互联网络交易和柜台交易。

(1) 场内交易。场内交易方式的基本特征类似于证券交易所和期货交易所的交易模式,实际上现在很多证券和期货交易所在交易传统的证券和期货之外,还交易金融衍生产品。交易所事先设计出标准化的金融衍生产品,由投资者选择与自身需求最接近的合约和数量进行交易。场内交易既有保证金交易,即交易所仅向交易参与者收取一定数量的保证金,就可以进行交易,也有全额现金交易。采用保证金交易还是全额现金交易,主要取决于各种产品交易特性、各个交易所的规则,但交易所交易完后由登记结算机构作为中央对手负责进行清算和承担履约担保责任则是一致的。因为场内交易是所有投资者集中在一个场所进行交易,这就增加了交易的密度,所以场内交易的流动性较高。

(2) 场外交易。场外交易又称柜台交易,主要是指通过金融机构之间的柜台、交易大厅、地区性金融交易中心和金融交易电子网络系统等进行交易。这种交易由双方直接成为交易对手,主持交易的机构可以根据每个投资者的不同需求设计出具有个性化的不同内容的产品。同时,为了满足投资者的具体要求,出售金融衍生产品的金融机构需要有高超的金融技术和风险管理能力。场外交易在不断催生出新的金融衍生产品的同时,也会产生较大的金融风险,这是因为场外单笔交易量较大,每笔交易的结算是由交易双方直接或在中介机构协助下进行的;交易双方之间直接清算容易产生违约,增加交易风险,因而交易参与者仅限于信用程度高的投资者。实践中,掉期交易和远期交易是具有代表性的柜台交易金融衍生产品。现在,国际金融监管机构鼓励金融衍生产品交易逐渐转向场内交易和结算,其目的是减少场外交易和结算带来的交易对手违约风险。

2. 金融衍生产品投资者

参与金融衍生产品交易的投资者包括金融机构、非金融机构和个人。金融机构是金融衍生品市场的主要参与者,以美国为例,参与衍生品交易的金融机构主要有银行经营机构、人寿保险公司、投资银行和对冲基金等,其中银行经营机构又是金融衍生品市场的主要参与者(尤其在场外市场上)。20世纪70年代以来,银行经营机构日益热衷于金融衍生品交易,是金融互换市场的主要参与者。

非金融机构和个人在金融衍生品交易中虽然不如金融机构活跃,进入场外金融衍生产品市场交易的则更少,但金融衍生产品交易作为一种投资模式,逐渐为社会所青睐,非金融机构和个人也构成了金融衍生产品交易的重要市场主体。

3. 金融衍生产品交易标的物

从大类的角度分,金融衍生产品交易标的物有证券衍生产品、货币衍生产品、利率衍生产品和其他金融衍生产品。原中国银监会2011年修订的《银行业金融机构衍生产品交易业务暂行办法》规定,金融衍生产品的基本种类包括远期、期货、掉期(互换)和期权,以及有远期、期货、掉期(互换)和期权中一种或多种特征的结构化金融工具。

金融机构经营的衍生产品交易业务按照交易目的分为两类:①套期保值类衍生产品交易,即以银行经营机构为主的金融机构发起的,为规避股票、外汇、债权和货币等金融资产、负债的信用风险、市场风险或流动性风险而进行的金融衍生产品交易,如信用违约掉期、总收益掉期、税率掉期等交易。②非套期保值类衍生产品交易,即除套期保值类以外的金融衍生产品交易,包括由投资者发起,银行等金融机构为满足投资者需求提供的代客交易和金融机构为对冲前述交易相关风险而进行的交易,银行等金融机构为承担做市义务持续提供市场买卖双边价格,并按其报价与其他市场参与者进行的做市交易,以及银行经营机构主动发起,运用自有资金,根据对市场走势的判断,以获利为目的进行的自营交易。

三、金融衍生品交易行为规则

中国目前调整规范金融衍生产品交易的法律法规主要有《民法典》《期货交易管理条例》《银行业金融机构衍生产品交易业务暂行办法》,以及2009年中国人民银行制定的《中国银行间市场金融衍生产品交易主协议》等。这些法律法规构成了金融衍生产品交易的主要规范。

1. 金融机构从事衍生产品交易业务的基本条件

金融机构从事衍生产品交易的条件主要有资质水平、从业经历和风险控制制度等。① 金融衍生产品交易业务主管人员应当具备 5 年以上直接参与衍生交易活动或风险管理的资历,且无不良记录。② 具有接受相关衍生产品交易技能专门培训半年以上、从事金融衍生产品或相关交易 2 年以上的交易人员至少 2 名;另外至少还应具备 1 名相关风险管理人员,1 名风险模型研究人员或风险分析人员。以上人员均需专岗专人,相互不得兼任,且无不良记录。③ 金融衍生产品交易有适当的交易场所和设备,具备完善的金融衍生产品交易前、中、后台自动连接的业务处理系统和实时的风险管理系统,有健全的金融衍生产品交易风险管理制度和内部控制制度。

外国银行分行申请在中国开办金融衍生产品交易业务,必须获得其总行(地区总部)的正式授权,而且其母国应具备对金融衍生产品交易业务进行监管的法律框架,其母国监管当局应具备相应的监管能力。

2. 金融机构从事衍生产品交易业务内部管理制度

金融机构开办金融衍生产品交易业务应该制定有严格的内部管理制度。具体的制度规范包括:① 金融衍生产品交易业务的指导原则、业务操作规程,而且其业务操作规程应体现交易前台、中台与后台相分离的原则,以及制定有针对突发事件的应急计划。② 金融衍生产品交易品种管理规则,金融衍生产品交易的风险模型指标和量化管理指标,以及风险控制制度。③ 风险报告制度和内部审计制度,交易员守则,交易主管人员岗位责任制度,对各级主管人员与交易员的问责制和激励约束机制。④ 金融衍生产品交易业务研究与开发的管理制度及后评价制度,对前、中、后台主管人员及工作人员的培训计划,以及中国银保监会规定的其他内容。

3. 金融机构从事衍生产品交易业务风险管理制度

金融衍生产品交易具有套期保值和规避风险的功能,但是过度交易则会放大金融风险,所以需要健全的风险管理制度。具体包括:① 金融机构应根据其经营目标、资本实力、管理能力和金融衍生产品的风险特征,综合评估确定能否从事金融衍生产品交易及所从事的金融衍生产品交易品种和规模。② 金融机构应当按照金融衍生产品交易业务的分类,建立与所从事的金融衍生产品交易业务性质、规模和复杂程度相适应的风险管理制度、内部控制制度和业务处理系统。③ 金融机构董事会应至少每年对现行的金融衍生产品风险管理政策和程序进行评价,确保其与机构的资本实力、管理水平一致。在新产品推出频繁或系统重大变化时期,应相应增加评估频度。④ 建立恰当高效的综合管理框架,要求并确保金融机构高级管理人员能够及时、全面地了解所从事的金融衍生产品交易风险,审核批准和评估金融衍生产品交易业务经营及其风险管理,并能通过独立的风险管理部门和完善的检查报告系统,随时获取有关金融衍生产品交易风险状况的信息,在此基础上进行相应的监督与指导。

4. 金融机构从事衍生产品交易业务的信息披露和重大事件报告制度

金融机构为境内机构和个人办理金融衍生产品交易业务,应向拟投资的机构或个人充分揭示金融衍生产品交易的风险,并按照法律规定的方式进行信息公告和风险告知,金融机构对该机构或个人的信息披露应遵守以下规则:① 信息披露的基本内容应包括金融衍生产品合约的内容及内在风险概要,以及影响金融衍生产品潜在损失的重要因素。② 在进行金融衍生产品交易前,应取得该机构或个人投资者的确认函,确认其已理解并有能力承担金融衍生产品交易的风险。③ 金融机构从事金融衍生产品交易出现重大业务风险或重大业务损失时,应及时主动向中国银保监会报告,并提交应对措施。④ 金融机构所从事的衍生产品交易、运行系统、风险管理系统等发生重大变动时,应及时主动向中国银保监会报告具体情况。外国银行分行的境外总行(地区总部)对其授权发生变动时,应及时主动向中国银保监会报告。

5. 金融机构从事衍生产品交易业务的审查监管

银行等金融机构从事金融衍生产品交易业务,应当经中国银保监会等金融监管机构审查批准,接受其监督与检查。获得金融衍生产品交易业务资格的银行经营机构,应当从事与其自身风险管理能力相适应的业务活动。银行等金融机构从事与外汇、商品、能源和股权有关的金融衍生产品交易以及场内金融衍生产品交易,应当具有中国银保监会等金融监管机构批准的金融衍生产品交易业务资格,并遵守国家外汇管理及其他相关规定。

延伸阅读

金融衍生产品的上市

美国经济学家弗兰克·J.法博齐在《资本市场:机构与工具》一书中是这样解释金融衍生产品的:"一些合同给予合同持有者某种权利或对某一种金融资产进行买卖的选择权。这些合同的价值由其交易的金融资产的价格决定,相应地,这些合同被称为金融衍生产品。"所以,可以认为,金融衍生产品的交易实际上是金融合同的交易,这些合同买卖的前提则是合同的设计以及上市。

由于金融衍生产品存在场内交易和场外交易两种模式,金融衍生产品也有场内上市和场外上市两种。由于场内交易涉及众多的投资者,影响面广泛,所以金融监管机构要求严格,合同在上市前必须经过交易所审核批准。反之,场外交易是一种较为松散和自由的交易模式,所以其上市也较为简单。场外交易实践中,大多数个性化的产品是在使用者与交易者之间私下达成协议的,此类合同条款有较大的灵活性。如绝大多数互换合约,合约内容由双方协商确定,这些合约多数在双方当事人直接商定后签订,因为不会在市场中反复交易或使用,所以其影响有限,因而监管机构仅是对其进行指导性监管。例如,纽约国际互换交易协会在1985年公布了第一个互换准则,并于1987年发布了两套标准合约——利率互换协议和利率、汇率互换协议,以作为对这一行业的指导。但是在金融衍生品场外交易实践中,并不是所有的金融衍生产品都只针对部分交易者,也可能作为一种避险工具或投资工具被广大投资者反复使用,交易程序化较高,社会影响较大,这些金融衍生产品必须在经过某些客户群体反复协商并得到了监管机构的审查批准后才能够推出。

[资料来源] 顾功耘主编《金融衍生工具的法律规则》,北京大学出版社,2007,第106页。

问题与思考

1. 简述金融信托法律关系中的各方权利义务,以及集合资产信托计划的特征。
2. 简述金融租赁与普通租赁之间的相同点和差异,以及中国金融租赁立法存在的问题。
3. 简述资产证券化的概念和基本流程,以及资产支持证券与股票发行的共同点和差异。
4. 简述金融衍生品交易的概念和主要风险,以及金融衍生产品交易的主要类别。
5. 请谈谈资产证券化对金融发展创新的意义,以及中国资产证券化法律存在的问题。

第五章 货币支付结算行为法律制度

> **本章纲要**
> - 货币支付结算
> - 结算基本原则
> - 信用证支付
> - 第三方支付
> - 支付清算系统
> - 大额支付系统
> - 小额支付系统
> - 货币跨境清算

第一节 货币支付结算行为基本理论

一、货币支付结算的概念和特征

(一) 货币支付结算的概念

传统意义上的支付结算,是指银行经营机构为客户办理因债权债务关系而发生的,与货币清算、资金划拨有关的业务。支付结算业务属于银行经营机构的中间业务,主要收取手续费。传统的结算方式是"三票一汇",即汇票、本票、支票和汇款。例如,银行经营机构在为国际贸易提供支付结算及带有贸易融资功能的支付结算方式中,通常采用汇款、信用证及托收,但是近年来又出现了更为先进便捷的电子汇兑、互联网支付等方式。支付结算的主要功能是完成资金从一方当事人向另一方当事人的转移。在银行已经建立了电子网络支付结算系统的条件下,货币的支付结算行为都是通过银行内部或中央银行统一电子清算系统,或者独立的电子清算网络系统进行。货币市场中的支付、结算和清算既有联系,也有区别。

(1) 结算。结算是交易双方债权债务清偿的货币收付行为,通常是指银行经营机构和客户之间的关系,由银行经营机构进行操作。结算可分为现金结算和非现金结算,依据中国人民银行 1997 年 9 月发布的《支付结算办法》,结算的方式主要有票据、信用卡、汇兑、托收承付和委托收款等。

(2) 清算。清算是在结算过程中,需要两家以上银行经营机构间账户往来,或通过当地货币清算系统的往来账户来完成的货币资金划转。清算分为同城清算和异地清算,是债权债务的货币收付行为。清算与结算不同,结算是银行经营机构与客户之间的关系,清算是银行经营机构相互之间的关系。从发生的过程看,发生结算之后才有清算。通常情况下,清算业务由中央银行,如美国联邦储备委员会下的 Fedwire 系统进行,或由中央银行管理下独立于各商业银行的机构,如纽约清算所银行同业支付系统 CHIPS 负责。

(3) 支付。根据国际清算银行支付结算委员会的解释,支付是完成付款人向收款人转移可以接受的货币债权的过程,这些货币债权的形式可以是中央银行货币,也可以是对本国或外国商业银行的货币债权。

现代社会的经济交往绝大多数不再是交易双方直接面对面的货币结算和支付,而是委托专业机构如银行代为进行。在电子清算网络普及之前,办理支付结算业务时,银行会同时收到许多委托人的收付款凭证,银行必须委派工作人员持这些单证到其他相关银行代理客户办理结算或付款。各相关银行在收到这些单证之后,进行款项的收付和存款货币的划转,并凭有关票据和单证进行货币收付的记账,将款项从需要划出的客户账户中划入需要划入的客户账户中,以此完成货币的结算和流动。但是在电子清算网络建立起来后,类似的票据、单证传送,交易的结算、货币的支付均通过网络完成,为货币的结算、清算和支付节省了时间,提供了方便。

(二) 货币支付结算的特征

经济生活中债权债务清结、价值的转移都离不开支付结算,现代意义上的支付结算存在以下四个方面的特征。

(1) 参与支付结算的主体广泛。包括银行经营机构、非银行金融机构、普通商事企业、其他组织和个人,特别是互联网企业已经成为支付结算的重要载体和参与机构。但是,在整个支付结算程序中,银行经营机构是支付结算和资金清算的主要参与者和承办机构。

(2) 支付结算是两种不同但又相关联的法律行为。结算是交易者之间债权债务的核算、抵销和了结,而支付是结算之后交易者之间资金的转移,即先有结算然后才有货币资金的支付。支付结算必须按照法律规定的条件和程序进行,相关方如果违反法律规定给其他方造成损失则应该承担法律责任。

(3) 支付结算可以提高效率和降低交易风险。支付结算是为了减少现金结算和支付,增加了银行存款和社会资本量,同时也因为减少现金使用而提高了资金安全。为了提高效率和安全,各国或地区还成立了专司支付结算的票据结算所、证券结算机构、期货结算机构,以及中国银联、八达通、支付宝和财付通等专门进行支付结算的第三方机构。

(4) 支付结算方式多样化。除了传统的支付结算如现金支付、票据交换外,还产生了一系列新的支付结算方式或工具,如电子联行、电子汇兑、支付网关、电子钱包、电子货币等。

二、货币支付结算业务模式和类别

(一) 银行经营机构支付结算业务

相较而言,银行经营机构所采取的结算模式较为传统,可根据不同的结算工具和结算途径、模式,对银行经营机构的结算进行如下分类(见图3-5-1)。

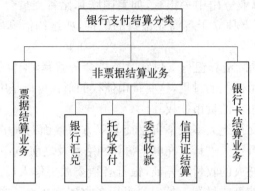

图 3-5-1　银行经营机构支付结算业务分类图

1. 票据结算业务

票据结算是指对银行汇票、银行本票、支票和商业汇票等的结算模式。

(1) 银行汇票。根据中国人民银行发布的《支付结算办法》对银行汇票的界定,银行汇票是银行经营机构签发的,在见票时按照实际结算金额无条件支付给收款人或者持票人的支付凭证。这种汇票的发票人必须是中国人民银行批准办理银行汇票业务的银行经营机构,而且限于中国人民银行和参加"全国联行往来"的商业银行。

(2) 商业汇票。商业汇票是出票人签发、委托付款人在指定日期无条件支付确定的金额给收款人或持票人的票据,根据承兑人的不同又可分为银行承兑汇票和商业承兑汇票。其中:商业承兑汇票是由收款人签发,经银行以外的付款人承兑的汇票;银行承兑汇票是由付款人或收款人签发,银行审查承兑的汇票。

(3) 银行本票。银行本票是银行经营机构签发,并承诺自己在见票时无条件支付确定的金额给收款人或者持票人的票据。银行本票分为现金本票与转账本票,现金本票既可以转账,也可以付现。

(4) 支票。支票是出票人签发,并委托办理支票存款业务的银行经营机构在见票时无条件支付确定的金额给收款人或持票人的票据。

2. 非票据结算业务

非票据结算业务是指银行经营机构进行的汇兑、托收承付和委托收款结算业务。

(1) 银行汇兑。汇兑是汇款人委托银行经营机构将其款项支付给收款人的结算方式,一般用于异地之间的结算,同城范围的结算不适用汇兑结算。机构和个人的各种款项结算,均可以采用汇兑方式。

(2) 托收承付。托收承付是指货物或服务提供方即收款人根据交易合同发货或提供服务后,委托银行经营机构向异地货物或服务接收方收取款项,由货物或服务接收方即付款人向银行承诺付款的结算方式。

(3) 委托收款。委托收款是收款人委托银行经营机构向付款人收取款项的一种结算方式。与托收承付相比,委托收款的适用范围更为广泛,如托收承付只能用于异地结算,委托收款在同城或异地都可以使用。

(4) 信用证结算。信用证主要用于国际贸易结算,是银行经营机构有条件的付款承诺,是开证行根据开证申请人的要求和指示,开给受益人的书面保证文件,开证行在一定的期限和规定的金额内,只要受益人交来的单据与信用证条款相符,开证银行则保证付款。

3. 银行卡结算业务

银行卡是按照一定技术标准制作的,由银行经营机构向社会公开发行的,载有消费信用、转账结算、存取现金等全部或部分功能,并可以作为支付结算工具使用的各种介质卡的统称。银行卡有狭义的银行卡和广义的银行卡之分:狭义的银行卡专指银行经营机构制作并发行的银行卡;广义的银行卡还包括非银行经营机构以及发卡机构发行使用的包括信用透支、消费结算、转账支付、存取现金等全部或部分功能的信用凭证和支付工具。

银行卡曾经是全球也是中国个人金融支付清算服务中最为普遍的非现金支付工具,但由于互联网第三方支付的兴起,银行卡支付已呈衰落之势。

(二) 互联网和移动支付结算业务

互联网和移动支付是近几年信息网络发展创新的产物,并且呈现出支付品种不断丰富、支付模式快速更新、支付技术日趋完善的趋势,具体分类如图 3-5-2 所示。

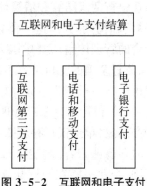

图 3-5-2 互联网和电子支付结算业务分类图

(1) 互联网第三方支付结算。互联网支付结算是指收款人或者付款人(统称为客户),通过计算机、移动设备终端等,依托公共网络信息系统远程发送支付和结算命令,然后由持有牌照的第三方支付结算机构与开户银行交换数据,进行支付或结算。在整个过程中,各方客户的电子设备并不直接相连,而是由第三方代理双方进行货币资金的转移支付。互联网第三方支付又可分为网关型支付、担保型支付和支付平台型支付,此类支付产生于电子商务,但现在又开始独立于电子商务。

(2) 电话支付结算。电话支付结算是指银行经营机构利用电话(包括移动电话等声讯设备和通信网络)向客户提供金融支付清算服务。客户通过固定电话终端、移动通信终端设备,如手机、掌上电脑、笔记本电脑,发出支付清算命令,通过电话网络系统与银行经营机构的业务系统链接,实现账户资金的支付清算。

(3) 电子银行支付结算。电子银行业务是指银行经营机构通过电子化渠道提供的银行产品和服务,提供的方式包括商业 POS 终端机、ATM 自动柜员机、电话自动应答服务系统等。电子银行支付结算是利用分布在金融机构和服务网点的终端机,如商业 POS 终端机、ATM 自动柜员机、电话和可视电话等物质条件,以现金卡、信用卡、IC 卡和电子支票等为媒介,办理支付结算。

三、货币支付结算行为法律规则

现阶段,规范包括传统票据、非票据、互联网、第三方在内的支付结算的法律主要有

《民法典》《消费者权益保护法》《电子签名法》《网络安全法》等通用性法律,以及《中国人民银行法》《银行业监督管理法》《商业银行法》和《票据法》等专业性法律。涉及支付结算的行政法规和部门规章有:中国人民银行1997年制定的《支付结算办法》、1999年制定的《银行卡业务管理办法》,国务院2000年制定的《个人存款账户实名制规定》和中国人民银行随后发布的《中国人民银行关于〈个人存款账户实名制规定〉施行后有关问题处置意见的通知》,中国人民银行2003年制定的《人民币银行结算账户管理办法》、2005年制定的《电子支付指引(第一号)》、2010年制定的《非金融机构支付服务管理办法》(2020年修改)、2013年制定的《银行卡收单业务管理办法》、2014年制定的《中国人民银行关于加强银行业金融机构人民币同业银行结算账户管理的通知》、2016年制定的《中国人民银行关于信用卡业务有关事项的通知》;原中国银监会2011年制定的《商业银行信用卡业务监督管理办法》和2014年原国家工商行政管理总局发布的《网络交易管理办法》等;2016年中国人民银行、原中国银监会修订后共同发布的《国内信用证结算办法》等。这些法律法规对货币支付结算的规定可归纳为以下五个方面。

(1) 支付结算的体系架构。中国目前的支付结算和清算安排采取的是中央银行—商业银行两级结算和清算体系,以中国人民银行为核心、商业银行为基础提供全社会的结算和清算服务。这一体系主要特征如下:① 支付结算实行集中统一和分级管理相结合的管理体制;② 中国人民银行总行负责制定统一的支付结算制度,组织、协调、管理、监督全国的支付结算工作,调解、处理银行之间的支付结算纠纷;③ 中国人民银行提供最终跨行清算服务,商业银行负责资金的最终结算和支付。

(2) 银行结算账户管理规定。中国人民银行2019年公布的《企业银行结算账户管理办法》将单位银行存款账户按用途分为基本存款账户、一般存款账户、专用存款账户、临时存款账户,并规定:① 企业开立、变更、撤销基本存款账户、临时存款账户实行备案制,企业只能在银行开立一个基本存款账户;② 银行为企业开立一般存款账户、专用存款账户,除遵循《人民币银行结算账户管理办法》等制度外,还应判断企业开户合理性,防止企业乱开银行结算账户;③ 存款人一般应在注册地或住所地开立银行结算账户,符合中国人民银行规定条件的,可以在异地开立有关银行结算账户;④ 个人在中国境内的银行经营机构开立个人存款账户时,应当出示本人身份证件,实行实名制。

(3) 支付结算的基本原则。支付结算应该遵循以下原则:① 恪守信用、履约付款的原则,即要求支付结算的当事人恪守诚实守信的原则,依照约定履行自己的义务、行使自己的权利。② 谁的钱进谁的账,由谁支配的原则,银行经营机构在支付结算中必须要遵循委托人的意愿,将款项支付给委托人确定的收款人,即将款项划转到委托人确定的收款人的银行结算账户,以保障收款人的合法权益。③ 银行不垫款原则,即在支付结算活动中,银行经营机构仅作为支付中介机构发挥作用,其角色只是负责银行客户之间的资金转移,不能为客户垫付资金。付款人账户内没有资金或资金不足,或者收款人应收的款项由于付款人的原因不能收回时,银行没有垫付资金的义务。

(4) 支付结算业务许可原则。非金融机构提供支付服务,应当依据国家法律规定取得支付业务许可证,成为支付机构。所有从事支付结算业务的机构依法接受中国人民银行的监督管理,未经中国人民银行批准,任何非金融机构和个人不得从事或变相从事支付结算业务。取得支付结算业务许可证的基本条件如下：① 中介机构或具有类似地位的第三方机构依法注册，且注册资本符合国家法律规定的要求；② 中介机构和第三方机构具有履行法律规定的客户身份识别义务的能力；③ 当金融机构需要立即从中介机构或第三方机构获得客户身份证明时，该类机构能够方便及时地提供。

（5）客户资金分账管理原则。非金融机构经营支付结算业务资金统一交由银行经营机构管理和办理。支付机构之间的货币资金转移应当委托银行经营机构办理，不得通过支付机构相互存放货币资金或委托其他支付机构等形式办理。支付机构不得办理银行经营机构之间的货币资金转移，经特别许可的除外。

除此之外，支付结算机构应当遵循安全、效率、诚信和公平竞争的原则，不得损害国家利益、社会公共利益和客户合法权益。支付机构应当遵守反洗钱的有关规定，履行反洗钱义务。

延 伸 阅 读

互联网第三方支付的基本分类

按照不同的维度，互联网第三方支付有着不同的分类，在新信息技术支持下，互联网第三方支付朝着多元化网络模式发展。目前，中国互联网第三方支付整体上包括网关型支付模式、担保型支付模式和支付账户型支付模式。

网关型支付是指支付平台为各商家和各家银行经营机构的纽带，向各电子商务企业和个人同时提供多家银行经营机构的支付服务，平台本身只作为支付通道将客户的支付指令发送给银行经营机构，银行经营机构完成转账后再将信息传递给支付平台，支付平台将此信息通知商家或客户，并与之进行结算。网关型支付模式下，第三方支付平台所起的作用是连接客户和银行经营机构的通道，并没有实际参与银行经营机构的支付和结算，只是传递支付和清算的数额和结果等信息，安全连接因特网和专网，起到隔离和保护专网的作用。

担保型支付是在支付网关模式上发展起来的，即支付网关除了完成电子商务企业或个人与各银行经营机构的对接并完成交易外，又增加了第三方担保功能，如淘宝网推出的支付宝。这种支付模式下，支付机构起到了信用中介的作用，在买家确认收到商品之前，第三方支付机构代替买卖双方保管货款。其付款流程与网上交易紧密联系起来，根据卖方的履约情况向卖方划转买方的货款。

支付账户型支付是指付款人直接向支付机构提交支付指令，将账户内的资金划转至收款人指定的账户中的一种支付方式。也就是说，买方和卖方在同一个支付平台中开设有账户，买方选购商品后，通过平台在各个银行经营机构的接口，将购买货物的货款转账到平台的账户上，支付平台在收到银行经营机构的到账通知后，通知卖家货款到达，进行发货。买方确认货物后，通知平台付款给卖方。

[资料来源] 徐学锋主编《现代支付结算与电子银行》，上海财经大学出版社，2017，第253—261页。

第二节 货币支付结算行为制度规则

一、银行经营机构支付结算制度规则

(一)票据支付结算的规则和程序

票据是由出票人签发,表明无条件按照票据所载明的金额支付或委托他人支付其金钱的书面凭证。票据既是支付结算工具,也是重要的融资工具,现代社会逐渐脱离了传统的纸质票据模式,而朝票据数字化方向发展。票据的功能主要有汇兑功能、支付功能、结算功能、流动功能、融资功能、信用功能,票据的支付结算则以其支付功能和结算功能为基础。

1. 银行汇票支付结算

银行汇票是出票银行签发、由其在见票时按照票面金额无条件支付给收款人或者持票人的票据。银行汇票的基本使用规则如下:① 机构和个人各种款项结算,均可使用银行汇票,既可以转账,填明"现金"字样的也可进行取现;② 银行汇票可以背书转让,但未填写实际数额或者超过出票金额的背书转让无效;③ 持票人向银行经营机构提示付款时,必须同时提交银行汇票和解讫通知,缺少任何一联,银行不得受理;④ 持票人超过期限向代理付款银行提示付款不获付款的,需要在票据权利时效内向持票人作出说明,持票人应提供本人身份证明或单位证明,持银行汇票和解讫通知向出票银行请求付款;⑤ 银行汇票的提示付款期为出票日起 1 个月,持票人超过付款期限提示付款的,代理付款人不予受理。

银行汇票支付结算业务流程如下:① 签发票据,付款人填写"结算业务申请书",提交出票行,出票行依据申请书签发银行汇票;② 兑付票据,收款人或持票人填写进账单,将银行汇票和解讫通知一并送交代理付款银行办理兑付;③ 未用退回,申请人应备函向出票行说明情况,按规定提交证明或身份证件,同时交回银行汇票和解讫通知;④ 超期付款,持票人应备函向出票行说明票据超期的情况,按规定提交证明或身份证件,同时提交银行汇票和解讫通知。

2. 商业汇票支付结算

商业汇票是出票人签发、委托付款人在指定日期无条件支付确定的金额给收款人或持票人的票据,商业汇票又可分为银行承兑汇票和商业承兑汇票。商业汇票的基本使用规则如下:① 办理商业汇票必须以真实的交易关系和债权债务关系为基础,出票人不得签发无对价的商业汇票用以骗取银行或其他票据当事人的资金;② 商业汇票的出票人应为在银行开立存款账户的法人以及其他组织,且开户银行与付款人(承兑人)具有真实的委托付款关系,并具有支付汇票金额的可靠资金来源;③ 签发商业汇票必须按规定详细记载必须记载事项,且出票人签发汇票时,应在汇票上记载具体的到期日;④ 商业汇票可以在出票时向付款人提示承兑后使用,也可以在出票后先使用再

向付款人提示承兑,但持票人均应在汇票到期日前向付款人提示承兑,但承兑不得附有条件,附有条件的承兑视为拒绝承兑,承兑无效;⑤ 商业汇票的持票人向银行申请贴现时,必须提供与其直接前手之间的增值税发票和商品发运单据复印件,贴现银行办理转贴现、商品发运单据复印件;⑥ 贴现利息的计算,承兑人在异地的,贴现、转贴现和再贴现的银行应另加 3 天的划款日期。

商业汇票的票款结算一般采用委托收款方式,即由持票人委托开户银行在提示付款期内代为收款或直接向付款人提示付款。商业汇票的提示付款期为自汇票到期日起 10 日。对异地委托收款的,持票人可匡算邮程,提前通过开户银行委托收款。

商业汇票支付结算业务流程如下:① 签发票据,商业承兑汇票按照双方协定,可以由付款人签发,也可以由收款人签发;② 承兑票据,商业汇票可以在出票时提示承兑后使用,也可以在出票后先使用,到期之前再提示承兑,其中,商业承兑汇票由付款人承兑,银行承兑汇票由银行经营机构承兑;③ 出票人签发银行承兑汇票时,出票人须先向开户银行提交申请,经过信贷部门审批后,由出票人交付保证金,然后与出票人签订承兑协议;④ 出票人根据信贷部门的通知、承兑协议和审批书等资料,银行向申请人出售空白票据,出票人按协议签发银行承兑汇票,承兑行编押、签章后将票据交付出票人;⑤ 到期处理,银行承兑汇票到期后,持票人委托开户银行向承兑银行提示付款,填制收款凭证,连同汇票一起提交开户银行,由开户银行办理托收;⑥ 承兑银行接到持票人开户银行寄来的托收凭证及汇票,审核无误后,将票款划转至收款人开户银行。

3. 支票支付结算

支票是出票人签发,并委托办理支票存款业务的银行在见票时无条件支付确定的金额给收款人或持票人的票据。中国的支票按其支付方式可分为现金支票、转账支票和普通支票。现金支票专门用于支取现金,转账支票专门用于转账而不得支取现金,而普通支票既可转账也可支取现金。支票的基本使用规则如下:① 申请开立支票存款账户,申请人必须使用其本名,并提交证明其身份的合法证件,预留其本人的签名式样和印鉴,并存入一定的资金,然后领用支票;② 支票使用中,支票一律记名,转账支票可以背书转让,出票人签发的票据金额不得超过其付款时在付款人处所存的资金金额;③ 支票提示付款期为 10 天,即从签发支票的当日起计算,到期日为节假日则依次顺延;④ 支票签发的日期、大小写金额和收款人名称不得更改,其他内容有误,可以划线更正,并加盖预留银行印鉴之一证明;⑤ 出票人必须按照签发的支票金额承担保证向该持票人付款的责任,只要出票人在付款人处的存款足以支付支票金额,付款人就应当在当日足额付款;⑥ 出票人不得签发与其预留本名的签名式样或者印鉴不符的支票。

支票支付结算业务流程如下:① 签发票据,支票由在银行开设了支票账户的机构或个人签发;② 兑付票据,收款人或持票人在支票提示付款期内填制进账单,并与支票一同交由收款人的开户银行或者出票人的开户银行办理进账手续或提现。

4. 银行本票支付结算

银行本票是申请人将款项交存银行,由银行签发的承诺自己在见票时无条件支付票面确定金额给收款人或者持票人的票据。

银行本票的使用规定如下:① 银行本票可以用于转账,填明"现金"字样的银行本

313

票也可以用于支取现金,现金银行本票的申请人和收款人均为个人;② 银行本票可以背书转让,填明"现金"字样的银行本票不能背书转让;③ 银行本票的提示付款期限为自出票日起2个月;④ 在银行开立存款账户的持票人向开户银行提示付款时,未在银行开立存款账户的个人持票人,持注明"现金"字样的银行本票向出票银行支取现金时,应在银行本票背面签章,记载本人身份证件名称、号码及发证机关。

银行本票支付结算业务流程如下:① 申请票据,拟申请使用银行本票的单位或个人,向银行提交银行本票申请书,要求开户银行为其签发银行本票,如果是单位申请签发银行本票则应该为非现金银行本票;② 受理申请,出票银行受理申请人提交的银行本票申请书,应当要求申请人交纳与拟签发的本票金额相当的款项,然后签发银行本票;③ 银行本票必须记载表明"银行本票"的字样、无条件支付的承诺、确定的金额、收款人名称、出票日期、出票人签章,欠缺记载上列事项之一的,银行本票无效;④ 交付票据,申请人取得银行本票后将本票交付给本票上记明的收款人,收款人可以将银行本票背书转让给被背书人,到期持票人委托银行收取款项。

(二)非票据支付结算的规则和程序

非票据支付结算是指银行经营机构传统的汇兑、托收承付和委托收款等结算业务模式。

1. 银行汇兑

汇兑是汇款人委托银行经营机构将其款项支付给收款人的结算方式,一般用于异地之间的结算;机构和个人的各种款项结算均可以采用汇兑方式。银行汇兑涉及汇款人、收款人、汇出银行和汇入银行四个当事人。

银行汇兑的使用规则如下:① 汇款人一般是货物的买方或服务的接受者,在收到货物或接受服务后,即向银行签发汇兑凭证。② 在签发汇兑凭证时必须记载表明"电汇"或"信汇"的字样,收款人与汇款人的名称,汇入地点、汇入行名称,汇出地点、汇出行名称,无条件支付的委托,汇款金额,以及委托付款日期及汇款人签章。③ 汇款人对于汇出银行尚未汇出的款项可以申请撤销,对已经汇出的款项可以申请退汇。④ 收款人在汇入银行开立了存款账户的,汇入银行应将款项直接转入收款人账户,并向收款人发出收账通知。⑤ 收款人在汇入银行没有开立存款账户的,收款人凭电汇、信汇的取款通印,向汇入银行支取款项,收款人在支取款项时应向汇入银行提交本人身份证件供查验,并签章。⑥ 如果是支取现金的,电汇或信汇的凭证必须标明"现金"的字样,如未填明"现金"字样,需要提取现金的,由汇入银行按照国家现金管理规定审查支付;如果是转账支付的,原收款人应向银行填制支款凭证,但是只能转入单位或个体工商户的存款账户,不得转入储蓄或信用卡账户。

银行汇兑支付结算业务流程如下:① 汇出,客户按照规定要求填写"结算业务申请书",填制完毕后交银行经办人员办理汇款。② 银行审核"结算业务申请书",收妥款项后根据收款人开户行区分行内和行外,分别通过网内来往、大额支付系统、小额支付系统办理汇出。③ 退汇,汇款人对银行已经汇出的款项经核实尚未解付的,可以申请退汇;退汇时,由汇款人出具有效身份证明和函件以及原结算业务申请书回单,交由汇出银行办理。④ 解付,汇入银行通过相关联银行子系统收到汇款后,直接入账或转入应解汇款账户。

2. 托收承付

托收承付是指根据交易合同，在收款人发货后委托银行向异地付款人收货款，由付款人向银行承诺付款的结算方式，具体包括托收和承诺付款两个环节。由于托收承付的收款方和付款方分属不同的区域，而且在整个收付款过程中，双方银行仅根据委托通知办理收付款，银行本身并不提供任何信用担保，所以具体到单笔交易能否通过这种方式结算成功，风险较大。现行的《支付结算办法》印发于1997年，托收承付是当时的主要结算方式之一，但在现在互联网高度发达的情况下，托收承付这种支付结算方式以及相关规则均已经落后。

托收承付的使用规则如下：① 办理托收承付结算的款项，必须是商品交易，以及因商品交易而产生的劳务供应的款项，代销、寄销、赊销商品的款项，不得办理托收承付结算；② 办理托收承付结算必须签有符合法律规定的货物销售合同或服务合同，并在合同上订明使用托收承付结算方式，收付双方办理托收承付结算，必须重合同、守信用；③ 收款人办理托收，必须具有商品确已发运的证件，包括铁路、航运、公路等运输部门签发的运单、运单副本和邮局包裹回执；④ 签发托收承付凭证必须记载表明"托收承付"的字样、托收金额、付款人名称及账号、收款人名称及账号、付款人开户银行名称、收款人开户银行名称、托收附寄单证张数或册数、合同名称和号码、委托日期，以及收款人签章，托收承付凭证上欠缺记载上列事项之一的，银行不予受理。

托收承付支付结算业务流程如下：① 托收，收款人按照签订的销售或服务合同发货后，委托银行经营机构办理托收，且在委托时应将托收凭证并附发运证件或其他符合托收承付结算的有关证明和交易单证送交银行经营机构。② 收款人开户银行接到托收凭证及其附件后，应当按照托收的范围、条件和托收凭证记载的要求认真进行审查，必要时，还应查验收付款人签订的交易合同。凡不符合要求或违反交易合同发货的，不能办理，审查时间最长不得超过次日。③ 承付，付款人开户银行收到托收凭证及其附件后，应当及时通知付款人。通知的方法可以根据具体情况与付款人签订协议，采取付款人来银行自取、派人送达、对距离较远的付款人邮寄等。付款人应在承付期内审查核对，安排资金。承付货款分为验单付款和验货付款两种，由收付双方商量选用，并在合同中明确规定。④ 付款人在承付期内，未向银行经营机构表示拒绝付款，即视作承付，并在承付期满的次日（法定休假日顺延）上午银行经营机构开始营业时，将款项主动从付款人的账户内付出，按照收款人指定的划款方式，划给收款人。⑤ 付款人如果拒绝付款，对付款人逾期不退回单证的，开户银行应自发出通知的第3天起，按照托收承付未付欠款实际金额，每天处以规定的罚款，并暂停付款人向外办理结算业务，直到退回单证时止。⑥ 付款人同意部分付款或全部拒绝付款的，应在拒绝付款理由书上签注意见。部分拒绝付款，除办理部分付款外，应将拒绝付款理由书连同拒付证明和拒付商品清单邮寄收款人开户银行转交收款人。全部拒绝付款，应将拒绝付款理由书连同拒付证明和有关单证邮寄收款人开户银行转交收款人。

3. 委托收款

委托收款是收款人委托银行经营机构向付款人收取款项的一种结算方式。与托收承付相比，委托付款的适用范围更为广泛，托收承付仅限于异地，而委托收款本地异地均可使用。此外，委托收款没有数额限制，也不局限于货物销售和服务贸易。

委托收款的使用规则如下：① 单位和个人凭已承兑商业汇票、债券、存单等付款人债务证明办理款项的结算，均可以使用委托收款结算方式。② 委托申请，收款人办理委托收款应向银行提交委托收款凭证和有关的债务证明。签发委托收款凭证必须记载表明"委托收款"字样、确定的金额、付款人名称、收款人名称、委托收款凭据名称及附寄单证张数、委托日期、收款人签章，欠缺记载上列事项之一的，银行不予受理。③ 付款，银行收到寄来的委托收款凭证及债务证明，审查无误办理付款。以银行自己为付款人的，银行应在当日将款项主动支付给收款人；以其他人为付款人的，银行应及时通知付款人，并按照有关办法规定，将相关债务证明和凭证交给付款人，并签收。付款人应在收付款通知的当日书面通知银行付款，按照有关结算制度规定，付款人在接到付款通知日的次日起3日内未通知银行付款，视同付款人同意付款，银行应于付款人接到通知日的次日起第4日上午开始营业时，将款项划给收款人。银行在办理划款时，付款人存款账户不足支付的，应通过被委托银行向收款人发出未付款项通知书。④ 拒绝付款，付款人审查有关债务证明后，对收款人委托收取的款项需要拒绝付款的，可以拒绝付款，并将拒绝证明连同有关债务证明、凭证寄给被委托银行，转交收款人。⑤ 在同城范围内，收款人收取公用事业费或根据国务院的规定，可以使用同城特约委托收款。收取公用事业费，必须具有收付双方事先签订的收款合同，由付款人向开户银行授权，并经开户银行同意，报经中国人民银行当地分支行批准。

委托收款支付结算业务流程如下：① 委托申请，收款人办理委托收款应向银行经营机构提交委托收款凭证和有关的债务证明。② 付款，银行经营机构接到寄来的委托收款凭证及债务证明，审查无误办理付款。以银行经营机构为付款人的，银行经营机构应在当日将款项主动支付给收款人；以第三者为付款人的，银行经营机构应及时通知付款人，按照有关办法规定，将有关债务证明交给付款人签收，付款人应于接到通知的当日书面通知银行经营机构付款。

4. 信用证结算

信用证是开证银行根据申请人的申请向收款人开具的有条件的书面付款承诺，表明开证银行在一定的期限和规定的金额内，只要收款人交来的单据与信用证条款相符，开证银行确保付款。信用证主要用于国际贸易结算，其使用规则包括以下六个方面。

(1) 信用证的开立与转让应当具有真实的贸易背景，但是信用证一旦开立则独立于贸易合同，与贸易合同相分离。银行对信用证作出的付款、确认到期付款、议付以及履行信用证项下的其他义务的承诺，不受申请人与开证行、申请人与收款人之间的关系变化而形成的抗辩的制约。开证行可以是商业银行、政策性银行、农村合作银行、农村信用社和村镇银行等。

(2) 申请人申请开立信用证，须提交其与收款人签订的贸易合同。开证银行应根据贸易合同及开证申请书等文件，合理、审慎设置信用证付款期限、有效期、交单期、有效地点，并可要求申请人交存一定数额的开证保证金，还可根据申请人资信情况要求其提供抵押、质押、保证等合法有效的担保。然后，开证银行与申请人签订明确双方权利义务的开证协议。根据中国《国内信用证结算办法》，只能开立不可撤销信用证。

（3）信用证开立后应该指定通知银行，通知银行可由开证申请人指定，如开证申请人没有指定，开证银行有权指定通知银行，但通知银行是否接受指定或委托则可自行决定。通知银行是受开证银行的委托，向收款人通知信用证的银行，是开证银行的代理人。通知银行一旦接受履行通知义务，则应该在收到信用证次日起3个营业日内通知受益人。同理，如果不接受委托，应于收到信用证次日起3个营业日内告知开证银行。开证银行发出的信用证修改书，应通过原信用证通知银行办理通知。

（4）收款人在信用证没到期的情况下要求议付款项，应该向开证银行指定的银行进行。议付必须以信用证的明示为依据，要求单证相符，而且必须在开证银行或保兑银行已经承诺到期付款的情况下，才能向收款人预付或同意预付资金。被指定的银行有权不议付，议付银行议付后，如果开证银行拒绝付款，议付银行可以从收款人账户中收回已付金额，此为议付银行对收款人的追索权。

（5）收款人应该在信用证交单期和有效期内填制信用证交单委托书，并提交单据和信用证正本及信用证通知书、信用证修改书正本及信用证修改通知书等，委托交单银行交单。交单银行是向信用证规定的地点提交信用证项下单据的银行，交单银行应在收单次日起5个营业日内对其审核相符的单据进行交付。交单银行应合理谨慎地审查单据是否相符，但非保兑银行的交单银行经营机构对单据相符性不承担责任，交单银行与受益人另有约定的除外。

（6）开证银行或保兑银行在收到交单银行寄交的单据及寄单通知书或收款人直接递交的单据的次日起5个营业日内，应及时核对是否为相符交单。如果单证相符，或虽然单证不符但开证银行或保兑银行同意接受，应于收到单据次日起5个营业日内支付相应款项给交单银行或收款人。对远期信用证，应于收到单据次日起5个营业日内发出到期付款确认书，并于到期日支付款项给交单银行或受益人。

信用证支付结算业务流程如下：① 买卖双方在贸易合同中规定使用跟单信用证支付，买方通知当地银行即开证银行开立以卖方为收款人的信用证；② 开证银行请求卖方所在地有业务联系的银行通知或保兑信用证，通知银行通知卖方，信用证开立程序即告完成；③ 卖方收到信用证，并确保其能履行信用证规定的条件后，即装运货物并将装运单据向指定银行提交，即交单；④ 接收单据的银行可能是开证银行，或是信用证内指定的付款、承兑或议付银行，接受单据后按照信用证审核单据，如单据符合信用证规定，则按信用证规定进行支付、承兑或议付；⑤ 开证银行以外的银行将单据寄送开证银行，开证银行审核单据无误后，以事先约定的形式，对已按照信用证付款、承兑或议付的银行进行偿付；⑥ 开证银行在买方付款后交单，然后买方凭单证取货。

二、银行卡支付结算制度规则

（一）银行卡支付结算和市场主体

银行卡是由经授权的金融机构向社会发行的具有消费信用、转账结算、存取现金等全部或部分功能的信用支付工具。一般而言，银行卡业务中涉及三大类机构：银行卡的发卡机构、银行卡的收单机构和国际银行卡组织。

(1) 银行卡的发卡机构。无论在国际上还是在中国国内,银行卡市场上发卡机构主要有两类:银行经营机构和专业信用卡机构。其中,专业信用卡机构通常都由大型企业集团和零售商发起,这些发卡机构为持卡人提供以电磁卡为载体的信贷产品、支付产品以及其他便利。但无论在国内还是国外,银行经营机构是主要的发卡机构,占据了绝大部分银行卡类支付结算的市场份额。

(2) 银行卡的收单机构。银行卡的收单行为就是持卡人在银行经营机构签约商户那里刷卡消费后,收单机构从商户手中取得交易单据和交易数据,扣除按费率计算出的费用后将银行卡消费的款项支付给工商用户的业务模式。收单机构即获得政府批准的银行卡收单业务许可,为工商用户提供银行卡受理业务并完成资金结算服务的支付机构,一般包括两大类:发卡银行经营机构和专业收单结算机构。在中国,收单结算机构多由各银行经营机构自己充任。收单结算机构的利润来源于转接费、工商用户的刷卡扣费、POS终端租用费、机器月费和特约商户存款增加等。

(3) 银行卡组织。银行卡组织全称银行卡转接清算机构,是由成员组成的国际性或区域性支付卡组织,拥有并经营自己的国际区域处理网络,负责建设和运营全球或区域统一的银行支付卡信息交换网络,授权成员发行银行卡,受理商户的银行卡交易,负责银行卡交易的信息转换和资金清算,制定并推行支付卡跨行交易业务规范和技术标准。世界六大银行卡组织分别为:维萨(VISA)、万事达(MasterCard)、运通(America Express)、日本JCB(Japan Credit Bureau)、大莱(Diners Club)、中国银联。维萨(VISA)是目前世界上最大的信用卡国际组织。维萨是一个开放的银行卡组织,是由200多个国家的22 000多家会员银行和其他金融机构参与的非股份、非营利的国际性组织。

(二) 银行卡支付结算基本规则

银行卡属于卡基支付工具,包括借记卡和信用卡两大类,根据中国人民银行1999年公布的《银行卡业务管理办法》和2013年公布的《银行卡收单业务管理办法》,银行卡支付结算应遵守以下基本规则。

1. 银行卡业务的资格条件和主要规则

银行机构经营银行卡业务须符合下列条件:① 开业3年以上,具有办理零售业务的良好业务基础;② 符合中国人民银行发布的资产负债比例管理监控指标,经营状况良好;③ 已经为银行卡业务建立了科学完善的内部控制制度,有明确的内部授权审批程序;④ 有合格的管理人员和技术人员、相应的管理机构;⑤ 安全、高效的计算机处理系统;⑥ 发行外币卡还须具备经营外汇业务的资格和相应的外汇业务经营管理水平;⑦ 中国人民银行规定的其他条件。银行卡的使用规则包括以下四个方面。

(1) 个人和机构均可申请领取银行卡,相应的银行卡账户也可分为个人账户和机构账户。① 个人申领银行卡,应当向发卡银行提交本人有效的身份证件,经审查合格后,为其开立实名账户;② 机构申请开立银行卡,应当凭中国人民银行核发的基本存款账户开户许可证申领单位卡;③ 如果拟申领和开设外汇银行卡及账户,须按照中国人民银行境内外汇账户管理的有关规定办理。

(2) 银行卡及其账户只限经发卡银行批准的持卡人本人使用,不得出租和转借。

① 机构人民币卡账户的资金一律从其基本存款账户转账存入,不得存取现金,不得将销货收入存入单位卡账户;机构外币卡账户的资金应从其机构的外汇账户转账存入,不得在境内存取外币现钞。② 外汇账户收支范围内具有相应的支付内容,持卡人在还清全部交易款项、透支本息和有关费用后,可申请办理销户。③ 销户时,单位人民币卡账户的资金应当转入其基本存款账户,单位外币卡账户的资金应当转回相应的外汇账户,不得提取现金。④ 单位人民币卡可办理商品交易和劳务供应款项的结算,但不得透支;超过中国人民银行规定起点的,应当经中国人民银行当地分行办理转汇。

(3) 根据原中国银监会发布的《商业银行信用卡业务监督管理办法》,商业银行对信用卡进行分类管理,总共分为五类:① 正常类,即持卡人能够按照事先约定的还款规则于到期日或之前足额偿还应付款项;② 关注类,即持卡人不能按照事先约定的规则在还款日或之前还款,但逾期天数不超过 90 天;③ 次级类,即持卡人不能按照事先约定的规则在还款日或之前还款,且逾期天数超过 90 天,但还没有超过 120 天;④ 可疑类,即持卡人不能按照事先约定的规则在还款日或之前还款,且逾期天数超过 120 天,但还没有超过 180 天;⑤ 损失类,即持卡人不能按照事先约定的规则在还款日或之前还款,且逾期天数超过 180 天。

(4) 根据 2016 年 4 月发布的《中国人民银行关于信用卡业务有关事项的通知》:如果发生了信用卡透支,透支利率上限为日利率 0.5‰,下限为日利率 0.5‰ 的 0.7 倍;取消信用卡滞纳金,持卡人逾期未归还借款的,可由双方协商决定是否收取违约金,以及收取的方式和标准;如果发卡机构向持卡人超信用额度提供服务,不得收取超限额费用。

2. 收单业务的资格条件和主要规则

收单业务的资格条件和主要规则如下:① 能够从事收单业务的机构包括从事获得银行卡收单业务许可的银行经营机构、为商事用户提供银行卡受理并完成资金支付结算服务的其他支付结算机构;② 收单机构应当对商事用户实行实名制管理,严格审核商事用户的营业执照等证明文件,以及法定代表人或负责人有效身份证件等申请材料;③ 商事用户为自然人的,收单机构应当审核其有效身份证件,如果商事用户使用机构银行结算账户作为收单银行结算账户,收单机构还应当审核其合法拥有该账户的证明文件;④ 收单机构应当制定商事用户资质审核流程和标准,明确资质审核权限,并且要求负责商事用户拓展和资质审核的岗位人员不得相互兼任;⑤ 收单机构应当依法维护当事人的合法权益,保障信息安全和交易安全,遵守反洗钱法律法规要求,履行反洗钱和反恐怖融资义务。

(三) 银行卡支付结算基本流程

银行卡持卡人在 ATM 柜台机上取款、转账,或在发卡机构收单的商事用户处刷卡消费时,其业务流程包括交易授权和资金清算处理,支付结算的基本流程如下所述(见图 3-5-3)。

(1) 发卡机构向持卡人发行银行卡,并通过提供相关的银行卡服务收取一定费用,发卡机构属于银行卡市场的发起者、组织者及银行卡市场的卖方。

(2) 持卡人在商事用户消费或在 ATM 柜台机上存取款和转账,可分为两种模式:

图 3-5-3　银行卡支付结算基本流程示意图

一为行内交易,即持卡人在发卡人自己布放的 ATM 柜台机上存取款、转账或在发卡机构收单的商户处刷卡消费;二是跨行交易,即持卡人在非发卡机构布放的 ATM 柜台机上存取款和转账,或在非发卡机构收单的商事用户处刷卡消费。

(3) 商事用户向收单机构进行结算。在行内交易中,发卡机构同时也是收单机构,交易流程较为简单,其结算在本行内进行;在行外交易中,收单机构是其他的银行经营机构或专业收单机构,收单机构须与发卡机构、商事用户分别进行结算。

(4) 银行卡组织进行信息交换和清算。通过公共信息网络和统一的操作平台,为会员提供信息交换、清算和结算。银行卡跨行支付系统专门处理银行卡跨行信息转接和交易清算业务,目前,此类系统由中国银联建设和运营。

(5) 发卡机构与收单机构进行清算。银行卡业务的清算按发卡银行和收单机构是否属于同一家银行经营机构,分为行内资金清算和跨行资金清算。行内资金清算由发卡银行行内银行卡支付清算系统完成,程序较为简单,而跨行资金清算则通过清算中心进行。

三、互联网支付结算制度规则

(一) 互联网支付结算的概念和特征

互联网支付属于狭义的电子支付范畴,是指通过计算机、手机或其他移动终端设备,依托公共网络系统发起支付指令,采取数字化方式进行的货币支付和资金流转。互联网支付的主要表现形式为互联网第三方支付、网络银行支付、移动互联网支付、数字电视支付等。互联网支付结算的基本特征包括以下四个方面。

(1) 互联网支付结算是指采取先进的技术,通过数据信息完成信息传送,采取数字化方式进行款项支付和结算。反之,传统的支付结算则是通过现金的流转、票据的交付及银行汇兑等物理实体的交接和流转来完成款项支付和债权债务了结。

(2) 互联网支付结算在一个虚拟、开放和无边界的系统平台即因特网之中进行,而传统的支付结算则在一个实体、封闭的物理环境中来完成。互联网支付结算通过中远距离的在线或离线操作模式完成支付结算,反之,传统支付结算则是在实际到场的环境下面对面地完成支付结算任务。

(3) 互联网支付使用的是先进的通信工具,具有方便、快捷、高效、经济和无边界等优势。客户可以利用计算机、手机或其他移动电子设备终端,在很短的时间内完成支付和结算,而且支付结算费用低廉,特别是能在短时间内完成跨越国界的支付结算任务。

(4) 互联网支付结算由于缺乏纸质的货币和物资的支付结算工具,具有无形性特点,无法在感官上把握,加上互联网的安全性等问题,所以在技术上、法律上还需要进一步完善。

现阶段的互联网支付结算技术环境、法律制度还不成熟和完善,作为一种新型的支付结算模式,还存在一定的安全性漏洞、管理不规范等问题,所以需要加强技术上的研究和成熟,完善相关立法和监督管理。但是,作为一种重要的金融创新,互联网技术场景和数字货币的结合会对金融市场产生颠覆性影响。

(二) 互联网支付结算的基本分类

互联网支付结算方式主要可分为两大类,即网上银行支付结算和第三方支付结算。

1. 网上银行支付结算模式

从国内外网上银行的经营模式看,网上银行主要有纯网络模式和传统银行网络延伸模式。纯网络模式是指完全依托互联网发展起来的网上银行,没有实体的银行经营机构网点,所有业务都在网上完成,包括支付结算业务。延伸模式即传统实体银行利用互联网技术,向客户提供开户、查询、转账、汇款、对账、投资理财、信贷等银行服务。目前,网络支付结算的支撑平台主要有两类:一类是较为传统成熟的电子数据交换系统(Electronic Data Interchange, EDI),属于银行经营机构推出的专用网络支付结算平台;另一类是大众化的互联网平台(Internet)。它们各有优缺点。但是随着互联网在社会各行业的普及和应用,加上其方便、快捷、多媒体、互动性强,以及经济实惠等特征,互联网平台逐渐成了网络支付结算的主要平台。

2. 互联网第三方支付结算模式

所谓互联网第三方支付,就是由非银行经营机构投资运营的互联网支付平台机构,通过互联网技术在商家和银行经营机构之间建立链接,从而实现消费者、金融机构以及商家之间的货币支付、现金流转、资金清算和查询统计等服务。根据第三方支付的业务特点还可以作出不同分类。

(1) 根据是否依附于电商交易平台,可以将互联网第三方支付分为独立型第三方支付与非独立型第三方支付。独立型第三方支付不依附于任何电子商务交易平台,仅仅为用户提供支付服务和支付系统解决方案,典型代表如"快钱"。然而,非独立型第三方支付依托于电子商务网站,为特定电商企业服务,典型代表是"支付宝"和"财付通"。

(2) 根据是否存在虚拟账户,可以将互联网第三方支付分为通道型第三方支付和账户型第三方支付。通道型第三方支付是指第三方支付平台为客户提供统一的支付网关,但不为客户建立虚拟账户,买方的付款直接进入支付平台的银行账户,由支付平台与卖方的银行账户进行结算,典型代表是"银联支付"。在账户型第三方支付中,买卖双方须各自在支付平台内开设一个虚拟账户,该账户与银行账户相关联,可以通过网上银行、现金、汇款等方式对虚拟账户充值,客户可以通过支付网关在银行账户转账结算从而完成收付款,也可以仅在支付平台的虚拟账户之间转账而完成收付款,典型代表是"支付宝"。

（3）根据第三方支付提供的功能种类的不同，可以将互联网第三方支付分为银行网关型第三方支付与信用担保型第三方支付。银行网关型第三方支付是指第三方支付机构与各大银行经营机构签约，集成统一的银行支付网关，网络交易各方通过支付网关与网上银行联通而完成网上支付。信用担保型第三方支付是指在提供统一银行支付网关的同时，还承担信用担保的功能。

（三）互联网支付结算的基本规则

因为普通的互联网支付仅是传统银行通过互联网络的延伸，交易可以通过在线进行远距离操作，所以其支付结算模式与传统的银行经营机构结算虽有差别，但也仅在原有基础上的发展。真正具有创新特征的支付模式是互联网第三方支付，而互联网第三方支付具体又包括固定互联网第三方支付、移动互联网第三方支付、二维码支付等，甚至还有许多新的支付模式产生。根据中国人民银行2015年12月发布的《非银行支付机构网络支付业务管理办法》，互联网第三方支付平台机构的支付结算基本行为规则包括以下七个方面。

（1）建立有完善的客户身份识别机制。支付平台机构为客户开立支付账户的，应当对客户进行实名制管理，登记客户身份基本信息并采取有效措施进行验证，按规定核对有效身份证件并留存有效身份证件复印件或者影印件，建立客户唯一识别编码，并在与客户业务关系存续期间采取持续的身份识别措施，确保有效核实客户身份及其真实意愿，不得开设匿名、假名支付账户。

（2）签订了第三方支付协议并明确双方的权利义务。支付平台机构应当与客户签订第三方支付结算协议，约定双方的权利和义务。支付结算协议必须包括业务基本规则，如业务功能和流程、身份识别和交易验证方式、资金结算方式、收费项目和标准、查询、差错争议解决等服务流程和规则，业务风险和非法活动防范及处置措施，客户损失责任划分和赔付规则等内容。

（3）客户资金必须托管在银行经营机构专门账户。2017年1月，发布《中国人民银行办公厅关于实施支付机构客户备付金集中存管有关事项的通知》，明确了互联网第三方支付平台机构在交易过程中，产生的客户备付金应该统一交存至指定账户，由中国人民银行监管，支付机构不得挪用、占用客户备付金。也即，客户的资金必须统一存放在银行经营机构专门的账户，支付账户所记录的资金余额不同于客户本人的银行存款，商业银行为支付机构交存的客户备付金不计入一般存款，不纳入存款准备金交存基数，不受《存款保险条例》保护。该部分资金实质上是客户委托支付机构保管的，所有权虽然归属于客户，但不以客户本人名义存放在银行，而是以支付平台机构名义存放在银行，供支付平台机构向银行经营机构发起资金调拨指令使用。

（4）支付平台机构支付账户开设实行许可制度。支付账户是在支付网关模式的基础上，客户和商家在支付平台机构所开设的专门用于支付的账户，客户将银行账户中的资金先划转到支付账户，获取预付货币，再通过支付账户将预付货币支付给商家。商家也必须在支付平台机构开设支付账户，以收取从客户处交付的货款，然后将货款再转移到商家在银行所开设的账号中。获得互联网支付业务许可的支付平台机构，经客户主动提出申请，可为其开立支付账户。但仅获得移动电话支付、固定电话支付、数字电视支付业务许可的支付平台机构,不得为客户开立支付账户。支付平台机构不得为金融机构,以及从事信贷、融资、理财、担保、信托、货币兑换等金融业务的其他机构开立支付账户。

(5) 支付平台机构必须保障交易信息真实性和完整性。支付平台机构应当确保交易信息的真实性、完整性、可追溯性以及在支付全流程中的一致性,不得篡改或者隐匿交易信息。交易信息包括但不限于下列内容:① 交易渠道、交易终端或接口类型、交易类型、交易金额、交易时间,以及直接向客户提供商品或者服务的商事企业名称、编码和按照国家与金融行业标准设置的商户类别码;② 收付款客户名称,收付款支付账户账号或者银行账户的开户银行名称及账号;③ 付款客户的身份验证和交易授权信息;④ 有效追溯交易的标识;⑤ 机构客户单笔超过一定数额的转账业务的付款用途和事由。

(6) 支付平台机构应当建立完善且有效的客户风险评估系统。具体要求如下:① 支付平台机构应当综合客户类型、身份核实方式、交易行为特征、资信状况等因素,建立客户风险评级管理制度和机制,并动态调整客户风险评级及相关风险控制措施;② 支付平台机构应当根据客户风险评级、交易验证方式、交易渠道、交易终端或接口类型、交易类型、交易金额、交易时间、商户类别等因素,建立交易风险管理制度和交易监测系统,对疑似欺诈、套现、洗钱、非法融资、恐怖融资等交易,及时采取调查核实、延迟结算、终止服务等措施。

(7) 支付平台机构应建立支付账户动态安全管理机制。支付机构应根据客户身份对同一客户在本平台机构开立的所有支付账户进行关联管理,并对个人支付账户进行分类管理,其分类账户包括:Ⅰ类支付账户,账户余额仅可用于消费和转账,余额付款交易自账户开立起累计不超过1 000元;Ⅱ类支付账户,账户余额仅可用于消费和转账,其所有支付账户的余额付款交易年累计不超过10万元;Ⅲ类支付账户,账户余额可以用于消费、转账以及购买投资理财等金融类产品,其所有支付账户的余额付款交易年累计不超过20万元。上述有关金额规定也可能随着支付结算的技术改进和金融市场发展被监管机构调整。

(四) 互联网第三方支付结算的基本流程

互联网第三方支付结算是一种新型的支付结算模式,主要建立在互联网络等新金融科技上,与传统银行经营机构支付结算流程存在较大的不同。

1. 互联网第三方支付结算的参与主体

无论固定互联网,还是移动互联网支付或扫码支付,其本质是交易双方借助互联网络完成交易的结算和资金的转移,实现债权债务的清算了结。一般而言,互联网第三方支付有5种市场参与者,如客户、商户、网络运营商(移动运营商)、银行经营机构和第三方支付平台机构。

(1) 客户是指持有电子设备并且愿意采用互联网第三方支付来购买商品和转账的机构或个人,是第三方支付结算的需求者和发起人。

(2) 商户即商事用户,特指安装了互联网第三方支付受理终端设备的商品卖家和服务提供者,商品销售者和服务提供者在向消费者提供商品和服务时,消费者通过互联网络向其支付货款。

(3) 网络运营商即互联网络平台经营机构,在移动支付中则为移动运营商,是指为第三方支付提供安全的通信渠道的经营机构。网络运营商是互联网第三方支付的重要环节和载体,在整个第三方支付中起到关键作用。

(4) 银行经营机构。银行是客户资金的实际存放机构、银行账号的开立单位、支付结算的最终承担者,第三方支付平台机构的所有支付结算行为最终都要由银行经营机构来完成。

(5) 第三方支付平台机构是依法设立,专门从事支付结算的非金融机构,是在整个支付结算业务过程中,接受客户的委托进行支付结算业务,连接客户与银行经营机构的中间环节。

2. 互联网第三方支付结算的基本流程

由于互联网第三方支付结算存在不同的模式,所以其支付结算流程也存在一定的差异。

(1) 网关型支付结算模式基本流程。网关型支付平台机构为各商家和多家银行经营机构之间连接的纽带,平台机构向各电子商务企业和个人同时提供多家银行经营机构的支付服务,但支付平台机构只是作为支付通道将客户发出的支付指令传递给银行经营机构,银行经营机构完成转账后再将信息传递给支付平台机构,支付平台机构将此信息通知收付款用户。在整个过程中,第三方网络支付平台机构仅扮演着通道的角色,并没有实际涉及支付和结算。

网关型支付结算业务流程如下:① 交易双方达成支付协议,确定支付金额并同意采取第三方网关型支付;② 收款方或付款方向网关型支付平台机构申请支付,并提交信息,然后由支付平台机构验证付款方信息,付款方确认信息和付款,并提交付款银行卡或银行账户信息;③ 支付平台机构在确认支付后,将支付信息提交到相关银行经营机构,申请收付款,并将银行经营机构返还的支付完成信息传送到收付款双方;④ 在确认支付完成的情况下,收付双方完成交易。

(2) 担保型支付模式基本流程。担保型支付是在网关型支付基础上发展起来的,即支付平台机构除了完成电子商务企业和个人与各银行经营机构的对接并完成支付结算外,又增加了第三方担保功能。即支付平台机构在从付款方的银行经营机构收到款项后,并不立即将款项支付给收款方,而是在平台上停留一段时间,直到交易中的付款方确认收到货物后,再将货款支付给收款方。此方式有效地解决了互联网买卖双方信用问题。

担保型支付结算业务流程如下:① 买卖双方达成交易协议和支付协议,确定支付金额并同意采取担保型第三方支付模式支付;② 付款方即买方向支付平台机构申请支付,并提交信息,然后由支付平台机构验证付款方信息,将支付信息提交到相关银行经营机构,申请收付款;③ 银行经营机构将款项支付给支付平台机构,返回支付成功的信息;④ 支付平台机构收到支付款项后,向收款方即卖方传送货款已付的信息,在收款方收到货款已付的通知后,向付款方发送货物或提供服务,当收款方收到货物或服务后,向支付平台机构发出最终支付的指令;⑤ 支付平台机构将款项支付给收款方,并将银行经营机构返还的支付完成信息传送给收付款双方,收付双方完成全部交易。

(3) 账户性支付模式基本流程。支付账户模式是指付款人直接向支付平台机构提交支付指令,将账户内的资金按要求划拨至收款人指定账户的支付方式。换言之,买家和卖家在同一个第三方支付平台机构开有账户。买家在选购商品后,通过支付平台机构在各个银行的接口,将购买货物的资金转到支付平台机构中自身的账户内,支付平台在收到银行的进账通知后,通知卖家货款到达并发货;买家在确认收到货物后通知支付平台机构付款给卖家,支付平台机构将货款转入卖家账户。

账户型支付结算业务流程如下:① 交易双方达成交易协议和协商付款方式;② 付款方向支付平台机构发送支付信息并申请付款;③ 支付平台机构向银行经营机构请求付款并提交支付信息;④ 银行经营机构向支付平台机构确认支付成功并返回支付信息;⑤ 支付平台机构向付款方发送支付结果和信息;⑥ 支付平台机构向收款方支付账户支付款项,然后由收款方向付款方交付货物,交易完成。

(4) 移动支付模式基本流程。移动支付是指机构或个人直接或者授权他人通过移动通信终端设备,如手机、掌上电脑、笔记本电脑等,发出支付命令,实行货币结算与资金转移的行为。移动支付的本质是买卖双方借助移动终端和无线网络完成资金的收付,最终结清债权债务的过程。移动支付的方式有远程支付、近场支付等。

远程方式支付结算业务流程如下:① 客户通过手机或其他移动电子设备上网,登录银行卡账户的开户行的手机银行;② 客户的登录数据通过手机号码和银行卡号对接,经移动运营商的系统连接到银行经营机构的支付系统;③ 客户进入手机银行的网上商城,选择商品并下订单;④ 网上商户将订单发送至银行系统,并发起支付请求;⑤ 银行经营机构给客户返回支付界面,请求客户确认支付;⑥ 客户确认支付,银行扣款,并将支付结果返回商户和客户。

近场支付结算有联机方式支付和脱机方式支付。联机支付是指在移动支付过程中,受理终端通过网络连接到后台业务系统,联机交互确认后,完成支付过程。脱机支付则是指在移动支付过程中,受理终端不通过网络连接后台确认,直接在现场脱机认证,即完成支付清算过程。

联机方式支付结算业务流程如下:① 客户在商户店内选择商品,提交订单;② 客户在商店内选择近场结账支付;③ 商户在现场受理终端上输入金额,通过近场通信技术,在线移动终端发起读取账户请求;④ 客户通过刷手机的方式将账户信息通过移动终端返回现场受理终端;⑤ 现场受理终端发送支付请求给移动运营商交易系统,交易系统向银行系统发起扣款请求;⑥ 银行系统检验信息,返回扣款确认信息;⑦ 交易系统返回支付确认信息给现场受理终端,现场受理终端通知客户付款成功。

脱机方式支付结算业务流程如下:① 客户在商户店内选择商品,提交订单;② 客户在商店内选择近场结账支付;③ 商户在现场受理终端上输入金额,通过近场通信技术,离线移动终端发起读取账户请求;④ 移动终端收到扣款请求,进行扣款权利鉴别,然后在离线钱包中扣款,并返回扣款信息给受理终端;⑤ 客户现场支付完成,受理终端定时上传交易数据;⑥ 移动运营商按决算周期与银行进行决算。

(5) 二维码支付模式基本流程。二维码支付是一种基于账户体系搭建的新一代无线支付方式,在该支付方式下,商事用户可以把账号、商品价格等交易信息汇编成二维码,并将其印刷在各种载体上,商品买家可以通过手机客户端扫拍二维码,以便实现与支付账户的链接,如支付宝和微信支付。二维码支付聚合了大部分线上平台的支付账户作为扫码端口,如人们手机上常用的微信、支付宝、百度钱包等账户,用平台用户的身份接入这些支付平台的线上交易通道,然后利用系统技术为用户生成一个能够收网上支付资金的二维码账户,该账户绑定银行卡以作为每个商户的代付收款账户。二维码所有者作为委托方与资金代付方即银行或第三方支付平台机构达成资金代付协议,为用户实现汇款到账服务。

二维码支付结算业务流程如下:① 用户出示付款码,商家使用扫码枪等扫描付款码完成收款,或者用户使用微信扫码功能,扫描商品二维码;② 通过扫一扫识别二维码,通过后台服务器解析二维码的内容,以此核对二维码携带的链接地址是否合法,判断其属于支付链接还是属于外链网址等;③ 在支付链接确立后,服务器校验属于自己公司的支付链接,获取支付链接中包含的用户信息,进而判断该商户是否存在、商户状态是否正常等;④ 所有校验通过后,后台服务器会把商户名称返回到发起用户的手机应用程序(App)上,通知 App 服务器通过校验;⑤ 确定支付,输入支付密码,后台继续校验支付密码的正确性,然后完成支付。如果采取的是商家扫用户模式,基本原理相同,但此时用户的付款码中包含的是识别该用户的专属 ID;商家通过收银系统向微信或支付宝提交订单时,把扫码枪识别出来的信息传递给微信或支付宝,他们根据这个专属 ID 找到对应的用户,直接进行扣款。

图 3-5-4 第三方支付流程示意图

延伸阅读

金融科技与数据风险

大数据推动金融创新是金融科技的主要特征和模式,即所谓的大数据金融,数据的真实性与数据信息安全是金融科技发展的重要基础。然而,大数据金融在推动金融科技发展的同时,也给金融行为带来新的数据风险。依赖于大数据决策的金融科技业务模式的数据风险,首先体现在大数据本身的真实性上。由于大数据理论建立在"海量数据都是事实"的假设基础上,在人们无法控制数据提供者和数据搜集者的偏见和筛选的情况下,在不关注因果关系而只强调关联关系的模式下,数据分析的结论也未必准确。大数据基础上的分析与决策对数据自身的数量和质量以及收集数据的偏好十分敏感,一旦掺杂了虚假的信息,就可能导致错误的分析、预测和决策。

即使在数据质量合格的情况下,大数据的分析也可能落入"虚假关系陷阱"。由于不再需要随机样本,传统方法中对因果关系的逻辑思辨和推断能力不再有用武之地。这也导致了大数据揭示的结论可能不再正确,未来的事物发展趋势并不真实,从而导致金融机构和投资者作出错误的决策,引发金融风险。理论上也许认为数据风险能够得到控制,但实际上无法完全避免数据风险,因为数据本身就是信息,存在保护不当、数据信息滥用等问题。

除了上述金融信息风险外,数据信息风险还来自潜在的数据入侵和数据监听。大数据在金融领域的广泛应用为黑客攻击金融业提供了更多的机会,给金融网络安全带来新的困难。海量数据＋数据挖掘的大数据监听模式可以为各种违法犯罪人员提供精确的数据监听,对金融市场安全形成危害。

[资料来源] 徐忠、孙国峰等主编《金融科技:发展趋势与监管》,中国金融出版社,2017,第320—321页。

第三节 现代支付清算行为法律制度

一、现代支付清算的概念和特征

(一) 现代支付清算的概念

清算是银行间的资金转账收付,中央银行提供最终跨银行经营机构清算服务,而银行经营机构提供资金的最终结算服务。支付清算系统是支撑各种支付工具运用,实现资金支付和最终转移的渠道,包括从支付指令发出到支付最终完成的业务流程、技术保障和制度安排。目前,中国已初步建成以大额实时支付系统(以下简称"大额支付系统")和小额批量支付系统(以下简称"小额支付系统")为核心,以银行经营机构行内支付系统为基础,以票据交换系统、银行卡支付结算系统、证券登记结算系统、期货登记结算系统为重要组成部分的支付系统网络。

在物物交换和现金结算时期,收付和清算一次性完成,不存在也不需要建立专门进行清算的专业机构和系统。即使在现代社会,在同一银行经营机构开户的各个存款客户之间直接转账也不存在清算业务。清算是经济发展和支付结算创新的产物,是为了解决大额支付结算以及交易边界的突破所带来的金融发展。

早期的跨行清算可追溯到1770年的英国票据交换所。英国票据交换所作为跨行现金清算处所,对各银行经营机构每天收到的票据进行交换和清算,实现差额清算,然后再由各自银行分别与其存款客户办理转账结算。逐渐地,类似于英国票据交易所的机构在欧洲和世界各地逐渐建立起来。到了1854年,英国的中央银行——英格兰银行采取了对跨行结算差额每日进行账户清理的做法,这成了英国银行业清算基本模式,随后其他国家纷纷仿效。逐渐地,各家银行经营机构之间的结算差额也不再使用现金支付,而是每家银行经营机构和票据交易所均在中央银行开立结算账户,其差额部分记载于结算账户之中。随着通信技术和计算机技术的发展,大多数国家拥有并经营国家支付清算系统,直接参与跨行支付清算业务。虽然有些国家的支付清算系统由私有部门运营,但中央银行在政策上、技术上和法律上给予支持和管理。

(二)现代支付清算的特征

支付清算是解决不同金融经营机构之间、同一金融经营机构各分支经营机构之间不同客户债权债务关系的系统。具体来讲,支付清算是由提供支付清算服务的中介机构、管理货币转移的规则、实现支付指令传递及资金清算的专业技术手段共同组成的,用以实现债权债务清偿及资金转移的一系列组织和安排。现代支付清算具体有以下四个方面的特征。

(1) 支付清算是为了实现银行经营机构、非银行经营机构和个人相互之间的资金清算和货币支付所进行的金融行为。支付清算的构成要素主要有支付清算系统、支付清算工具、支付清算组织以及支付清算监管制度等。

(2) 支付清算是通过各种支付工具应用,实现资金清算并完成资金从一个金融机构转移到另一个金融机构的过程。因为涉及资金的跨行转移,所以其支付清算大多在中央银行主导下完成。

(3) 支付清算参与主体众多,包括银行经营机构、非银行金融机构甚至其他一些特定的机构组织。其目的是在不同机构之间进行资金清算和支付,为众多的银行机构开立清算账户,进行转账和轧差。

(4) 支付清算组织严密,运行复杂,整个支付清算建立在计算机和互联网底层技术上,而且金融科技化程度越来越高,是一种规范化、程式化、技术化和标准化清算模式。

二、国内支付清算系统和运行规则

中国现行支付清算系统(见图3-5-5)是中国人民银行根据中国支付清算的需要,利用现代计算机技术和通信网络自主开发建设的,能够高效、安全处理异地、同城各种支付业务及资金清算的应用系统。在整个支付清算体系中,中国人民银行处于核心地位,负责组建、监管和维持支付清算体系的运转。目前,中国的支付清算系统主要有中国人民银行大额支付系统、中国人民银行小额支付系统、全国支票影像交换系统、同城票据交换系统、银行经营机构行内支付系统、中国银联银行卡跨行交易清算系统,以及境内外币支付系统等。

1. 中国人民银行大额支付系统

大额支付系统是中国人民银行按照中国支付清算需要,利用计算机技术和通信网络,处理同城和异地的金额在规定起点以上的大额贷记支付业务(即付款人委托其开户

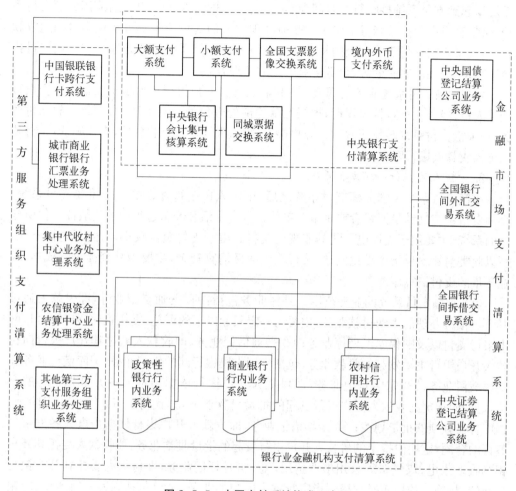

图 3-5-5 中国支付系统构成示意图

银行主动将款项划给收款人的业务)和紧急的小额贷记支付业务的系统。大额支付指令逐笔实时发送,全额清算资金,主要为银行经营机构和其他金融机构提供快速、高效、安全、可靠的支付清算服务,是支持货币政策实施和维护金融稳定的重要金融基础设施。

(1) 大额支付系统的业务范围。大额支付系统业务范围包括一般大额支付业务、即时转账业务和城市商业银行的银行汇票业务。其中:① 一般大额支付业务是由付款银行发起,逐笔实时发往大额支付系统处理中心,处理中心清算资金后,实时转发给接收银行的业务,包括汇兑、委托收款划回、托收承付划回、中央银行和国库部门办理的资金汇划等;② 即时转账业务是由与大额支付系统处理中心有直接连接的特许参与者发起,通过系统处理中心实时清算资金后,即通知被借记银行和被贷记银行的业务,目前主要由中央债券综合业务系统发起;③ 城市商业银行的银行汇票业务是大额支付系统为支持中小金融机构结算和通汇而专门设立的,支持城市商业银行的银行汇票资金的移存和兑付的资金清算业务。

(2) 大额支付系统业务处理周期。在系统正常运行情况下,一笔支付业务从支付系统发起到支付系统接收行的时间为实时到达。如收款客户的开户行应用大额支付系统,付款客户在营业日当日下午17:00前办理的大额支付业务都可实现实时到达收款行,实现了全国支付清算资金的每日零在途。大额支付系统业务处理方式采用支付指令实时传输、逐笔实时处理、全额清算资金的处理方式。

(3) 大额支付系统业务处理流程。付款人在其开户银行柜台填制汇款凭证交银行经办人员,经办人员审核无误后,根据汇款凭证处理付款人有关账务,发起大额支付业务,经大额支付系统转发至收款人开户银行,收款人开户银行收到后,审核确认,并将款项记入收款人银行账户。

2. 中国人民银行小额支付系统

小额支付系统是继大额支付系统之后,中国人民银行建设的一个重要支付系统。小额支付系统是满足消费者或企事业单位在日常生活和经营过程中的一般性支付所建立的系统,主要用于支撑电子化的非现金支付。由于支付金额较小、时间紧迫性不强,所以此类清算支付指令批量发送,实行轧差净额清算资金,主要为社会提供低成本、大业务量的支付清算服务。

(1) 小额支付系统的业务范围。具体业务包括:① 普通贷记业务,即付款人通过其开户银行办理的主动付款业务,主要为一定限额以下的汇兑、委托收款、委托承付、网上银行支付以及财税库汇划等业务;② 普通借记业务,即收款人通过其开户银行向付款人开户银行主动发起的收款业务,包括中国人民银行间的借记业务、国库借记业务和支票截留业务;③ 定期贷记业务,即付款人开户银行依据当事人各方事先签订的合同,定期向指定的收款人开户银行发起的批量付款业务,如代付工资、养老金、保险金、国库各类款项的批量划拨;④ 定期借记业务,即收款人开户银行依据当事人各方事先签订的合同,定期向指定的付款人开户银行发起的批量收款业务,如收款人委托其开户银行收取水电、煤气费等公用事业费用;⑤ 实时贷记业务,即付款人委托其开户银行发起的,将确定款项实时划拨到指定收款人账户的业务,主要包括国库实时缴税、跨银行个人储蓄通存等业务;⑥ 实时借记业务,即收款人委托其开户银行发起的,从指定付款人账户实时扣收确定款项的业务,主要包括国库实时扣税、跨行个人通兑等业务。

(2) 小额支付系统的业务处理时间。小额支付系统7天×24小时连续不间断运行。每日16:00进行日切处理,即前一日16:00至当日16:00为小额支付系统的一个工作日。小额支付系统日切后仍可正常接受小额业务,部分小额业务不再纳入当日清算,自动纳入次日第一场轧差清算(遇节假日顺延至节假日后的第一个工作日)。

(3) 小额支付系统的业务处理流程。商业银行按规定标准打包发送业务,小额支付实时轧差,定时清算。业务指令在轧差成功后即实时转发接收行,接收行可以即时入账。小额支付系统可以处理贷记和借记业务,贷记业务低于5万,借记业务则没有金额限制。

3. 全国支票影像交换系统

支票影像交换系统是运用影像技术将实物支票截留,转换为支票影像信息,通过计算机网络将支票影像信息传递至出票人开户银行提示付款的业务处理系统。影像交换系统主要处理银行经营机构跨行和行内支票影像交换,包括人民银行汇票、商业承兑汇票、银行承兑汇票、银行本票等影像传递的系统,其资金清算通过小额批量支付系统处理。长期以来,支票在中国只能在同城范围内使用,但通过全国支票影像交换系统,实现了支票的全国通用。

(1) 支票影像交换系统业务范围。支票影像交换系统处理的支票业务分为区域业务和全国业务。区域业务是指支票的提入行和提出行均属于同一分中心并由分中心转发的业务;全国业务是指支票的提入行和提出行分属不同分中心并由总中心转发的业务。其中,提出行是指持票人开户的银行业经营机构,提入行是指出票人开户的银行经营机构。

(2) 支票影像交换系统的业务处理流程。支票影像业务的处理分为影像信息交换和业务回执处理两个阶段:第一个阶段是支票提出银行通过影像交换系统将支票影像信息发送至提入行提示付款;第二个阶段是提入行通过小额支付系统向提出行发送回执完成付款。

4. 同城票据交换系统

同城票据交换系统是对同一城市各家商业银行的票据和结算凭证进行集中交换、清分、轧差的跨行支付清算系统,同城票据交换所大多属于中国人民银行内设机构。同城票据交换的内容包括转账支票、委托收款、解付汇票、转解汇款等记数单据。每次交换前,各银行应将当日需要提出的票据和异地汇划凭证,按提入行清分,并分别填制应收、应付两清分单,列明票据的种类、张数,以及应收、应付金额。票据交换后,各行立即汇总提出、提入票据的笔数、金额,并轧差算出应收应付资金差额。同城票据交换的具体做法主要有以下两种。

(1) 同城商业银行系统内部票据交换。由同城商业银行的主管行牵头,对辖内各营业机构代收、代付本系统的票据组织交换,通过同城行处的往来科目划转,当日或定期通过联行往来科目进行清算。

(2) 同城商业银行间跨系统票据交换。根据各商业银行机构设置和在中央银行开立存款账户的情况,采取三种不同的票据交换方式:一是小额清算采取当时清算的办法进行清算;二是各银行经营机构的所属机构直接通过在中央银行的存款账户进行资金清算;三是对业务量不大的地区的跨系统票据交换,采取直接交换并当时清算资金。

5. 中国银联银行卡跨行交易清算系统

中国银联银行卡跨行交易清算系统由中国银联建设和运营,专门处理银行卡跨行交易信息转接和交易清算业务。该系统连接各发卡银行行内银行卡支付系统,接入中国人民银行大额实时支付系统,能够为银行卡跨行进行实时清算。银行卡跨行交易清算系统清算模式包括以下三种。

(1) 清算系统采用多边日终净额清算,可以实现跨行交易资金清分、会计核算和资金划拨等多项功能。

(2) 清算系统实行两级清算制度。一级清算完成发卡行和收单行之间的同业清算;二级清算完成收单行、结算行和商户之间的结算。

(3) 支持多点接入,中国的银行卡跨行交易系统的参与者包括全国性商业银行总行、商业银行各地分行、城市商业银行、农村商业银行和第三方支付机构以及商户。

6. 境内外币支付系统

境内外币支付系统是由中国人民银行组织建设,由清算总中心集中运营,各直接参与机构集中接入,负责对参与机构的外币清算指令进行接收、清算、转发的机构。境内外币支付系统采取逐笔实时发送支付指令、全额清算资金方式进行清算,主要为境内银行经营机构提供美元、欧元、港币、日元等币种的境内外币支付清算服务。

根据 2008 年 5 月中国人民银行印发的《境内外币支付系统业务处理规定(试行)》,境内外币支付系统主要功能包括外币支付报文收发,圈存资金和授信额度管理,对外币支付进行逐笔实时清算,对可用额度不足的外币支付进行排队管理,对清算排队业务进行撮合,管理清算窗口,分币种分场次向代理结算银行提交清算结果。代理结算银行的主要功能包括为参与者开立外币结算账户,提供日间授信,圈存资金和授信额度管理,根据清算结算进行记账处理,日终对账。代理结算银行由人民银行指定或授权的商业银行担任,资格实行期限管理,3 年一届。日间运行开始时间为 9:00,业务截止时间为 17:00。境内外币支付系统对支付指令逐笔实时全额结算,从发起清算行发出到接收清算行收到通常在一分钟以内。

7. 银行经营机构行内支付系统

中国的银行经营机构多采取分支行组织结构,每个商业银行以总行为基础,形成一个银行系统。行内支付系统是银行经营机构综合业务处理的重要组成部分,构成内部资金往来与资金清算的渠道,在支付系统中处于基础地位。在银行经营机构的业务分类中,系统内部两个不同银行之间的资金和账务往来称为联行业务往来,处理联行往来业务的系统称为联行系统。

中国早期的手工联行系统,采取邮寄和电报方式实现结算凭证的传递以及资金在不同分行之间的划拨。现在采取的是电子资金汇划系统,通过计算机网络进行异地资金清算和划拨。

除上述支付系统外,中国还有城市商业银行汇票处理系统、农信银行支付清算系统、证券登记结算系统(如中央债券综合业务系统和中国证券登记结算系统)等。

中央银行为了实现资金的跨行清算,建立跨行支付清算系统实现与银行等金融机构或其他特定的机构的连接。现阶段,中国人民银行支付清算系统的参与者分为直接参与者、间接参与者和特许参与者三大类。直接参与者和间接参与者均为商业银行,其中,直接参与者为商业银行总行,间接参与者为商业银行的分支机构和规模较小的商业银行总行。直接参与者在中国人民银行开设清算账户,向中国人民银行直接发起收付业务;间接参与者不在中国人民银行开设清算账户,其业务通过直接参与者办理。中国人民银行为提高银行卡跨行清算、外汇交易清算、国债交易清算效率,允许中国银联、中国外汇交易中心、中央国债登记结算公司等机构作为特许机构参与清算系统,并在中国人民银行开设清算账户参与清算。这种特许机构目前有四个,即中国银联、中央国债登记结算公司、中国外汇交易中心,以及城市商业银行汇票处理中心。

三、人民币跨境清算基本模式和法律规则

人民币跨境清算是指中国金融机构与国外金融机构之间人民币的结算、清算和支付,以及与这些业务相关联的其他业务。因为人民币的跨境清算涉及不同国家或地区

的金融机构、货币种类、利率汇价和清算支付法律制度,所以它相较于国内清算更为复杂。综合起来,目前中国的人民币跨境清算模式主要有以下三种。

1. 清算银行模式

清算银行模式是指境外参与人民币业务的银行在中国香港和澳门地区的人民币清算银行开立人民币清算账户,通过境内结算银行和港澳清算银行之间的清算完成跨境贸易人民币结算的资金划拨方式。中国银行(香港)有限公司和中国银行澳门分行经过中国人民银行与香港、澳门金融监管局许可,作为中国香港、澳门地区人民币的清算银行,分别在中国人民银行深圳市中心支行与珠海市中心支行开立人民币清算账户,成为跨境支付系统的参与者,与境内的银行经营机构传递清算信息并完成跨境资金的清算业务。根据现行人民币跨境清算制度规则,港澳人民币清算银行可以在银行间外汇市场进行人民币平盘交易,也能利用银行间拆借市场进行期限不能超过3个月的资金拆借,但其拆进和拆出余额均不可以超过清算银行上年度末所吸收存款余额的8%。

清算银行模式体系架构主要依托中国银行行内系统、香港实时全额支付系统(real time gross settlement,RTGS)和中国人民银行大额支付系统来进行境内银行和境外银行之间清算信息的传递与资金的划拨,并在环球同业银行金融电讯协会(Society for Worldwide Interbank Financial Telecommunications,SWIFT)信息报送系统参与下完成资金的清算。清算过程中,港澳清算行系统与中国人民银行大额支付系统的对接程度较高,能够实时处理海外SWIFT系统报文,实现清算快速完成。由于清算银行的资金流动性较高,在购汇方面具有较高的灵活性,所以许多境外分支机构较多的大型银行经营机构更倾向于采用清算银行模式。在清算银行模式下,跨境贸易人民币结算的流动必须要通过港澳清算行。在该模式下,风险敞口比较小,便于管理与监管,中国人民银行只需要对港澳清算行进行调控即能实现对跨境贸易人民币结算的整体规模进行调控。

2. 代理银行模式

代理银行模式是指具备国际结算能力的境内银行经营机构和境外参加银行之间签署人民币代理结算协议,并为其开立人民币同业往来账户,通过境内银行代理的途径进行跨境贸易人民币结算。境内代理银行可以为境外参加银行提供人民币账户融资,以此满足账户头寸的临时性需求。但这种融资一般不能超过一定期限,而且要求总余额不能超过其各项存款上年末的一定余额。

代理银行模式体系架构主要依托中国人民银行大额支付系统进行境内银行和境外银行之间清算信息的传递与资金的划拨,并在环球同业银行金融电讯协会(SWIFT)信息报送系统参与下完成资金的清算。与清算银行模式不同的是,代理银行模式还依托内地银行行内系统。在清算过程中,如果代理银行还同时担任收款银行与付款银行的角色,则清算过程并不需要通过大额支付系统。这种情况避免了SWIFT和大额支付系统的报文转化,故其清算效率很高。但是,如果清算过程涉及第三方银行,则其清算效率的高低取决于境内代理银行的报文转化和传递速度。在办理跨境结算业务的时候,商业银行在清算银行模式和代理银行模式的选择上,通常会先考虑境外银行是否是该银行的代理客户,如果境外银行是该银行的代理客户,则银行经营机构通常会选择代理银行模式办理跨境结算业务。由此可见,代理银行模式可以通过提高境外代理账户的网络覆盖程度来促进其结算量的增长。

3. NRA 账户模式

NRA 账户(non-resident account)即境内银行经营机构为境外机构开立的境内外汇账户。2010 年,中国人民银行发布了《境外机构人民币银行结算账户管理办法》,该管理办法规定,经过中国人民银行当地分支行的核准,境外企业可以在境内银行经营机构开立非居民银行结算账户,直接通过境内银行行内清算系统与中国人民银行跨行支付系统完成人民币资金的跨境清算和结算。采用人民币 NRA 账户模式进行跨境人民币结算可以节约客户划转资金的成本。同时,如果境内、境外机构在同一家银行经营机构开户,则银行内部转账系统可以为客户资金的调度与管理提供便利。人民币 NRA 账户属于境内账户,并不是真正意义上的离岸账户。相较于离岸账户,人民币 NRA 账户在功能上存在本质的差异,并且没有监管与税收上的优势,也就导致在实际结算中,其人民币结算量相对较小,境外机构开户数量难以实现较大增长。

管理办法规定,境内机构和个人与境外机构在境内开立的外汇账户之间的外汇收支,按照跨境交易进行管理。境内银行应当按照跨境交易外汇管理规定,审核境内机构和境内个人有效商业单据和凭证后办理。境内银行完成 NRA 标注前,境外机构通过境内外汇账户向境内机构和境内个人支付的,汇款银行应在汇款指令交易附言中注明"NRA PAYMENT",以使收款银行明白该项资金来源于境外机构在境内设立的外汇账户。境内机构和境内个人向境外机构在境内设立的外汇账户支付的,除按规定提供有效商业单据和凭证外,还应向汇款银行提供收款外汇账户性质证明材料。汇款银行如因提供的收款外汇账户性质证明材料不明等原因而无法明确该外汇账户性质,应当向收款银行书面征询该外汇账户性质,收款银行应当书面回复确认。

境外机构境内外汇账户从境内外收汇、相互之间划转、与离岸账户之间划转或者向境外支付,境内银行可以根据客户指令等直接办理,但国家外汇管理局另有规定除外。

> **延伸阅读**
>
> ### 美国跨行支付清算系统
>
> 美国的支付体系高度发达,到目前为止已经形成了一个规模庞大、结构科学、高效稳定、功能齐全的综合体系。美国的支付清算体系有以下特征:一是参与机构较多,除商业银行外,还有诸多其他的银行经营机构,如储贷协会、信用社等,它们均为客户提供不同形式的支付服务;二是私营清算组织众多,这些私营清算组织包括从事支票托收、经营自动取款机网络和其他提供银行服务的地方同业性银行组织,以及经营全国性信用卡支付网络和大额资金转账系统的私营机构;三是规范支付清算活动的法律法规众多,既有联邦和州法,也有大量自律性规则,形成了美国支付清算活动的法律基础;四是中央银行在支付清算系统中发挥主导作用,中央银行既是支付清算规则的制定者,也是支付清算的参与者和监管机构;五是其金融体系十分发达,可供

使用的支付结算工具众多。

在美国,绝大部分的大额美元支付由两大资金转移系统处理,即联邦储备委员会的联邦电子资金划拨系统 Fedwire 和纽约清算所协会经营并运行的清算所同业支付系统 CHIPS,后者是一个专门处理国际交易中资金转账的私营支付结算系统。这两大系统囊括了美国近 80% 的大额资金转账。

Fedwire 系统创建于 1914 年 11 月,现在提供电子化的联储资金和债券转账服务,是一个实时大额清算系统。Fedwire 系统的主要功能是通过各商业银行在联邦储备体系中的储备账户余额,实现商业银行间的同业清算,完成资金调拨。这一系统成员主要有美国财政部、美国联邦储备委员会,以及美国 12 家地方联邦储备银行、25 家联邦储备分行及全国 10 000 多家银行经营机构和近 20 000 家其他非银行金融机构。Fedwire 系统采取在线方式提交指令,但也可以使用非在线方式发送指令,所有银行金融机构发送的指令均在当日完成。

CHIPS 系统建立于 1970 年,是世界上最大的私营支付清算系统,主要进行跨国美元交易。参加 CHIPS 系统的成员有两大类:一是清算用户,即在联邦储备银行设有储备账户,能直接使用该系统实现资金转移;二是非清算用户,不能直接利用该系统进行清算,必须通过某清算用户代理清算。参加 CHIPS 系统的成员机构可以是纽约的商业银行、投资公司,以及外国银行在纽约的分支机构。从 2001 年开始,CHIPS 系统已经成为一个实时的、终结性清算系统,对支付指令连续进行撮合、轧差和结算。CHIPS 系统的营业时间是早上 7 点至下午 4:30,资金转移的最终完成时间是下午 6 点,遇到节假日可适当延长。一笔交易完成只需要几秒钟,绝大部分交易均可在下午 12:30 分之前完成。

[资料来源] 秦成德、帅青红主编《电子支付与结算》,北京理工大学出版社,2018,第 248—255 页。

问题与思考

1. 简述货币支付结算业务主要类别,以及程序和支付结算规则。
2. 简述互联网第三方支付法律关系,以及违法民事法律责任承担。
3. 简述中国国内支付清算系统主要业务模式和支付清算流程、规则。
4. 简述中国人民币跨境清算基本模式,以及清算流程和规则。
5. 简述信用证结算参与者在结算过程中的权利义务,以及结算的运作流程。

第四篇 金融市场监管法律制度

- 第一章 金融市场政府型监管法律制度
- 第二章 金融市场非政府型监管法律制度
- 第三章 金融市场监管法律责任制度

第一章 金融市场政府型监管法律制度

本章纲要
- ◆ 金融综合监管
- ◆ 中央银行监管
- ◆ 金融行业监管
- ◆ 中国一行两会
- ◆ 金融准入监管
- ◆ 金融行为监管
- ◆ 金融退出监管
- ◆ 金融监管权责

第一节 金融市场综合型监管法律制度

一、金融市场综合型监管的概念和特征

（一）金融市场综合型监管的概念

金融市场综合型监管是指一国或地区建立了一个综合型的监管机构，负责对全国或整个地区的所有银行和非银行金融机构、金融市场和金融行为进行监管，如英国金融行为监管局、德国联邦金融监管局、日本金融厅等。

（二）金融市场综合型监管的特征

金融市场综合型监管是全球金融监管的发展趋势，综合型监管存在以下三个特征。

（1）采取综合型监管机构监管的国家或地区，一般都是金融混业经营趋势较为明显的国家，因为各类金融机构的业务界限被打破，使得传统机构型监管模式不再适应金融混业经营模式，所以需要建立综合型金融监管机构对其进行监管，以消除金融监管空白和监管重叠。

（2）采取综合型监管机构监管的国家或地区，其基本模式是设立一个监管各类金融机构的金融监管委员会或者金融监管局，实行对银行和非银行金融机构的监管，但在综合监管机构之外也可能还存在其他辅助性专业金融监管机构。

（3）采取综合型监管机构监管的国家或地区，中央银行仍然是一个重要的金融监管机构或体系，但二者的侧重点有所差异，综合型金融监管机构重点监管金融机构组织和市场行为，维护金融市场稳定，而中央银行侧重于维护货币市场稳定流畅。

二、综合型金融监管发展和主要模式

(一) 国外综合型金融监管发展和模式

随着全球金融混业经营趋势加强,越来越多的国家或地区建立综合型金融监管机构,以实现对一国或地区金融业实行监管和政策协调,英国和日本是当今金融市场综合监管的典型代表。

1. 英国金融市场综合型监管模式

1998年以前,英国的金融业实行自律监管为主、政府监管为辅的金融监管模式。1998年,英国对金融监管实行重大改革,整合了所有的金融监管机构,建立了金融服务局,由其统一实施对各类金融机构、金融市场和金融行为的监管,并在2000年颁布了《金融服务和市场法》,在法律上确认了英国金融监管改革形成的综合型监管体制。在2007—2009年世界性金融危机之后,英国反思金融危机教训,提出增强中央银行即英格兰银行在金融监管体系中的地位,围绕构建"双峰"体制下的监管机制,不断强化中央银行在金融监管和维护金融稳定中的作用的监管思路。

2012年,英国颁布了《金融服务法案》,宣告英国新的金融监管框架正式建立,确立了英格兰银行在货币政策制定、宏观审慎管理与微观审慎监管的核心地位,形成由审慎监管局和金融行为局构成的"双峰"金融监管新模式。具体架构如下:① 在英格兰银行内部成立金融政策委员会,负责宏观审慎监管;英格兰银行下设审慎监管局,与单独设立的金融行为监管局一同负责微观审慎监管,直接监管英国约30 000个各类金融机构和公司。② 按照"目标型监管"原则,赋予英格兰银行维护金融系统稳定的核心地位,撤销了1998年设立的金融服务局,将其拆分为审慎监管局和金融行为监管局,新成立金融政策委员会。在2016年5月4日,英国议会又颁布了《英格兰银行与金融服务法案》,该法案对2012年《金融服务法案》形成的金融监管框架进行了新的改革,形成由货币政策委员会、金融政策委员会和审慎监管委员会共同组成的英格兰银行组织架构,将审慎监管局完全整合进英格兰银行内部变成了审慎监管委员会,不再作为英格兰银行的附属机构,以此强化中央银行审慎监管职能,并新设货币政策委员会。由此,形成了中央银行即英格兰银行领导下的货币政策委员会、审慎监管委员会、金融政策委员会履行货币政策、微观审慎监管和宏观审慎管理职能,而单独设立的金融行为监管局负责金融机构组织和市场行为监管的金融市场监管框架。

独立于英格兰银行的金融行为监管局对各类金融机构进行审慎监管,确保金融系统稳健发展。金融行为监管局主要监管银行、存款、保险、信贷等金融机构和一些大型的投资机构,包括对这些机构的业务行为进行监管,保护金融消费者权益,构建信息透明、公平竞争的市场环境。金融行为监管局关注前瞻性风险,强调前瞻性地深入评估金融风险,提前制定预案,探索有利于金融消费者权益和行业发展的长远解决方案。在监管方法上,金融行为监管局强调主动且强硬的干预,在消费者利益受损前及时干涉。在日常监管环节,金融行为监管局有三大支柱或三大模式,即前瞻性机构监管、专题和产品线监管,以及基于事件的响应式监管。

2. 日本金融市场综合型监管模式

日本也是一个实行金融市场综合型监管的国家。2000年,日本设立直属于内阁的金融厅,承担设计、检查、监督等全部与金融相关的制度职能。在此过程中,日本打破了银行、证券、保险的分业监管模式,建立了综合型金融监管模式。只有在处置金融破产和金融危机相关事务时,金融厅才需要与财务省共同负责。日本《金融厅设置法》是金融厅的建立和综合监管的法律依据,该法规定了金融厅的职责:一是维系金融市场的稳定,确保金融协调;二是保护储户、保险合同签约者、有价证券的投资者利益。金融监管厅的权责范围具体包括:① 草拟金融制度规划;② 针对银行、证券公司、保险公司等金融机构和证券交易所等市场相关者进行检查和监察;③ 制定证券市场交易的法律、法规;④ 负责企业会计基准的设立以及其他与企业财务相关的事项;⑤ 针对注册会计师、监察法人等进行监督;⑥ 通过参与国际机构运作,以及参加两国或多国间的金融协议,来确立与国际相融合的金融行政体制。

(二) 中国综合型金融监管发展和模式

目前,中国金融市场处在一个快速发展和创新时期,金融产品不断丰富,金融服务、金融市场进一步发展,资本市场改革不断推进和深化,金融混业经营趋势越来越明显,金融产品、金融服务、金融组织已经趋向统合,金融科技化程度不断提高。但是,目前中国仍然采取分业监管模式,监管体制和监管理念与中国金融发展现实存在较大的冲突。

1. 金融混业经营与分业监管的冲突

二者冲突具体体现在以下两个方面:① 金融机构综合化经营日趋明显,主要表现为大型金融控股公司增多,除了存在光大、平安、中信等金融控股集团,以及四家国有金融资产管理公司外,还存在诸多银行、保险、证券,以及地方产业控股的金融集团,金融综合化浪潮形成了金融混业经营的快速发展;② 传统金融机构突破其传统营业范围,银行、证券、保险以及其他的金融机构逐步从事原有金融核心业务之外的新金融业务,这些业务形成了彼此之间的重叠和交叉。但是,金融机构在进行混业经营的同时,监管体制却还停留在分业监管的立法和实践中。

2. 金融创新与分业监管的冲突

金融创新使得在原有的金融机构、金融服务和金融产品基础上,产生了许多新的金融机构、金融服务和金融产品,而传统的分业监管模式对于这些新机构、新产品和新服务存在监管空白或监管重叠,因而会产生监管竞争并因此引发监管风险。

为了解决金融混业经营与分业监管的矛盾,中国在理论和实践两个层面尝试着进行金融监管体制改革,并建立综合型监管机构。如在2017年7月,国务院设立金融稳定发展委员会,金融稳定发展委员会的职能定位包括以下三个方面:① 落实党中央、国务院关于金融工作的决策部署,审议国家金融业改革发展重大规划;② 统筹金融改革发展与监管,协调货币政策与金融监管相关事项,统筹协调金融监管重大事项,协调金融政策与相关财政政策、产业政策等;③ 分析研判国际国内金融形势,做好国际金融风险应对,研究系统性金融风险防范处置和维护金融稳定重大政策,指导地方金融改革发展与监管,对金融管理部门和地方政府进行业务监督和履职问责等。但从金融稳定发展委员会目前的职能设置看,它还不是严格意义上的综合型金融监管机构,而是国务院下属的金融政策委员会,因为该委员会并不承担明确、具体的金融监管职责,但该委员会的设立客观上表明中国正在朝着建立综合型金融监管机构的方向努力。

三、中国金融综合型监管的体制建设

随着中国金融创新和混业经营的发展,原有的金融监管体制也应该进行相应的改革和创新。在法律上,中国应该制定综合型《金融监管法》,以立法的形式明确金融稳定发展委员会的职能权责,并建立一个涵盖银行、证券、保险、期货和其他新金融行业的综合型监管机构和监管体制。

(1) 明确国务院金融稳定发展委员会的法律定位,赋予其综合型监管机构职能,更名为金融监管委员会,或者在国务院金融稳定发展委员会之外另行设立综合型金融监管机构。

(2) 综合型金融监管机构负责全国金融市场的综合监管,而各类金融机构的传统主营业务监管则由综合型金融监管机构下设的证券、银行、保险、期货、外汇管理局具体落实,按业务功能分别负责监管。

(3) 综合型金融监管机构下设的证券、银行、保险、期货、外汇监管局作为职能监管部门,在金融监管委员会领导下依法行使职能。如果在对金融市场、金融机构和金融业务监管时涉及跨部门、跨行业问题,应由综合型金融监管机构处理。

(4)《金融监管法》应就综合型金融监管机构和中国人民银行的协调与合作问题作出专章规定,就货币政策、货币运行、中央银行最后贷款,以及问题金融机构国家救助等问题作出规定。

(5)《金融监管法》可以赋予综合型金融监管机构的权力具体包括两大类:一是制定金融业、金融市场、金融机构、金融消费者和金融产品、金融行为整体的监管制度和监管措施;二是以具体的个别金融机构为监管对象的监管手段,包括针对滥用市场行为的监管和处罚权力。例如:① 审批与同意金融机构从事特定金融业务,并对金融机构的退出采取相关措施;② 对金融机构的业务经营情况、遵纪守法情况进行现场和非现场监督检查;③ 对违法犯罪的金融机构和个人行使调查、查封、冻结权;④ 对违反金融法律法规和金融纪律的机构和个人实施行政和纪律处罚。

延伸阅读

美国《多德-弗兰克华尔街改革与消费者保护法》

2010年7月,美国参众两院经过反复协调通过了《多德-弗兰克华尔街改革与消费者保护法》,这一法案被誉为自美国20世纪30年代以来金融业最为重大的监管制度改革。该法案颁布的目的是通过改革金融体系的问责制和透明度来促进美国金融业的稳定发展,结束长期以来金融业中"大而不倒"的局面,通过结束紧急救助来保护美国纳税人,保护金融消费者免受欺诈性金融服务。法案内容多达2 000多页,主要

内容包括以下四个方面。

(1) 设立统一稳定监督机构,构建综合型监管体系。成立金融稳定监管委员会,从宏观的高度统一协调金融稳定的职责;强化美联储职能并改革其运行机制,扩大监管范围,加强对金融机构的薪酬监管;完善多层次金融监管体系,调整美联储、货币监理署和联邦存款保险公司的职责,在财政部中新设联邦保险办公室,撤销储蓄管理委员会等。

(2) 对"大而不倒"采取规则措施,构建防范系统性金融风险监管体系。从金融机构正常经营(事前防范)和失败经营(事后处置)两方面对大型金融机构(以500亿美元综合资产为标准)提出不同的监管要求,反对金融机构过度发展和复杂化;对系统重要性金融机构实施更为严格的监管措施,加强对外国金融机构的监管。

(3) 加强金融衍生产品的监管,规范信用评级,实行对冲基金的严格监管。强化美国证券交易委员会和美国期货交易委员会对金融衍生产品的监管,要求大部分金融衍生产品进入金融交易所交易,并实现中央对手结算;证券交易委员会应该定期地对评级机构进行评估,淘汰不合格的评级机构;强制要求对冲基金在证券交易委员会注册,加强对资产证券化、抵押贷款和银行卡等业务的监管。

(4) 加强消费者权利保护,在美联储下设消费者金融保护局,专职负责对金融消费者利益的保护。消费者金融保护局的主要职责如下:① 确保消费者在选择抵押贷款、信用卡及其他金融产品时,获得所需的清晰、准确的信息,同时杜绝隐形费用、霸王条款和欺诈性服务等;② 审查、监管资产规模在100亿美元以上的银行和信贷机构、所有与抵押贷款相关的公司、发薪日贷款机构、学生贷款机构,以及其他大型的非银行金融机构;集中原分散在货币监理署、储蓄管理委员会、联邦存款保险公司等机构中的金融消费者保护职责。

[资料来源] 杨东:《金融服务统合法论》,法律出版社,2013,第456—462页。

第二节 金融市场中央银行监管法律制度

一、金融市场中央银行监管的概念和特征

(一) 金融市场中央银行监管的概念

中央银行监管是指各国中央银行为了维护金融市场的稳定,依法对包括货币在内的金融产品、金融机构和市场行为进行管理和调控,也即中央银行依法对金融机构及其业务、金融市场等实施规制与约束,促使其依法稳健运行的一系列活动的总称。中央银行的主要监管职责包括制定并监督执行有关金融管理法规、政策和制度,使监管对象和监管本身有法可依、有章可循,并依据法律法规对各类金融机构业务活动进行监管,以

维护金融市场稳健运行等。

世界各国中央银行的金融监管职能差异较大,这种差异不仅体现在不同的时代,也体现在不同的国家或地区。大部分国家在中央银行之外还建立了专门的金融监管机构,但也有少部分国家完全以中央银行为主要监管机构。但是,即使在建立了专职金融监管机构的国家或地区,中央银行也是金融监管的主要机构,如维护货币市场稳定和通畅,充当危机金融机构的最后贷款人,实行经济宏观调控等。普遍认为,中央银行的金融监管职能经历了以下三个发展阶段。

第一阶段是20世纪30年代世界经济大危机以前的中央银行监管职能。20世纪30年代世界性经济危机发生前,中央银行制度就已经开始在老牌的资本主义国家广泛建立,各国中央银行逐渐拥有"发行的银行""银行的银行""政府的银行"这三大基本职能。在这一时期,中央银行的主要职责是服从政府的需要,为政府和金融机构服务。中央银行的主要任务包括:①发行银行券,保持币值稳定;②建立对银行经营机构的监管制度;③组织票据的交换与清算;④实行存款准备金制度,充当最后贷款人等。在这一时期,中央银行基本能够有效地发挥服务职能和管理职能,但还不具备运用货币政策对宏观经济进行调控的能力。

第二阶段是20世纪30—80年代中央银行的监管职能。20世纪30年代始于美国的世界经济大危机给各国中央银行制度建设提出了新问题,即中央银行作为货币政策的制定者、货币发行者,如何适应政府干预和调节经济的需要,如何避免金融机构破产、维持金融秩序稳定等。对这些问题的有效解决使中央银行在有效执行货币政策、调节宏观经济、进行金融监管、维护金融体系稳定等方面的职能突显出来。

20世纪30年代世界经济大危机后,世界各国的中央银行管理职能在不断强化,内容逐渐扩大。特别是随着第二次世界大战后金融市场的创新发展,各国开始对中央银行实行国有化改革,作为政府的银行,宏观调控职能和金融监管职能成为中央银行的两大重要职能。中央银行不断制定法律制度将金融机构纳入自己的监管范围,以便为经济发展提供稳定的筹资工具和场所。此外,中央银行不断改革监管方式,除了预防性的事前管理外,更加注重对金融机构的风险管理,而且形成了一套较为有效的金融风险管理措施,如建立存款保险制度、评定金融机构信用等级、进行资本充足性管理和债务清偿能力管理等。随着金融国际化的发展,国际金融市场剧烈动荡而产生的风险加大等因素,也促使各国中央银行进一步加强银行业的国际监管协作。

第三阶段是20世纪80年代以来中央银行的监管职能。20世纪80年代以来,中央银行职能变化经过了一定的反复。在20世纪80年代至2007—2009年金融危机之前,中央银行的金融监管职能突出表现在两个方面:一是强调货币政策职能与金融监管相分离,突出中央银行的货币政策调控职能,各国或货币区设立专门的金融监管机构专司金融监管;二是强调金融自由化,在货币领域则表现为中央银行放松对货币进出口的监管,实行自由汇率和利率。2007—2009年金融危机之后,世界各国的金融监管的新倾向是加强中央银行的金融监管职能,最为典型的是美国和英国。在这种监管趋势下,各国普遍赋予中央银行更多的金融监管权责,最基本的表现如下:①将原来独立的专职金融监管机构并入中央银行;②在中央银行中成立一些新的机构,赋予这些新机构进行监管金融的权力；③在金融机构立法中突出中央银行的重要性,重新对金融监管领域进行划分,将许多原有的和新产生的领域划归中央银行监管。

（二）金融市场中央银行监管的特征

综合各国中央银行在金融监管中的作用和监管模式,中央银行对金融市场的监管具有以下四个方面的特征。

(1) 各国或货币区中央银行对金融市场监管的共性,重在维护货币市场稳定和通畅,对金融市场实行流动性干预和监管。

(2) 中央银行监管金融市场有其独特的监管政策和法律手段,主要是通过货币市场工具,如存款准备金、公开市场操作、票据再贴现等,实现对金融市场的调控和干预、监管,以及对外汇汇率、存贷款利率进行规定。

(3) 中央银行对金融市场的监管并不否定其他金融监管机构的专业性监管,即使是美国和英国的中央银行监管模式,也在赋予中央银行强效监管职权的同时,在中央银行之外设立了若干专业性金融监管机构。

(4) 中央银行的金融监管和市场干预交替使用,如对问题金融机构的再贷款救助,包括对问题金融机构的经营性救助以及问题金融机构的破产清算性偿付等。如果发生系统性金融风险,中央银行也可能加大对金融市场的货币投放,保障市场流动性,防范金融危机。

二、金融市场中央银行监管的职责范围

由于各国金融监管体制不同,所以中央银行在金融监管中的职责范围也不一样。其中,以中央银行为主要监管机构的国家,中央银行的监管职责范围较广。反之,在中央银行之外设立了专职金融监管机构的国家,中央银行的金融监管职责范围较窄。但是,无论是哪一类国家,中央银行均应履行以下四个方面的监管职责。

(1) 货币发行流动监管。货币发行行为是金融行为的起点,没有货币发行则无货币的融通,也不存在金融风险的分配和金融调控问题。各国对货币市场、货币产品和货币行为的监管均由中央银行具体负责。中央银行对法定货币发行的监管,包括对货币制造、货币发行、货币回笼、货币使用、货币保护、货币兑换、代币票券、反洗钱和伪造货币等问题的监管。

(2) 货币支付清算监管。货币监管还包括对资金流动和货币结算的监管,如各类账户的开设、结算主体资格、资金支付结算、货币清算、流动性保障等。中央银行对于货币的支付清算监管是其重要职责之一,具体包括制定清算规则、设立清算机构、监管清算过程,其目的是保障货币市场有序运行。

(3) 货币资金融通监管。货币融通是指通过某一金融市场实现资金的集合和资金从富余者手中流向需求者手中的行为。虽然金融市场可作不同的分类,但是货币的融通是所有金融市场的基础职能,货币融通是存贷款市场、证券市场、期货市场、保险市场、信托市场、金融租赁市场和票据市场得以存在的前提和基础。中央银行对于货币资金的融通监管包括存贷款利率、信用额度、货币资金的调拨、金融机构之间的资金拆借

等方面的监管。

（4）其他金融行为监管。中央银行除了对上述的金融市场和业务进行监管外，还可能对其他的金融市场进行监管，如中国人民银行监管银行间债券市场、外汇市场、黄金市场等，经理国库，以及指导、部署金融业反洗钱工作，负责反洗钱的资金监测，负责对机构和个人银行账户进行监管以及各类金融机构的流动性监管等。

三、金融市场中央银行监管的基本权责

各国中央银行在对金融市场进行监管时所采取的措施以及行使的权力并不完全一致，但一般包括准立法权、准执法权和准司法权。下面以中国人民银行为例进行介绍。

1. 金融规则制定权

中国人民银行是国务院下属部委，根据法律规定有权制定行政规章，制定监管标准，提出立法建议和法律草案。

（1）行政规章制定权。根据《立法法》的规定，中国人民银行作为国务院下属部委，有权根据法律或者在法律授权的范围内制定和发布货币市场监管方面的规章及其他规范性文件，如决议、决定、规则、公告、命令、办法等。这些规范性文件是为了更有效地执行法律和行政法规而对其规则进行细化，一经发布，就具有确定力、约束力、执行力，并可反复使用。

（2）行业标准制定权。中国人民银行和其下属各司局职能部门，可以就其行业范围内的某些技术问题制定普遍性的标准，如货币资金清算标准、外汇结算标准等。这些标准虽然不是规章或规范性文件，甚至不具有强制性执行力，但具有重要的指导意义，往往能作为一种行为准则得到遵守。

（3）立法建议权，中国人民银行根据货币监管和其他金融监管的需要向全国人民代表大会等立法机关提出制定、修改和废止法律的建议，根据相关立法机关的要求或授权制定相关法律、行政法规草案等。

2. 金融市场许可权

各国或地区对金融机构的监管都是从市场准入和对特定事项实施许可开始的。金融许可是中央银行依法实施金融监管的一种事前控制手段，对金融业的稳定与发展具有重要作用。

（1）金融机构市场准入许可权。金融市场是一个高技术、高风险市场，所以各国普遍要求金融机构或非金融机构进行某些货币及金融业务必须具备特定的资质，如货币支付结算、外汇交易等业务，即如果机构或个人拟经营这些业务，须经中央银行的审查批准，并取得经营许可证。

（2）金融新产品市场准入权。新货币产品或其他一些金融产品的上市和金融服务的开发，需要得到中央银行的批准。由于各个国家或地区的金融监管体制不一样，所以中央银行在这两方面权限差别也较大。中国实行"一委一行两会"的金融监管体制，中国人民银行的金融许可权主要体现在货币市场的经营管理方面，如对外币新产品、黄金新产品、货币新产品或新服务的市场准入和许可等。

3. 金融检查和调查权

为了使中央银行的金融监管发挥其应有的作用，有效落实金融法律法规，能及时发现金融机构的风险，采取相应措施以确保金融体系的稳定，法律应赋予中央银行对金融机构现场和非现场检查权。当中央银行掌握或获悉金融机构、金融市场参与者的违法、违规的情况后，中央银行在其职责范围内有权进行调查。中央银行的金融调查权、检查权主要体现在对货币市场、货币行为的调查、检查方面。中央银行可根据审慎监管的要求，对银行业经营机构进行检查，以及对其他非银行金融机构涉及货币流动、交易的行为的合法性进行检查。

(1) 货币市场监督检查权。《中国人民银行法》规定，中国人民银行依法监测金融市场的运行情况，对金融市场实施宏观调控，促进其协调发展。中国人民银行有权对金融机构以及其他单位和个人的下列行为进行检查监督：① 执行有关存款准备金管理规定的行为；② 与中国人民银行特种贷款有关的行为；③ 执行有关人民币管理规定的行为；④ 执行有关银行间同业拆借市场、银行间债券市场管理规定的行为；⑤ 执行有关外汇管理规定的行为；⑥ 执行有关黄金管理规定的行为；⑦ 代理中国人民银行经理国库的行为；⑧ 执行有关清算管理规定的行为；⑨ 执行有关反洗钱规定的行为。

(2) 银行经营行为监督检查权。中国人民银行根据执行货币政策和维护金融稳定的需要可以采取以下措施：① 可以建议国务院银行业监督管理机构对银行经营机构进行检查监督，当银行经营机构出现支付困难，可能引发金融风险时，为了维护金融稳定，中国人民银行经国务院批准，有权对银行经营机构进行检查监督；② 中国人民银行根据履行职责的需要，有权要求银行经营机构报送资产负债表、利润表以及其他财务会计、统计报表和资料；③ 中国人民银行应当和国务院银行业监督管理机构、国务院其他金融监督管理机构建立监督管理信息共享机制；④ 中国人民银行负责统一编制全国金融统计数据、报表，并按照国家有关规定予以公布。

4. 金融违法处罚权

中央银行作为一种国家机构，各国法律普遍赋予其一定的行政处罚权。中国人民银行是国务院的下属机构，在货币和金融领域内享有广泛的执法权，以及金融违法处罚权。如《中国人民银行法》有以下规定：① 在宣传品、出版物或者其他商品上非法使用人民币图样的，中国人民银行应当责令改正，并销毁非法使用的人民币图样，没收违法所得，并处 5 万元以下罚款；印制、发售代币票券，以代替人民币在市场上流通的，中国人民银行应当责令停止违法行为，并处 20 万元以下罚款。② 金融机构或其他当事人如果存在违反存款准备金管理规定、中国人民银行特种贷款有关规定、人民币管理规定、银行间同业拆借市场管理规定、银行间债券市场管理规定、外汇管理规定、黄金管理规定、代理中国人民银行经理国库有关规定、清算管理规定、反洗钱有关规定的行为，按照有关法律、行政法规给予行政处罚。有关法律、行政法规未作处罚规定的，由中国人民银行区别不同情形给予警告，没收违法所得，违法所得 50 万元以上的，并处违法所得 1 倍以上 5 倍以下罚款。没有违法所得或者违法所得不足 50 万元的，处 50 万元以上 200 万元以下罚款。对负有直接责任的董事、高级管理人员和其他直接责任人员给予警告，处 5 万元以上 50 万元以下罚款。

> **延伸阅读**
>
> **澳大利亚金融监管结构**
>
> 澳大利亚的金融市场采取的是"双峰"监管模式。根据这一模式,由一个监管机构即澳大利亚审慎监管局,负责对金融机构的审慎监管,监管对象包括吸收存款的金融机构、财产保险公司、人寿保险公司,以及养老金保险公司。同时,由另一个监管机构即澳大利亚证券和投资委员会负责证券行为监管以及投资者保护。虽然澳大利亚审慎监管局和证券和投资委员会彼此的权限泾渭分明,但是在金融服务领域内仍存在一定程度的交叉。
>
> 在澳大利亚金融市场监管体系中,其他的一些监管机构也扮演着监管者的角色,如澳大利亚竞争和消费者委员会、澳大利亚并购专家组等。澳大利亚储备银行实际上构成了监管体系的第三极,负责掌控国家货币政策、金融系统稳定性和支付体系。澳大利亚金融监管机构委员会则立于整个监管体系的顶端,是上述主要金融监管机构与澳大利亚政府之间的协调者。
>
> [资料来源][英]艾利斯·费伦等:《后金融危机时代的监管变革》,罗培新、赵渊译,法律出版社,2016,第203页。

第三节 金融市场行业型监管法律制度

一、金融市场行业型监管的概念和特征

(一)金融市场行业型监管的概念

金融市场行业型监管是指实行金融分业经营的国家或地区,由各个金融行业监管机构对本行业的金融机构、金融业务和金融产品进行监督管理和约束,或者在混业经营国家,为了对金融机构各自的核心业务实行有针对性的监管,在综合型金融监管机构之下设立分业性质的监管机构,专门针对某一金融行业进行监管,如日本金融监管厅下面的证券监管局等。中国是实行分业经营、分业管理的国家,金融行业管理机构包括中国证监会和中国银保监会。

目前,世界各国或地区的金融市场监管可分为两大类:一类是实行分业经营的国家或地区,与此相应的金融监管也实行分业监管,即根据不同的金融行业设置金融监管机构;另一类是实行混业经营的国家,与此相适应的监管模式也就为统一的金融监管,即设置相应的大一统的金融监管委员会或者金融监管局。但是,即使是混业经营模式下的金融综合型监管,现实中也还存在针对某个金融行业或金融机构的专业型金融监管机构。

(二) 金融市场行业型监管的特征

金融市场行业型监管主要是根据各个金融行业特征，设立监管机构对各金融行业进行有针对性的监管，所以行业监管具有如下四个方面的特征。

(1) 分业监管机构较多且互不统属。金融分业监管体制下，由多个金融监管机构共同承担监管责任。一般将整个金融业分为银行业、证券业、保险业、期货业和其他金融业，然后分行业设立监管机构分别进行监管，各监管机构分工负责，在理论上协调配合，共同组成金融监管组织体系。

(2) 缺乏信息共享和行动一致性。由于各监管机构彼此地位平等，没有从属关系，基于对本部门的利益考虑，它们多数情况下各自为政，缺乏监管协调。尽管也可能建立监管联席会议机制，但监管联席会议机制更多地表现为部门之间利益的均衡和协调，信息沟通和协同监管较为有限。

(3) 可能产生跨市场的金融风险。当金融机构的业务范围越来越广、涉及多个金融市场时，行业型监管的模式使得同一金融机构在不同的金融市场上经营时，将面对不同监管机构的监管，缺少统一金融监管的约束，因而会产生监管竞争或监管空白，并滋生局部市场投机行为。因此，混业经营趋势与行业监管的不匹配可能产生一些跨市场的金融风险。

(4) 抑制金融创新和产业发展。在金融行业型监管模式下，行业监管采取的是条块分割式的监管，各个监管机构各自统属一块，导致各个金融行业缺乏竞争，因此也缺乏金融创新积极性。即使某些金融机构为了开拓市场领域，进行金融创新，但因为要取得不同监管机构的审查同意，也会因为高昂的经济成本和时间成本而抑制金融创新的动力。

二、金融市场行业型监管的模式和内容

(一) 金融市场准入合规性监管

金融市场准入合规性监管是金融市场监管的基本方式之一。准入包括三个方面的内容，即金融机构的市场准入、投资者的市场准入和金融产品或服务的市场准入。其中，金融机构的市场准入监管是确保金融机构有能力履行其义务，实现金融市场稳定，保障金融投资者的利益得到充分保护的第一步，也是监管体系重要的组成部分，各国法律对金融机构的设立均规定了较为严格的市场准入条件。例如，投资者市场准入即在某些金融市场或针对某些金融产品，为投资者设置了适当性规则，也即一些风险较大的金融市场和金融产品禁止普通的金融消费者进入，要求此类投资者必须具备一定的知识水平、经济实力或其他抗风险能力。有关金融产品或服务的市场准入，各国的法律规定差距较大，即使是同一国家，对不同的金融产品的市场准入也存在不同的规定。但总体而言，金融机构如果拟推出某一款金融产品或服务，需要取得金融监管机构的审批或进行注册。

中国《银行业监督管理法》《商业银行法》《证券法》《保险法》《信托法》以及其他相关的法律法规对金融市场准入监管作了以下三个方面的规定。

(1) 金融机构的市场准入。设立银行和非银行金融机构必须具备法律规定的条件，如：① 法律规定最低的注册资本，而且注册资本必须采取实缴制；② 符合要求的经营场地和设备条件；③ 具备法律规定的风险控制和管理制度；④ 合格的高管人员和金融从业人员；⑤ 符合金融监管机构规定的其他要求和条件。

(2) 金融投资者市场准入。对于一些风险较大的金融市场和金融产品，中国借鉴了世界上大多数国家和地区的做法，从以下三个方面设置了投资者适当性规则：① 投资者个人和家庭财产总额或金融资产总额，收入来源和数额、资产、债务等须符合法律规定；② 投资者从事金融投资达到了法律规定的期限；③ 进行某些特殊金融产品投资须符合投资者专业能力要求。

中国证监会发布的《证券期货投资者适当性管理办法》规定，证券经营机构和期货经营机构可以根据专业投资者的业务资格、投资实力、投资经历等因素，对专业投资者进行细化分类和管理。该办法规定，如果自然人符合下列条件之一，则可认定为专业投资者，即能进行某些高风险证券期货产品投资：① 金融资产不低于500万元，或者最近3年个人年均收入不低于50万元；② 具有2年以上证券、基金、期货、黄金、外汇等投资经历，或者具有2年以上金融产品设计、投资、风险管理及相关工作经历，或者属于取得国家规定的专业投资者的高级管理人员、获得职业资格认证的从事金融相关业务的注册会计师和律师。

(3) 金融产品或服务市场准入。各国金融产品或服务的市场准入可分为三大类，即核准制、注册制以及审批制。中国在2020年3月之前公开发行股票和债券实行核准制，但从2020年3月份开始则根据修改后的《证券法》实行注册制。期货产品上市实行审批制，保险产品上市、私募证券等则采取登记制，如根据2014年中国证监会发布的《私募投资基金监督管理暂行办法》，发行私募基金应当根据基金业协会的规定，向基金业协会申请登记。

(二) 金融市场行为合规性监管

金融市场行为合规性监管是金融市场监管的核心，行为合规性监管是指监管机构通过制定公平的市场规则，对金融机构的经营活动及交易行为实施监督管理，确保金融机构的金融行为符合法律规定，包括禁止误导销售及欺诈行为、充分信息披露、个人金融信息保护、实现合同及交易公平、打击操纵市场及内幕交易、规范债务催收等。当然，金融市场行为合规性监管也包括对金融消费者和投资者、其他金融市场主体行为的合规性规范。金融行为合规性监管致力于降低金融市场交易中的信息不对称，杜绝违法交易行为，推动金融消费者保护及市场有序竞争目标的实现。

金融行为合规性监管既包含了对金融机构与金融消费者之间零售交易行为的监管，也涵盖了对金融机构同业间的批发业务、金融机构与工商企业之间对公交易行为的监管。金融行为合规性监管与金融消费者保护，二者在概念上并不完全相同，但由于金融消费者保护是行为监管最主要的内容及最重要的目标，二者在很多语境下被交替使用。中国的金融行为监管包括三大模块：① 货币行为合规性监管，这属于中国人民银行的监管职责；② 银行经营机构行为合规性监管，其监管职责由中国银保监会承担；③ 非银行金融机构的行为监管，非银行金融机构由中国证监会和中国银保监会根据其职责划分分别进行监管。例如：《证券法》规定，国务院证券监督管理机构依法对证券市场实行监督管理，维护证券市场秩序，保障其合法运行；《银行业监督管理法》规定，国务院银行业监督管理机构负责对全国银行业金融机构及其业务活动监督管理的工作；《保险法》规定，保险监督管理机构依照法律和国务院规定的职责，遵循依法、公开、公正的原则，对保险业实施监督管理，维护保险市场秩序，保护投保人、被保险人和受益人的合法权益。

（三）金融机构市场退出合规性监管

金融机构由于其经营的产品、经营模式和风险特征与传统的商事企业不同，所以不仅在市场准入、行为规则方面存在很大的差异，而且对于金融机构的市场退出规则也与普通商事企业相差很大。普通商事企业无论是自己清算解散企业，还是在资不抵债时进行破产清算，一般无须经过相关机构的批准同意。但是，金融机构的市场退出必须经过金融监管机构的审查批准，这也成了世界金融市场监管的通例。

1. 金融机构行政处置

金融机构行政处置，即在金融机构违法经营或者发生债务危机时，由金融监管机构决定对其托管、接管、行政兼并，或对其实施行政清算等强制性处置措施。

（1）中国《商业银行法》规定，国务院银行监督管理机构依法对处置银行风险工作进行组织、协调和监督：① 银行经营机构已经或者可能发生信用危机，严重影响存款人的利益时，国务院银行业监督管理机构可以对该银行经营机构实行接管；② 银行经营机构因分立、合并或者出现公司章程规定的解散事由需要解散的，应当向国务院银行业监督管理机构提出申请，并附解散的理由和支付存款的本金和利息等债务清偿计划，经国务院银行业监督管理机构批准后解散；③ 银行经营机构解散的，应当依法成立清算组，进行清算，按照清偿计划及时偿还存款本金和利息等债务，国务院银行业监督管理机构监督清算过程；④ 银行经营机构因吊销经营许可证被撤销的，国务院银行业监督管理机构应当依法及时组织成立清算组，进行清算，按照清偿计划及时偿还存款本金和利息等债务。

（2）《保险法》规定，国务院保险监督管理机构依法对处置保险公司风险工作进行组织、协调和监督：① 保险公司因分立、合并需要解散，或者股东会、股东大会决议解散，或者公司章程规定的解散事由出现，经国务院保险监督管理机构批准后解散；② 保险公司因偿付能力严重不足的、违反法律规定损害社会公共利益并可能严重危及或者已经严重危及公司的偿付能力的，国务院保险监督管理机构可以责令整顿，或对其实行接管；③ 保险公司因违法经营被依法吊销经营保险业务许可证的，或者偿付能力低于国务院保险监督管理机构规定标准，不予撤销将严重危害保险市场秩序、损害公共利益的，由国务院保险监督管理机构予以撤销并公告，依法及时组织清算组进行清算。

（3）《证券法》规定，证券经营机构违法经营或者出现重大风险，严重危害证券市场秩序、损害投资者利益的，国务院证券监督管理机构可以对该证券经营机构采取责令停业整顿、指定其他机构托管、接管或者撤销等监管措施。中国证监会2016年修订后的《证券公司风险处置条例》规定，国务院证券监督管理机构依法对处置证券公司风险工作进行组织、协调和监督：① 国务院证券监督管理机构发现证券公司存在重大风险隐患，可以派出风险监控现场工作组对证券公司进行专项检查，对证券公司划拨资金、处置资产、调配人员、使用印章、订立以及履行合同等经营、管理活动进行监控，并及时向有关地方人民政府通报情况；② 证券公司风险控制指标不符合有关规定，在规定期限内未能完成整改的，国务院证券监督管理机构可以责令证券公司停止部分或者全部业务进行整顿；③ 证券公司出现法律规定情况的，国务院证券监督管理机构可以对其证券经纪等涉及客户的业务进行托管，情节严重的，可以对该证券公司进行接管；④ 国务院证券监督管理机构决定对证券公司证券经纪等涉及客户的业务进行托管的，应当按照规定程序选择证券公司等专业机构成立托管组，行使被托管证券公司的证券经纪等涉及客户的业务的经营管理权。

2. 金融机构破产清算

金融机构破产清算是指金融机构在资不抵债，不能清偿到期债务，或者符合法律规定的其他破产条件的情况下，实行破产清算退出市场的行为。①《商业银行法》规定，银行经营机构不能支付到期债务，经国务院银行业监督管理机构同意，由人民法院依法宣告其破产。银行经营机构被宣告破产的，由人民法院组织国务院银行业监督管理机构等有关部门和有关人员成立清算组，进行清算。②《保险法》规定，保险经营机构有《企业破产法》规定情形的，经国务院保险监督管理机构同意，保险经营机构或者其债权人可以依法向人民法院申请重整、和解或者破产清算；国务院保险监督管理机构也可以依法向人民法院申请对该保险经营机构进行重整或者破产清算。

三、金融市场行业型监管机构的权责

各国法律对金融行业型监管机构的具体监管权责规定不一，即使在同一国家，也由于各个金融监管机构所监管的对象差异而存在不同的权责。与综合型监管机构类似，总体上金融行业型监管机构的基本监管权责包括以下五个方面。

1. 金融规则制定权

1999年，巴塞尔银行监管委员会制定的《核心原则评价方法》提出，法律应该赋予监管机构以不改变法律的行政方式制定审慎规则的权力。以美国为例，美国证券交易委员会的规则制定权分为两类：一是授权立法，即根据法律的授权制定具有法律效力的规则；二是制定解释性规则，即对美国现有证券法律进行解释，以更好地遵守法律、执行法律。根据中国《立法法》的规定，中国银保监会和中国证监会作为国务院下属的部委机构，有权依照法律、行政法规制定和发布对金融机构及其业务活动进行监督管理的规章、规则以及技术标准。中国各金融行业型监管机构的规则制定权主要包括以下三个方面。

(1) 行为规则制定权。各个金融监管机构作为国务院下属的部委机构，有权根据法律在各自的监管范围内，制定和发布金融监管方面的规章及其他规范性文件，如决议、决定、规则、公告、命令、办法等。这些规范性文件是为了更有效地执行金融法律和行政法规而对法律和行政法规的细化，具有普遍的约束力。

(2) 行业标准制定权。各个金融监管机构有权就其行业范围内的某些技术问题制

定普遍性的标准。这些标准虽然不是规章或规范性文件,也不一定有强制性执行力,但具有重要的指导意义,往往能作为一种行为准则得到遵守。

（3）立法建议权。各个金融监管机构根据金融监管的需要向全国人民代表大会或其常务委员会和国务院等提出制定、修改和废止金融监管法律法规的建议。

2. 金融市场许可权

各国或地区对金融机构的监管,都是从市场准入和对特定事项实施许可开始的。金融许可作为行业型金融监管机构依法实施金融监管的一种事前控制手段,对金融市场的稳定与发展具有重要作用。金融许可权的行使一般包括两大类。

（1）设立金融机构,从事金融业务,需要得到金融监管机构的批准。按照企业设立的立法原则,大致可以分为两大类:一是许可主义,包括核准主义,是指企业设立时,不仅要具备法律规定设立企业的各项条件,还需要经过法定的主管行政机关审核批准;二是准则主义,又称登记主义,是指设立企业无须报有关主管机关批准,只要符合法律规定的成立条件,即可直接向企业登记机关申请登记。金融机构设立较为通行的做法是采取许可主义,即金融机构不仅要符合法律规定的条件,还要经过金融监管部门的批准。巴塞尔银行监管委员会的《有效银行监管的核心原则》要求,为了保证银行监管的有效性,银行监管应当保证新银行组织有适当数量的股东、充足的财力、与业务结构相一致的法律结构,以及具备专业知识、道德水准,善于稳健和审慎经营的管理人员。

（2）推出金融产品或服务,须经过监管机构核准或注册登记。除了金融机构进入市场需要许可外,很多情况下金融产品的上市和金融服务的开发,也需要得到监管机构的批准。对于这一点各个国家的做法不一样,如美国,证券的发行实行注册制,但是证券的上市交易则要经过美国证券委员会和证券交易所的审核同意。中国自2020年3月以后也采取与美国相类似的制度,即证券发行实行注册制而上市实行核准制。

中国现行的金融许可权分散在中国人民银行、中国银保监会、中国证监会和国家外汇管理局手中。一旦将来设立综合型金融监管机构如金融监管委员会,首先应对目前银保监会、证监会定性为事业单位的现象作出改变,应和其他国家机关一样,将其统一定性为行政单位,定性的错误将在法律上引起混乱,并影响执法效果。接下来才是将金融许可权由目前的分散行使,集中为由金融监管委员会统一行使。

3. 金融检查和调查权

为了使行业型金融监管发挥其应有的作用,能及时发现金融机构的风险,采取相应措施以确保金融体系的稳定,法律应赋予各行业型金融监管机构对金融机构的现场和非现场检查权。监管机构掌握或获悉金融机构、金融市场参与者的违法、违规的情况后,监管机构有权进行调查。

巴塞尔委员会《有效银行监管的核心原则》规定,银行监管者必须与银行管理层保持经常性接触,对银行经营机构进行现场检查与非现场检查,并具备在单个或并表的基础上收集、审查和分析各家银行的审计报告和统计报表的手段,有办法通过现场检查或利用外部专家对上述报表独立核对。类似地,美国《联邦储备法案》也规定,作为会员银行经营机构的一个条件,是接受联邦储备理事会选派或批准的检查员所进行的检查。美国《证券交易法》规定,美国证券交易委员会有权对任何已经违反、正在违反或将要违反该法及根据该法颁布的规章、规则条文的行为开展认为必要的调查。中国现行的金融法律对金融监管机构的检查权和金融调查权作了较为详细的规定。

(1)《银行业监督管理法》规定,银行业监督管理机构根据审慎监管的要求,可以采取下列措施对银行经营机构进行现场检查:① 进入银行经营机构进行检查,询问其工作人员,要求他们对有关检查事项做出说明;② 查阅、复制银行经营机构与检查事项有关的文件、资料,对可能被转移、隐匿或者毁损的文件、资料予以封存;③ 检查银行经营机构运用电子计算机管理业务数据的系统;④ 可以与银行经营机构的董事、高级管理人员进行监督管理谈话,要求其董事、高级管理人员就银行经营机构的业务活动和风险管理的重大事项作出说明;⑤ 随时对银行经营机构的存款、贷款、结算、呆账等情况进行检查,银行经营机构应当按照监督管理机构的要求,提供财务会计资料、业务合同和有关经营管理方面的其他信息。

(2)《证券法》规定,证券经营机构应当按照规定向国务院证券监督管理机构报送业务、财务等经营管理信息和资料;国务院证券监督管理机构有权要求证券经营机构及其股东、实际控制人在指定的期限内提供有关信息、资料,且报送或者提供的信息、资料必须真实、准确、完整。证券监管机构依法履行职责,有权采取下列措施:① 进入涉嫌违法行为发生场所调查取证,询问当事人和与被调查事件有关的单位和个人,要求其对与被调查事件有关的事项作出说明;② 查阅、复制与被调查事件有关的财产权登记、通信记录等资料,以及与被调查事件有关的单位和个人的证券交易记录、登记过户记录、财务会计资料及其他文件和资料,对可能被转移、隐匿或者毁损的文件和资料,可以予以封存;③ 查询当事人和与被调查事件有关的单位、个人的资金账户、证券账户和银行账户,对有证据证明已经或者可能转移或者隐匿违法资金、证券等涉案财产或者隐匿、伪造、毁损重要证据的,经证券监管机构主要负责人批准,可以冻结或者查封;④ 在调查操纵证券市场、内幕交易等重大证券违法行为时,经证券监管机构主要负责人批准,可以限制被调查事件当事人的证券买卖,但限制的期限不得超过3个月,案情复杂的,可以延长3个月。

4. 金融强制措施权

赋予行业型金融监管机构采取强制措施的权力是各国或地区的普遍性的做法。巴塞尔委员会在《有效银行监管的核心原则》中规定,银行监管者必须掌握完善的监管手段,以便在银行经营机构未能满足审慎要求或存款人的安全受到威胁时及时采取纠正措施。在紧急情况下,其中应包括撤销银行经营机构的营业执照或建议撤销其执照。银行业监管者应当有权力限制银行经营机构现已开展的业务,并停止批准其开办新业务或收购活动,还应该有权力限制或暂停其向股东支付红利或其他收入,禁止资产转让及购回自己的股权。银行业监管者应具备有效的手段解决管理方面的问题,其中包括撤换控股方、管理层或董事,限制其手中权力,并可在其认为适当的情况下将这批人永远逐出银行业。在极端的情况下,监管者应有能力对未能达到审慎要求的银行经营机构进行接管。

美国通过一系列的金融立法授权通货监理署、美联储、联邦存款保险公司等对金融机构行使强制权,其他的国家或地区,如韩国也作出了类似的规定。中国相关法律中规定的有关金融强制措施包括：① 金融机构违反审慎经营规则，可以责令限期改正、暂停部分业务，停止批准开办新业务，限制分配红利和其他收入，限制资产转让，停止批准增设分支机构，责令调整高级管理人员等；② 金融机构被接管、重组或被撤销后，金融监管机构可对直接责任人员阻止其出境，申请司法机关禁止其转移、转让财产；③ 金融机构违法经营，或出现重大风险，可责令停业整顿，指定其他机构托管、接管等；④ 金融机构的高级管理人员未能勤勉尽责造成重大风险，或有严重违法违规，监管机构可撤销其任职资格等。

5. 金融违法处罚权

金融违法处罚权是行业型金融监管机构按照法律规定，对于违反法律法规、尚未构成犯罪的相对人给予行政制裁的权力，这是维护金融监管权威、保证金融监管顺利进行不可缺少的手段。现行《银行业监督管理法》《商业银行法》《证券法》《保险法》规定，监督管理机构可以采取责令改正、监管谈话、出具警示函等措施，以及其他的金融违法处罚措施，如：警告、罚款、没收违法所得；责令暂停部分业务或停业；撤销从业资格、禁止市场进入，以及暂停或者撤销相关业务许可等。

延伸阅读

美国期货交易委员会

美国国会在1974年颁布了《商品期货交易委员会法》，该法最重要的条款是建立了一个独立的由5个成员组成的监管委员会——商品期货交易委员会(CFTC)。

商品期货交易委员会是作为一个独立的监管机构建立的，由总统委派、参议院批准的1位主席和4位委员组成，这5位主席加委员必须是期货专家和生产领域中的专家。商品期货交易委员会负责监管商品期货、期权和金融期货、期权市场。商品期货交易委员会的任务在于保护市场参与者和公众不受与商品和金融期货、期权有关的诈骗、市场操纵和不正当经营等活动的侵害，保障期货和期权市场的开放性、竞争性和财务上的可靠性。

为了确保商品期货交易委员会的独立性，商品期货交易委员会有权雇佣调查员、特别专家、行政法律法官、文员和其他一些职员，如顾问和专家等，商品期货交易委员会还被授予进入合约市场的权力。商品期货交易委员会可以行使以下权力：第一，对包括期货合约、期权和金银、银币及杠杆交易在内的所有交易具有排他性的管辖权；第二，享有对期货领域的执法权和监管权，包括补偿权，以及拥有对特定违规给予民事罚款的权力；第三，拥有命令期货交易所进入紧急状态的权力。

[资料来源] [美]杰瑞·W.玛卡姆：《商品期货交易及其监管历史》，中国财政经济出版社，2009，第77页。

问题与思考

1. 中国国务院金融发展委员会与其他国家金融综合型监管机构的职权存在哪些

差异？应该如何构建中国的综合型金融监管机构？

2. 简述中国人民银行对金融市场的监管权责范畴以及主要特点。

3. 简述中国银保监会和中国证监会的具体监管范围和监管职责。

4. 简述金融行业型监管的特征，中国从"一行三会"的监管体制改变为"一行两会"的法理基础。

5. 金融市场准入性监管包括哪些方面？为什么要实行准入性监管？

第二章 金融市场非政府型监管法律制度

> **本章纲要**
> ◆ 非政府型监管　　　◆ 金融行业协会
> ◆ 准政府型监管　　　◆ 行业协会自律
> ◆ 金融保障基金　　　◆ 交易所监管
> ◆ 存款保险条例　　　◆ 信息共享机制

第一节 金融市场准政府型监管法律制度

一、金融市场准政府型监管的概念和特征

（一）金融市场准政府型监管的概念

金融市场准政府型监管是指依法成立的各类金融保障基金管理机构,如存款保险基金管理公司、证券投资者保护基金管理公司、期货投资者保障基金管理公司、保险保障基金管理公司和信托业保障基金管理公司等,或者其他的享有一定监管权力的非政府性管理机构,依据法律规定或政府授权对所属金融机构的经营行为进行约束和监管。

金融保障基金是由一国或地区政府牵头,将符合条件的同类型金融机构集中组建的风险损失补偿基金,各金融机构作为投保人按一定营业额比例向其缴纳保险费建立资金组合,当成员金融机构发生经营危机或面临破产倒闭时,金融保障基金向其提供财务救助,或直接向符合要求的金融消费者支付部分或全部损失,从而保护金融消费者利益、维护金融机构信用、稳定金融市场的一种金融保障制度。将金融保障基金管理机构界定为准政府,其理由在于金融保障基金管理机构本身并不是政府机构,而是一种管理金融保险基金的公司。但是,此类基金管理机构不同于传统的商事公司,因为这类公司多由一国或地区金融监管机构领头出资组建,而且法律还赋予其一定的金融监管责任,具有金融监管职能,所以将金融保障基金管理机构对金融市场的监管定义为准政府监管。

（二）金融市场准政府型监管的特征

金融保障基金管理机构是一种介于政府机构和自律性组织之间的机构,这类机构

在对金融机构行使监管职责时有以下五个方面的特征。

（1）准政府型监管是一种介于政府与自律监管之间的监管模式。金融保障基金管理机构并不是政府，而是一种非营利的国有控股、参股公司，或经过政府特别授权的私有公司，在经营管理保障基金的同时，还享有对金融机构的监管权力。

（2）金融保障基金管理机构的金融监管权来自法律的授权。金融保障基金管理机构并不是专司金融监管的公权力机构，而是一种经营特殊基金的管理机构，但这类机构基于法律的授权而享有对金融机构的某些监管权。这些机构的监管权既不同于政府机构的既有公权力，也不同于章程约定的自律性监管权。

（3）金融保障基金的设立初衷是对陷入危机的金融机构和金融消费者实施救助。各国或地区设立金融保障基金的最初目标是对问题金融机构和消费者进行救助，到了后来为了防范金融危机，才逐渐演变出与政府型金融监管机构共同构建金融安全网，实施金融监管的目标。

（4）各国或地区金融保障基金管理机构的监管权限差异较大，有"付款箱型"和"监管型"金融保障基金管理机构。但全球普遍发展趋势是加强金融保障基金管理机构的监管职能，围绕金融机构风险进行评估和风险管理，采取监管措施以提高金融保障基金等级，减少金融保障基金损失。

（5）金融保障基金管理机构的监管职责局限性较大。金融保障基金的功能是对问题金融机构进行经营性救助，以及当金融机构破产清算时对符合条件的金融机构债权人进行破产赔偿。所以，金融保障基金管理机构的监管职责也集中在对金融机构的资产、负债、流动性和债务清偿力的监管方面，而非其他普遍性的金融行为。

二、金融市场准政府型监管机构权责

（一）金融保障基金的设立模式

由于不同国家的金融体系、法律制度不同，所以金融保障基金在不同的国家或地区构建模式、资金来源和功能权限也有所不同。

（1）金融保障基金的模式。金融保障基金有分设模式，也有综合型模式。其中，分设模式可包括存款保险基金、保险保障基金、证券投资者保护基金和期货投资者保障基金，甚至还有其他的金融保障基金，如中国的信托投资保护基金，因而相应的也就有管理这些基金的基金管理机构。

美国是分类设置金融保障基金的代表性国家，而英国是实施金融机构的统一监管的国家，所以其金融保障基金也实行综合性设置。英国在2000年制定的《金融服务与市场法案》，将保险保障基金、投资者保护基金和存款保险基金等"合三为一"，构建了综合性的金融保障基金制度。

（2）金融保障基金的筹集和所有权属性。无论是分设模式还是综合设置模式，基金的资金来源在各个国家或地区也有所不同，具体可分为以下三类：① 由政府独家出资组建，金融机构作为投保人投保，并由政府负责运作管理的官办型金融保障基金，美国属于这类型；② 政府与金融机构为主，其他民间机构共同出资建立的混合型金融保障基金,金融机构作为投保人投保,如日本、德国和中国台湾地区的存款保险机构;③ 完全由金融机构或行业协会出资组建的纯股份制金融保障基金,金融机构作为投保人投保,如英国、瑞士、意大利等国的存款保险机构。

(3) 金融保障基金的权责。金融保障基金的功能具体到各个国家或地区也有所不同,主要有两大类:一类是以美国为代表的国家,赋予金融保障基金管理机构对金融市场的监管功能,享有对金融机构和金融市场较大的管理权限;另一类金融保障基金则纯粹为付款箱型保障基金,不享有对金融机构和金融市场的监管权。但是,自 2007—2009 年世界性金融危机后,总体趋势是向加强金融保障基金管理机构的金融监管权方向发展。

(二) 中国金融保障基金类型和权责

中国有关金融保障基金的立法主要有原中国保监会 2008 年修改后的《保险保障基金管理办法》,中国证监会在 2016 年修改后的《证券投资者保护基金管理办法》,中国证监会在 2016 年修改后的《期货投资者保障基金管理办法》,原中国银监会在 2014 年发布的《信托业保障基金管理办法》,以及国务院 2015 年颁布的《存款保险条例》。因此,也就存在根据这些法律规范设立的金融保障基金及相应的管理机构。

1. 存款保险基金管理机构监管权责

存款保险基金管理机构具体监管权责如下:① 基金管理机构在投保机构风险状况发生变化,可能需要调整适用费率的,对涉及费率计算的相关情况进行核查;投保机构保费交纳基数可能存在问题的,对其存款的规模、结构以及真实性进行核查,对投保机构报送的信息、资料的真实性进行核查。② 基金管理机构参加金融监督管理协调机制,并与中国人民银行、银行业监督管理机构等金融监管部门、机构建立信息共享机制;基金管理机构应当通过信息共享机制获取有关投保机构的风险状况、检查报告和评级情况等监督管理信息;通过信息共享机制获得的信息不能满足控制存款保险基金风险、保证及时偿付、确定差别费率等需要的,基金管理机构可以要求投保机构及时报送其他相关信息。③ 基金管理机构发现投保机构存在资本不足等影响存款安全以及存款保险基金安全的情形的,可以对其提出风险警示;投保机构因重大资产损失等原因导致资本充足率大幅度下降,严重危及存款安全以及存款保险基金安全的,投保机构应当按照基金管理机构、中国人民银行、银行业监督管理机构的要求及时采取补充资本、控制资产增长、控制重大交易授信、降低杠杆率等措施。④ 投保机构有前述规定情形,且在存款保险基金管理机构规定的期限内未改进的,基金管理机构可以提高其适用费率。

2. 证券投资者保护基金管理机构监管权责

证券投资者保护基金管理机构具体监管权责如下:① 基金管理机构发现投保机构在经营管理中出现可能危及投资者利益和证券市场安全的重大风险时,向国务院证券监管机构提出监管、处置建议;基金管理机构对投保机构运营中存在的风险隐患会同有关部门建立纠正机制。② 基金管理机构与国务院证券监管机构建立投保机构信息共享机制,国务院证券监管机构定期向基金管理机构通报关于投保机构财务、业务等经营管理信息的统计资料。③ 国务院证券监管机构认定存在风险隐患的投保机构,应按照规定直接向基金管理机构报送财务、业务等经营管理信息和资料。

3. 保险保障基金管理机构监管权责

保险保障基金管理机构具体监管权责如下：① 基金管理机构监测保险业风险，发现投保机构在经营管理中出现可能危及保单持有人和保险行业的重大风险时，向国务院保险监管机构提出监管处置建议。② 基金管理机构应当与国务院保险监管机构建立投保机构信息共享机制，国务院保险监管机构定期向基金管理机构提供投保机构财务、业务等经营管理信息。③ 国务院保险监管机构认定存在风险隐患的投保机构，由国务院保险监管机构向基金管理机构提供该投保机构财务、业务等专项数据和资料。

4. 期货和信托保障基金管理机构监管权责

《期货投资者保障基金管理办法》和《信托业保障基金管理办法》对基金管理机构的金融市场监管权限并无相应规定，期货投资者保证金和信托投资者保障基金是纯付款箱型保障基金，基本上不享有金融监管权。

三、金融保障基金管理机构监管权的完善

金融保障基金制度作为金融安全网的重要组成部分，保障基金管理机构在承担付款责任的同时，应享有较现行各类金融保障基金管理办法规定更为积极、主动的金融监管、检查和处罚权。金融保障基金管理机构的发展方向，应该在要求金融监管机构定期向保障基金管理机构通报银行、证券等经营机构财务、业务等经营管理数据、信息，与监管机构建立信息共同机制的基础上赋予更重的监管权责。

（1）赋予保障基金管理机构对各自保险范围内的投保金融机构进行现场和非现场检查权，并可责令风险较高的投保金融机构定期直接报送其财务、业务数据和统计资料。

（2）赋予保障基金管理机构对违法经营或增加风险等级的投保金融机构或其关联方必要的处罚权，如送达告诫通知或进行劝诫谈话，发出禁止令要求其停止违法行为、采取措施矫正违法行为并消除不良后果等。

（3）赋予保障基金管理机构在投保金融机构出现资本或流动性不足时，要求投保金融机构管理层制定资本重整计划；在取得金融监管机构同意后，责令资本显著不足且未能在合理期间内提高的投保金融机构，采取合并、股份出售、资产重组、托管等措施。

延 伸 阅 读

美国联邦存款保险管理公司

联邦存款保险公司（Federal Deposit Insurance Corporation，FDIC），是由美国国会在1930年大萧条时期大量银行被挤兑后创立的。为恢复存款人对银行系统的信任，美国在大萧条后的1934年，根据《1933年银行法》建立了联邦存款保险公司。联邦存款保险公司由理事会负责管理，理事会由5人组成，其成员包括货币监理署总监、储蓄管理办公室以及总统任命的其他3名理事，其中含理事会主席。

美国法律要求国民银行、联邦储备体系会员银行必须参加存款保险基金,不是联邦储备体系成员的州立银行和其他金融机构可自愿参加保险。目前,新成立的银行都必须进行投保。实际上,美国几乎所有的银行经营机构都参加了保险。联邦存款保险对每个账户的保险金额最高为10万美元,对于部分退休账户,这一上限提高到25万美元。然而,联邦存款保险基金管理公司主要职责是监管银行经营机构和保护存款消费者,保障国家金融体系的稳定性和公众信心。联邦存款保险公司是那些由州特许经营又没有加入联邦储备体系的银行的主要监管者。

联邦存款保险公司根据风险资本比例将投保银行分成五个等级:A类为资本状况良好,即资本充足率比例为10%及以上;B类为资本充足,即资本充足率在8%及以上;C类为资本不足,即资本充足率小于8%;D类为资本严重不足,即资本充足率小于6%;E类为资本极端不足,即资本充足率小于2%。当一家银行资本不足时(一般当资本等级为C类),联邦存款保险公司会向这家银行发出警告;当资本严重不足时,联邦存款保险公司会改变对银行的管理,并迫使银行采取其他纠正措施。当银行出现资本极端不足时,联邦存款保险公司会宣布银行破产并接管银行。一旦某家银行倒闭,联邦存款保险公司就成了接管人,负责处理倒闭银行或储蓄机构。联邦存款保险公司收集问题机构的有关信息,评估不同的解决方案给存款保险基金带来的潜在损失,评估潜在收购者的出价,将成本最低的解决方案提交给联邦存款保险公司董事会并征得其同意。联邦存款保险公司对处理倒闭机构有几种选择,最常用的是将倒闭机构的存款和贷款卖给另一家机构,倒闭银行经营机构的客户也自动地成为另一家银行经营机构的客户。大多数时候,从客户的角度来看,这种转换对其没有太大影响。

第二节 金融行业协会自律型监管法律制度

一、金融行业协会自律监管的概念和特征

(一)金融行业协会自律监管的概念

金融行业协会属于行业协会范畴,是由各金融行业协会所属金融市场中的金融机构组成的一种民间组织。金融行业协会介于政府机构、金融机构之间,是在金融产业与经营者之间,为其服务、咨询、沟通、监督、自律、协调的社会中间层组织,具体而言包括银行业协会、证券业协会、期货业协会、保险业协会以及其他新型的金融行业协会,如互联网金融业协会、金融衍生产品协会等。金融行业协会作为一种民间性组织,不属于政府的管理机构序列,而是政府与金融机构的桥梁和纽带。金融行业协会属于社会团体法人,金融行业协会与其他行业协会一样,承担对协会成员的合法权益的保护和对会员自律性监管的职责。

金融行业协会作为社会的中间层，介于政府和金融机构之间，承担着部分监管职责，以弥补市场调节缺陷和政府监管的不足。作为自治机构的金融行业协会具有以下三方面的功能：一是服务和监管功能，即为政府监管行为提供服务，并接受政府监管机构的委托，行使部分金融监管职责；二是干预和调控功能，弥补政府在金融调控过程中的外在性缺陷，协助政府实现其调控目标；三是协调与自律功能，即协调政府与金融机构、金融机构相互之间、金融机构与金融投资者、金融消费者之间的关系，检查监督其会员的日常经营活动。

(二) 金融行业协会自律型监管的特征

金融行业协会作为一种非政府组织，对金融机构的自律性监管具有以下四个特征。

(1) 金融行业协会的非政府型特征。金融行业协会具有民间特征，即相对于政府机构而言，金融行业协会在组织形式、人员编制及财政来源等诸多方面与政府机构存在很大的差异，即具有非官方性，独立较强。具体表现在以下三个方面：① 由金融机构自愿组成，而不是依政府命令而产生；② 其组织具有自主性，在内部实行自我管理，一般不受政府的直接控制，当然有时要受政府的监督；③ 其中大部分工作人员不属于国家公务员序列，主要经费来源不是国家财政拨款，而是由会员缴纳的会费以及服务性收费组成。

(2) 协会章程是其主要监管依据。金融行业协会作为一种金融自治性民间社团组织，通过行业规则实现自律管理。协会章程、行业规则是一种内部契约性规范，是在对行业内各个金融机构的权利、利益进行协调、平衡的过程中，通过谈判、协商、妥协等方式达成的一种共识，由协会成员共同遵守。相对于国家制定法所建立的秩序，当国家制定法缺位或有局限时，金融行业规范成为金融市场监管的重要补充和替代规则。

(3) 监管模式是纵向沟通与横向协调。作为金融行业利益代表的金融行业协会，通过纵向沟通和横向协调，为这一机制的确立提供重要支持。行业协会作为中间组织，为金融机构与政府进行信息沟通，代表本金融行业把利益诉求和权利要求传递给政府，同时也把政府决策过程中的信息反馈给会员金融机构，在国家与金融机构、金融市场之间充当桥梁，并进行利益协调，以此实现金融市场各方主体利益最大化。

(4) 金融行业协会的所有行为不以营利为目的。金融行业协会不以营利为目的，成立和运作的宗旨是为会员金融机构提供公共性、公益性服务。但是，非营利性并不等于不收取费用，而是表明其活动不是为了追求营业利益，而是为金融机构提供公共服务，在此过程中收取的会费、服务费等仅作为金融行业协会运行之用，而不能分配给全体会员。

二、金融行业协会的主要监管权责

金融行业协会的主要职责之一是对本金融行业实行自律性监管。目前，中国相关法律法规对各类金融行业协会的金融监管权责规定得并不清晰和一致，但大致可归纳为以下五类。

(1) 制定自律性监管规则和标准。金融行业自律性规章包括金融行为规则、行业协会会员资质标准、业务准则和技术标准、组织管理规范、行业纪律、奖惩办法，以及行业内部有关纠纷解决机制等。这些行业规章和制度规则是金融行业协会实施自律性监管的依据和基础,是行业协会成员共同商定且自愿遵守的规章。为了保障这种自律性规章能够得到实施,金融行业协会享有对金融活动进行指导、对会员违规行为进行惩处、协调各会员间关系及代表行业全体会员向金融监管部门提出意见和建议的权力,从而保障自律性规章的实施效果。

(2) 采集和披露交易信息和信用信息。金融信息的采集和披露是监管机构制定监管规则和实施监管的基础,金融行业协会具有内生自发特征,决定了其具有较政府型金融监管机构更易于掌握金融市场动态,更易于收集金融交易信息的能力。例如,金融行业协会可以通过对会员信息的采集和对金融产品、交易行为和纠纷处理结果的登记,掌握其金融市场的信息,并依此进行披露。作为自律性组织,金融行业协会还可以制定征信规则,建立信用档案以及诚信激励机制,向社会公众提供信用查询服务等,以此激励会员金融机构的诚信建设。

(3) 保障金融行业协会会员的合法权益。金融行业协会除了作为自律性组织监管会员的经营行为,遵守行业规章外,还应该为会员提供各种服务和保障其合法权益不受到侵害,并在其权利受到损害时帮助他们维权。金融行业协会在保障会员权利的同时,还有另一项重要职责就是作为全体会员的代言人,代表全体金融机构和从业者与政府进行协调,向政府及时反馈金融业的发展状况以及金融从业者的真实需求,向政府监管机构提出政策建议,反映金融机构和从业人员的正当诉求。

(4) 惩戒金融行业协会会员违法违规行为。金融行业协会有权依据国家法律法规以及其制定的自律性规章,对其会员进行监督和管理,对违反法律法规、行业规章的会员采取相应的惩戒措施,或者及时向政府机构报送情况,提出处理建议。由于金融行业协会并不具备行政处罚权,不能采取罚款、吊销营业执照、撤销金融许可证等惩罚措施,其对会员的惩戒通常限于行业协会内部纪律处分,多数表现为资格、声誉方面的惩戒,如会员资格的取消、行业的禁入、降低资信等级等。但对于金融机构来说,由于其业务的开展本身就是建立在良好社会信用的基础之上的,所以这种资格、声誉惩戒能够产生较好的警示效应。

(5) 建立金融行业纠纷调解和仲裁机制。争端解决是各国金融行业协会的基本职责,也是中国金融行业协会的基本权利和义务,以及将来功能、职权改革的重要内容。为了提高金融行业纠纷解决效力,金融行业协会应创新性地发展金融纠纷解决机制,大力开展金融行业协会与各地仲裁机构的协作,在金融行业协会内部组建调解机制,与仲裁机构联合设置金融专业性仲裁机构,专门处理各金融行业金融纠纷;充分利用互联网和仲裁、互联网和调解的结合,开展网络远程调解和仲裁,积极有效地协调解决会员之间以及会员与金融投资者之间的金融纠纷。

三、金融行业协会自律型监管的发展改革

(一) 金融行业协会自律型监管的主要问题

中国已经建立了各种金融行业协会,在金融实践中这些行业协会也发挥了较好的

作用,但也存在一系列问题。

(1) 金融行业协会独立性缺失。目前,包括证券业协会、银行业协会、期货业协会和保险业协会在内的所有金融行业协会都由政府部门组建,主要资金来源于政府的财政拨款,实行注册登记部门和职能主管部门共同管理的双重管理体制,理论上的民间机构成了半官方性质的政策上传下达的机构。缺乏独立性的金融行业协会,使得其职能发挥受制于政府,与金融行业协会"为会员服务,维护会员的合法权益;维护金融市场的公平竞争秩序,促进金融市场公开、公平、公正,推动金融市场的健康稳定发展"宗旨相矛盾。

(2) 自律功能发挥严重不足或不恰当。目前,中国金融行业协会自律监管走向两个极端:一是金融行业协会监管职权不足,金融市场、金融机构和金融行为的监管主要依赖政府机构,政府监管部门包揽了绝大部分金融监管职责,如在一些传统的金融领域中,金融行业协会的自律监管徒有虚名,缺乏自身的监管领域和制度规则,没有担负起实际的金融自律监管职责;二是法律赋予金融行业协会过于宽泛的监管权限,将许多本应该属于政府监管的权责赋予行业协会,如互联网金融行业,政府监管严重不足,监管完全交由互联网金融行业协会进行,而行业协会又无能力监管,使得金融风险频繁发生。

(3) 金融服务和维权水平落后于金融发展创新。金融市场发展创新迅速,衍生出诸多新的金融技术和金融领域,这客观上要求金融行业协会前瞻性地为金融机构提供新的服务,如新金融教育培训、技术指导和建立有效的纠纷解决机制。但是,由于金融行业协会受制于各自的金融监管机构,服务意识和维权水平滞后于金融发展创新速度,使得金融行业协会为金融机构服务和维护金融机构权益的能力严重滞后于新时期金融发展实际情况。

(4) 金融桥梁作用和舆情上传下达的能力有待提高。金融行业协会是介于政府和金融机构的中间层,其主要作用之一就是为双方进行信息沟通,游说政府,为金融机构和金融产业发展,以及监管机构实施有效监管出谋划策。但是,中国金融行业协会长期以来没有具体的监管分工,缺乏实在的职责定位,无论是法律还是政府行政都没有对其进行明确的授权,也无必要的监管政策激励,法律和政策局限使得其无法扮演好行业枢纽的角色,在行业交流、对外宣传等事务上未能充分发挥其作用。

(二) 金融行业协会自律型监管的完善

针对中国各金融行业协会监管所存在的问题,首先应该在法律层面加强金融行业协会组织、资金和人员的独立性,使之成为名副其实的民间组织,能够客观公正地承担自律监管、组织协调、权益维护、纠纷解决职能。在具体的责任履行上,重点加强金融行业协会以下四个方面的权责。

(1) 制定金融行业规则和技术标准。金融行业协会应及时结合金融业实践,不断发展完善金融市场运营规则和其他技术标准,以保证包括互联网金融、支付结算在内的金融领域得以安全有效运行。

(2) 协助立法机构制定相关法律规则。金融行业协会应该充分利用自身与金融机构、金融市场以及金融投资者紧密联系的优势地位,结合金融发展的需要及时提出金融立法建议和草案;应与立法部门、金融监管机构紧密合作,保证法律的制定和修改符合金融实践。

(3) 建立高效的金融纠纷解决机制以维护金融安全。结合金融创新实践,建立切合实际的金融纠纷解决机制,及时化解金融纠纷和矛盾;与金融监管机构紧密合作预防金融风险发生,加强金融行业自律能力,对金融欺诈和损害金融消费者利益的行为进行预防和处罚。

(4) 强化对金融市场参与者违法违规行为的纪律处罚。金融行业协会作为一种自律性监管机构,在制定规则的同时,必须具有落实规则和标准的权威,所以应该享有一系列纪律惩处权,如批评、警告、诫勉谈话、公开谴责、罚款,以及宣布为金融市场禁入者等。

延 伸 阅 读

美国全国期货协会

美国全国期货协会成立于1976年,是美国期货行业的自律性监管组织,也是美国第一个根据《商品交易法》申请设立的非营利性会员制社团,受美国商品期货交易委员会监管。美国全国期货协会成立的主要宗旨,是接替美国商品期货交易委员会对非期货交易所会员的期货经营机构的监管职责,以及负责对期货从业人员注册和测试。在美国期货市场上,所有的期货经营者都被强制要求加入全国期货协会,否则不得从事相关业务。美国全国期货协会的组织结构包括理事会、会长和隶属人员,以及下属的各类委员会,如会员委员会、提名委员会、客户保护特别委员会、合规咨询委员会、商业行为委员会、执行委员会、场内经纪人和交易商委员会、顾问委员会、审计委员会、申诉委员会、全权客户自动放弃委员会、审理委员会等。

美国全国期货协会的主要职能如下:① 履行《商品交易法》规定的注册职能,只要满足美国全国期货协会的条件,向美国商品期货交易委员会注册的任何人、所有的期货交易所以及从事期货业务的任何人都可以成为美国全国期货协会的会员;反之,期货经纪商、介绍经纪人、商品基金经理,以及商品交易顾问必须成为美国全国期货协会会员才能对外营业。② 对会员进行审计,并监督会员以使其符合美国全国期货协会的财务要求,并要求会员妥善保管财务记录、证明文件,否则美国全国期货协会可以对其处罚。③ 制定并执行相关的规章制度,监管会员的行为,以保护广大期货投资者的利益;所有的美国全国期货协会会员必须遵守美国全国期货协会合规准则,否则将会受到美国全国期货协会的处罚。④ 提供与期货交易相关的调解和仲裁服务,包括客户之间、会员之间以及客户与会员之间的纠纷仲裁。⑤ 提供各种与期货交易相关的交易和培训。

[资料来源]唐波:《中国期货市场法律制度研究——新加坡期货市场相关法律制度借鉴》,北京大学出版社,2010,第83—96页。

第三节　金融交易所自律型监管法律制度

一、金融交易所自律型监管的概念和特征

（一）金融交易所自律型监管的概念

金融交易所自律型监管是指包括证券交易所、期货交易所、保险交易所和票据交易所，以及环境交易所等在内，依法设立的金融交易场所，依照法律法规和交易所章程对其参与金融交易的成员所实施的自律性监管。金融交易所的基本功能是为金融交易提供集中交易场所，但同时也为金融交易提供制度规则，维护金融交易秩序，要求进入交易所交易的机构和个人均遵守其自律性制度规则。

金融交易所是一个概括性的称谓，世界各国的金融交易所组织模式、业务范围和金融监管职能差别较大。以证券交易所为例，根据证券交易所与政府在市场监管职能上的分配及相互关系，可将各国证券交易所的自治地位大致分为三种类型：交易所主导型、分工合作型和政府控制型。

（1）交易所主导型。英国是其代表性国家，在1986年以前，英国的证券市场以自律监管为主，证券交易所承担了绝大部分证券市场监管职责，证券交易所强调自我约束、自我监管，规范证券市场的交易规则主要来自证券交易所的自律性规章，但是这种现象在2007—2009年世界金融危机之后有了很大的改变，而更倾向于国家强制性立法下的证券交易所自律监管。

（2）分工合作型。美国是其代表性国家，证券市场存在政府和自律管理双层监管体制。证券市场运行中，存在较为完善和严厉的政府监管体制，即美国证券交易委员会代表政府施加监管，但是证券交易所也在证券交易中发挥着重要的监管作用。这种分工合作型的制度理念如下：依赖国家机构的监管可以做到黑白分明，但只是一种粗线条的监管，而对许多行业内部的空白地带的细致管理则需要在政府指导下通过交易所自律管理来完成。

（3）政府控制型。中国的证券交易所是其典型代表，证券交易所受制于政府的严格控制，缺乏充分有效的自治空间。其虽然在法律定位上是独立的机构法人，但却完全作为证券监管机构的附属机构而存在和运作，交易所自身具有非常明显的行政性和官方性。具体体现在以下三个方面：① 政府是交易所的直接发起者和组织者；② 政府掌握了交易所的管理权，会员大会形同虚设；③ 交易所的经营管理控制在监管机构手中。但是，在政府严格监管之余，交易所在其职责范围内也会出台一些自律性管理规范，享有一定程度的金融监管权力。

（二）金融交易所自律型监管的特征

金融交易所是金融产品集中交易的场所，为金融产品集中交易提供场地、设施和规章制度，并组织金融交易。金融交易所在组织金融交易过程中的自律性管理具有以下

四个特征。

（1）实施金融交易自律管理的机构是金融交易所。金融交易所是一种非政府机构，国外多为公司型、营利性机构，中国将其定性为非营利性组织。根据中国《证券法》《期货交易管理条例》的规定，证券和期货交易所是为证券、期货集中交易提供场所和设施，组织和监督交易，实行自律管理的法人，其组织模式可以是会员制，也可以是公司制。

（2）金融交易自律性管理规则多为交易所制定。法律均赋予金融交易所管理其成员和维持市场秩序的权力，具体的管理制度由金融交易所通过其会员大会或者交易所管理层根据法律制定并颁布实施，其管理制度属于法律授权金融交易所制定的契约型规则。是否受其约束取决于是否进入交易所交易，交易者一旦进入交易所交易，则表明同意遵守金融交易所的章程和制度规则。

（3）金融交易所的自律性管理是在政府监督和指导下进行的。无论是哪一种类型的金融交易所，其自律性监管行为都受制于政府金融监管机构，不存在金融交易所的绝对自律监管。具体表现为金融交易所制定的自律监管规则必须报政府监管部门审查或备案，自律性规则必须符合金融监管法律，政府监管部门有权对金融交易所的监管行为进行监督、检查，并有权撤销不恰当的监管行为等。此外，金融交易所虽然也是自律性监管机构，但是这些机构还要接受金融行业协会的自律监管。

（4）违反金融交易所规定的后果是非法律性处罚。违反金融交易所的规章制度并不等同于违法，所受的处罚仅是一种行业纪律处罚，如宣布为不诚信交易主体、禁止入市交易、开除会员资格等。中国《证券法》规定：在证券交易所内从事证券交易的人员，违反证券交易所有关交易规则的，由证券交易所给予纪律处分；情节严重的，撤销其资格，禁止其入场进行证券交易。

二、金融交易所自律型监管的基本内容

金融交易所自律型监管可概括为对交易所会员的资格管理和行为管理两方面。其中：资格管理即金融机构或其他商事主体进入金融交易所交易的资格，以及退出交易所的条件；行为管理即金融交易所对进入交易所交易的成员行为实施的监督管理，主要包括交易行为管理、结算行为管理以及交易信息发布管理三方面，但实践之中还可以细分。

（1）制定金融交易所成员资格条件。欲进入金融交易所交易的金融机构或其他商事主体，必须符合金融交易所章程和金融交易所会员管理规则所规定的条件。各国的金融交易所均对申请者应该具备的经营资质、资格终止条件作了规定。其进入条件一般包括机构的类别、注册资本、从业人员资质和经营年限等；而退出条件一般包括由会员提出申请且经交易所批准，取得会员资格一定期限内未办妥进入交易所交易手续或未具体开设交易所业务，法人机构实体解散、被撤销、被宣告破产或者自然人会员死亡、被宣告失踪等，不能继续履行正常的金融交易行为，以及有其他违法违规或违反交易所自律性规范的行为。

（2）制定金融交易管理规则并监督其实施。依照相关法律、行政法规制定金融产品集中交易的具体规则，并报金融监管机构批准。具体规则包括交易时间规定，交易机制设置，如采取一对一的议价机制还是集中竞价机制，以及保证金缴纳制度、交易担保制度、资金结算制度和金融产品登记交割制度等，还有制度制定后的组织落实等。对违反交易所自律规则的成员给予纪律处分；其中情节严重的，可限制其交易资格，禁止其在交易所进行交易。

（3）监督管理金融交易信息披露和处罚违法信息披露。金融交易所对信息披露进行实时监控，对异常交易情况按照金融监管部门的要求及时提出报告；督促交易主体依法及时、准确、全面地披露信息，并对交易主体所披露信息进行审查复核；制作金融市场行情表予以公布，为交易中心的交易提供准确、及时、合法的行情信息。如果检查发现相关信息披露主体未能准确、及时、全面、合法地披露信息，金融交易所有权要求其纠正，并对违法披露信息者进行处罚。

（4）决定技术性停止交易和临时关闭交易场所。当发生突发性事件导致金融产品无法正常交易时，金融交易所可采取技术性停止交易的程序和后续弥补措施。为应对突发性事件或者为维护金融交易的正常秩序，金融交易所可以决定临时关闭金融交易所。但金融交易所采取技术性停止交易措施或者决定临时关闭金融交易所，必须及时向金融监管机构报告。

（5）批准新金融产品上市，暂停和终止金融产品上市交易。金融交易所成员提供新的交易产品或交易服务，成员机构应该将新产品或新服务提交交易所相关部门审核或注册，金融交易所可依法决定其是否注册或审批，同意注册或审批则安排其上市交易。同样，当市场发生法律或交易所章程规定的情况，或者出现其他影响金融产品继续交易的状况时，金融交易所可决定受影响的金融产品暂停交易或终止交易。

（6）组织金融交易结算交割并设立和管理风险基金。金融交易所不但要组织金融交易，为金融交易提供场所和交易设施，还要为交易组织资金结算和产品交割。为了防止交易所交易风险发生后的偿付能力缺失，金融交易所还应该组建风险基金，以确保交易过程中发生风险损失时能够及时赔付。

三、金融交易所自律型监管的主要制度

为了实现金融交易所的有效自律监管，金融交易所普遍建立了诚信合规经营承诺制度、产品集中登记展示制度、交易合同强制备案制度、价格和交易信息报告制度、金融风险预警和内控制度、会员财务资金逐日盯市制度等。

（1）诚信合规经营承诺制度。为了维护金融市场诚信和秩序，共同营造诚信、合规的金融经营环境，进入金融交易所交易的机构一般都要求作出诚信合规经营承诺，承诺：遵守国家法律法规和自律性监管制度，自觉接受政府、自律监管组织、投资者和社会公众的监督，自觉履行登记、备案、信息披露等义务；牢固树立诚信经营的理念，恪守商业道德，维护行业信誉；勤勉尽责，不从事不正当竞争，自觉维护行业利益；杜绝从事损害投资者和金融消费者合法权益的非法活动等。

（2）产品集中登记展示制度。金融交易所的设立目的之一就是为金融产品提供一个集中交易场所，使得金融产品透明化，金融信息对称化，交易行为秩序化。展示制度的基本要求是全体进入金融交易所交易的成员须将拟交易的产品向交易所申报、注册登记，并将其在交易大厅屏幕展示，还应该通过金融交易所网站将会员产品链接到互联网终端，以备投资者查询。

（3）交易合同强制备案制度。交易合同强制备案制度要求金融产品买卖双方主体经过实名验证，并将交易合同在交易中心进行强制备案登记，包括电子和纸质存档登记。一方面，这里的交易合同登记是出于对交易双方的保护，凡是在交易中心出售的产品，事无巨细都应该进行登记，作为主体权利的主要凭证，一旦出现违约，能够为今后的司法救济提供证据；另一方面，这也是出于交易监管的需要，借用登记程序实现对交易合同的合法性审查，一旦出现非法操作，可以调取相关数据，作为惩戒的证据。此外，交易合同强制备案有利于确保资金流向的合法性，避免洗钱等违法犯罪行为的发生。

（4）价格、利率、利润和交易信息报告制度。为了降低市场风险、保护市场参与者各方权利，交易所应该即时将产品价格、产品利率、交易条件、产品销售现状进行公布，也即公布即时交易行情，以便交易所各方主体及时调整投资策略。此外，金融产品和服务提供方应该及时将每天的交易情况、财务状况进行申报，并且按月、季度、半年和年度进行业务和财务报告。

（5）金融风险预警和内控制度。金融风险预警和内控制度是通过对市场风险、操作风险、欺诈风险、信用风险和法律风险等各类风险进行分析并建立一套自有的风险评估模型，然后将现有的市场主体的各项数据嵌入模型进行分析，通过比对分析结果发现风险并预警的一项制度。其预警制度包括涨跌幅度阀门设置、交易量的控制、交易对象信用等级、金融机构的风险节点，通过建立预警信息传递、核查、处置等快速反应机制，加大对金融交易中异常交易的监管，建立多层次的风险防控，实现良好的金融交易秩序。

（6）会员资金财务逐日盯市制度。逐日盯市制度，又称每日无负债制度、每日结算制度，是指在每个交易日收盘以后，由金融交易所结算部门先计算出当日每个成员每笔交易的偿付和盈亏数额，以此为依据调整成员账户上的资金余额，将盈利记入账户的贷方，将亏损记入账户的借方。如果成员账户上资金余额低于一定的比例，或者会员亏损达到一定程度，则交易所通知该成员在一定期限内停止新的业务。逐日盯市制度主要是针对杠杆交易机制所设立的制度，一般包含计算浮动盈亏、计算实际盈亏两个方面，是期货交易所主要风险管理制度。

（7）金融交易信息披露制度。各国法律均要求金融交易所交易主体遵守严格的信息披露制度，其目的是解决金融产品提供者、金融服务者和金融消费者之间严重的信息不对称问题。这种信息披露的具体标准的制定以及信息披露监管一般都由金融交易所负责，如证券交易所负责上市公司的年报、半年报、季报、临时报告的披露内容、披露时间和披露程序的审核和检查，以及对信息披露违法违规的处罚等。

延伸阅读

美国证券市场的自律管理

美国目前共有八个国家证券交易所及一个全国证券交易商协会,其他还有各种地方性的证券业协会和其他职业共同体等,这些组织构成了美国证券自律监管的重要力量。在这些机构中,规模最大的自律性机构就是全国证券交易商协会,其会员证券商达5 000多家;其次则为纽约证券交易所,会员证券商有500多家,多数证券商同时为纽约证券交易所和全国证券交易商协会的会员。

全国证券交易商协会是一个非营利性的会员制行业协会,其工作人员最初由志愿人员组成,如今会员已囊括在美国证券交易委员会注册券商的90%。全国证券交易商协会的市场管理部门是其最大的部门,其监察及管理纳斯达克的股票交易市场,以及未能在证券交易所挂牌上市交易的股票交易市场,即柜台交易市场(over-the-counter,OTC)。全国证券交易商协会的具体权力包括会员注册准入、自律规则的制定、日常交易监管(主要对场外交易OTC市场)、会员纠纷的调解与仲裁、纪律处罚等,该组织对美国证券市场的监管发挥着重要作用。

纽约证券交易所是联邦法律认定的自律组织,其不仅监督股票交易,而且须监督所有纽约证券交易所会员包括会员券商,以检查其是否遵循纽约证券交易所、美国证券交易委员会以及其他政府监管机构制定的证券监管规则。纽约证券交易所对包括交易商在内的会员的自律管理方式包括:① 对交易所全体会员的日常交易活动进行管理,包括制定交易规则、实施日常交易管理;② 对全体会员实施定期检查,监督其财务状况、运作情况和销售行为;③ 调查会员、会员公司及其雇员、联合会员、认可人员的守法情况,并对可能违反交易所规则、证券交易法以及美国证券交易委员会规则的行为进行起诉。

[资料来源]《证券自律监管》,新晨范文,https://www.xchen.com.cn/jjlw/gjjjmylw/540301.html。

问题与思考

1. 简述中国现行几大金融保障基金管理机构对金融的监管职责和内容,以及立法上所存在的缺陷。

2. 简述国外对金融保障基金管理机构监管职责的立法趋势,以及中国金融保障基金管理机构监管权责应从哪些方面进行完善。

3. 简述金融行业协会对金融监管的法律性质和权责,以及完善中国金融行业协会监管权责的基本思路。

4. 简述金融交易所对金融监管的法律属性,以及金融交易所监管的基本制度规则。

5. 比较政府型金融监管、金融行业协会型监管和金融交易所型监管的差异性,试分析它们各自的监管边界。

第三章　金融市场监管法律责任制度

本章纲要
- ◆ 金融违法民事责任
- ◆ 金融违法行政责任
- ◆ 金融犯罪刑事责任
- ◆ 民事责任归责原则
- ◆ 民事责任构成要素
- ◆ 民事损害赔偿计算
- ◆ 金融行政执法体系
- ◆ 金融犯罪侦查体系

第一节　金融违法民事法律责任制度

一、金融违法民事责任的概念和特征

（一）金融违法民事责任的概念

法律责任是指实施了违反法律规定的行为或发生了违反法律规定的事件,而法律规定的责任主体应对国家、社会或他人承担的否定性法律后果。根据法律责任的属性或违法行为违反法律的性质、违法程度、责任方式等进行划分,法律责任有民事法律责任、行政法律责任和刑事法律责任。其中,金融违法民事责任是指在金融产品发行、上市和交易中,金融法律关系主体违反金融法律法规所规定的义务,而应承担的民事法律后果。金融违法民事责任包括以下三个方面。

（1）金融违约责任。即违反金融产品发行与承销合同、金融产品上市合同、金融产品买卖合同、金融交易委托合同、金融产品收购合同、金融服务合同等的违约责任。

（2）金融侵权责任。即金融市场主体实施违反法律或自律性规则进行金融交易或提供金融服务,造成他人财产损失的行为,如金融产品短线交易、虚假陈述、出具虚假报告、欺诈客户和操纵市场等所应该承担的侵权责任。

（3）金融交易缔约过失责任。即在金融交易合同订立过程中,一方因违背其依据诚实信用原则所产生的义务,而致另一方的信赖利益的损失,所应承担的损害赔偿责任。中国《民法典》规定,当事人在订立合同过程中有下列情形之一,给对方造成损失的,应当承担损害赔偿责任：① 假借订立合同,恶意进行磋商；② 故意隐瞒与订立合同有关的重要事实或者提供虚假情况；③ 有其他违背诚实信用原则的行为。可见,缔

约过失责任实质上是诚实信用原则在缔约过程中的体现。

(二) 金融违法民事责任的特征

金融交易的对象是代表一定经济价值的金融产品,交易对象的特殊性决定了金融违法民事责任具有以下五个特征。

(1) 金融法律责任以违反特定金融法律制度为前提。金融民事法律责任以金融法律关系主体违反金融法律法规规定的义务为前提,如《证券法》规定,发行人上市公司依法披露的信息必须真实、准确、完整,不得有虚假记载、误导性陈述或者重大遗漏,并且禁止证券交易内幕信息的知情人和非法获取内幕信息的人利用内幕信息从事证券交易活动。证券市场主体违反这些规定,才可能构成民事侵权,并依此承担相应的民事法律责任。

(2) 金融法律责任承担者是参与金融交易的市场主体。金融法律责任主体是参加金融交易的市场主体,每一个具体的金融违法行为责任主体可能包括这一涉案产品或交易行为的所有参与者,如金融产品提供者及其高级管理人员、承销产品的金融机构及其高级管理人员、专业服务机构及负责人以及其他从业人员。

(3) 金融法律责任建立在较高的专业性和技术性基础上。金融市场是一个专业性和技术性很强的市场,金融产品的发行、上市、交易都涉及一系列技术性规则和操作规程,并且以先进的技术、设备如计算机网络技术和金融数据模型为依托。因此,金融违法行为比较隐蔽,难以发现,金融投资者特别是普通消费者维权较为困难,即使是专业金融监管机构也很难发现这些行为并加以查处。

(4) 金融法律责任因果关系较难判断且举证困难。金融市场发行和交易的是在金融和数学模型上组合,甚至反复组合而成的金融产品,金融产品所蕴含的价值和风险不为一般人所掌握。而且,金融违法行为人一般具有较高的专业知识水平,违法行为比较隐蔽,加上现行金融交易实行网络化,交易迅速、交易量大,使得金融违法的民事法律责任举证困难,对主观要件、因果关系、损失的计算也难以为普通金融消费者认定。

(5) 金融法律责任以财产责任为主且数额较大。金融违法行为受害者一般人数众多,分布广泛,危害巨大。因为金融产品发行数量大,交易迅速,换手率很高,每一个违法行为涉及的受害者数量极大,而且分布于全国各地甚至境外,影响很大。因此,金融违法不仅侵害广大投资者的合法权益,扰乱金融市场秩序,而且也会动摇社会大众对金融市场的信心,并因此引发金融风险。

二、金融民事法律责任的基本规定

(一) 银行经营机构民事法律责任规定

无论是存款还是贷款,作为一种商事交易行为,银行经营机构和存贷款者首先必须遵守民事法律和合同法律的基本规则,依照存贷款合同约定履行其义务,违反存贷款合同则必须承担违约责任。此外,《商业银行法》《贷款通则》和《储蓄管理条例》对银行经营机构以及贷款人的违法民事责任,还作出如下特别性规定。

(1) 贷款人违法民事法律责任。银行经营机构有下列情形之一,对存款人或者其他客户造成财产损害的,应当承担支付迟延履行的利息以及其他民事责任:① 无故拖延、拒绝支付存款本金和利息;② 违反票据承兑等结算业务规定,不予兑现,不予收付入账、压单、压票或者违反规定退票;③ 非法查询、冻结、扣划个人储蓄存款或者单位存款;④ 违反法律规定对存款人或者其他客户造成损害的其他行为。

(2) 借款人违法民事法律责任。借款人有下列情形之一,贷款人可对其部分或全部贷款加收利息;情节特别严重的,贷款人可停止支付借款人尚未使用的贷款,并提前收回部分或全部贷款:① 向贷款人提供虚假或者隐瞒重要事实的资产负债表、损益表等资料,或不如实向贷款人提供所有开户行、账号及存贷款余额等资料;② 不按借款合同规定用途使用贷款,或用贷款进行股本权益性投资,或用贷款在有价证券、期货等方面从事投机经营;③ 未依法取得经营房地产资格的借款人用贷款经营房地产业务,或虽然取得经营房地产资格,但借款人用贷款从事房地产投机;④ 套取贷款相互借贷以牟取非法收入,或不按借款合同规定清偿贷款本息;⑤ 拒绝接受贷款人对其使用信贷资金情况和有关生产经营、财务活动进行监督。

(二) 证券经营机构民事法律责任规定

《民法典》《证券法》和其他相关部门规章对如下证券交易行为作了禁止性规定,如果违反了这些规定,行为人要承担民事法律责任。

(1) 证券内幕交易民事法律责任。证券交易内幕信息的知情人和非法获取内幕信息的人,在内幕信息公开前,不得买卖该公司发行的证券,或者泄露该信息,或者建议他人买卖该证券。证券交易内幕信息的知情人员包括:① 发行人及其董事、监事、高级管理人员;② 持有公司5%以上股份的股东及董事、监事、高级管理人员,公司的实际控制人及董事、监事、高级管理人员;③ 发行人控股或者实际控制的公司及其董事、监事、高级管理人员;④ 由于所任公司职务或者因与公司业务往来可以获取公司有关内幕信息的人员;⑤ 上市公司收购人或者重大资产交易方及其控股股东、实际控制人、董事、监事和高级管理人员;⑥ 因职务、工作可以获取内幕信息的证券交易场所、证券公司、证券登记结算机构、证券服务机构的有关人员;⑦ 因职责、工作可以获取内幕信息的证券监督管理机构工作人员;⑧ 因法定职责对证券的发行、交易或者对上市公司及其收购、重大资产交易进行管理可以获取内幕信息的有关主管部门、监管机构的工作人员;⑨ 国务院证券监督管理机构规定的可以获取内幕信息的其他人员。法律规定,内幕交易行为给投资者造成损失的,行为人应当依法承担民事赔偿责任。

中国《证券法》规定,禁止证券交易场所、证券公司、证券登记结算机构、证券服务机构和其他金融机构的从业人员、有关监管部门或者行业协会的工作人员,利用因职务便利获取的内幕信息以外的其他未公开的信息,违反规定,从事与该信息相关的证券交易活动,或者明示、暗示他人从事相关交易活动。利用未公开信息进行交易给投资者造成损失的,应当依法承担赔偿责任。

(2) 证券市场操纵民事法律责任。禁止任何人为了获取利益或减少损失,采取如下方式故意抬高或压低证券价格:① 单独或者通过合谋,集中资金优势、持股优势或者利用信息优势联合或者单独连续买卖证券,操纵证券交易价格或者证券交易量;② 与他人串通,以事先约定的时间、价格和方式相互进行证券交易,影响证券交易价格或者证券交易量;③ 在自己实际控制的账户之间进行证券交易,影响证券交易价格或者证券交易量;④ 不以成交为目的,频繁或者大量申报并撤销申报;⑤ 利用虚假或者不确定的重大信息,诱导投资者进行证券交易;⑥ 对证券、发行人公开作出评价、预测或者投资建议,并进行反向证券交易;⑦ 利用在其他相关市场的活动操纵证券市场;⑧ 操纵证券市场的其他手段。操纵证券市场行为给投资者造成损失的,应当依法承担赔偿责任。

(3) 证券虚假信息民事法律责任。发行人、上市公司公告的招股说明书、公司债券募集办法、财务会计报告、上市报告文件、年度报告、中期报告、临时报告以及其他信息披露资料,有虚假记载、误导性陈述或者重大遗漏,致使投资者在证券交易中遭受损失的,发行人、上市公司应当承担赔偿责任。发行人、上市公司的董事、监事、高级管理人员和其他直接责任人员以及保荐人、承销的证券经营机构,应当与发行人、上市公司承担连带赔偿责任,但是能够证明自己没有过错的除外;发行人、上市公司的控股股东、实际控制人有过错的,应当与发行人、上市公司承担连带赔偿责任。

此外,《证券法》还规定,政府机构发布的信息、新闻媒体传播的证券市场信息必须真实、客观,禁止误导,包括:① 禁止国家工作人员、传播媒介从业人员和有关人员编造、传播虚假信息,扰乱证券市场;② 禁止证券交易所、证券经营机构、证券登记结算机构、证券服务机构及其从业人员,证券业协会、证券监督管理机构及其工作人员,在证券交易活动中作出虚假陈述或者信息误导。欺诈性信息行为给他人造成损失的,行为人应承担民事赔偿责任。

(4) 其他证券违法民事法律责任。禁止证券经营机构及其从业人员从事下列损害投资者利益的欺诈行为:① 违背客户的委托为其买卖证券;② 不在规定时间内向客户提供交易的书面确认文件;③ 挪用客户所委托买卖的证券或者客户账户上的资金;④ 未经客户的委托,擅自为客户买卖证券,或者假借客户的名义买卖证券;⑤ 为牟取佣金收入,诱使客户进行不必要的证券买卖;⑥ 利用传播媒介或者通过其他方式提供、传播虚假或者误导投资者的信息;⑦ 其他违背客户真实意思表示,损害客户利益的行为。欺诈客户行为给客户造成损失的,行为人应当依法承担民事赔偿责任。

(三) 期货经营机构民事法律责任规定

中国《民法典》《期货交易管理条例》和其他期货交易法律法规对下述行为作了禁止性规定,如果违反了这些规定,行为人要依法承担民事法律责任。

(1) 期货交易违约民事法律责任。期货交易过程中,如果发生违约事件,按照以下规则承担民事法律责任:① 期货交易会员在期货交易中违反约定,期货交易所先以该会员的保证金承担违约责任;保证金不足的,期货交易所应当以风险准备金和自有资金代为承担违约责任,并由此取得对该会员的相应追偿权。② 投资者在期货交易中违反约定,期货经营机构先以该客户的保证金承担违约责任;保证金不足的,期货经营机构应当以风险准备金和自有资金代为承担违约责任,并由此取得对该客户的相应追偿权。

中国四家期货交易所目前实行会员分级结算制度,结算法律制度规定应当向结算会员收取结算担保金,具体如下:① 期货交易所只对结算会员结算,由期货交易所向结算会员收取和追收保证金,以结算担保金、风险准备金、自有资金承担期货交易和结算过程中的违约责任;② 期货交易所结算会员对非结算会员进行结算、收取和追收保证金,并代为承担期货交易和期货结算过程中违约责任,以及采取其他相关措施。

(2) 期货欺诈交易民事法律责任。法律禁止期货经营机构实施下列行为,否则应承担民事法律责任:① 向投资者作获利保证或者不按照规定向投资者出示风险说明书,或在经纪业务中与投资者约定分享利益、共担风险;② 不按照规定接受投资者委托或者不按照投资者委托内容擅自进行期货交易,或隐瞒重要事项或者使用其他不正当手段,诱骗投资者发出交易指令;③ 向投资者提供虚假成交回报,或未将投资者交易指令下达到期货交易所;④ 挪用投资者保证金,或不按照规定在期货保证金存管银行开立保证金账户,或者违反规定划转投资者保证金;⑤ 编造并且传播有关期货交易的虚假信息,或实施了国务院期货监督管理机构规定的其他欺诈客户的行为。欺诈投资者并造成损失的,行为人应当依法承担赔偿责任。

(3) 期货内幕交易民事法律责任。期货交易内幕信息的知情人或者非法获取期货交易内幕信息的人,不得在对期货交易价格有重大影响的信息尚未公开前,利用内幕信息从事期货交易,或者向他人泄露内幕信息,使他人利用内幕信息进行期货交易。利用内幕信息交易对他人造成损失的,须承担民事赔偿责任。

(4) 期货市场操纵民事法律责任。为了谋取利益或减少损失,故意抬高或压低期货价格,实施下列行为,给他人造成损失的,应承担民事法律责任:① 单独或者合谋,集中资金优势、持仓优势或者利用信息优势联合或者连续买卖合约,操纵期货交易价格;② 蓄意串通,按事先约定的时间、价格和方式相互进行期货交易,影响期货交易价格或者期货交易量;③ 以自己为交易对象,自买自卖,影响期货交易价格或者期货交易量;④ 为影响期货市场行情囤积现货,或操纵现货市场价格;⑤ 国务院期货监督管理机构规定的其他操纵期货交易价格的行为。操纵市场给客户造成损失的,行为人应当依法承担赔偿责任。

(四) 保险经营机构民事法律责任规定

中国《保险法》和其他保险法律法规对下述行为作了禁止性规定,如果违反了这些规定,行为人要承担民事法律责任。

(1) 保险告知义务民事法律责任。保险交易中,投保人负有如实告知义务。① 投保人故意或者因重大过失未履行规定的如实告知义务,足以影响保险人决定是否同意承保或者提高保险费率的,保险人有权解除合同;但自保险合同成立之日起超过 2 年的,保险人不得解除合同;发生保险事故的,保险人应当承担赔偿或者给付保险金的责任。② 投保人故意不履行如实告知义务的,保险人对于合同解除前发生的保险事故,不承担赔偿或者给付保险金的责任,并不退还保险费。③ 投保人因重大过失未履行如实告知义务,对保险事故的发生有严重影响的,保险人对于合同解除前发生的保险事故,不承担赔偿或者给付保险金的责任,但应当退还保险费。

(2) 保险通知义务民事法律责任。投保人、被保险人或者受益人知道保险事故发生后,应当及时通知保险人,具体如下:① 故意或者因重大过失未及时通知,致使保险事故的性质、原因、损失程度等难以确定的,保险人对无法确定的部分,不承担赔偿或者给付保险金的责任,但保险人通过其他途径已经及时知道或者应当及时知道保险事故发生的除外。② 保险人未及时履行法律规定赔付义务的,除支付保险金外,应当赔偿被保险人或者受益人因此受到的损失。

(3) 保险欺诈行为民事法律责任。保险交易中,各方当事人应该遵循诚实信用原则履行其职责,具体如下:① 未发生保险事故,被保险人或者受益人谎称发生了保险事故,向保险人提出赔偿或者给付保险金请求的,保险人有权解除合同,并不退还保险费。② 投保人、被保险人故意制造保险事故的,保险人有权解除合同,不承担赔偿或者给付保险金的责任。③ 保险事故发生后,投保人、被保险人或者受益人以伪造、变造的有关证明、资料或者其他证据,编造虚假的事故原因或者夸大损失程度的,保险人对其虚报的部分不承担赔偿或者给付保险金的责任。④ 投保人、被保险人或者受益人有前述行为之一,致使保险人支付保险金或者支出费用的,应当退回或者赔偿。

(五) 金融信托民事法律责任规定

中国《民法典》《信托法》和其他相关法律法规,最高人民法院的司法解释等对以下行为作了禁止性规定,如果违反了这些规定,行为人要承担民事法律责任。

(1) 信托行为不当的民事法律责任。① 受托人违反信托目的处分信托财产,或者因违背管理职责、处理信托事务不当致使信托财产受到损失的,委托人有权申请人民法院撤销该处分行为,并有权要求受托人恢复信托财产的原状或者予以赔偿。② 该信托财产的受让人明知是违反信托目的而接受该财产的,应当予以返还或者予以赔偿,但自委托人知道或者应当知道撤销原因之日起 1 年内不行使的,归于消灭。

(2) 受托人收取非法利益的民事法律责任。受托人除依照法律规定和合同约定取得报酬外,不得利用信托财产为自己谋取利益。受托人违反法律规定或合同约定,利用信托财产为自己谋取利益的,所得利益归入信托财产。

(3) 信托财产混同的民事法律责任。① 受托人不得将信托财产转为自身固有财产,受托人将信托财产转为其固有财产的,必须恢复该信托财产的原状。如果因为受托人将信托财产转为自身固有财产造成信托财产损失的,应当承担赔偿责任。② 受托人不得将自己的固有财产与信托财产进行交易,或者将不同委托人的信托财产进行相互交易,但信托文件另有规定或者经委托人或者受益人同意,并以公平的市场价格进行交易的除外。受托人违反上述规定,造成信托财产损失的,应当承担赔偿责任。

(4) 共同信托对第三者的民事法律责任。① 共同受托人处理信托事务对第三人所负债务,应当承担连带清偿责任;第三人对共同受托人之一所作的意思表示,对其他受托人同样有效。② 共同受托人之一违反信托目的处分信托财产或者因违背管理职责、处理信托事务不当致使信托财产受到损失的,其他受托人应当承担连带赔偿责任。

(5) 信托负债清偿法律责任。① 受托人因处理信托事务所支出的费用、对第三人所负债务,以信托财产承担。受托人以其固有财产先行支付的,对信托财产享有优先受偿的权利。② 受托人违背管理职责或者处理信托事务不当对第三人所负债务或者自己所受到的损失,以其固有财产承担。

除了以上所列的各项信托民事法律责任外,其他金融法律法规、司法解释等对相关金融行为主体的民事法律责任也有所规定。如 2020 年修正的《最高人民法院关于审理融资租赁合同纠纷案件适用法律问题的解释》,对金融租赁行为的出租物瑕疵,以及出租人、承租人和货物销售者的违约、侵权行为的民事法律责任有较为详细的规定。

三、金融民事法律责任的构成要件

(一) 金融民事法律责任的归责原则

归责原则是指在判定责任归属和责任范围时应遵循的原则,是指行为人因其行为或事件致使他人损害的事实发生以后,应以何种理由要求行为人负责,此种理由体现了法律的价值判断,即法律应以行为人的过错还是应以已发生的损害结果,抑或是以公平考虑等作为价值判断标准,而使行为人承担民事法律责任。简而言之,归责原则是指行为人造成他人损害后,依据什么根据来使行为人承担责任。归责是一个复杂的责任判断过程,体现了法律价值判断。一般认为,民事法律责任的归责原则包括无过错责任原则、过错责任原则、过错推定原则、公平责任原则。

由于各种金融民事违法行为的表现形式、行为者的特点、损害程度和范围、举证的难易不同,以及受社会经济条件、历史习惯、文化传统和国家政策的影响,其采取的归责原则也不相同。一般而言,金融合同违约责任采取的是无过错责任,而其他金融侵权行为责任则采取无过错责任原则、过错责任原则、过错推定原则。在这些归责原则中采用最多的是过错推定原则,这主要与金融侵权案件的特殊性有关。金融业务专业性和技术性较强,如果采用过错原则即要求投资者证明金融机构具有过错,举证非常困难。反之,金融机构实施了具体的金融行为,它们了解金融交易程序、技术特点、产品特征,掌握了交易的单证资料,对自己是否有过错非常清楚,因而采取过错推定并辅之以无过错责任原则,更有利于保护金融消费者和投资者利益。

(1) 无过错责任原则。在无过错责任原则下,受害人只需要证明行为人实施了加害行为,产生了损害结果,加害行为与损害后果之间存在基本的因果关系,行为人是否存在过错在所不问。如《证券法》规定,发行人、上市公司公告的招股说明书、公司债券募集办法、财务会计报告、上市报告文件、年度报告、中期报告、临时报告以及其他信息披露资料,如有虚假记载、误导性陈述或者重大遗漏,致使投资者在证券交易中遭受损失的,发行人、上市公司应当承担赔偿责任。此处的赔偿责任即为无过错责任。

(2) 过错推定原则。过错推定原则是一种特殊的过错责任原则。这一原则的采用是对于受害人对侵权人是否有过错难以举证的法律弥补,即在法律上假定侵权人存在过错,而将无过错的证明责任倒置给侵权人。受害人只要提供证据证明权利受到侵害即可,如果侵权人主张不应该承担责任,则必须自己提供证据证明其不存在过错。如《证券法》规定:信息披露义务人未按照规定披露信息,或者公告的证券发行文件、定期报告、临时报告及其他信息披露资料存在虚假记载、误导性陈述或者重大遗漏,致使投资者在证券交易中遭受损失的,信息披露义务人应当承担赔偿责任;发行人的控股股东、实际控制人、董事、监事、高级管理人员和其他直接责任人员以及保荐人、承销的证券公司及其直接责任人员,应当与发行人承担连带赔偿责任,但是能够证明自己没有过错的除外。

(3) 过错责任原则。过错责任原则是指侵权人存在主观过错才承担法律责任。但是由于大多数金融交易是在一种信息极端不对称的市场中进行,要求受害人证明金融机构或其他侵权人存在过错十分困难,所以只有在某些非程序化也即协商式金融交易中才适用该原则,因为非程序化交易体现的是面对面接触式的博弈过程,现实场景较容易判断交易相对方是否存在过失。如《最高人民法院关于审理融资租赁合同纠纷案件适用法律问题的解释》规定,侵权损害民事赔偿责任多采取过错责任原则。

(二) 金融民事法律责任的损害后果

无损害即无责任,损害的存在是民事法律责任构成的一个重要要件,是认定民事法律责任的逻辑起点,也是衡量金融民事法律责任的基础和标准。但金融损害与一般的民事损害既有联系又有区别,主要体现在以下三个方面:① 金融损害范围广泛,涉及人数众多的金融投资者和消费者;② 金融损害属于财产损害,不涉及非财产损害,且损害总数额一般都较大;③ 金融损害行为模式较为多样化和专业化,损害的原因、计算方式远较一般财产损害复杂。

金融民事损害后果的确定是一个非常复杂的问题,世界各国在确定损害赔偿数额时主要有三种方法:一是从受害人的角度出发,即计算受害人的实际损失;二是从损害人的角度出发,即计算损害人违法行为所获取的利益;三是在受害人和损害人之外,另外设计一个公式确定赔偿额。但是,无论哪一种计算方法,均要考虑以下因素:① 市场技术因素,即金融市场上的各种投机操作、市场规律以及金融监管机构的某些干预行为所产生的后果;② 社会心理因素,即社会公众特别是投资者的心理变化对金融市场价格的影响;③ 政治因素,即国内外的政治形势、政治活动、政治变化、国家机构和领导人的更迭、执政党的更替、国家经济政策与法律的公布或改变、国家或地区之间的战争和军事行动等对金融市场价格的影响。

(三) 金融民事法律责任的因果关系

因果关系是民事法律责任构成的核心要素和内容,是确定民事法律责任归属的客观基础。金融民事法律责任中因果关系的特点包括以下三个方面。

(1) 表现形式的复杂性。金融市场民事法律责任中因果关系表现形式非常复杂,如市场主体人数众多、交易迅速、成交量大,同时以计算机网络技术为基础,表现出强烈的专业性、技术性,影响金融价格上升或下降的因素非常多。

(2) 因果关系举证困难。金融侵权行为往往非常隐蔽,等到侵权事实被查处或被揭露出来时,已经过去了很长一段时间。此时,金融市场情况已经发生了较大的变化,而且很多证据已不存在或很难取证,特别是金融交易的互联网化和数字化特征使得普通人员难以进行有效的调查取证。

(3) 因果关系与社会政策和法律政策关系密切。因为金融发展创新等原因,各国或地区的金融政策和法律规则处在不断的发展变化之中,某一金融行为是否为金融违法行为也处于一种动态的变化之中。即前一时期属于金融违法的行为,在新政策下可能成为合法行为,所以考量金融违法行为必须结合国家或地区金融政策和法律规则。

对于金融违法民事责任因果关系的判断,日本和美国多数情况下采取的是因果关系的推定原则。因果关系推定又可称为信赖推定,其实质是因果关系的举证责任倒置。对于加害人而言,除非能够证明加害人的侵权行为没有影响金融市场价格,或者投资者并没有受到加害人的侵权行为影响，否则，即可认定侵权行为与投资者的损害后果存在因果关系。以中国的虚假陈述民事赔偿为例，根据 2003 年颁布的《最高人民法院关于审理证券市场因虚假陈述引发的民事赔偿案件的若干规定》，投资者具有以下情形的，则可认定虚假陈述与损害结果之间存在因果关系：① 投资者所投资的是与虚假陈述直接关联的证券；② 投资者在虚假陈述实施日及以后，至揭露日或者更正日之前买入该证券；③ 投资者在虚假陈述揭露日或者更正日及以后，因卖出该证券发生亏损，或者因持续持有该证券而产生亏损。但是，如果加害人能够提供证据证明投资者具有以下情形的，则可认定虚假陈述与损害结果之间不存在因果关系：① 在虚假陈述揭露日或者更正日之前已经卖出证券；② 在虚假陈述揭露日或者更正日及以后进行的投资；③ 明知虚假陈述存在而进行的投资；④ 损失或者部分损失是由证券市场系统风险等其他因素所导致；⑤ 属于恶意投资、操纵证券价格的。由此可见，中国的金融违法民事责任因果关系认定也采取了因果关系的推定原则。

延 伸 阅 读

证券侵权损害计算方式

证券市场中，有关证券侵权损害赔偿的计算方式主要有以下四种方式：买卖价差损失法、实际价值计算法、实际诱因计算法和系统风险计算法。

（1）买卖价差损失法是指受害人买进证券和卖出证券的差额。买进证券后持有该证券未卖出时，买进该证券所支付价款总额与设定日（如起诉日）证券实际价值的差额为买卖差价损失，以及本次证券买卖的佣金损失、税金损失、利息损失。损失的计算如下：买卖价差损失＋佣金损失＋税金损失＋利息损失－红利，这种计算方法直观、简易和明了。

（2）实际价值计算法是指受害人实际买卖的价格与当时证券的真实价值的差额为赔偿额。如内幕交易时某人以 10 元/股买入某证券，但当时该证券的实际价值为 8 元/股，差额为 2 元/股。但这一方法的难点在于计算该证券当时的真实价值。一般而言，证券的真实价值主要通过三种方法确定：① 以证券侵权行为被揭露或公布时该证券的价格作为基准价格；② 以证券侵权行为被揭露或公布后一段时间内该证券的平均价格作为基准价格；③ 以证券侵权行为进行前一段时间内该证券的平均价格为基准价格。但在实践中，一旦证券侵权行为得以公布，经常会引发证券价格的非理性下跌，也即不能反映该证券的真实价值。

（3）实际诱因计算法是指加害人对于其行为造成的证券价格波动负赔偿责任，对其他外来因素导致的证券价格波动不负赔偿责任。如内幕交易时某人以 10 元一股买入某证券，内幕信息披露后，该证券每股的价格为 8 元，在价格下降的 2 元里，由系统风险引起 1 元价格下降，另 1 元下降是内幕行为造成的，因此，内幕行为人只对其中因内幕交易造成的 1 元损失承担责任。该方法的难点在于如何将证券侵权行为因素和其他因素区分。

（4）系统风险计算法是指损失计算时充分考虑市场、大盘、宏观经济等因素的系统风险，采用股指涨跌波动率，并认为违法行为是非系统风险中的唯一因素，非系统风险采用买卖综合价差来计算。计算公式如下：综合价差－（综合价差×股指涨跌波动率）。投资者的损失是非系统风险减系统风险的结果。

［资料来源］杨峰、左传卫主编《证券法》，中山大学出版社，2007，第293—294页。

第二节　金融违法行政法律责任制度

一、金融违法行政法律责任的概念和特征

（一）金融违法行政法律责任的概念

金融违法行政法律责任是指实施金融法律法规所禁止的行为而应承担的行政法律后果。行政法律责任主要包括政务处分和行政处罚。

（1）政务处分。根据中国2020年6月20日颁布的《公职人员政务处分法》，政务处分是监察机关对违法的公职人员给予政务处分，具体包括警告、记过、记大过、降级、撤职和开除。金融违法中的政务处分主要适用于金融监管机构中的国家工作人员，或者某些金融机构中代表国家履行公务的人员，对于一般金融从业人员不适用。即使在金融机构中发生降级、撤职等处分，也非政务处分法上的政务处分，而是金融机构内部的纪律处分。

（2）行政处罚。行政处罚是指对金融市场有权进行管理、监督、指导、协调的监管机构对违反金融法律、行政规章的机构或个人所给予的一种法律上的强制性制裁措施，主要包括：① 声誉罚，如警告和通报批评；② 财产罚，如没收非法所得、罚款、责令赔偿；③ 行为罚，如责令改正、责令停业整顿、责令关闭；④ 资格罚，如限制或暂停金融业务，暂停或取消金融产品发行、上市资格，以及撤销金融业务许可，实行金融市场禁入等。

（二）金融违法行政法律责任的特征

金融违法行政法律责任是金融法律三大责任制度之一，长期以来也是中国金融监管中适用得最多的责任模式，具有以下五个特征。

（1）决定并实施行政法律责任的主体为监察机关或金融监管机构。这是因为政务处分只能由拥有行政监察权的机构决定并实施，其他任何组织、个人不能决定并实施政务处分，而金融违法行政处罚只能由金融监管机构给予和实施。

（2）金融行政法律责任只适用于违反金融监管法律规范的行为。这里的违反金融监管法律规范的行为，是指违反金融法律、行政法规和部门规章的行为。如果金融机构或其他机构、从业人员违反了自律性监管规则，并不属于行政违法，受到的可能是金融

市场纪律处分。

（3）金融行政法律责任的承担者是实施了金融行政违法行为的自然人、金融机构和其他机构，包括金融监管机构。金融行政法律责任多数情况下不以行为人的主观过错为要件，只要行为人符合金融行政法律责任的其他条件，就应承担行政法律责任。

（4）行政处罚是金融违法者承担行政法律责任的基本表现形式。金融行政法律责任是行政法律关系主体应承担的法律责任，既包括金融监管机构因违法或不当监管而应承担的责任，也包括相对人违反金融监管法律规范而应承担的责任。

（5）金融行政法律责任是一种以制裁为内容的具体行政行为。金融行政法律责任以直接剥夺相对人的财产权、从业资格为基本内容，是由金融法律、法规和规章确定的，并由特定的金融监管机构实施的带有强制性的国家制裁措施，是一种以惩戒为特征的行政处理决定。

二、金融行政法律责任的具体规则

（一）银行经营机构行政法律责任

中国《银行业监督管理法》和《商业银行法》对银行业监督管理机构和人员，以及银行经营机构和从业人员的行政法律责任作了如下规定。

1. 银行监管机构行政违法法律责任

银行监管机构从事监督管理工作的人员有下列情形之一，且不构成犯罪的，依法给予行政处分：① 违反规定审查批准银行经营机构的设立、变更、终止，以及业务范围和业务范围内的业务品种；② 违反规定对银行经营机构进行现场检查，或违反规定查询账户或者申请冻结资金；③ 违反法律规定对有关单位或者个人进行调查，或违反规定对银行经营机构采取措施或者处罚；④ 未依照法律规定报告突发事件，或存在其他滥用职权、玩忽职守的行为；⑤ 银行监管机构从事监督管理工作的人员贪污受贿，泄露国家秘密、商业秘密和个人隐私，尚不构成犯罪的，依法给予政务处分。

2. 银行经营机构行政违法法律责任

银行经营机构有下列情形之一，由国务院银行业监督管理机构责令改正，并处罚款；情节特别严重或者逾期不改正的，可以责令停业整顿或者吊销其经营许可证。

（1）① 未经任职资格审查任命董事、高级管理人员；② 拒绝或者阻碍非现场监管或者现场检查，或者提供虚假的或者隐瞒重要事实的报表、报告等文件、资料；③ 未按照规定进行信息披露，或者严重违反审慎经营规则，拒绝执行法律规定的措施；④ 未遵守资本充足率、资产流动性比例、同一借款人贷款比例，以及违反国务院银行业监督管理机构有关资产负债比例管理的其他规定的。

（2）① 无故拖延、拒绝支付存款本金和利息；② 违反票据承兑等结算业务规定，不予兑现，不予收付入账，压单、压票或者违反规定退票；③ 非法查询、冻结、扣划个人储蓄存款或者单位存款；④ 违反法律规定对存款人或者其他客户造成损害的其他行为。⑤ 违反规定进行同业拆借，未经批准办理结汇、售汇；⑥ 未经批准在银行间债券市场发行、买卖金融债券或者到境外借款等。

(3) ① 未经批准设立分支机构,或者未经批准变更、终止银行经营机构;② 违反规定从事未经批准或者未备案的业务活动,或者违反规定提高或者降低存款利率、贷款利率,以及采用其他不正当手段,吸收存款,发放贷款;③ 出租、出借经营许可证,以及未经批准买卖、代理买卖外汇,买卖政府债券或者发行、买卖金融债券;④ 违反国家规定从事信托投资和证券经营业务、向非自用不动产投资或者向非银行金融机构和企业投资;⑤ 向关系人发放信用贷款,或者发放担保贷款的条件优于其他借款人同类贷款的条件。

3. 银行经营机构从业人员行政违法法律责任

银行经营机构从业人员实施下列行为,尚不构成犯罪的,应当给予纪律处分:① 利用职务上的便利,索取、收受贿赂或者违反国家规定收受各种名义的回扣、手续费;② 利用职务上的便利,贪污、挪用、侵占本行或者客户资金;③ 违反法律规定玩忽职守造成损失;④ 泄露在任职期间知悉的国家秘密、商业秘密。

此外,中国《银行业监督管理法》和《商业银行法》还规定:擅自设立银行经营机构或者非法从事银行业务活动的,由国务院银行业监督管理机构予以取缔;尚不构成犯罪的,由国务院银行业监督管理机构没收违法所得,并给予罚款。银行经营机构违反法律规定的,国务院银行业监督管理机构可以区别不同情形,取消其直接负责的董事、高级管理人员一定期限直至终身的任职资格,禁止直接负责的董事、高级管理人员和其他直接责任人员一定期限直至终身从事银行业工作。银行经营机构的行为尚不构成犯罪的,对直接负责的董事、高级管理人员和其他直接责任人员,给予警告,可处以罚款。

(二) 证券经营机构行政法律责任

中国《证券法》和中国证监会发布的相关行政规章对以下证券行政法律责任作了规定。

(1) 证券发行行政违法法律责任。行为人实施了下列行为之一,可由证券监管机构责令其纠正,处以罚款,对直接负责的主管人员和其他直接责任人员给予警告,对擅自公开或者变相公开发行证券设立的公司予以取缔:① 擅自公开或者变相公开发行证券;② 发行人在其公告的证券发行文件中隐瞒重要事实或者编造重大虚假内容;③ 发行人的控股股东、实际控制人组织、指使从事违法行为;④ 保荐人出具有虚假记载、误导性陈述或者重大遗漏的保荐书,或者不履行其他法定职责。

(2) 证券承销行政违法法律责任。证券经营机构实施了下列行为之一,责令改正,给予警告,没收违法所得,可以并处罚款,情节严重的,暂停或者撤销相关业务许可;对直接负责的主管人员和其他直接责任人员给予警告,可以并处罚款,情节严重的,撤销任职资格或者证券从业资格:① 证券经营机构承销或者销售擅自公开发行或者变相公开发行的证券;② 证券经营机构在承销证券的过程中有进行虚假或者误导投资者的广告或者其他宣传推介活动,以不正当竞争手段招揽承销业务,以及其他违反证券承销业务规定的行为。

(3) 证券信息披露行政违法法律责任。保荐人、发行人、上市公司或者其他信息披露义务人,出具或披露有虚假记载、误导性陈述、重大遗漏的保荐书或信息公告,责令改正,给予警告,没收业务收入,并处以罚款;情节严重的,暂停或者撤销相关业务许可。

对直接负责的主管人员和其他直接责任人员给予警告,并处罚款;情节严重的,撤销任职资格或者证券从业资格。发行人、上市公司或者其他信息披露义务人的控股股东、实际控制人指使从事前述违法行为的,依照上述规定处罚。

(4) 证券交易行政违法法律责任。行为人进行下列行为,应责令改正、给予警告,责令依法处理非法持有的证券,没收违法所得,并处以罚款;如果是单位,还应当对直接负责的主管人员和其他直接责任人员给予警告,并处罚款;证券监督管理机构工作人员从事这些行为从重处罚:① 证券交易内幕信息的知情人或者非法获取内幕信息的人,在涉及证券的发行、交易或者其他对证券的价格有重大影响的信息公开前,买卖该证券,或者泄露该信息,或者建议他人买卖该证券;② 违反法律规定,操纵证券市场,进行证券欺诈,或编造、传播虚假信息或者误导性信息,扰乱证券市场,以及证券经营机构及其从业人员违反法律规定,损害客户利益;③ 在限制转让期内转让证券,或者转让股票不符合法律、行政法规和国务院证券监督管理机构规定,或者法律、行政法规规定禁止参与股票交易的人员,违反法律规定,直接或者以化名、借他人名义持有、买卖股票或者其他具有股权性质的证券;④ 证券服务机构及其从业人员,上市公司、股票在国务院批准的其他全国性证券交易场所交易的公司董事、监事、高级管理人员、持有该公司5%以上股份的股东,违反法律规定买卖证券等。

中国《证券法》还对以下行政违法行为作了规定:① 发行人、上市公司擅自改变公开发行证券所募集资金的用途;② 非法开设证券交易场所,未经批准,擅自设立证券经营机构或者非法经营证券业务;③ 违法聘任不具有任职资格、证券从业资格的人员,违法参与证券交易;④ 证券交易所、证券经营机构、证券登记结算机构、证券服务机构的从业人员或者证券业协会的工作人员,故意提供虚假资料,隐匿、伪造、篡改或者毁损交易记录,诱骗投资者买卖证券;⑤ 证券经营机构及其从业人员违反法律规定,私下接受客户委托买卖证券,以及证券经营机构违法为客户买卖证券提供融资融券;⑥ 法人以他人名义设立账户或者利用他人账户买卖证券,证券经营机构违法假借他人名义或者以个人名义从事证券自营业务;⑦ 证券经营机构违背客户的委托买卖证券、办理交易事项,或者违背客户真实意思表示,办理交易以外的其他事项;⑧ 证券经营机构、证券登记结算机构挪用客户的资金或者证券,或者未经客户的委托,擅自为客户买卖证券;⑨ 证券经营机构办理经纪业务,接受客户的全权委托买卖证券,或者证券经营机构对客户买卖证券的收益或者赔偿证券买卖的损失作出承诺;⑩ 收购人未按照法律规定履行上市公司收购的公告、发出收购要约等义务,以及收购人或者收购人的控股股东,利用上市公司收购,损害被收购公司及其股东的合法权益。对于前述行为,根据不同的违法行为规定了责令改正、罚款、没收违法所得、禁止市场进入等行政处罚措施。

(三) 期货经营机构行政法律责任

中国现行《期货交易管理条例》和中国证监会对期货违法行政法律责任作了以下规定。

1. 期货交易所行政违法法律责任

期货交易所有下列行为之一的,责令改正,给予警告,没收违法所得,并处罚款;情节严重的,责令停业整顿;对直接负责的主管人员和其他直接责任人员给予纪律处分,并处罚款:① 未经批准,擅自办理以下事项,如制定或者修改章程、交易规则,上市、中止、取消或者恢复交易品种,违反规定接纳会员;② 违反规定收取手续费,不按照规定建立、健全结算担保金制度,允许会员在保证金不足的情况下进行期货交易;③ 违反规定使用、分配收益,或不按照规定提取、管理和使用风险准备金;④ 期货交易所直接或者间接参与期货交易,或者违反规定从事与其职责无关的业务;⑤ 违反规定收取保证金或者挪用保证金,违反国务院期货监督管理机构有关保证金安全存管监控规定;⑥ 伪造、涂改或者不按照规定保存期货交易、结算、交割资料;⑦ 未建立或者未执行当日无负债结算、涨跌停板、持仓限额和大户持仓报告制度;⑧ 不按照规定公布即时行情或者发布价格预测信息;⑨ 不按照规定向国务院期货监督管理机构报送有关文件、资料,履行报告义务;⑩ 限制会员实物交割总量,拒绝或者妨碍国务院期货监督管理机构监督检查;⑪ 任用不具备任职资格的期货从业人员;⑫ 违反国务院期货监督管理机构规定的其他行为。

2. 期货经营机构行政违法法律责任

期货经营机构行政违法主要有四大类:经营管理违法、市场欺诈违法、内幕交易违法、市场操纵违法。

(1) 期货经营机构经营性行政违法法律责任。期货经营机构有下列行为之一的,责令改正,给予警告,没收违法所得,并处罚款,情节严重的,责令停业整顿或者吊销期货业务许可证;对直接负责的主管人员和其他直接责任人员给予警告,并处罚款,情节严重的,暂停或者撤销期货从业人员资格:① 接受不符合规定条件的单位或者个人委托;② 允许客户在保证金不足的情况下进行期货交易;③ 未经批准,擅自进行如下事项,如合并、分立、停业、解散或者破产,变更业务范围,变更注册资本且调整股权结构,新增持有5%以上股权的股东或者控股股东发生变化;④ 违反规定从事与期货业务无关的活动,或从事或者变相从事期货自营业务;⑤ 为其股东、实际控制人或者其他关联人提供融资,或者对外担保,或违反保证金安全存管监控规定;⑥ 不按照规定向国务院期货监督管理机构履行报告义务或者报送有关文件、资料;⑦ 交易软件、结算软件不符合期货经营机构审慎经营和风险管理,或不按照规定提取、管理和使用风险准备金;⑧ 伪造、涂改或者不按照规定保存期货交易、结算、交割资料,或任用不具备资格的期货从业人员;⑨ 伪造、变造、出租、出借、买卖期货业务许可证或者经营许可证,或进行混码交易;⑩ 拒绝或者妨碍国务院期货监督管理机构监督检查,以及违反国务院期货监督管理机构规定的其他行为。

(2) 期货经营机构欺诈行政违法法律责任。期货经营机构有下列欺诈客户行为之一的,责令改正,给予警告,没收违法所得,并处罚款,情节严重的,责令停业整顿或者吊销期货业务许可证;对直接负责的主管人员和其他直接责任人员给予警告,并处罚款,情节严重的,暂停或者撤销期货从业人员资格:① 向客户作获利保证或者不按照规定向客户出示风险说明书;② 在经纪业务中与客户约定分享利益、共担风险;③ 不按照规定接受客户委托或者不按照客户委托内容擅自进行期货交易;④ 隐瞒重要事项或者使用其他不正当手段,诱骗客户发出交易指令;⑤ 向客户提供虚假成交回报,或者未将客户交易指令下达到期货交易所;⑥ 挪用客户保证金;⑦ 不按照规定在期货保证金存管银行开立保证金账户,或者违规划转客户保证金;⑧ 国务院期货监督管理机构规定的其他欺诈客户的行为。

(3) 期货内幕交易行政违法法律责任。期货交易内幕信息的知情人或者非法获取期货交易内幕信息的人,在对期货交易价格有重大影响的信息尚未公开前,利用内幕信息从事期货交易,或者向他人泄露内幕信息,使他人利用内幕信息进行期货交易的,没收违法所得,并处罚款;单位从事内幕交易的,还应当对直接负责的主管人员和其他直接责任人员给予警告,并处罚款。国务院期货监督管理机构、期货交易所和期货保证金安全存管监控机构的工作人员进行内幕交易的,从重处罚。

(4) 期货市场操纵行政违法法律责任。任何单位或者个人有下列行为之一,操纵期货交易价格的,责令改正,没收违法所得,并处罚款:① 单独或者合谋,集中资金优势、持仓优势或者利用信息优势联合或者连续买卖合约,操纵期货交易价格;② 蓄意串通,按事先约定的时间、价格和方式相互进行期货交易,影响期货交易价格或者期货交易量;③ 以自己为交易对象,自买自卖,影响期货交易价格或者期货交易量;④ 为影响期货市场行情囤积现货;⑤ 国务院期货监督管理机构规定的其他操纵期货交易价格的行为。单位有前款所列行为之一的,对直接负责的主管人员和其他直接责任人员给予警告,并处罚款。

3. 其他期货行政违法法律责任

《期货交易管理条例》规定,如果出现下列违法行为,按照相应的法律法规进行处罚:① 期货经营机构及其他非期货公司结算会员、期货保证金存管银行提供虚假申请文件,或者采取其他欺诈手段隐瞒重要事实骗取期货业务许可;② 交割仓库违法行为;③ 国有以及国有控股企业违反进入期货市场的有关规定进行期货交易,以及单位、个人违规使用信贷资金、财政资金进行期货交易;④ 境内单位或者个人违反规定从事境外期货交易;⑤ 非法设立期货交易场所或者以其他形式组织期货交易活动,非法设立期货公司及其他期货经营机构,或者擅自从事期货业务;⑥ 期货经营机构的交易软件、结算软件供应商拒不配合国务院期货监督管理机构调查,或者未按照规定向国务院期货监督管理机构提供相关软件资料,或者提供的软件资料有虚假、重大遗漏;⑦ 会计师事务所、律师事务所、资产评估机构等中介服务机构未勤勉尽责,所出具的文件有虚假记载、误导性陈述或者重大遗漏;⑧ 国务院期货监督管理机构、期货交易所、期货保证金安全存管监控机构和期货保证金存管银行等相关单位的工作人员,泄露知悉的国家秘密或者会员、客户商业秘密,或者徇私舞弊、玩忽职守、滥用职权、收受贿赂。

4. 其他关联人行政违法法律责任

期货经营机构的股东、实际控制人或者其他关联人,未经批准擅自委托他人或者接受他人委托持有或者管理期货经营机构股权,或拒不配合国务院期货监督管理机构的检查,或者拒不按照规定履行报告义务、提供有关信息和资料,或者报送、提供的信息和资料有虚假记载、误导性陈述或者重大遗漏的,责令改正,给予警告,没收违法所得,并处罚款,情节严重的,责令停业整顿或者吊销期货业务许可证。对直接负责的主管人员和其他直接责任人员给予警告,并处罚款;情节严重的,暂停或者撤销期货从业人员资格。任何单位或者个人违反期货法律法规,情节严重的,可由国务院期货监督管理机构宣布该个人、该单位或者该单位的直接责任人员为期货市场禁止进入者。

(四) 保险经营机构行政法律责任

《保险法》和中国银保监会发布的行政法律规章对保险行政违法法律责任作了以下五个方面的规定。

(1) 保险经营机构设立或业务经营行政违法法律责任。行为人违法从事下列行为之一，由保险监督管理机构予以取缔，没收违法所得，并处罚款：① 擅自设立保险经营机构、保险资产管理机构或者非法经营商业保险业务；② 擅自设立保险专业代理机构、保险经纪人，或者未取得经营保险代理业务许可证、保险经纪业务许可证从事保险代理业务、保险经纪业务。保险经营机构违反法律规定，超出批准的业务范围经营的，由保险监督管理机构责令限期改正，没收违法所得，并处罚款。逾期不改正或者造成严重后果的，责令停业整顿或者吊销业务许可证。

(2) 保险经营机构欺诈性经营行政违法法律责任。保险经营机构有下列行为之一，由保险监督管理机构责令改正，并处罚款；情节严重的，限制其业务范围、责令停止接受新业务或者吊销业务许可证：① 欺骗投保人、被保险人或者受益人，对投保人隐瞒与保险合同有关的重要情况；② 阻碍投保人履行法律规定的如实告知义务，或者诱导其不履行法律规定的如实告知义务；③ 给予或者承诺给予投保人、被保险人、受益人保险合同约定以外的保险费回扣或者其他利益；④ 拒不依法履行保险合同约定的赔偿或者给付保险金义务；⑤ 故意编造未曾发生的保险事故、虚构保险合同或者故意夸大已经发生的保险事故的损失程度进行虚假理赔，骗取保险金或者牟取其他不正当利益；⑥ 挪用、截留、侵占保险费；⑦ 委托未取得合法资格的机构从事保险销售活动，利用开展保险业务为其他机构或者个人牟取不正当利益；⑧ 利用保险代理人、保险经纪人或者保险评估机构，从事以虚构保险中介业务或者编造退保等方式套取费用等违法活动；⑨ 以捏造、散布虚假事实等方式损害竞争对手的商业信誉，或者以其他不正当竞争行为扰乱保险市场秩序；⑩ 泄露在业务活动中知悉的投保人、被保险人的商业秘密；⑪ 违反法律、行政法规和国务院保险监督管理机构规定的其他行为。保险代理机构、保险经纪人发生上述欺诈经营行为，由保险监督管理机构责令改正，并处罚款；情节严重的，限制其业务范围、责令停止接受新业务或者吊销业务许可证。

(3) 保险经营机构管理性行政违法法律责任。保险经营机构违反法律规定实施下列行为，由保险监督管理机构责令改正，并处罚款，情节严重的，责令停业整顿或者吊销业务许可证：① 变更名称、注册资本，变更公司或者分支机构的营业场所；② 撤销分支机构，公司分立或者合并，修改公司章程；③ 变更出资额占有限责任公司资本总额5%以上的股东，或者变更持有股份有限公司股份5%以上的股东；④ 未按照规定报送或者保管报告、报表、文件、资料的，或者未按照规定提供有关信息、资料；⑤ 未按照规定报送保险条款、保险费率备案，或未按照规定披露信息；⑥ 国务院保险监督管理机构规定的其他情形；⑦ 聘任不具有任职资格的人员，或违反法律规定，转让、出租、出借业务许可证。

(4) 投保人、被保险人或者受益人行政违法法律责任。投保人、被保险人或者受益人有下列行为之一，进行保险诈骗活动，尚不构成犯罪的，依法给予行政处罚：① 投保人故意虚构保险标的，骗取保险金；② 编造未曾发生的保险事故，或者编造虚假的事故原因或者夸大损失程度,骗取保险金;③ 故意造成保险事故,骗取保险金。保险事故的鉴定人、评估人、证明人故意提供虚假的证明文件,为投保人、被保险人或者受益人进行保险诈骗提供条件的,依照上述规定给予处罚。

(5) 保险监督管理机构行政违法法律责任。保险监督管理机构从事监督管理工作的人员有下列情形之一的,依法给予处分:① 违反规定批准保险经营机构的设立;② 违反法律规定进行保险条款、保险费率审批;③ 违反规定进行现场检查,以及违反规定查询账户或者冻结资金;④ 泄露其知悉的有关单位和个人的商业秘密;⑤ 违反规定实施行政处罚,以及滥用职权、玩忽职守的其他行为。

违反法律、行政法规的规定,情节严重的,国务院保险监督管理机构可以禁止有关责任人员一定期限直至终身进入保险业。

(五) 其他金融机构行政法律责任

除了前面所列的各类金融机构违法应承担行政法律责任外,法律还对其他的金融机构如金融信托机构、金融租赁机构的行政法律责任等作了规定。其中,最具代表性的规定为互联网平台借贷的行政法律责任。根据《网络借贷信息中介机构业务活动管理暂行办法》的规定,互联网平台借贷的行政法律责任主要为以下三个方面。

(1) 金融监管部门行政违法法律责任。地方金融监管部门存在未依照法律规定报告重大风险和处置情况、未依照法律规定向国务院银行业监督管理机构提供行业统计或行业报告等违反法律法规及本办法规定情形的,应当依法对有关责任人给予行政处分。

(2) 互联网借贷平台机构行政违法法律责任。借贷平台机构违反法律法规和网络借贷有关监管规定,有关法律法规有处罚规定的,依照其规定给予处罚;有关法律法规未作处罚规定的,工商登记注册地地方金融监管部门可以采取监管谈话、出具警示函、责令改正、通报批评、将其违法违规和不履行公开承诺等情况记入诚信档案并公布等监管措施,以及给予警告,并可处 3 万元人民币以下罚款和依法可以采取的其他处罚措施。借贷平台机构违反法律规定从事非法集资活动或欺诈的,不构成犯罪的,按照相关法律法规和工作机制处理。

(3) 出借人和借款人行政违法法律责任。互联网平台借贷的出借人及借款人违反法律法规和网络借贷有关监管规定,依照有关规定给予处罚。但法律实践中,有关互联网平台借贷当事人行政违法法律责任的规定较少,无法可依的现象较为严重。

其他金融法律如《信托法》《信托公司管理办法》和《金融租赁公司管理办法》也对本行业的市场主体违反金融监管所应承担的行政法律责任作了规定。

三、金融行政执法体系和主要权责

(一) 金融监管机构的主要权责

2018 年,国务院机构改革将原中国银监会和中国保监会合并为中国银保监会,也即将原来的"一行三会"改革为"一行两会"的金融监管体制。其中,中国人民银行主要履行中央银行职责,其他"两会"则在各自的金融领域对金融市场、金融机构和金融行为进行具体的监督管理。中国银保监会和中国证监会的主要职责包括以下八个方面。

（1）拟定金融业发展的方针政策，制定行业发展战略和规划；起草金融业监管的法律、法规，制定业内规章。

（2）审批金融机构及其分支机构、金融中介机构及其分支机构的设立，审批金融集团公司、保险控股公司的设立，会同有关部门审批金融资产管理机构的设立；审批境外机构在中国设立金融机构，审批境内金融机构在境外设立金融机构；审批金融机构的合并、分立、变更、解散，决定问题金融机构的接管和指定接受，参与、组织金融机构的破产、清算。

（3）审查、认定各类金融机构高级管理人员的任职资格，制定金融从业人员的基本资格标准。

（4）审批关系社会公众利益的金融产品，监管金融产品的发行上市、交易结算，监管境内企业到国外发行金融产品，募集资金，从事金融交易活动。

（5）监管金融机构的偿付能力和市场行为，负责金融保障基金的管理，监管金融保证金；根据法律和国家对金融机构资金的运用政策，制定有关规章制度，依法对金融机构的资金运用进行监管。

（6）监管协调政策性金融机构和金融行为，对各种金融行业协会进行归口管理；依法对金融机构和从业人员的不正当竞争等违法、违规行为以及对非金融机构经营或变相经营金融业务进行调查、处罚。

（7）建立金融风险评价、预警和监控体系，跟踪分析、监测、预测金融市场运行状况；监管金融信息传播活动，负责金融市场的统计与信息资源管理，制定金融行业信息化标准，负责统一编制全国金融业的数据、报表，并按照国家有关规定予以发布。

（8）依法对金融违法违纪行为进行调查、处罚，依法保障投资者利益；归口管理金融对外交往和国际合作事务，承办国务院交办的其他事项。

（二）金融监管派出机构的主要权责

金融监管派出机构包括各省市的证券监管局、银行保险监管局和中国人民银行分行（支行）。派出机构按照规定履行下列监管职责：① 对辖区有关金融市场主体实施日常监管；② 防范和处置辖区有关金融市场风险；③ 对金融违法违规行为实施调查、作出行政处罚；④ 进行金融投资者和消费者教育和保护；⑤ 法律、行政法规规定和中国银保监会、中国证监会和中国人民银行授权的其他职责。其中，对于金融行政违法的稽查，法律法规作了如下五个方面的规定。

（1）派出机构负责对辖区内金融违法违规案件，以及中央金融监管机构相关职能部门交办的案件或者事项进行调查，包括中国银保监会、中国证监会和中国人民银行相关职能部门交办的境外机构请求协助调查的案件或事项。

（2）案件调查过程中，依法采取冻结、查封、限制被调查事件当事人金融产品买卖等强制措施的，派出机构按照规定负责实施。派出机构负责本单位立案调查的金融违法违规案件的审查和处理工作，依法对金融违法违规当事人进行行政处罚。但是，按照规定由其他派出机构或者中央金融监管机构相关职能部门负责审理的除外。

（3）派出机构可以按照规定审查和处理中央金融监管机构交办的其他派出机构立案调查的案件以及中国银保监会、中国证监会和中国人民银行相关职能部门负责调查的案件。

（4）派出机构对有关案件作出行政处罚决定的，由该派出机构负责行政处罚执行工作,按规定送达法律文书,督促被处罚对象履行行政处罚决定,依法申请并配合人民法院做好行政处罚强制执行工作。

(5) 派出机构负责按照规定做好中国银保监会、中国证监会和中国人民银行,以及其他派出机构所委托的行政处罚案件法律文书送达、处罚执行等相关工作。

延伸阅读

日本金融行政法律责任

日本2006年颁布的《金融商品交易法》规定,许多特定金融行为都要求经过申报、注册、批准。如果违反了这些规定,则有可能会受到被取消注册等行政处罚。行政处罚的对象包括金融商品经营者,还包括向内阁总理大臣提交的诸多报告文件存在虚假陈述等问题的金融商品发行人和要约收购者,以及散布流言和进行虚假交易、操纵市场和进行内幕交易的机构和个人等。

法律规定实施行政处罚的权力主体是内阁总理大臣,但在大多数情况下都由内阁总理大臣委托日本金融厅的长官负责进行。行政处罚的决定除了必须遵守日本《行政程序法》的相关规定外,还必须遵守《金融商品交易法》中的程序规则。当然,当事人对行政处罚不服者可依据日本《行政诉讼法》提起行政诉讼。

日本的行政处罚主要包括罚金、停止业务、取消注册和取消金融牌照等。罚金制度的设计目的是剥夺通过违法行为获得的经济利益。因此,罚金的具体数额取决于违法行为获得的金额。紧急停止命令是《金融商品交易法》赋予内阁总理大臣的另一项权力。违反《金融商品交易法》的行为在很多情况下都可能会给数量众多的公众投资者和金融消费者带来损害,而诉讼作为事后的弥补手段成本太高,而且耗时久远,因此,《金融商品交易法》规定,作为保障金融交易公正性的特殊手段,以及为了维护金融稳定,在紧急的情况下,内阁总理大臣为了保护金融投资者和消费者,在得到法院许可的前提下,可以命令或禁止违法者,或者要求实施违法的主体停止违法行为或不得实施违法行为。

[资料来源] 朱大明、陈宇:《日本金融商品交易法要论》,法律出版社,2017,第218—220页。

第三节 金融犯罪刑事法律责任制度

一、金融犯罪刑事法律责任的概述和特征

(一) 金融犯罪刑事法律责任的概述

金融犯罪刑事法律责任是指行为人的金融行为不仅违反了金融法律或法规的规定,而且触犯了刑法强制性规定并构成犯罪而应承担的法律责任。金融刑事法律责任

是最严厉的一种法律责任,具有强制性、严厉性、专属性、准据性的特征,也属于最后的法律责任,即在其他责任不足以威慑和惩处违法行为时才采用的责任。

金融刑事法律责任形式,即其刑罚种类包括:① 拘役,即短期剥夺犯罪人的人身自由,就近实行教育改造的刑罚方法,拘役的期限为1个月以上6个月以下,数罪并罚时不能超过1年;② 有期徒刑,即剥夺犯罪人一定期限的人身自由,实行强制劳动和教育改造的刑罚方法;③ 无期徒刑,即终生剥夺犯罪人人身自由,实行强制劳动和教育改造的刑罚方法;④ 死刑,即剥夺犯罪人生命,属于最严厉的刑罚;⑤ 罚金,即判处犯罪分子或实施犯罪的机构向国家缴纳一定数额金钱的刑罚方法,金融犯罪的罚金可单处或并处。罚金数额一般有两种:一为非固定数额,如对犯罪人处违法所得一定倍数的罚金,或对犯罪人处涉及的非法资金一定比例的罚金;二为固定的数额,即刑法条款给定罚金的具体上限和下限数额。

(二)金融犯罪刑事法律责任的特征

金融刑事法律责任是所有法律责任中最为严厉的责任,与其他领域中的刑事法律责任相比较,主要具有以下三个特征。

(1)金融犯罪刑事法律责任建立在诸多新金融技术基础上。互联网、区块链、大数据和数字货币的高度发展和变革,颠覆了传统金融领域中的交易和服务模式,也改变了金融犯罪的基本环境。以高科技和互联网为基础的金融业务,也为金融犯罪带来与传统经济犯罪完全不同的特点:① 资金、财产的占有和转移开始向智能化、无形化方向发展;② 金融犯罪建立在互联网和金融新科技上,其复杂性、多发性突破了时间和空间限制,而且很多时候金融犯罪与金融创新难以区别;③ 新型犯罪方式和手法与金融业务方式或业务流程紧密相连,具有隐秘性和专业性。

(2)金融犯罪刑事法律责任基础呈现因果关系复杂化趋势。随着金融技术的发展创新,非接触式交易成为普遍化趋势,金融犯罪不再需要行为人与被害人之间的交往或接触,被害人的受害后果与犯罪所得之间的关联性被隐藏,特别是金融犯罪往往借助高科技介质,犯罪行为与损害后果地域上相隔遥远,人为地切断了行为人与受害人的直接接触,使得因果关系复杂化。

(3)金融犯罪刑事法律责任承担建立在整体危害基础上。金融市场是一个资金筹集和流动的场所,任何一个合法或非法的金融行为都会对社会各个阶层产生巨大的影响,如非法集资、非法发行证券和互联网众筹等,其犯罪行为的损害后果不局限于某个特定的受害人,而涉及广泛的群体。金融科技和互联网的发展,使得金融犯罪的整体性特征更加明显,任何一种新的金融技术都不可避免地成为新的金融犯罪温床,而任何单独的金融犯罪均有可能通过金融风险传染机制损害其他社会成员。

二、金融犯罪刑事法律责任具体规定

(一)货币型犯罪刑事法律责任

(1)伪造货币犯罪。债务人伪造货币构成犯罪,处3年以上10年以下有期徒刑,并处罚金。有下列情形之一的,处10年以上有期徒刑或者无期徒刑,并处罚金或者没收财产：① 伪造货币集团的首要分子；② 伪造货币数额特别巨大；③ 有其他特别严重情节。伪造货币并出售或者运输伪造的货币的，依照伪造货币罪从重处罚。

（2）出售、购买和运输假币犯罪。行为人出售、购买伪造的货币或者明知是伪造的货币而运输，数额较大的，处 3 年以下有期徒刑或者拘役，并处 2 万元以上 20 万元以下罚金；如果数额巨大，处 3 年以上 10 年以下有期徒刑，并处 5 万元以上 50 万元以下罚金；数额特别巨大者，处 10 年以上有期徒刑或者无期徒刑，并处 5 万元以上 50 万元以下罚金或者没收财产。银行或者其他金融机构的工作人员购买伪造的货币或者利用职务上的便利，以伪造的货币换取货币，处 3 年以上 10 年以下有期徒刑，并处 2 万元以上 20 万元以下罚金。如果数额巨大或者有其他严重情节，处 10 年以上有期徒刑或者无期徒刑，并处 2 万元以上 20 万元以下罚金或者没收财产；情节较轻的，处 3 年以下有期徒刑或者拘役，并处或者单处 1 万元以上 10 万元以下罚金。

（3）持有和使用假币犯罪、变造货币罪。行为人明知是伪造的货币而持有、使用，数额较大的，处 3 年以下有期徒刑或者拘役，并处或者单处 1 万元以上 10 万元以下罚金；数额巨大的，处 3 年以上 10 年以下有期徒刑，并处 2 万元以上 20 万元以下罚金；数额特别巨大的，处 10 年以上有期徒刑，并处 5 万元以上 50 万元以下罚金或者没收财产。变造货币，数额较大的，处 3 年以下有期徒刑或者拘役，并处或者单处 1 万元以上 10 万元以下罚金；数额巨大的，处 3 年以上 10 年以下有期徒刑，并处 2 万元以上 20 万元以下罚金。

(二) 银行型犯罪刑事法律责任

（1）骗取贷款犯罪。行为人以转贷牟利为目的，套取金融机构信贷资金高利转贷他人，违法所得数额较大的，处 3 年以下有期徒刑或者拘役，并处违法所得 1 倍以上 5 倍以下罚金；数额巨大的，处 3 年以上 7 年以下有期徒刑，并处违法所得 1 倍以上 5 倍以下罚金。单位犯上述罪行，对单位判处罚金，并对其直接负责的主管人员和其他直接责任人员，处 3 年以下有期徒刑或者拘役。

行为人以欺骗手段取得银行或者其他金融机构贷款、票据承兑、信用证、保函等，给银行或者其他金融机构造成重大损失或者有其他严重情节的，处 3 年以下有期徒刑或者拘役，并处或者单处罚金；给银行或者其他金融机构造成特别重大损失或者有其他特别严重情节的，处 3 年以上 7 年以下有期徒刑，并处罚金。单位犯前述罪行，对单位判处罚金，并对其直接负责的主管人员和其他直接责任人员，依照上述规定处罚。

（2）非法吸收公众存款犯罪。行为人非法吸收公众存款或者变相吸收公众存款，扰乱金融秩序，处 3 年以下有期徒刑或者拘役，并处或者单处 2 万元以上 20 万元以下罚金；数额巨大或者有其他严重情节者，处 3 年以上 10 年以下有期徒刑，并处 5 万元以上 50 万元以下罚金。单位犯前述罪行，对单位判处罚金，并对其直接负责的主管人员和其他直接责任人员，依照前述的规定处罚。

（3）妨碍金融票证和信用卡管理犯罪。行为人有下列情形之一，伪造、变造金融票证的，处 5 年以下有期徒刑或者拘役，并处或者单处 2 万元以上 20 万元以下罚金；情节严重者，处 5 年以上 10 年以下有期徒刑，并处 5 万元以上 50 万元以下罚金；情节特别严重者，处 10 年以上有期徒刑或者无期徒刑，并处 5 万元以上 50 万元以下罚金或者没收财产：① 伪造、变造汇票、本票、支票；② 伪造、变造委托收款凭证、汇款凭证、银行存单及其他银行结算凭证；③ 伪造、变造信用证或者附随单据、文件；④ 伪造信用卡等。单位犯前述罪，对单位判处罚金，并对其直接负责的主管人员和其他直接责任人员，依照前述规定处罚。

行为人有下列情形之一，妨害信用卡管理的，处3年以下有期徒刑或者拘役，并处或者单处1万元以上10万元以下罚金；数量巨大或者有其他严重情节的，处3年以上10年以下有期徒刑，并处2万元以上20万元以下罚金：① 明知是伪造的信用卡而持有、运输，或者明知是伪造的空白信用卡而持有、运输，数量较大者；② 非法持有他人信用卡，数量较大；③ 使用虚假的身份证明骗领信用卡；④ 出售、购买、为他人提供伪造的信用卡，或者以虚假的身份证明骗领的信用卡。窃取、收买或者非法提供他人信用卡信息资料者，依照前述规定处罚。银行或者其他金融机构工作人员利用职务上的便利，非法持有他人信用卡，数量较大者，从重处罚。

(4) 违法发放贷款犯罪。银行或者其他金融机构的工作人员违反国家规定发放贷款，数额巨大或者造成重大损失，处5年以下有期徒刑或者拘役，并处1万元以上10万元以下罚金；数额特别巨大或者造成特别重大损失，处5年以上有期徒刑，并处2万元以上20万元以下罚金。银行或者其他金融机构的工作人员违反国家规定，向关系人发放贷款，依照前述规定从重处罚。单位违反前述规定构成犯罪，对单位判处罚金，并对其直接负责的主管人员和其他直接责任人员，依照前述规定处罚。

(5) 吸收客户资金不入账犯罪。银行或者其他金融机构的工作人员吸收客户资金不入账，数额巨大或者造成重大损失，处5年以下有期徒刑或者拘役，并处2万元以上20万元以下罚金；数额特别巨大或者造成特别重大损失，处5年以上有期徒刑，并处5万元以上50万元以下罚金。单位违反前述规定构成犯罪，对单位判处罚金，并对其直接负责的主管人员和其他直接责任人员，依照前述规定处罚。

(6) 违规出具金融票证犯罪。银行或者其他金融机构工作人员违反规定，为他人出具信用证或者其他保函、票据、存单、资信证明，情节严重，处5年以下有期徒刑或者拘役；情节特别严重，处5年以上有期徒刑。单位犯前述罪行，对单位判处罚金，并对其直接负责的主管人员和其他直接责任人员，依照前述规定处罚。

(7) 违法承兑、付款和保证票据犯罪。银行或者其他金融机构工作人员在票据业务中，对违反票据法规定的票据予以承兑、付款或者保证，造成重大损失，处5年以下有期徒刑或者拘役；造成特别重大损失，处5年以上有期徒刑。单位犯前述罪行，对单位判处罚金，并对其直接负责的主管人员和其他直接责任人员，依照前述规定处罚。

(三) 证券期货型犯罪刑事法律责任

(1) 伪造和变造有价证券犯罪。行为人伪造、变造国库券或者国家发行的其他有价证券，数额较大，处3年以下有期徒刑或者拘役，并处或者单处2万元以上20万元以下罚金；数额巨大，处3年以上10年以下有期徒刑，并处5万元以上50万元以下罚金；数额特别巨大，处10年以上有期徒刑或者无期徒刑，并处5万元以上50万元以下罚金或者没收财产。伪造、变造股票或者公司、企业债券，数额较大，处3年以下有期徒刑或者拘役，并处或者单处1万元以上10万元以下罚金；数额巨大，处3年以上10年以下有期徒刑,并处2万元以上20万元以下罚金。单位违反上述规定构成犯罪,对单位判处罚金,并对其直接负责的主管人员和其他直接责任人员,依照前述规定处罚。

(2) 擅自发行有价证券犯罪。行为人未经国家有关主管部门批准,擅自发行股票或者公司、企业债券,数额巨大、后果严重或者有其他严重情节者,处5年以下有期徒刑或者拘役,并处或者单处非法募集资金金额1%以上5%以下罚金。单位犯上述罪行,对单位判处罚金,并对其直接负责的主管人员和其他直接责任人员,处5年以下有期徒刑或者拘役。

(3) 内幕交易和泄露内幕信息犯罪。证券、期货交易内幕信息的知情人员或者非法获取证券、期货交易内幕信息的人员,在涉及证券的发行,证券、期货交易或者其他对证券、期货交易价格有重大影响的信息尚未公开前,买入或者卖出该证券期货,或者泄露该信息,或者明示、暗示他人从事上述交易活动,情节严重,处5年以下有期徒刑或者拘役,并处或者单处违法所得1倍以上5倍以下罚金;情节特别严重,处5年以上10年以下有期徒刑,并处违法所得1倍以上5倍以下罚金。单位犯前述罪行,对单位判处罚金,并对其直接负责的主管人员和其他直接责任人员,处5年以下有期徒刑或者拘役。内幕信息、知情人员的范围,依照法律、行政法规的规定确定。

证券交易所、期货交易所、证券经营机构、期货经营机构、基金管理机构、商业银行、保险经营机构等金融机构的从业人员,以及有关监管部门或者行业协会的工作人员,利用因职务便利获取的内幕信息以外的其他未公开的信息,违反规定,从事与该信息相关的证券、期货交易活动,或者明示、暗示他人从事相关交易活动,情节严重者,依照内幕交易罪的规定处罚。

(4) 证券期货欺诈交易犯罪。行为人编造并且传播影响证券、期货交易的虚假信息,扰乱证券、期货交易市场,造成严重后果的,处5年以下有期徒刑或者拘役,并处或者单处1万元以上10万元以下罚金。

证券交易所、期货交易所、证券经营机构、期货经营机构的从业人员,证券业协会、期货业协会或者证券期货监督管理部门的工作人员,故意提供虚假信息或者伪造、变造、销毁交易记录,诱骗投资者买卖证券、期货合约,造成严重后果,处5年以下有期徒刑或者拘役,并处或者单处1万元以上10万元以下罚金;情节特别恶劣,处5年以上10年以下有期徒刑,并处2万元以上20万元以下罚金。单位违反前述规定构成犯罪,对单位判处罚金,并对其直接负责的主管人员和其他直接责任人员,处5年以下有期徒刑或者拘役。

(5) 证券期货市场操纵犯罪。行为人有下列情形之一,操纵证券、期货市场,情节严重的,处5年以下有期徒刑或者拘役,并处或者单处罚金;情节特别严重,处5年以上10年以下有期徒刑,并处罚金:① 单独或者合谋,集中资金优势、持股或者持仓优势或者利用信息优势联合或者连续买卖,操纵证券、期货交易价格或者证券、期货交易量;② 与他人串通,以事先约定的时间、价格和方式相互进行证券、期货交易,影响证券、期货交易价格或者证券、期货交易量;③ 在自己实际控制的账户之间进行证券交易,或者以自己为交易对象,自买自卖期货合约,影响证券、期货交易价格或者证券、期货交易量;④ 以其他方法操纵证券、期货市场。单位违反前述规定构成犯罪,对单位判处罚金,并对其直接负责的主管人员和其他直接责任人员,依照前述规定处罚。

(四) 职务侵占型犯罪刑事法律责任

(1) 职务侵占罪和贪污犯罪。保险经营机构的工作人员利用职务上的便利,故意编造未曾发生的保险事故进行虚假理赔,骗取保险金归自己所有,处 5 年以下有期徒刑或者拘役;数额巨大,处 5 年以上有期徒刑,可以并处没收财产。

国有保险经营机构工作人员和国有保险经营机构委派到非国有保险经营机构从事公务的人员有前述行为者,根据情节轻重,分别依照下列规定处罚:① 贪污数额较大或者有其他较重情节者,处 3 年以下有期徒刑或者拘役,并处罚金;② 贪污数额巨大或者有其他严重情节者,处 3 年以上 10 年以下有期徒刑,并处罚金或者没收财产;③ 贪污数额特别巨大或者有其他特别严重情节者,处 10 年以上有期徒刑或者无期徒刑,并处罚金或者没收财产;④ 数额特别巨大,并使国家和人民利益遭受特别重大损失者,处无期徒刑或者死刑,并处没收财产。对多次贪污未经处理的,按照累计贪污数额处罚。

(2) 金融机构人员受贿犯罪。银行或者其他金融机构的工作人员在金融业务活动中索取他人财物或者非法收受他人财物,为他人谋取利益,或者违反国家规定,收受各种名义的回扣、手续费,归个人所有,数额较大,处 3 年以下有期徒刑或者拘役,并处罚金;数额巨大或者有其他严重情节,处 3 年以上 10 年以下有期徒刑,并处罚金。

国有金融机构工作人员和国有金融机构委派到非国有金融机构从事公务的人员存在前述行为者,分别依照下列规定处罚:① 受贿数额较大或者有其他较重情节者,处 3 年以下有期徒刑或者拘役,并处罚金;② 受贿数额巨大或者有其他严重情节者,处 3 年以上 10 年以下有期徒刑,并处罚金或者没收财产;③ 受贿数额特别巨大或者有其他特别严重情节者,处 10 年以上有期徒刑或者无期徒刑,并处罚金或者没收财产;④ 数额特别巨大,并使国家和人民利益遭受特别重大损失的,处无期徒刑或者死刑,并处没收财产。对多次受贿未经处理的,按照累计受贿数额处罚。

(3) 挪用或违法运用资金犯罪。商业银行、证券交易所、期货交易所、证券经营机构、期货经营机构、保险经营机构或者其他金融机构的工作人员利用职务上的便利,挪用本单位或者客户资金,数额较大、超过 3 个月未还,或者虽未超过 3 个月,但数额较大且进行营利活动,或者进行非法活动,处 3 年以下有期徒刑或者拘役;挪用本单位资金数额巨大,或者数额较大不退还,处 3 年以上 7 年以下有期徒刑。

国有商业银行、证券交易所、期货交易所、证券经营机构、期货经营机构、保险经营机构或者其他国有金融机构的工作人员,以及国有商业银行、证券交易所、期货交易所、证券经营机构、期货经营机构、保险经营机构或者其他国有金融机构委派到法律规定的非国有机构从事公务的人员有前述行为者,处 5 年以下有期徒刑或者拘役;情节严重的,处 5 年以上有期徒刑。挪用公款数额巨大不退还,处 10 年以上有期徒刑或者无期徒刑。挪用用于救灾、抢险、防汛、优抚、扶贫、移民、救济款物归个人使用,从重处罚。

商业银行、证券交易所、期货交易所、证券经营机构、期货经营机构、保险经营机构或者其他金融机构,违背受托义务,擅自运用客户资金或者其他委托、信托财产,情节严重,对单位判处罚金,并对其直接负责的主管人员和其他直接责任人员,处 3 年以下有期徒刑或者拘役,并处 3 万元以上 30 万元以下罚金;情节特别严重,处 3 年以上 10 年以下有期徒刑,并处 5 万元以上 50 万元以下罚金。社会保障基金管理机构、住房公积金管理机构等公众资金管理机构,以及保险经营机构、保险资产管理机构、证券投资基金管理机构,违反国家规定运用资金的,对其直接负责的主管人员和其他直接责任人员,依照前述规定处罚。

(五) 金融诈骗型犯罪刑事法律责任

(1) 集资诈骗犯罪。行为人以非法占有为目的,使用诈骗方法非法集资,数额较大,处 3 年以上 7 年以下有期徒刑,并处罚金;数额巨大或者有其他严重情节,处 7 年以上有期徒刑或者无期徒刑,并处罚金或者没收财产。

(2) 贷款诈骗犯罪。行为人有下列情形之一,以非法占有为目的,诈骗银行或者其他金融机构的贷款,数额较大,处 5 年以下有期徒刑或者拘役,并处 2 万元以上 20 万元以下罚金;数额巨大或者有其他严重情节,处 5 年以上 10 年以下有期徒刑,并处 5 万元以上 50 万元以下罚金;数额特别巨大或者有其他特别严重情节,处 10 年以上有期徒刑或者无期徒刑,并处 5 万元以上 50 万元以下罚金或者没收财产:① 编造引进资金、项目等虚假理由;② 使用虚假的经济合同;③ 使用虚假的证明文件;④ 使用虚假的产权证明作担保,或者超出抵押物价值重复担保;⑤ 以其他方法诈骗贷款。

(3) 票据和金融凭证诈骗犯罪。行为人有下列情形之一,进行金融票据诈骗活动,数额较大,处 5 年以下有期徒刑或者拘役,并处 2 万元以上 20 万元以下罚金;数额巨大或者有其他严重情节,处 5 年以上 10 年以下有期徒刑,并处 5 万元以上 50 万元以下罚金;数额特别巨大或者有其他特别严重情节,处 10 年以上有期徒刑或者无期徒刑,并处 5 万元以上 50 万元以下罚金或者没收财产:① 明知是伪造、变造的汇票、本票、支票而使用;② 明知是作废的汇票、本票、支票而使用;③ 冒用他人的汇票、本票、支票;④ 签发空头支票或者与其预留印鉴不符的支票,骗取财物;⑤ 汇票、本票的出票人签发无资金保证的汇票、本票或者在出票时作虚假记载,骗取财物。使用伪造、变造的委托收款凭证、汇款凭证、银行存单等其他银行结算凭证的,依照前述规定处罚。

(4) 信用证诈骗犯罪。行为人有下列情形之一,进行信用证诈骗活动,处 5 年以下有期徒刑或者拘役,并处 2 万元以上 20 万元以下罚金;数额巨大或者有其他严重情节,处 5 年以上 10 年以下有期徒刑,并处 5 万元以上 50 万元以下罚金;数额特别巨大或者有其他特别严重情节,处 10 年以上有期徒刑或者无期徒刑,并处 5 万元以上 50 万元以下罚金或者没收财产:① 使用伪造、变造的信用证或者附随的单据、文件;② 使用作废的信用证,或者骗取信用证;③ 以其他方法进行信用证诈骗活动。

(5) 信用卡诈骗和盗窃罪。行为人有下列情形之一,进行信用卡诈骗活动,数额较大,处 5 年以下有期徒刑或者拘役,并处 2 万元以上 20 万元以下罚金;数额巨大或者有其他严重情节,处 5 年以上 10 年以下有期徒刑,并处 5 万元以上 50 万元以下罚金;数额特别巨大或者有其他特别严重情节,处 10 年以上有期徒刑或者无期徒刑,并处 5 万元以上 50 万元以下罚金或者没收财产:① 使用伪造的信用卡,或者使用以虚假的身份证明骗领的信用卡;② 使用作废的信用卡,或者冒用他人信用卡;③ 以非法占有为目的,超过规定限额或者规定期限透支,并且经发卡银行催收后仍不归还,即恶意透支。

盗窃信用卡并使用的,处3年以下有期徒刑、拘役或者管制,并处或者单处罚金;数额巨大或者有其他严重情节,处3年以上10年以下有期徒刑,并处罚金;数额特别巨大或者有其他特别严重情节,处10年以上有期徒刑或者无期徒刑,并处罚金或者没收财产。

(6) 有价证券诈骗犯罪。行为人使用伪造、变造的国库券或者国家发行的其他有价证券,进行诈骗活动,数额较大,处5年以下有期徒刑或者拘役,并处2万元以上20万元以下罚金;数额巨大或者有其他严重情节,处5年以上10年以下有期徒刑,并处5万元以上50万元以下罚金;数额特别巨大或者有其他特别严重情节的,处10年以上有期徒刑或者无期徒刑,并处5万元以上50万元以下罚金或者没收财产。

(7) 保险诈骗犯罪。行为人有下列情形之一,进行保险诈骗活动,数额较大者,处5年以下有期徒刑或者拘役,并处1万元以上10万元以下罚金;数额巨大或者有其他严重情节,处5年以上10年以下有期徒刑,并处2万元以上20万元以下罚金;数额特别巨大或者有其他特别严重情节,处10年以上有期徒刑,并处2万元以上20万元以下罚金或者没收财产:① 投保人故意虚构保险标的,骗取保险金;② 投保人、被保险人或者受益人对发生的保险事故编造虚假的原因或者夸大损失的程度,骗取保险金;③ 投保人、被保险人或者受益人编造未曾发生的保险事故,骗取保险金;④ 投保人、被保险人故意造成财产损失的保险事故,骗取保险金;⑤ 投保人、受益人故意造成被保险人死亡、伤残或者疾病,骗取保险金。

保险事故的鉴定人、证明人、财产评估人故意提供虚假的证明文件,为他人诈骗提供条件的,以保险诈骗的共犯论处。单位犯保险诈骗罪的,对单位判处罚金,并对其直接负责的主管人员和其他直接责任人员,处5年以下有期徒刑或者拘役,可以并处罚金;数额巨大或者有其他严重情节,处5年以上10年以下有期徒刑,并处罚金;数额特别巨大或者有其他特别严重情节,处10年以上有期徒刑,并处罚金。

单位犯集资诈骗罪、票据诈骗罪、金融凭证诈骗罪和信用证诈骗罪的,对单位判处罚金,并对其直接负责的主管人员和其他直接责任人员,处5年以下有期徒刑或者拘役,可以并处罚金;数额巨大或者有其他严重情节的,处5年以上10年以下有期徒刑,并处罚金;数额特别巨大或者有其他特别严重情节的,处10年以上有期徒刑或者无期徒刑,并处罚金。

(六) 金融管理型犯罪刑事法律责任

(1) 非法设立金融机构和违法使用金融证照犯罪。行为人未经国家有关主管部门批准,擅自设立商业银行、证券交易所、期货交易所、证券经营机构、期货经营机构、保险经营机构或者其他金融机构的,处3年以下有期徒刑或者拘役,并处或者单处2万元以上20万元以下罚金;情节严重的,处3年以上10年以下有期徒刑,并处5万元以上50万元以下罚金。行为人伪造、变造、转让商业银行、证券交易所、期货交易所、证券经营机构、期货经营机构、保险经营机构,或者其他金融机构的经营许可证或者批准文件的,依照上述规定处罚。单位违反前述规定构成犯罪,对单位判处罚金,并对其直接负责的主管人员和其他直接责任人员,依照前述规定处罚。

(2) 违反外汇管理规定犯罪。国有公司、企业或者其他国有单位,违反国家规定,擅自将外汇存放境外,或者将境内的外汇非法转移到境外,情节严重的,对单位判处罚金,并对其直接负责的主管人员和其他直接责任人员,处5年以下有期徒刑或者拘役。

(3) 违反反洗钱法律规定犯罪。行为人为掩饰、隐瞒毒品犯罪、黑社会性质的组织犯罪、恐怖活动犯罪、走私犯罪、贪污贿赂犯罪、破坏金融管理秩序犯罪、金融诈骗犯罪的所得及其产生的收益的来源和性质,有下列行为之一,没收实施以上犯罪的所得及其产生的收益,处 5 年以下有期徒刑或者拘役,并处或者单处罚金;情节严重,处 5 年以上 10 年以下有期徒刑,并处罚金:① 提供资金账户;② 协助将财产转换为现金、金融票据、有价证券;③ 通过转账或者其他支付结算方式转移资金;④ 跨境转移资产;⑤ 以其他方法掩饰、隐瞒犯罪所得及其收益的来源和性质。单位犯洗钱罪,对单位判处罚金,并对其直接负责的主管人员和其他直接责任人员依照前述规定处罚。

三、金融违法犯罪法律责任司法制度

现代金融是建立在新金融科技之上的核心产业,金融产业的特殊性使得金融司法要求更高的专业技术和知识水平。为了适应金融创新、新科技和金融的深度结合,以及金融国际化的发展趋势,中国进行了一系列金融司法制度改革。

1. 设立相对独立的金融犯罪侦查体系

金融行为的技术性、复杂性使得金融犯罪的侦查更加具有难度,因而要求侦查人员、侦查机构具备专业的知识和技术手段。为了解决这一问题,国家公安部在 2003 年 12 月成立证券犯罪侦查局。2008 年,公安部证券犯罪侦查局在北京、大连、上海、武汉、深圳和成都六地设立分局,分局划片管理,分别管理辖区内的有关证券犯罪案件。其中:北京分局管辖北京、天津、河北、山西、新疆(含新建生产建设兵团);大连分局管辖辽宁、吉林、黑龙江、内蒙古;上海分局管辖上海、江苏、浙江、安徽、山东;武汉分局管辖河南、湖北、湖南、陕西、甘肃、宁夏;深圳分局管辖福建、江西、广东、广西、海南;成都分局管辖重庆、四川、贵州、云南、青海、西藏。具体侦查案件范围包括:① 欺诈发行股票、债券案件;② 上市公司提供虚假财会报告案件;③ 内幕交易、泄露内幕信息案件;④ 操纵证券、期货交易价格案件;⑤ 公安部交办的其他经济犯罪案件。此外,每一级公安机关根据本区域金融行业特征设立了相对独立的其他金融犯罪侦查组织。

2. 设立专司金融审判的金融法院或金融审判庭

2008 年 11 月,上海浦东新区法院成立国内第一家金融法庭,随后全国各地纷纷成立专门审理金融案件的金融法庭。在积累金融审判经验的基础上,2018 年 4 月 27 日,十三届全国人大常委会第二次会议通过《全国人民代表大会常务委员会关于设立上海金融法院的决定》。该决定提出,为推进国家金融战略实施,健全完善金融审判体系,营造良好金融法治环境,促进经济和金融健康发展,根据宪法和人民法院组织法,采取以下四项措施。

(1) 设立上海金融法院,该金融法院审判庭的设置,由最高人民法院根据金融案件的类型和数量决定。

(2) 上海金融法院专门管辖上海金融法院设立之前由上海市中级人民法院管辖的金融民商事案件和涉金融行政案件。管辖案件的具体范围由最高人民法院确定,上海金融法院第一审判决和裁定的上诉案件,由上海市高级人民法院审理。

（3）上海金融法院对上海市人民代表大会常务委员会负责并报告工作。上海金融法院审判工作受最高人民法院和上海市高级人民法院监督，上海金融法院依法接受人民检察院法律监督。

（4）上海金融法院院长由上海市人民代表大会常务委员会主任会议提请本级人民代表大会常务委员会任免，上海金融法院副院长、审判委员会委员、庭长、副庭长、审判员由上海金融法院院长提请上海市人民代表大会常务委员会任免。

虽然目前金融犯罪的刑事审判并未纳入专职金融法庭或法院的职责范围，但专职金融审判庭和法院的设立，表明了金融司法专门化的趋势。

3. 赋予金融监管机构充分的准司法权

由于金融犯罪事实具有高度复杂性、高技术性、高智能性和高损害性，因而金融实践中的金融犯罪侦查和审判较普通犯罪更为困难。各国的金融司法体制中，普遍赋予金融监管机构协助金融犯罪侦查的权力和某些强制措施权，这些权力被称为准司法权。中国也借鉴了这种做法，如《证券法》规定，国务院证券监督管理机构依法履行职责，有权采取下述措施。

（1）现场和非现场检查证券发行人、上市公司、证券经营机构、证券投资基金管理机构、证券服务机构、证券交易所、证券登记结算机构的经营情况。有权进入涉嫌违法行为发生场所调查取证，询问当事人和与被调查事件有关的单位和个人，要求其对与被调查事件有关的事项作出说明。

（2）查阅、复制与被调查事件有关的财产权登记、通信记录等资料，查阅、复制当事人和与被调查事件有关的单位和个人的证券交易记录、登记过户记录、财务会计资料及其他相关文件和资料，对可能被转移、隐匿或者毁损的文件和资料，可以予以封存。

（3）查询当事人和与被调查事件有关的单位和个人的资金账户、证券账户和银行账户，对有证据证明已经或者可能转移或者隐匿违法资金、证券等涉案财产或者隐匿、伪造、毁损重要证据的，经国务院证券监督管理机构主要负责人批准，可以冻结或者查封，期限为6个月；因特殊原因需要延长的，每次延长期限不得超过3个月，冻结、查封期限最长不得超过2年。

（4）限制证券交易当事人的市场行为，即在调查操纵证券市场、内幕交易等重大证券违法行为时，经国务院证券监督管理机构主要负责人批准，可以限制被调查事件当事人的证券买卖，但限制的期限不得超过3个月；案情复杂的，可以延长3个月。国务院证券监督管理机构依法履行职责，发现证券违法行为涉嫌犯罪的，应当将案件移送司法机关处理。

4. 建立金融犯罪案件侦查协作机制

2011年4月，《最高人民法院、最高人民检察院、公安部、中国证监会关于办理证券期货违法犯罪案件工作若干问题的意见》发布，作出如下规定。

（1）证券监管机构办理证券期货违法案件，案情重大、复杂、疑难的，可商请公安机关就案件性质、证据等问题提出参考意见；对有证据表明可能涉嫌犯罪的行为人可能逃匿或者销毁证据的，证券监管机构应当及时通知公安机关；涉嫌犯罪的，公安机关应当及时立案侦查。

（2）证券监管机构依据行政机关移送涉嫌犯罪案件的有关规定，在向公安机关移送重大、复杂、疑难的涉嫌证券期货犯罪案件前，应当启动协调会商机制，就行为性质认定、案件罪名适用、案件管辖等问题进行会商。

（3）公安机关、人民检察院和人民法院在办理涉嫌证券期货犯罪案件过程中，可商请证券监管机构指派专业人员配合开展工作，协助查阅、复制有关专业资料。证券监管机构可以根据司法机关办案需要，依法就案件涉及的证券期货专业问题向司法机关出具认定意见。司法机关对证券监管机构随案移送的物证、书证、鉴定结论、视听资料、现场笔录等证据要及时审查，作出是否立案的决定；随案移送的证据，经法定程序查证属实的，可作为定案的根据。

延伸阅读

新加坡期货交易刑事法律责任

新加坡《商品交易法》规定，商品期货交易中，任何人不得营造、被他人指示营造或为任何行为意图营造：① 商品市场或商品期货市场上，虚假的或误导性的交易活跃状态；② 商品合约或商品期货合约交易中，虚假的或误导性的市场交易状态或交易价格。任何人未依商品市场、商品期货市场交易规则及操作规则，完成买入或卖出商品合约和商品期货合约的真实交易，不得故意执行，或声称其已经执行商品市场或商品期货市场中买入或卖出商品合约或商品期货合约指令。任何人不得散布传播、授意他人散布传播或介入散布传播信息，声称由于其所知的一人或多人违反前一条款所规定的虚假交易行为，导致市场中任何种类的商品合约或商品期货合约的价格上升或下降。

任何人不得直接或间接：① 操纵或试图操纵商品市场或商品期货市场中的任何商品合约或商品期货合约的价格；② 囤积或试图囤积任何商品合约或商品期货合约下的商品。任何人不得直接或间接介入下列商品合约或商品期货合约交易行为当中：① 使用任何手段，计划图谋欺骗交易对方；② 该市场操作或业务过程中存在欺诈交易对方的行为，或很可能存在欺诈交易对方的行为；③ 不实陈述或遗漏陈述必要的事实信息，以至于该陈述具有误导性。任何人不得为诱使或企图诱使他人从事某一商品合约、商品期货合约或某一商品合约种类、商品期货合约种类的交易，直接或间接：① 在明知或应当明知的情形下，对任何事实作出虚假的或在其陈述时间或陈述情形下具有误导性或欺诈性的陈述；② 在明知或应当明知的情形下，由于信息的遗漏作出虚假性、误导性或欺诈性的陈述。

任何人违反或者不遵守上述规定，构成犯罪，处以下列罚则：① 自然人构成犯罪，单处或并处 250 000 新加坡元以下罚款或 7 年以下监禁；② 法人实体构成犯罪，处 500 000 新加坡元以下罚款。但是，在承担上述刑事法律责任的同时，并不免除由于行为人违法交易方式给其他受害人造成的损害赔偿。

[资料来源] 上海期货交易所"境外期货法制研究"课题组主编《新加坡期货市场法律规范研究》，中国金融出版社，2007，第 490—492 页。

问题与思考

1. 简述金融违法民事法律责任的构成要件,因果关系判断以及采取的归责原则。
2. 简述中国金融违法民事法律责任规定的不足以及修改完善措施。
3. 简述金融违法行政法律责任的主要类别。
4. 从政治、经济和社会的角度分析中国金融市场中重行政轻民事法律责任现象的原因。
5. 简述金融违法犯罪的特点,以及刑事法律责任的复杂性和原因。

第五篇 金融机构市场退出法律制度

- 第一章 金融机构行政市场退出法律制度
- 第二章 金融机构破产市场退出法律制度
- 第三章 金融机构国家救助法律制度

第一章 金融机构行政市场退出法律制度

> **本章纲要**
> ◆ 金融机构行政处置
> ◆ 行政处置法理基础
> ◆ 金融机构行政接管
> ◆ 金融机构行政重组
> ◆ 金融机构行政清算
> ◆ 行政清算债务清偿
> ◆ 行政清算法律规则
> ◆ 行政清算立法改革

第一节 问题金融机构行政处置法律制度

一、问题金融机构行政处置的概念和特征

(一) 问题金融机构行政处置的概念

问题金融机构是由于经营不善或其他主客观原因已经或者即将发生信用危机,并有可能严重影响投资者和金融消费者利益的金融机构。换言之,问题金融机构即陷入流动性危机或清偿不能的金融机构。问题金融机构的行政处置是指金融监管机构对发生严重信用危机的金融机构以行政命令方式要求其整顿,或指派工作小组对其接管,或将其托管给其他健康金融机构,或指示其他健康金融机构对其兼并,或采取其他行政性处置方式,消除金融机构信用危机,保障投资者和金融消费者利益的行为。

(二) 问题金融机构行政处置的特征

问题金融机构行政处置是金融监管机构基于金融机构的风险特征,以及维护金融稳定、保障金融投资者和消费者利益的需要而采取的一种危机处理模式。行政处置具有以下四个特征。

(1) 行政处置的对象是问题金融机构。金融机构是一种高负债经营的特殊商事企业,借短贷长和杠杆经营是其基本经营方式。所以,资金的流动性是保证金融机构不发生危机的基本条件,一旦流动性不足则有可能使金融机构陷入危机,发生挤兑,引发金融风险。行政处置的对象即陷入流动性危机和不能清偿到期债务的金融机构。

(2) 行政处置的目的是维护金融市场稳定。金融机构是一种特殊的商事企业,经营的对象为货币以及在货币基础上产生的证券产品,涉及资金的流动和清算,如果经营

不善会发生资金链条断裂,产生金融风险,并引发多米诺骨牌效应,引发大范围的金融危机。金融监管机构对问题金融机构的行政处置,就是为了避免大的金融风险的出现,实现金融稳定,保障金融投资者和消费者利益。

(3) 行政处置的权力机构为金融监管机构。问题金融机构的行政处置由金融监管机构依据职权进行,即由金融监管机构自行处置,或者根据国家法律以行政命令的方式要求健全的金融机构,按照监管机构的要求对问题金融机构进行处置。

(4) 行政处置的方式多元化。各国对问题金融机构进行行政处置的方式较多且名称各异,一般而言包括自行接管、托管、整顿、重组、组建过桥银行等。当然,金融监管机构在实施行政处置的同时,也可能会对问题金融机构或接管金融机构提供诸多优惠政策和资金资助。

二、问题金融机构行政处置的法理基础

金融是经济的核心,金融市场是市场经济的重要组成部分,但金融机构不同于普通的商事企业,相较于普通的商事企业,金融机构存在一系列特殊性,这些特殊性决定了国家对问题金融机构实施行政处置的前提和基础。

(1) 金融市场是一个信息严重不对称的市场,某一特定的金融机构破产消息的直接传播,会通过存款人、投资者和投保人演变成其他金融机构也会破产的信号,导致其他存款人的挤兑或其他投资者抛售金融产品。即使其他金融机构是健康的,也会因为羊群效应而引发更多的金融机构倒闭。

(2) 一家金融机构的倒闭会引起金融市场其他关联性或类似金融机构的股票价格的整体下降,从而引发投资者对整个金融业的不良预期,发生银行挤兑和证券集体抛售行为。金融资产价格下跌以及投资者的不良预期,会导致货币资金逃离资本市场,国外资金抽离资本国金融市场,导致投资收缩,引起一国乃至全球经济萧条。

(3) 一家金融机构发生危机或破产,会引起金融机构之间以及金融机构与其他企业之间资金链的断裂,将风险和危机蔓延至其他金融机构和实体企业,形成资金短缺,相互之间债务清偿不能,演变成系统性金融危机。

鉴于金融机构失败可能对社会经济产生广泛而深入的影响,而且金融机构破产所带来的风险会转嫁给纳税人和金融保障基金机构,所以政府对金融市场和金融机构实施事前监管以及事中和事后干预已经成为世界各国的通行做法。其目的就是减少金融机构破产,维护金融稳定。几十年来,各国努力推行的金融自由化和混业经营政策,客观上促进了金融业的开放、发展和繁荣,但也使得金融机构和金融市场在追求金融效率、高杠杆效应的同时,加大了金融机构的脆弱性以及金融市场风险的传染性。如果一家金融机构破产倒闭,极有可能引发一系列金融机构连锁倒闭,并由此产生严重的负外部性。对问题金融机构的行政处置就是国家对金融机构和金融市场干预的主要方式之一,其目的就是通过行政干预避免或减轻金融机构破产的风险传染,维护整个金融体系的稳定,保护金融投资者和消费者利益。

三、问题金融机构行政处置基本模式

中国有关问题金融机构行政处置的规则散见于《银行业监督管理法》《商业银行法》《证券法》《保险法》和《期货交易管理条例》《金融机构撤销条例》《证券公司风险处置条例》等法律法规之中。这些法律法规规定的金融机构行政处置方式主要有以下四种。

1. 问题金融机构行政接管

行政接管是指金融机构已经或者可能发生信用危机,严重影响投资者和金融消费者的利益时,金融监管机构可以对该问题金融机构实行接管。如《商业银行法》《银行业监督管理法》规定,银行经营机构已经或者可能发生信用危机,严重影响存款人的利益时,国务院银行业监督管理机构可以对该银行实行接管。《保险法》规定,保险经营机构有下列情形之一的,国务院保险监督管理机构可以对其实行接管:① 保险经营机构的偿付能力严重不足;② 违反《保险法》规定,损害社会公共利益,可能严重危及或者已经严重危及保险经营机构的偿付能力。

与上述规定相似,《证券公司风险处置条例》也规定,证券经营机构有下列情形之一的,国务院证券监督管理机构可以对其证券经纪等涉及客户的业务进行托管;情节严重的,可以对该证券经营机构进行接管:① 治理混乱,管理失控;② 挪用客户资产并且不能自行弥补;③ 在证券交易结算中多次发生交收违约或者交收违约数额较大;④ 风险控制指标不符合规定,发生重大财务危机;⑤ 其他可能影响证券经营机构持续经营的情形。行政接管的基本特征包括两个方面:一是被接管的金融机构的债权债务关系不因接管而变化;二是行政接管的目的是对被接管的金融机构采取必要措施,以保护存款等金融投资者和消费者的利益,恢复金融机构的正常经营能力。

行政接管仅是其临时性处置方式,最终结果有两种:一是恢复正常经营,接管终止;二是未能恢复正常经营,金融主营业务并入其他金融机构,被接管机构被清算解散。行政接管由国务院金融行业监督管理机构决定,并组织实施。

2. 问题金融机构行政整顿和重组

行政整顿是金融监管机构对存在违法违规行为的金融机构,或陷入流动性危机的金融机构,责令其采取措施限期改正,或解决流动性紧缺问题,以恢复问题金融机构信用和正常经营。行政重组则是金融监管机构根据问题金融机构的资产负债和业务经营状况,命令其对资产和负债进行合理划分和结构调整,经过合并、分立和吸收新股东,通过要求原有股东追加投资等方式,将问题金融机构资产、组织和人员重新设置和组合,并实现业务结构和管理体制的重新规划和调整。

(1)《银行业监督管理法》规定,银行经营机构已经或者可能发生信用危机,严重影响存款人和其他客户合法权益的,国务院银行业监督管理机构可以依法对该银行经营机构实行接管或者促成机构重组,接管和机构重组依照有关法律和国务院的规定执行。

(2)《保险法》规定,保险监督管理机构对保险经营机构作出限期改正的决定后,保险经营机构逾期未改正的,国务院保险监督管理机构可以决定选派保险专业人员和指定该保险经营机构的有关人员组成整顿组,对保险经营机构进行整顿。

(3)《证券公司风险处置条例》规定,证券经营机构风险控制指标不符合有关规定,在规定期限内未能完成整改的,国务院证券监督管理机构可以责令证券经营机构停止部分或者全部业务进行整顿。如果证券经营机构发生重大风险,具备下列条件的,可以直接向国务院证券监督管理机构申请进行行政重组:① 财务信息真实、完整;② 省级人民政府或者有关方面予以支持;③ 整改措施具体,有可行的重组计划。

金融机构进行行政重组,可以采取注资、股权重组、债务重组、资产重组、合并或者其他方式。涉及金融机构存款业务、保险业务和证券经纪业务被责令停业整顿的,金融机构在规定的期限内可以将这些业务委托给国务院证券监督管理机构认可的其他金融机构管理,或者将客户转移到其他金融机构。金融机构逾期未按照要求委托这些核心业务或者未转移客户的,金融监督管理机构应当将客户转移到其他金融机构。

3. 问题金融机构行政解散和撤销

行政解散是金融监管机构对未能按照要求纠正违法违规行为,严重损害投资者和金融消费者利益的问题金融机构,决定其解散并清算的行政措施。撤销是指金融监管机构对经其批准设立的金融机构,强制终止其经营活动,并予清理解散的行政措施。如国务院 2001 年《金融机构撤销条例》规定,金融机构有违法违规经营、经营管理不善等情形,不予撤销将严重危害金融秩序、损害社会公众利益的,应当依法撤销。银行经营机构依法被撤销的,由中国银保监会组织成立清算组;非银行金融机构依法被撤销的,由中国银保监会或中国证监会组织成立清算组。清算自撤销决定生效之日起开始。撤销和解散二者是一个问题的两个方面,并无太大差别,撤销强调的是撤销主体资格,而解散强调的是清算和偿还债务。

(1)《银行业监督管理法》规定,银行经营机构有违法经营、经营管理不善等情形,不予撤销将严重危害金融秩序、损害公众利益的,国务院银行业监督管理机构有权予以撤销。

(2)《保险法》规定,保险经营机构因违法经营被依法吊销经营保险业务许可证的,或者偿付能力低于国务院保险监督管理机构规定标准,不予撤销将严重危害保险市场秩序、损害公共利益的,由国务院保险监督管理机构予以撤销并公告,依法及时组织清算组进行清算。

(3)《证券公司风险处置条例》规定,证券经营机构经停业整顿、托管、接管或者行政重组在规定期限内仍达不到正常经营条件,但能够清偿到期债务的,国务院证券监督管理机构依法撤销其证券业务许可。被撤销证券业务许可的证券经营机构应当停止经营证券业务,按照客户自愿的原则将客户安置到其他证券经营机构,安置过程中相关各方应当采取必要措施保证客户证券交易的正常进行。

4. 其他行政性措施

《保险法》规定,对偿付能力不足的保险经营机构,国务院保险监督管理机构应当将其列为重点监管对象,并可以根据具体情况采取下列措施:① 责令增加资本金、办理再保险;② 限制业务范围,限制向股东分红;③ 限制固定资产购置或者经营费用规模,限制资金运用的形式、比例,限制增设分支机构;④ 责令拍卖不良资产、转让保险业务,限制董事、监事、高级管理人员的薪酬水平;⑤ 限制商业性广告,责令停止接受新业务。法律对问题银行经营机构和证券经营机构也进行了类似的规定。

> **延伸阅读**
>
> **问题银行经营机构的矫正措施**
>
> 　　当银行监管机构发现某银行经营机构有不安全、不健康、不合法的行为时,就可以采取多种监管措施来矫正违反银行法的行为。矫正措施种类繁多,各种措施之间的主要区别在于正式程度和介入程度不同。但总体而言,可将这些处置措施分为非正式矫正措施和正式矫正措施。
>
> 　　非正式矫正措施主要是指通过秘密合作的方式,对某家银行经营机构进行重点监管以解决所存在的问题,同时避免银行经营机构遭受消息外露的负面影响。非正式矫正措施主要是通过银行监管机构与银行管理层进行直接接触,秘密地指出问题所在,要求其改正;当然也可以向社会公布监管机构和管理层之间的谈话内容和措施要求,以促进问题银行经营机构改善经营,对此,西班牙银行法将公开谈话的做法称为"公开谴责条款"。非正式矫正措施还有对银行经营机构管理层进行"道义劝说"、向银行经营机构派驻特别观察员,或者监管机构召集会议,与银行经营机构管理层共同讨论所关注的问题,提出矫正措施等。
>
> 　　各国银行监管法律规定的正式矫正措施有所不同,但大致包括以下五种:① 要求银行经营机构遵守分红派息、支出费用管理、贷款和投资交易、资产和债务水平等方面的限制性规定;② 要求银行经营机构改变其股权结构,对银行实行重组,改进其管理方式和公司治理结构等;③ 要求银行经营机构不得进行某些特定的高风险业务,以确保银行经营机构以一种稳妥满意的方式进行经营;④ 要求银行经营机构逐步增加风险准备金,收回贷款,关闭分支机构等;⑤ 限制银行经营机构吸纳存款等,当然在必要的时候还可以要求股东增加注资。
>
> 　　[资料来源][瑞士]艾娃·胡普凯斯:《比较视野中的银行破产法律制度》,李立刚译,法律出版社,2006,第36—38页。

第二节　问题金融机构行政清算法律制度

一、问题金融机构行政清算的概念和特征

(一) 问题金融机构行政清算的概念

问题金融机构的行政清算是指被撤销或被金融监管机构决定解散的问题金融机构,包括陷入破产危机的金融机构,在金融监管机构主导下采取非破产方式进行清算,偿还债务并注销登记的行为。

各国或地区的金融法律均存在行政清算规定,实践中也将行政清算作为问题金融机构市场退出的主要方式之一。中国有关金融机构市场退出立法,如《银行业监督管理法》《商业银行法》《证券法》《保险法》,以及《金融机构撤销条例》《证券公司风险处置条例》和《存款保险条例》等,均将金融机构的行政清算作为一种市场退出的基本方式。

(二) 问题金融机构的行政清算的特征

行政清算作为问题金融机构市场退出的一种重要方式,其主导机构、清算程序和债务偿付模式既不同于自愿清算,也不同于破产清算,法律上有其自身特殊性规定。

(1) 实行行政清算的可以是任何问题金融机构。金融机构的行政清算是一个宽泛的法律概念,不限于金融监管机构决定撤销和解散的问题金融机构,也可以是陷入破产境地的金融机构。从广义角度界定问题金融机构行政清算,还包括金融机构在自行决定解散清算的情况下,金融监管机构对其解散的审查批准以及对自行解散清算过程的监督管理。

(2) 行政清算的主导机构是金融监管机构。无论是问题金融机构还是正常的金融机构清算解散,都必须取得监管机构的审查批准;从其进入清算程序直至清算结算,都必须在金融监管机构的主导或监督管理下进行,其目的是维护金融市场稳定,保护金融投资者和消费者利益。

(3) 行政清算多数情况下由政府提供债务清偿救助。各国或地区法律普遍规定了行政性清算,其目的是通过政府对金融机构的清算控制,实现高效的、风险可控的金融机构市场退出,以确保将金融机构清算产生的负面影响控制在一定范围内。因此,行政性清算的另一主要特征是当问题金融机构无力偿付债务时,多数情况下由中央银行或中央财政提供资金救助。

(4) 各国或地区一般都制定有行政清算规则。行政清算不同于普通商事企业的自主清算,也不是金融机构破产还债,而是政府主导下的一种金融机构市场退出模式,所以各国法律一般都规定了行政清算规则和无力偿付债务的处置办法,也即各国制定有专门的问题金融机构行政清算法律规则。

二、中国金融机构行政清算法律规定

中国人民银行1998年制定的《防范和处置金融机构支付风险暂行办法》(现已被废止)是我国第一部专门针对问题金融机构的行政处置规章。该办法规定,如果金融机构发生危机,且风险严重、资不抵债,则由中国人民银行会同地方政府实施行政清算关闭。国务院2001年颁布的《金融机构撤销条例》则为一部专门针对金融机构行政清算的行政法规,其层次和效力都高于中国人民银行颁布的《防范和处置金融机构支付风险暂行办法》。该条例的基本特点如下:一是涵盖了所有类别的金融机构,将对问题金融机构的行政清算作为其立法的主要内容;二是将行政清算视为金融机构市场退出的基本方法。《金融机构撤销条例》成为中国金融机构行政处置立法的蓝本,并将持续性地影响未来金融机构破产立法的思维模式,客观上也形成了目前行政处置成为中国金融机构破产退出市场的前置性条件的立法模式。

目前，中国规定金融机构行政清算的法律法规主要有《银行业监督管理法》《商业银行法》《证券法》《保险法》和《期货交易管理条例》《金融机构撤销条例》《证券公司风险处置条例》《存款保险条例》等。金融机构行政清算的主要规则包括以下三个方面。

（1）行政清算启动条件。金融机构行政清算的启动条件和程序如下：①《商业银行法》规定，银行经营机构因吊销经营许可证被撤销的，国务院银行业监督管理机构应当依法及时组织成立清算组，进行清算，按照清偿计划及时偿还存款本金和利息等债务；银行经营机构解散的，应当依法成立清算组，进行清算，按照清偿计划及时偿还存款本金和利息等债务。②《保险法》规定，保险经营机构因违法经营被依法吊销经营保险业务许可证的，或者偿付能力低于国务院保险监督管理机构规定标准，不予撤销将严重危害保险市场秩序、损害公共利益的，由国务院保险监督管理机构予以撤销并公告，依法及时组织清算组进行清算。③《证券公司风险处置条例》规定，证券经营机构经停业整顿、托管、接管或者行政重组在规定期限内仍达不到正常经营条件，但能够清偿到期债务的，国务院证券监督管理机构依法撤销其证券业务许可，成立行政清理组，清理账户、安置客户、转让证券类资产。

（2）行政清算规则。行政清算的具体规则如下：①《商业银行法》规定，银行经营机构因吊销经营许可证被撤销的，国务院银行业监督管理机构应当依法及时组织成立清算组，进行清算，按照清偿计划及时偿还存款本金和利息等债务。②《证券公司风险处置条例》规定，行政清理期间，行政清理组负责人行使被撤销证券公司法定代表人职权。③行政清理组由律师事务所、会计师事务所等专业机构人员组成，行政清理组负责对被撤销的金融机构进行行政清理。④行政清理组履行下列职责，如管理金融机构的财产、印章和账簿、文书等资料，清理账户，核实资产负债有关情况，对符合国家规定的债权进行登记，协助甄别确认、收购符合国家规定的债权，协助金融保障基金管理机构弥补客户资金损失，按照客户自愿的原则安置客户，转让存款、证券和保险类资产，履行金融监督管理机构要求履行的其他职责。行政清理期间，被撤销金融机构的存款、保险和证券经纪业务等涉及客户，由国务院金融监督管理机构按照规定程序选择其他的金融机构等专业机构进行托管。

（3）行政清算债务清偿。行政清算的债务清偿相关规定如下：①《商业银行法》规定，在支付清算费用、所欠职工工资和劳动保险费用后，应当优先支付个人储蓄存款的本金和利息。②《保险法》规定，清算财产按照下述顺序清偿。首先，清偿所欠职工工资和医疗、伤残补助、抚恤费用，所欠应当划入职工个人账户的基本养老保险、基本医疗保险费用，以及法律、行政法规规定应当支付给职工的补偿金；其次，赔偿或者给付保险金；再次，清偿保险经营机构欠缴的其他的社会保险费用和所欠税款；最后，清偿普通破产债权。③《金融机构撤销条例》规定，首先，被撤销的金融机构清算财产，应当先支付个人储蓄存款的本金和合法利息。其次，被撤销的金融机构的清算财产支付个人储蓄存款的本金和合法利息后的剩余财产，应当清偿法人和其他组织的债务。最后，被撤销的金融机构的清算财产清偿债务后的剩余财产，经清算应当按照股东的出资比例或者持有的股份比例分配。

三、金融机构行政清算的问题与改进

(一) 中国金融机构行政清算存在的问题

现行《金融机构撤销条例》《证券公司风险处置条例》和《存款保险条例》等,将行政清算程序作为问题金融机构退出市场的一个主程序,成为问题金融机构市场退出的主要模式和前置性程序。这一立法理念和实践做法,既表明了中国政府对待金融机构破产的谨慎态度,也体现了立法机构和监管部门"行政方式至上"的思维惯性。长期以来,中国政府将金融市场稳定作为金融监管的首要目标,对于涉及利益主体众多、影响广泛,尤其是严重影响经济发展、社会稳定的金融机构清算,立法更愿意采取一种保守的做法,即能够有效掌控的行政清算模式,以实现行政资源和金融资源最大范围的运用。为了保护存款人、投资者和保单持有人利益,维护社会金融服务功能,法律给予行政清算一系列优惠条件,如《证券公司风险处置条例》规定:"行政清理期间,被处置证券公司免缴行政性收费和增值税、营业税等行政法规规定的税收。"该条例甚至将动用证券投资者保护基金与行政清算结合起来,规定对需要动用证券投资者保护基金对投资者进行赔偿的问题证券经营机构,证券监管机构不应该批准对这类证券经营机构实施破产清算,而是应该采取行政撤销方式解决其市场退出问题。这种规定使得证券投资者保护基金成为"行政清算基金",这与世界各国通行的金融保障基金立法目标相违背,也与中国的证券投资者保护基金制度建设初衷相矛盾。

中国对问题金融机构市场退出的立法和实践,过分重视和依赖行政清算而轻视破产退出将会产生以下四个方面的负面效应。

(1) 行政清算成为金融机构的一种变相破产模式。无论是早期颁布的《金融机构撤销条例》,还是2015年颁布的《存款保险条例》,或2016年修订的《证券公司风险处置条例》,都将问题金融机构的行政清算作为一道独立的程序加以了规定。这些行政法规,其内容既包括金融监管机构对严重违法金融机构撤销后的行政清算,也包括金融机构不能清偿到期债务时的行政清算,这实际上是以行政清算取代破产法律清算。

(2) 普遍性行政清算严重迟滞了金融机构破产立法。金融机构行政清算程序的便利性、实用性和政府绝对主导性等优势,使得行政清算退出市场成为金融监管机构的首选方案,这就客观上削弱了金融监管机构在实践中尽快制定金融机构破产法的意愿,严重迟滞了金融机构破产立法进程,拖延了金融机构破产法出台的时间。

(3) 普遍性行政清算增加了金融监管机构道德风险。问题金融机构行政清算的特征是金融监管机构在金融机构陷入清偿危机,或因其他违法事项决定解散或被撤销时,能够自主决定并主导其清算过程。理论和实践都已经证明,如果监管机构承担双重职责,即将监管职责和清算职责集于一身,则会产生责任悖论:监管职责所要求的是尽责监管,减少金融机构陷入危机的可能;一旦出现危机则应该尽快采取措施,包括以市场规则进行救助或实施破产。但是,在金融监管机构掌握问题金融机构行政清算权时,则可能基于各种原因放松监管,延迟对问题金融机构采取救助和矫正措施,或者在行政清算过程中,利用法律法规给予的各项优惠政策寻租。

(4)普遍性行政清算加大了金融机构市场退出成本。问题金融机构的行政清算是一种行政处置措施,行政清算立法的严谨性较金融机构破产法差,而且普遍给予监管机构较大的自主权。金融监管机构在行政清算过程中能够动用公权力调动各种公共资源实施快速清算的同时,也会因为缺乏监督,而增加金融机构风险处置成本和行政清算的寻租风险。

(二)中国金融机构行政清算的改革发展

中国对问题金融机构市场退出的立法和实践,总体上采取的是行政清算优先原则,但在法律上则缺乏明确具体的行为规定,有限的规则散见于不同层级的金融法律或规章之中。法律制度的缺失使得各种金融机构行政清算缺乏明确的标准和程序规则,加大了行政清算过程中的道德风险,这既不利于维护金融市场稳定,也会损害广大金融消费者和投资者利益。因此,应该加紧制定金融机构行政清算法律制度,如《金融机构行政清算条例》,在法律上明确问题金融机构行政清算的以下五个问题。

(1)金融机构行政清算的启动条件问题。中国现阶段实行的是分业经营、分业监管,对金融机构行政清算的启动条件规定得不一致,甚至没有规定,如期货经营机构和信托经营机构的行政清算缺乏最基本的法律规则。因此,法律首先应该对金融机构的行政清算设定相对一致的启动条件和标准。

(2)金融机构行政处置方式衔接问题。实践中,对问题金融机构的行政处置种类繁多,但现行法律对行政处置方式缺乏统一规定。其中,问题金融机构的行政清算在法理上属于最严重或者说是最后的行政处置模式,所以应该在立法上统一各类行政处置模式,在逻辑上做到前后相继并相互连接,以有效保护金融投资者和消费者利益,维护金融市场稳定。

(3)金融机构行政清算程序和权责问题。由于现行各部门规章对各类问题金融机构的行政清算程序和各方主体权责规定不一致,甚至没有规定,各类金融机构行政清算实践程序、权责差异很大,导致最后的清算结果不一,形成金融市场的不公平竞争,损害了广大金融投资者和消费者利益。所以,应该在立法上规定较为统一的清算程序和权责。

(4)金融机构行政清算政策优惠问题。现行金融法律法规普遍将金融机构行政清算作为金融机构破产的前置性程序,并且给予行政清算诸多优惠性条件,这与金融机构市场化发展不相吻合。因此,将来的金融机构市场退出立法应该取消一些不合理的行政清算优惠条件,将行政清算与破产清算作为可选择的市场退出方式。

(5)金融机构债务清偿顺位和资金问题。问题金融机构行政清算并不是司法意义上的破产清算,基本不存在债务按比例清偿的问题,而是要由国家对问题金融机构债务承担兜底清偿责任。所以,法律应该规定在行政清算环境下,金融机构财产不足以清偿其全部债务时的清偿顺位,以及弥补资金来源和使用条件等。

> **延伸阅读**

金融机构市场退出中的行政性清算

广义的行政性清算有三种模式：一种是行政主导的破产清算模式，如美国、意大利采取的模式；另一种是与金融机构破产清算平行的问题金融机构退出市场的独立程序；第三种是金融机构破产的前置性程序，即大部分问题金融机构退出市场前，监管机构都先对其实施行政清算，然后视情况决定是否进行破产清算。美国银行机构破产是典型的行政主导的清算（破产）模式，即由联邦存款保险公司启动和主导银行机构的破产程序。存款保险公司在银行机构破产程序中被赋予了广泛的权力，其既作为投保问题银行机构的接管人，也在偿付保险金后成为问题银行机构的最大债权人。按照美国《联邦存款保险法》的规定，一旦某一银行机构进入金融破产程序，存款保险公司即接管该银行机构及其股东、管理人员的权利并承担法律赋予他们的大部分义务。存款保险公司在对银行机构进行清算和进行财产处置时，无须经过任何其他机构、法院、个人或者股东的同意，只需要依"成本最低，风险最小"的原则进行资产出售、债权债务清理，并根据情况决定是否对破产银行机构进行生存性救助。《联邦存款保险法》还规定，存款保险公司在处置银行机构时，不受任何政府机构或者法院制约，并可不经法院的同意作出决定，除非其决定违反了法律强制性规定。

美国的保险机构破产与银行机构的破产相似，被排除在《联邦破产法》之外，也没有统一的联邦保险机构破产法，适用的是各州的《保险法》。虽然美国保险监督官协会制定有《保险重整和清算法案》，但没有法律强制力，仅作为参考性使用条款。目前，美国各州保险监管机构对经营失败的保险机构拥有排他性的破产实体和程序性权力，法院不得采取任何限制或者影响州保险监管机构作为破产接管人职责的行动。

在证券机构破产法律制度方面，美国的做法是将1970年《证券投资者保护法》规定的证券机构破产程序与《联邦破产法》规定的证券经纪人破产规则平行对待，但明确规定《联邦破产法》第11章关于公司重整的规则不适用于证券机构。美国《证券投资者保护法》和《联邦破产法》均规定了证券投资者保护公司在证券机构破产清算中的特殊作用，包括启动两种不同投资者保护程序和申请投资者保护令、主导破产清算、提供管理人名单或直接担任管理人等，但是《证券投资者保护法》的效力优于《联邦破产法》。该法规定，在符合一定条件的情况下，证券投资者保护公司可根据《证券投资者保护法》的规则，直接对问题证券机构客户进行偿付，以行政清算替代破产清算程序结束破产案件。即使证券机构已经按照《联邦破产法》规定进入破产程序，证券投资者保护公司仍可申请投资者保护令，这种投资者保护令具有优先执行效力。

为了保障证券经营机构破产清算的高效、有序进行，《证券投资者保护法》赋予了证券投资者保护公司在整个破产清算中一系列特殊的权力：第一，证券投资者保护公司作为证券机构破产程序的组织者和决策者，拥有在破产程序中对所有事务的发言权，证券投资者保护公司所作出的决定，如同其请求被法庭批准一样。第二，破产管理人的选任由证券投资者保护公司提供名单或亲自充任,并且证券投资者保护公司在许多重要问题上具有替代法院的权力,甚至可以经过证券投资者保护公司的许可而无须取得法院的同意。其理由如下:证券投资者保护公司的专业优势和资金、人才优势,有助于提高证券机构破产清算的效率和质量,降低费用,并可能解决证券经营机构无产可破,难以支付清算费用而导致破产程序难以进行等问题。

[资料来源]巫文勇:《国家干预视角下的金融机构破产法修正研究》,中国财政经济出版社,2018,第184—187页。

问题与思考

1. 问题金融机构行政处置的经济学原理和法理基础是什么?
2. 问题金融机构行政处置的主要模式、现行金融法律制度对问题金融机构行政处置的规定存在哪些问题?
3. 在中国现行问题金融机构行政处置中,政府对问题金融机构债务全额隐性担保会产生哪些负面效应?
4. 中国对问题金融机构市场退出实行行政清算优先的制度规则和实践会产生哪些负面后果?
5. 中国应该从哪些方面对问题金融机构行政清算制度进行完善?

第二章 金融机构破产市场退出法律制度

> **本章纲要**
> - 金融机构破产
> - 破产启动条件
> - 破产行政审批
> - 破产清算管理
> - 破产债权救助
> - 破产重整规则
> - 特定债务优先
> - 破产立法修正

第一节 金融机构破产程序性法律制度

▶ 一、金融机构破产的概念和特征

（一）金融机构破产的概念

金融机构破产，根据企业破产的通说界定，即金融机构资不抵债、不能清偿到期债务，或者明显缺乏清偿能力，然后依照破产法律规定程序和方式清理债务的一种法律行为，中国《企业破产法》就按此种方式定义金融机构破产。2011年《最高人民法院关于适用〈中华人民共和国企业破产法〉若干问题的规定（一）》对企业法人不能清偿到期债务，并且资产不足以清偿全部债务，或者明显缺乏清偿债务能力的解释如下：一是债权债务关系法律已经到期；二是债务人非故意或过失未能完全清偿债务。认定债务人资产不足以清偿全部债务的依据是企业的财务报表，或者审计报告、资产评估报告等，但有其他证据能够证明债务人有能力偿债者除外。如果债务人账面资产虽大于负债，但是其财产无法变现，存在大量呆滞账，或者其法定代表人失踪且无其他人员有效管理财产，也可认定为明显缺乏清偿能力。

（二）金融机构破产的特征

金融市场的特殊性决定了金融机构破产更容易引起社会的不稳定，金融机构的社会公共性特征要求在处理金融机构破产事宜时应该更积极稳妥、审慎行事，特别要注意保护债权人，尤其是储户、投保人、投资者等当事人利益，以维护社会稳定，保障经济秩序。因此，金融机构破产具有以下五个方面的特征。

（1）金融机构破产不能简单地适用普通商事企业破产启动标准和条件。金融机

是一种高负债、高信用依赖的特殊商事企业，其破产标准不能完全适用普通商事企业破产法规定，而要结合金融监管机构制定的财务监管规则执行。

（2）金融机构破产须得到金融监管机构或其他有权批准的机构同意。金融机构破产风险和社会负面影响较一般商事企业破产更高，所以为了维护社会稳定、控制风险、保护投资者和金融消费者利益，各国法律一般都规定金融机构破产启动须得到监管机构的批准或同意。

（3）金融监管机构或金融保障基金管理机构主导金融机构破产。金融机构破产涉及的债权人众多，人员分布地域广泛，破产对社会经济造成较大的负面影响，而且金融机构破产涉及金融、法律等专业性知识，所以，各国金融机构破产立法均倾向于将破产事务交由金融监管机构或金融保障基金管理机构主导。

（4）金融机构破产重整与否取决于金融监管机构。金融机构破产重整涉及面广、所需资金量大，而且还需要得到国家的政策支持，这些都不是普通债权人或股东能够做到的，而需要金融监管机构进行决策并提供政策支持，所以金融机构破产重整取决于金融监管机构而非债权人的意愿。

（5）金融保障基金在金融机构破产中起重要作用。金融市场发达国家普遍建立了各种金融保障基金，金融保障基金的基本功能就是对问题金融机构进行经营性救助，以及对破产金融机构的中小投资者破产债权进行清偿性救助。金融保障基金的救助将会改变金融机构破产的程序和各类破产主体的实体性权利和义务。

二、金融机构破产启动标准和条件

（一）金融机构破产财务性标准

中国现行银行经营机构、证券经营机构、保险经营机构和期货经营机构，采用的是《企业破产法》规定的流动性和资产负债相结合的破产标准。根据2012年原中国银监会发布的《商业银行资本管理办法（试行）》，2008年中国证监会发布的《证券公司风险控制指标管理办法》，2008年原中国保监会发布、2021年中国银保监会修订的《保险公司偿付能力管理规定》和2010年原中国银监会发布的《信托公司净资本管理办法》，各金融机构财务状况符合下列条件时属于"资不抵债、不能清偿到期债务，或者明显缺乏清偿能力"，达到了破产启动标准。

（1）银行经营机构破产标准。《商业银行法》规定，银行经营机构如果发生严重的信用危机，可对其实施破产。《商业银行资本管理办法（试行）》将银行经营机构资本充足状况分为四大类：第一类即资本充足率、一级资本充足率和核心一级资本充足率均达到管理办法规定的各级资本要求；第二类即资本充足率、一级资本充足率和核心一级资本充足率未达到第二支柱资本要求，但均不低于其他各级资本要求；第三类即资本充足率、一级资本充足率和核心一级资本充足率均不低于最低资本要求，但未达到其他各级资本要求；第四类即资本充足率、一级资本充足率和核心一级资本充足率任意一项未达到最低资本要求。对于第四类银行经营机构，银行监管机构可以对其采取撤销并清算的措施，直至启动破产程序。

(2) 证券经营机构破产标准。《证券公司风险处置条例》规定,证券经营机构有违法经营且情节特别严重、存在巨大经营风险,不能清偿到期债务且资产不足以清偿全部债务或者明显缺乏清偿能力,需要动用证券投资者保护基金等情况的,则可以对其实施破产。《证券公司风险控制指标管理办法》规定,将证券经营机构按风险管理要求分为四类:一是纯经纪类证券经营机构,净资本要求为不低于2 000万元人民币;二是经营保荐业务、发行承销、证券自营、证券资产管理或其他证券业务之一的证券经营机构,必须有5 000万元人民币以上的净资本;三是在经营经纪业务之外,还经营证券发行承销、证券保荐、证券自营、证券资产管理,以及其他证券业务之一的证券经营机构,必须有1亿元人民币以上净资本;四是在经营经纪业务之外同时还经营证券承销与保荐、证券自营、证券资产管理、其他证券业务中两项及两项以上的证券经营机构,其净资本不得低于人民币2亿元人民币。证券经营机构在达到上述净资本要求的同时,还要计提各项风险资本准备,并符合净资本与负债率不得低于8%、净资产与负债率不得低于20%、净资本与净资产率不得低于40%、净资本与各项风险资本准备之和的比例不得低于100%等要求。

《证券公司风险控制指标管理办法》对上述各项风险控制指标的预警标准作了如下划分:规定了最低标准的,则以规定标准的120%作为警戒线;规定了最高标准的,则以规定标准的80%作为警戒线。如果证券经营机构风险控制指标超过其警戒线,证券监管机构可对其实施包括破产清算等处置措施。

(3) 保险经营机构破产标准。《保险法》规定,对于偿付能力严重不足的保险经营机构,保险监管机构对其实施破产。《保险公司偿付能力管理规定》规定,对保险经营机构进行分类监管,根据保险经营机构的投资收益率、业务增长率、营业费用率、实际赔付率、赋税率和红利分配率等指标计算出偿付能力标准,在此基础上将保险经营机构分为三大类:① 充足Ⅱ类公司,即偿付能力充足率高于150%的保险公司;② 充足Ⅰ类公司,即偿付能力充足率在100%~150%的保险公司;③ 不足类公司,即偿付能力充足率低于100%的保险公司。其中,第三类属于偿付能力严重不足类保险经营机构,符合破产标准。

(4) 信托经营机构破产标准。《信托公司净资本管理办法》规定的信托经营机构的风险控制指标包括两个方面。一是信托经营机构净资本不得低于人民币2亿元。二是信托经营机构应当持续符合下列风险控制指标:① 净资本不得低于各项风险资本之和的100%;② 净资本不得低于净资产的40%。信托经营机构净资本等风险控制指标长期恶化,严重危及该信托经营机构稳健运行的,国务院信托监管机构可以依法对信托经营机构实行接管或督促机构重组,直至予以撤销等。

(二) 金融机构破产的启动主体和审批

各国或地区法律对能提起金融机构破产的主体规定差异较大,但有一点是相同的,即除监管机构以外的机构或个人申请金融机构破产须取得监管机构同意。中国现行法律规定,以下两种机构和个人可以申请或启动金融机构破产。

(1) 问题金融机构本身和债权人。问题金融机构本身或债权人可提起破产申请,但须经过监管机构审查批准。根据《破产法》,债务人、债权人和依法负有清算责任的人有权提出破产申请,目前,商业银行、证券公司、保险公司等金融机构破产清算和破产重整也适用该法。所以,金融机构破产的申请主体包括问题金融机构本身、债权人,以及其他负有清算义务的机构和个人。但是,与普通商事企业破产不同的是,《商业银行法》《证券法》《保险法》和《证券公司风险处置条例》《期货交易管理条例》均规定,银行、证券、保险和期货等经营机构的分立、合并、解散须经相应的监管机构批准。因为《企业破产法》是金融机构破产的一般法,而《商业银行法》等金融法律中的破产性规定属于金融机构破产特别法,根据特别法律优先适用原则,问题金融机构和债权人虽然享有破产启动权,但是其破产申请必须得到金融监管机构的批准。

(2) 金融监管机构和行政清算组。金融监管机构有权决定并向法院申请问题金融机构破产,或者经监管机构批准由行政清算组向法院提出破产清算申请,以启动破产清算程序。《商业银行法》等法律规定,符合破产条件的金融机构,监管机构可以直接向有管辖权的法院提出重整或者破产清算申请。此外,《证券公司风险处置条例》还规定,当证券监管机构对问题证券经营机构采取撤销、关闭等行政处置措施时发现证券经营机构符合《企业破产法》规定的破产条件时,证券监管机构或者其委托的行政清理组在行政清理工作完成后,向法院申请破产清算。由此可见,法律除规定问题金融机构本身和债权人在经过批准之后享有破产启动权之外,还赋予各金融监管机构和行政清算组破产清算申请权。

三、金融机构破产受理法律效力

金融机构破产申请被法院受理后即对破产案件各方当事人产生一系列法律上的约束力,并因此产生一系列特殊的行为规则。

1. 破产案件受理后对各方当事人的法律约束

金融机构是商事企业的一种,其破产具有普通商事企业破产的共性,如《企业破产法》作了如下规定。

(1) 个别债务清偿的禁止。为保证对全体债权人的公平清偿,大多数国家的破产法都规定个别清偿无效,共益债务除外。因为对任何债权人的个别清偿都将减少破产财产总额,损害全体债权人的利益,违反破产立法的公平清偿基本原则,所以破产法律制度规定,对个别债权人的清偿无效。但是在金融机构破产中,有关存款、投资者保证金和保险理赔、信托资产是否严格适用这一规定,现行法律未明确规定。

(2) 保全措施的解除。在法院受理破产案件后,有关破产财产的保全措施应当解除,这里的保全措施包括司法机关对财产的查封、扣押和冻结,也包括行政处罚中的财产保全措施,还包括刑事诉讼中公安、检察和法院采取的相关措施。

(3) 中止民事司法程序。法院受理破产案件后,正在进行的对破产金融机构的其他民事诉讼、仲裁和执行程序必须中止;有关破产金融机构的民事诉讼只能向受理破产申请的法院提起,但是在破产程序开始前已经开始而未完结的诉讼和仲裁在破产管理人接管破产财产、掌握案件情况后,仍可由原法院或仲裁机构进行审理。

2. 金融机构破产受理特殊行为规则

传统商事企业破产法律制度的一个重要特征在于使全部债权人公平地集中受偿,

关注的是平等对待。但是,由于金融机构破产在许多方面有别于普通商事企业,所以其破产申请的受理也会引发一系列不同于普通商事企业破产的程序性和实体性法律后果。

(1) 基础性金融业务托管至其他健全金融机构。由于金融机构破产的特殊性,在破产程序启动前的行政清算中或者破产受理后,法律规定及实践做法均是将破产金融机构的基础性金融业务进行托管,如将证券经营机构的经纪业务、银行经营机构的存款业务、保险经营机构中的人寿保险业务等托管至其他健全金融机构继续经营。金融机构基础业务的托管一般都由金融监管机构指定或协调,但为了保障破产金融机构债权人的利益不受损害,法院应该对上述业务的行政处置进行审查和监督,以确保其不与法律相违背。

法院的审查与监管主要体现在公平性和债权人权益的保障性方面:① 如果已经经过行政清算的金融机构破产,则在受理金融机构破产案件时,应确认上述业务是否已经转移,如未转移或转移不合法,法院应要求金融监管机构进行纠正并补充材料;② 对于未经行政清算而直接进行破产的金融机构,则应在破产过程中监督金融监管机构对其实施托管处置,法院对监管机构实施的托管或采取的其他措施的合法性进行确认。

(2) 金融机构破产特定债务的预先赔付。根据《存款保险条例》,在以下几种情况下,存款保险管理机构应该先行对存款人实施赔付:① 存款保险基金管理机构接管投保银行机构;② 存款保险基金管理机构负责清算被撤销投保银行机构;③ 投保银行经营机构进入破产清算程序,以及国务院批准的其他情形。其他四大金融保障基金的规定与此有所差别,规定保险基金在破产清偿后进行损失补偿。根据司法程序的公平性和终局性原理,破产管辖法院须对前述清偿行为进行监督审查,监督金融保障基金管理机构是否严格依法对存款人、投资者和保单持有人进行赔偿,其清偿行为是否损害了国家利益、第三人利益以及被清偿人本人利益,否则可根据相关权利人的诉请进行司法裁决。

四、金融机构破产管理人选任和组成

金融机构破产管理人是指金融机构破产案件中,在法院的指挥和监督下全面接管金融机构破产财产并负责对其保管、清理、估价、处理和分配的专门机构和人员。在金融机构破产案件中,破产财产的管理和清算工作沉重繁杂,大量的法律事务与专业性、技术性较强的金融事务相掺杂,这些事务既非法院的职责范围,也非法院的人力、物力所能胜任。法院仅作为独立的司法机关,负责并保障破产程序的公正性和债务清偿的公平性。对金融机构破产财产的管理、变价、分配等事务工作,应该选任具有专业知识的破产管理人负责。

(1) 破产管理人的一般性条件和资格。《企业破产法》规定,律师事务所、会计师事务所、破产清算事务所等中介机构或有关部门、机构中的公职人员或专业技术人员可充任破产管理人。但是,因故意犯罪受过刑事处罚、被撤销相关专业执业证书、与破产案件存在利害关系,或存在被法院认为不宜担任破产管理人的其他事由的人员除外。其中,对于"与本案有利害关系"和"被法院认为不宜担任管理人"的理解,2007年发布的《最高人民法院关于审理企业破产案件指定管理人的规定》进行了解释:① 与破产企业、债权人存在债权债务关系而且还未了结;② 在企业进入破产前一定期限内曾为破产企业或债权人提供相对固定的中介服务,如担任法律顾问、财务顾问;③ 现在或曾经是破产企业或债权人的控股股东或者实际控制人,包括董事、监事、高级管理人员,或是与其存在关联关系的人;④ 法院认为可能影响其公正履行管理人职责的其他情形,如因执业受到司法机关、行政机关、监管机构或者行业自律组织处罚未满一定期限者,或属于民事行为能力欠缺者,或缺乏担任破产管理人专业技能者。

(2) 金融机构破产管理人的选任和组成。考虑到金融机构破产的特殊性以及程序的复杂性,《最高人民法院关于审理企业破产案件指定管理人的规定》对金融机构破产管理人员的选任和组成作了特别的规定。具体包括:一是破产清算组可以同时为破产管理人,其组成人员由法院从政府部门、中介机构、金融资产管理公司中指定,金融监管机构可以派人参加;二是经过行政清理、清算的金融机构的破产,法院可以指定破产管理人,也可以由金融监管机构推荐破产管理人。所以,在组建金融机构清算组或破产管理人时,可采取以下做法:① 如果金融机构破产之前未经过行政清算程序,则其破产管理人应该由金融监管机构推荐,然后由法院核准,成员应该包括金融监管机构的成员、金融保障基金管理机构工作人员,以及其他金融、法律等专业人员;② 如果金融机构破产之前已经过行政清算程序,则行政清算组在法院审查核准之后可以自然转为破产管理人,除非其行为或人员与法律规则相违背。

五、金融机构破产债权人会议的组建

各国普通商事企业破产法律普遍将债权人会议视为债权人自治组织,由全体债权人组成,但规定有担保债权人在召开债权人会议时无表决权。作为一种议事机构和决策机构,债权人会议的主要作用是表达债权人意志和统一债权人行动,对破产过程中的重大问题享有最后的决定权。

(1) 中国《企业破产法》关于债权人会议组成的规定。《企业破产法》对债权人会议的组成及表决权作了如下规定:① 债权人会议由依法申报债权的全体无担保债权人、有担保债权人、债权尚未确定的债权人组成;② 债权人会议中的无担保债权人享有表决权,享有担保权的债权人则无投票表决权,而债权尚未确定的债权人,仅就法院能够为其临时确定的破产债权额行使表决权;③ 债权人可以委托代理人出席债权人会议,并根据其授权范围行使表决权。

(2) 中国金融机构破产实践中的债权人会议组成。因为金融机构破产较普通商事企业破产更为复杂,涉及多重程序和更为广泛的人员,所以在破产实际操作中,除债权人外,下列人员均可能参加或列席债权人会议:① 破产案件管辖法院承办人员;② 破产金融机构原管理人员;③ 金融机构破产管理人组成人员;④ 金融监管机构代表人员;⑤ 金融保障基金管理机构代表人员;⑥ 金融机构股东;⑦ 金融机构职工或工会代表；⑧ 其他一些应当列席债权人会议的人员，如审计、会计、评估人员和律师等。对于最后一类专业技术人员，他们参加债权人会议是为了金融机构破产的顺利进行，在涉及其相关议决事项时便于向债权人会议报告工作。

除了上述人员外，还有以下两类人员可以参加债权人会议：① 行政清算组。如果行政清算组没有成为后来的破产管理人，则行政清算组应该参加初次的债权人会议向债权人和其他参会人解释行政清算结果和其他问题的处理情况，但是否参加此后的债权人会议应视情况决定。② 金融机构特定财产取回权人。金融机构破产中的存款债权、投资者保证金和信托财产等一般不属于破产财产，即不能进行破产分配，而是由该等人先行取回，所以取回权人可以参加债权人会议发表意见和行使异议权。

六、金融机构破产重整决议程序

金融机构破产重整是指专门针对可能或已经具备破产原因但又有维持价值和再生希望的金融机构，由金融监管机构决定或利害关系人申请，并经监管机构的同意，在法院主持和利害关系人的参与下，进行债务和业务重整，以帮助问题金融机构摆脱财务困境、恢复营业能力的法律制度。

1. 中国《企业破产法》对破产重整的规定

《企业破产法》从四个方面对企业破产重整程序进行了规定。

(1) 破产重整申请和重整启动。申请破产重整的机构或人员可以是破产企业、债权人、占破产企业注册资本 1/10 以上的出资人。重整申请经法院审查后认为符合重整条件并裁定允许进行破产重整的，破产企业或者破产管理人应当在 6 个月内，同时向人民法院和债权人会议提交重整计划草案。期限届满，经破产企业或者破产管理人请求，有正当理由的，人民法院可以裁定延期三个月。否则，法院将裁定终止重整程序，实施破产宣告。

(2) 重整计划表决规则。重整计划采取分组表决方式，具体分为有担保债权组、劳动报酬、社会保险及其他与人身有关的补偿金债权组、税收债权组、普通债权组，以及其他债权组。法院收到重整计划 30 日内召开债权人会议对重整计划进行审查，然后依据不同情况进行处理：① 重整计划表决采取双标准制，即重整计划必须得到出席会议的同一表决组半数以上债权人同意，而且投赞成票的债权人所代表的债权额占该组债权总额的 2/3 及以上；② 部分组别因故未通过重整计划，破产企业或者破产管理人可以同其协商，然后进行重新表决；③ 如果这些组别拒绝再次表决或者再次表决仍未通过，破产企业或者破产管理人在一定条件下可以直接申请法院批准重整计划。

(3) 重整结束与破产宣告。重整结束的方式包括：① 破产企业无法执行或者故意不执行重整计划，致使企业财产进一步减少，损害债权人利益的，应当终结重整，宣告企业破产；② 破产企业的经营状况和财产状况继续恶化，缺乏挽救的可能性，或者破产企业有违法处置财产，欺诈、恶意减少财产，损害债权人的利益行为的，应当终结重整，宣告企业破产；③ 破产企业的故意或过失行为使得破产管理人无法执行职务的，应当终结重整，宣告企业破产。

2. 金融法律法规对破产重整的规定

对金融机构破产重整进行专门性规定的法律有《保险法》《证券公司风险处置条例》等。《保险法》和《证券公司风险处置条例》规定，保险或者证券经营机构符合《企业破产法》规定的破产条件时，经各自的监管机构批准后，问题金融机构或者其债权人可以依法向法院申请重整，或者由其监管机构直接向法院申请重整。破产法院裁定金融机构重整的，金融机构或者破产管理人应当在法律规定的时间内向债权人会议、金融监管机构和法院提交重整计划，并采取分组表决模式进行表决。《证券公司风险处置条例》规定，债权人会议各表决组通过重整计划并提交法院审查批准的同时，还须经证券监管机构审查批准。

延 伸 阅 读

系统重要性金融机构破产问题

综合巴塞尔银行监管委员会发布的《全球系统重要性银行：更新的评估方法和损失吸收要求》和《金融机构、市场及工具的系统重要性评估指引》，可将评判系统重要性金融机构数据指标分为三类：① 金融机构规模数据指标，主要包括金融机构总资产，金融业务市场份额，总资产与总负债占GDP的比例，机构在金融市场中的集中程度，做市商业务的市场份额，银行、保管和信托业务的市场份额，职员就业所占的市场份额，存贷款数量的市场份额，证券化市场份额，国外市场份额。② 金融机构风险管控数据指标，主要包括信贷增强的市场份额，如不良资产持有量、债权保险、融资市场的市场份额、可出售和交易的账面资产占资产的比例，主要或有资产和负债的市场占比，如期货和衍生产品杠杆率、担保规模和信用额度等。③ 金融机构关联数据指标，主要包括国内外分支机构的资产、负债和流动性比例，关联交易比例、交叉持股比例、资产或负债的托管数额、跨境债权、衍生工具持有比例，离岸中心占国外资产的比例，支付交易的市场份额，在中央银行和清算、结算系统中的未偿还债权债务占比。上述均为主要指标，除此之外还有一些对主要指标进行补充和说明的次要指标。

2011年4月，《中国银行业监督管理委员会关于中国银行业实施新监管标准的指导意见》发布，根据这一指导意见，原中国银监会在2014年1月又下发了《商业银行全球系统重要性评估指标披露指引》。这些指导意见和指引采用了巴塞尔银行监管委员会2010年10月公布的《国内系统重要性银行的监管框架》和2013年公布的《全球系统重要性银行：更新的评估方法和损失吸收要求》所提出的"规模、活跃度、关联度、替代性、复杂性"指标，以每个指标20%的权重设计了中国国内系统重要性金融机构评判标准。根据这一指标计算，中国当时有13家银行机构符合这一要求，其中，中国农业银行、中国银行、中国建设银行和中国工商银行属全球30家系统重要性银行成员，而交通银行、招商银行、民生银行、浦发银行、兴业银行、光大银行、中信银行、平安银行和华夏银行则属国内系统重要性银行机构。

银行、证券和保险等金融机构是否具备系统重要性，仅是对问题金融机构破产决策的一个衡量标准,但不是唯一标准。某一特定金融机构是否应该破产,还应结合主客观因素"相机抉择",因为金融机构破产的影响远超过了系统重要性金融机构的判断标准。一方面,在金融机构破产实践中,应该充分认识到,很难绝对区分金融机构是否属于系统重要性金融机构。定量指标评价仅是评价金融机构系统重要性的固态标准,这种标准必须结合其他动态、弹性、主观标准进行综合考量。在中国现实的国情下,某些金融机构也许不符合系统重要性标准,但是其破产倒闭会严重影响社会民众生存和发展,对社会稳定产生极大的负面影响,因而政府对这一类金融机构破产应该采取更为慎重的态度。另一方面,一般而言,基于金融稳定的考虑,国家不应该轻易对问题系统重要性金融机构实施破产,因为它们的破产倒闭会对社会、经济造成巨大的负外部性,所有金融监管机构对其首选方案都应该是救助和重组。但是,这种结论在某些特定的环境下也可能有所改变,如果监管机构经过评估认为,某一系统重要性金融机构破产是所有处置方案中"成本最低、风险最小"的方式,也就不用拘泥于"太大而不能倒"这一结论。

[资料来源]巫文勇:《问题金融机构国家救助法律边界界定》,《法学论坛》2015年第1期。

第二节 金融机构破产实体性法律制度

一、金融机构破产管理人和债权人会议权责

(一)金融机构破产管理人的权利和义务

金融机构破产管理人的权利和义务是指法律规定的破产管理人在整个金融机构破产中享有的权利和承担的义务。金融机构破产管理人的权利和义务包含两部分:一是作为破产管理人共有的权利和义务;二是在金融机构破产程序中享有的特殊性权利和职责。

1. 金融机构破产管理人的一般权利与义务

中国《企业破产法》对破产管理人权利和义务的一般性规定如下:① 接管企业的全部财产、财务资料、印章文书等;② 调查企业财产状况,制作财产登记账册,决定企业内部事务管理;③ 接受债权人的债权申报登记,制作债权登记资料并调查其真实性;④ 在第一次债权人会议召开之前,决定企业生产经营的继续或者停止,决定未履行完毕的合同是否继续履行;⑤ 管理和处分企业的财产,对企业财产进行评估拍卖,决定企业的日常开支和其他必要开支;⑥ 代表企业参加诉讼、仲裁或者其他法律程序;⑦ 提议召开债权人会议,向债权人会议报告破产工作并提出处理意见;⑧ 法院认为破产管理人应当履行的其他职责。同理,金融机构破产管理人具有上述一般性权利和义务。

2. 金融机构破产管理人特殊性职责

基于金融机构的特殊性,各国法律在金融机构破产管理人一般性权利义务之外还赋予了一些特殊性权责。

(1) 破产管理人负有代理金融保障基金清偿职责。中国《存款保险条例》规定,存款保险基金应该在银行经营机构破产分配之前进行偿付。即人民法院裁定受理对投保银行经营机构的破产申请,存款人有权要求存款保险基金管理机构在法律规定的限额内,在7个工作日内足额偿付存款人的被保险存款。但是,存款保险基金偿付行为的完成必须借助破产管理人,由破产管理人代理完成赔付事宜。

(2) 破产管理人落实金融核心业务转移和托管。鉴于金融机构在一国经济中的核心作用,各国普遍要求金融机构破产不应该影响其所提供的基础性金融服务的延续性。因此,各国基本做法是将破产金融机构的核心业务转移给其他健全的金融机构继续经营,中国也采纳了世界其他国家通行做法。如《保险法》《证券公司风险处置条例》规定,当保险或证券经营机构被宣告破产时,应将其持有的人寿保险合同及证券经纪业务转让给其他符合条件的保险经营机构或证券经营机构经营。

(3) 破产管理人落实金融机构重整方案制定和实施。传统商事企业破产中,如果涉及企业重整,企业重整方案可以由破产企业、部分股东、破产管理人或者有意收购的第三方制定和提交,然后由债权人会议决定并对重整企业实施监督和管理。金融机构破产过程中,上述职责普遍性地转移给了破产管理人,其原因在于金融机构重整的专业性、复杂性和资金需求的庞大性,以及破产管理人与金融监管机构的特殊关系。只有破产管理人这一具有专业能力且能得到金融监管机构广泛而深入支持的机构或人员,才能承担较一般债权人会议更多的重整职责,如破产重整方案的制定、提交,协调各方机构和人员的关系,执行和落实重整方案,并与金融监管机构、金融保障基金管理机构、中央银行、财政部以及政府其他职能部门沟通协调。

由于金融机构承担较一般商事企业更为重要的经济使命和社会责任,以及各国政府对金融机构破产的审慎监管,金融机构破产管理人在享有一些特殊性权利和权力的同时,也承担着更多的责任。金融机构破产管理人不仅应该向债权人会议负责,接受法院的监督,还要向金融监管机构报告工作,接受金融监管机构的领导,甚至在很多时候,破产管理人对金融监管机构的要求或指示必须无条件执行。

(二) 金融机构破产债权人会议的权利与义务

金融机构破产债权人会议的权利和义务是指金融机构破产债权人会议在整个破产过程中享有的权利和承担的义务。债权人会议是企业破产的一个重要自治机构,由依法申报债权的债权人组成,可就破产事宜进行决议。中国《企业破产法》规定,债权人会议的职权如下:① 选任和更换债权人委员会成员,申请法院更换破产管理人,审查破产管理人的报酬和费用,监督破产管理人依法履行职责;② 核查债权债务,决定继续或者停止破产企业的生产经营,审查通过重整计划与和解协议;③ 通过破产企业财产的管理、变现和分配方案;④ 法院认为应当由债权人会议行使的其他职权。可视情况决定是否设置债权人委员会作为破产债权人会议的执行机构。

但是在金融机构破产中,由于国家对金融机构破产的管控和干预,金融机构破产债权人的自治权利受到明显的挤压，由债权人组成的债权人会议的权利也因此受到限制。这种限制体现在以下四个方面。

（1）金融机构破产的国家控制使得债权人在整个破产程序中的作用大为收缩。这主要体现在：① 启动金融机构破产的决定权不在于存款人、投资者、保单持有人及其他债权人，而在于金融监管机构；② 金融机构破产重整、和解、财产分配等事项亦并不完全为债权人所决定，而须由金融监管机构和金融保障基金管理机构决定或审查批准。

由于金融机构破产案件中债权人的权利受到限制，所以其中作为债权人意思表示机关的债权人会议，其作用也不像普通商事企业破产债权人会议那样突出，其决策权一定程度上需要服从国家金融政策和金融监管机构意思的需要。另外，从法律权利保障上讲，金融机构破产与普通商事企业破产有较大的区别，无论是在对金融机构实行隐性担保还是显性担保的国家或地区，存款人和投资者、保单持有人等金融消费者的权利都能得到更大程度上的保障，债权人会议在权利保障中的作用很多时候显得无足轻重。

（2）金融监管机构作用超越破产债权人会议，使得大量决策权转移至金融监管机构。金融机构破产资产具有高度的挥发性，其资产需要短时间内被处置或找到收购方，而民主议会模式的债权人会议无法保障金融资产的高效和快速处置，因此也就无法通过债权人会议模式保障债权人和社会利益最大化。

债权人会议是一种少数服从多数的民主决议模式，由于金融机构破产债权人人数众多，利益的冲突经常使得许多紧迫性问题议而不决，从而延缓对问题金融机构的处置，加速了金融资产的蒸发，加大了金融机构破产成本。所以，西方国家普遍对金融机构破产债权人会议的角色进行限制，由监管机构取代债权人会议的部分职能，以图快速对问题金融机构进行处置，维护金融体系稳定和金融消费者利益。

（3）金融机构破产行政主导性以及破产管理人专业化，客观上削弱了债权人会议的重要性。普通商事企业破产制度下，由于司法机关工作人员缺乏必要的重整和清算专业技能，难以真正对破产申请进行实质审查，仅能从公平正义的角度维护破产债权人和债务人利益。所以，为了弥补司法机构专业技术力量的不足，平衡债务人和单个债权人力量差异，发展形成了债权人会议这一自治组织形式，以实现对个体债权人权利的保护。但是在金融机构特殊破产制度安排下，将破产主导权赋予拥有更强专业技能的监管机构，实施特殊的债务清偿制度，而且有金融保障基金、中央银行、中央财政部门为破产债务的清偿提供资金救助，这在一定程度上淡化了债权人会议的重要性。

（4）金融机构破产债权人人数庞大，召开传统的债权人会议缺乏可操作性。银行、证券和保险等金融机构规模庞大，债权人少则成千上万，多则几十万或上百万，如果要采取传统的债权人会议模式将这些分散在不同的地域、不同国家的债权人召集起来，是一件不可能完成的事情，徒有虚名的债权人会议制度客观上无法保障债权人有效行使权利。所以，美国、意大利、葡萄牙、瑞士等国开始淡化金融机构破产债权人会议的必要性，一些国家甚至开始取消这一制度，规定无须召开债权人会议，或者根据具体情况决定是否召开，而且对债权人会议的召开方式也在互联网背景下进行了大幅度改革。

二、金融机构破产重整实体法律规则

（一）金融机构破产重整实体性规则

目前，中国未就金融机构破产重整进行专门立法，金融机构破产重整主要依据现行《企业破产法》操作实施。

（1）重整事务管理规则。重整计划通过并经法院裁定批准后，可由破产管理人聘任经营管理人员经营，也可以在破产管理人的监督下由破产企业自行经营。但进入重整阶段后，产生以下法律后果：① 担保物权人不得要求法院处置担保物偿债，除非不立即处置会引起担保物灭失或损坏使得其价值明显减少，危害担保权人权利；② 破产企业或者经营者为企业经营需要借贷者，可用企业财产设定担保；③ 破产企业破产申请前合法占有的他人财产，在重整期间不因其权利人的请求而返还财产，除非符合事先约定的条件；④ 非经法院同意，破产企业不得向出资人分配投资收益，董事、监事和其他高级管理人员不得向第三人转让其持有的破产企业的股权。

（2）重整监督管理和救助。金融法律法规对金融机构破产重整进行了一些专门性规定，以《证券公司风险处置条例》为例，证券监管机构在证券经营机构重整期间，履行下列职责：① 派驻现场工作组，对重整行为和参与重整的人员进行指导和监督；② 协调证券交易所、证券登记结算机构、证券投资者保护基金管理机构和地方政府的关系，保障重整证券经营机构正常开展业务；③ 协助相关司法机构对证券经营机构的违法犯罪行为立案侦查和进行司法处置；④ 证券投资者保障基金对问题金融机构实施经营性救助。

（二）金融机构破产重整存在的问题

中国金融机构破产重整采取的是由法院主导的金融机构破产重整，但这种司法机构主导的重整模式存在一系列与金融市场特殊性不相适应的问题。

（1）法院的技术和资源限制了金融机构破产重整的最优结果。根据《企业破产法》，银行、证券、保险等金融机构符合法律规定破产条件的，监管机构可以向法院提出对该金融机构进行破产重整申请。除监管机构外，向法院提出破产重整的还可以是债权人和金融机构本身，或出资额单独或合并占全部注册资本1/10以上的股东。破产法院对重整申请进行裁决，并主导随后的重整全过程。但问题是金融机构破产重整不仅要求较普通商事企业重整更高的知识技术水平，而且还涉及社会的稳定和经济发展等问题，使得具有被动性、知识技能有限性特征的司法机构无法有效地充任金融机构破产重整的主角。特别是司法机构无法调动国家经济资源，使得司法重整金融机构缺乏经济基础和政策优惠。

反之，金融监管机构则有司法机构所不具备的职权和能力，可以通过多途径协调金融机构破产重整，如：① 根据金融机构的具体情况，指令其他私营机构来帮助问题金融机构解决财务危机，可以动用行政权力免除金融机构对某些股东、母公司或姐妹公司的债务，或直接要求其增加资金注入；② 改组或缩小金融业务范围，或关闭一些分支机构；③ 根据重整的需要，协调使用国家公共资金对问题金融机构实施救助，确保金融机构能够快捷有效地完成重整。

(2)《企业破产法》规定的重整决议通过模式与金融机构破产重整的实际状况不符。《企业破产法》将是否进行重整的决定权赋予债权人会议,要求重整决议经每一表决组出席会议的债权人过半数同意,且投赞成票的债权人所代表的债权额占所属组别债权总额的 2/3 以上时,该重整计划方为有效。如果部分表决组未通过重整计划,则需要与未通过重整计划的表决组协商后再次表决。在符合某些特殊条件时,法院可以强制裁定破产重整方案生效。

《企业破产法》规定的普通商事企业重整规则与金融机构破产重整的实际状况不符:① 金融法律规定,金融机构破产时,存款账户、投资者保证金账户、人寿保险账户,以及其他一些类似账户的权利人享有资金取回权,或者由各类保障基金在限额范围内对其实施先行偿付或事后补偿,也即这些债权人的债权能够得到较高程度的保障。由于这一部分债权人的权利能得到满足,故他们对是否重整基本上持漠不关心的态度。让这部分人表决金融机构是否重整,明显不合理。② 绝大部分金融机构债权人因为知识技能的限制,而不具有对金融机构是否应该重整的正确判断能力,盲目的表决会引发更大的金融危机甚至社会危机。③ 金融机构破产是否进行重整取决于金融机构破产对社会的影响程度,而能否成功重整在于监管机构的协调,以及国家政策对破产金融机构的支持力度。在整个金融机构破产重整期间,金融机构债权人对破产重整的作用比普通商事企业债权人小,所承担的风险也较普通商事企业破产重整少。由金融机构债权人大会决定是否重整既不合理,也缺乏法理依据。

(3)《企业破产法》规定的重整规则没有体现金融保障基金管理机构的积极作用。国家对金融机构明示性担保的基本方式,是建立存款保险基金和其他类似的金融保障基金,以保障金融机构因破产或其他原因无法清偿其债务时,该等保障基金能够及时有效地代为清偿,这种制度或措施是其他商事机构破产所不具有的。但是这一特殊的保障制度安排在现行《企业破产法》破产重整规则之中没有得到反映,即《企业破产法》没有涉及金融保障基金管理机构在破产重整中的地位和作用。其他专门性法律对此也无符合金融机构重整特征的具体规定,如 2015 年颁布的《存款保险条例》仅规定存款保险机构在偿还存款人存款之后,行使普通债权人权利和义务,而没有体现其在破产重整之中的重要作用。这种规定与美国赋予存款保险公司、证券投资者保护机构、保险保障机构在金融机构破产重整过程中的独立、重要作用存在较大的差距。

金融机构破产重整法律制度的进一步完善可从以下三个方面进行:一是金融机构破产重整应以金融监管机构为主导,使金融保障基金管理机构在金融机构破产重整中享有特殊职权;二是金融机构破产重整决策权转移至金融监管机构,在某些特殊情况下可以取代破产法院和债权人会议独立行使其权责;三是破产法院仅在金融机构破产重整中履行程序性职权,并对金融机构破产过程中发生的权益纠纷进行裁决。

三、金融机构破产债务清偿基本规则

(一)金融机构破产债务清偿现行规则

企业破产是一种特殊的还债程序,即当企业全部财产不足以清偿全部到期债务时,按照法定的程序进行清算,然后按一个公平的比例和先后顺序进行清偿。

1. 中国《企业破产法》有关破产财产范围和清偿顺位

《企业破产法》中破产财产的范畴,是破产申请受理时至破产程序终结前破产企业所有或管理的全部财产,以及破产企业在此期间取得的财产,但是法律另有规定的除外。《最高人民法院关于适用〈中华人民共和国企业破产法〉若干问题的规定(二)》对《企业破产法》破产财产具体范围进行了解释,包括:货币、实物,以及债务人依法享有且能够用货币估价并可以依法转让的股权、债权、知识产权、用益物权和其他财产权益。即使在企业破产申请时,某些财产可能不被破产企业实际控制,但仍属于破产财产范畴,破产管理人应该依法采取行动进行追索。

《企业破产法》和相关法律将下列财产排除在破产财产之外:① 破产企业从事仓储、保管、承揽等业务,基于合同占有他人的财产;② 未取得所有权之前保留所有权买卖的财产,所有权专属于国家且不得转让的财产,其他依照法律法规不属于破产企业的财产;③ 破产企业已依法设定担保物权的特定财产,如根据《民法典》有关抵押、合同和物权规定设定担保的抵押物、质押物和留置物等,不属于破产财产,但在担保物权消灭或者实现担保物权后的剩余部分,应纳入破产财产范围。

《企业破产法》规定的债务清偿顺位是优先支付破产费用和清偿共益债务后,按下列顺序清偿:劳动债务和社会保障债务,国家税款,普通破产债务。如果破产财产不足以清偿同一顺序债务,按比例分配。该法规定了别除权和抵销权,具体如下:① 已用破产企业财产进行了担保的债权,可以在担保物价值范围之内优先受偿;② 如果破产企业与债权人互负债务,债权人可以向破产管理人主张抵销,无须先清偿债务然后按照破产程序分配财产,只有抵销之后的剩余部分债权才参与破产分配。

2. 金融法律法规对破产财产分配规定

各个金融部门法没有对破产财产的外延专门进行界定,对破产财产的分配顺序规定也不尽相同。①《商业银行法》规定,用破产财产优先支付银行经营机构清算费用,然后按下列顺位清偿:首先清偿所欠员工的工资和社会保障费用,其次偿付个人储蓄存款的本金和利息,最后才清偿普通债务。②《保险法》所作规定与《商业银行法》的规定相类似,但较《商业银行法》细致清晰,更具操作性。《保险法》规定,破产财产在支付完破产费用和共益债务后,其剩余价值按以下顺序清偿:首先,清偿所欠职工工资和社会保障债务以及与人身相关联的补偿金;其次,清偿保险赔付或者给付保险金;再次,清偿保险公司欠缴的其他社会保险费用和税款;最后,清偿普通破产债务。如果破产财产不足以清偿同一顺序债务,按比例分配。其中,破产清偿时工资部分的清偿标准是支付给破产保险公司董事、监事和高级管理人员的工资不高于公司职工的平均工资。

《金融机构撤销条例》规定的是金融机构非破产债务清偿顺序,具体顺序如下:先支付个人储蓄存款的本金和合法利息,然后清偿法人和其他组织的债务,如有剩余则按比例分配给全体股东。因为《金融机构撤销条例》规定的是行政性撤销程序,债务清偿顺位规则与金融机构破产清偿有较大的差异,而其他的法律法规如《银行业监督管理法》《证券法》《期货交易管理条例》和《证券公司风险处置条例》等,未对金融机构破产财产分配顺序进行规定。

（二）金融机构破产债务清偿规则修正

金融机构破产法的功能在于通过一系列规则、程序,确保金融市场主体对金融机构破产所带来的损失后果具有明确的预期。金融创新、金融混业经营使得各类金融机构服务界限日益模糊,原来的存款人、投资者和保单持有人的存款、证券和保单等单一模式消费发生了巨大改变,在此基础之上衍生出来的金融法律关系也变得多样化、复杂化。法律对金融机构破产时某些债务优先顺位的确定,有利于提高债权人对债权受偿的预期,降低金融机构破产风险不确定性给社会公众带来的恐慌。法律也可通过这种优先清偿规定平衡金融机构破产时当事人的利益,减少破产清算的成本。

1. 传统意义存款、结算保证金和保险理赔或给付金优先清偿

储蓄存款、证券经纪、传统保险、财产信托仍是银行、证券、期货、保险和信托经营机构的核心业务。对存款、投资者保证金、保险理赔或给付的优先偿付是各国金融机构破产立法的重点。例如,美国1993年颁布的《全国存款清算顺序法》及《联邦存款保险法》规定,银行机构破产时,破产财产在支付完接管人的行政开支即清算费用后优先清偿存款负债,然后依次清偿银行机构其他的高级负债、一般债权人的负债、附属债务、次级债务,如银行经营机构的一般交叉担保和股东利益等。可看出,美国将存款的清偿顺位排在清算费用之后的第一位,突出了存款债务优先原则。

除对储蓄存款优先清偿外,投资者保证金、保单理赔或给付金也应该优先清偿。例如,2002年俄罗斯《联邦企业破产法》对保险经营机构破产保单债务作了如下安排：第一顺序为强制性人身保险合同保险理赔或保险金支付；第二顺序为其他强制性保险合同项下保险理赔或保险金支付；第三顺序为人身保险合同项下保险理赔或保险金支付；第四顺序为所欠其他债权人的一般债务。当然,各国对存款、保证金和保险理赔或给付的优先顺位立法并不完全相同,而是与一国经济发展水平、金融市场稳定程度和金融法制传统有关。

2. 非传统金融产品和服务所负债务的优先清偿

经济发展和金融创新使金融消费者的消费方式发生了深刻的变化,消费者由过去的储蓄消费迅速转向金融投资消费。金融商品的购买是为了未来获得的收益而放弃现在的消费,是为了满足个人或家庭的生存与发展需要,使将来的生活更加安全舒适,防范生活中可能发生的风险并提高生活质量,因而其行为仍可归属于生活消费的范畴,接受消费者权益法的调整。在金融消费中,不应该因消费而承担其交易相对方即金融机构破产所带来的损失,在法理上享有金融衍生产品消费购买所形成的债权的优先求偿权。

（1）金融消费者的交易法律特性决定其不应承担金融机构破产损失。"消费不因交换而减值"是流动领域中交换的基本原理,也是经典政治经济学——等价交换的基础。既然金融消费者属于消费者范畴,则其购买金融商品时并不因为其购买对象与普通商品的差异而改变其价值规则。

（2）金融衍生产品内容的复杂性决定其应受到法律的特别保护。金融衍生产品仅为金融专家精心设计的一系列特别卖品,既不具有外形,也无评价其价值的质地要素,更难看到它的实际运行。购买者在面对纷繁复杂的金融商品进行选择时,依靠其自身的知识水平难以对商品品质进行正确衡量,只能依赖金融机构提供的信息作为购买决

策的依据。为防范作为金融商品销售方的金融机构为了谋求自身的利益,利用信息优势进行欺诈、内幕交易、操纵市场,使得金融消费者处于极度的劣势地位,就需要在法律上设定特别保护规则。

(3) 金融衍生产品市场的弱效性决定法律应对被动接受者特别保护。非传统型金融市场是一个高度虚拟性、高杠杆性和高风险性的市场。金融衍生品的交易并不会产生实际标的物的转移,其交易行为仅追求一种感官上的价值升值,而产品的设计者和发行人——金融机构则以几十倍的杠杆率放大这些财富效应。但是,市场在通过虚拟的方式放大财富效应的同时,也在不断地创造风险,而这种风险损害无法靠市场完全弥补。因此,只有通过政府这一外在力量的介入,才能使得金融消费者与金融机构力量平衡,使得其利益得到真正的保护。

3. 金融机构破产特殊金融交易合约安全港制度建设

随着中国金融业的发展,金融产品和金融服务开始多样化,除了美国《联邦破产法》中安全港规则所涉及的五种交易——商品合约、远期合约、证券合约、回购协议和金融互换在中国繁荣外,其他的金融衍生产品也开始迅速发展。但是,迄今为止,特殊金融交易合约安全港保护制度建设问题没有得到中国业界的重视。因此,在未来的金融机构破产中,应建立合理的金融安全港规则,即涉及上述交易的合同一方破产,另一方有权提前终止合同,或实施净额清算,或行使破产优先权,以确保这些金融合同不因金融机构破产而使得相对方遭受巨大损失。

(三) 金融机构破产债务清偿规则修正

金融机构破产债务清偿顺位的确立不应该脱离现行《企业破产法》和相关金融法律法规确定的基本原则,但同时也要考虑其自身的特性,如金融机构债权人人数众多且分布于社会的各个阶层,居住面广而分散在世界各地,破产风险传染性大等,从维护金融系统安全、保护投资者和金融消费者角度出发,设计金融机构破产债务清偿顺序。基于这一理论基础和现实状况,在继承破产费用和共益债务由破产企业财产优先偿付,别除权、取回权、抵销权得到保障的基础上,对金融机构破产清偿顺位进行合理修正。

1. 金融机构非破产财产的处置

根据金融机构破产债务清偿普遍性和特殊性相结合的原则设置清偿顺位,在金融机构破产清算后,由破产管理人进行下列财产和经营处置行为。

(1) 将不属于破产金融机构的财产进行返还,其中包含取回权的行使,如银行经营机构委托贷款的返还,作为中间业务委托理财资产的归还,证券经营机构、期货经营机构所收投资者结算保证金和所存放证券的返还,委托理财业务所托财产的归还,信托经营机构和基金管理机构所信托的财产返还等。

(2) 如果金融机构与存款人或其他投资者等债权人互负债务,则由金融机构与存款人或其他投资者等先进行债务抵销。如果金融机构所负债务大于存款人或其他投资者等债权人所负债务,剩余债务纳入破产债务进行公平清偿;反之,如果存款人或其他投资者等债权人所负债务大于金融机构所负债务,则由破产管理人进行追偿。

(3) 继续履行特殊金融交易,包括期货合约、证券交易合约、金融互换合约、证券回购合约、远期交易合约,以及其他影响金融市场稳定的金融衍生品合约,对上述特殊的金融交易赋予继续完成交易的功能,将其完成交易的盈亏计入金融机构破产财产。

2. 金融机构破产财产的处置

在金融机构破产管理人完成非破产财产和债权债务处置后,根据破产财产的数量按以下顺位进行清偿。

第一顺位是支付破产费用和共益债务。破产费用是指为了推进破产程序而产生的费用,如聘请破产管理人的费用,基本办公费用,对破产财产管理、估价、变卖和分配而支付的费用或形成的债务;共益债务则是在破产程序中为了维护或增加全体债权人利益而形成的新债务,如继续经营的交易费用。

第二顺位是对担保债权人实现其担保利益。担保性债务在世界各国都保持绝对优先的清偿权利。国际货币基金组织明确提出,出售抵押物品所得应优先分配给抵押债权人。

第三顺位是劳动报酬和基本社会保障费用。对它们实施有限优先权。金融机构所欠员工工资及其基本社会保障,以及应当支付给雇员的补偿金等,在一定限度内给予优先清偿,超额部分视为普通债权。

第四顺位是所欠金融消费者债务优先清偿。具体包括银行经营机构的存款,证券和期货经营机构所挪用保证金和证券、期货合约所形成的债务,保险经营机构的保险理赔,以及这三类金融机构和信托投资经营机构、基金管理机构和其他金融机构委托理财、信托理财因挪用而形成的债务,也包括金融消费者购买其他金融产品或接受服务所形成的债务。

第五顺位是其他特别法所规定的优先清偿债务。中国的法律优先权项目庞杂,如船舶优先权、矿业优先权等。这些优先权在金融机构破产程序中所发生的债务不能作为普通债务清偿,因而需要具体情况具体分析。但可考虑将该类优先权放在一般债务之前、其他已确定的优先债务之后清偿。以这样的顺序处理有助于使金融机构破产清偿顺位同其他单行法所规定的优先权制度保持协调。

第六顺位是清偿其他普通债务。这一类债务是除上述优先清偿之外的债务,其清偿根据破产财产额按比例清偿,主要包括各类机构与金融机构因借贷、普通交易所形成的债务,金融机构欠缴国家税款、费用和借款,包括应缴而未缴的各类金融保险基金以及其他不享有任何优先权的债务。

第七顺位是劣后债务的清偿。这一类债务主要是指破产金融机构对其股东或其他关联债权人债务,因违法交易而形成的债务,应缴未交的行政罚款和刑事罚金,以及其他应该归入这一顺位的债务,如金融机构所欠控股股东的次级债。

延伸阅读

金融机构破产股东加重责任制度

20世纪80年代后期的美国产生了金融机构控股股东责任加重理论,并将其应用到立法之中,其目的在于解决美国大量银行机构倒闭所带来的困境。"加重责任"

意即银行机构破产后,银行机构的控股股东将破产银行机构的贷款视为次级债权,排列在其他普通无担保债权之后清偿。这样,当其他兄弟银行破产时,附属或关联银行就被迫承担银行间贷款的损失。这种新政策有效地把政府关闭银行机构的部分成本转移至其他附属银行,从而间接转嫁给它们的控股公司,客观上加重了控股股东的破产成本和法律责任。

1989 年美国颁布了《金融机构改革、复兴与实施法》,该法的主要内容之一就是赋予联邦存款保险公司一项特殊权利,使其能够就处理失败银行所产生的损失向该失败银行机构的兄弟银行主张赔付。首先,该法案对联邦存款保险公司实行新的银行关闭政策,即降低控股公司的附属银行间贷款因破产关闭的偿付比例,并在法律上做出了明确的授权;其次,该法案赋予联邦存款保险公司可责令属于同一集团或同一控股股东控制的兄弟金融机构,承担其他倒闭金融机构所造成的部分保险金损失的权力;最后,该法案授权联邦存款保险公司根据交叉担保条款,直接向破产银行和其他金融机构的控股股东提出赔偿请求。

此后,其他国家也开始引进控股股东加重责任的理论,并在相关法律中有所反映。例如:德国《有限责任公司法》规定,所有的股东贷款作为劣后债权受偿;加拿大《破产法》规定,如果贷款人向借款人提供资金从事或打算从事交易,贷款合同约定贷款人应当根据利润的变化收取利率,或者约定贷款人应当与借款人分享交易获得的利润,则借款人一旦破产,贷款人只能在借款人的全体其他债权人之后就贷款债权受偿。同时,加拿大《破产法》还规定,基于股权产生的债权如利润分红,只能在其他债权之后受偿。英国对股东债权劣后清偿的规定散见于公司法和破产法律之中,其基本要点为因公司股东身份所得分红、利润或其他方式所得收益劣后于其他破产债权清偿。与加拿大《破产法》相类似,如果贷款人向借款人提供资金以期得到随公司利润而变动的收益,则当公司破产时,其债权劣后其他债权受偿。

[资料来源] 巫文勇:《国家干预视角下的金融机构破产法修正研究》,中国财政经济出版社,2018,第 243—244 页。

问题与思考

1. 金融机构破产与普通商事企业破产在程序和实体规则上存在哪些不同?
2. 中国《企业破产法》规定的破产启动条件,即"企业法人不能清偿到期债务,并且资产不足以清偿全部债务或者明显缺乏清偿能力"能否完全适用于金融机构破产?
3. 国家对问题金融机构的救助会对金融机构破产程序和实体规则产生哪些影响?
4. 中国应该从哪些方面对金融机构破产法律规则进行修正和完善?
5. 重新设计金融机构破产债务清偿顺位,其理论根据是什么?

第三章 金融机构国家救助法律制度

本章纲要
- 问题金融机构救助
- 国家救助基本原则
- 金融机构经营救助
- 金融机构清偿救助
- 中央银行最后贷款
- 金融保障基金救助
- 中央财政资金救助
- 国家救助立法改革

第一节 金融机构经营性救助法律制度

一、金融机构国家经营性救助的概念和特征

(一)金融机构国家经营性救助的概念

金融机构国家经营性救助是指政府动用财政资金以及其他公共资金,或者中央银行进行再贷款,对陷入债务危机的问题金融机构进行资助,以维持问题金融机构继续经营。如果从更广义的角度理解,国家经营性救助还包括对问题金融机构的税收和债务减免、财产担保,以及暂时免除金融机构遵守某些监管制度的义务等现金和非现金支持。

国家对问题金融机构经营性救助是基于金融机构重要性、金融机构风险传染性,以及金融机构破产倒闭对社会的巨大负面影响而建立的一种金融稳定机制。自20世纪70年代以来,世界各国对问题金融机构的救助成为一种常态,导致这一现象的根本原因是金融机构的重要性以及"太大而不能倒"的惯性思维。但是,国家对金融机构的全面救助虽然减少了存款人和其他金融消费者的挤兑和金融产品抛售行为,但客观上也增加了金融机构的道德风险,诱使金融机构管理层从事高风险业务。国家对问题金融机构的全面救助给金融市场传递了一种错误信号,即国家会对金融机构经营不善产生的风险进行担保,这产生了两方面的负面影响:一是政府和中央银行提供的救助会促使金融机构和股东放任经营管理层从事高风险金融业务;二是政府和中央银行向陷入危机的金融机构提供救助,大大降低了金融投资者和消费者等对金融机构合法经营监督的积极性。

（二）金融机构国家经营性救助的特征

国家对问题金融机构经营性救助是指动用国家财政资金或其他公共资金救助陷入流动性危机或者不能清偿到期债务的金融机构，以图其在救助之后能够起死回生，减少金融机构破产带来的社会危害性。因此，经营性救助具有以下四个方面的特征。

（1）救助的对象是陷入危机的金融机构。国家救助的对象是陷入流动性危机的金融机构，而非正常经营的金融机构。国家救助的目的是避免危机金融机构财务状况进一步恶化而破产，以减少金融机构破产对金融市场产生的重大负面影响。

（2）救助机构包括财政机构和中央银行。传统的国家救助机构主要为中央财政机构和中央银行，但是，现代各国和地区一般都建立了各种金融保障基金，所以广义的国家救助还包括各种金融保障基金管理机构。

（3）救助方式包括资金救助和非资金救助。国家救助主要有财政资金救助和中央银行的最后贷款救助，以及金融保障基金的资金救助。但现代的问题金融机构国家救助已经在传统的资金救助上进行了拓展，包括税务减税、政府债务减免、政府对债务的担保、免除遵守某些金融监管政策等。

（4）救助标准和条件没有统一的法律规定。国家救助并无统一的标准，传统的国家救助采取的是模糊性标准，即国家救助机构可根据金融市场形势发展自主决策选择"救还是不救，以及如何救"，其目的是使得国家救助成为一种不可预期的制度或措施，从而增加救助的威慑力。但目前理论界更倾向于制定明确的国家救助标准，各国在制定明确的救助标准的同时也在限制国家对问题金融机构的救助。

二、金融机构国家救助的基本原则和规则

（一）金融机构国家救助的基本原则

国家救助的基本原则是指金融机构陷入危机时，金融监管机构对问题金融机构风险程度评估、进行救助决策，以及选择救助措施时应该遵循的基本指导思想。问题金融机构国家救助应该遵循的基本原则包括成本最小化原则、金融稳定原则、显性救助原则、择优选择原则和谨慎适用原则。

（1）成本最小原则。该原则要求面对一家问题金融机构进行救助决策和选择救助方式时，必须坚持最小成本要求。在具体操作上，应该将问题金融机构的经营性救助、行政清算和破产清算进行评估比较，选择"成本最少、风险最小"的方式处置问题金融机构。即使最终选择了对问题金融机构进行国家救助，也应该对各种救助方式进行权衡比较，然后选择成本最低的救助方式和时机实施救助。

（2）金融稳定原则。该原则又叫系统性风险例外原则，即为了保护社会公众利益和维护社会稳定，当问题金融机构陷入流动性危机或濒临破产时，与救助成本相比，政府更倾向于确保金融市场稳定而实施国家救助。在金融实践中，当某一系统重要性金融机构发生危机，或者发生系统性金融风险时，就要从金融稳定的原则出发，优先考虑国家救助。

（3）显性救助原则。该原则主要包含两方面的意思：一是在非系统性金融危机时

期,对问题金融机构的救助应以金融保障基金救助为主,以中央银行、财政部的隐性救助为辅,因为以存款保险机构为主的金融保障基金更倾向于明确的救助规则,有利于防范救助过程中的道德风险;二是即使是中央银行和财政部门的救助,也应该对中央银行的最后贷款和财政部的财政资金救助制定明确的救助规则,以立法的方式规范其救助程序和救助责任机制。

(4) 择优选择原则。该原则意即在市场经济条件下,优胜劣汰是竞争的基本法则,国家对问题金融机构的救助应该坚持以下两点:一是既要保障金融系统的稳定与安全,也要确立"失败者出局"的"优胜劣汰"规则;救助问题金融机构虽然是国家的职责,但并不意味着政府要对所有问题金融机构无原则的救助;二是对问题金融机构的救助方式,应该根据金融机构的具体情况和危机状况,选择不同的救助方式。

(5) 谨慎性救助原则。该原则意即无论是问题金融机构的生存性救助,还是对其进行的清偿性救助都应该谨慎适用。从市场公平理论而言,国家救助应该是特例或少数,而不救助是普遍或大多数。虽然现代社会对这一规则有较大修正,救助成了普遍性规则,但是应将私力救助和自救放在第一位,国家救助放在次位,此乃国家救助的核心指导思想。

(二) 国家救助方式选择的基本规则

国家经营性救助方式的选择因系统性危机和非系统性危机而有所不同,也会因其救助目的,即经营性救助或清偿性救助而有所不同。

1. 金融保障基金救助选择的基本规则

对问题金融机构的经营性救助是存款保险等金融保障基金的职能之一,其目的是防止投保金融机构破产,利用金融保障基金以贷款、出资、存款、资产购买或债务承担等形式为问题金融机构提供资金支持,以帮助其渡过难关。

面对一家问题金融机构的多种处置方式,金融保障基金作为救助的具体实施机构,选择处置方式的顺序如下所述。

(1) 先由其他有救助意愿的健全金融机构对问题金融机构进行救助,包括同业拆借、参股、重组、整体收购等。如果私营机构不愿单独实施救助,金融保障基金可以与参与救助的金融机构或非金融机构分摊损失以促进收购交易,对较短时间内难以找到合适收购者的问题金融机构,金融保障基金管理机构可以考虑成立桥梁金融机构暂时接管问题金融机构。

(2) 若问题金融机构不能被健全的金融机构营救,金融保障基金管理机构可以单独对其施加救助,提供经营性资金资助如贷款等;如果问题金融机构庞大,可会同中央银行和财政部共同救助。

在对问题金融机构进行上述处置时,金融保障基金管理机构必须遵守成本最小化原则,但是,同时也要考虑系统性风险例外,即为了稳定金融市场,不使金融业遭受过大的打击,也可在不能满足成本最小化原则时采取救助措施。

2. 中央银行救助选择的基本规则

在建立了包括存款保险等金融保障基金制度的国家与未建立上述制度的国家中,中央银行在救助问题金融机构中的角色和作用并不相同。在建立了金融保障基金制度的国家,对问题金融机构的经营性救助与存款、保证金和保险金的破产偿付主要由金融保障基金负责,中央银行起最后的保障作用。但是在缺少金融保障机制的国家,中央银行和财政部则包揽了救助与偿付的全部职责。

(1) 中央银行的国家救助功能已经从过去的"救机构"向"救机构"和"救市场"同时进行的双重救助功能转化。救机构是指中央银行对问题金融机构直接注资,如以贷款、购买不良资产等方式实施救助;后者是指中央银行通过运用货币政策,如增加基础货币投放量、降低基准利率、降低再贴现率、创新操作工具等,增加金融市场的流动性,提高金融市场整体的货币量以达到救助具体金融机构的目的。救市场的措施尽管并不是针对单个的金融机构,但通过增加市场流动性,在挽救市场的同时也间接地救助了问题金融机构。

(2) 中央银行对问题金融机构的救助措施主要包括贷款、购买问题金融机构的不良资产、以注资换取股份和提供债务担保等。中央银行在采取前述措施的同时,也可能会为健全金融机构兼并和收购问题金融机构提供贷款。理论上讲,经典的中央银行最后贷款救助应遵守以下规则:① 中央银行的最后贷款人政策应仅向陷入暂时性流动危机但资可抵债的金融机构提供救助,所以提供的多为短期贷款;② 中央银行紧急援助资金的数额不受限制,但必须执行惩罚性高利率;③ 中央银行应为提供良好抵押品的申请人安排流动贷款,抵押品价值以金融恐慌前的价格计算;④ 中央银行最后贷款人角色并非法律强行规定,而是由中央银行根据实际情况相机抉择;⑤ 中央银行进行最后贷款时,不仅要判断银行的情况是流动性不足还是资不抵债,而且必须对该机构破产后是否有严重传染效应作出判断。但是,现代金融制度中,中央银行已经渐渐抛弃了这一标准,而开始以稳定金融体系为己任,尤其对大型问题金融机构的处置更是如此。

3. 财政部救助方式的基本规则

相对于前两个救助主体,中央财政部门的救助不受"缺乏流动性"或"缺乏清偿性"之区分的限制,而其救助的目的是确保金融市场和整体社会的稳定,实际上也包括金融机构破产后国家财政资金对存款人和投资者等金融消费者的救济。中央财政救助问题金融机构在大多数国家中并没有明确的法律依据,但是财政部作为政府的职能部门,服从于政府的行政目的,而中央政府的基本职能就是维护社会稳定、促进经济的发展。因此,虽无明确的法律规定,但法律的本质却赋予了财政部救助问题金融机构和金融市场的广泛的权力。普遍而言,财政救助问题金融机构一般要满足以下条件。

(1) 问题金融机构太大,或发生系统性金融危机,金融保障基金和中央银行之力不足以挽救问题金融机构或阻止金融市场状况继续恶化,或在发生系列金融机构破产时,仅依靠金融保障基金和中央银行救助不足以维系市场信心,会引起风险的加速传染,导致社会动荡。

(2) 财政救助采取"建设性模糊"标准,财政部有较大的自由抉择空间,但是"建设性模糊"标准并不是没有标准,而是在法律框架之内的自由裁量,救与不救、何时救、采取何种形式救助、对哪些问题金融机构救助,均应遵循基本法律规则。

(3) 中央财政救助是问题金融机构救助的最后手段,应该是在穷尽了其他私力和公力救助手段之后的最后途径。由于救助资金来源的公共性,财政救助应该尽可能地保证救助资金的可回收性，以确保纳税人的利益不受侵犯。

三、中国金融机构国家经营性救助

（一）中国问题金融机构经营性实施机构

中国规范问题金融机构经营性救助的立法主要有《中国人民银行法》《银行业监督管理法》《商业银行法》和《存款保险条例》《证券公司风险处置条例》，以及《中国人民银行紧急贷款管理暂行办法》《证券投资者保护基金管理办法》《期货投资者保障基金管理办法》《保险保障基金管理办法》等。这些法律法规规定的国家经营性救助实施机构主要包括以下三个方面。

（1）金融保障基金管理机构。根据《存款保险条例》，存款保险基金的职能之一就是对问题银行经营机构采取早期纠正措施和风险处置措施。其中，风险处置的含义则包括对问题金融机构实施经营性救助。《证券投资者保护基金管理办法》规定，为处置证券经营机构风险需要动用保障基金的，中国证监会根据证券经营机构的风险状况制定风险处置方案，基金管理机构制定基金使用方案，报经国务院批准后，由基金管理机构办理发放基金的具体事宜。《保险保障基金管理办法》规定，经中国银保监会与有关部门协商认定，保险经营机构存在重大风险，可能严重危及社会公共利益和金融稳定的，保险保障基金管理机构可对其进行救助。

（2）中国人民银行。中国人民银行的基本职能之一就是维护金融市场的流动性，即当金融机构陷于流动性危机时，中国人民银行通过对问题金融机构进行贷款或直接对金融市场增发高能性货币，增加金融机构和金融市场的流动性。《中国人民银行法》规定，中国人民银行可以对金融机构发放特定目的贷款。当金融市场流动性不足，资金短缺时，中国人民银行可以通过货币政策工具对其货币量进行调节。1999年中国人民银行发布的《中国人民银行紧急贷款管理暂行办法》规定，中国人民银行为帮助发生支付危机的银行类金融机构缓解支付压力、恢复信誉，防止出现系统性或区域性金融风险，可以发放人民币紧急贷款，此类贷款可以理解为中央银行对问题金融机构的再贷款救助。

（3）中央财政部。财政资金救助是严格意义上的政府救助，一般都由各国的财政部门具体决策并加以实施，在金融危机中的作用也愈来愈重要。在20世纪80年代以前，金融机构或金融市场发生危机时，主要由中央银行进行贷款资助或由中央银行组织私有银行进行相互救助。但是，20世纪80年代以后，随着金融机构规模的不断扩大，金融危机的负面影响日益加重，而且频率越来越高，财政救助的重要性日益提高。中国自20世纪90年代以来，中央财政对以四大国有银行为代表的金融机构进行了大量的财政救助。但至今为止，中国对问题金融机构的财政救助缺乏必要的立法规范。

（二）中国问题金融机构经营性救助方式

各国对问题金融机构的国家救助立法和救助实践模式各异，因而具体的救助方式也呈现出较大的差别，而中国问题金融机构的经营性救助方式主要有以下五种。

（1）直接的资金注入资助。目前为止，无论是财政救助、中央银行最后贷款，还是金融保障基金救助，中国最直接的救助模式都是对问题金融机构的注资。注资的方式包括对问题金融机构实行优惠性贷款、免费对金融机构进行资金划拨，以及购买问题金融机构的债权、股票和不良资产等。

（2）债务与税收减免救助。债务与税收减免就是国家免除问题金融机构对财政部门、中央银行、金融保障基金管理机构或其他国有单位所负的债务，或对国家所负应缴而未缴的税款进行减免。在中国的金融救助实践中，金融监管机构为了盘活问题金融机构的流动性，基本方式之一就是减免问题金融机构的部分或全部债务或税款，或者给予问题金融机构一个较长的延期还债或缴纳税款的期限，以缓解问题金融机构的财务压力，降低负债比例，提高资产流动性。

（3）政府主导下的收购或兼并重组。收购是当金融机构陷入流动性危机，或经营失败需要退出市场时，由金融监管机构直接收购或指令运行良好的金融机构收购问题金融机构股权，并对问题金融机构进行战略重组，包括资本重组、债务重组、业务重组、机构重组等，消化金融机构存在的问题，实现金融稳定的目的。兼并是经营良好的金融机构以承担问题金融机构债务为代价，通过多方协商实现资产的合并，并以此获得问题金融机构的控制权。金融机构的并购、重组既可以实现对问题金融机构的债务担保，避免因挤兑而发生破产，也可以使问题金融机构的经营得到重新调整，恢复正常经营能力。在问题金融机构的收购或兼并重组中，多数情况下国家相关救助机构都会对收购或兼并重组方提供资金或政策支持。

（4）政府或监管机构担保。在金融机构陷入流动性危机或濒临破产时，为了避免挤兑的扩大或投资者集中贱卖金融资产，帮助问题金融机构渡过难关，政府、金融监管机构或中央银行对问题金融机构债务进行担保。有时，政府还会将财政资金存入问题金融机构，这一方面可以解决问题金融机构的流动性困难，另一方面也可以增强公众的信心以避免损失扩大。政府担保不仅可以是对问题金融机构现行债务的担保，还可以是其他金融机构或财团为问题金融机构提供各种私力救助，如商业贷款、同业拆借、收购不良资产、业务重组等，然后政府为私立救助提供再担保。但是，无论是哪种意义上的担保，实际上都是以国家的信誉来弥补问题金融机构或金融市场本身的信用缺失。

（5）监管机构或其指定机构接管。接管是指金融监管机构自己，或另行成立接管组织如过桥银行，或指定某一现存的金融机构，将问题的金融机构归入其经营管理，由接管组织控制和监督问题金融机构的资产、经营活动，维护消费者和其他债权人的信心。接管机构在评估问题金融机构的财务状况后，将采取一系列措施，如撤换管理人员、调整经营策略、实行资产重组等，以恢复问题金融机构的经营能力。接管是一种临时性措施，期限通常较短。接管期限届满，如果问题金融机构已经恢复正常经营能力，则接管目的已经实现，此时接管终止。如果问题金融机构经营状况继续恶化，则应对其实行市场退出。接管并不是国家对问题金融机构进行直接的救助，但往往建立在政府对问题金融机构的政策优惠上，有时国家也会给予必要的资金救助或其他财产担保。

> **延伸阅读**
>
> **美国大陆伊利诺伊国民银行的救助**
>
> 　　美国金融史上最早,也最引人注目的政府援助破产银行的案例是1984年对大陆伊利诺伊国民银行的救助。大陆伊利诺伊国民银行财务危机的原因是1984年从宾州结算银行中接收大批不良贷款。宾州结算银行因为无法收回对能源工业的贷款而破产,而大量不良资产由大陆伊利诺伊银行接收。危机发生后,社会公众,特别是没有保险的外国政府、公司和超过保险额度的个人存款者进行挤兑,使得该银行随时有可能倒闭。美国联邦银行监管机构担心,像大陆伊利诺伊银行这样的大银行一旦倒闭,将对美国的金融系统产生了强烈的破坏作用。因此,美国联邦银行监管机构组织联合24家国内的主要银行向其提供5亿美元无担保贷款,同时,美国财政部决定对其提供20亿美元的财政援助。联邦存款保险公司作为问题银行的直接处置机构,采取了一系列救助措施:一是出面协助大陆伊利诺伊国民银行寻找合作伙伴,并承诺失败之后存款保险公司会直接参与救助;二是在协助寻找合作伙伴失败后,由其自身购买45亿美元的不良贷款和提供1亿美元的资金援助,并且撤换了银行的高层管理人员;三是承诺对大陆伊利诺伊国民银行的全体存款人,包括其他债权人,提供保护并不受10万美元上限的限制。作为交换条件,存款保险公司将获得该银行80%的所有权,并且还有对剩余股份的购买选择权。选择权启用的条件是存款保险公司购买的不良贷款遭受损失。事实上,存款保险公司按面值购买了原股东的全部银行股份,美国联邦存款保险公司控制了大陆伊利诺伊国民银行。
>
> 　　国内外普遍评论认为,政府对大陆伊利诺伊国民银行的救助是成功的。政府的干预有效地阻止了大陆伊利诺伊国民银行的问题累及其他金融机构,而且大陆伊利诺伊国民银行最终通过市场售出,联邦存款保险公司的支出得以全部收回。但是,在对这次成功收购进行赞誉的同时,也有许多批评之声,其中最具争议的是联邦存款保险公司担保所有无保险存款人和其他普通债权人的决定,这人为地加大了道德风险。此外,由美国存款保险机构控制被救助银行的全部股份,也与当时的主流经济思想不相符合,遭到了社会各界的强烈批评。
>
> 　　[资料来源][瑞士]艾娃·胡普凯斯:《比较视野中的银行破产法律制度》,季立刚译,法律出版社,2006,第105页。

第二节　金融机构清偿性救助法律制度

一、金融机构清偿性救助的概念和特征

（一）金融机构清偿性救助的概念

　　国家对金融机构清偿性救助,即财政机构、中央银行、金融保障基金或其他的金融

监管机构,在金融机构破产或行政清算退出市场时,按照法律规定对问题金融机构的债务提供资金进行偿付。其中,金融保障基金对问题金融机构债务的清偿是法定的义务,而财政机构和中央银行对问题金融机构债务的清偿更多的不是法定义务,而是基于避免系统性风险发生的酌定义务。

（二）金融机构清偿性救助的特征

金融机构国家清偿性救助不是为了避免问题金融机构陷入破产,而是在金融机构破产或行政清算后对其不能清偿的特定债务进行补偿性救助,以维护金融稳定、保障金融消费者和某些特定投资者利益的行为。清偿性救助具有以下四个方面的特征。

（1）清偿性救助对象为进入行政清算或破产清算的金融机构债权人。与经营性国家救助不同,清偿性救助是指在问题金融机构实施行政清算或者破产清算退出市场时,由于问题金融机构的剩余财产不足以清偿所欠全部债务,但是其中某些债务不加清偿将会严重影响金融市场稳定,所以由特定的机构提供资金代为清偿。

（2）清偿性救助机构以金融保障基金为主,其他机构为辅。金融保障基金是各国设立的专司救助问题金融机构的基金,所以金融机构的清偿性救助应以金融保障基金为主;而财政机构和中央银行对问题金融机构的清偿性救助并不是其法定义务,只有在不实施救助会引起大的金融风险时才能施加援手。

（3）清偿性救助的目的是保障金融消费者的利益和维护金融稳定。清偿性救助的目的并不是使陷入危机的金融机构能够继续经营,而是保障已经进入清算程序的金融投资者和消费者不因金融机构的清算而遭受太大的损失,并因此而引发更广泛的金融风险和信用危机。

（4）清偿性救助的方式以资金救助为主,其他方式为辅。清偿性救助的目的是弥补金融消费者和特定投资者因问题金融机构清算而遭受的经济损失,所以主要是提供资金救助,或者通过减免税收债务和减免所欠政府债务等方式增加问题金融机构可分配财产,以提高某些破产债权人的等次、清偿比例和分配额度。但在实践中,也可给予债权人某些政策优惠或经营权,以补偿因金融机构破产遭受的损失。

二、金融机构清偿性救助职能和权责

（一）国家清偿性救助的标准和条件

至今为止,各国法律对金融机构破产清偿性救助并没有建立严格的标准和条件,而是由金融监管机构相机抉择,中国对经营失败金融机构的清偿性救助也无法律明文规定。但从法理的角度而言,国家应该从以下五个方面考虑金融机构破产清偿性救助的条件和标准。

（1）所欠的是金融消费者或特定投资者债务,因其数量庞大而破产财产不足以清偿,而且金融保险基金也不足以清偿其全部合格的金融消费者债务;或者依法应该优先清偿的破产债务超越金融保险基金的清偿范围,或该等债务未被纳入其保障范围。

（2）大型金融机构破产或发生群体性金融机构破产所产生的债务,虽然其破产债务不属于优先清偿范围,但是出于金融稳定和社会安定目的,应该采取措施进行国家清偿性救助。

（3）穷尽了其他资金筹措方式和债务清偿途径，特别是私有机构明确表示放弃接管存款、投资和保险账号，也未能就破产债权人债权达成收购协议，并且政府不出资救助会产生严重的社会经济问题。

（4）确保国家救助能够实现金融机构破产"成本最少、风险最小"，并能将国家救助所产生的道德风险控制在最小范围内。此外，禁止任何形式的失败金融机构股东或从业人员因国家公共资金救助而受益的可能。

（5）国家救助不会引起严重的金融市场不公平竞争，而且在实施国家救助的同时，必须要求问题金融机构、全体债权人以及金融机构控股股东、金融机构高层管理人员和直接责任人共同承担破产损失费用，并能依法追究其破产责任或救助不当责任。

（二）国家清偿性救助的基本方式和选择

1. 金融机构破产国家清偿救助模式

目前，中国的金融机构破产国家清偿性救助缺乏法律明确规定，金融实践中问题金融机构的清偿救助模式主要有以下三种。

（1）中央银行最后贷款救助。中央银行的清偿性救助可发生在以下三种情况下：① 当金融保障基金在对投保金融机构进行理赔时，如果发生资金不足，则可向中央银行申请再贷款；② 被清算金融机构被其他健全金融机构兼并、收购时，收购和兼并者直接向中央银行申请贷款，以实现清偿债务目标；③ 中央银行直接对被清算金融机构提供资金支持，以便被清算金融机构清偿债务。虽然由于金融保障基金制度的建立，中央银行对金融机构破产救助的大部分职能被其所取代，但是，由于中央银行是货币政策的制定者和货币的发行者，中央银行的清偿救助地位无法完全被金融保障基金所取代。

（2）国家财政公共资金救助。在国外，20世纪80年代以前，金融机构破产主要由金融监管机构组织私有金融机构相互救助，其间也可能由各类金融保障基金或中央银行最后贷款进行救助。但是，20世纪90年代以后，随着金融机构规模的不断扩大，金融危机日益加重，破产数量越来越多，仅依靠金融保障基金和中央银行力量还不足以实施有效救助以稳定市场，财政资金救助的重要性日益显著。中国的财政救助方式包括：① 无偿出资，代为清偿被清算金融机构债务；② 为被清算金融机构的收购人提供债务担保、购买股权或次级债券，以及购买收购人或被清算金融机构的非流动性资产等；③ 为金融保障基金提供资金和政策支持等。

（3）金融保障基金救助。各类金融保障基金是金融机构破产或行政清算的主要救助模式和资金来源，世界金融体系较为完善的国家基本上都建立了金融保障基金。金融保障基金的建设初衷和核心目标，就是在各投保金融机构破产或行政清算时给予存款人、保证金所有人和保单持有者基本的财产安全保障。中国目前设立了存款保险基金、证券投资者保护基金、期货投资者保障基金、保险保障基金和信托业保障基金等。

2. 金融机构破产国家清偿性救助方式的选择

以存款保险基金为主的金融保障基金、中国人民银行最后贷款和财政资金构成了三位一体的中国金融机构破产清算清偿性救助体系。在实际运用当中，是选择单一的救助方式还是实行联手救助并无一定之规,更多的时候可能由金融监管机构会商各救助机构相机抉择。具体的要求如下。

首先,三家救助机构既各负其责又相互配合。因为中国金融业、金融市场和金融机构具有自己的特殊性,所以中国金融机构的清偿救助方式、救助范围、救助的广度和深度都可能与外国不同。因此,中国应该构建有自身特色的金融机构破产清偿性国家救助体系和决策体系。在目前建立了存款、证券、期货、保险和信托保障基金救助体系的情况下,其救助机构、救助方式的规则应该如下:① 对于非系统性金融机构破产,应先由金融保障基金进行救助;② 如果发生系统性金融风险或者由于金融机构太大而超过了金融保障基金的救助能力,而且不加救助会引发金融危机,则应该与中央银行或者会同财政部共同实施救助。

其次,金融机构清偿性救助方式和措施应该相机抉择。救助方式的相机抉择包含以下两方面的意思:① 认为必须对某一金融机构实施清偿性救助时,由哪家机构或哪几家机构进行救助,是联合救助还是单独救助,各自出资多少等问题,均应该根据金融危机的广度、深度由救助机构自行决定,即所谓"模糊性原则";② 金融保障基金、中央银行、财政部在进行救助时,是购买与承接、担保、兼并、重整,还是再贷款、公开市场操作、再贴现、降低基准利率,或是购买股份进行注资、购买破产金融机构的有毒资产等,应由救助机构视金融机构的债务、风险和资产情况而相机选择。不同的金融危机或不同的金融机构,其危机产生的原因、危机可能的危害程度、资产质量的差异性、危机的深度和广度各不相同。所以,应该有针对性地选择相应的救助措施,即做到有的放矢,以提高救助的效率和实现救助成本的最小化。

最后,清偿性救助必须实现决策合法化、救助科学化。各救助机构对问题金融机构是实行清偿性救助还是经营性救助,以及由哪家救助机构、采取何种方式救助,应根据问题金融机构的危机状况相机抉择。但是,这种相机抉择必须依法进行,抉择仅是在法律规则之中的一种选择权,是为了弥补静态的法律规则与动态的金融机构危机之间差异的一种有限授权,而不是抛开法律的基本规定、脱离法律的基本原则的随机抉择。国家对问题金融机构清偿性救助的法律是属于经济法范畴,所以表现出较强的政策性和一定的自由处置空间,也即所谓的公法与私法的结合。

三、中国金融保障基金清偿性救助规则

(一)金融保障基金承保范围及其对象

中国五大金融保障基金采取的均是强制性保险,其中相对完善且具市场化特征的当属《存款保险条例》。《存款保险条例》中对承保范围的界定采取的是有限的"属地原则",即包括在中国境内设立的各类银行经营机构,但将外国银行经营机构在中国境内设立的银行分支机构以及中国在境外设立的银行分支机构排除在外,除非中国与其他国家或者地区之间对存款保险制度另有安排。中国存款保险基金的保障对象涵盖居民、机构的本外币存款。但是,投保银行经营机构的高级管理人员在本银行的存款、金融机构同业存款,以及存款保险基金管理机构规定不予保险的其他存款则不包括在保

障范围内。有关社会保险基金、住房公积金的存款保障不包括在《存款保险条例》之中，另行立法调整。

《保险保障基金管理办法》和其他几大保障基金管理办法采用的均是完全的"属地原则"。以保险保障基金为例，《保险保障基金管理办法》规定，在中国境内依法设立的商业保险经营机构，包括中资、中外合资、外资独资保险经营机构和外国保险经营机构在中国的分支机构，均纳入中国保险基金保障范围。保障对象为保单持有人，即包括投保人、被保险人或者受益人在内的对保单利益享有请求权的保险合同当事人，以及在保险经营机构被撤销或者被宣告破产的情形下，依法接受转让人寿保险合同的保险经营机构。

（二）金融保障基金偿付数额以及条件

中国现行五大金融保障基金对金融机构破产或行政清算的偿付数额、偿付条件和偿付时间的规定各不相同，这客观上形成了不同金融机构破产法律制度的冲突。

（1）《存款保险条例》规定的偿付规则。《存款保险条例》规定，当存款保险管理机构行政接管投保银行机构、负责清算被撤销投保银行机构，投保银行机构破产，或者出现国务院批准的其他行政处置情形时，存款保险管理机构在遵守"成本最小原则"的前提下，采用直接偿付、委托偿付或担保债务的方式提供资金清偿或保障。《存款保险条例》规定的存款保险最高偿付限额为人民币50万元，但中国人民银行可以根据存款结构变化、金融风险状况和经济社会发展等因素，进行适当调整。《存款保险条例》规定的具体偿付规则是存款保险基金在破产清偿之前偿付保险存款。如果同一存款人在同一家投保银行机构开设了若干账户，所有被保险存款账户的存款本金和利息合并计算，然后在最高偿付限额以内偿付；超出最高偿付限额部分，参与破产分配。

（2）《保险保障基金管理办法》规定的偿付规则。《保险保障基金管理办法》规定，当保险经营机构被撤销、被宣告破产或出现保险监管机构认定的其他危急情况时，保险基金应该给予赔偿。但是，保险经营机构经营的政策性保险业务、境外直接承保的业务和境外分入的业务、再保险分入业务、企业年金管理业务，以及保险监管机构认定不属于保险保障基金救济范围的其他保险业务，保障基金不予赔偿。与《存款保险条例》规定的先于破产分配赔偿不同，保险保障基金采取的方法是在破产清偿后根据其损失额度进行限额赔偿。无论寿险还是非寿险，如果保单持有人的损失在5万元人民币以内，保险基金予以全额偿付。超额部分视个人保单和机构保单的具体情况而定，个人保单损失超过5万元人民币的部分，保险保障基金的偿付金额为超过部分的90%，机构保单的偿付金额为超出5万元人民币部分的80%。如果人寿保单发生转移即被其他保险公司接管，保险保障基金限额补偿如下：个人保单持有人，不超过转让前保单利益的90%；机构保单持有人，不超过转让前保单利益的80%。

（3）《期货投资者保障基金管理办法》规定的偿付规则。《期货投资者保障基金管理办法》规定，在期货经营机构严重违法违规或者风险控制不力等导致保证金出现缺口，可能严重危及社会稳定和期货市场安全时，期货投资者保障基金给予投资者损失限额补偿。但期货投资者正常经营所造成的损失以及因参与非法期货交易而遭受的保证金损失，保障基金不予补偿。对于期货投资者的保证金损失，以每一投资者10万元人民币为限补偿,不区分机构或者个人投资者。超过10万元人民币部分的损失,个人按90%补偿,机构按80%进行补偿。期货交易过程中,机构投资者以个人名义参与期货交易的,按照机构投资者补偿规则进行补偿。

(4)《证券投资者保护基金管理办法》和《信托业保障基金管理办法》规定的偿付规则。《证券投资者保护基金管理办法》规定,保护基金在证券经营机构破产或被证券监管机构采取撤销、清算、接管、托管经营等行政强制性监管措施时,对债权人依照国家政策给予偿付,但它没有对投资者的赔偿方式、最高赔偿额作出规定。相应地,《信托业保障基金管理办法》规定,信托业风险处置应按照卖者尽责、买者自负的原则,发挥市场机制的决定性作用,防范道德风险。在信托经营机构履职尽责的前提下,信托产品发生的价值损失由投资者自行负担。该管理办法仅原则性规定,当信托经营机构发生以下五种情况时,经过批准可使用信托保障基金:① 信托经营机构因资不抵债,在实施恢复与处置计划后,仍需重组;② 信托经营机构依法进入破产程序,并进行重整;③ 信托经营机构因违法违规经营,被责令关闭、撤销;④ 信托经营机构因临时资金周转困难,需要提供短期流动性支持;⑤ 需要使用保障基金的其他情形。对于保障基金的赔偿数额、赔偿时间,该管理办法没有作具体明确的规定。

延伸阅读

金融机构破产国家救助基本要求

国外对破产金融机构的清偿性救助实践表明,中央银行和财政部所实施的国家救助以维护金融稳定、防范系统性风险为行为宗旨。中央银行和财政部应当重点关注金融体系的整体安全,而不是某个金融机构的市场进退。因此,最后贷款和财政资金救助的决策标准,以不予救助是否会引发金融市场系统性风险为准则。据此,国家对金融机构破产清偿性救助的主要条件可概括为以下五条。

第一,符合金融机构破产优先清偿条件的债务因为数量庞大而破产财产不足以清偿,而且金融保障基金不足以清偿其全部合格的金融消费者债务,或者依法应该优先清偿的破产债务超越金融保障基金的清偿范围,或该等债务未被纳入其保障范围。

第二,发生大型金融机构破产或群体性的金融机构破产事件,虽然其破产债务不属于优先清偿范围,但是出于金融稳定和社会安定目的,应该采取措施进行国家救助性清偿。

第三,穷尽了其他资金筹措方式和债务清偿途径,特别是私有机构明确表示放弃接管存款、投资和保险账号,也未能就破产债权人债权达成收购协议,并且政府不出资救助会产生严重的社会经济问题。

第四,确保国家救助能够实现金融机构破产"成本最少、风险最小",并能将国家救助所产生的道德风险控制在最小范围内,禁止任何形式的失败金融机构股东或从业人员因使用国家公共资金救助而受益的可能。

第五,国家救助不会引起金融市场的不公平竞争,而且在实施国家救助的同时,

> 必须要求问题金融机构、全体债权人以及金融机构控股股东、金融机构高层管理人员和直接责任人共同承担破产费用,并能依法追究其破产责任或救助不当责任。
>
> [资料来源]巫文勇:《国家干预视角下的金融机构破产法修正研究》,中国财政经济出版社,2018,第299—301页。

问题与思考

1. 简述问题金融机构国家救助的必要性以及如何进行适当救助,简述救助过度会产生哪些危害。

2. 国家对问题金融机构进行救助应严格遵守哪些原则?其理论依据是什么?

3. 问题金融机构的经营性救助和清偿性救助有哪些不同?如何判断是实施经营性救助还是进行清偿性救助?

4. 中国对问题金融机构的救助存在哪些问题?如何在法律制度上加以改进?

5. 结合国家对问题金融机构的救助,谈谈金融机构破产立法与普通商事企业破产立法存在哪些差异。

参考文献

一、外文译著

[1] [美]查尔斯·P.金德尔伯格、罗伯特·Z.阿利伯:《疯狂、惊恐和崩溃:金融危机史》,中国金融出版社,2017。

[2] [美]杰瑞·W.马卡姆:《商品期货交易及其监管历史》,中国财政经济出版社,2009。

[3] [美]埃兹拉·扎斯克:《打开对冲基金的黑箱》,机械工业出版社,2014。

[4] [美]海尔·斯科特、安娜·葛蓬:《国际金融:法律与监管》,法律出版社,2015。

[5] [英]艾利斯·费伦等:《后金融危机时代的监管变革》,罗培新、赵渊译,法律出版社,2016。

[6] [日]野口悠纪雄:《虚拟货币革命——比特币只是开始》,北方文艺出版社,2017。

[7] [瑞士]艾娃·胡普凯斯:《比较视野中的银行破产法律制度》,季立刚译,法律出版社,2006。

[8] 张国炎、张熙鸣译:《美国期货交易法》,上海社会科学院出版社,2015。

二、中文专著

[1] 朱大明、陈宇:《日本金融商品交易法要论》,法律出版社,2017。

[2] 陈岱松:《证券上市监管法律制度国际比较研究》,法律出版社,2009。

[3] 刘然:《互联网金融监管法律制度研究》,中国检察出版社,2017。

[4] 席月民:《中国信托业法研究》,中国社会科学出版社,2016。

[5] 徐孟洲:《金融法》,高等教育出版社,2014。

[6] 裴光等:《上海国际保险中心风险控制体系建设研究》,上海人民出版社,2018。

[7] 黎建飞:《保险法新论》,北京大学出版社,2014。

[8] 陈晗:《金融衍生品:演进路径与监管措施》,中国金融出版社,2008。

[9] 熊进光:《金融衍生品侵权法律问题研究》,中国政法大学出版社,2014。

[10] 张晓静:《国际法视野中的全球金融治理》,法律出版社,2017。

[11] 李京阳:《跨国中央银行视角下的货币联盟研究》,中国金融出版社,2012。

[12] 巴曙松、朱元倩等：《巴塞尔资本协议Ⅲ研究》，中国金融出版社，2011。
[13] 杨东：《金融服务统合法论》，法律出版社，2013。
[14] 管斌：《金融法的风险逻辑》，法律出版社，2015。
[15] 韩龙等：《国际金融法要论》，人民出版社，2008。
[16] 贺绍奇：《期货立法基础理论研究》，中国财富出版社，2015。
[17] 闻岳春、严谷军：《西方金融理论》，商务印书馆，2006。
[18] 朱大旗：《金融法》，中国人民大学出版社，2015。
[19] 唐波：《中国期货市场法律制度研究——新加坡期货市场相关法律制度借鉴》，北京大学出版社，2010。
[20] 巫文勇：《国家干预视角下的金融机构破产法修正研究》，中国财政经济出版社，2017。
[21] 巫文勇：《金融机构市场退出中的国家救助法律制度研究》，中国政法大学出版社，2012。
[22] 巫文勇：《利益平衡视角下的金融机构破产特定债务优先清偿法律制度研究》，中国政法大学出版社，2014。
[23] 巫文勇：《期货与期货市场法律制度研究》，法律出版社，2011。
[24] 范祚军、唐文琳：《人民币国际化的条件约束与突破》，人民出版社，2012。

三、中文编著

[1] 荣添编著《货币的真相》，时事出版社，2016。
[2] 赵明霄主编《国际结算》，高等教育出版社，2016。
[3] 徐立平主编《金融学》，东北财经大学出版社，2015。
[4] 钱晔主编《货币银行学》，高等教育出版社，2018。
[5] 王晓光主编《金融学》，清华大学出版社，2016。
[6] 吴弘、李有星主编《金融法》，高等教育出版社，2013。
[7] 王卫国主编《银行法学》，法律出版社，2013。
[8] 何光辉编著《货币银行学》，复旦大学出版社，2016。
[9] 秦立崴、秦成德主编《电子商务法》，重庆大学出版社，2016。
[10] 刘健、曲峰主编《期货法律基础》，高等教育出版社，2016。
[11] 徐忠、孙国峰等主编《金融科技：发展趋势与监管》，中国金融出版社，2017。
[12] 郑冬渝主编《金融法学》，中国社会科学出版社，2014。
[13] 岳彩申、盛学军主编《金融法学》，中国人民大学出版社，2015。
[14] 杨峰、左传卫主编《证券法》，中山大学出版社，2007。
[15] 中国人民大学国际货币研究所主编《2017年人民币国际化报告》，中国人民大学出版社，2017。
[16] 韩强、孙瑜主编《融资租赁法律原理与实务》，浙江大学出版社，2017。
[17] 冯果主编《证券法》，武汉大学出版社，2014。

［18］宋焕政编著《资产证券化实务操作指引》,法律出版社,2015。
［19］徐学锋主编《现代支付结算与电子银行》,上海财经大学出版社,2017。
［20］秦成德、帅青红主编《电子支付与结算》,北京理工大学出版社,2018。
［21］李成主编《中级金融学》,西安交通大学出版社,2007。
［22］上海期货交易所"境外期货法制研究"课题组主编《新加坡期货市场法律规范研究》,中国金融出版社,2007。
［23］顾功耘主编《金融衍生工具的法律规制》,北京大学出版社,2007。
［24］任淮秀主编《投资银行学》,中国人民大学出版社,2006。
［25］董安生主编《证券法原理》,北京大学出版社,2018。
［26］柯新生、王晓佳编著《网络支付与结算》,电子工业出版社,2016。
［27］郭锋主编《金融服务法评论》,法律出版社,2018。
［28］郭锋主编《金融服务法评论》,法律出版社,2010。
［29］郭锋主编《金融服务法评论》,法律出版社,2013。

四、期刊论文

［1］郭娅丽：《论典当的性质、地位及其规范结构设计》,《法学评论》2013年第5期。
［2］张红：《证券交易所的会员管理行为及其救济途径》,《华东政法大学学报》2017年第6期。
［3］宋汉光：《搭建票据市场基础设施,促票据市场规范健康发展》,《金融电子化》2017年第7期。
［4］李瑞红：《国际票据市场发展趋势》,《金融博览》2011年第4期。
［5］杨丽琳：《证券交易所跨国联网交易模式及对中国的借鉴》,《金融与经济》2009年第10期。
［6］刘夏、蒲勇健、陈斌：《混业经营模式下的有效金融监管组织体系研究》,《金融研究》2005年第9期。
［7］柴洪峰：《我国银行卡跨行清算系统的演进》,《上海金融》2012年第2期。
［8］常成：《论对变相期货交易的法律规制》,《中国证券期货》2011年第4期。
［9］陈冰：《资产证券化法律问题研究》,《武汉大学学报（哲学社会科学版）》2011年第6期。
［10］范黎红：《金融衍生品交易与委托理财法律关系辨析》,《上海政法学院学报》2014年第4期。
［11］李玉秀：《区块链技术在信贷资产证券化上的应用问题研究》,《北京金融评论》2017年第4期。
［12］饶艳：《当前流动性管理两难背景下对存款准备金制度的再审视》,《财经科学》2013年第8期。
［13］柯湘：《中国证券交易所纪律处分机制比较研究》,《证券市场导报》2009年第11期。

［14］ 王煜宇、何松龄：《金融监管腐败：结构性制度成因与供给侧结构性改革》，《现代法学》2018年第5期。

［15］ 吴胜顺：《〈中华人民共和国海事诉讼特别程序法〉债权登记与受偿程序缺陷及制度重构》，《中国海商法研究》2018年第2期。

［16］ 谢增毅：《证券交易所组织结构和公司治理的最新发展》，《环球法律评论》2006年第2期。

［17］ 黎四奇：《二维码扫码支付法律问题解构》，《中国法学》2018年第3期。

［18］ 王国刚：《新时代金融监管框架点论》，《中国金融》2018年第7期。

［19］ 贾瑛瑛、孙芙蓉：《深化新时代金融业改革开放》，《中国金融》2018年第6期。

［20］ 刘少军：《法定数字货币的法理与权义分配研究》，《中国政法大学学报》2018年第3期。

五、报刊文章

［1］ 李国辉：《人民银行宏观审慎管理和系统性金融风险防范职责进一步强化》，《金融时报》2019年2月11日。

［2］ 周轩千：《人民银行新"三定"方案公布：中国人民银行职能配置、内设机构和人员编制规定》，《上海金融报》2019年2月12日。

［3］ 张末冬：《重塑票据市场，推进规范发展》，《金融时报》2017年8月28日。

［4］ 张李源清：《广州优化现代金融服务体系》，《中国经济时报》2016年5月20日。

六、研究报告

［1］ 上海票据交易所：《日本票据市场发展及其对中国的启示》，上海票据交易所研究报告，2017年8月31日。

［2］ 广州民间金融研究院、中央财经大学金融学院：《中国民间金融发展研究报告》，知识产权出版社，2013。

图书在版编目(CIP)数据

新金融法律制度学/巫文勇编著. —上海：复旦大学出版社，2021.3
(信毅教材大系. 通识系列)
ISBN 978-7-309-15480-1

Ⅰ.①新… Ⅱ.①巫… Ⅲ.①金融学-法学-中国-高等学校-教材 Ⅳ.①D922.280.1

中国版本图书馆 CIP 数据核字(2021)第 020341 号

新金融法律制度学
巫文勇　编著
出 品 人/严　峰
责任编辑/李　荃

复旦大学出版社有限公司出版发行
上海市国权路 579 号　邮编：200433
网址：fupnet@fudanpress.com　http：//www.fudanpress.com
门市零售：86-21-65102580　团体订购：86-21-65104505
外埠邮购：86-21-65642846　出版部电话：86-21-65642845
上海四维数字图文有限公司

开本 787×1092　1/16　印张 28.75　字数 647 千
2021 年 3 月第 1 版第 1 次印刷

ISBN 978-7-309-15480-1/D·1076
定价：78.00 元

如有印装质量问题，请向复旦大学出版社有限公司出版部调换。
版权所有　侵权必究